AtV

Doris Leupold, Juni 04

Theodor Fontane wurde am 30. Dezember 1819 in Neuruppin geboren. Nach Lehre und Staatsexamen Approbation als »Apotheker erster Klasse«. 1849 gab Fontane den Beruf auf und arbeitete als Journalist und freier Schriftsteller. 1850 Heirat mit Emilie Rouanet-Kummer. Mitglied der Berliner Schriftstellervereinigungen »Tunnel über der Spree«, »Rütli« und Ellora«. 1855–1858 London-Aufenthalt im Dienst der preußischen Regierung; Aufbau und Leitung einer »Deutsch-englischen Korrespondenz«; erste Erwähnung eines geplanten Standardwerkes über die Mark Brandenburg. Neben seiner umfangreichen publizistischen Tätigkeit und der Veröffentlichung von Gedichtbänden, Kriegsbüchern und Reisefeuilletons war Fontane nahezu zwei Jahrzehnte Theaterkritiker der »Vossischen Zeitung«; seine letzten Besprechungen galten Gerhart Hauptmann. Zwischen 1862 und 1882 erschienen die vier Teile der »Wanderungen durch die Mark Brandenburg«, der Band »Fünf Schlösser« folgte 1889. In seinem 60. Lebensjahr schloß Fontane seinen ersten Roman ab; »Vor dem Sturm« erschien 1878 und eröffnete die Reihe seiner großen Romane und Erzählungen: »Schach von Wuthenow«, »Irrungen, Wirrungen«, »Stine«, »Frau Jenny Treibel«, »Effi Briest«, »Der Stechlin«. Fontane starb am 20. September 1898 in Berlin.

Band 7 der Aufbau-Ausgabe der »Wanderungen« bringt weitere Texte zum Thema Mark Brandenburg/Berlin. Abgedruckt wird u. a. das umfangreiche Fragment »Das Ländchen Friesack und die Bredows«. Der Stoff hatte Fontane aufs lebhafteste interessiert, und so unternahm er 1889 zahlreiche Fahrten auf die Bredowschen Güter. Zunächst hochgemut über die »Einheimsung eines wundervollen Materials«, machten sich bald die Beschwerlichkeiten des Reisens, aber auch eine gewisse Ernüchterung gegenüber seinen Gastgebern bemerkbar: »Man empfängt mich gastlich, dennoch nehme ich wahr, daß ich mehr eine Störung als eine besondere Freude bin, so daß ich schon nach anderthalbtägigem Aufenthalt meinen Rückzug antrete.« Krankheit und die Arbeit an den Romanen waren weitere Gründe, warum das »märkischste« Projekt als Materialsammlung liegenblieb.

Theodor Fontane

Wanderungen durch die Mark Brandenburg

Das Ländchen Friesack und die Bredows

Unbekannte und vergessene Geschichten
aus der Mark Brandenburg
II

Herausgegeben von Gotthard Erler
unter Mitarbeit von Therese Erler

Aufbau Taschenbuch Verlag

ISBN 3-7466-5257-X

1. Auflage 1994
Aufbau Taschenbuch Verlag Berlin

Umschlaggestaltung und Foto (Dorfkirche in Friesack) Torsten Lemme
Satz Graphischer Großbetrieb Pöneck. Ein Mohndruck-Betrieb
Druck Clausen & Bosse, Leck
Printed in Germany

ARBEITEN UND ENTWÜRFE ZUM THEMATISCHEN UMFELD II

ENTWÜRFE, PLÄNE UND MATERIALSAMMLUNGEN AUS DEM NACHLASS

Interessante Bilder etc., die ich, durch die Güte des Major v. Kessel, am 28. April 1863 im Königl. Schloss gesehn

1. Alle Kurfürsten und ihre Frauen von Joachim I. an
2. George Wilhelm und Gemahlin (groß; interessant)
3. Marie Eleonore, Gustav Adolfs Gemahlin
4. Gustav Adolf. Markgraf *Hans v. Küstrin* polnisches Kostüm
5. Der Große Kurfürst und Luise Henriette (mehrfach)
6. Kurprinz Karl Aemil (mehrfach)
7. Die holsteinsche Dorothea (mehrfach)
8. Friedrich III. (resp. I.) jung u. alt (beide sehr schön)
9. Friedr. Wilh. I. etwa 14 Jahr alt (hübsch)
10. Friedrich II. samt Brüdern u. Schwestern (vielfach)
11. Der Große Kurfürst auf dem Paradebett
12. Die Stiftung des Schwarzen Adlerordens
13. Die alte Kapelle der Königin Sophie Charlotte. In dieser Kapelle: Minister *Fuchs, Danckelmann* u. andre mehr. Es gibt also *drei Kapellen* im Schloß: a. Sophie Charlotte, b. Friedrich des Großen, c. Fr. W. IV. (die Kuppel)
14. Die *Brautkammer.* Siehe vorstehend, unter den Bleistiftnotizen, die Beschreibung.

[*Der Verweis unter Nummer 14 bezieht sich auf Blatt 15/16 im Notizbuch A 7; dort steht:*]

Brautkammer

[*Dazu quer am Rand:* Alle preuß. Prinzessinnen feiern hier Brautnacht.]

Blick auf den kleinen Hinterhof der Hofapotheke; reizende Aussicht, ganz still. Bunte Stickereien (tambourierte Arbeit) als Tapete, Gobelin. Das berühmte Brautbett; vergoldete Pfeiler, rote Damastvorhänge mit Goldfrangen, rote seidne Überdrucke. Alles Kienenholz. Bei Gelegenheit der letzten Vermählung 55 (Großherzogin v. Baden) renoviert. [...]netz, Vogel mit Vogelnest, Rosenbouquets; Momus(?) masken. Die Stickereien alle von Sophie Charlotte; die andern aus Stickereien aus der Zeit Fr. W. I. und Fr. II. Z. B. die Stühle, Sofas etc. Alles bestickt.

Die allegorischen Bilder an der Decke sind von Vaillant 1694. Das Zimmer hat 2 Fenster; hier kleidet sich die Queen gewöhnlich an.

SPUKGESCHICHTEN ETC.

1. Graf Pahlen. (Unter Kaiser Paul. Das nachts erleuchtete Schloß.)
2. Graf Ungern-Sternberg (das Strandrecht). Siehe Sternbergs Erinnerungen.
3. Die Geschichte vom Livree-Jäger in der Tür an der Portière. (Berliner Version: Frau von Wangenheim; Petersburger Version: Herrn von Pfuels handschriftliche Aufzeichnungen.)
4. Eine Tasse Tee. (Gräfin Schwerin; jetzt Frl. von Rohr.)
5. Major von Arnim und das doppelte Gesicht. (Gräfin Schwerin; Frau von Romberg; Frl. von Rohr.)
6. Die Geschichte vom Schlüssel und dem verschlossenen Hause in Groß Rietz. (Ökonomierat Willenbücher in Friedland.)
7. Die reizende Geschichte von den Wedells und ihrem Ring. (Die junge Dame bei Frau von Wangenheim.)
8. Die Geschichte von dem alten Familienring der Bredows. (Justizrat von Knesebeck auf Löwenbruch.)
9. Die Geschichte vom Förster Spieß und seine Begegnung im Walde. (Frau Geh. R. Flender.)
10. Eine Geschichte, die Frau Generalin von Sydow an demselben Abend erzählte.
11. Die Geschichte vom zweiten Gesicht an der Alma. (Montags-Post.)

SCHWERIN

1. Lage am See. Es trägt den Residenzcharakter nicht so ausgesprochen wie viele andre kleine Residenzen, gewesene und noch existierende. Ein Nest wie *Schwedt* (oder Ludwigslust) hat mehr den ausgesprochenen Residenzcharakter als Schwerin. Damit sprechen wir aber keinen Tadel aus, im Gegenteil. Ein viel Wohltuenderes tritt einem entgegen: Behagen, Wohlhabenheit, frische Luft, Gesundheit. Die Partie am Pfaffenteich erinnert an das Hamburger Alster-Bassin.

2. Mit den Sehenswürdigkeiten ist man in einem Nachmittage fertig.

a. Das Arsenal. Halb im italienischen Kastell-, halb im englischen Tudorstil errichtet, ist sehr hübsch; das einzige sonderbar Berührende ist das, daß man hinter diesen Mauern die Kriegsmacht einer Großmacht aufgespeichert wähnt. Schließlich handelt es sich um eine Brigade.

b. Der Dom. Äußerlich, weil ihm, außer einem bloßen spitzen Dach, jede Turmspitze, jeder spire fehlt, wirkt er nicht, wenigstens nicht in die Ferne. Erst im Herantreten bemerkt man einen mächtigen, sehr bedeutenden Bau, dessen Architektur aber auch dann noch nicht zur Geltung kommt. Im Innern schön, imposant, bedeutend, trefflich restauriert. Seine Stellung zu Doberan und Marienkirche in Rostock siehe in Lübkes Studien. Gut das Altarbild von Lenthe (eine Kreuzigung). Die Glocken scheinen mächtig. Das fesselndste ist die neue Begräbnisstätte der großh. Familie hinterm Altar. An den Pfeilern und Fensternischen des hohen Chors entlang ist eine Vertiefung gegraben, vielleicht nur vier Fuß tief, zu der Stufen hinunterführen. Ein vergoldetes Gitter umfaßt sie. In dieser Vertiefung, in die man durch das Gitter hineinblickt, stehen die vergoldeten, kränzebedeckten Särge der jüngstgestorbenen Mitglieder der großherzoglichen Familie. Die Wände des hohen Chores sind an dieser Stelle mit schwarzem Marmor bekleidet. Das Ganze macht einen eigentümlichen, schönen Eindruck. Es drückt eine Zusammengehörigkeit mit Gemeinde und Volk aus, nichts ängstlich

Abgeschlossenes, nichts Exklusives, die Teilnahme, die Liebe, der Respekt jedes einzelnen ist vorausgesetzt. – Weiter vorn, in Höhe des Altars, befinden sich die Marmordenkmäler verschiedener Herzoge aus dem 16. Jahrhundert.

c. Die *Paulkirche.* Sehr hübsch. Farblich von höchst angenehmer Wirkung, das Ganze ein Musterstück, ein chef d'œuvre. Dennoch wirkt das Ganze nicht im geringsten mächtig, erobernd[?]. Fast wirkt es wie eine gut gemalte gotische Kirche oder ein hübsches Kirchenmodell. Man sieht der Arbeit zu sehr die *Arbeit,* die Sorge, die Mühe an, das Verlangen, alles *recht* hübsch zu machen. Es hat den Charakter einer Studie, einer fleißigen Examenarbeit. Es überwältigt nicht.

d. Das *Schloß.* Brillant.

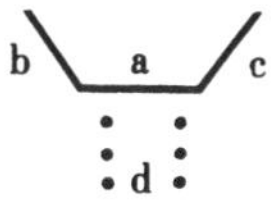

a. Front, reich mit Statuen ornamentiert, oben Niklot zu Pferde
b. u. c. Die Flügel, in b viel alte Teile
d. Die Brücke, die zum Schloß hinführt.

Es heißt, daß Schloß Chambord, überhaupt französische Schlösser, das Vorbild abgegeben hätten. Das ist möglich. Dann muß aber dasselbe vom Schlosse zu Güstrow gelten, mit dem es, wenn man von der aparten Stellung der Flügel absieht, die größte Ähnlichkeit hat. Beide Schlösser (Güstrow u. Schwerin) wurden ziemlich zur selben Zeit durch … gebaut, und man muß dann annehmen, daß dieser lange Zeit Frankreich bereiste und die Abbilder franz. Schlösser hierher versetzte. Alles wirkt reich und überaus *malerisch.*

e. Der *See.* Kaninchenwerder. Zippendorf.

f. Sterns Hôtel. Hôtel du Nord. Cohens Bierlokal. Meine Anwesenheit 1870. Eintreffen des Telegramms vom Siege über MacMahon bei Wörth. Unendlicher Jubel.

KLOSTER DOBBERTIN
IN MECKLENBURG-SCHWERIN

Die Umwandlung [*Darüber:* Auslöschung] der Klöster erfolgte in den norddeutschen Landen unter den verschiedensten Modalitäten. Aus vielen wurden Domainen, also landesherrliche Güter, während andre etwas von ihrem ehemaligen Klostercharakter bewahrten. So entstanden die protestantischen *Stifter*, von denen wir eins (Heiligengrabe) soeben geschildert haben. Den alten Familien des Landes blieb ein Anrecht, aber doch immer nur ein sehr begrenztes, indem dies Recht die Gutheißung des jedesmaligen Fürstenhofes oder der Regierung desselben zur Voraussetzung hatte. Zu diesen Stiftern, wie sie sich im Brandenburgischen finden, gehört »Heiligengrabe« etc., anders aber gestalteten sich die Sachen in dem benachbarten Mecklenburg, wo der Katholizismus zwar ebenfalls ausgefegt wurde, der Adel aber sein Besitzesrecht auf die Klöster siegreich durchfocht. Nicht in *allen* Fällen, aber in *einigen*. Die Klöster [*Größere Lücke in der Zeile.*] wurden landesherrlicher Besitz; die Klöster Dobbertin, Malchow, Ribnitz verblieben dem Adel, verblieben überhaupt, wie sie waren, mit dem einzigen Unterschied, daß die Konfession gewechselt wurde. An die Stelle des rechtgläubigen Katholizismus trat strenggläubiger Lutheranismus, sonst blieb alles beim alten *bis auf diesen Tag*. Es sind protestantische Klöster geblieben, sie halten mit Bewußtsein statt der Bezeichnung »Stift« die Bezeichnung »Kloster« aufrecht und sind für den Besucher, der Gelegenheit nimmt, näher in ihr Wesen einzudringen, deshalb so interessant, weil sie ihm, bei der absoluten Stabilität der Verhältnisse, das Leben eines Klosters aus der Mitte des 16. Jahrhunderts vollständig anschaulich machen. Die Konventualinnen leben unter ihrer Domina, wie die Nonnen vor über 300 Jahren unter ihrer Äbtissin lebten. Es wird sich wenig geändert haben.

Das größte und interessanteste unter diesen drei »Klöstern« ist *Kloster Dobbertin*. Ihm wenden wir uns zu.

1. Kloster Dobbertin, zwei Meilen von Güstrow, liegt in fruchtbarer Gegend am Dobbertiner See.

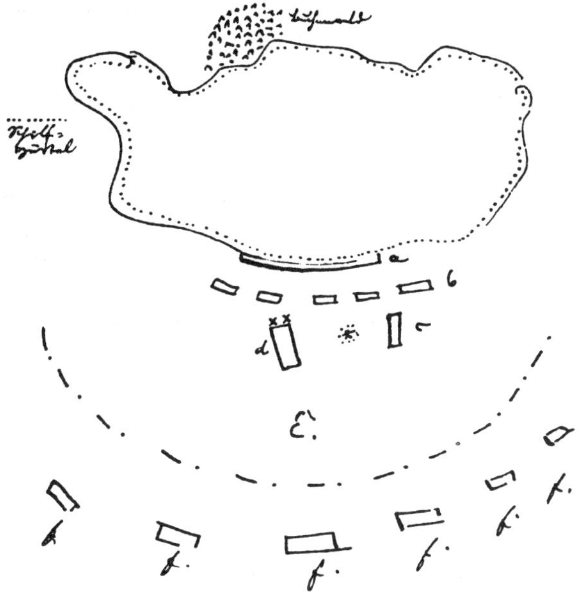

a. Quai am See
b. Wohnungen der Konventualinnen
c. Klosterhauptmann
d. Klosterkirche
e. Park
f. f. f. Dorf

⊛ prächtige Linde

Das Ganze ein dörfliches, in klein*re* Verhältnisse (aber keineswegs in kleine) transponiertes Oxford. Park, Gärten, alte Bäume, geräumige, anheimelnde Wohnungen, alles um die Kirche herum gruppiert. Wohlleben, Abwesenheit der kleinen Tagessorge, *geistige Freiheit.* Zu erstaunen bleibt immer, daß dabei *nicht mehr herauskommt.* In dieser Betrachtung liegt der einzige Trost; man müßte sonst vor Neid verkommen.

2. Alt-Historisches. (Auszug aus dem roten Buch. S. Blatt 1 der kleinen Briefbogenzettel.)

3. Reformationszeit. (Die Auszüge aus Lisch[s] Aufsatz.)

4. Umbau-Zeit. Le Fort. Schinkel. Demmler.

5. Revolutionszeit von 1848. Gegnerschaft der Demokratie. Rettung durch die *fremden* Fürsten (Preußen, Hannover,

Dänemark, Schweden), deren Untertanen Mitansprüche hatten.

6. Gegenwart. Besitz. Reichtum. Umfang der Güter. Die *Domina.* Ihr hohes politisches Ansehn. Die Klosterhauptleute und Provisoren.

7. Die Kirche. Ihre Eigentümlichkeiten: Romanisches Parterre; gotisches erstes Stock. Die Stellung des Kreuzganges. Sonstige Merkwürdigkeiten:

a. Kalt. Der Schnee (Hauch), der von der Decke fällt.

b. Die grünen Fenster und *das* grüne Fenster.

c. Das gestickte Kreuz der ehemaligen Altardecke.

d. Die Wappen der Verstorbenen auf dem Altar und die Leuchter dahinter. Dann aufgehängt.

8. Der See. Der Wald. Der Quai. Das Rohr. Die Wellen. Der Schaum. – Der Kirchhof. Früher gemischt, jetzt apart, geschieden. Die Konventualinnen und ihre Wohnungen. Die Lage derselben. Alte und moderne Gotik.

9. Jede Konventualin ein Haus mit 6, 10, 12 Zimmern. Begehrenswerte Sommerplätze für Neffen u. Nichten etc. Jede eine Wirtschaft. Kuh. Milch. Butter. Land. Garten. Drei Streifen an verschiedenen Stellen. Alte Weisheit, die darin sich ausspricht. Die Obstbäume, in den drei Streifen stehend. Dienstmädchen-Eldorado. Gute Tage, Chance auf Erbschaft.

10. In einem dieser Häuser sitze ich. Refektorium hochgewölbt auf niedrigen Pfeilern. Dicke Mauern. Lauben. Efeumassen. Der in die Dachrinne retirierende Tulpenbaum. Draußen tobt der Lärm der Welt, hier Klosterstille.

Dobbertin

Das *Kl. Dobbertin* liegt am Dobbertiner See. 1222 ein Mönchskloster; 1225 wurde ein Nonnenkloster draus. Etwa von 1238 begann die Blüte. Es wuchs und erfreute sich der besondern Gunst des Werlaschen Fürstenhauses. Es erwarb bis vier □ M., eine Gütergruppe in der Nähe, die andre am Müritzsee. Dies waren die Sandgüter. Der Verwalter derselben, in Röbel wohnend, hieß scherzhaft der Sandpropst und danach die Güter selbst »die Sandpropster«.

Kloster am See, der Flecken etwas rückwärts. Klosterhauptmann. 32 Konventualinnen. Kirche ohne Kreuz- und Seitenschiffe. Werdersche Kirche. Der *westl. Teil,* unten, niedrig, romanisch, der *ältre.* Dann der gotische Ostteil *drangesetzt,* dann der niedre romanische Westteil gotisch nach oben fortgeführt.

Dies ist eine Eigentümlichkeit, deren die Kirche mehrere hat.

Sonst setzte man an oder brach die romanischen Oberhälften ab und setzte gotische Wölbungen auf die romanischen Unterbauten. Hier liegt ein Fall vor, wo man auch gotisch *ansetzte,* den romanischen Bau aber bestehn ließ und ihm bloß sozusagen ein *gotisches Stockwerk* aufsetzte, so daß in der Tat die Westhälfte der Kirche *zwei* Gewölbe, zwei Etagen hat: ein niedriges romanisches unten, ein hohes gotisches oben darüber.

Hofbaurat Demmler hat die *ursprünglich schmucklose Kirche* mit *einem gotischen Mantel* umkleidet; in diesem präsentiert sie sich jetzt und sieht der Werderschen sehr ähnlich. Ob Schinkel den Entwurf machte, stehe dahin. Vorher aber hatte er jedenfalls den Entwurf zu den Türmen gemacht, die dann Demmler, damals noch ganz jung, ausführte.

Der Bau erfolgte großenteils unter Le Fort, der achtzehn Jahr Klosterhauptmann war. Sie folgten: Blücher, Le Fort, Maltzahn, Liebetreu, Graf Bernstorff. Le Fort war ein holländischer Kaufmann und wurde dem Kloster zu einem besondren Segen. Er ordnete das Unordentliche, sparte, schaffte das Geld zum Bau, schuf den Park in gegenwärtiger Gestalt und hinterließ wohlgeordnete Finanzen.

[*Den folgenden Absatz nachträglich am Rand notiert:*]

Le Fort war ein Sohn der in M. ansässigen adligen Familie Le Fort, verwandt oder abstammend von dem Le Fort, Freund Peter des Großen und Gründers der russischen Flotte. Dieser mecklenb. Le Fort sah zu Anfang des Jahrhunderts die Familie ziemlich verarmt und ging deshalb in die Welt hinaus, wurde Handelsherr zu Amsterdam u. London. Er machte aber unterm Einfluß der Kriegszeiten nahezu bankrutt, kehrte zurück und übernahm ein kleines väterliches Gut, das ihm geblieben. Dadurch kam er in den Landtag; zeichnete sich aus als Organisator u. wurde Klosterhauptmann. Er war so ausgezeichnet, daß sie ihn dreimal hintereinander (dreimal sechs Jahre) wählten.

Der Kreuzgang lehnt sich seltsamer [*Darüber:* seltener] Weise mit einer *Ecke* an das Westende oder die Westhälfte der Kirche. Die beiden dem Westende der Kirche zunächst stehenden Seiten des Kreuzganges stammen aus der ältesten romanischen Zeit; die beiden andern Seiten sind gotisch.

KLOSTER DOBERAN

1. Gründung. Sage. Die Geschichte vom Schwan.
2. Baulich. Parallele mit dem Schweriner Dom und der Marienkirche in Rostock. Vgl. Lübkes Studien.
3. Der große Granit-Sarkophag, in dem Friedrich Franz ruht.
4. Die Bildnisse, in Öl und Holzskulptur, des Herzogs aus der Wallenstein-Zeit und seiner Gemahlin.
5. Die Holzskulpturen im Schrank hinterm Altar.
   a. König Albrecht von Schweden, geborner Herzog von Mecklenburg
   b. seine Gemahlin
   c. Die große Margarethe von Dänemark
6. Die verschiedenen Kapellen.
7. Die Reliquien im wholesale.

Herr *von Schreiber* (Hofrat) hat Mitte der fünfziger Jahre ein Buch über Doberan, Heiligendamm u. Umgegend geschrieben. – Auch Präpositus Roeper schon 1806.

KOLONIEN

Die Östreicher, als sie noch italienische Regimenter hatten, pflegten von ihnen zu sagen: »*wenn* sie gut sind, sind sie *sehr* gut.« So geht es mir mit meinen deutschen Landsleuten, sooft ich ihnen im Auslande begegne: »*wenn* sie gut, sind sie *sehr* gut.« Aber leider muß ich hinzusetzen, dieser Fall tritt nur sehr ausnahmsweise ein. Immer wieder fühlt man sich durch seine Landsleute geniert, nicht weil man ein scharfes Auge für ihre Fehler hat, sondern weil sie in der großen Mehrheit wirklich genable sind. Ich würde ein Mißtrauen in diese immer wiederkehrende Wahrnehmung setzen und blutenden Herzens die Sache auf sich beruhen lassen, wenn nicht eben jene Ausnahmefälle mir den sichren Beweis gäben, daß es mit meiner Beobachtung nur allzu richtig ist. Da war ich vor einigen Wochen in Verona im Bahnhofs-Salon [?]. Am obern Ende der Tafel saßen sechs oder sieben Deutsche, lauter Ostsee-Söhne, die sich untereinander vorstellend als Gutsbesitzer, Justizräte, Assessoren aus der Rostock–Greifswald–Stralsunder Gegend begrüßten. Nie hab ich stattlichere Leute gesehn. Groß, stark, von wohltuender Sicherheit, ohne jede Spur von Arroganz oder Renommisterei. Echte freie Menschen, ohne Getue und Gehabe, frei, sicher, heiter, stark. Mir lachte das Herz im Leibe. Aber wie selten ist solcher Anblick! Die meisten, zu allermeist aber – ich bitte um Entschuldigung – die *Damen* machen einen wehmütigen Eindruck. Allen fehlt die Gewohnheit des Herrschens und Befehlens, wenn man ihr begegnet, ist sie meist sehr unangenehm, weil spießbürgerlicher und auf Com[p]toir, Werkstatt oder Bureau beschränkter Natur. Und nun gar die Frauen! Schon rein äußerlich genommen bewegen sie sich abwechselnd in der Sphäre der zusammengesuchten Garderobe oder der kleinstädtischen Putzsucht, die sich mit Schmuck und Ketten behängt; ihrem ganzen Auftreten, der Ängstlichkeit, mit der sie sich in wirklich guter Gesellschaft begegnen, merkt man es an, daß sie sich nur in Schlaf- und Kinderstuben bewegt und das bekannte Dienstmädchen-Gespräch mit Vorliebe gepflegt haben. Etwas Inferiores, Klein- und Spießbürgerliches zieht sich durch die ganze deutsche Welt, so wie man ihr im Ausland begegnet, so traurig auffällig, daß man die Vermutung hegen möchte, alle diejenigen, die reisen und repräsentieren können und sollten, alle *diese* bleiben zu Haus auf ihren Gütern und überlassen es einer meist [?] sehr unrepräsentablen Gesellschaft, Deutschland im Auslande zu repräsentieren.

Woran liegt das: wir haben keine dem Adel an Bildung (worunter ich nicht das traurige »Wissen« meine), Haltung und feinem Ehrgefühl verwandte Mittelklassen. Herr von G. sagte mal sehr richtig: »Es ist grundfalsch, immer von der Bedeutung des englischen Adels zu sprechen; die Bedeutung und die Präponderanz Englands über alle Völker der Erde liegt in der Macht und Stellung der gebildeten, reichen Mittelklassen.« Dies ist durchaus richtig.

Die Frage ist, wie schaffen wir sie uns, damit es besser werde. Der Hinweis ist leicht gegeben. Da, wo durch Befehlsgewohnheit sich von selber ein aristokratisches Fühlen ausbildet, da begegnen wir diesen Vorzügen auch bei uns, also beim Gutsbesitzer und Offizier, gleichviel ob adlig oder bürgerlich von Geburt. Aber dies ist [nicht] genug, ganz abgesehn davon, daß die Kümmerlichkeit unsrer Verhältnisse auch in diesen Klassen viele Ausnahmen entstehen läßt. Der einzige Weg zur Heranziehung einer Aristokratie, das heißt eines aristokratischen Fühlens in einer herrschenden Race ist das Koloniewesen. Wir wollen nichts davon wissen, weil es handels- und nationalökonomisch verwerflich, weil es rein in Pound, Shilling, Pences nicht vorteilhaft sei. Mag sein, wie oft auch dies anzufechten sein würde. Aber zugegeben einmal, bringen wir uns durch diese nationalökonomische Rücksicht um ein moralisches Element, das weit mehr wert und politisch wichtiger für uns ist als eine bloße Gewinn- oder Verlust-Frage. Wer offne Augen dafür hat und die Dinge unbefangen ansieht, kann leicht wahrnehmen, daß man uns trotz aller unsrer Siege ganz unverändert als die Proletarier der Weltgeschichte, um nicht noch ein härteres Wort zu gebrauchen, ansieht. Und leider *mit Recht* ansieht. Es fehlt überall. Wir haben zwei traurige Stolze: das beste Schulwesen und die beste Drillung. Gut, dies ist etwas. Aber man täusche sich doch nicht über die Tragweite dieser Dinge. Man lacht zum Teil darüber und mit Recht. Wir sind der Schulmeister, der Feldwebel der Weltgeschichte, der am besten deklinieren, konjugieren und exerzieren kann, aber über die Achsel angesehn wird, wenn er in der Gesellschaft vornehmer Leute erscheint. Es gibt eben ein viel, viel Höheres als das; all dies ist nur Unterlage. Aber dies grobe Feldsteinfundament als eine ebenbürtige Burg ausgeben wollen, geht nicht.

Sorgen wir für die Beseitigung unsrer Stigmen, verweigern uns selbst ein Armutszeugnis einer stillen [?] Spießbürgerei. *Wie*, hab ich zu zeigen, anzudeuten versucht.

Hineinzuarbeiten: Man vergleiche einen schottischen Obersten a. D., der zwanzig Jahr in Indien war und durch Neuralgie oder gelbes Fieber dienstunfähig wurde, mit einem Obersten a. D. unsrer Armee. Und der Unterschied ist gegeben. Einige Rasseler werden dies bestreiten; aber man täusche sich doch darüber nicht, daß die »forsche Schnauzbärtigkeit« eine der niedrigsten Formen der Vornehmheit ist. Einige fürchten sich davor; wer sich nicht davor fürchtet, dem gegenüber schlägt es ins Gegenteil um.

WIE KLÖSTER ENTSTANDEN UND LEBTEN

Die Mark nennt sich bekanntlich mit Stolz das einzige Land, »in dem nie ein Ketzer verbrannt und nie ein armer Sterblicher heiliggesprochen wurde«. Sie mag sich dessen mit Recht rühmen, wiewohl auch hier das Wort zutrifft: our virtues are the children of our faults (französisch nehmen). Jedenfalls, wenn wir das Verhältnis von Fehler und Vorzug, die Prozentsätze von Fehler und Vorzug ununtersucht lassen, bleibt so viel bestehn, daß etwas Unkatholisches, das hier immer zu Hause war, oder richtiger vielleicht der Umstand, daß der Katholizismus in ca. 200 Jahren nicht recht gut fand, sich einzubürgern – will [?] sagen, hat dahin geführt, daß man hierlandes vom Katholizismus nichts weiß. In Ruppin gab man mir die Antwort: »Ich glaube, es sind *Katholsche* gewesen.« In dieser Antwort liegt ausgedrückt, wie totale Nacht über diese Dinge hier herrscht. Niemand, der nicht in katholischen Ländern längre Zeit gelebt hat, hat die geringste Vorstellung davon, was Fronleichnamsfest, was Lichtmeß, Dreikönigstag (*beßre* Beispiele nehmen) bedeutet, und nun gar über Klosterwesen herrscht tiefste Nacht. Vom Kirchlichen, namentlich in Bürgerkreisen überhaupt abgelöst, weiß man von dem Leben der *andern* Kirchen nichts. Deshalb ein Versuch, ein Klosterleben und [Kloster-]Einrichtungen zu beschreiben.

Ich bin ganz darauf gefaßt, daß man, diesen Auslassungen gegenüber, versichern wird, das sei übertrieben, dies Bekenntnis sei nicht da; worauf ich erwidre: es ist kaum möglich, sich nach dieser Seite hin irgendeiner Übertreibung schuldig zu machen. Auch das scheinbar Krasseste bleibt immer noch hinter der Wahrheit [*Darüber:* Wirklichkeit] zurück. Das Recht, dies mit solcher Bestimmtheit auszusprechen, entnehm ich aus mir selbst. Was ich über diese Dinge weiß, gehört den letzten Jahren meines Lebens und Spezialstudien an, die schließlich, auf allerhand Umwegen, auch hier anlangten. Wenn ich nun aber auch nachexerziert habe, so weiß ich doch noch sehr genau, wie es früher mit mir stand und daß ich bereits ein Vierziger war und alle protestantischen Länder bereist, katholische wenigstens durchflogen hatte, ohne von diesen Dingen mehr als ein kümmerliches Minimum zu wissen. Dies Minimum entsprach ohngefähr (wiewohl ich doch begreiflicherweise immer noch nicht der Schlimmste war) dem Durchschnittswissen des Durchschnittsgebildeten unsrer protestantischen alten Provinzen. Ich weiß aus zahlreichen Unterhaltungen, die ich anzuknüpfen begann, als das Verlangen nach Information in mir lebendig wurde, daß aus dem Kreise der Gebildeten niemand mehr wußte als ich, und selbst protestantische Geistliche haben mich mehr als einmal im Stich gelassen.

Ein Kloster erhielt ein *Stück Land*, hatte einen Klostergarten, einen Klosterteich und einen Klosterwirtschaftshof (für Vieh, Geflügel etc.) und gab alles andre an große und kleine Leute in Pacht: ein Gutsherr oder ein Adliger, der bei einem Kloster zu Lehn ging und selbst wieder aus Fünfzigerlei seine Einnahmen zog, zahlte vielleicht vorzugsweise *Geld*.

Nun aber begannen die Zehnten und die Naturallieferungen:

die Mühle gab: Getreide und Mehl
die Heide gab: Holz und Honig
der Wald gab: Holz
das Wasser gab: Fische und Krebse.

Der Zehnte brachte eben alles. So häufte sich namentlich *Getreide* derartig an, daß damit ein Handel getrieben, *Geld* gewonnen werden konnte, das nun wieder in Besitz angelegt wurde. Vermächtnisse, Sammlungen, Altarpfennige, wundertätige Heiligenbilder sorgten für den Rest an barer Einnahme.

BERLINER TON

Der Grundzug ist ein krasser Egoismus [*Über der Zeile:* Als Einleitung siehe das nächste Blatt], ein naives, vollkommen aufrichtiges Durchdrungensein von der Überlegenheit und besonderen Berechtigung der eignen Person und des Orts, an dem die Person das Glück hatte geboren zu werden. Um diese beiden Eitelkeiten dreht sich alles.

Einleitung. Ich bin viel gereist. Der Berliner Ton hat etwas Spezifisches, wodurch er sich von jedem andern unterscheidet, auch von dem nahe gelegener Städte. Dresden, Weimar, Hannover. Und dann Berlin! Zu sagen, daß dieser Ton einen guten Ruf hätte, wäre nicht in der Wahrheit. Er ist aber doch besser als sein Ruf. Es heißt auch hier, tout comprendre c'est tout pardonner. [*Dazu am linken Rand:* Schildre ich erst und zeig ich seine Eigentümlichkeiten ⟨*Andere Version:* angreifschen Seiten⟩. Zu Hause fehlt es nicht an Liebe und Sittlichkeit (?), aber an Pietät, Haltung, Form.]

Was einem Fremden zunächst auffällt [*Dazu am linken Rand und zwischen den Zeilen:* Also zu Abteilung 3 zu den »*Fremden*« nehmen. Das erste, was einem Fremden auffällt, d⟨er⟩ in ⟨den Wagen steigt, ist⟩, »es zieht«. Das ist wichtig. Das zweite ist die Redseligkeit, die bezeichnend den Namen »Sprechanismus« führt.], ist das *Laut*sprechen und das *Viel*sprechen. Warum nicht laut? ich bin ja ich, und warum nicht viel, ich weiß ja Bescheid, ich habe ja alles gesehn, gehört, gelesen. Dies hängt mit dem Persönlichen zusammen.

1. Bei sich zu Haus
2. In Gesellschaft
3. Mit Fremden.

Genesis

[*Dazu oben links:* Gleich bei der Einleitung]

Die *Geschichte* des Berliner Tons zu schreiben, den Nachweis, wie er sich gebildet, das wäre ein Kapitel für sich und wäre ziemlich gleichbedeutend mit einer Kulturgeschichte unsrer Stadt. Ich muß auf ein eigentliches Eingehen auf diese Materie an dieser Stelle verzichten, nur ein paar Andeutungen mögen gestattet sein. Wir sprechen nicht umsonst von »Urbanität«, die urbs ist Schöpferin und Trägerin der feinen Sitte, der Politesse. Berlin war aber nie eine urbs, es war nie eine Bürger- [*Darüber:* Patrizier]Republik. All das war es nur dem Namen nach. Bis in neuere Zeiten hinein war es ein mit Bureaus und Kasernen reich ausgestattetes Dorf großen Stils, und eines Tages, um ein Diktum Lord Byrons zu variieren, erwachte es und war eine Residenz geworden. Eine Residenz mit einem Hof, einem Reichstag und einem Heuschrecken-Proletariat. Bürger hatte es nie und hat es noch nicht. Unter dem beständigen Zufluten neuen Rohstoffs, immer bevormundet, den Behörden überliefert; immer bevormundet und vor allem in seiner ungeheuren Mehrzahl bis in die »hohen Stände« hinauf von einer nur an dieser Stelle vorkommenden Bettelarmut haben sich die Tugenden der Politesse, der Teilnahme, der Menschenfreundlichkeit, des Wohltuns nicht ausbilden können. In unglaublichem Grade tritt das Ich für sich ein, jeden als Feind ansehend, der auf den Moment wartet, wo ich »austrete«, um sofort in die Lücke einzuspringen. Alles ist Existenzfrage. Mit einer Art von infernaler Heiterkeit stößt einer den andern von der Beresina-Brücke, um sich das nackte Leben und drüben am andern Ufer eine »Stellung« zu retten. Amt und Stellung ist noch immer alles. Eine Zeitlang auch Orden. Aber diese sind nun ganz außer Kredit und bedeuten in ihren niedrigen Graden gar nichts mehr. Es gibt ganze Ordensklassen, die noch nicht den Wert einer Badereise nach Warnemünde haben. Bei solchen Zuständen konnte das und das (siehe oben) nicht geboren werden. Die Grazien hatten nicht Lust und nicht Zeit, ihren Einzug zu halten. Zwei relativ nebensächlich erscheinende Leistungen der Franzosen haben ihren Reichtum und ihre Weltherrschaft aufgebaut: der *Geschmack* (wie er sich in Leben und Kunst betätigt) und die Politesse. Von beiden haben wir nichts. Und deshalb sind wir so verhaßt. Auch noch ein Drittes fehlt uns: Generosität. Aber das alles ist Exkurs. Zurück zu unsrem Thema: Der Berliner Ton. Wie ist er, wie sieht er aus? was charakterisiert ihn. Wie *ist* der »Berliner Ton«. Ich habe vor, eh ich zu einer versöhnlichen Schlußbetrachtung schreite, ihn in drei Haupterscheinungsformen zu besprechen: im *Haus*, in der *Gesellschaft* und im Verkehr mit *Fremden* (Nicht-Berlinern).

Berliner Haus-Ton

Der Ton im *Hause* entbehrt der *Pietät* [*Nicht entziffertes Wort*] ganz gewiß. Es zeigt sich dies in bekannten scherzhaften Redewendungen, die der Berliner Geist gezeitigt hat. Das Verhältnis zwischen Eltern und Kindern gipfelt in dem bekannten Satze: »Man kann nicht ...« Entferntere Verwandtschaftsgrade müssen sich mit einem: »Wir sind jetzt mit einem Onkel behaftet«, begnügen. In ähnlicher Weise hat auch das eheliche Verhältnis längst seinen mustergültigen Ausdruck gefunden. »Oft denk ich [*Darüber:* Ich denke mitunter], wenn doch Gott einen von uns beiden zu sich nähme! *Ich* ziehe [*Darüber:* zöge] dann nach Potsdam.« Das sind Witzworte. Gewiß. Aber man sage nicht, daß sie für die hier zu behandelnde Frage nichts bedeuten. Sie sind der Strohhalm, an dem sich erkennen läßt, wie der Wind weht.

Noch mehr als an Pietät fehlt es an Form. Es gibt viele Häuser, in denen die Begrüßungsformen ganz fortfallen. »Es ist so langweilig« oder »wozu?« Und damit wird das heitre und immer wieder wohltuende, freundliche »Guten Morgen« einfach gestrichen. Am meisten tritt aber das Fehlen der Form bei unsren Mittagsmahlzeiten hervor. Wer nicht im Auslande gelebt hat, wird sich dessen nicht bewußt, der, der [*Darüber:* Nur wer] lange »draußen« war, empfindet es desto mehr. [*Über der Zeile:* dann in voller Stärke.] Ein Gegenbild charakterisiert [*Darüber:* Gegenüberstellungen charakterisieren] am besten, und so geb ich ein Bild, wie man sich in England, auch in kleinen Bürgerhäusern, zu Tische setzt.

Fünf oder sechs ist »Dinner-time«. Schon eine Viertelstunde vorher erscheint alles im Drawing-room, um den Damen die Honneurs zu machen. Damen wie Herren sind in Toilette. Nun werden die beiden Flügeltüren geöffnet, und als wäre es eine Gesellschaft, führt man seine Dame zu Tisch. Ein großer weiter Raum, türkischer Teppich, im Kamin ein Feuer und auf dem Buffet eine Masse von Silberzeug, um Bestecke jeden Augenblick erreichen zu können. Ein oder auch zwei [*Über der Zeile:* Livree-Diener oder saubergekleidete] Mädchen mit sauberm [*Darüber:* Häubchen] und weißem Kragen servieren, und eine gedämpfte, jeden Streit vermeidende Konversation, in der nur dann und wann ein Scherz, ein Lachen aufblitzt, wird geführt, bis die Damen sich erheben und eine lautere Heiterkeit an die Stelle zeremonieller Haltung tritt. Das ist der Hergang nicht bloß in wohlhabenden, sondern auch in kleinen Häusern. Es gibt keine Ausnahmen. [*Danach über der Zeile:* existieren kaum.] Es gibt eben eine das häusliche Leben beherrschende *Norm*, von der abzuweichen nur dem Genie und dem Bettler gestattet ist.

Eine solche für alle leidlich situierten und leidlich gebildeten Klassen geltende *Norm* kennen wir nicht. Nicht einmal nach Klassen oder Ständen lassen sich bei uns Teilungen machen; alles ist individuell, und wollte [man] die Mitglieder ein und desselben Standes wie Breitengrade ansehn, so würde sich etwas Ähnliches zeigen wie bei den Isothermen-Karten, hier hohe Steigungen und hier tiefe Niedergänge. Es gibt keine Gruppierung nach Ständen; alles ist individuell, wobei nicht die Zufälligkeiten der Lebensstellung, sondern die Zufälligkeiten des Charakters und der Erziehung entscheiden. In wachsender Progression haben wir jetzt Berliner Häuser, in denen die Pflege schöner Formen zu beginnen (?) beginnt, aber diese Berliner Häuser sind nicht Repräsentanten des »Berliner Tons«. Wo dieser noch blüht [*Über der Zeile:* in alter Herrlichkeit existiert], und er reicht unter Umständen bis hoch hinauf – da hat er sich seine Formlosigkeit, seine Auseinandergefallenheit bewahrt, und diese gedenk ich zu schildern. Ich greife in die Mitte hinein und schildre ein Predigerhaus [*Über der Zeile:* Oberlehrerhaus (hatte Theologie studiert)], an dessen Tisch ich gelegentlich als Gast gesessen habe.

Ein Junge, achtjährig, läuft durch alle Stuben und ruft: »Rasch! essen!« Alle Stubentüren offen lassend, ist er der erste in dem bekannten »Berliner Saal«, und das mit einigen Besingsflecken ausgestattete Tischtuch zurückschlagend, versteckt er sich unter dem Tisch. Im Laufe der nächsten fünf Minuten, von einigen Nachzüglern abgesehn, erscheinen nun die Mitglieder der Familie und nehmen an einer Ovaltafel Platz, auf der der Suppenrauch wie Opferrauch emporsteigt. Das »Mundrechte« ist noch nicht Mode. »Wo ist Paul?« fragt die Mutter, und im wirren Durcheinander werden von drei Schwestern und zwei halberwachsenen Brüdern wirre Vermutungen ausgesprochen, bis es unter dem Tische leise zu »miauen« anfängt und Paul, am untren Ende des Tisches, aus seiner Versenkung hervortritt. Bei guter Laune durch allgemeine Heiterkeit belohnt, bei schlechter Laune durch eine Ohrfeige gestraft. Letzteres führt zu Weinen. Worauf sich ein Disput zwischen den Eltern entspinnt, ob es nicht zu streng war. Die Kinder nehmen, wie ein in Majorität und Minorität geteilter parlamentarischer Körper, an dieser Debatte teil und beschließen, daß der »arme Paul« ein Schmerzensgeld erhalten soll, einen Apfel oder drei Pflaumen. Er stürzt auch sofort auf die Kommode zu, wo der Obstteller steht, und beißt in seinen Apfel ein, während die andern noch bei der Suppe sind. Der älteste Sohn läßt sie von dem hocherhobenen Löffel in einem dünnen Strahl niederträufeln, angeblich um sie zu kühlen, in Wahrheit, um zu zeigen, wie dünn sie ist. Es kommt nun Fleisch mit Sauce, und die zweite Tochter erzählt etwas, was der zweite Bruder im Laufe des Vormittags gesagt haben soll. Es ist das Gleichgültigste von der Welt. Nichtsdestoweniger entspinnt sich ein Streit über die Fassung dieses Zitates, und ehe noch geschlichtet werden kann, ist nicht nur die Wendung »Das ist nicht wahr« dreimal gefallen, sondern der empörte Bruder erhebt sich auch ohne weitres von der Tafel, und mit der Versicherung: »Alles gelogen; Martha lügt immer«, verläßt er das Zimmer. Denn alles ist Lebensfrage, und alles wird mit einer Leidenschaftlichkeit verhandelt, als ob das Schicksal ganzer Völkerschaften auf dem Spiele stünde. Am häufigsten, wenn nicht Streitszenen ausbrechen, sind die wissenschaftlichen und am liebsten die politischen Debatten, an den[en] teilzunehmen, bis zu Paul hinunter, jedem Mitgliede der Familie freisteht. Auch Paul. Denn in die »Kammer kommen« hat jetzt eine ganz andre Bedeutung als früher und ist ebenso durchgängiges Ehrgeiz-Ziel wie früher der Feldmarschall in adligen Familien. Dieser Debattier-Eifer über Tisch führt, bei der Gründlichkeit aller Familienmitglieder, zu beständigem Nachschlagen in Büchern und Zeitungen, am liebsten in Tagesblättern, wobei dann die großformatige, das Haus beherrschende »Norddeutsche Allg. Ztg.« in der ganzen Fülle ihres Großformats aufgeschlagen und mit ihren Spitzen in die Kompottschüsseln getaucht wird. Fast immer Preißelbeeren. Allmählich verlaufen sich die Mitglieder der Tafel, die nicht aufgehoben wird, sondern sich auflöst und heute eine Stunde lang unabgedeckt bleibt, da das Mädchen in der Waschküche zu tun hat und die Fräuleins in den Zoologischen müssen. Es ist ein heißer Tag. Die Fliegen werfen sich über die Teller her, und wer den Berliner Saal um diese Stunde passiert, erschrickt.

In der Gesellschaft

Sie sprechen nur von sich, oder wenn ausnahmsweise ein Gegenstand, eine Sache zum Gesprächsgegenstande wird, so behandeln sie ihn so, daß die Art der Behandlung, *ihre* Stellung dazu zur Hauptsache wird. Es wird das Trapez, an dem sie turnen. Das Turnen bleibt die Hauptsache.

Sie wissen alles, sie lassen niemanden zu Worte kommen und unterbrechen jeden. Alles kritisiert. Man kann füglich sagen, ganze Klassen leben nur, um zu kritisieren. Es ist ihr täglich Brot. Aber sonderbarerweise, wie Küstenvölker, die beständig mit dem Wasser zu tun haben, meist nicht schwimmen können, so können die Berliner, die an den Wassern der Kritik wohnen, nicht kritisieren. Sie sind sehr witzig und haben bis zu einem hohen Grade die Fähigkeit ausgebildet, die lächerlichen Seiten einer Sache herauszufühlen, aber eigentliches Urteil haben sie nicht. Über nichts. Weder über

Menschen, noch Politik, noch Kirche. Am wenigsten über Kunst. Die Witzigen begnügen sich mit einem Witz, die große Masse wartet ihre Zeitung ab und schmückt sich offenkundig mit fremden Federn, wie Damen falsches Haar als einen Schmuck tragen. So hört man oft: wir wollen das bis morgen lassen; ich habe O. Bl. [und] L. P. noch nicht gelesen. [*Dazu zwischen den Zeilen und am linken Rand:* die große Masse aber, ohne die Dinge zu kennen, hat eine Wonne am Nachbeten und schmückt sich ungeniert mit fremden Federn. Sie geben auch ihre Quelle an und sagen voller Naivetät: lassen Sie uns morgen drüber sprechen, ich].

Oder [*Dazu am oberen Rand:* Ungeheure Streitlust, Rechthaberei à tout prix.] man beobachte einen Disput. Die Damen gehen bis an die äußerste Grenze, sie lügen und prunken mit einem Wissen, das gar nicht da ist, aber die jungen Männer gehen noch weiter; fühlen sie den Sieg entschwinden, so werfen sie noch das Steingewicht der Ungezogenheit in die Waage, um den Gegner in die Luft zu schnellen. Von Ritterlichkeit keine Spur, nur Durst nach Sieg, nach Bewußtsein geistiger Überlegenheit.

Alles dies wird durch Zitate gewürzt, in denen Schopenhauer, christliche Kirche, Fetisch-Dienst und Betrachtungen über Buddhismus und den großartigen Zauber des Nirwana die Hauptrolle spielen. Je mehr Publikum sich dabei einfindet, desto besser, denn die Augen sind schon längst umhergegangen und haben danach gesucht.

In einer etwas weiter abwärts gelegenen Gruppe oder Stufe nach Überschreitung der Bourgeois-Grenze werden diese Themata vermieden, und der Jargon und der Lokalwitz treten an seine Stelle. Kalisch, Dohm, Stettenheim haben hier ihre Apostel, und »ja nich schon [?]« und »man nich« fliegen wie Mücken in der Luft. Und das alles mit der Miene, etwas Höheres zu vertreten, einen Fortschritt, der der noch in geistiger Nacht liegenden Mitwelt verschlossen blieb. Zurückliegende Epochen sind alle »komisch«, und das Mittelalter ist »tragikomisch«.

Diese Abwesenheit aller Kavalierschaft zeigt sich auch bei den *Ballunterhaltungen.* Ja hier vielleicht am schlimmsten. *Dame:* »Aber Herr W., Sie sind ja heute gar nicht zu brauchen.« *Herr:* »Gott, meine Gnädigste, wo soll es herkommen? [*Danach über der Zeile:* ich falle noch um.] Seit sieben Tagen nich aus 'm Geschirre.« Andres Paar beim Cotillon. *Dame* (sieht ängstlich nach dem Bouquet). *Herr:* »Ängstigen Sie sich nicht; Sie kriegen's; ich lasse Sie nur noch zappeln.«

Bei näherer Bekanntschaft beginnen die *Bekenntnisse.* [*Davor auf aufgeklebtem Zettel folgender Einschub: Diskretion* existiert nicht. Es bedarf deshalb auch kaum einer näheren Bekanntschaft, um zu den »Bekenntnissen einer schönen Seele« überzugehn. Diese schöne Seele ist natürlich die eigne, Abstammung, Ehe, Gebrechen werden mit einer Offenheit behandelt, die vom Standpunkt der Wahrhaftigkeit nichts zu wünschen übrigläßt. Überhaupt offen sein, wahr sein ist das dritte Wort, dahinter verbirgt sich aber viel Schlauheit.] Diese fließen keineswegs aus einer beichtebedürftigen Seele [*Danach zwischen den Zeilen:* Beichte! Was heißt Beichte? Beichte hat Reue zur Voraussetzung, und diese zählt zu dem Letzten, womit man sich abgibt. »Ein unglaublicher Grad, mit sich zufrieden zu sein«, ist ein hervorstechender Zug. Nein, alles ist nur diktiert von dem Wunsche, geistreich zu sein.], überhaupt gehört Reue nicht zu den landläufigen Artikeln. Nein, der Wunsch, sich interessant zu machen, sich überlegen und großstädtisch vorurteilsfrei zu zeigen, diktiert sie. Da werden dann die delikatesten Dinge [*Dazu zwischen den Zeilen:* desto lebhafter und eindringlicher erzählt, je mehr der Hörende staunt. Abstammung, legitim oder illegitim, Ehe, glücklich oder unglücklich, Kinder, dumm oder klug ⟨*Nicht entzifferte Wörter*⟩ und mit Rücksicht darauf, ob sie wenigstens ein »Fall« sind, werden mit Behagen durchgesprochen.] erzählt, und je mehr, je mehr der Hörende staunt. Es wird auch noch hinzugelogen.

Mit Fremden

Mit der Ortseitelkeit [hängt] zusammen, daß auf den Fremden gar keine Rücksicht genommen wird. Überall in der Welt kommt man dem Fremden entgegen und macht seine Interessen zu den seinigen oder gibt sich wenigstens das Ansehen davon, man erkundigt sich nach Einrichtungen seiner

Stadt, seines Landes, fragt nach seiner Kunst, nach seiner Beschäftigung. Man sucht sich zu belehren und vor allem den Fremden dadurch wohltätig zu berühren. Das kennt der Berliner nicht. Er fordert sofort ein Eingehn auf seine Stadt und das Leben und die Interessen derselben.

Vor zehn Jahren besuchte mich ein Leipziger. Er kam von Paris und ging nach Leipzig zurück. Sein Gesicht strahlte, denn er umfaßte nun die Welt. Sein Axiom war: »in Paris vollziehen sich die Dinge, in Leipzig werden sie gedacht«. Der eigentliche Berliner kennt diese Zweiteilung nicht, er sorgt für das eine und das andre.

»Vor Gott sind eigentlich alle Menschen Berliner.«

Nicht nur von Niemann und der Mallinger, auch von Herrn Schwing und Frl. Hofmeister wird gesprochen, als ob jeder gebildete Mensch die Verpflichtung habe, sie zu kennen, Hildebrandt, Mannheimer und Samter werden als Weltzelebritäten behandelt und die Worte Spandauer oder Wall- oder Jägerstraße mit einer gewissen Nonchalance hingeworfen, als wäre es selbstverständlich, daß die Betreffenden dort wohnen. Alles, was unsrem Leben angehört, wird als selbstverständlich gekannt vorausgesetzt und von »Prinzessin Anisettchen«, »Grüner Neune« und Prinzessin Anisettchen gesprochen wie von Westminster Palace und der Königin Elisabeth.

Schluß

Ausgleich

Es ist der unfeinste Ton, den die Welt kennt, und man kann an ihm studieren, wohin die bloße Behandlung des Wissenschaftlichen, das Lernen führt. Und wie recht diejenigen haben, die sich von einseitiger Kunst- und Wissenschaftsentwicklung wenig für den wirklichen Fortschritt der Menschheit versprechen. Ein Zug innerlicher und äußerlicher … zieht sich hindurch. Die Unfeinheit hat sich hier eine Type geschaffen.

Und doch! Es wohnt allem diesem ein Reiz inne, auch eine Berechtigung, ohne welche die ganze Erscheinung entweder nie entstanden wäre oder sich nicht gehalten hätte. Jeder wird die Wahrnehmung selber gemacht haben. Nehmen wir England. England hat die schönsten Weiber, auch eminent an Geist und Witz und Form. Sie sind das Ideal. Aber ihre Zahl ist nicht übergroß, und der Zweck dieser Zeilen ist es nicht, von den Ausnahmen, sondern von der Regel zu sprechen, nicht vom einzelnen, sondern von der Masse. Und wie ist die Masse drüben? Öd und leer; »stupid«, redensartlich. Sie treten vor die Sixtinische Madonna und sagen »very nice, indeed«, sie lesen eine erschütternde, aber von einigen Seltsamlichkeiten begleitete Geschichte und finden sie »very funny«, alles hat seinen Zettel oder kriegt [ihn], als ob sich alles, was in der Welt ist und geschieht, sich in die sechs Rubriken »nice«, »beautiful«, »clever« und in »funny«, »awkward« und »shocking« einsperren ließe. Eine trostlose Leere gähnt einen an, und die Zauber des weißen Teints, des halbgeöffneten Herzmundes und des Dashingtums schwinden von Tage zu Tage mehr. Kommt man nach solchen Eindrücken in die Heimat zurück, so empfindet man das »Schaumspritzen der Freiheit«, das hier zu Hause ist, doch als Fortschritt und Segnung und sieht über das Schaumspritzen hinweg, das einem mitunter empfindlich in die Augen spritzt.

Und was ist das Resultat? Über die Kultivierung dessen, was pikant und witzig und anregend und apart ist, ist uns die Kultivierung des Schönen verlorengegangen. Das Geistreiche hat sich auf Kosten des Schönen, der Esprit auf Kosten der Form als ein »rocher de bronce« stabiliert. Behalten wir das Gute, aber geben wir ihm ein andres Fundament, fügen wir zu der Bildung des Geistes auch die Bildung des Herzens (die freilich eine Revolution unsrer gesamten Anschauung zur Voraussetzung hat), und der Berliner Ton wird der erste sein, wie er jetzt, Pardon, der letzte ist.

ADEL UND JUDENTUM IN DER BERLINER GESELLSCHAFT

1. Das Historische. Der Adel war die Gesellschaft, denn auch die höhere Beamtenschaft (Armee und Zivil) war Adel.

2. Nach den Befreiungskriegen bereitete sich ein Umschlag vor, erst langsam, dann rapide, desto rapider, je schneller sich der wirtschaftliche Umschlag vollzog: der Adel wurde arm, der Bürgerstand wurde reich. Am reichsten die Juden.

3. Sie herrschen nun souverän. Es gibt in Berlin 280 Banquiers. Davon sind ¾ Juden. Auch in der glänzendsten alten Zeit hat es nicht 200 Adlige gegeben, die ein Haus ausgemacht hätten.

4. Wie hat das auf die Gesamterscheinung der Gesellschaft gewirkt? Vorteilhaft oder nachteilig? Ist es eine Kalamität oder ist es ein Fortschritt?

5. Ich behaupte das Letztre. Die eigentlich aristokratische Gesellschaft ist die höchste gesellschaftliche Form, sie überragt selbst die höfische, deren Tugenden mit den Aristokratischen zusammenfallen, deren Laster und Schwächen aber sehr trübselig sind. Solche Adelskreise hatte Berlin einige. Dahin gehörten die Häuser Schwerin und Dönhoff; ich bezweifle, daß es etwas Ähnliches [*Darüber:* Gleiches] daneben gab. Aber wenn auch, ihre Zahl war sehr gering. Die Durchschnitts-Adelsgesellschaft ließ viel zu wünschen übrig. Sie hatte Selbstbewußtsein und Haltung und in Ausnahmefällen auch jene Würde, die das Gefühl, mit der Geschichte des Landes verwachsen zu sein, und das Festsein in Prinzipien den Trägern berühmter Namen gibt. Aber in dem Sinne, der in England und Frankreich und vor dem in den italienischen Staaten einen Adel schuf, von diesem Adel hatten wir nichts; dazu waren wir zu arm, zu binnenländischbeschränkt, zu unkosmopolitisch und zu unvertraut mit dem, was allein eine feinere Form schafft: mit Wissenschaft und Kunst. Gelesen hatte man wenig und gesehen nichts. [*Dazu am linken Rand:* Man war exklusiv, immer unter sich, der Landpastor, der geladen wurde, oder der Professor, der die

»Junkers« in Pension hatte, standen in einem unfreien oder genierten Verhältnis. Dadurch daß man es sie in den bessern Familien nicht fühlen ließ, wurd es nicht besser.]

Wie anders stellt sich daneben die jetzt dominierende Gesellschaft. Es haftet ihr etwas von der Ängstlichkeit und Unsicherheit des Parvenus an, das Gefühl bedrückt sie, bis in ängstliche Höhen hinaufgewachsen zu sein, dazu fehlt das Zusammengewachsensein mit dem Staat, in dem sie leben, dessen Schlachten sie nicht geschlagen, dessen Gesetze sie nicht geschaffen haben. Das Gefühl einer kaum losgewordenen Pariaschaft verläßt sie nicht, und neben einem sechs Fuß hoch aufgeschossenen Arnim nehmen sie noch immer eine verlegene Stellung ein, selbst wenn letzterer hoch auf der linken Seite ihrer Bücher steht. Das Vollmaß der Erscheinung fehlt noch, und an die Stelle kräftigen Renommiertons ist eine stille lächelnde Eitelkeit und Selbstbespiegelung und Schönfinderei getreten. Aber in allem andren entfaltet sich eine Überlegenheit, und das Enge, das Provinziale ist abgestreift. Große Interessen werden verhandelt, der Blick hat sich erweitert, er geht über die Welt. Die Sitten sind verfeinert, geläutert, gebessert. Vor allem der Geschmack. Der Courszettel verträgt sich besser mit der Weltbildung als der Rennbahn- oder Wochenmarktbericht. Sprachen werden gesprochen und Weltreisen gemacht, und die Interessen sind über die Rangliste hinausgewachsen. Und deshalb sind diese Gesellschaften, in denen oft die »Jüdischen« die Minorität [!] bilden, der Mittelpunkt unsrer geistigen Kreise geworden. Man findet dort alles, das Beste, was wir haben, keiner schließt sich aus, wenigstens kein Kreis. [*Dazu am rechten Rand:* Hier auch zu: Fremde, Reisende.] Die Kunst, die Wissenschaft, die sonst betteln gingen oder auf sich selber angewiesen waren, hier haben sie ihre Stätte, statt der Pferdeställe werden Observatorien gebaut, und statt der Ahnenbilder in Blau u. Gelb und Rot hängen die Werke unsrer Meister in Zimmern und Galerien. Der Staat mag dadurch verloren haben, die Welt hat gewonnen.

ALTE UND NEUE PROVINZEN

Wen eine Sommerreise von der »guten Stadt Berlin« aus in die Provinzen führt, westlich bis an den Rhein und die Eider, der wird sich der Wahrnehmung nicht verschließen können, daß er in fremden Gegenden reist und daß die Herzen eine total andere Sprache führen. Es wird ihm Überzeugung werden, daß Fehrbellin und Hohenfriedberg nur auf einem allerengsten Raum bekannt sind und daß das Preußentum und die preußischen Könige in immer dünner werdenden Kreisen über Warthe [?] und Saale hinaus eine ganz geringe Bedeutung haben. Nach Mecklenburg und nach Sachsen zu nur ein schmaler Streifen. Nicht nur Deutschland widerstrebt dem Alt-Preußentum, das nur wenig über Brandenburg hinaus Wurzeln geschlagen hat, nein, auch in unseren eigenen Provinzen, wenn sie nicht Brandenburg oder Pommern [?] heißen, ist man voller Haß gegen den Borussismus oder voll Spott und Hochmut. Dies alles liegt so obenauf, ist so flagrant, daß auch der mäßigste [?] Beobachter diese Beobachtungen machen muß; die Verschiedenartigkeit des Tuns [?] ist eine totale.

Ich bin in einer märkischen Marktstadt zu Haus: Gymnasium, Kreisgericht, zwei Bataillone und ein Regimentsstab. Wenn ich diese meine Heimatsstadt besuche und über den Kirchplatz gehe, so [*Zwei unleserliche Wörter.*] ... [*Vermerk Fontanes:* »erzählen«]. Ich lache und trete bei [*Unleserlich.*] ein und lasse mir ein [*Unleserlich.*] geben. Da sitzen vier, fünf Herren am Tisch. Sie sprechen, ich höre ... Das sind preußische Städte. In diesen Städten gibt es, wie überall, Liberale, Demokraten, [*Unleserlich.*], es wird das Blaue vom Himmel geschimpft, jeder weiß es besser, jeder hat etwas auszusetzen, aber alle sind sie Preußen, die das Gefühl von der Besonderheit ihres Könnens, von den Großtaten ihrer Fürsten und ihrer [?] Geschichte beständig gegenwärtig haben. Es sind zum Teil kleine, beschränkte Leute, man kann über sie lachen, aber man halte sie warm, auch die, die scheinbar ganz entraten [?] sind, denn sie sind die Reifen, die die Tonne zusammenhalten; man nehme sie fort, und alles fällt auseinander, das große gegenwärtige Preußen und Deutschland mit. Jeden einzelnen könnte man in Gold fassen.

Nun fährt man in eine der neuen Provinzen, sagen wir Schleswig-Holstein. Wir steigen ab, machen Besuche, wir werden zu Leuten geladen, die wir von der Residenz her kennen, vom Landtag oder Reichstag oder [*Unleserliches Wort.*]. Der Empfang ist der beste. Sie sind feiner, freier, superiorer, artig, weltmännisch und geben sich das Ansehen, als gehörten sie mit dazu. Nun kommt das Gespräch auf unsere Dinge. Nun dies durchführen.

In den alten Provinzen gibt es bei den Reisen nur Geizhälse und Verschwender. Die Jugend verschwendet, das Alter ist geizig.

In Schleswig-Holstein, wo der Handel herrscht, nur solche, die richtig ausgeben etc.

Das Ruppiner Bild (siehe die ersten 3 Blätter) weiter ausmalen. Dann Kieler Bild. Worin die Unterschiede liegen.

Einer setzt auseinander, wie Preußen entstand. Es war eine regierungsbedürftige, wüste, auseinandergefallene, vielfach bedrohte Masse, weder frei, noch geschult, noch einig, nur hülfsbedürftig. Da kam ein kluges Fürstengeschlecht ins Land und schuf einen Staat. Alles darin teilte sich weniger in Stände (Geistlichkeit und Bürgertum waren dazu zu inferior), sondern in Regierte und Regierende. Dies ging sehr gut, denn auch die Regierten fühlten sich glücklich. Ein Staat entstand, und die Entstehungsgeschichte desselben muß in ihrer Art als bewundernswert gelten. Aus einem ziemlich wertlosen Rohmaterial entstand etwas relativ Gutes. Aber wie gut auch in *seiner* Art, es gehörte einer niedrigsten Kultur-Entwicklung an. Von Freiheit keine Rede. Und daran kranken wir noch. Aller gegebenen und gesetzlich garantierten Freiheit zum Trotz sind wir innerlich unfrei geblieben und teilen uns nach wie vor in Regierende und Regierte. Die Selbständigkeit fehlt, die Initiative; wir erwarten nach wie vor alles von der Regierung. Wir finden es bequem und vorteilhaft, uns regieren zu lassen. Wir fahren dabei auch nicht schlecht; aber es geht uns in Erscheinung und Auftreten etwas Freies, Sicheres, Weltmännisches dadurch verloren. Was sich davon zeigt, namentlich von »Sicherheit«, fällt dann leicht in die Übertreibung und nimmt die Formen der Unbildung und Unsalonfähigkeit an.

GESCHICHTEN AUS MARK BRANDENBURG

[I STOFFDISPOSITIONEN]

GESCHICHTE UND GESCHICHTEN AUS MARK BRANDENBURG
EIN LESEBUCH FÜR SCHULE U. HAUS
ZWEI BÄNDE
(Vielleicht zu illustrieren, jedenfalls mit einzelnen Karten etc. auszustatten)

1. Stendal und die Grafenfehde. (Klödens Familienbuch.) [*Dazu quer auf dem Rand:* Vorher: Otto mit dem Pfeil. (Märkische Forschungen.) Waldemar, der echte und der falsche. Markgraf Waldemar. Der falsche Waldemar.]
2. Das Treffen am Kremmer Damm. Märk. Forschungen. Wusterwitz. Klödens »Quitzows«, Band III, S. 178.
3. Das Treffen b. Angermünde. Wusterwitz. Klödens »Quitzows«.
4. Die Hussiten vor Bernau.
5. Aus Joachims I. Zeit.
6. Aus Joachims II. Zeit. Johann v. Küstrin. Leupold v. Wedell. Johann v. Buch.
7. Fehrbellin.
8. Hermann v. Katte.
9. Eine Cause célèbre aus der Zeit Fr. II. oder Fr. W. II.
10. Unschuldig Blut. Bauer. Kyritz 1845. An Ort u. Stelle forschen.
11. Verschwunden. Der neue Pitaval.
12. Alexander Anderssen.

In all diesen Kapiteln hat das Historische an die Stelle des Topographischen zu treten, nicht von *Dorfern* ist mehr die Rede, sondern von Personen u. Ereignissen.

[Weiterer Gliederungsversuch mit Literaturverweisen]

Vorwort

Selbstverständlich eine Ähnlichkeit ist da, aber es sind keine »Wanderungen« mehr. Das landschaftlich Deskriptive fehlt, und an Stelle davon traten Geschehnisse. In das Erwanderte wurde Geschichte hineingelegt, hier in die Geschichten Erwandertes.

1. *Albrecht* der Bär. Schwartz' Aufsatz im »Johanniterblatt« benutzen.

2. Erzbischof Norbert. Winters: »Die Prämonstratenser«. [*Dazu auf besonderem Blatt: Die Prämonstratenser.* »Johanniterblatt« 1865, S. 223. Ist mein Aufsatz. Vielleicht bei »Havelland« mal benutzen.]

3. Markgraf Otto mit dem Pfeil. Märkische Forschungen.

4. Der Havelberger Bischof, der sich aus niedrem Stande zu einer Hauptfigur aufarbeitete und unter dessen Herrschaft die Wunderblutkirche zu Wilsnack gebaut wurde. Klöden: »Die Quitzows«, wo sich dann auch wohl die Quellen angegeben finden.

5. Markgraf Waldemar. Sein Tod zu Bärwalde; bestattet zu Chorin.

6. Der falsche Waldemar. Die verschiedensten Quellen.

7. Die Fehde zwischen Stendal und den Herzgrafen. Klödens Familiengeschichte. Enthält auch das hübsche Gedicht.

[8. *fehlt*]

9. Dietrich und Johann v. *Quitzow.* Alles ganz kurz fassen; zeitbildlich; die Erklärung und Rechtfertigung aus der Zeit heraus. Quellen mannigfach.

10. Das *zweite* Treffen am *Kremmer* Damm. Schwartz' langer Hohenlohe-Aufsatz im »Johanniterblatt«. [*Dazu auf besonderem Blatt: Der erste Tod für das Haus Hohenzollern* (Der Tod Hohenlohes am Kremmer Damm 1412). Vier Kapitel von Direkt. Schwartz. »Johanniterblatt« 1867, S. 104, 109, 116, 121. (Es ist sehr weitschweifig und ziemlich ungeordnet; aber als Material gut zu brauchen.)]

11. *Der Straßenkampf in Ketzer-Angermünde.* Wusterwitz etc. Das Lied steht in Klödens: »Die Quitzows«.

12. *Die Hussiten vor Bernau.*

Aus der Zeit Joachims I. und II.

13. Das Wunderblut zu Wilsnack (siehe Einliegendes).
14. Fürstenwalde u. Nickel v. Minckwitz.
15. Kurfürst Joachims II. Zug ins Ungarland.
16. Kurfürst Joachim II. und Alba.
17. Johann v. Küstrin.
18. Rochus v. Lynar.

Notizen, die ich mir nach Durchsicht des großen Buches von *Angelus Marchicus* gemacht habe. Sie sind zuverlässig, und ist ein abermaliges Durchblättern nicht nötig. Das *Alte* steht in *älteren* Büchern besser; nur für die Epoche von 1540–90 hat es einigen Wert.

1. *Die Geschichte von der gestohlenen Hostie in Knoblauch* und dem furchtbaren Judenprozeß steht Angelus S. 269–79. [*Dazu am Rand:* Wichtig, aber widerlich.]

2. Tetzel und Ablaßkrämerei. 283–89. [*Dazu am Rand:* Unbedeutend.]

3. Historia und gründlicher Bericht, wie die Stadt Fürstenwalde von Nickel v. Minckwitz eingenommen und geplündert wurde. 316 u. 17. (Leuthinger hat auch einen Bericht.) [*Dazu am Rand:* Gut; aber in Leuthinger und a. a. O. wahrscheinlich besser.]

4. Das *Mädchen Gertrud von Lebus,* die, vom Teufel besessen, Geld und Nadeln fraß, bis sie freigebetet wurde. S. 324 bis 326. (Nicht selbständig zu gebrauchen, aber im Roman oder an andrer Stelle.) [*Dazu am Rand:* Interessant, aber nur als charakteristischer Zug der Zeit in einer histor. Erzählung zu verwenden.]

5. Der *Religionswechsel* in der Mark 1540. Matthias Jagow, Bischof v. Brandenburg. S. 330–32. [*Dazu am Rand:* Unbedeutend.]

6. Kurfürst *Joachims II. Zug* gegen die Türken in Ungarn. Anklage gegen ihn. Verteidigung (in Versen) durch Georg Sabinus. S. 333. [*Dazu am Rand:* Eine bloße Andeutung.]

7. Kurfürst v. Sachsen wird vom Kaiser gefangen und vom Kurfürsten Joachim II. beim Leben erhalten. S. 338. [*Dazu am Rand:* Dito.]

8. *Das vermeinte heilige Blut* zu Wilsnack wird zerstöret.

S. 345 bis 350. (Vorher: von dem *»Wunderblut zu Wilsnack«.* S. 167.) [*Dazu am Rand:* Gut. Aber eklig u. vielfach publiziert.]

9. Eine Sage oder tendenziöse Erscheinungsgeschichte. S. 355 und 56. (Hübsch, im Roman oder sonstwie zu brauchen.) Die *»Geschichte von den Mähern«* (S. 357 und 58). Die Geschichte von den Mäusen. S. 396. (Nicht übel.) [*Dazu am Rand:* Sagen.]

Als Kapitel für mein Lesebuch könnte nur folgendes verwandt werden:

1. Das Wunderblut zu Wilsnack. Später die Zerstörung davon. (Aber all dies nur *vielleicht.*)
2. Fürstenwalde u. Nickel v. Minckwitz. *Ein sehr guter Stoff.*
3. Kurfürst Joachims II. Zug ins Ungarland. (Mit Hülfe von Tagebüchern etc. vielleicht zu gestalten.)
4. Kurfürst Joachim II. tritt für den Kurfürsten von Sachsen gegen Alba u. den Kaiser ein.
5. Die großen Ritterspiele 1591.

Fürstenleben und Fürstensitte im 16. Jahrhundert. »Johanniterblatt« 1863, S. 208, 214, 218.

Wie Fürsten zu Anfang des 17. Jahrhunderts wohnten und lebten. Von Joh. Falke. »Johanniterblatt« 1863, S. 58 und 65. Fortsetzung: S. 178, 183, 190.

Aus der Zeit George Wilhelms

19. Moritz v. Rochow.
20. v. Pfuel.
21. Adam Schwarzenberg.

Aus der Zeit des Großen Kurfürsten

22. v. Burgsdorff.
23. Sparr.
24. Derfflinger.
25. Paul Gerhardt.
26. Fehrbellin. [*Dazu auf besonderem Blatt: Die Schlacht von Fehrbellin und der Prinz von Hessen-Homburg.* »Johanniterblatt« 1863, S. 209, 216, 221, 226, 233, 237, 242, 247.]

Aus der Zeit Friedrichs I.

27. Kolbe-Wartenberg und Frau.
28. Hermann v. Katte. [*Dazu auf besonderem Blatt:* Der *Oberst v. Münchow.* Von Georg Hiltl. (Sohn des Präsid. v. Münchow, 1731 sieben Jahr alt u. immer Gefährte des Kronprinzen.) Sehr interessante Mitteilungen aus der Gefängnis- u. Katte-Zeit. »Johanniterblatt« 1862. S. 82, 93, 107. S. 82 ist Hiltl; S. 93 Graf Lippes Angriff; S. 107 Hiltls Erwidrung.]
29. General v. Geßler bei Hohenfriedberg.
30. Schlacht bei Prag.
31. Kollin. – Hochkirch.
32. General Fouqué.
33. Unschuldig Blut.
34. Verschwunden.
35. Alexander Anderssen.

Der Siebenjährige Krieg und die Lieder des preuß. Grenadiers. Von H. Proehle. »Johanniterblatt« 1863, S. 104, 108, 113, 120, 126.

Hans Joachim v. Zieten, eine gute Charakteristik Zietens durch Graf Lippe. S. »Johanniterblatt« 1862, S. 198.

Georg Wilhelm v. Driesen. Eine kurze Biographie von Graf Lippe. »Johanniterblatt« 1867, S. 298.

Prinz Louis Ferdinand. »Johanniterblatt« 1865, S. 243. Ist nicht viel, aber leidlich.

Die preußischen Blessierten in der Schlacht bei Hochkirch. »Johanniterblatt« 1865, S. 99 u. ff. Fünf Nummern.

Die preußischen u. russischen Blessierten in der Schlacht bei Eylau. »Johanniterblatt« 1876. (Beide Aufsätze von Graf Lippe.)

Der Glin und Bellin und Löwenberger Land

1. *Der Glin*

Zum Glin gehören: *Kremmen,* Oranienburg (früher Bötzow), Staffelde, Groß Ziethen, Schwante, Vehlefanz, Eichstedt, Marwitz, Perwenitz.

2. *Der Bellin*

Fehrbellin, Lentzke, Brunne, Letzin, Karwesee, Dechtow, *Linum*, Hakenberg u. Tarnow.

3. *Das Löwenberger Land*
Löwenberg, Hoppenrade, Grüneberg, Teschendorf, *Liebenberg* u. a. kl. Dörfer.

Danach würden, außer kurzen Orientierungskapiteln, die Hauptkapitel sein:

1. *Glin*
Kremmen. Kremmer Damm.
2. *Löwenberger Land*
Hoppenrade. Liebenberg.
3. *Bellin*
Linum. Fehrbellin.

Aus dem Lande Glin und Bellin

1. Hoppenrade.
2. Liebenberg.
3. Sieben Jahre Welt- und Landesgeschichte vom Standpunkt eines märk. Herrensitzes aus.
4. Linum.
5. Fehrbellin.

Komm ich noch dazu, je Fehrbellin zu beschreiben (nicht *zu* ausführlich), so muß ich benutzen:

1. Gansauge. 2. Was 1875 zur Jubelfeier erschien, darunter namentlich ein Bericht im »Militärwochenblatt« vom 17. Juni 1875 mit Plan, Briefen etc. 3. *Schwedische* Darstellung der Schlacht. 4. Die Helden von Fehrbellin: Derfflinger, Görtzke, Mörner, Treffenfeld, Prinz v. Hessen-Homburg, Froben, Uhle etc.

Geschichten aus Mark Brandenburg

1. Band. Die Quitzows.
2. Band. Glin.
3. Band. Bellin.
4. Band. Aus dem Nußwinkel.

I. Band

Die »*Quitzowschen*«,
ihr Besitz und ihre Schlösser in alter und neuer Zeit

1. Das streng Historische
2. Die Quitzows
   a. Quitzöwel
   b. Rühstädt
   c. Friesack
   d. Plaue
3. Die Rochows
   a. Groß Beuthen
   b. Golzow. Rekahne
   c. Plessow
   d. Stülpe
4. Die Bredows
5. Die Putlitz
6. Die Jagow

II. Band

Aus dem Glin und dem Löwenberger Land

1. Kremmen und der Kremmer Damm
2. Hoppenrade. Fähnrich v. Arnstedt
3. Liebenberg und die Hertefelds
4. Vom 14. Oktober 1806 bis 18. Oktober 1813
5. Die Einzeldörfer
   am Rande: Warnsdorf. Pausin. Paaren. Grünefeld. Flatow. Velten. Quaden(Bösen)Germendorf
   auf d. Plateau: Staffelde. Groß Ziethen. Schwante. Vehlefanz. Eichstedt. Marwitz. Perwenitz

[*Weitere, wohl frühere Übersicht:*]

Glin. Mit dem Lande Löwenberg zusammen bildete es einen besondren landrätlichen Kreis.

Am Rande	Oranienburg
	  Warnsdorf. Pausin. Paaren
	  Grünefeld. Flatow
	Kremmen
	  Quaden(Bösen)Germendorf

Auf d. Plateau um den »Kremmer« herum	Staffelde. Groß Ziethen Schwante. Vehlefanz. Eichstedt. Marwitz und Perwenitz
Ein Band	*Kremmen* und der Kremmer Damm *Hoppenrade* *Liebenberg* und die Hertefelds Die Einzeldörfer

[*Literaturangaben nach Berghaus:*]

Glin	Band I Berghaus 414 II 4 und 618
Friesack	Band I, 417 Band II, 617
Bellin	Band I, 42, 415, 639, 641, 666 Band II, 618
Nußwinkel	Band I, 419

III. Band

Aus dem Ländchen Bellin

1. Linum
2. Fehrbellin
   a. Die Schlacht b. Fehrbellin
   b. Die Toten u. die Helden von Fehrbellin
   c. Fehrbellin in Kunst und Dichtung
3. Hakenberg (Museum)
4. Die Dörfer im Ländchen Bellin
   Feldberg. Lentzke. Brunne. Betzin. Karwesee. Dechtow. Tarnow

IV. Band

Aus dem Nußwinkel samt Rhinow und Friesack

1. *Nußwinkel*
   a. Kotzen
   b. Ferchesar
   c. Lochow
   d. Stechow
   e. Nennhausen
2. *Rhinow*
   Hohennauen
3. *Friesack*
   Vietznitz. Warsen
   Brädikow. Wagenitz
   Senzke. Haage
   Görne. Kleßen
   Kriele. Liepe
   Briesen

Geschichten aus Mark Brandenburg

1. Band

Jarl Iron und Isolt
  Iron und Isolt
  »Jarl Iron« und die d. Heldensage
Erzbischof Norbert und die Prämonstratenser
  Erzbischof Norbert. Winter. Wangenheims
  Die Prämonstratenser. Winter. Wangenheims
Otto mit dem Pfeil und Markgraf Waldemar
  Otto mit dem Pfeil. Bibliothek. Luther. Holtze
  Waldemars Tod und Begräbnis. Holtze
  Das Grabmal des falschen Waldemar. Reise nach Dessau
Gardelegen etc. und die Harzgrafen
  Das Treffen bei Klinke. Klöden
Am Kremmer Damm
  Erstes Treffen am Kremmer Damm. Luther. Holtze
  Zweites Treffen am Kremmer Damm. dito
Ketzer-Angermünde
  Ketzer-Angermünde. O. Schwebel. Luther. Holtze

Die Hussiten vor Bernau
    Die Hussiten vor Bernau. Luther. Holtze. Reise nach Bernau
Rochus von Lynar
    Rochus v. Lynar
Lampertus Distelmeyer
    Lampertus Distelmeyer
Erster Versuch eines stehenden Heeres i. M. Br.
    Erster Versuch eines stehenden Heeres i. M. Br.
Kriegsobersten aus Mark Brandenburg zur Zeit des 30jährigen Kriegs
    Kriegsobersten aus Mark Brandenburg zur Zeit des 30jährigen Kriegs
Fehrbellin (oder vielleicht das Ländchen Bellin)
    Die *Helden* von Fehrbellin
    Fehrbellin in Sage, Kunst etc.

Geschichten aus Mark Brandenburg
2. Band

Zopf und Schwert
    Die großen Blauen von Potsdam
    Doris Ritter
    Fr. W. I. und Pastor Bruhn
Fridericus Rex »unser König und Herr«
    Tod Fr. W.s I. und Regierungsantritt
    Der Ausmarsch in den 1. Schles. Krieg
    Die Briefe des Kronprinzen Friedrich an Frau v. Wreech
    Kunersdorf
    Ewald v. Kleists Tod u. Begräbnis
    Torgau
    Graf Hoditz
    Graf Hordt
    Das Lazarettwesen und die Pflege der Verwundeten im 7jährigen Kriege
    Eine Grenadier-Trauung
Auf dem Glin
    Hoppenrade und die Krautentochter
    Liebenberg und die Hertefelds

Liebenberg 1881
Niedergang
Wöllner-Plätze
a. Döbritz b. Groß Behnitz c. Groß Rietz
Bischofswerder und Massenbach
Schwindel-Orden
Die Kunst und die Gräfin Lichtenau
Vom 14. Okt. 1806 bis 18. Oktob. 1813
Der Einzug der Löffelgarde
Unschuldig Blut
Verschwunden
»Still gestanden. Augen *rechts*!«
Fähnrich v. Arnstedt
Die Tscherkessen und das neumärk. Drag.-Regiment
Aufgang
Bismarck (Kl. Essay. An dem u. dem Tage saß ein Herr in Fr. a. M. und schrieb ⟨sein Programm, Österreich muß aus dem Bund heraus⟩. Dann sein Tun durch zwei Jahrzehnte hin ganz kurz. Dann seine Reise, wie er Göttingen auf der Reise nach Kissingen 1883 August passiert.)
Aus unsren Tagen
Dreilinden

Geschichten aus Mark Brandenburg
Band I bis IV

Vorher durchsehen:

1. Mitteilungen des *Potsdamer* Geschichtsvereins. (An Lehrer Wagener wenden.)
2. Mitteilungen des *Brandenburger* Geschichtsvereins. (An Buchh. Wiesike wenden.)
3. Alle Jahrgänge des *Johanniter*-Blattes.
4. Alle Jahrgänge des »Bär«.

Geschichten aus Mark Brandenburg
Band I

Jarl Iron und Isolt
Heidnische Burg- und Ringwälle
Erzbischof Norbert u. die Prämonstratenser
Otto mit dem Pfeil
Markgraf Waldemar
Das *Grabmahl d. falschen* Waldemar
Stendal–Gardelegen u. die Harzgrafen
Die Quitzow-Schlösser. Quitzöwel. Rühstädt, Friesack, Plaue. Hier auch Handtelmanns [!] Buch benutzen.
Am Kremmer Damm
Die Kyritzer u. die Bassewitz-Fehde
Ketzer-Angermünde
Die Hussiten vor Bernau
Rochus von Lynar
Lampertus Distelmeyer

Den Abschluß dieses Bandes muß etwas auf die *Reformation* Bezügliches bilden, also Begegnungen mit Luther oder das Abendmahl in der Kirche zu Spandau unter Bischof Matthias von Jagow oder seine Szene mit Karl V. u. Alba.

Vorher an passender Stelle: Wittstock, Wilsnack (Wunderblut ganz kurz), Bischof *Wepelitz.*

Geschichten aus Mark Brandenburg
Band II

Erster Versuch eines stehenden Heeres
Kriegsobersten aus Mark Brandenburg zur Zeit des Dreißigjähr. Krieges (*Görtzke*, Götz, *Arnim*, *Sparr*, *Rochow*, *Königsmarck*, Illo, Kracht, Pfuel etc.)
Die Schlacht bei *Warschau.* Nach Droysen
Fehrbellin
Die Toten und Helden von Berlin
Fehrbellin in Sage, Kunst und Dichtung
Die Mörner-Sage aus Handtelmann [!]

Aus der Zeit des ersten Königs (Hier noch einige andre u. beßre Stoffe wählen.)
Böttger, der Goldmacher u. Porzellan-Erfinder
Marchesa di Salmour (Briefe)
Schlüter in Berlin

Dieser Band ist dem Stoffe nach noch der unfertigste; besonders aus der Zeit Friedrichs I. fehlt noch viel.

Geschichten aus Mark Brandenburg
Band III

Zopf und Schwert
Die großen Blauen von Potsdam
Die Heuschrecken vor Drossen (Besser *hier.*)
Doris Ritter
Fr. Wilh. I. und d. kath. Pfarrer Bruhn
Die Heuschrecken vor Drossen
Fridericus Rex, unser König und Herr
Tod Fr. W. I. u. Regierungsantritt Friedr. II. Potsd. Gesch.verein
Der Ausmarsch in den 1. schles. Krieg
Frau von Wreech (Briefe d. Kronprinzen an sie)
Schwerin ist tot!
Kunersdorf
Ewald von Kleists Tod, Begräbnis, Denkmal
Torgau
Fridericus Rex etc. Das heitre Grenadierlied
Das Lazarettwesen und die Pflege der Verwundeten im 7jähr. Kriege
Eine Grenadier-Trauung. S. Brandenb. Gesch.verein, Heft IV bis VI (Wiesike)
Graf Hoditz
Graf Hordt
Aus der Prinz-Heinrich-Zeit
Aus dem Mignon-Tagebuch (Paetel)
Hoppenrade und die Krautentochter
Liebenberg und die Hertefelds
Liebenberg 1881

Geschichten aus Mark Brandenburg
Band IV

Niedergang
Wöllner-Plätze
a. *Döbritz* b. *Groß Behnitz* c. *Groß Rietz*
Bischofswerder u. Massenbach
Schwindel-Orden
Gräfin Lichtenau
Franzosenzeit
Der Einzug der Löffelgarde
Berliner Originale
Unschuldig Blut
Verschwunden (Lord Bathurst)
Vom 14. Okt. 1806 bis 18. Okt. 1813
Die Schlachten des 7jähr. u. Befreiungskriegs. Eine Parallele
Still gestanden
Fähnrich von Arnstedt
Die Tscherkessen in d. Neumark
Aufgang
Bismarck
Aus unsren Tagen
Jagdschloß Dreilinden

AUS ALTEN UND NEUEN TAGEN
EINUNDZWANZIG KAPITEL AUS MARK BRANDENBURG

1. *Aus der askanischen Zeit*
   Otto mit dem Pfeil
   Wo wurde Markgraf Waldemar begraben? Anhang: Der falsche Waldemar in Dessau
2. *Aus der bayrisch-luxemburgischen Zeit* bis zum Erscheinen der Hohenzollern
   Erste Schlacht am Kremmer Damm
   Zweite Schlacht am Kremmer Damm
3. *Aus der Hussiten-Zeit*
   Die Belagerung von Bernau
   Auf dem Ruthenfeld

4. *Aus der Joachimischen Zeit*
   Rochus v. Lynar
5. *Aus der Zeit des 30jährigen Krieges*
   Märkische Kriegsobersten von 1618 bis 48
6. *Aus der Schweden-Zeit*
   Die Helden von Fehrbellin
   Fehrbellin in Kunst u. Dichtung
7. *Aus der Zeit der großen Blauen*
   Die großen Blauen
   Fr. W. I. u. Pfarrer Bruhn
   Doris Ritter
8. *Aus der Fridericianischen Zeit*
   Aus Pastor Seegebarts Tagebuch
   Kronprinz Friedrich an Frau v. Wreech
   Die Schlacht bei Torgau
   Friedrich der Große im Dosse-Bruch
   Graf Hoditz. Graf Hordt in Sacrow
9. *Aus der Prinz-Heinrich-Zeit*
   Hoppenrade
10. *Aus der Franzosen-Zeit*
    Unschuldig Blut
    Verschwunden
    Vom 14. Okt. 1806 bis 18. Oktob. 1813
11. *Aus der Stagnationszeit*
    Fähnrich v. Arnstedt
    Die Tscherkessen und das 3. Dragoner-Regiment
12. *Aus unsren Tagen*
    Dreilinden

[*Am Rand notiert:*] Der große Aufsatz *»Liebenberg«* muß statt »Friedrich der Zweite im Dosse-Bruch« in den Band »Ruppin« hineingenommen werden. Auch noch der Aufsatz *»Ruppiner Dörfer«*. Einiges Neue hinzufügen.

Aus alten und neuen Tagen in Mark Brandenburg
Band I

Vorwort
Aus der Wendenzeit
Schildhorn. Oder eine Brennibor-Geschichte.
Wendisches Spottlied. Herder. (S. Müller.)
Aus der Kolonisationszeit
Erzbischof Norbert und die Prämonstratenser.
Aus der askanischen Zeit
Otto mit dem Pfeil. Minnelieder. Waldemars Begräbnis.
Chorin. Fürstenwalde. Grabmal des falschen Waldemar.
Dessau.
Aus der Pommern- u. Hussitenzeit
1. Schlacht am Kremmer Damm
2. Schlacht am Kremmer Damm. Hohenlohes Grab.
Ketzer-Angermünde u. die Gänse v. Putlitz.
Die Hussiten vor Bernau.
Aus der Joachimischen Zeit
Johann Cicero.
Joachim I. (ein Spezialstoff).
Rochus v. Lynar. – Grete Minde.
Aus der Zeit des Dreißigjährigen Krieges
Märkische Kriegsobersten.
Aus der Schwedenzeit
Fehrbellin in Lied und Bild.
Die Toten und Helden von Fehrbellin und ihre Begräbnisstätten.
Aus der Fridericianischen Zeit
Friedrich an Frau v. Wreech.
Ausmarsch in den 1. Schlesischen Krieg.
Grenadierlied. Fridericus Rex. Schwerin. Schwerins Kopf, Schwerins Fahne.
Zieten. Gotha (Roßbach). Als ich ein Knabe etc.
Prinz Heinrich und sein Mignon.
Hoppenrade.
Liebenberg unter den Hertefelds und Eulenburgs
Aus der Wöllner- und Bischofswerder-Zeit
Massenbach über Bischofswerder.
Geheime Gesellschaften.

Aus der Zeit der Knechtschaft u. Befreiung
Vom 14. Okt. 1806 bis 18. Oktob. 1813.
Verschwunden. Unschuldig Blut.
Erntelied. Die Leipziger Schlacht.
Aus der Stagnations- u. Wartezeit
Fähnrich v. Arnstedt.
Die Tscherkessen u. neumärk. Dragoner.
Aus der Kaiser-Wilhelm-Zeit
Der Brief aus Petersburg 1866.
Etwas von 64 oder etwas von Bismarck.
Gravelotte von Ernst Dohm.
Dreilinden.
Blanchebart.

Märkische Städte
(deren Spezialgeschichte zu beschaffen ist)

1. Küstrin
2. Kremmen. Am Kremmer Damm
3. Plaue
4. Die Wendische Spree (An Bord der »Sphinx«)
5. Der Spreewald
6. Hoppenrade
7. Sacrow (W. Hahn)
8. Groß Behnitz und Groß Rietz
9. Nennhausen
10. Die Rochow-Güter

Altmark

1. *Arendsee*
2. *Salzwedel*
3. *Stendal*
4. *Gardelegen*
5. *Tangermünde*

Prignitz

1. *Havelberg*
2. Lenzen
3. *Perleberg*
4. Putlitz
5. *Wilsnack*
6. *Kyritz*
7. Freyenstein. Meyenburg
8. *Pritzwalk*
9. Wittstock
10. Zechlin

Grafschaft Ruppin

1. Altruppin (Schloß. Dann die Geschichte vom Jäger Uhle.)
2. Neuruppin. Bratring. Feldmann (M. S.). Heydemann. Zychlinski. Becher (24er).
3. Gransee
4. Rheinsberg

Havelland

1. Brandenburg
2. Spandau
3. Fehrbellin
4. Ketzin. Nauen
5. *Kremmen*
6. *Friesack*
7. *Rathenow*
8. Rhinow

Zauche—Belzig

Beelitz
Belzig
Lehnin
Niemegk
Saarmund

Treuenbrietzen
Werder

Teltow—Jüterbog—Luckenwalde

Köpenick
Mittenwalde
Teltow
Teupitz. Trebbin
K. Wusterhausen. Zossen
Baruth
Dahme
Jüterbog
Luckenwalde
Zinna

Uckermark

1. *Prenzlau*
2. Brüssow. Fürstenwerder
3. Strasburg
4. Angermünde
5. Greifenberg
6. *Joachimsthal*
7. Niederfinow
8. *Oderberg*
9. *Schwedt*
10. Stolpe. Vierraden

Beeskow—Storkow

1. Beeskow
2. Buchholz
3. Storkow

Barnim

1. *Biesenthal*
2. Freienwalde a/O
3. Neustadt-Eberswalde

4. Strausberg
5. Werneuchen
6. Wriezen
7. *Altlandsberg*
8. *Bernau*
9. *Liebenwalde*
10. Oranienburg

Frankfurt. Lebus. Neumark

1. *Fürstenwalde*
2. Lebus. Müllrose. Müncheberg
3. *Bärwalde. Fürstenfelde*
4. Königsberg
5. *Küstrin*
6. Marin. Schönfließ. Zellin. Zehden
7. Berlinchen. Bernstein. Lippehne
8. Soldin
9. Arnswalde
10. Neu-Wedell. Reetz
11. *Driesen*
12. Friedeberg
13. Woldenberg
14. *Landsberg a/W*
15. *Drossen*
16. Göritz. Königswalde
17. Lagow. Reppen
18. *Sonnenburg*
19. Sternberg
20. Zielenzig

MÄRKISCHE DÖRFER
KIRCHEN- UND KIRCHHOFSDENKMÄLER
IN UND UM BERLIN

Nieder-Barnim

1. Tegel. Gewiß.
2. Pankow. Vielleicht.
3. Schloß (Nieder-)Schönhausen. Gewiß.
4. Hohenschönhausen. Röbels. Gewiß.
5. Weißensee. Vielleicht. Judenkirchhof.
6. Französisch-Buchholz. Vielleicht.
7. Blankenfelde (samt Blankenburg). Gewiß. Grumbkow.
8. Rosenthal. Sehr wahrscheinlich.
9. Buch. Gewiß.
10. Schönwalde. Gewiß.
11. Wandelitz. Lanke. Biesenthal. Wahrscheinlich.
12. Quaden-Germendorf. Vielleicht.
13. Friedrichshagen. Gewiß.
14. Groß und Kl. Schönebeck. General von Reyher geboren.
15. Tasdorf. Vielleicht. von Marschall.
16. Lindenberg. Vielleicht.
17. Falkenberg. Gewiß.
18. Wartenberg. Vielleicht.
19. Biesdorf.
20. Neuenhagen.

Nieder-Barnim

Heiligensee. Hermsdorf. Dalldorf. *Tegel.* Reinickendorf. Pankow. *Niederschönhausen* (Schloß). *Hohenschönhausen* (Röbels). Heinersdorf. Weißensee. *Französisch-Buchholz. Blankenburg* und *Blankenfelde.* Glienicke. Lübars. Schönow. *Rosenthal. Stolpe.* Birkenwerder. Bergfelde. Mühlenbeck. Schönfließ. Schönerlinde. *Schönwalde.* Zühlsdorf. Basdorf. *Wandelitz. Quaden-Germendorf. Lanke* (Graf Redern). *Schmachtenhagen.* Wensickendorf. Zehlendorf. Stolzenhagen. Klosterfelde. Stralow. Friedrichshagen. Münchehofe. *Groß und Klein Schönebeck* (geb. von Reyher). Schöneiche. Rahnsdorf. Woltersdorf. Schönerlinde. Schönfließ. Rüdersdorf. *Tasdorf.* Vogelsdorf. *Zepernick.* Schwanebeck. *Lindenberg.* Malchow. *Wartenberg. Falkenberg.* Ahrensfelde. Altlandsberg. Marzahn. Hönow. Seeberg. Petershagen. Bollersdorf. Fredersdorf. Vogelsdorf. Dahlwitz. *Blumberg.* Seefeld. Lichtenberg. *Biesdorf.* Kaulsdorf. *Neuenhagen.* Eggersdorf. Herzfelde. Rehfelde. Werder.

Teltow

1. *Schöneberg.* Vielleicht was in der Kirche, jedenfalls auf dem Kirchhof.
2. *Tempelhof.* (Vielleicht).
3. *Britz.* Allerlei. Jaumann-Hengstberg. Vielleicht auch sonst noch Verschiednes.
4. *Rudow.* Benda. Vielleicht.
5. *Neu- und Altglienicke.* Kirche, Kirchhöfe, Schloß. Sehr viel.
6. *Großziethen* (Osthavelland). Früher [*Ein Wort nicht entziffert.*] Napoleons Wagen.
7. *Großbeeren.* Geist von Beerens Grab.
8. *Waltersdorf.* Fahnen.
9. *Blankenfelde.* Häselersch. Wahrscheinlich.
10. *Kiekebusch.* Wahrscheinlich.
11. *Dubrow.* Jagdschloß Fr. W. I.
12. *Stern.* Dito.
13. *Grunewald.* Jagdschloß.
14. *Grünau.* Denkmal.
15. Hohen- und Niederlöhme. Vielleicht.
16. Jühnsdorf. Vielleicht.
17. Löwenbruch. Vielleicht.
18. Beuthen. Vielleicht.
19. Gröben und Siethen. Vielerlei.
20. Genshagen. Sehr wahrscheinlich.
21. Kerzendorf. Denkmal.
22. Großmachnow. Sehr wahrscheinlich.
23. Kleinmachnow. Fahne etc.
24. Dahlem. Sehr wahrscheinlich.
25. Steglitz. Vielleicht.

26. Zehlendorf. Vielleicht auf dem Kirchhof. Vornehme Personen, die von [Ein Wort nicht entziffert.] aus bestattet wurden.

27. Stahnsdorf. Vielleicht.

28. Heinersdorf. Vielleicht.

29. Gütergotz. Sehr wahrscheinlich.

Teltow

Schöneberg. Tempelhof. Rixdorf. Lankwitz. *Mariendorf. Britz* (Jaumann-Hertzberg). *Marienfelde.* Buckow. *Rudow. Krummensee.* Vielleicht ist in Barnim das wichtigste. Neu- und Altglienicke. Lichtenrade. Großziethen (Osthavelland). Schönefeld. Alt- und Neu Bohnsdorf. Kleinbeeren. Großbeeren soll Geist von Beeren begraben sein. Mahlow. Waßmannsdorf. Salchow. *Waltersdorf.* Motzen. Schulzendorf. Diedersdorf. Blankenfelde (Häseler). Glasow. Rotzis. *Kiekebusch.* Dubrow, Jagdschloß. Dahlwitz. Groß- und Kleinkienitz. Brusendorf [*Ein Wort nicht entziffert.*] Denkmal. *Kleinglienicke.* Hohen- und Niederlöhme. Rangsdorf. *Grünau.* Denkmal. *Jühnsdorf. Löwenbruch. Genshagen. Kerzendorf.* Groß Schulzendorf. *Großmachnow. Kleinmachnow.* Rugow. Schenkendorf. *Kleinkienitz,* Filial von Großmachnow. Zeesen. Wilmersdorf. Schmargendorf. Jagdschloß Stern. *Dahlem.* Paulsborn gehört zu Dahlem. Steglitz. Zehlendorf. Lichterfelde. *Giesendorf.* Schönow. Stahnsdorf. Ruhlsdorf. Gütergotz. Teltow. Heinersdorf. Nudow. Sputendorf.

Die Angaben in dem Buche von *Riehl u. Scheu* sind beinah Null, die bei Fidicin u. Berghaus selbstverständlich Null. Alles langweilig aus verstaubten Akten gewonnen. Und doch scheint es mir mehr und mehr, daß *jedes* Kirchdorf irgend etwas Intressantes aufweist, und zwar entweder

1. in der *Kirche selbst:* Denkmal, Bild, Tafel, Glocke, Fahnen, Wappen etc.,

2. oder auf dem Kirchhof aus alter oder neuer Zeit. Also beispielsweis in *Schöneberg,* wo man dergleichen kaum vermutet,

3. oder im Dorf (wie zu Legde oder Kl. Machnow),

4. oder im Schloß u. Park,
5. oder in der Nähe (wie bei Grünau).

Ich kann es nur in Tagereisen abmachen, wo ich dann 6–10 Dörfer pro Tag sehe, und muß es so anfangen:

Ich schreibe an einen Mann wie:

1. Garnisonschullehrer Wagener in Potsdam
2. oder (wenn er noch lebt) an Lehrer Krüger in Schönwalde oder
3. an Pastor Hosemann oder
4. den Rüdersdorfer Pastor oder Lehrer

und mache nun von dem gegebenen Punkt aus Ausflüge. Auf die Weise kann ich, wenn ich die richtigen Personen treffe, viel zusammenkriegen.

Reisen, die zu machen sind

Reisen

1. Reise nach Dessau, Wittenberg, Torgau, Zinna.
2. Reise nach Rühstädt zu Herrn v. Jagow
3. Reise nach Brandenburg, Döbritz, Rathenow, Nennhausen mit Gymnas. Lehrer Grupp
4. Reise nach Frankfurt, Kunersdorf, Göritz, Ötscher, Bärwalde, auf d. Rückweg Angermünde.
5. Reise in die Prignitz: Wilsnack, Kyritz, Wittstock, Perleberg, Havelberg.
6. Reise nach Kremmen, Linum, Fehrbellin, Schwante, Karwesee etc.

[II LITERATURNOTIZEN UND EXZERPTE]

[Stoffeinteilung Band 1 mit Quellennachweisen]

Inhalt des 1. Bandes

Zugleich Angabe der zu *benutzenden Quellen.* (Mit wenigen Ausnahmen – darunter der große Quitzow-Aufsatz – hab ich Verfügung über den gesamten Stoff.)

1. Jarl Iron von Brandenburg
Rektor Schillmanns Brandenburg
P. Cassels »Iron« etc.
v. d. Hagens Wilkina- und Niflunga-Saga. Im Besitz von Dr. L. Freytag, der es mir jeden Tag gern wieder leiht.

Diese drei Bücher (besonders das letztre) enthalten die ganze Iron-Geschichte, die ich dennoch abkürzend schreiben muß. Die Apollonius-Geschichte etc. etc. gehört in bloße Zwischensätze und in eine große Anmerkung.

2. Die Sage von Jarl Iron (Literarhistorisch)
Diese Sage ist ein Teil (das 22. Kapitel) aus der großen nordischen Wilkina- und Niflunga-Saga, von der sich sagen läßt: es waren deutsche Stoffe, die nach Skandinavien drangen und hier sich neu gestalteten unter Zutat u. Einflechtung von spezifisch Skandinavischem. Überall lassen sich die älteren deutschen Vorbilder erkennen, in der Regel sehr deutlich. Am unklarsten u. unsichersten ist es mit diesem »Jarl Iron u. Isold«. Es ist schwer festzustellen, wo's hergenommen ist und was die Bezeichnungen sollen u. wollen. Alles schwankt, u. selbst ob Brennenborg [?] Brandenburg sein soll, ist zweifelhaft. Es ist wie Böhmen im Wintermärchen. Hier die *Vor*reden benutzen und vielleicht, was Grupp sagt.

3. Über Ring- und Burgwälle
Brandenburger Verein, Heft VII bis XII. Langer, *guter* Aufsatz von Gymnas.lehrer Grupp. Mit *diesem* mich in Ver-

bindung setzen und eine gemeinschaftliche Fahrt machen. (Zugleich nach *Rathenow* wegen des Fehrbellin-Aufsatzes.)

4. Erzbischof Norbert und die Prämonstratenser
Hugo: Vie de Norbert
Winter: Die Prämonstratenser
Meinen Aufsatz im Johanniterblatt 1865 nur spärlich benutzen.

5. Otto mit dem Pfeil
1. G. Keller über Manesse
2. Histor. Notiz aus dem Konvers.lexik.
3. Darunter auch Otto mit dem Pfeil
4. Die drei Lieder. Simrock. (Freytag)
5. Sie sollen sich (nachträglich tugendhafte Professoren-Anschauung) an seine Frau Heilwig gerichtet haben, und dennoch war es Heilwig, mit der er am Schachbrett sitzt. Die Sage faßt es auch so auf.
6. Gleichviel. Das Beste, was wir von ihm wissen, ist im Einklang mit solcher Annahme und eigentlich eine hübsche Liebesgeschichte.
7. Nun erzählen. Erst historische Notiz. Fehde mit Magdeburg. Gefangenschaft. Angst u. Not. Johann v. Buch. Der Schatz. Befreiung. Die Truhe sehen. Reise nach Angermünde (auch wegen des Pommerngefechts in d. Stadt A. 1422). Sein Tod, seine Beisetzung in Chorin. (Die Anmerkung wegen des v. Buchs lieber bei Waldemar.)

6. Waldemars Tod und Begräbnis
1. Waldemars Bedeutung. *Kurze* historische Notiz. Seine Verlobung.
2. Waldemar in Rostock. S. Hochzeit. S. d. Bericht aus d. Chronik.
3. Waldemars Rettung durch Treuenbrietzen. (S. Buchholtz.)
4. Waldemars Kämpfe, Pläne; Reise nach Bärwalde; Tod, Begräbnisfahrt, Beisetzung. (Hier ist alles da; nur fehlt noch die große Fahrt von Bärwalde nach Chorin. Schlimmstenfalls muß ich hiezu *Schwebels* »Kulturhist. Bilder« nehmen, die nicht viel enthalten, aber allenfalls ausreichend.)

7. Das Grabmal des falschen Waldemar in Dessau

Reise nach Dessau machen. (Zugleich mit der nach Wittenberg, Torgau, Zinna.)

8. Brandenburgische Ritter in Verona

S. Märk. Forschungen den Aufsatz von Geh. R. Tschoppe.

9. Das Treffen bei Klinke

Das Lied aus Klödens Buch; ebendemselben auch die Situation entnehmen. (Der Käfig in Quedlinburg.)

10. Der schwarze Tod

Johanniterblatt 1872
Voigts Geschichte
Angelus (wahrscheinlich).

11. »Gottes liebe Arme«

Johanniterblatt 1872
Voigts Geschichte
Angelus (wahrscheinlich).

12. Kyritz und die Bassewitz-Fehde

Geschichte von Kyritz. (Muß mich wegen der Akten an d. Kyr. Magistrat wenden.)

13. Bischof Wepelitz

Seidels: Icones etc.
Becker: Havelb. Bischöfe
Der Pastor zu Wilsnack.

14. Am Kremmer Damm

1. Schlacht
- a. Das alte Volkslied
- b. W. Schwartz befragen

2. Schlacht
- a. W. Schwartz' Aufsatz. Joh. Bl. 1867
- b. O. Schwebels Aufsatz. Joh. Bl. 1875
  Auch in Schwebels Buch
- c. Das *zweite* Volkslied. (Schwartz fragen.)
- d. Das Kreuz am Kremmer Damm
- e. Die Denkmäler etc. i. d. Kirche.

15. Die Quitzow-Zeit und die Quitzow-Schlösser bis auf unsre Zeit
Reise zu Herrn v. Jagow auf Rühstädt.

16. Ketzer-Angermünde
a. *Buchholtz* ist gut.
b. Die *Gans* von Putlitz (s. Schwebel)
c. Nach Angermünde reisen und die Lokalität studieren.

17. Die Hussiten vor Bernau
a. Angelus
b. Kleine zerstreute Notizen
c. W. Schwartz' Sagen
d. Nach Bernau reisen
e. Was die Stadt noch aus der Zeit her besitzt.

18. Kurfürst Friedrichs II. Pilgerfahrt
Johanniterblatt 1882.

19. Die weiße Frau
a W. Schwartz Johannit. Bl. 1869
b. »Aus allen Zeiten u. Ländern«
c. Schwebel. Hohenzoll. Sagen.

20. Albrecht Achill
Aufsatz von Baron Aufseß. Johanniterblatt 1876. Sehr gut.

21. Prophezeiungen Hohenzoller[n]scher Größe
Von L. Schneider. Johanniterblatt 1861.

22. Lampertus Distelmeyer
Droysen meint: Etwas Fertiges existiert nicht, muß zusammengesucht werden.

23. Bilder im Berliner Schloß aus der Joachimischen Zeit
Prof. Dohme.

24. Ein Zivilprozeß in der Joachimischen Zeit

25. Luther und Scultetus
Johanniterblattt 1872.

26. Rochus v. Lynar

Muß nach Droysen zusammengesucht werden.

1. Kapitel: Jarl Iron von Brandenburg

Jarl Iron u. Isold

1. Schillmann: Brandenburg
2. Paul[us] Cassel: Jarl Iron, bei Wohlgemuth erschienen
3. Gymnas.lehrer Grupp: Über die Jarl-Iron-Sage. Mitteilungen des Geschichtsvereins der Stadt Brandenburg. Heft IV bis VI. (Ist als Rarität in Besitz von Buchh. Wiesike.)
4. Anfrage bei Dr. L. (?) Freytag, Herausgeber der Herwara-Sage.

Jarl Iron u. Isold

Siehe:

1. Schillmann. Brandenburg (allenfalls ausreichend)
2. *Paulus Cassel* über Jarl Iron
3. Die Bedeutung dieser Sage und wie sie sich in die große Dietrich-Sage einreiht. S. Brandenburg. Geschichtsverein, Heft IV. V. VI. Aufsatz von Gymnasiallehrer Grupp. Dieser Aufsatz ist aber unklar, und besser vielleicht ist eine Anfrage bei Dr. L. Freytag.

Paulus Cassel hat die »*Jarl-Iron*«-Sage auch bearbeitet. Berlin, bei Wohlgemuth; Preis 1,50 Mark.

1. Teil, bis Ende der Joachimischen Zeit
Geschichten aus Mark Brandenburg
1. und 2. Teil

Der 1. Teil muß mit der ersten märkischen *Armee*, mit den märkischen *Obersten* (hier auch Rochows Buch über Moritz v. Rochow benutzen), mit der Schlacht bei *Warschau* (nach *Droysen*) und mit *Fehrbellin* schließen.

Fehrbellin muß ich dann bereisen (Dechtow, Schwante, Linum, Groß-Ziethen, Marwitz, Karwesee etc.) und bei dieser Reise auch Kremmen und den Kremmer Damm besuchen.

Riedels Codex diplomaticus Brandenburgensis zerfällt in *vier* Hauptteile:

1. Hauptteil die Orts- und spezielle Landesgeschichte. Besteht aus 25 Bänden Urkunden

2. Hauptteil behandelt die auswärtigen Verhältnisse

3. Hauptteil behandelt die allgemeinen *Landes-* und die speziellen *kurfürstlichen* Hausangelegenheiten

4. Hauptteil enthält *die* Chroniken, welche die ältesten Denkmäler einheimischer, brandenburgischer Geschichtsschreibung bilden. [*Am Rand blau angestrichen.*]

Wichtigste Bücher

Ich muß eine sehr ausführliche märkische Geschichte zur Hand nehmen, am besten: *Buchholtz* oder *Bekmann* oder *Engel*, und gestützt auf diese Geschichtschreiber die alten Dinge erzählen und die Resultate neuerer Forschungen (also beispielsweise die Minnelieder etc.) als Schmuck hinzufügen.

In diesen alten Wälzern muß ich notwendig finden:

1. Otto mit dem Pfeil
2. Waldemars Tod
3. Des falschen Waldemar Begräbnisstätte
4. Kremmer Damm
5. Ketzer-Angermünde
6. Bernau.

Durch Zöllner an Droysen wegen:

1. Rochus v. Lynar. [*Dazu von fremder Hand am Rand:* Katalog für brandenb. Geschichte. Nur Kgl. Bibliothek. Friedrich Nicolai.]

2. Lampertus Distelmeyer [*Dazu von fremder Hand am Rand:* Nescio. Seidels Icones. Buchholtz' Geschichte von Brandenburg.]

3. Schlacht bei Warschau. Abhandl. von Droysen in den Jahrbüchern der Leipziger Akademie. Dann: *Oberst Riese,*

Die Schlacht bei Warschau. Dies ist die Hauptsache. [*Dazu von fremder Hand am Rand:* Abhandlung von Droysen der Leipziger Akademie. Oberst Riese, Die Schlacht von W.]

4. *Kriegsobersten* aus Mark Brandenburg zur Zeit des Dreißigjährigen Krieges. Über vier hab ich vor zehn, zwölf Jahren schon mal einen längren Aufsatz, der Götz, Illo, Sparr, Görtzke, Rochow, Königsmarck, Arnim und vielleicht noch ein paar andre behandelt, geschrieben – dieser Aufsatz genügt mir aber nicht mehr. Vielleicht weiß Prof. D. auch hinsichtlich *dieser* Materie, wo Schätze zu heben sind. Das *Mörnersche* Buch habe ich.

Buchholtz, Geschichte der Kurmark Brandenburg. Berlin 1775

Bekmann, Historische Beschreibung der Kurmark Brandenburg. Berlin 1751–59

v. Klöden, Diplomatische Geschichte des Markgrafen Waldemar v. Brandenburg. Berlin 1845

Hitzig und Häring, Der neue Pitaval. 1861

Märkische Forschungen. Berlin 1841

Voigt, T., Geschichte des brandenb.-preuß. Staats bis 1840

Voigt, F., Brandenb. Studien. Ausgang des askanischen Hauses

Wohlbrück, Geschichte der Altmark bis zum Erlöschen der Markgrafen aus dem Ballenstedtschen Hause

Riedel, Codex diplomaticus brandenburgensis

Riedel, Mark Brandenburg 1250

v. Gundling, Leben und Taten Friedrichs I., Markgrafen von Brandenburg

Seidels Bilder wohlverdienter Männer der Mark Brandenburg
Pauli, Leben großer Helden
Micraelius
Barthold, Baltische Studien
} Pommern

Die *wichtigsten Bücher und Blätter*, die ich zu Band I brauche, sind:

1. *Buchholtz'* Geschichte
2. *»Märk. Forschungen«*
3. Vielleicht Bekmann
} Herrenhaus

4. *v. d. Hagens* Wilkina-Sage (Dr. L. Freytag)
5. Diplom. Geschichte von Spandau (Herrenhaus)
6. »Johanniterblatt«. Die verschiedensten Aufsätze von W. Schwartz, O. Schwebel, Baron Aufseß u. a. m.

Nicolai, Berlin und Potsdam
Nicolai, Anekdoten aus der Zeit Friedrichs II.
Biester
Märkische Forschungen.

[Über das Buch von Andreas Engel]

Große Ritterspiele in Berlin und Cölln am 20. November 1561 (?), wahrscheinlich 1591. Ausführliche Beschreibung dieser Festlichkeit. Unmittelbar vorher werden die Adligen aufgezählt, die den Kurfürsten nach Frankfurt begleiten.) [*Dazu am Rand:* Gut. Aber auch nur in einem Roman zu brauchen.]

Die *Schlußworte Engels*, S. 435, wo er von den Lesern Abschied nimmt, sind reizend und können mal trefflich zitiert werden. [*Dazu am Rand:* Gut. Sehr hübsch.]

Im großen und ganzen ist doch wenig drin. Das 14. und 15. Jahrhundert sind in andren Werken, so das 15. namentlich in Wusterwitz, Hafftiz, Magdeb. Schöppenchronik etc., doch viel besser vertreten; es wird sich dies im wesentlichen auch vom 16. sagen lassen. Indessen ist es doch möglich, daß *einiges* ihm apart angehört, jedenfalls aber muß man ihm *das* lassen, daß das ganze Buch von 1540, noch mehr aber von 1550 und 1560 ab wie ein *alter Zeitungsband* wirkt. Es blättert sich darin ganz ähnlich wie in einem alten Jahrgang der Vossin. Darin liegt Vorzug und Schwäche dieses Hauptteiles des Werkes. Durch eine Unmasse kleiner Züge wird man in das Leben jenes Reformations-Jahrhunderts eingeführt, es ist also – wenn man einen Roman aus 1570 oder 80 schreiben will – ein vorzügliches Buch. Wer aber direkt daraus zitieren und durch eine solche zitierte Geschichte seine Leser intressieren will, der wird wenig finden. Ein Dutzend Sachen hab ich auf dem vorigen Bogen namhaft gemacht; aber für mein Lesebuch sind vielleicht nicht drei, vielleicht nicht zwei Geschichten verwendbar.

Die Lektüre dieser alten Chronisten: Wusterwitz, Hafftiz, Angelus, Leuthinger, wie auch all der Schriftsteller, die sie benutzt haben, ergibt, daß so *ohne weitres* nichts aus diesen Büchern zu brauchen ist. Ein entzückender Stoff ist beispielsweise der Kremmer Damm, Ketzer-Angermünde, Otto mit dem Pfeil, die Hussiten vor Bernau, Fürstenwalde u. Nikkel v. Minckwitz, aber alles muß erst gestaltet, geändert, ins rechte Licht gerückt werden. So, wie die Dinge da liegen, können sie für einen alten Dry-as-dust wundervoll sein, aber nicht für einen modernen Leser.

FÜNF BRIEFE FRIEDRICHS DES GROSSEN AN DEN LIEUTENANT V. POSER IN ANGELEGENHEITEN DES »PIETRO«, FRANZÖSISCHEN GELIEBTEN DER PRINZESSIN ELISABETH, ERSTER GEMAHLIN DES PRINZEN V. PREUSSEN, SPÄTREN KÖNIGS FR. W. II.

(Das v. Posersche Buch, das diese Briefe, neben vielen andren gleichgültigen Briefen des Königs, enthält, führt die Aufschrift: Briefe Fr. II. an seinen *Adjutanten* Johann Gottlieb Sylvius v. Poser-Naedlitz.)

Briefe Friedrichs des Großen — alle von ihm unterzeichnet, einer (der erste) mit eigenhändiger Nachschrift [*Dazu mit Bleistift quer auf dem Rand:* Der 4. Brief ist nicht von seiner Hand, aber ersichtlich von ihm diktiert oder im Konzept niedergeschrieben. Alles ist seine Ausdrucksweise.] —, die derselbe behufs vorzunehmender Verhaftung des Franzosen d'Annonville d'Ormincours (auch Pietro genannt) an den damaligen Lieutenant v. Poser gerichtet hat. v. Poser hatte damals (1768) ein Husaren-Detachement unter seinem Befehl, das, wie es scheint, von Berlin nach Magdeburg hin abkommandiert war. Es waren mutmaßlich Zieten-Husaren. »Pietro« war der Liebhaber der Prinzessin Elisabeth, der ersten Gemahlin des Prinzen von Preußen, des spätren Fr. W. II. Elisabeths sträfliches Einverständnis mit »Pietro« wurde bewiesen, die Ehe getrennt, und die Prinzessin nach Stettin in die Gefangenschaft geschickt, wo sie noch über 60 Jahr ihr Lüderleben bei Grog und gelegentlicher Matrosengesellschaft fortgesetzt hat. Eine Art Messaline mit 'nem Scheuereimer.

1

Ich gebe Euch hiermit auf, daß Ihr nebst zwei sichren Husaren mit Überbringer dieses, namens Wolffgang, nach das Hohensteinsche auf die Rudolstädtsche Grenze gehen und daselbst denjenigen Menschen, welchen dieser Wolffgang Euch anzeigen wird, arretieren, mit Euch nach Magdeburg nehmen und daselbst mit hier anliegender Ordre an den Generallieutenant v. Saldern abliefern, unterwegs aber alle ersinnlichen Praecautiones, daß derselbe Euch nicht entkomme, nehmen sollt. Den Coffre, Briefe und andre Schriften, die Ihr bei diesem Menschen findet, sollt Ihr, ohne davon das Geringste zu lesen, versiegeln und mir immediate einschicken. Übrigens – und damit das Einbringen dieses Arrestanten in Magdeburg kein Aufsehn mache – sollt Ihr solches dergestalt veranstalten, daß es des Abends geschehe. Ich bin Euer affektionierter König.

⟨Eigenhändige Nachschrift des Königs.⟩

Der Wolffgang, mit dem mus er überlegen und concertiren, wie er den Menschen, den ich haben mus, bey die ohren Krigt, und alles mit der größten Behutsamkeit anstellen, das die Sache nicht fehl Schlage, und wenn er ihn an den General Sallern ⟨er schreibt nicht Saldern⟩ abgeliefert hat, So komm er hier und bringe er Mihr Seine Briefschaften mit.

Friedrich

2

Bei denen in Eurem Rapport vom 9. dieses Monats angezeigten Umständen besorge Ich, daß Ihr von Eurem gefaßten Posten etwas zu früh weggegangen und dadurch verfehlt habt, den zu arretierenden Menschen in Eure Hände zu bekommen. Sollte nun Meine Vermutung gegründet sein, so muß es auf eine andere Art angefangen werden, um diesen Menschen zu ertappen. Ich bin Euer affektionierter König.

Potsdam, d. 10. Dezember 1768

An den Lieutenant v. Poser von den Husaren; nach Erdeborn im Mansfeldschen. ⟨An diesen Ort hatte sich v. Poser also, von Magdeburg aus, begeben, um von dort aus seinen Fang auszuführen.⟩

3

Ich habe Euren Rapport vom 13. dieses erhalten, und da Ihr Inhalts desselben den bewußten Menschen habhaft zu werden noch Hoffnung habt, so werde ich, was Ihr hierunter ausrichten werdet, geruhig abwarten und bin übrigens Euer affektionierter König.

Berlin, d. 18. Dezember 1768

4

Da Ich aus Eurem Rapport vom 20. dieses ersehe, daß Euch bis dahin, des bewußten Menschen wegen, von dem Wolffgang nicht die geringste Nachricht zugekommen ist, so könnt Ihr – um zu sehen, was Ihr Euch von des Wolffgang Versicherung vom 10. dieses zu versehen habt – wohl selber unter einem andern Namen und Kleidung nach Weimar gehn, denselben zu sprechen suchen und anderweit mit ihm Abrede nehmen, ob er Euch den Menschen nicht etwa auf einem andern Weg, wenn es auch eine Meile weit von der Grenze und auf fremdem territorio sein sollte, zu liefern sich getrauet, da dann daran und daß Ihr ihn von *da* aufhebet, nichts versehen ist. Ich will hierüber, und zwar nicht aus Weimar, sondern sobald Ihr von dort auf Euren Posten wieder zurück eingetroffen sein werdet, Euren Bericht gewärtig sein und bin Euer affektionierter König.

Berlin, d. 23. Dezember 1768

5

Mein lieber Rittmeister v. Poser.

Ich habe aus Eurem Schreiben vom 10. dieses ersehn, wie Ihr den bewußten Menschen an den Generallieutenant v. Saldern richtig abgeliefert habt. Was dessen zugleich arretierten Bedienten anbetrifft, so habe Ich bei denen mir von selbigen angezeigten Umständen befohlen, ihn nur wieder auf freien Fuß zu stellen. Ich bin Euer wohlaffektionierter König.

Berlin, d. 12. Januar 1769

Der Sohn des v. Poser (welcher letztrer 1776 als Major der Suite den Abschied erbat und schließlich erhielt) hat, nach mündlichen Mitteilungen des Vaters, diesen Briefen folgende Notizen beigefügt: »Am 10. Januar 69 gelang die Arretierung des ›Pietro‹, und zwar in Witstock-Jassen. Er wurde nach Magdeburg gebracht und noch in derselben Nacht übergeben. Als der König die Schatulle erhielt, war er so eifrig, dieselbe allein aufmachen zu wollen, daß er sich mehrere Messer dabei zerbrach und doch zuletzt ein Schlosser geholt werden mußte. Neben vielen Pretiosen und Geschenken befand sich in derselben auch die ganze Korrespondenz, aus welcher die Schuld der Prinzessin klar wurde. Aus der Schatulle schenkte der König meinem Vater eine goldene Uhr, ein Messer und noch den Stock des Gefangenen, Gegenstände, die alle heute noch in unsrer Familie aufbewahrt werden. Mein Vater wurde außerdem sofort zum Rittmeister ernannt und kam am 29. Januar 69 in die Suite und Adjutantur, wo er bis zu seinem Dienstaustritt verblieb. Er war immer um die Person des Königs. Bei Rannstet, am 9. Mai 1771, wo der König in Gefahr war, vor der Infantrielinie (vielleicht in Sumpfterrain) zu versinken, fand er Gelegenheit, ihn vom Pferde aufs Trockne zu tragen. Der König blieb ihm sehr gnädig bis zuletzt und pflegte ihm die Pferde zu schenken, die ihm nicht konvenierten, aber immer mit dem Bemerken, ›reit Er sie nicht, Er könnte den Hals brechen; verkauf Er sie an die reichen Herrn, die nicht mehr scharf zu reiten brauchen.‹ Die Pferde, die dann an Generalitäten, an die Herzöge von Braunschweig-Oels, Braunschweig-Bevern u. a. verkauft wurden, gaben einen Durchschnittserlös von 300 Rtr. Jeden Weihnachten erhält v. Poser ein Christgeschenk von 1 000 Rtr.

[Exzerpte aus Mirabeaus »Histoire secrète de la cour de Berlin«]

Vierzehnter Brief

Der König ist tot. Er schildert alles sehr interessant, wie er's in Potsdam erfahren hat. – Fr. W. II. und der 16jährige Kronprinz. Die Huldigung der Armee.

Funfzehnter Brief

Fr. W. II. schreibt an den Prinzen *Heinrich* und teilt ihm eigenhändig den Tod des Königs mit. Prinz *Heinrich* kommt u. spricht 1½ Stunde mit Fr. W. II. Es kommt aber nicht viel dabei heraus. Für *Tauentzien*, seinen Favoriten, erbittet er eine Gnade. – Herr v. Herzberg hat schon vorher, unmittelbar nach dem Tode Fr. II., den Schwarzen Adlerorden erhalten. (S. 65.)

Herr v. *Herberg*, S. 67, Graf *Finckenstein* (S. 67) Onkel der Gräfin v. Ingenheim oder Voß.

Über den französ. Gesandten Grafen d'Est …

Prinz Heinrich, v. Schulenburg, Struensee.

Sechzehnter Brief

Der Tod des Königs wird den fremden Höfen angezeigt. Intrigen dabei und Unterschiede.

Wieder der französ. Gesandte Graf *d'Est* …

Das *Testament* des Königs, die einzelnen Geldposten (sehr interessant) und das Begrabenseinwollen bei seinen Hunden.

Dann wieder über *Herzberg*, *Schulenburg*, *Knyphausen*, *Möllendorf*, *Bischofswerder* (S. 74 oben), *Luchesini*, Graf *Arnim-Boitzenburg*.

Siebzehnter Brief

Das Testament. Erbschaften. Charakterzeichnung *Herzbergs* (S. 76 unten).

Friedrich II. wollte alles allein machen und wurde in Folge davon grenzenlos betrogen. *Sehr gute Stelle*, S. 77. [*Dazu am Rand:* Es scheint doch fast, daß sich diese wichtige Stelle auf den *Prinzen Heinrich* bezieht, denn S. 89 kehrt fast dieselbe Charakteristik wieder.]

Herzog v. *Braunschweig* und sein Minister Herr v. Hardenberg-Reventlow.

Herzberg und Knyphausen (S. 79) sehr interessant.

Achtzehnter Brief

Sehr gute Charakteristik Fr. W. II. – Graf Goerz, Graf Goltz, Minister Blumenthal, Herzberg, »Kurator der Akademie«.

Neunzehnter Brief

Fr. W. II. u. Prinz Heinrich zerfallen. Der Prinz soll wieder nach Rheinsberg.

Minister v. *Werder*, Herzberg, Schulenberg, Ramler.

»Der König geht mit *Herzberg, Goltz, Goerz, Gaudi* und *Bischofswerder* nach Preußen.«

Goltz, genannt »der Tatar«. *Biskamp. Bonulet. Schulenburg. Struensee.*

Zwanzigster Brief

Wundervolle Charakteristik des *Prinzen Heinrich.* [*Dazu am Rand:* Wichtig.]

Dann über den *Herzog von Braunschweig*, den er wieder schätzt wie gleich zu Anfang der Briefe.

Einundzwanzigster Brief

Wichtiger Brief. Enthält sehr viel.

1. Weitere Charakteristik des Prinzen Heinrich an verschiedenen Stellen.

2. Vorzügliche Charakteristik der damaligen inferioren preußischen Wirtschaft und des sklavischen Wesens.

3. Abermals [?]: Herzog v. Braunschweig. »He is the man.«

4. Französ. Gesandte Graf d'Est …

5. Über *Herzberg* sehr *Gutes* und Bemerkenswertes; sein Dünkel, sein Stolz, seine Pläne etc.

6. Einzelpersonen: *Buchholz* in Warschau; *Huttal* in Petersburg; Graf *Finckenstein*; Baronesse *Stolzenberg*, Maitresse des 77jährigen Markgrafen von Schwedt (wahrscheinlich Beziehungen zu Lauer-Münchhofen von daher); *Rietz* und seine Frau; *Rittwitz* (wahrscheinlich Prittwitz); Herr v. d. *Marwitz*, sehr unbedeutend; *Luchesini*.

Zweiundzwanzigster Brief

Der Herzog von *Braunschweig* und Prinz *Heinrich*. Leichtgläubigkeit des letztren. S. 104.

Über Fräulein v. *Voß*. Über die *Rietz*. [*Dazu am Rand:* Interessant.]

Liebesgeschichte am russischen Hofe mit der *Großfürstin*. (Also wahrscheinlich Pauls Frau. Scheint mir fraglich, da Geschichten [*Ein Wort nicht entziffert.*].)

Amt *Königs Wusterhausen*. S. 109. [*Dazu am Rand:* Für die »Wanderungen«.]

Prinz *Heinrich* u. Prinz *Ferdinand*. S. 109.

Dreiundzwanzigster Brief

Die Beisetzung Friedrichs II. Interessant. Wahrscheinlich einer damaligen Zeitung entnommen.

Haltung der Prinzen *Heinrich*, *Ferdinand* und des Herzogs von *Braunschweig* dabei. S. 114 und S. 118.

Vierundzwanzigster Brief

Über Bischofswerder und Wöllner. S. 119.
Prinz *Heinrich*
Herr v. *Herzberg* S. 120 und 21
Schulenburg
Knyphausen

Fünfundzwanzigste bis neunundzwanzigste Brief

sind Briefe aus *Dresden*.

Der Dresdner Hof wird gut geschildert, Minister und Gesandte so z. B. S. 124 u. 25.

Gute Charakteristik *Sachsens* und des Kurfürsten von Sachsen 126 bis 28.

Einiges über den Kurfürsten von Bayern (Liebespunkte) S. 128.

Siebenundzwanzigster Brief

Perückenmacher Dufour und der Prinz von Preußen.

Chappuis und die Rietz.

Prinz *Heinrich* und Östreich (»ein Hunnenzug ist doch möglich«) 132.

Unterschiede zwischen der östreich. und preuß. Armee.

Sehr gut. S. 134.

Achtundzwanzigster Brief

Friedrichs II. letzte Tage und Stunden. Sehr interessant und sehr enthusiastisch. S. 136 u. 37. [*Dazu am Rand:* Hübsch.]

Neunundzwanzigster Brief

Über russische Dinge.

Dreißigster Brief

Eine Hofgeschichte. Spielpartien bei der Königin. Etikettenfrage. Sehr charakteristisch. Sehr interessant. S. 141–44.

Über preußische Titel. Gut. S. 146.

Das Volksurteil über d. König S. 148.

Wöllner. Bischofswerder 148.

Frl. v. Voß u. die Rietz 149.

Romanzows Unverschämtheit 150.

Prinz Heinrich S. 150, 51.

Prinz Ferdinands Frau (intressant) S. 152.

Einunddreißigster Brief

Beschreibung der *ständischen Huldigung* und in Vergleich gestellt gegen die *Eidleistung* der Armee. Hierbei sagt er sehr Gutes, auch über Berlin u. Preußen. S. 153.

Auch einiges über Fr. W. II.

Zweiunddreißigster Brief

Vorzügliche Schilderung Fr. W. II., auch kleine feine Züge. [*Dazu am Rand:* Gut.]

»Geht es nicht mehr, so hab ich schlimmstenfalls den Herzog *von Braunschweig* oder meinen *Onkel Heinrich.*« [*Dazu am Rand:* Gut.]

Herzberg sagt ihm, dem König: »Als Franzose sind Sie nichts, als Deutscher alles.« [*Dazu am Rand:* Gut.]

Alles dreht sich wieder um Herzog *von Braunschweig* oder Prinz *Heinrich*. S. 161 etc.

Erneute Charakteristik beider, namentlich des Prinzen z. B. auch S. 164.

Neue Schilderungen der ziemlich wüsten Wirtschaft bei Hofe: Despotismus, Laune, Liebeshändel.

Dreiunddreißigster Brief

Allerlei Klatsch. Graf Hatzfeld. Dalberg, Coadjutor. Östreich. Der östreichische Kaiser u. die Armee.

Vierunddreißigster Brief

Er schreibt über seine Art zu schreiben, d. h. sich zu unterrichten. Sehr gut. S. 172 oben. [*Dazu am Rand:* Wichtig.]

Er beklagt sich, daß man ihn in Paris in Stich läßt. [*Dazu am Rand:* Interessant.]

Über Fr. W. II. und Herzog v. Braunschweig.

Fünfunddreißigster Brief

Er beklagt sich weiter, und zwar in sehr geistreicher Weise. S. 178 u. 79.

Der Herzog von *Braunschweig* über Prinz *Heinrich* und Fr. W. II.

Herzog v. *Anhalt*

Herzog v. *Weimar*

»Um Gottes willen (sagte Fr. II.), mein lieber Möllendorf, schaff er mir die Prinzen vom Halse.«

Der Herzog von *Braunschweig* über die Schweine-Wirtschaft unter dem neuen König. S. 180. Sehr gut. Alles *groß* gedruckt.

Charakteristik des Herzogs von Braunschweig S. 184.

Über Finckenstein, Herzberg und den Herzog von *York* (gut).

II. Teil

Siebenunddreißigster Brief

Aus *Braunschweig.* Er spricht mit dem Herzog über die holländische [?] Frage sehr ernst und eingehend.

Herzberg und Finckenstein. Wöllner.

Der Herzog v. *Braunschweig* über den *Prinzen Heinrich.* Kurz, aber wichtig. S. 200. [*Dazu am Rand:* Wichtig.]

Achtunddreißigster Brief

Einiges über den König und die Huldigungsreise in Schlesien und Preußen und Besuch in Danzig. Dann einiges über *Fräulein v. Voß.* 206.

Neununddreißigster Brief

Über die Lüderlichkeit des Königs. Alles wüst. S. 207.

Über den *Prinzen Heinrich*, seine Eitelkeiten, Schwächen, Narrheiten. S. 208. [*Dazu am Rand:* Sehr gut.]

Über *Wöllner, Bischofswerder,* Goerz etc. S. 209. [*Dazu am Rand:* Sehr gut.]

Über Bonulet, Goltz und Obrist *Wartensleben* (Freund des Königs, aber den andern Freunden und Freundinnen im Wege).

Der König spricht mit ihm. Sehr gut. (S. 211.)

Brillante Charakteristik des Königs S. 210 und 212.

Fräulein v. *Voß* S. 214.

Vierzigster Brief

Prinz *Heinrichs* kindische Schwäche.

Wöllner, im Bündnis mit Bischofswerder, beschließt Herzbergs Sturz. S. 216. Auch 217 gut. [*Dazu am Rand:* Gut.]

Über *Finckenstein* und *Thulemeyer.* Etwas Chronique scandaleuse. S. 217.

Über d. König, Preußen und das preuß. Volk. Gut. S. 219.

Einundvierzigster Brief

Nichts.

Zweiundvierzigster Brief

Über Prinz Heinrich S. 226. Sehr gut. [*Dazu am Rand:* Sehr gut.]

Stallmeister *Rumpel.* Die *Unverschämtheit der Subalternen.* Dieses Thema betont er überhaupt, und auch darin zeigt sich seine Genialität. Freilich regieren in Preußen die Subalternen auch heute noch und sind unverschämt. 226. [*Dazu am Rand:* Sehr gut.]

Goltz und Bischofswerder und »die Sachsen«, die B. beständig empfiehlt. S. 227. [*Dazu am Rand:* Interessant.]

»Der unbedeutende Herzog von Holstein-Beck« S. 228.

Herzberg fällt mehr u. mehr. Wöllner. Goerz und Rhodich, angebliche »Forderung«. S. 229.

Dreiundvierzigster Brief

Die Geschichte mit dem Frl. *v. Voß.* Es scheint, »sie will Geld haben und tugendhaft erscheinen (231). Sonst [?] aber, na, warum nich?«

Über Herrn *v. Arnim* und die Chance der »Mittelmäßigkeiten«. S. 232.

»La table de Confidence«, zehn Personen. Orgie. S. 235.

Über Prinz Heinrich und die Armee. S. 236. [*Dazu am Rand:* Wichtig.]

Vierundvierzigster Brief

Bischofswerder u. Goltz.

Stänkereien und Lüderlichkeiten bei Hofe. Faulheit u. Unordnung und kein Geld. »Abends erscheinen die Damen: die Rietz, die Baranius [?] etc.

Wöllner ziemlich gut charakterisiert.

Ernennungen. Erman. Finckenstein u. Herzberg.

Über *Prinz Heinrich* und das Regiment Braun. Gut. S. 241.

Prittwitz u. Braun und Friedrich II. Anekdote S. 241. [*Dazu am Rand:* Wichtig. Regiment *Braun*, früher *Itzenplitz*, später *Arnim* (in Berlin).]

Hier in diesem Briefe findet sich zuerst das berühmte Wort: *»Fäulnis vor der Reife«.* S. 242.

Fünfundvierzigster Brief

Der »Graf v. Anhalt« (Plaue) wundervolle Charakteristik. Dritthalb Seiten — ganz ausgezeichnet. [*Dazu am Rand:* Sehr gut.]

Hauptmann v. *Manstein*, »ein frommer Seher«, als Prinzenerzieher.

Ein Aufsatz (Memoire) des Freiherrn von Knyphausen. S. 247. [*Dazu am Rand:* Gut.]

Über Baron Dörnberg, Fräulein v. Voß und die Ruppigkeit des preußischen Adels. Sehr gut. [*Dazu am Rand:* Gut.]

Ein Bedienter des Prinzen *Heinrich*, der Kanonikus in Magdeburg wird wegen geleisteter Päderastie. S. 249. [*Dazu am Rand:* Sehr gut.]

Prinz Heinrich, der Graf v. d. Mark und die Armee. S. 249 u. 50. [*Dazu am Rand:* Sehr gut.]

Die »Akademie«, Herzberg, Schütz, Erman etc. S. 250.

Baron *Knyphausen* hat eine Unterredung mit dem Könige. S. 251.

Sechsundvierzigster Brief

Prinz *Heinrich* wird mehr und mehr überflüssig und beiseite geschoben. S. 254. [*Dazu am Rand:* Gut.]

Siebenundvierzigster Brief

Die berüchtigte v. F. kommt eigens von Schwalbach nach Berlin, »um den König zu erobern«, und Mirabeau soll dabei helfen.

Prinz Heinrich als Plaudertasche. 258. [*Dazu am Rand:* Gut.]

Tauentzien als kleiner Intrigante.

Die Gräfin *Matuschka* (Schwester der Rietz) heiratet einen jungen preuß. Offizier namens Stutherrn (?) 260.

Achtundvierzigster Brief

Graf Alexander *Wartensleben*, Freund des Königs, soll das Kommando der Garde kriegen.

Minister v. *Arnim*.

Prinzessin *Elisabeth*, *erste* Gemahlin des Königs (in Stettin).

Korrespondenz zwischen Friedrich II. und Prinz *Heinrich*. Der König stellt sie dem Prinzen H. wieder zu. 264.

Der Kammerhusar *Schöning*. 264. [*Dazu am Rand:* Gut.]

General von *Wartenberg* gibt Befehl, die nassen Uniformen auf dem Leibe trocknen zu lassen. S. 267. [*Dazu am Rand:* Sehr gut. Ganz echt.]

Frl. v. *Voß*, gute Charakteristik. S. 268. [*Dazu am Rand:* Gut.]

Über Prinz *Heinrich* sehr gut. S. 268 u. 69. [*Dazu am Rand:* Sehr gut.]

Graf *Brühl* als Erzieher des Kronprinzen. S. 269.

Frl. v. *Voß* u. v. Viereck. S. 270. [*Dazu am Rand:* Gut.]

Neunundvierzigster Brief

Graf Schulenburg wird sehr gelobt. Wöllner und Struensee wollen ihn stürzen.

»Das Hofsystem, welches sich auf Mystik gründet, wächst.«

Über Prinz *Heinrich* S. 274. [*Dazu am Rand:* Sehr gut.]

S. 275 Frau v. P ... gefährliche Person.

Lord Dalrympla [?]. S. 276.

Fünfzigster Brief

Prinz *Heinrich* S. 277 unten.

»Kaffezeuge und Kaffemühlen« bei Gelegenheit des Kaffe-Monopols und Friedrich II. [*Dazu am Rand:* Hübsche kl. Anekdote.]

»Welch Schicksal ist einem Lande zu prophezeien, in dessen Regierung sich Priester, Schwärmer u. Huren teilen.« S. 284.

Über *Berlins* u. seiner Bewohner Inferiorität. S. 287.

[*Einundfunfzigster Brief*]

Prinz *Heinrich* erwartet, das Markgraftum Schwedt zu erben (das ihm Fr. II. versprochen), kriegt es aber nicht. S. 288 u. 89. Wichtig und intressant. [*Dazu am Rand:* Interessant.]

Mirabeau, Biester, Nicolai etc. u. die Geisterseherei.

Als Mitglieder der *Geisterseher-Partei* werden genannt:

Graf *Brühl*, Gouverneur d. Kronprinzen,
Graf *Lepel*, Gesandter f. Schweden,
Baron *Dörnberg*,
Prinz *Friedrich* von Braunschweig,
Herzog v. *Weimar*,
Bruder d. Markgraf. v. *Baden*,

Fürst v. *Dessau.*

Dazu natürlich *Wöllner* und *Bischofswerder.*

Die unter Fr. II. in Ungnade Gefallenen, z. B. die vom Kammergericht, erhalten ihre Stellen wieder.

Über den Akademiker La Grounge [?]. Gut.

Zweiundfunfzigster Brief

Fräulein v. Voß. Gut. S. 301. [*Dazu am Rand:* Gut.]

Der König wird 4 Arten Kinder haben:

1. von der 1. Frau, die in Stettin saß
2. von der 2. Frau (Fr. W. III. etc. etc.)
3. von der Rietz (Graf v. d. Mark)
4. von der Voß (Graf Ingenheim)

Später:

5. von der [*Freigelassen*] (Graf Brandenburg).

Und viele andre Sorten noch. Die Prinzessin aus der 1. Ehe hieß Friederike.

Frl. v. *Voß* ist *gegen* die Geisterseher-Partei. (S. 302.)

Prinz *Heinrich*, der Herzog von *Braunschweig* und *Möllendorf* wollen ihren Abschied nehmen.

Möllendorf wird vorzüglich kritisiert, und zwar sehr anerkennend. [*Dazu am Rand:* Gut.] – Möllendorfs Verdruß ist es, die berühmte »Grasung« (eigentlich eine Kontribution für das flache Land) abgeschafft zu haben. S. 303. Auch 305.

Rietz, ein Halunke S. 304.

Frl. v. *Voß* S. 306.

Dreiundfunfzigster Brief

Pasquillenschreiber und Spitzbube *Cranz* S. 309.

Ferdinand von Braunschweig (das ist der Sieger von Krefeld), bei *ihm* vor Faber u. *Westphal* sein Sekretär. – Der vielgenannte *regierende Herzog v. Braunschweig*, der immer neben u. gegen den Prinzen Heinrich genannt wird, hieß, glaub ich, Karl Friedrich Wilhelm u. ist der, der bei Jena auf den Tod verwundet wurde. S. 313.

Über *Wöllner* sehr gut. S. 313.

Der Druck der Werke Friedrichs II. wird vorbereitet. S. 313 u. 14. [*Dazu am Rand:* Gut.]

Graf Luchesini. Gut. 314. [*Dazu am Rand:* Gut.]

Frl. u. Herr v. Voß 315.

[III VORARBEITEN ZU EINZELNEN KAPITELN]

Geschichten aus Mark Brandenburg
von Th. F.

[*Dazu mit Rotstift am Rand:* Gut, weil am kürzesten und einfachsten.]

Vorrede

Es ist eine Ähnlichkeit, aber auch ein Unterschied. Sonst ging ich wandern, und in das Erwanderte trug ich eine Geschichte hinein, jetzt geb ich Geschichten und bin nur dann und wann der Geschichte zuliebe gewandert, um der Geschichte mehr Leben u. Kolorit zu geben.

Markgraf Otto mit dem Pfeil

1. Auszüge aus Buchholtz (Ganz kurz)
2. Sein Zug gegen Magdeburg (Buchholtz)

[*Zu 1 und 2 mit Blaustift am Rand:* Ist erledigt. Gilt nicht mehr.]

3. Seine Gefangennehmung und Befreiung durch Johann v. Buch (Anmerkung. Die Buchs. Der andre Johann, der Nikolaus v. Buch, der in den Hungerturm kommt.)
4. Der Geldkasten (Schatztruhe) in Angermünde. S. Märk. Forschungen.
5. Seine Minnesängerschaft. S. Märk. Forschungen.

Joh. v. Buch schafft das Lösungsgeld aus Angermünde. Der Markgraf wird frei.

Viel mehr wissen wir nicht von ihm. Sein Grabstein fehlt wie die der andren Askanier, es sprechen nur noch: der Schatzkasten in Angermünde, seine eignen und seiner Confratres Lieder und ein Bild (eine Miniatur), das seine Lieder einleitet. Er sitzt am Schachbrett etc. etc.

Sein Lieblingsplatz war der Werbellin oder der Grimnitz-

See. Deshalb schildern ihn moderne Dichter u. Beschreiber immer im Boot, unter Musik und beim Schachspiel mit seiner Dame.

Das Substantiellste aus der Zeit ist der Kasten in Angermünde. Aber er ist sehr wahrscheinlich ein Gotteskasten aus der Reformationszeit. Alles hin. Und nur das Lied lebt!

Markgraf Otto IV. mit dem Pfeile [*Links oben darübergeschrieben:* Abschrift aus v. d. Hagens ziemlich langweiligem Aufsatz.] (Sohn Johanns I., ältren Bruders des vorgenannten Ottos III.) regierte seit 1266 mit seinen 3 Brüdern gemeinschaftlich in ihrem Erbteile bis 1308 und fand seine Grabstätte im Kloster Chorin.

Er war ein tapfrer Degen, auch in auswärtigen Kriegen, namentlich in den Heerfahrten des verwandten Böhmenkönigs *Ottokar* gegen Ungarn und gegen Rudolf von Habsburg, und ein tüchtiger Fürst daheim, der sowohl für das Mehren sorgte wie für das Erhalten und die Bildung in seinem Lande auf alle Weise förderte.

Dabei war er im Frieden fröhlicher Hofhaltung mit minniglichen Frauen Spiel, Sang und Klang geneigt: wie schon das Gemälde zu seinen Minneliedern ausdrückt, indem es ihn jugendlich mit einer jungen Frau am Schachspiele umgeben von Spielleuten darstellt. In welcher fürstl. Frau man wohl seine Gemahlin *Heilwig von Holstein* sehen darf, die ihn so wacker aus der Haft des Bischofs von Magdeburg befreite. Vielleicht ist sie eben auch der Gegenstand seiner Minnelieder.

Die 7 von ihm übrigen Lieder bezeugen ein so gesundes und kräftiges als gutes Gefühl, und eine eigentümliche männliche Freudigkeit und Biederkeit. Vor allem das 4., welches von der wahren Minne,

»sie lehre Sünde lassen,
denn sie mache froh«,

und in dem 5., welches sich so ritterlich Bahn macht zu der eines Kaisers würdigen Geliebten, »die herrlich angetan, mit brennend rotem Munde« ihm erscheint und minniglich die lange Winternacht ihm lieber macht als den Mai.

Man siehe Beilage I, die drei seiner Lieder bringt.

So wie gleichzeitig der östreichische Reimchronist *Ottokar* die vorgenannten Heerfahrten des Markgrafen mit dem Pfeile meist neben seinem Vetter Markgrafen Otto dem Langen rühmt und auch seines Aufzugs in die Kur (durch die ältre Linie) und seiner Würdigkeit zur Kaiserwahl nach Rudolfs Tode gedenkt,

wie ferner der berühmte Meister Konrad von Würzburg den Markgrafen von Brandenburg bei einem Turnier zu Nantes dessen Rüstung mit dem roten Adlerschild und den schwarzen Helmflügeln herrlich beschreibt,

so wird auch von dem »Meißner« unser Otto mit dem Pfeil gepriesen, indem er ihn »einen Bronnen aller Tugenden, einen Stärker und Riesen des rechten Glaubens, einen Bildner der Ehren, einen Zuchtmeister der Keuschheit und Mäßigkeit, einen Grundpfeiler der Beständigkeit, eine triftige Straße der Milde und einen Helden, der Tag und Nacht nach Lob und Ehre ringt und dessen Ruhm in manchen Landen blüht«, nennt.

Heinrich Prinz von Preuss[en] Frère du Roi

1. Seine Jugend. Memo [Textverlust] der Markgräfin [Textverlust]. Foerster etc.
2. Von 1740–56. M [Textverlust] verschiedner
3. Während des Siebenjährigen Krieges
    a. Vie privée
    b. H. v. Bülow
    c. Ode des Königs
    d. Briefe des Königs
    e. Kalckreuth
4. Von 1763 bis 86. Dieselben Quellen wie vorstehend und namentlich Schlözers Buch.
5. Das Jahr 1786. Mirabeaus Briefe
6. Von 1786 bis 97. Seine Kritik der verschiednen Feldzüge. Französ. Revolution. Seine Briefe an Henckel
7. Die letzten Jahre. Meine Rheinsberg-Aufzeichnungen
8. Versuch einer Charakteristik

Charakteristik

1. Bedeutender Militär, praktisch, theoretisch, auch als Schriftsteller. Vieles mag auf seine Adjutanten kommen, doch ebensogut möglich ist es, daß er sie durchleuchtete: Henckel 1757 u. 58, Kalckreuth 58 bis 63, Tauentzien wurd erst 1760 *geboren*, La Roche-Aymon.

2. Er war auch ein *Diplomat* und *Politiker*. Es sprach sich dies schon in seiner Kriegsführung aus. Dann in Petersburg. Er war von der Staatsidee erfüllt.

3. Er war gescheit, belesen, geistvoll.

4. Er war der Freundschaft zugänglich, dankbar, treu, vergebend, hülfebereit. Auch freisinnig in der Theorie und wenn es sich um Frankreich oder Amerika handelte.

5. Er war aber doch auch zugleich: zynisch, lasterhaft, krankhaft, frivol, sittlich-frech, eitel, dünkelhaft, hochfahrend, von Vorurteilen beherrscht, kleinlich, geizig, ränkevoll, neidisch. So daß man doch mehr einen kleinen als bedeutenden Eindruck von ihm empfängt.

Die Askanier

Mit Albrecht dem Bären kamen die Askanier als Markgrafen ins Land. Hundert Jahre später wurde Mark Brandenburg von zweien seiner Urenkel, *Johann I.* und *Otto III.*, regiert, die die Gründer zweier Linien wurden, der *Johanneischen* oder Stendalschen und der *Ottonischen* oder Salzwedelschen. Das war 1267, und [es] regierten beide Linien noch ungefähr fünfzig Jahre nebeneinander her. 13. . war wieder alles in einer Hand vereinigt, aber schon 1319 war alles wieder vorbei. 1319 starb der letzte Askanier.

Rechnet man nun von 1267, also von dem Zeitpunkt an, wo [sich] das Haus in zwei Linien teilte, so wird man durch die Unsumme von Johanns und Ottos, die nun in der kurzen Zeit von kaum fünfzig Jahren die historische Bühne betraten, sozusagen umgebracht, und alle Schulkinder, die drauf gedrillt werden, diese Johanns und Ottos scharf voneinander zu sondern, flößen mir ein tiefes Mitleid ein. Ich würde die betreffenden Lektionen *nie* lernen. Um meinen Lesern aber (die dann selber urteilen mögen) ein Beispiel davon zu geben, wie Geschichte gelehrt oder geschrieben wird, laß ich nunmehr über den Ausgang der beiden askanischen Linien folgende [*Darüber:* nachstehende] Zeilen aus einem in mehr[rerer] Beziehung guten und tüchtigen Geschichtsbuche folgen.

Also.

I. Die *Johanneische* oder Stendalsche Linie

Von den Söhnen Johanns I., des Stifters der Johanneischen Linie, war Johann II. der älteste von fünf Brüdern. So fiel ihm die Herrschaft zu. Er starb aber schon 1281, nur einen einzigen Sohn hinterlassend, der in den geistlichen Stand getreten war. So ging denn die Regierung auf die zwei nächststehenden Brüder Johanns II., auf Conrad I. und Otto IV., über, während Heinrich I. mit der Markgrafschaft Landsberg abgefunden wurde. Erich wurde Erzbischof von Magdeburg. Otto IV. hinterließ keine Kinder, von den Söhnen Conrads aber gelangten drei zu männlichem Alter: Johann IV., Otto VII. und Waldemar, welcher letztre nach dem Tode seiner Brüder eine Zeitlang alleiniger Herr in den Johanneischen Landen war.

II. Die *Ottonische* oder Salzwedelsche Linie

Otto III., der Stifter der jüngeren Linie, hatte vier Söhne hinterlassen, von denen anfangs die beiden ältesten, *Johann III.* und *Otto V., der Lange,* die Regierung gemeinschaftlich führten. Doch schon 1268 starb der erstre, ohne Kinder zu hinterlassen, und *Otto V.* nahm nun die beiden jüngeren Brüder zu Mitregenten an, nämlich 1272 Albrecht III. und 1280 Otto VI., *den Kleinen.* Dieser letztre trat jedoch schon 1280 von der Regierung zurück und starb 1303 als Mönch (sein Leichenstein ist noch heute in der Klosterkirche zu Lehnin zu finden). Albrecht III. wurde nun derart abgefunden, daß ihm im »Lande über der Oder«, also in der nachmaligen Neumark, die Länder Küstrin, Barwalde, Soldin, Bernstein, Landsberg und Schi[?]baum, in der damaligen Neumark aber, der spätren Mittelmark, die Vogteien Strausberg, Oderberg und Biesenthal zubewilligt wurden. Als er 1301 ohne männliche Nachkommenschaft starb, fiel sein Land an *Hermann den Langen,* den einzigen von den Söhnen des 1298 verstorbenen *Ottos V., des Langen.* Bei Hermann des Langen Tode 1308 verblieb nur ein unmündiger Sohn, Johann V., mit dem im Jahre 1317 die Ottonische Linie schloß. Waldemar aus der Johanneischen Linie war seitdem alleiniger Herr der Mark, bis er nach zwei Jahren schon 1319 starb.

[*Danach offenbar Lücke im Manuskript; auf neuer Seite:* noch einen herauszugreifen:

Otto IV. mit dem Pfeil, der, von dem sich über Pfändungen, Schuldverschreibungen und Fischereigerechtigkeiten hinaus etwas Wirkliches sagen läßt.]

Wer dies zu behalten oder sich ein Bild von der Macht und Bedeutung des großen askanischen [Hauses] danach zu zaubern vermag, dem gratulier ich zu seiner Gedächtnis- und seiner Phantasiekraft. Es ist ein Verbrechen an der Jugend, heitre, glückliche Menschen [?], anstatt ihnen wirklich etwas beizubringen, vor solchen Wust hinzustellen, der den stärksten Mann umwerfen kann.

Also Ottonen hin, Ottonen her – ich begnüge [*Die überlieferte Handschrift bricht hier ab.*]

[IV AUSGEARBEITETE KAPITEL]

Die Sage von Iron und Isold

I

Jarl Iron von Brandenburg und Isold, sein Gemahl, und wie Jarl Irons Bruder um die schöne Herburg freite

In Brandenburg lebte Jarl Iron, der hatte eine kluge Frau, die die schönste und weiseste aller Frauen war, und [die] hieß Isold. Einmal war es, daß ihres Mannes Bruder nach einer schönen Prinzessin verlangte, die des Königs Salomon, Herrschers von Frankreich, Tochter war. Da wollte dieser hinziehn mit Rittern und Gewalt und um die Prinzessin begehren, und Jarl Iron mit seinen Rittern sollte des Jarls Bruder auf diesem Zuge begleiten.

Isold aber, als sie davon hörte, war gegen diesen Heereszug und sagte zum Jarl: »Ich will euch, dir und deinem Bruder, einen Rat geben. Ihr sollet nicht mit Heer nach Frankreich fahren, denn obwohl ihr starke Recken seid, so ist König Salomon doch viel mächtiger denn ihr beide und möget ihr seinem Heere nicht widerstehn. So also rate ich denn, daß ihr nehmt wenige Ritter, rüstet sie stattlich und reitet mit ihnen nach Frankenland und bittet bei König Salomon, daß er dir, meinem lieben Schwäher, seine schöne Tochter zum Weibe gebe. Wenn dies in Erfüllung geht, so ist es gut, wenn aber König Salomon deinem Bruder seine Tochter versagt, so will ich deinem Bruder, meinem lieben Schwäher, ein goldnes Fingerlein geben, das mein Vater meiner Mutter zur Verlobung gegeben hat. In dem Fingerlein ist ein Stein, und der Stein hat die Kraft und Eigenschaft, daß, wenn ein Mann diesen Ring an den Finger eines Weibes steckt, sie ihn so sehr lieben muß, daß sie vor allen Dingen *ihn* haben will, sei es mit Willen ihrer Verwandten oder nicht.«

Und nach diesem Rat und dieser Rede, die den Dank und die Zustimmung der beiden Brüder fand, rüsteten sie sich und nur wenige Ritter und zogen gen Frankreich zu König

Salomon, um um seine Tochter zu werben. Und als dieser die Werbung ablehnte, steckte Jarl Irons Bruder, während er mit der Königstochter sprach und ihr seine Liebe erklärte, den Liebes-Zauberring an den Finger der schönen Königstochter. Und dadurch gewann er der schönen Herburg Liebe, so daß er sie von ihres Vaters Schloß entführte. Da gab es eine Feindschaft mit dem Könige, die währte manchen Tag, und der König wollte keine Versöhnung. Als aber endlich die Versöhnung kam, da hatte Siechtum die schöne Herburg befallen, und sie starb im fremden Land, noch ehe die Vermählung gefeiert worden war.

Und von Stund an war Feindschaft zwischen König Salomon und dem, der sein Eidam werden sollte, und auch Feindschaft zwischen dem König und Jarl Iron von Brandenburg.

II

Von der List Isolds, Jarl Irons Gemahlin

Jarl Iron von Brandenburg jagte beständig Tiere mit seinen Hunden u. Habichten, und so großen Eifer hatte er auf das Weidwerk, daß er oft sieben oder neun Nächte oder zwölf Tage in dem Walde blieb, ohne daß er zu seiner Burg kam, und weit umher ritt er auf öden Marken. Dies gefiel Isolden, seiner Frauen, übel, daß er oft wahrlos hinwegritt und so kurz heim war bei ihr, aber so lange entfernt.

Einsmales rüstete der Jarl Iron sich und seine Mannen und wollte Tiere jagen, und er ließ seine Fahrt so zurüsten, daß er zwölf Tage ausbleiben wollte. Dies hörte Isold, seine Frau, und sie sagte: »Herr, übel tut Ihr daran, daß Ihr so eifrig auf das Weidwerk seid und mit wenigen Mannen auf öden Marken umherreitet und so Wichtiges hinter dir lässest, das ist dein Land und deine Leute. Du reitest oft in die Marken, in deren Nähe auch deine Widersacher reiten, König *Salomon* und seine Mannen; er ist kein mindrer Weidmann denn du; bleib lieber heim und warte deines Reiches, denn dir mag noch großes Ungemach aus dem Weidwerk entstehen, wenn du nicht ablässest.«

Da sprach Jarl Iron: »Frau, das ist meine große Lust,

Tiere zu jagen, und ich vermag es wahrlich nicht zu unterlassen; auch fürchte ich nicht König Salomon noch seine Mannen, und ich getraue mir nicht minder in seinen Marken zu jagen als in meinen eigenen.«

Sie ließen von dieser Rede, und die Königin ward ganz unmutig.

Es war im Winter und war ein frischer Schnee gefallen. Zeitig am Morgen stand der Jarl auf aus seinem Bette und ging zum Imbiß und rief zu sich seine Weidmannen.

Als aber der Jarl kaum aufgestanden war von seinem Lager, stand auch die Frau auf und ging hinaus vor die Burg. Unfern von der Burg stund ein schöner Lindenbaum: sie ging unter den Baum, legte all ihre Kleider von sich, streckte dann ihre Hände und Füße aus und ließ sich in den Schnee hinabfallen, so lang sie war; dann stund sie auf und fuhr in ihre Kleider: sie sah im Schnee ihr Ebenbild und alle Spuren, daß eine Frau da gelegen hatte.

Sie ging nun heim zur Burg und dahin, wo der Jarl zu Tische saß, und sprach: »Warum frühstücket Ihr so zeitig, Herr? Was willst du schon vornehmen?«

Da antwortete er Jarl: »Frau, ich will ausreiten in den Wald und Tiere jagen, wie meine Gewohnheit ist.«

Da sprach sie: »Warum willst du stets hinausreiten auf öde Marken und nicht lieber die Tiere jagen, welche hierselbst bei der Hand sind? So könntest du am Abend heimreiten und in deinem Bette schlafen.«

Da antwortete der Jarl: »Hier bei der Burg sind keine Tiere, welche es frommte zu jagen; nur kleine Tiere laufen hier, nach welchen ich nicht meine Hunde loslassen mag.«

Da sagte Isold: »Herr, es laufen hier solche Tiere selbst bei deiner Burg, daß du weit umherreiten magst auf öden Marken, ehe du bessere Jagd findest als diese, wenn du sie fahen kannst, und das beste dieser Tiere, von welchen ich dir sage, das sah ich eben, da ich vor der Burg hinausgegangen war, und willst du mir bald folgen, so magst du noch das Tier fahen, wenn du es jagen willst; und nicht brauchst du dein Roß deshalb in Schweiß zu setzen noch deine Hunde daran zu verderben, sondern allein fängst du dasselbe, wenn du willst, willst du es aber nicht jagen, fürwahr so sage ich dir, daß es dann ein andrer Mann jägt.«

Der Jarl stund sogleich auf und ging mit ihr hinaus vor die Burg zu dem Lindenbaume. Da sprach die Königin: »Herr, sieh hier nun, wo dieses Tier gelegen hat, und besinne dich, ob du erkennest, was für ein Tier das muß gewesen sein.«

Der Jarl betrachtete den Schnee und sah die Spur, daß ein Frauenbild da im Schnee mußte gelegen haben.

Da sprach die Frau: »Herr, nun sieh zu, ob du jemals dieses Tier gesehen habest; willst du es nicht jagen, so jägt es ein andrer Mann.«

Da sprach der Jarl: »Frau, dieses Tier soll niemand jagen außer mir.« Und er kehrte in die Burg und rief seinen Mannen zu, daß sie ihre Sättel wieder abnehmen sollten und seine Hunde anbinden, er wolle nun nicht ausreiten.

III

Ein Wandersmann sagt dem Jarl Iron von dem Weidwerke König Salomons

Jarl Iron saß nun daheim in seiner Burg ein ganz Halbjahr, so daß er nimmer in den Wald kam, Tiere zu jagen.

Es war eines Abends, daß ein Wandersmann zu Jarl Irons Hofe kam und da Nachtherberge begehrte. Der Jarl satzte ihn zu sich und fragte ihn mancherlei Märe. Er fragte diesen Mann, wo er vorher gewesen wäre.

Der Wandersmann sagte: »Vor kurzem habe ich berühmte Männer besucht, König *Salomon* in Franzien; mit ihm war ich den ganzen Winter in gutem Vernehmen.«

Da sprach der Jarl: »Ist König Salomon ein mächtiger Fürst? Was hat er meist zum Zeitvertreibe oder was ist seine Beschäftigung?«

»Er ist gewiß ein guter Degen«, sagte der Wandersmann, »und ein teuerlicher Fürst. Sein meister Zeitvertreib ist, Tiere zu jagen, auch ist er aller Weidmänner bester, und damit vollbringt er stets große Heldentaten.«

Da sprach Jarl Iron: »Wohin reitet König Salomon meist, um Tiere zu jagen?«

Da antwortete der Wandersmann: »Er reitet meist in den

Walslang-Wald und auch anderwärts weit umher, aber dort jägt er die meisten Tiere.«

Da fragte der Jarl: »Welche Tiere sind die häufigsten in dem Walde und auch am stärksten?«

Da antwortete der Wandersmann: »Da sind mancherhand Tiere als Hirsche und Bären; auch ist da ein *Wisent*, welcher das stärkste aller Tiere ist, so man je mag gesehen haben. Und wenige Männer dürfen ihm nahe kommen. Diesen Wisent hat König Salomon in seiner Mark.«

Da sagte Jarl Iron: »Reitet König Salomon nicht aus, den Wisent zu jagen?«

Da antwortete der Wandersmann: »Er will ihn nicht jagen lassen, sondern lieber junge Wisente zu dem alten haben. Und es sind nun schon zehn Wisente beisammen. Aber niemand ist so dreist, daß er es wagte, zu jagen, was König Salomon gehört.«

So trunken sie und unterhielten sich diesen Abend.

Der Wandersmann fuhr am Morgen hinweg, der Jarl aber dachte seiner Rede nach.

IV

Jarl Iron jagt im Walslang-Wald und weckt König Salomons von Frankenreich Zorn

Jarl Iron dachte der Rede nach, und weil es ihm nicht Ruhe ließ, zog er hinaus mit seinen Mannen in den *Walslang-Wald*, den Wisent darin zu jagen. Aber den großen Wisent fanden sie nicht, nur Hirsche, Bären und ein paar kleinere Wisente, so daß sie wieder heimzogen, nachdem sie sechzig Tiere getötet hatten. Die sechzig Tiere aber ließen sie liegen und nahmen nichts davon, als was die Hunde fraßen und ihre Knappen brieten.

Als nun König Salomon erfuhr, daß Jarl Iron im großen *Walslang-Walde*, der doch ihm, dem König Salomon, zubehörte, gejagt und sechzig Tiere getötet habe, kam er in Zorn und befahl, daß man nordwärts reite an den *Ungarnwald* und in den Ungarnwald hinein. Der Ungarnwald aber war ein Wald, der dem Jarl Iron zubehörte. Da hinein ritt nun

König Salomon, daß er den Schimpf vergelte, der ihm im *Walslang-Walde* geschehen, und jagte darin, bis der Ungarnwald nahezu verödet und was an jagdbaren Tieren darin lebte getötet war.

V

Jarl Iron, als er hört, wie König Salomon den Schimpf geahndet habe, erneuert die Jagd im Walslang-Wald

Jarl Iron, als er hörte, was König Salomon im Ungarnwalde getan, empörte sich, wie sich vordem König Salomon empört hatte. Trotz gegen Trotz, und so rief er zu sich *Nordian*, seinen besten Weidmann, und gebot ihm, alle seine Hunde zu nehmen und sich vorzusehn und einzurichten, daß sie zween Monde lang außen bleiben könnten.

Da ward Isold ganz betrübt und weinte bitterlich; sie schlang ihre beiden Hände um Jarl Irons Hals und sagte: »Mein lieber Herr, reite nicht aus, wie du vorhast, bleib lieber heim und vergnüge dich auf deinem Lager mit mir. Nein, reite nicht aus auf diese Tierjagd, denn daraus wird Unheil entstehen dir selber und auch mir, wenn du dich nicht willst bewegen lassen.«

Da sprach der Jarl: »Nicht mag ich annoch mich bewegen lassen, sondern ich will ausreiten, Tiere zu jagen.«

Da sprach seine *Tochter* Isold, welche da zwölf Winter alt war: »Herr, dir wird Unheil aus dieser Jagd entstehen, wenn du dahin fährst, und willst du meiner Mutter diese Bitte nicht gewähren, diese Ausfahrt anstehn zulassen, so magst du sie mir doch gewähren.«

Da sagte Jarl Iron: »Nicht sollt du darum bitten, daß ich nicht ausreite, meine Verheißung zu vollbringen. Stehet nun auf, all ihr Ritter, die ihr mitfahren solltet, und rüstet euch; nimmer sollen Weiber mich zurückhalten.«

Da sprach Isold, seine Tochter: »Du streitest wegen der Jagd mit König Salomon. Weißt du, daß er ein mächtigerer Mann ist denn du? Und wenn du es nicht weißt, so wirst du nun es erfahren, ehe noch euer Spiel beendigt ist.«

Jarl Iron ritt nun aus von Brandenburg und nahm Ritter und hatte mit sich all seine Weidhunde.

[VI]

Von der Tierjagd Jarl Irons im Walslang-Walde

So ritt denn Jarl Iron mit sechzig Rittern in den Walslang-Wald und begann Tiere zu jagen, und wo er nur auf Wildes Spur kam, da ritt er ihr nach, und kein Tier war, das vor ihm das Leben behielt, wohin sie auch in dem Wald kamen.

Und eines Tages, da Jarl Iron in dem Walde umritt mit seinen Hunden, kam er auf eine Spur, wo der große Wisent gegangen sein mußte; da brachte er manchen Hund auf diese Spur und ritt hurtig hinterdrein, und die Hunde spürten dem Wisente nach und waren so schnell, daß sie ihn bald einholten. Der Wisent wandte sich gegen die Hunde und wehrte sich mit den Hörnern. Die Hunde setzten ihm hart zu, und zuerst von allen Rittern kam Nordian der Weidmann dem Wisent und den vordersten Hunden nah und hatte am Seile zween andre Hunde: *Stutt* und *Stapp.* Gleich nach ihm erschien Jarl Iron mit Paron und Bonickt, und mit dem Jarl zugleich kamen sein Truchseß und sein Schenk, von denen der Truchseß die Hunde Bracka und Porla und der Schenk die Hunde Raska und Luska mit sich führte. Ruska und Luska aber waren Petzen, von denen die besten Hunde Jarl Irons gefallen waren. Auch waren beide selber die besten aller Weidhunde.

Da sprach Jarl Iron zu dem Truchseß: »Mach nun deine Hunde Bracka und Porla los und laß sie an das Tier.« Er tat also, und die Hunde liefen nun ganz grimmiglich von beiden Seiten auf das Tier. Der Wisent wandte das Haupt zu seiner rechten Seite und stieß mit den Hörnern unter den Bug *Brackas*, so daß er ihn sogleich durch und durch stieß und schleuderte ihn von sich; dann kehrte er sich schnell zur linken Seite gegen *Porla* und stieß ihm sein Geweih also in die Seite, daß er ihn tot von seinen Hörnern warf.

Da rief der Jarl dem Schenken zu, daß er die Petzen *Luska* und *Ruska* loslassen sollte. Er tat also, und sie sprungen auf das Tier los, so scharf, daß der in den Weichen gepackte Wisent in grimmem Schmerze zurückwich; im nächsten Augenblick aber trat er mit seinen Hinterfüßen auf Luskas Rücken, ihr das Rückgrat zerbrechend, während er die Ruska mit seinem Geweih also stieß, daß beide des Todes waren.

Nun ließ Nordian *Stutten* und *Stappen* los, und *Stapp* sprang gegen den Wisent so heftig und hoch, daß er ihm auf dem Halse saß und sich verbiß; aber das Tier warf ihn durch eine Bewegung seines Kopfes so hart in die Luft, daß ihm jedes Bein zerbrochen war, noch eh es zur Erde kam. Nun wollte *Stutt* dem Tiere nach dem Halse springen, aber es fing ihn mit den Hörnern auf und warf ihn derart zur Erde, daß er tot niederkam. Und gleich danach wurd es scheu und begann zu fliehen, während die noch übrigen Hunde Paron und Bonickt losgelassen wurden und dem fliehenden Tiere nachsetzten.

In des Jarls Gefolge aber war ein Ritter, der hieß *Wandilmar.* Er war groß und stark und doch der verzagteste aller Männer; er furchte sich sehr vor dem Tiere und floh hindann; und als er sah, daß es ihm nahte, da sprang er vom Rosse und stieg auf einen Baum. Und das Tier lief ihm nach unter den Baum; da ward er noch furchtsamer als zuvor und kletterte hoch hinauf in die Äste, aber die Äste konnten ihn nicht tragen, und er fiel hinab. Nun war das Tier darunter und hatte sich gegen die Hunde gekehrt: *Wandilmar* fiel hinab und fiel zwischen die Hörner des Tieres mit einem Fuß auf jeder Seite des Halses; er klammerte sich mit den Händen um den Hals des Tieres und hielt sich recht fest. Das Tier ward ganz wild und lief hindann und die Hunde hinterdrein; der Jarl und seine Mannen aber folgten den Hunden nach, und so fuhren sie nun eine lange Strecke.

Da sagte der Jarl zu *Nordian*, dem Weidmann: »Ich sehe ein wunderlich Gesicht; ich sehe das Tier laufen und einen Mann obendrauf zwischen den Hörnern.«

Nun sah auch Nordian dasselbe, was der Jarl gesehn, und rief laut: »Jagen wir nun baß dem Tiere nach! Denn nun muß es müde werden; einer unsrer Gesellen ist auf das Tier kommen.«

Nun jugen sie alle, so schnell nur die Rosse laufen mochten. Das Tier lief auch mit dem Manne, und ihm folgten die sieben jungen Wisente und alle Hunde Jarl Irons; da war nun ein großes Hundegebell, und das Tier lief nordwärts auf die Heide dem *Ungarnwalde* zu. Wandilmar furchte nun, daß er von dem Tiere fallen möchte, denn er wußte, daß er den Tod davon hätte, wenn er herabfiele.

Auf solche Weise lief das Tier, bis daß es in den Ungarnwald kam. Und hier kamen ihm die Hunde Paron und Bonickt vor und ergriffen es; dem Tier aber war es schwer, sein Geweihe zu rühren und sich damit zu wehren, weil der Mann darauf saß.

Jarl Iron kam nun heran mit seinem Jagdspieß und stach ihn durch das Tier, und damit fiel der Wisent.

Da sprach der Jarl zum Ritter Wandilmar: »Man hieß dich sonst den feigesten aller Männer, aber du hast heute ein solches Wagestück vollbracht, daß keiner in meinem Gefolge so dreist und so rüstig ist, daß er mir mehr Ehre erworben hätte. Auch sollt du dessen wohl genießen.«

Nun ritten Nordian und die andern Ritter hinzu, wo das Tier gefallen war, und lobten sehr die Heldentat ihres Jarls. Aber keiner wußte, außer ihm allein, wie es sich zugetragen hatte. Sie richteten das Tier sich zum Mahle zu und gaben auch ihren Hunden davon und waren nun ganz fröhlich.

Dann ritt der Jarl heim mit allen seinen Mannen und hatte nun seine Verheißung wohl und rühmlich vollbracht.

[VII]

Jarl Iron gibt dem Ritter Wandilmar seine Tochter zugleich mit dem Grafen-Namen und reiset danach in den Ungarnwald auf die Tierjagd

Als nun der Jarl heimkam nach Brandenburg, ging ihm seine Frau Isold und die Jungfrau, ihre Tochter, entgegen und empfingen den Jarl wohl und waren sehr vergnügt.

Er nahm seine Tochter bei der Hand und führte sie zu dem Ritter Wandilmar und sagte, daß er ihm diesen Lohn geben wolle. Wandilmar dankte dafür. Und darnach ward ihre Vermählung vollzogen, und er erhielt die Tochter des Jarls. Wandilmar war fortan ein Graf im Gefolge Jarl Irons.

Nachdem manche Stunde seitdem vergangen war, sprach der Jarl zu seinem Weidmanne Nordian: »Gedenkst du noch, wie die jungen Wisente im Ungarnwalde zurückgeblieben sind? Jetzo wär es wohl Zeit, sie zu fahen.«

Nordian rief, er wäre ganz bereit. Dieses hörte Isold; da weinte sie bitterlich und ging zu dem Jarl, schlang ihm beide Hände um den Hals und bat ihn wie zuvor, daß er nicht auf die Jagd reiten solle; aber der Jarl wollte reiten, wie er sich vorgesetzt hatte. Da sprach Isold, daß sie einen Traum geträumt habe, woraus sie gewiß wisse, daß großes Unheil entstehen würde wegen des großen Tieres, das er gejagt habe. Iron antwortete, daß er nur in *seinen* Wald reiten und Tiere jagen wolle, und nicht weiter werde er reiten. Und das versprach er auf seine Treu. Da ward Isold heiter und erlaubte ihm hinzufahren.

Der Jarl ritt dahin und hatte mit sich zwölf Ritter und seine Hunde und fuhr nun drei Tage lang, bis daß er an den *Ungarn*wald kam. Da ritt der Jarl gegen Abend in den Wald und sah darin manch großes Feuer.

[VIII]

Jarl Irons Gefangennehmung durch König Salomon

Als aber König Salomon erfahren hatte, daß Jarl Iron den großen Wisent gefällt, dazu viele seiner besten Tiere getötet und manchen Schaden in seinem Reich getan hatte, rief er seine Ritter und sagte, daß er sich nun an Jarl Iron rächen wolle.

Da ritt König Salomon mit fünfhundert Rittern allewege, bis daß er eins Abends in den Ungarnwald kam und hatte da sein Gezelt aufgeschlagen.

Um dieselbe Zeit aber war auch Jarl Iron in den Wald kommen und ritt ihm entgegen, und erst als man gewahrte, welche große Schar den König Salomon begleitete, flohen des Jarls Ritter in den Wald. Nur Jarl Iron selbst, der ein kühner und streitbarer Mann war, wollte nicht fliehen, und ebenso dachte sein guter Geselle Nordian. Da nahm König Salomon den Jarl und seinen guten Gesellen gefangen und ließ sie beide binden und nahm sie mit in sein Reich, um sie gefangenzusetzen.

Wandilmar aber, Jarl Irons Schwiegersohn, kam wieder heim mit den Rittern, welche geflohen waren, und sagte Isolden diese Zeitung. Da war große Trauer im Lande, daß der Jarl gefangen sei.

Als aber der Jarl drei Nächte im Gefängnis gelegen hatte, da kam der Mann, welcher des Turmes hütete, und brachte dem Gefangenen Speise. Da fragte Jarl Iron den Mann: ob er von ihm eine Botschaft zu König Salomon bringen wolle? Der Mann antwortete, daß er dem Könige Salomon sagen wolle, was der Jarl nur verlange. Da sagte der Jarl, er solle den König bitten, daß er den Tag darauf mit ihm zu reden käme. Dieser Mann tat, wie der Jarl ihn bat, und sagte dem Könige, daß der Jarl mit ihm reden wolle.

Der König ging zu dem Turm und fragte, »was der Jarl von ihm wolle?« Da sagte der Jarl, daß er den König um eine Bitte bitten wolle, und diese Bitte sei, daß er Nordian entlasse, welchen der Jarl mit seiner Botschaft heim nach Brandenburg senden wolle. Der König sagte, daß der Jarl keine Guttat von ihm verdient habe, dennoch wolle er ihm diese Bitte gewähren.

Da ward Nordian freigelassen und erhielt ein Roß, und er sollte nun mit Jarl Irons Botschaft nach Brandenburg reiten und Isolden seinen Gruß sagen und sie bitten, daß sie kommen und die besten Kostbarkeiten seines Reiches sammeln und sie zur Auslösung Jarl Irons bieten solle.

[IX]

Frau Isolds Reise zu König Attila

Nordian ritt nun seines Weges, bis er nach Brandenburg kam. Da sagte er Isolden seine Botschaft und gab ihr das Schreiben Jarl Irons. Isold sagte, daß sie nicht säumen wolle, den Jarl, ihren Gatten, auszulösen, und sandte Boten umher und legte Schatzung auf jedermann, den Jungen und den Alten. Und so brachte sie so großes Gut zusammen, daß sie einen Wagen mit Gold und Silber und edlen Kleinoden beladen konnte.

Hierauf fuhr sie zuvörderst zu König *Attila* und sagte ihm, daß sie ihn bitte, dem Könige Salomon Botschaft und Briefe zu senden, daß er den Jarl Iron aus dem Gefängnis entlasse. Und König Attila tat dies, sintemalen er und König Salomon gute Freunde waren.

[X]

Frau Isold fährt zu König Salomon und bittet um die Auslösung Jarl Irons

Frau Isold fuhr nun ihres Weges dahin, bis daß sie nach Frankenland kam und dem König Salomon den Brief König Attilas brachte.

Sie wurde da wohl empfangen, und König Attila [*versehentlich für:* Salomon] setzte sie neben sich und seine Königin. Und gleich am ersten Abend erhob sie sich von ihrem Sitz, fiel vor dem König auf die Knie und sprach: »Guter Herr, einen weiten Weg habe ich zu Euch gemacht, mit großem Harm und auch mit manchen Kostbarkeiten von Gold und Silber, Purpur und Perlen, auch guten Rossen und guten Rüstungen und mit manchen adligen Rittern: alles dies bringen wir in Euer Reich und Eure Gewalt. Höre nun, Herr, eine Bitte, darum ich bitte, laß los meinen Herrn Jarl Iron, und nimm all dieses Gut und all diese Dinge, die wir in Euer Reich gebracht haben.«

Da antwortete König Salomon: »Du bist fürwahr eine adlige Frau, fahr heim in dein Reich und nimm mit dir all dein Gold und Silber und Kostbarkeiten, aber Jarl Iron hat in meinem Reiche so manchen Schaden getan und mir zum Schimpfe, daß er dessen nun wohl entgelten mag. Schwerlich mag [ich] ihn also losgeben und hinwegfahren lassen.«

Da stund auf die Gemahlin König Salomons und ging zu ihm und schlang ihre beiden Hände um seinen Hals und küßte ihn und sprach: »Mein lieber Herr, uns hat die teuerliche Frau Isold besucht, sie liegt hier weinend auf ihren Knien und erlangt nicht ihre Bitte; gewähre um mir und ihr ihre Bitte nach der Fürsprache unsres liebsten Freundes Königs Attila.«

Und nachdem sie so gesprochen, sagte König Salomon zu

seinen Rittern, daß sie hinaus in den Turm gehen und den Jarl nehmen und zu ihm führen sollten.

Und also taten sie.

[XI]

Auslösung Jarl Irons und Sühne mit König Salomon

Als Jarl Iron vor König Salomon stund, da sprach der König zu Frau Isolden: »Sieh nun da Jarl Iron, deinen Gatten; wir wollen ihn nun zurücksenden mit Euch zu seinem Herrn, dem König Attila; wir wollen ihn losgeben aus Ursach seiner Fürsprache und Eures Edelmuts.«

Da stand Isold auf und ging zu Jarl Iron, schlang ihre beiden Arme um seinen Hals und küßte ihn und wurden nun beide sehr vergnügt. König Salomon aber, als Isold ihm für seine Guttat gedankt hatte, setzte den Jarl Iron auf einen Hochsitz neben sich und ließ seine Knappen ihm dienen.

So blieben sie über Nacht.

Am Morgen aber stund Jarl Iron vor König Salomon und mit ihm alle die Ritter, welche Isolden gefolgt waren. Da sagte König Salomon, er wolle, daß Jarl Iron ihm einen Eid schwöre, daß er nimmer fortan sein Reich befehden wolle.

Jarl Iron leistete den Eid und zwölf Ritter mit ihm, der dahin lautete, daß er das nimmer an König Salomon rächen wolle, daß er ins Gefängnis gesatzet worden. Und danach gaben Jarl Iron und Frau Isold, ehe sie schieden, etliche Gaben an König Salomon und zogen gen Heunenland zu König Attila, wo Jarl Iron von der stattgehabten Sühne sprach und nach den Befehlen König Attilas fragte. Der aber sagte, daß der Jarl wieder heimfahren solle gen Brandenburg und sein Reich daselbst haben solle, wie er's vorher gehabt habe, worauf Jarl Iron dem König Attila für seine Freundschaft dankte.

Und gleich danach schieden sie als gute Freunde.

[XII]

Jarl Iron verliert Isolden, seine Gemahlin, und nimmt nachmals Bolfriana, die Gemahlin des Herzogs Ake Harlungentrost

Da ritt Jarl Iron heim und war nun wieder in seinem Reich. Aber nicht lange danach ward Isold, sein Gemahl, siech, und dieses Siechtum brachte sie zu Tode, welches dem Jarl Iron der größte Verlust bedünkte.

Wieder eine Weile danach aber fuhr König Attila nach Rom zu König Ermenrich, und mit ihm fuhren manche seiner Häuptlinge, darunter auch Jarl Iron von Brandenburg, und waren ihrer in allem hundert Ritter und viele Knappen.

Auf diesem Zuge war es, daß sie gen Süden ins Amelungenland kamen, allwo ihnen Herzog *Ake Harlungentrost*, der König Ermenrichs Bruder war, auf seiner Burg Fritila ein großes Fest veranstaltete. Sie wurden aufs köstlichste bewirtet, und am Abend trunken sie guten Wein. *Bolfriana*, des Herzogs Gemahlin, aber war die minniglichste aller Frauen und schenkte den edlen Gästen ein.

Und sie sah da zu seiten von König Attila einen großen Mann, der hatte so langes und schönes Haar wie geschlagenes Gold, eine weiße Haut, ein lichtes und durchaus schönes Antlitz, dazu helle Augen und weiße Hände, und war nicht einer seinesgleichen an Schönheit. Dies war Iron, Jarl von Brandenburg.

Sie blickte oftmalen auf Jarl Iron und sehr freundlich, sobald sie glaubte, daß es niemand wahrnähme.

Iron sah auch, wie schön diese Frau war; er achtete also wenig auf das Trinken am Abend, denn ihn befiel ein großes Verlangen nach der Frau, so daß er ganz siech davon ward. All die andern Männer aber tranken und waren lustig und lagen am Ende alle betrunken nieder, ausgenommen Jarl Iron und Bolfriana, die sich gegenseitig sagten, was jeder von ihnen für den andern im Herzen trug. Und Jarl Iron gab Bolfrianen den goldenen Ring, welchen sein Bruder Apollonius gehabt und der schönen Herburg, der Tochter König Salomons, gegeben hatte.

Den Morgen danach aber fuhr König Attila zum Gastgebot nach Rom. Auf diesem Gastmahle bei Herzog Ake war auch König Dietrich von Bern und war es auch der Tag, an dem Dietleib der Däne und Walther von Wasichenstein miteinander kämpften.

[XIII]

Jarl Iron und Bolfriana versüßen einander ihre Minne

Als König Attila heimfuhr von Rom und König Ermenrich, ritt er wieder zu Gaste nach Fritila bei Herzog Ake und nahm da ein Gastmahl. Und bei diesem Gastmahle gelang es dem Jarl Iron aufs neu, mit Bolfriana zu reden, und am Ende ihrer Unterredung verbanden sie sich gegenseitig durch Wahrzeichen, daß jedes von ihnen das andre stets minnen wolle, sei es, daß sie nochmals zusammenkämen oder nicht.

König Attila und alle seine Mannen ritten nun heim nordwärts nach Heunenland in sein Reich, Jarl Iron aber fuhr heim nach Brandenburg.

[XIV]

Herzog Ake entdeckt die Minne Jarl Irons und Bolfrianens

Einige Zeit danach rüstete sich Jarl Iron zu einem großen Jagdzuge, mit ihm Nordian sein Weidmann, und sie rüsteten sich so, als ob sie zwei Monden ausbleiben wollten. Sie ritten nun lange fort auf öden Marken, bis daß sie gen Amelungenland kamen in das Reich des Herzogs Ake. Hier vernahm Jarl Iron, daß Herzog Ake samt König Dietrich von Bern aufs nächste nach Rom geladen sei, weshalb er einen Ritter in die Burg Fritila sandte mit einem Brieflein an Bolfriana, worin er ihr schrieb, wie sie zusammenkommen wollten, wenn König Ake hinweggeritten sei.

Dieser Ritter stellte sich wie ein Spielmann, verschaffte sich Spielmannskleider und kam so in die Burg. Da war ein großes Trinkgelag in dem Saale. Frau Bolfriana stand und schenkte dem Herzog ein, und als sie eben zu einer Kanne trat, welche ein Schenke hereingebracht hatte, gab ihr der Ritter den Brief in die Hand und sagte das Wahrzeichen. Sie steckte den Brief in ihren Säckel und sagte, daß Jarl Iron in die Stadt reiten solle um Nachtzeit, sobald Herzog Ake fortgeritten wäre.

Frau Bolfriana, nachdem der Ritter wieder gegangen, nahm die Kanne und schenkte dem Herzog [ein]. Er aber nahm den Becher und trank Bolfrianen zu und sagte: »Sitz her, Frau, und trink um die Hälfte mit mir.« Sie nahm die Schale und trank, und den ganzen Abend über ließ der Herzog sie um die Hälfte mit sich trinken, und ehe sie aufhörten, war Bolfriana trunken, so daß sie fast einschlief. Und der Herzog hieß seine Ritter Bolfrianen aufheben und zu Bette tragen. Und als sie so lag in all ihren Kleidern, hieß er die Ritter, weil ihn selber der Schlaf anwandelte, schlafen gehn, und stunden da sechs Kerzen, welche, die Nacht über, zu Häupten und zu Füßen des Herzogs brennen sollten. Und als der Kammerdiener ihm seine Kleider ausgezogen hatte, hieß er auch diesen hinausgehn und verschloß fest die Tür.

Da ging er hinzu, wo seine Frau lag, und nahm ihr ihren Säckel ab und nahm aus dem Säckel heraus, was darinnen war. Da fand er auch den Brief und schlug ihn auseinander und las: »Jarl Iron von Brandenburg sendet Gruß Bolfrianen, seiner Geliebtesten; er ist in den Wald kommen, welcher hier nahebei ist; wenn Herzog Ake morgen am Tage aus seinem Lande reitet, so wollen wir den Abend darauf in dem Walde zusammenkommen, welcher bei der Burg steht, und einige Zeit beieinander verweilen. Wenn aber Herzog Ake seine Ausreise noch länger verschiebt, so gib mir alsbald davon Nachricht durch einen, dem Du trauest. Und ich will dann darauf warten.«

Der Herzog legte den Brief zusammen, so wie er vorher war, steckte ihn wieder in den Säckel und legte sich nieder in sein Bett und schlief.

Als nun der Herzog genug geschlafen hatte, da stund er auf, früh am Morgen, und ging dahin, wo Bolfriana schlief, weckte sie und war sehr freundlich zu ihr und bat sie aufzustehn: er wolle nun hinwegreiten.

Und er ließ zwölf seiner Ritter zu sich kommen und hieß sie sich bereiten, er wolle nun gen Süden nach Rom. Und sie rüsteten sich alle mit guten Waffen und nahmen ihre besten Pferde.

[XV]

Herzog Ake Herlungentrost schlägt den Jarl Iron zu Tode

Vor Mittag ritten sie aus der Burg Fritila und fuhren ihre Straße dahin, bis daß sie in den Wald kamen. Als sie nun den ganzen Tag bis zur neunten Stunde geritten waren, da sprach Herzog Ake zu seinen Mannen: »Fürwahr, es wäre schimpflich, wenn ich weiter reiten und nicht meines Freundes, des Königs Dietrich von Bern, der mit mir zum Gastmahle nach Rom geladen, auf meiner Burg Fritila warten wollte. So wollen wir denn umwenden, um ihn auf unsrer Burg empfangen zu können.«

Und damit lenkte der Herzog sein Roß um und alle mit ihm.

Und als sie wieder in den Wald kamen, sahen sie, daß ein Mann daherritt, dem zween Hunde voranrannten, und auf seiner linken Hand hielt er einen Habicht. Er hatte einen schönen und glänzenden Schild und zum Wappen darin einen Habicht von Gold und einen Hund. Daran erkannte Herzog Ake, daß es Jarl Iron von Brandenburg sei, und rief nun seine Mannen, daß sie hinzureiten und ihn erschlagen sollten. Und zugleich zog Ake sein Schwert, und alle ritten gegen Jarl Iron an.

Dieser erkannte den vordersten Mann an dem goldnen Leuen im roten Schild und wußte nun, daß es Herzog Ake von Fritila, der stärkste aller Helden und Berserker, sei. Beide rannten zusammen und schlugen aufeinander, aber wiewohlen Jarl Iron sich ritterlich wehrte, sank er doch auf den Tod verwundet zu Rosse.

Herzog Ake ritt nun hinweg und nahm Herberg in einem Hause, das er im Walde hatte.

[XVI]

Dietrich König von Bern und seine Helden finden den Jarl Iron tot und begraben ihn

Denselben Abend kam Dietrich von Bern und seine Mannen nach Burg Fritila, wo sie bei guter Bewirtung in Herzog Akes Saale die Nacht verbrachten.

Am Morgen früh aber ritt König Dietrich wieder hinweg und kam in den Wald, allwo mitten im Weg ein Toter lag. Und als sie forschten, wer es sei, sahen sie an selber Stelle ein Roß mit einem Rittersattel, und das Roß biß und schlug gegen sie und wollte sich nicht von seinem Herrn abbringen lassen. Ebenso waren da zween Hunde, die Wache bei dem Toten hielten, und zween Habichte saßen auf einem Baum und schrieen laut.

Da sagte König Dietrich: »Er muß ein herrlicher Mann gewesen sein, dieser Tote, der hier am Wege liegt, denn seine Habichte samt seinen Hunden lieben ihn *so*, daß sie ihr größtes Gut verloren zu haben meinen.«

Sie stiegen nun herunter und huben den Mann auf und sahen, ob sie ihn erkennen möchten. Und König Dietrich erkannte ihn und sagte: »Hier ist gefallen ein teuerlicher Degen und großer Häuptling, Iron Jarl von Brandenburg. Wer die Männer auch sein mögen, die ihn erschlagen haben, nehmen wir ihn nun und bestatten wir seine Leiche.«

Da fällten sie große Bäume, machten ein würdiges Grab und nahmen dann den Jarl Iron und legten ihn in das Grab mit all seinem Heergeräte. Danach aber trugen sie Steine herbei und Holz und machten ein Grabmal, so daß man erkennen möchte, wer da läge.

Und während sie so den Jarl Iron bestatteten, kam der Herzog Ake zu reiten mit seinen Mannen und begrüßte den König Dietrich, seinen Verwandten, und sagte, daß sie mitsammen nach Rom reiten wollten.

Da sagte König Dietrich zu dem Herzoge, daß er wissen möchte, wer den Jarl Iron von Brandenburg erschlagen habe? Worauf der Herzog antwortete: daß *er* ihn erschlagen habe.

»Was für Ursache hattest du, daß du einen so guten Degen erschlugst?«

»Er wollte in meiner Mark ein zweifüßig Tier jagen mit großer List und mir zur Schmach.«

Und als Herzog Ake so gesprochen, ritt er mit König Dietrich und seiner Sippe gen Süden zu nach Rom.

[XVII]

Nordian der Weidmann bringt die Botschaft heim von Jarl Irons Fall

Jarl Irons Ritter aber warteten im Walde, daß der Jarl von seinem Ausritte heimkommen solle, bis, als ihr Warten vergeblich war, drei der vornehmsten Ritter und mit ihnen Nordian der Weidmann aufbrachen, um im Walde nach ihrem Herrn zu suchen.

Und als sie zu der Stelle kamen, wo Jarl Iron erschlagen und bestattet war, erkannten sie die Hunde Jarl Irons und sein Roß und seine Habichte, die noch immer das Grab des Toten hüteten. Und sie fanden auch, als sie das Grab geöffnet, Jarl Iron selbst, und es bedunkte sie, daß dies Herzog Ake getan und ihn zu Tode gebracht haben müsse.

Darnach ritten sie heim gen Norden in Heunenland und sagten dem König Attila, was geschehn. Der aber setzte nun einen andern Häuptling über Brandenburg, daß er das Norderland beherrsche, das Jarl Iron bis dahin an die zweimal zehn Jahre beherrscht hatte.

[*Auf neuem Blatt am linken oberen Rand mit Bleistift:* Dies kommt alles an den *Schluß* des Kapitels.]

Die Geschichte von »Jarl Iron von Brandenburg«, wie sie vorstehend erzählt worden ist, bildet einen Teil der altnordischen Wilkina- und Niflunga-Sage, darin sie vom 246. bis zu[m] 274. Gesange (oder Kapitel) reicht. Alle diejenigen Partien, die von Irons *Bruder*, dem »Jarl Apollonius von Tyra«, handeln, habe ich ausgeschieden, da mir daran lag, nur das auf den Jarl von *Brandenburg* Bezügliche hier zu geben. Übrigens umfaßt das dadurch in Wegfall Gekommene nur wenige Seiten zu *Beginn* der Erzählung. Ein paar Andeutungen sind geblieben.

Was die gesamte *Wilkina*-Sage betrifft, so kann es keinem Zweifel unterliegen, daß diese altnordische Sage nach Erzählungen gebildet wurde, die von Deutschland her nach Skandinavien hinüberkamen. Mit andern Worten, die Wilkina-Sage behandelt denselben Stoff, denselben Sagenkreis, dem wir in der Nibelungen-Sage bez. in der Sage von Attila und Dietrich von Bern begegnen, und nur einzelnes ist von anders her hinzugekommen. [*Mit Rotstift hinzugefügt:* v. d. Hagen sagt darüber S.   Blatt 4.] Zu diesem Hinzugekommenen oder Hinzugedichteten gehört in erster Reihe die Geschichte von »Jarl Iron und Isold«. Wer zu derselben Veranlassung gab, woher sie kam, über all das existieren nur vage Mutmaßungen, die ich auf sich beruhen lasse und aus deren bunter Reihe nur die zwei hier genannt seien, daß die einen vermuten, es sei so und so, während andre vermuten, es sei da und daher gekommen. Es ist nutzlos, in diese Kontroverse einzutreten und die Reihe der Mutmaßungen durch eine neue zu bereichern.

v. d. Hagen schreibt: »... Diese Wilkina- und Niflunga-Saga, deren vorderer Name daher rührt, daß ein Hauptteil derselben von dem nordischen König Wilkinus und seinem Geschlecht und Volke handelt, ward im 13. und 14. Jahrhundert, wo der Verkehr mit Deutschland besonders durch die Hanse recht aufblühte, von einem unbekannten nordischen Dichter aus deutschen Liedern und Sagen zusammengesetzt, wie die Vorrede sowohl wie das Werk selber bei vielen einzelnen Geschichten Urkunde davon gibt, sich namentlich auf *niedersächsische* Sagen beruft und daneben auch auf andre sichtbare Denkmäler hinweist. Und obwohl auch eigentümlich nordische und selbst *slawische* Sagen einen Bestandteil dieses Werkes ausmachen, so ist die Hauptmasse doch gewiß ursprünglich deutsch, wie die Übereinstimmung mit den noch vorhandenen Liedern und Sagen unsres deutschen Heldenbuches bestätigt. Denn fast alle diese kommen in der Wilkina- und Niflunga-Saga vor. Zugleich aber sind uns hier allein noch viele von den verlorenen Rhapsodien des Heldenbuchs aufbehalten, manche in veränderter Gestalt und alle in ihrem mythischen Zusammenhange dargestellt. Es ist dennoch, woran auch im einzelnen nordisch gemodelt, das *größte zyklische Werk* über unsre eigne alte Nationalpoesie, die gewaltige Katastrophe der Nibelungen mit eingerechnet.«

Über die eingelegte *Jarl-Iron*-Sage sagt v. d. Hagen in seinen beiden Vorreden *nichts*; ich muß also einfach meine Vermutung aussprechen oder *das* nehmen, was Gymnasiallehrer *Grupp* in Brandenburg darüber gesagt hat.

Wenn die älteste Handschrift der Wilkina-Sage dem XIII. Jahrhundert [zugehört] und eben diese Handschrift schon die Geschichte von »Jarl Iron« enthält, so wird es fraglich, ob die betreffende Stelle (die ganze Episode von Jarl Iron) bloß dem *Markgrafen Otto I.* zuliebe *hinein*gedichtet sei. Möglich ist es aber doch.

Otto der Erste lebte 1180, so daß ein im 13. Jahrhundert erscheinendes Gedicht sehr wohl einen aus 1180 stammenden Zusatz aufweisen konnte.

Der Jahresbericht des *historisch. Vereins in Brandenburg a. H.* (Heft IV bis VI) enthält von Gymnasiallehrer G[r]upp einen kl. Aufsatz über die Jarl-Iron-Sage und die Beziehung derselben zur Dietrich-Sage oder über die Einreihung bez. Zugehörigkeit derselben zur Wilkina-Sage. Das Ganze ist aber ein Wischiwaschi, dem nichts Ordentliches zu entnehmen ist. Also lieber Heffter oder Schillmann oder Paulus Cassel oder Dr. *L. Freytag.* Letztrer ist wahrscheinlich der Beste.

Die Franzosen in Berlin 1806

Den Aufzeichnungen eines alten Berliners nacherzählt

Am 25. Oktober frühmorgens war ganz Berlin gespannt auf den Einmarsch der französischen Scharen. Im Rondeel am Halleschen Tore versammelten sich die Neugierigen, und viele Ungeduldige gingen zum Tore hinaus.

I

Der Einzug der Löffelgarde

Es vergingen einige Stunden, in der Ferne hörte man die Trommeln wirbeln, der Schall kam näher, und der Weg nach Tempelhof blitzte von Tausenden von Bajonetten. Der Magistrat in corpore, die Schlüssel der Stadt bereithaltend, war versammelt; jetzt erschütterte Trommelschall und rauschende Musik die Luft, und aller Augen richteten sich nach dem Tore. Der erste französische Infanterist trat ein. Es war ein langer, hagerer Mann mit blassem Gesicht, das wildes schwarzes Haar bedeckte, der erste Gegenstand unseres Erstaunens, die wir an wohlgepuderte, egale Locken und steife Zöpfe bei Soldaten gewöhnt waren. Noch mehr erstaunten wir ob seines Anzuges; ein fahler kurzer Mantel bedeckte den Leib, den Kopf ein kleiner verwitterter Hut, mehr rot als schwarz und von unbeschreiblicher Form, dabei so schief und pfiffig aufgesetzt, daß dieser Kopf und Hut uns schon eine hohe Merkwürdigkeit dünkte. Die Beinkleider waren von schmutziger Leinwand, stark zerrissen, die Füße nackt, mit zerrissenen Schuhen bekleidet; ein zottiger Pudel, den er am Strick führte, blickte aufmerksam ihm nach dem Munde, während er von einem großen Stück Brot abbiß und mitunter dem Pudel etwas zuwarf. Man denke sich, ein Soldat mit einem Hunde am Leitseil und, was noch mehr war, am Bajonett ein halbes Brot aufgespießt, am Pallasch eine Gans hängend und auf dem Hute statt des Feldzeichens ein *blecherner Löffel.* Diese originelle Figur marschierte allein voran, mit einem gewöhnlichen, leichten Schritt, sah aber mit großen schwarzen Augen wie ein König auf die Hunderte hernieder, die ihn ihrerseits wieder höchst neugierig anstarrten.

Fünfzig Schritte hinter ihm aber fesselten neue Gestalten unsere Aufmerksamkeit.

Hohe Männer, durch große Bärenmützen mit roten Federbüschen noch vergrößert, mit braunem Gesicht, langen schwarzen Bärten, die bis auf den Magen reichten und grell gegen ein langes, schneeweißes Schurzfell abstachen, blinkende Äxte auf der Schulter, Gewehr auf den Rücken geschnallt, zogen zum Tore ein. Es waren die Sappeurs, und ein Grausen befiel uns, als wir diese Gestalten erblickten; hinter ihnen folgte ein schöner, schlanker Mann, in sauberem Anzug, mit goldenen Epaulettes, den großen Hut mit Goldtressen verziert. Er warf einen Stock mit dickem Knopf in die Luft und fing ihn wieder, darauf gab das Echo den Schall von unzähligen Trommeln zurück, und das Ohr ward erschüttert von dem gewaltigen Lärm, mit dem die türkische Musik, vermischt mit dem Wirbeln der Trommler, uns betäubte.

Es war der Siegeseinzug des *Davoustschen* Corps, und die ersten Eintretenden imponierten gewaltig. Als aber die Soldaten ohne Tritt und in unordentlichem Anzuge folgten, die Hüte kreuz und quer aufgesetzt, auf denen ihre Zierde, der *Löffel*, selten fehlte, verlor sich die hohe Idee, die die Voraufgehenden erregt hatten, und man flüsterte sich fragend ins Ohr, wie es möglich sei, daß diese abgemagerten kleinen Männer unsere stolzen Krieger überwunden hätten. Die Offiziere waren nicht gleichmäßig gekleidet, ihnen fehlten Schärpe und Portepee, zwei Dinge, ohne die wir uns Offiziere nicht denken konnten. Nur ein kleiner Ringkragen zeichnete sie als solche aus. Jetzt erscholl ein lautes Kommando, das unzählige Stimmen wiederholten, und sofort begann ein Laufen und Rennen, um in breiten Zügen aufzumarschieren. Wieder Ungesehenes! Ein Soldat in Reih und Glied laufend und rennend! Das war mehr, als man je geträumt. Unsere Soldaten freilich, wie hätten sie rennen können mit ihren knappen Stiefeletten, ihren engen Beinkleidern und preß ansitzenden Uniformen. »Ja«, hieß es, »*das* ist keine Kunst; *die* haben unsere Armeen durch Laufen besiegt.«

Ein Regiment folgte dem andern. Es waren etwa zwölf, mitunter durch lange Züge von Artillerie unterbrochen. Die größte Aufmerksamkeit ward immer den Sappeurs und den Regimentstambours zuteil, von welchen letzteren einer immer den andern in kunstfertiger Handhabung des Stocks zu übertreffen suchte. Die Voltigeurs hatten Trompeter und Hornisten in der Front, und das Ganze war ein Schauspiel, so neu und unerwartet, daß des Staunens kein Ende war.

Am andern Tage wagte man die Stadt zu durchstreifen; alle Plätze waren besetzt mit Geschütz, Pulverwagen, Bagagewagen und Feldschmieden. Diese letzteren fingen lustig zu arbeiten an, und das niegesehene Schauspiel ward von Hunderten umringt und begafft. Was aber noch mehr Erstaunen erregte, war der Jahrmarkt, der in allen Straßen abgehalten wurde. Da verkauften die Franzosen für ein Spottgeld Kleider, Tücher, Waren, Lebensmittel; mancher Schinken wurde mit zwei Groschen gekauft, manches Stück Zeug, zehn oder zwanzig Taler wert, mit vier oder acht Groschen; lebendes Vieh, selbst Pferde, wurde beinahe verschenkt. Je schwerer der Gegenstand war, desto wohlfeiler, und mancher Berliner hat an diesem Tage wohl den Grund zu nachherigem Reichtum gelegt.

Die Wechsler, welche mutig genug waren, ihr Geschäft zu betreiben, sammelten Schätze; ganze Beutel voll Silbermünzen wurden für wenige Goldstücke hingegeben, und mancher war außer sich, alsbald keine Goldstücke mehr für so vorteilhaften Umtausch auftreiben zu können. Wer irgendwie Gold besaß, wurde durch Abgesandte der Berliner Bankiers und unter Zusicherung des doppelten Wertes darum angegangen, und solange Berlin steht und vielleicht solange es stehen *wird*, sind an *einem* Tage wohl nicht so viele Geschäfte gemacht worden wie an diesem 26. Oktober 1806. Auch das schöne Geschlecht, da, wo es aufhört, schön zu sein, war umworben wie nie zuvor.

II

Der Einzug Napoleons und seiner Garden

Es war damals eine Eigenheit der Stadt Berlin, daß in unmittelbarer Nähe stattfindende Ereignisse sehr langsam bekannt wurden, während man die Weltbegebenheiten schnell genug kennenlernte. Es mag dies in dem Mangel an Lokalblättern seinen Grund gehabt haben. Ein Friedrichsstädter und jemand aus der Spandauer Vorstadt erfuhren nur voneinander, wenn (oft nach vielen Wochen erst) ein zufälliger Besuch sie zusammenführte.

So kam es auch, daß man von *Napoleons* für den nächsten Tag schon bevorstehenden Einzug am 26. abends und auch am 27. vormittags nichts Rechtes wußte.

Am Nachmittage war ich, weil meine Eltern aus waren, zu meinem Leidwesen bestimmt, zu Hause zu bleiben. Ich sah von unserer Wohnung am Rondeel oder von der unteren Friedrichstraße die Friedrichstraße hinauf, die ganz menschenleer erschien, weil sich alles den Linden zugewandt hatte. So stand ich am Fenster und beklagte meine Gefangenschaft.

Da erhob sich ein Klingen in der Luft, das ich mir erst nicht enträtseln konnte; endlich stimmten die Glocken der *nahen* Böhmischen und Dreifaltigkeits-Kirche ein, und alle Glocken der Stadt sandten ihre Töne himmelan. Dieses allgemeine Geläute, das ich noch nie gehört, erfüllte mein Gemüt mit Wehmut und Entzücken; es klang so feierlich und doch wieder so traurig, daß es das Herz rührte; harmonisch summten die Töne durcheinander und lockten allmählich die Hörenden aus den Häusern, die sich sammelten und das neue Ereignis besprachen. Da vernahm ich denn, daß *Kaiser Napoleon* Unter den Linden seinen Einzug halte und daß das Läuten von Polizei wegen anbefohlen sei. [*Randbemerkung dazu:* Vorher darf von Napoleon nicht die Rede sein.]

Alles lief nun auf die Linden zu, ich mit, alles Verbots ungeachtet, und als ich so ziemlich die Stelle erreicht hatte, wo die Friedrichstraße die Linden kreuzt, hörte ich schon ein tausendfaches »Vive l'Empereur«, in das auch mancher Berliner einstimmte. Dabei hörte ich, wie man sich zurief: »Das ist er.« Ich selbst aber war zu klein, um ihn sehen zu können, und lief deshalb, weil mich eine brennende Neugier verzehrte, durch die Behrenstraße auf das Opernhaus zu, um von der Freitreppe her alles sehen zu können. Aber der Zug mit dem Kaiser an der Spitze war schon vorüber, und ich sah nur noch die schöngewachsenen Grenadiere zu Pferde mit Bärenmützen und roten Federbüschen, glänzend weißem Lederzeug und einen ungewöhnlich langen Degen in der Hand. Diesen Grenadiers à cheval folgte das Mameluken-Corps in türkischer Tracht mit sichelförmigen Säbeln, deren Schneide nach innen gekehrt war. Diese Mamelucken entzückten uns ganz besonders. Nach den Mamelucken kamen die Garde-Chasseurs und die Garden zu Fuß, bis zuletzt die *Kürassiere* das höchste Maß von Bewunderung erregten. Ausgewählt große Männer, auf dem Kopfe ein glänzender Helm, verziert mit rotem Federbusch und dem wild hinten herabhängendem Pferdeschweife, die Brust und den Rücken geschützt durch einen funkelnden Harnisch, hatten sie die imposanteste Haltung und verfehlten nicht, einen tiefen Eindruck auf alle Welt zu machen. »Warum haben wir nicht solche Kürassiere? Wer so gesichert ist gegen Schuß und Hieb, der kann auch mehr leisten, wagen.« – »Stürzt einer, so bricht er das Genick«, entschuldigten einige. »Das wird tausendfach aufgewogen durch die Vorteile der Harnische.« [*Randbemerkung dazu:* Nicht (von »gesichert« bis »Harnische«).]

Bei diesen Gesprächen fiel die Meinung ziemlich einstimmig dahin aus, daß die Waffentaten der Franzosen nur durch ihre Garden und Kürassiere verrichtet würden (und es wurde Verwunderung darüber geäußert, welche Menge von Garden Napoleon habe). Von der Infanterie dagegen hatte man übertrieben schlechte Ideen, und wirklich, sie bot außer den vorantretenden Sappeurs und Grenadieren wenig Ansehnliches.

Am folgenden Tage, dem 28. (?) sollte das *Davoustsche* Corps, das am Siege von Auerstedt den Hauptanteil hatte, vom Kaiser gemustert werden. In aller Frühe schon zogen die zu musternden Truppen vors Hallesche Tor. Um zehn Uhr standen sie aufmarschiert und harrten ihres Machthabers, der gegen Mittag erschien und diesmal im Freien besser als am Tage vorher gesehen werden konnte. Er kam im Schritte durch das Hallesche Tor geritten, auf einem etwas mageren Schimmel, der aber, wie wir später sahen, vortrefflich laufen konnte, in seinem bekannten grünen Anzuge, der eben nicht wie angegossen paßte; dies war auch nicht das Merkwürdigste, wohl aber das ausdrucksvolle und doch so kalte Gesicht. Sein Teint war gelblich, beinahe ledern (?), aber wenn er die blitzenden Augen, wiewohl sie etwas tief lagen, auf einen Gegenstand fesselte, belebten sich seine Züge, und der durchbohrende Blick schien kaum zu ertragen. Sein Kinn war sehr stark; dieser Mangel eines schönen Profils (?) ward aber durch den blauen Schimmer des Barts verdeckt, der Mund war mit sehr dünnen Lippen bedeckt (?) und zeigte Verschlossenheit, das schwarze Haar war glatt und dünn und glänzte wenig unter dem Hute hervor; seine Haltung zu Pferde war zwar ungezwungen, aber nicht die eines Reiters, der mit dem Pferde verschmolzen ist. Und doch, dieser unscheinbare Mann war der Ausgezeichnetste unter seinem glänzenden Gefolge, und nicht zu verkennen, daß er den ersten Rang einnahm.

Sobald er die Truppenlinien zu Gesicht bekam, sprengte er in Galopp vor, hielt mitten vor ihnen still, empfangen von den Generalen in goldstarrendem Anzuge, und sprach laut zu den Soldaten. Wiewohl diese die Rede ebensowenig verstehen konnten wie wir Zuschauer, begriffen sie schon an dem Emporheben seines Armes, daß er reden wollte, und der enthusiastische Jubel, mit dem er in zwanzigtausendfachem Zuruf empfangen ward, verstummte, bis er nach dem Schlusse seiner Rede verdoppelt die Luft durchtönte.

Jetzt ritt er an die Regimenter heran, durchblickte die Reihen, sprach mit den Soldaten und Offizieren und sprengte wieder vor die Mitte jedes Regiments, wohin ihm die von ihm selbst Auserlesenen folgten. Dann rief ein Adjutant mit lauter Stimme die Namen und das Avancement eines jeden aus, schwang den Degen, und der Wirbel der Trommeln, die schmetternde Feldmusik, der abermalige Jubel der Soldaten fielen ein, und diese sich vielfach wiederholende Szene machte einen unbeschreiblichen Eindruck auf jeden, der sie sah und hörte.

Das war Caesar unter seinen Legionen. Die vergoldeten Adler, die jedes Regiment als sein Heiligtum führte, gaben

Anlaß zum Beifall; erwachsene Jünglinge belobten diese Nachahmung der Römer, und wie jede nur einigermaßen gelehrt klingende Erörterung besonders auf den, der sie nicht begreift, einen guten Eindruck macht, so wurde von denjenigen Berlinern, die kaum von der Existenz des alten Roms wußten, über die Adler hin und her orakelt. Das Hauptinteresse weckte aber jedesmal die Versicherung, daß sie von reinem Golde seien und mehr Wert hätten als zerschossene Fahnen. Der staunenden Bewunderung des Volkes schloß sich auch die devoteste Huldigung einiger kleinen Blätter und Zeitungen (?) an, und der »*Lange*sche Telegraph« zum Beispiel, der bis zum 14. Oktober glühenden Haß gegen Napoleon gepredigt und die heftigsten Ausdrücke gebraucht hatte, war plötzlich zum eifrigsten Anhänger der Franzosen geworden und sprach nun mit Hohn über Preußens Herrscher und Regierung. Während sich die beiden alten Zeitungen der Stadt damit begnügten, die von französischer Seite ihnen zugehenden Artikel aufzunehmen, füllte *Lange* sein Blatt mit eigenen Aufsätzen und skandalösen Erzählungen, die (noch dazu meist erdichtet) durch ihren schmutzigen Eifer alles je Dagewesene übertrafen. Dies war den Berlinern denn doch zuviel, und Lange und sein Blatt waren bald ein Gegenstand der Verachtung.

III

Erste rückkehrende »Trümmer« unserer Armee

Am Tage nach der Revue waren die selbstgeschaffenen Schulferien zu Ende, und es ging wieder ans Lernen. Als ich acht Uhr früh mit meinem ältesten Bruder und einigen gleichaltrigen Kameraden auf die Schule zuging, sahen wir zu unserem höchsten Befremden den Kesselflicker *Wittig* aus einem Hause heraustreten und seinen gewöhnlichen Ruf anstimmen:

Nix ka Kessel oder Pfann,
Schmortiegel flecht,
Teekessel ausklopf;
Nix zu löta!

Unser Befremden kam aber daher, weil wir wußten, daß *Wittig* ein Soldat von Regiment Möllendorf und als solcher mit zu Felde gewesen war. Bei den damaligen Regimentern waren nämlich eine Menge Soldaten, die bürgerliche Hantierung trieben und wenig Dienst taten. Waren sie nur zur Visitationsstunde zu Haus und fanden sich ein, wenn sie bestellt wurden, so hatten sie sonst ganz freie Hand und ließen selbst ihren Wachtdienst durch andere verrichten.

Während wir unsern Kesselflicker noch anstaunten, hörten wir von anderer Seite her den Ruf einer uns nicht minder bekannten Stimme: »Kauft Bürst! Kauft Bürst!« Der lange *Wolf*, ein Soldat von demselben Regiment Möllendorf, war aus einem andern Hause getreten und beinahe ebenso erstaunt wie wir, seinen Kameraden Wittig zu sehen. Bald nach ihnen fanden sich auch der Barbier *Zollschneider* und der Aufwärter *Barschke*, der bei den Herrschaften die Kleider reinigte, wieder in Berlin ein und gingen, der eine mit seinem Schersack, der andere mit seinem Ausklopfstöckchen in der Hand, ihrer alten Verrichtung nach.

Diese vier Personen, die wir von täglichen Begegnungen auf unserem Schulwege sehr gut kannten, begrüßten sich und uns mit großer Herzlichkeit und sahen sich alsbald von der gesamten Schuljugend umringt, die von ihnen hören wollte, wie's möglich sei, daß sie beinahe gleichzeitig mit den siegreichen Franzosen in Berlin eingetroffen seien. Und nun ging es an ein Erzählen und Aufschneiden. Die Schlacht bei Jena sei so gut wie gewonnen gewesen und der alte Möllendorf habe vor seinem Regiment gehalten und die Grünen (die Chasseurs) immer reihenweise niederstrecken lassen, aber die Armee habe nichts zu essen gehabt und die meisten Generale seien bestochen gewesen. So sei denn der Rückzug angetreten worden, der sich bald in völlige Flucht aufgelöst habe; jeder habe sehen müssen, sich auf eigene Hand, so gut es gehe, zu retten, und da seien sie nun wieder.

Diese Mitteilungen, an denen wir kein Jota bezweifelten, waren für uns von hohem Wert, und wir wußten nun, daß die preußische Armee nicht durch Untüchtigkeit, sondern durch Verrat zugrunde gegangen sei. Das tat unserem Patriotismus wohl.

Napoleon blieb bis zum 19. November. Vormittags war er

gewöhnlich im Lustgarten und ging zu Fuß mit gekreuzten Armen auf und ab, während die Truppen defilierten; nachmittags aber stieg er zu Pferde und wohnte dem Exerzieren der Reiterei oder größerer Abteilungen auf dem Tempelhofer Felde bei. Wer schaulustig war, konnte ihn da täglich sehen.

Berliner Figuren aus der Franzosenzeit

I

Leutnant Klemm

Berlin war damals reich an Originalen, Personen, deren Bild sich vielleicht eingeprägt, als die Züge derselben mehr scharf als angenehm waren. (So ähnlich.) Unter diesen Originalen war auch Feldwebel *Klemm*.

Feldwebel Klemm war, als ich ihn kennenlernte, ein alter, großer Mann von hagerer Gestalt, einem sehr zerrütteten Gesichte, mit gepuderten Haaren und einem langen, steifen Zopfe, gekleidet in einen blauen Überrock und Mantel, auf dem Kopfe einen dreieckigen Hut, den er in seiner letzten Lebenszeit mit einer Pelzmütze vertauschte, und steifen Reiterstiefeln an den Füßen.

Im Siebenjährigen Kriege hatte er unter den Kleistschen Freidragonern gedient, als Junker bei denselben die Schlacht bei *Torgau* mitgemacht und in dieser Schlacht die Standarte getragen. Später war er, in demselben Corps verbleibend, bei den Streifzügen desselben in Franken und den Reichsländern, wurde nach dem Kriege Ingenieur-Offizier und kam zu den Invaliden nach Ottmachau, von welchem Ort aus er später aus nie bekannten Gründen wegzog und nach Berlin übersiedelte.

Dieser Mann, der mit mir zu plaudern und mir das eine und andere von seinen Schicksalen zu erzählen liebte, lebte in seinen alten Tagen von Almosen, die er sich selbst einholte. Er ging jedoch nur zu Offizieren und Edelleuten, und zwar klugerweise nur zu solchen, die ihm als wohlhabend oder gar reich bekannt waren. Und so kam es, daß er sich von dem Ertrage seiner Betteleien ein Reitpferd halten konnte, das er erst in den letzten Jahren seines Lebens, wo ihm sein Körperzustand das Reiten nicht mehr gestattete, abschaffte.

Dieser Bettler zu Pferde begnügte sich aber nicht bloß mit dem, was ihm in Berlin zuteil wurde, sondern unternahm auch alljährlich eine drei- bis viermonatliche Reise, zu welchem Zweck er sich auch das Pferd hielt, das, in Winterzeit ganz abgehungert und einem Schemen ähnlich, von diesem mehrmonatlichen Ausfluge immer wohlgenährt nach Berlin zurückkam. Und wohlgenährt kam auch er selber heim, zugleich reichlich mit Geld ausgestattet, das ihm seine »Gönner und Freunde« gegeben hatten. Unter Zuhilfenahme dessen, was ihm seine Berliner Wohltäter bewilligten, war er imstande, sehr auskömmlich von diesen Reiseerträgen zu leben, wahrscheinlich um vieles besser als viele seiner Gönner.

Er ging ein Jahr nach Schlesien, ein Jahr nach Pommern, und dann fing er mit Schlesien wieder an, welche Provinz ihm die liebste war, weil sie ihm die reichsten Ernten gewährte. Die Säkularisation der Klöster erschien ihm als das ungerechteste und grausamste Verfahren, und er hatte guten Grund, es zu tadeln, weil er in den Klöstern nicht nur immer Herberge gefunden, sondern [sich] auch an der Verpflegung, die er hier fand, immer ganz besonders gelabt hatte. Zwar blieben die Mönche, solange sie lebten, in ihren Zellen, und Klemm besuchte sie nach wie vor, aber die guten Tage waren nur halb das, was sie früher gewesen waren.

In Berlin begnügte er sich damit, »des Vormittags« (wie er sich ausdrückte) »seinen Geschäften nachzugehen«. Gegen zwei Uhr kam er nach Hause und aß ein ausgezeichnetes Mittagbrot, das er nichtsdestoweniger gewöhnlich tadelte. War er aber ausnahmsweise zufrieden, so nahm er die Mahlzeit mit halbgeschlossenen Augen, um im Genusse sowenig wie möglich gestört zu werden. Nach dem Essen trank er ein Glas Liqueur und unmittelbar darauf Kaffee, der von erster Qualität sein mußte, weshalb er ihn nicht nur selber einholte, sondern auch selber brannte. Auch sein Brot brachte er täglich frisch vom Hofbäcker mit, und feiner und besser konnte sich's niemand wünschen.

Weil seine Kost schon so viele Geldausgaben erforderte,

war er in seinen letzten Lebensjahren gezwungen, sich den Wein zu versagen. Das war ihm sehr verdrießlich und steigerte seine Grobheit und Reizbarkeit im Verkehr mit den Menschen. Wer ihm begegnete und ins Gesicht sah, den fuhr er an: »Was will man? Kennt man mich?« Es konnte deshalb nicht ausbleiben, daß er der Spott der Schuljugend wurde. Wenn man ihn nur bei Namen nannte, so wurd er schon wütend. Ein derber Hieb mit dem Stock oder ein tüchtiges Haarzausen wurde dem zuteil, der ihm in die Hände geriet, was sich gelegentlich traf, wenn einer, in dem er einen früheren Übeltäter erkannte, unbefangen stehenblieb. Auch Mädchen und Frauen, die stehenblieben und tuschelten, wurden sofort von ihm ausgeschimpft oder auch wohl tätlich beleidigt, und nur Männern von *Kraft*, Ansehen und Distinktion ging er aus dem Wege. Waren es aber Geringere, so wurd er auch gegen diese bei der geringsten Veranlassung saugrob und drohte regelmäßig, »ihnen das Genick umdrehen zu wollen«.

In seiner Häuslichkeit hätte niemand in ihm den Mann gesucht, der von Almosen lebte. Er besaß Gold- und Silbersachen wie ein Millionär, namentlich Punschterrinen und Kaffeeservice. Dazu Kuriositäten aller Art, als befände man sich im Grünen Gewölbe zu Dresden. So hielt er sich unter anderem auch sehr schönes Porzellan, wobei er weniger auf die Formen als auf die Feinheit und Güte der Malerei sah. Seine Kenntnis in diesen Dingen befähigte ihn, billig zu kaufen und von irgendeinem Trödler eine alte Tasse von unschätzbarem *Wert*, deren *Wert* nur *er* zu würdigen verstand, für wenige Groschen zu erstehen.

Er war auch Raucher, rauchte jedoch nur feinste Qualität und bediente sich dazu eines schönen Meerschaumkopfes, den er mit wahrer Ehrfurcht betrachtete und sich herzlich freute, wenn er einen veränderten Fleck daran fand. Das Mundstück und Rohr waren aber jederzeit schlecht.

Weinkenner war er im höchsten Grade, trotzdem ihm seine letzten Lebensjahre nur selten Gelegenheit gaben, seine Kenntnisse auf diesem Gebiete zu zeigen. Er wußte von früherer Zeit her genau, wo die besten Sorten gut und preiswert zu haben waren, und war überhaupt ein Einkäufergenie. Daß er hintergangen und übervorteilt worden wäre, ist wohl nie vorgekommen. Seine Geschmacks- und Geruchsnerven waren ungemein fein und konnten einen in Erstaunen setzen.

All seiner Unleidlichkeiten unerachtet war er, soviel verbleibt ihm, ein wissenschaftlich höchst gebildeter Offizier. Er verstand alles aufs gründlichste, was zu seinem, dem *Ingenieurfach* gehörte, besaß eine vollständige Bibliothek, in der die Werke Vaubans, Bélidors, Cohores, Folardes und Friedrichs des Großen prangten, und war überhaupt in der Literatur historischen und kriegswissenschaftlichen Inhalts zu Hause. Dazu besaß er ein reiches Lager von Landkarten und Kupferstichen und eine Menge Modelle zur Fortifikation, alle sauber und unterrichtend konstruiert. Außerdem sprach er lateinisch und französisch, letzteres so fertig, daß ihm selbst Franzosen allerlei Schmeichelhaftes darüber sagten. Diese seine Fertigkeit im Französischen bestimmte schließlich auch seine Haltung zu den Franzosen selbst. Beim Einrücken derselben im Oktober 1806 war er unter denen gewesen, die des Schimpfens und Verkleinerns nicht müde wurden; als ihm seine *französische* Sprachkenntnis aber Eingang in französische Kreise verschafft hatte, wurd er umgekehrt der größte Verherrlicher Napoleons und seines Systems, warf seinen Haß auf England und blieb bei dieser Gesinnung bis zuletzt.

Im ganzen aber gestaltete sich sein Leben nach dem Einzuge der Franzosen um vieles unkomfortabler als zuvor, schon einfach deshalb, weil er nunmehr die »Reisen in die Provinz« einstellen mußte, aus denen er viele Jahre lang sein Haupteinkommen gezogen hatte. Solang es ging, blieb er Gourmand, als die Mittel aber mit jedem Tage geringer wurden, mußte er sich einschränken lernen. Er hätte dies durch Veräußerung seiner toten Kapitalien, namentlich seiner wissenschaftlichen und Kunstschätze, leicht vermeiden können, all diese Dinge jedoch waren ihm derart ans Herz gewachsen, daß er sich nicht dazu verstehen konnte. Dies hing auch mit seinem Geiz zusammen, der geradezu widerlich war und nur durch seine Gourmandise balanciert wurde. Nur für Leckereien gab er bis zuletzt Geld aus. Im letzten halben Jahre seines Lebens blieb er ohne Beinkleider, weil er ihrer nicht mehr zu bedürfen glaubte; dabei war er lächerlich anzusehen, wenn er mit den Reiterstiefeln über den Flur in die Küche ging, sorgfältig den Rock zusammenhaltend, um die nackten Schenkel nicht sichtbar werden zu lassen.

Unter seinen größten Feinden war auch das Wetter, mit dem er auf einem ewigen Kriegsfuße lebte; bald war es ihm zu heiß oder zu kalt, zu trocken oder zu naß, zu windig oder zu still, bei welcher Gelegenheit er Worte brauchte, die nicht niederzuschreiben sind. Wie sich denken läßt, war er Atheist und fürchtete sich entsetzlich vor dem Tode. Fiel auch in Ohnmacht, wenn er Blut sah.

Um es zu wiederholen, er war unleidlich und von einer niedrigen Gesinnung, aber seine Konversation war ungewöhnlich anziehend. Er sprach gut und geläufig über politische Begebenheiten, alte wie neue, kannte die jedesmaligen Kriegstheater und beurteilte die Vorgänge mit vieler Schärfe. Natürlich wog der Tadel vor.

Klemm war verheiratet, und seine Frau stand gut mit ihm, weil sie's verstanden hatte, sich ein gut Teil seiner Eigenheiten ebenfalls zu eigen zu machen. Über mehrere Themata sprach sie fast so gut wie er selbst. Indiskret in allem, waren beide nur diskret in bezug auf die Quelle, woher ihnen ihre Gelder flossen. Daß sie vorwiegend von Bettel und Almosen [lebten], wurde nie zugestanden, vielmehr operierte man geschickt mit einem rätselhaften und natürlich nie sichtbar werdenden »reichen Verwandten«.

Klemm überlebte die Franzosenzeit und starb 1814 in hohem Alter.

II

Traiteur Ollmütz oder vielleicht besser: Ollmütz, der Dienstfertige

Eine bekannte Figur wie Leutnant Klemm war auch Traiteur Ollmütz. Fragte man, weshalb er seiner Traiteurschaft, aus der er früher einen guten Lebensunterhalt gezogen, entsagt habe, so vernahm man, daß er unter Friedrich Wilhelm II. bei einer durch ebendiesen König veranstalteten großen Jagd beauftragt worden sei, die Bewirtung von mehreren hundert Personen zu übernehmen, auf welchen Auftrag hin er ein mit Speisen und Getränken überreichlich versorgtes

Zelt aufgeschlagen habe. Schließlich aber sei niemand erschienen, und der Ärger über diesen Verlust und diese Niederlage habe ihn das Gelöbnis leisten lassen, nie mehr als »Traiteur« aufzutreten.

Gleichviel, als ich ihn kennenlernte, war er längst durch Hilfe seiner Gönner als Nuntius (Bote) beim Generalauditoriat angestellt worden. Solche Stellungen wurden damals und vielleicht auch heute noch an Personen gegeben, die längere Zeit im Militärdienst gestanden hatten, was bei Ollmütz nicht zutraf, der nie Soldat gewesen war. Ich hätt es aber niemandem raten wollen, eine solche voraufgegangene Soldatenzeit bezweifeln zu wollen. Er behauptete steif und fest (und glaubte zuletzt wohl selber daran), als Schwarzer Husar im Siebenjährigen Kriege eine Reihe der glänzendsten Waffentaten verübt zu haben, und sprach über seine Gefechte mit Kosaken und Franzosen in so lebendiger und plastisch darstellender Weise, daß die Stube jedesmal zu eng wurde.

In den Jahren, wo ich ihn kennenlernte, war er ein Siebziger und verriet das Original schon in seiner Erscheinung. Er trug einen dreieckigen Hut, eine scharlachrote Weste, kurze Beinkleider und Schnallen und einen blauen oder schwarzen Leibrock. Dabei focht er auf der Straße mit seinem Rohrstock in der Luft umher, um an den ehemaligen Schwarzen Husaren zu erinnern.

Sonderbarerweise blieb er trotz dieser Exzentrizitäten ungeneckt, trotzdem er seinerseits, wenn er nicht allzu in Eile war, keinen von uns Knaben unangeredet ließ. Überhaupt war er überaus gesprächig und machte sich mit jedem zu schaffen. Sah er einen Holzhauer oder Straßenfeger, so gab er gleich Ermahnungen und Anweisungen, wie man sich dabei zu verhalten habe. Gleicherweise trat er in kein Handwerkerhaus, ohne dem Arbeiter die Arbeit aus der Hand zu nehmen und ihn zu belehren, wie die Sache besser und einfacher zu machen sei. Dies tat er hauptsächlich, wenn er irgendwo Wäscherinnen fand; er warf dann gleich den Rock ab und machte sich ans Werk. Waren junge Mädchen dabei, so sprach er mit diesen in Reimen, die, was Drastik angeht, nichts zu wünschen übrigließen.

Zu seinen Spezialitäten gehörten auch Patriotismus und Loyalität. Er gab davon die wunderlichsten Proben, die man sich in der Obersphäre gefallen ließ, um so lieber, als ein *Zuviel* davon selten als ein solches empfunden wird. 1806 mußte er seiner Behörde, dem Generalauditoriat, nach Königsberg folgen. Dort hielt er sich beständig in der Nähe der Majestäten und begleitete dieselben auch auf der traurigen Flucht von Königsberg nach Memel. Seine burleske Laune soll der Königin öfters ein Lächeln abgenötigt haben. Auf dieser Reise kam auch das Folgende vor: In einem litauischen Dorfe wurde gehalten, um eine Mahlzeit einzunehmen, und Ollmütz übernahm das Amt eines Türhüters. Es fanden sich Landleute, Männer und Frauen aus dem Dorfe, ein, die das Herrscherpaar begrüßen und der Königin einige sauber gestickte Sachen überreichen wollten. Ollmütz unterrichtete sie, wie sie sich zu benehmen hätten, und als er noch im besten Perorieren war, traten König und Königin aus ihrem Zimmer ins Freie. Die Landleute blieben in ehrfurchtsvoller Entfernung stehen, was Ollmütz aber unausreichend fand und ihnen zuschrie: »Verdammtes Ochsenzeug, wollt ihr wohl auf die Knie fallen!« Und so geschah es denn auch.

1809 kam es mit König und Königin und den obersten Staatsbehörden nach Berlin zurück.

In seiner Stube hielt er sich mindestens ein Dutzend Vögel: Nachtigallen, Lerchen, Drosseln, Grasmücken und Stare. Wenn er ausgegangen war und nach Hause zurückkehrte, ging er zu jedem Käfig und steckte den Finger hinein, bei welcher Gelegenheit die Tiere durch Schreien und Flattern ihre Freude kundgaben. Einige bissen ihn schalkhaft in die Finger. Einer gleichen Auszeichnung erfreute sich sein Hund, ein alter Mops, der sich vor Fett kaum noch rühren konnte. Solange er mit den hohen Herrschaften in Königsberg, von seiner Menagerie also getrennt war, bestellte er in jedem Briefe einen Gruß an »Semiren« (den Mops) und an jeden einzelnen Vogel. Diese Grüße wurden gewissenhaft ausgerichtet, und wenn die Frau nach Königsberg hin antwortete, so trat sie an jeden Käfig heran und fragte, »ob sie wieder grüßen solle«.

Ollmütz – darin von Klemm sehr verschieden – war ein ordentlicher und redlicher Mann. Seine Bildung war zurückgeblieben, nichtsdestoweniger verstand er gut und gefällig zu schwatzen und in seinen besten Stunden durch übersprudelnde Laune selbst ein kritisches Publikum hinzureißen. Eine Folge dieser kleinen Triumphe war es wohl, daß er ein starkes Selbstbewußtsein besaß und sich unter Umständen die gewagtesten Dinge zutraute. So kam es beispielsweise, daß er einen schweren Verbrecher sein Verbrechen gestehen ließ. Dieser schwere Verbrecher war der Schlächtergeselle Lenz, der die Post überfallen, eine große Summe Geldes geraubt und dabei den Schirrmeister und einige Fahrgäste getötet hatte. Lenz' Schuld stand fest, aber sein Geständnis fehlte noch. Ollmütz, als er davon hörte, wandte sich an den Inquirenten und verpflichtete sich, dies Geständnis in einer Viertelstunde herbeiführen zu wollen. Man ging darauf ein, und am selben Abend trat Ollmütz, der sich in einen roten Mantel gehüllt und sein damals noch fuchsiges Haar in einen Knoten geschlungen hatte (mit allen Schreckensallüren eines Scharfrichters), bei Lenz ein und donnerte: »Verruchter! Ergib dich. Ich komme. Die Schwerter klirren und schwirren in meinem Hause, und die Gebeine der Geräderten klappern zum Zeichen, daß du der Rechte bist, die ganze Nacht. Und du willst noch leugnen, Verruchter? Bekenne. Weh dir, wenn ich noch einmal komme.« Lenz warf sich auf die Knie: »Gnade, Gnade«, schrie er und verschwor sich, alles gestehen zu wollen. Und wirklich, als der Kriminalrichter eintrat, bekannte Lenz die Tat und dachte nicht daran, von seiner Aussage das geringste zurückzunehmen.

Unter seinen Vorzügen war auch der eines guten Ehemannes, er hing an seiner Frau, und als sie tödlich erkrankte, beschwor er den Arzt, ihr zu helfen, und machte Versprechungen, die sich der Mitteilungsmöglichkeit entziehen. Aber weder diese Versprechungen noch die Kunst des Arztes vermochten die Frau am Leben zu erhalten, sie starb, und als ihr Sarg hinabgelassen wurde, wollt er nachspringen. Nur mit Mühe gelang es, ihn zurückzuhalten und das Versprechen zu gewinnen, von weiteren Versuchen abstehen zu wollen. Aber seiner Aufregung konnte man nicht Herr werden, und so sprach er denn unter gleichzeitiger beständiger Hervorhebung, »daß er ein Christ sei«, Gebete, die sich von Unsinn in gar nichts und von Blasphemie nur wenig unterschieden.

Er hatte durchaus einen verqueren Zug und behielt ihn bis an sein Ende. Doch war er eins von den gutgearteten, wohlmeinenden und hilfsbereiten Originalen. In verzweifelten Lagen anderer war er erfinderisch in Mitteln, und mancher seiner Vorgesetzten wußte von seiner steten Hilfsbereitschaft zu erzählen. Er war viel älter als Klemm, überlebte diesen aber um ein beträchtliches und starb erst in den zwanziger Jahren dieses Jahrhunderts unter Teilnahme der kleinen Gemeinde, die sich teils seiner Gutherzigkeit, teils seiner Kuriositäten (?) erfreut hatte.

[V WEITERE AUFZEICHNUNGEN IM KONTEXT DES PROJEKTS]

Mark Brandenburg und ihre Darstellung in Lied, Drama, Roman und Novelle

Zu den Sätzen, die ständig und ohne Prüfung und Nachdenken ein Menschenalter lang durch unsre Zeitungen laufen, gehört auch der: daß die Mark Brandenburg ein armes, zu kurz gekommnes Land sei, dessen Unstern sich in hundert Dingen, aber vor allem auch darin zeige, daß es durch Kunst und Dichtung, die so viel zur Verherrlichung und Popularisierung einzelner Länder und Landesteile beizutragen im Stande wären, in geradezu grausamer Weise vernachlässigt worden sei. Niemandem wird dies so oft und so auffällig entgegengetreten sein wie grade mir, der ich seit fast fünfundzwanzig Jahren in jeder kurzen oder langen Besprechung meiner Bücher zu lesen gewohnt bin: ich sei mehr oder weniger (nur Willibald Alexis pflegt noch aus einer Art Kommiseration nebenher genannt zu werden) der Entdecker dieser Mark Brandenburg und habe jedenfalls zuerst und am überzeugendsten nachgewiesen, welche Schätze hier lagerten. Eine Beschreibung von dem Gefühle zu geben, mit dem ich dies regelmäßig lese, ist unmöglich, nur so viel, daß es ein Mischgefühl ist, in welchem sich Ärger, Verlegenheit und angenehmes Geschmeicheltsein beständig befehden. Das aber darf ich ernsthaft versichern, daß ich durch solche wohlgemeinten Lobsprüche in meinem Rechts- und Billigkeitsgefühle wirklich bedrückt werde. Die Sache liegt nämlich grade umgekehrt, und es gibt in Deutschland keinen Landesteil, auch unter den als bevorzugt geltenden nicht, der sich in bezug auf literarisches Ausgebeutetsein auch nur annähernd mit Mark Brandenburg messen könnte. Rheinland, Schwaben, Bayern, Niedersachsen – alle bleiben weit zurück. Müssen auch. Denn es gibt eine wahre brandenburgische Sündflut, und man kann ohne sonderliche Übertreibung sagen, daß seit der Joachimschen Zeit oder doch wenigstens seit der Zeit des Großen Kurfürsten kein Hohenzoller gesagt hat »Behüt dich Gott« oder »Hol dich der und —«, worauf nicht ein Lied, ein Stück oder ein Roman aufgebaut worden wäre. Viele meiner Leser, auch solche, die sich nachträglich rasch zurechtfinden werden, wird dies überraschen, am meisten vielleicht in bezug auf unsre »Lyrik«. Aber ich kann ihnen nicht helfen; es gibt auch in der Tat eine bis ins Ungeheuerliche angeschwollene, nur lediglich kurbrandenburgische Stoffe behandelnde kurbrandenburgische Lyrik, deren levée en masse allein schon ausreichen würde, die Versicherung von dem Unbeachtetsein [von] Mark Brandenburg dahin zu werfen, wohin sie gehört, zu den öden Redensarten. Es liegt mir, um einen Augenblick bei diesem Lyrikkult zu verweilen, ein Buch vor (und jeder kann es sich unschwer verschaffen), das den Titel führt: »*Preußens Ehrenspiegel*«, eine Sammlung preußisch-vaterländischer Gedichte von den ältesten Zeiten bis zum Jahre 1840. Herausgegeben von Professor D. Adolf Müller (der sogenannte »blinde Müller«) und Dr. H. Kletke. Berlin, Gebauersche Buchhandlung«. Ein Buch, dessen erste Auflage Anfang der fünfziger Jahre erschien. Es enthält ungefähr 400 Gedichte, wovon etwa die Hälfte rein brandenburgischen Inhalts sind. Denn ich muß doch den »alten Fritzen«, obschon er König von *Preußen* war, auch noch nebenher als »Brandenburger« fassen dürfen. Mit welcher unendlichen Gründlichkeit hier vorgegangen ist, mögen uns einige Titel der ersten fünfzig Seiten sagen. Markgraf Gero, Gebet der Wenden, Wendisches Spottlied, Albrecht der Bär; nun folgen fünf oder sechs Askanier: Otto I., Johann I., Otto III., Otto IV. mit dem Pfeil, Waldemar. Dann Ludwig der Reimer und Otto der Fromme. Dann: Die faule Grete. Nun ziehen die Hohenzollern auf: Friedrich I., die Hussiten vor Bernau, Albrecht Achill, Johann Cicero, Joachim. Es wird uns nichts geschenkt; alles hat seinen Dichter gefunden.

Aber das ist nur Vorspiel. Die Lyrik scharmutziert bloß, und all das, worum es sich in Nachstehendem recht eigentlich handeln soll, das ist schweres Geschütz, das schwere Geschütz der Romane, deren Intervalle bloß ich in Nachstehendem mit den kleinen Feldschlangen der historischen oder kulturhistorischen oder märkische Landschaft beschreibenden Novellen auszufüllen gedenke.

Wendenzeit

Jaczko, der Wendenfürst … Dreibändiger Roman von Franz Kugler

Askanier

Lehninsche Weissagung … Frater Hermann
Waldemar … F. von Klöden
Der falsche Waldemar … Willib. Alexis

Quitzowzeit und erste Hohenzollern

Die Quitzows … Vierbändiger Roman von F. von Klöden
Unter dem Eisenzahn … Drei Bände von G. Hesekiel
Der Roland von Berlin … Drei Bände von W. Alexis

Joachimsche Zeit bis zum Gr. Kurfürsten

Die schöne Gießerin. Roman. Gedichte. Stück
Die Hosen des Herrn von Bredow
Der Werwolf
Die Queiße
Der deutsche Michel

Der Große Kurfürst

Alte Schweden … Fünfaktiges Schauspiel
Derfflinger …
Übergabe von Rathenau … Fouqué
Prinz von Hessen-Homburg … H. von Kleist
Danckelmann … Roman von Girndt

König Friedrich I.

Kolbe-Wartenberg
In Charlottenburg … M. Ring
Sophie Charlotte
Danckelmann, Tragödie … O. Girndt
Münzturm … G. Hiltl
(andre Romane von Hiltl)
M. Ring etc.

König Fr. W. I.

Katte ... Jul. Mosen
Wie man Häuser baut ... Birch-Pfeiffer
Zopf und Schwert ... Gutzkow
Die Cabinetsordre
D. Clemens ... G. Hiltl
Vor hundert Jahren (Schauspiel) ... Raupach
Der Alte Dessauer (zahllose Gedichte, die bekanntesten von Sallet, Hesekiel etc.)
Rheinsberg ... L. Mühlbach
Das Regiment des Kronprinzen
Rheinsberg ... Samarow
Rheinsberg (bildliche [*Ein Wort nicht entziffert.*])
Die großen Blauen
Das Tabakskollegium
Friedemann Bach oder andre Arbeiten von ... Brachvogel
Ein Stück oder Roman, der sich auf die Katholisierung des Kronprinzen Friedrich bezieht.

Märkische Volkslieder

1. Dannebronn
2. Puthühnchen
3. Kremmer Damm
4. Lieder von Markgraf Otto mit dem Pfeil
5. Ketzer-Angermünde u. die Gänse v. Putlitz
6. Wichmann (letzter) Graf v. Ruppin
7. Altmärk. Volkslied. Kämpfe der Städte (Halberstadt?) mit den Rittern. S. Klödens Familiengeschichte.
8. Das Kind von Fehrbellin (Hesekiel. M. Greif)
9. Die Schlacht bei Fehrbellin (Minding)
10. Fridericus Rex
11. Schwerins Tod
12. Noch das ein oder andre von Hesekiel
13. Die Kürassiere von Halberstadt
14. »Und wenn der große Friedrich kommt« etc. etc.

DICHTER, GELEHRTE, KÜNSTLER IN MARK BRANDENBURG

1. W. Alexis
2. G. Hesekiel
3. Chr. Fr. Scherenberg
4. L. Schneider
5. K. Blechen
6. Maler Tangermann
7. Leichardt, der Erforscher von Australien
8. W. Gentz
9. L. v. Buch
10. Julius v. Voß

[*Die Positionen 1–6 sind mit Blaustift unterstrichen; zu den Positionen 7–10 ist am Rand, ebenfalls mit Blaustift, vermerkt:* Auch diese sind gut.]

Andre ganz kursorisch behandeln, jeden immer auf einer Seite: Daniel Leßmann, Ferrand, H. Marggraff, Gaudy I. und II., H. Maron, Jul. Minding etc. Ich übergehe dabei Namen wie Gutzkow, Heyse etc. etc. und nehme solche, die in den Nachschlagebüchern nicht stehn.

Die *Künstler* bilden einen besondren Band.

1. Heinrich v. Bülow
2. Julius v. Voß
3. Die Dichterschule des »Berliner Figaro«
   1. Ferrand 2. H. Marggraff 3. F. Brunold 4. Kossarski
   5. Jul. Minding 6. Arth. Müller 7. Hermann Maron

3a. Julius Faucher (Londonian etc.)

4. Willibald Alexis
5. Christ. Friedr. Scherenberg
6. Louis Schneider
7. George Hesekiel
8. Friedrich Eggers
9. Hugo v. Blomberg

Biographien und Erinnerungen

1. Julius Faucher
2. Hermann Maron

3. Georg Günther
4. Wilhelm Wolfsohn
5. Franz Kugler
6. Wilhelm v. Merckel
7. Bernh. v. Lepel
8. Hugo v. Blomberg
9. Friedrich Eggers
10. Richard Lucae
11. Heinrich Beta
12. Karl Wiesike
    Adolf Menzel. George Hesekiel. Theodor Storm. Wilhelm Gentz. Boßhardt (s. den »Freimütigen« und andre Blätter).

Schriftsteller und Dichter in Mark Brandenburg

1. Heinrich v. Bülow
2. Julius v. Voß
3. Willibald Alexis
4. Julius Minding
5. Christ. Fried. Scherenberg
6. Julius Faucher (einschließl. Maron. S. d. graublauen Bücher)
7. Louis Schneider
8. Wilh. v. Merckel
9. Hugo v. Blomberg
10. George Hesekiel

Architekten, Maler, Bildhauer i. M. Brandenburg

1. Blechen
2. Tangermann
3. W. Gentz
4. Adolf Menzel
5. Richard Lucae
6. Martin Gropius

7. Drake
8. Tassaert
9. Gilly
10. Strack

SAGEN UND SITTEN IN MARK BRANDENBURG UND IHRE BEZIEHUNGEN ZUR ALTDEUTSCHEN GÖTTERSAGE

[Dazu am Rand: Dies ist guter Titel.]

Ich muß lesen:

1. A. *Kuhns* Aufsatz.
2. W. *Schwartz'* Aufsatz.
3. W. *Schwartz'* und andrer märk. Sagen.
4. Einzelne Geschichten aus den »Wanderungen«: »Rotmützeken« und Mörikes Gedicht.

Märkische Sagen und ihr Verhältnis
zur altdeutschen Mythologie
Von Dr. Adalb. Kuhn
S. Märkische Forschungen, 1. Band. Berlin 1841
Verlag von Georg Gropius

Vieles in diesem Aufsatze ist langweilig, überflüssig, reflektionswurmstichig, weil beständig irgendwas damit bewiesen werden soll, aber andrerseits sind viele *entzückende Einzelnheiten* da. Diese muß ich herauspulen und sie nur mit Hülfe eines unscheinbaren Fadens zusammenfassen.

S. 116 u. 17

Altmark: immer deutsch, also auch deutsche Sagen.

Mittelmark etc. wendisch. Aber trotzdem *meist* deutsche Sagen. Auch ist es schwer zu trennen, da die *indogermanischen* Völker dieselben Sagen haben. *Wuotan* und *Donar* leben noch.

I *Wuotan*-Sagen von S. 117 bis S. 121
II *Donar*-Sagen bloß S. 122
III Fru Harke oder Fru Holle oder Fru Bertha S. 122 bis 129
IV Die Roggenmuhme 129–30
V Ostara 129–30

Nebengötter

Die Mark, wenn auch hinter andren Provinzen zurückstehend, ist nichtsdestoweniger reich an *Sagen.*

Alle diese Sagen sind deutschen Ursprungs, und in keiner oder doch fast keiner dieser in der Volksseele fortlebenden Überlieferungen ist es bis jetzt [?] möglich gewesen, trotz achthundertjähriger slawischer Invasion, ein spezifisch slawisches Element mit Bestimmtheit nachzuweisen. Man hat für diese wenigstens zunächst irgendwie frappierende Beobachtung drei Erklärungen von mein[es] Erachten[s] sehr verschiednem Wert.

Die erste lautet: ein Stamm Deutscher blieb zurück und äußerte seine Macht auf die siegreich eindringenden Slawen damit, daß die Besiegten geistig Sieger blieben. (An diese Erklärung glaub ich nicht.)

Die zweite lautet: *Alles das* Sagenhafte, was wir in Europa vorfinden, hat einen gemeinschaftlichen Ursprung, weil alle Europa bewohnenden Stämme indogermanisch sind. Und so haben denn Germanen und Slawen ursprünglich an derselben Quelle geschöpft.

Die dritte lautet: Die Mark ist Kolonialland. Das wenige Wendische, was die Kolonistenkämpfe überlebte, wurde beiseite gedrängt, und alles, was von 1250 an in der Mark zu leben und zu herrschen begann, waren siegreich eindringende Deutsche: Niedersachsen, Friesen, Franken, Thüringer. Diese *brachten ihre Sagen mit.*

Von 1 laß ich gar nichts gelten, von 2 wenig, aber 3 trifft es.

Also die Sagen in Mark Brandenburg sind *deutschen Ursprungs* und lehnen sich mit verschwindenden Ausnahmen an die Gestalten der altdeutschen Göttersage, namentlich an Wuotan und Thor und demnächst an Fru Harke, Holle oder

Bertha, an, danach aber an den Troß dieser oberen Gottheiten, an die Nixen, Zwerge, Kobolde etc., an.

Albert [!] Kuhn und W. Schwartz sind es, die sich in bezug auf unsre Mark der Doppelaufgabe unterzogen haben, erst die *Sagen* zu sammeln und an diesem gesammelten Sagenmaterial ihren Satz zu beweisen: all dies ist deutsch.

Wir folgen ihnen in Nachstehendem und beginnen mit Wuotan.

1. Wuotan in der märkischen Sage. Dann
2. Thor in der märkischen Sage etc. etc., bis zuletzt

[3]. Die Nixen, Zwerge und die Kobolde in der märkischen Sage [folgen].

Über Ring- und Burgwälle überhaupt und speziell im Havelland

Nach einem Aufsatze des Gymnasiallehrers Grupp in Brandenburg a. H.

Über Ring- und Burgwälle

1. Gymnasiallehrer Grupp. In den Mitteilungen des Geschichtsvereins der Stadt Brandenburg. Heft 4 bis 6. (Zu erbitten von Buchhändler Wiesike.)

2. Die Besichtigung einiger *Ring*wälle, vielleicht unter Führung des Herrn Grupp, ist durchaus nötig.

Über Ring-, Lang- und Burgwälle

Nach einem Aufsatz des Gymnasiallehrers Grupp in Brandenburg a. H.

Im wesentlichen kommen drei Sorten *»Heidenwälle«* vor.

Erste Sorte:

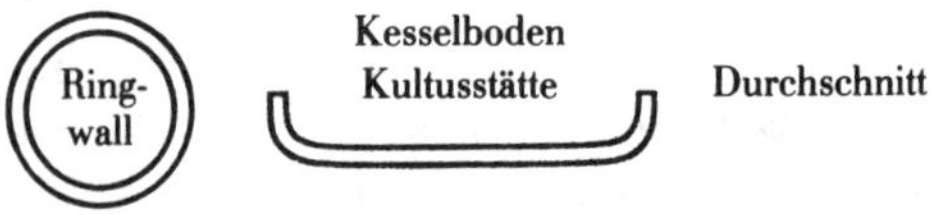

Zweite Sorte:

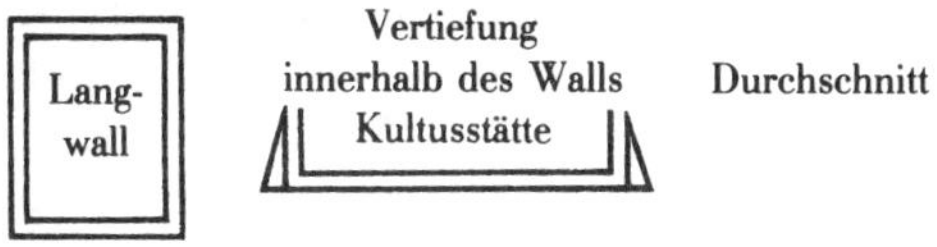

Dritte Sorte:

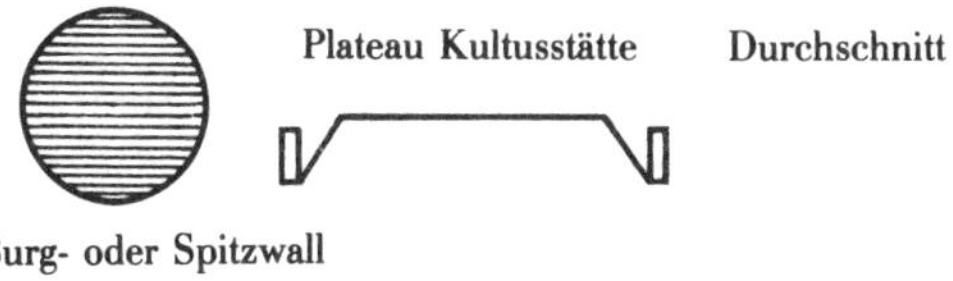

Erste Sorte. Ein runder Wall von verschiedner Höhe u. Dicke umgibt ringartig einen Kessel, eine Vertiefung: *Ringwall.*

Zweite Sorte. Ein *grad*liniger, meist oblonger Wall umgibt eine Vertiefung: *Langwall.*

Dritte Sorte. Ein mehr oder weniger kegel- oder backofenartiger Hügel ist aufgeschüttet und hat *keine* Vertiefung: *Burg*wall.

Hinsichtlich der *dritten* Sorte (*Burg*wälle) muß noch bemerkt werden, daß sie vor 2000 Jahren vielleicht auch *Ring*wälle waren. Die Vertiefung füllte sich allmählich mit Erdreich, und so wurde aus dem, was früher eine *Tortenpfanne* oder offne Puddingform gewesen war, ein Ding von dem Ansehn einer Puddingform, wenn der Teig *drin* und der Deckel drauf sitzt. Oder kurz

der *Ring*wall eine *leere* Tortenpfanne
der *Burg*wall eine *gefüllte* Tortenpfanne.

Aber ob *Ring-* oder *Lang-* oder *Burg*wall – alle drei dienten mutmaßlich demselben Zweck und waren, gleichviel ob sie hoch oder niedrig, auf Bergen oder in *Sümpfen* angelegt waren, *Kultusstätten.* Innerhalb des Ring- oder Langwalls (oder, wenn es ein *Burg*wall war, *auf* demselben) stand der Tempel, und Kultus und Opfer vollzogen sich hier. Daher Unmassen an Tier- und halbverbrannten Getreideüberresten.

Die Mehrzahl derselben oder wenigstens *viele* sind *germanischen* Ursprungs, und Gegenstände der germanischen Periode bilden meist die unterste Schicht.

Die *Wenden,* als sie Besitz vom Lande nahmen, behielten diese *Kultusplätze* für *ihren* Kultus bei, ganz in derselben

Art, wie später auch die von Westen her wieder vordringenden *christlichen* Sachsen diese uralten Kultusstätten als Stätten für zu errichtende christliche Kirchen vielfach beibehielten. Daher folgt auf die *germanische* Schicht eine *wendische* Schicht.

In Brandenburg, Pommern, Mecklenburg, Lausitz waren diese *»Heidenwälle«* fast immer im Sumpf angelegt, und in einiger Entfernung um die *umwallte Kultusstätte* her befanden sich die *Gräberfelder* und am Rande dieser wieder die *Ansiedlungen*, letztre entweder auf trocknen Stellen oder als Pfahlbauten mitten im Sumpf, so daß eine solche bewohnte Gegend etwa folgendes Bild gewährte:

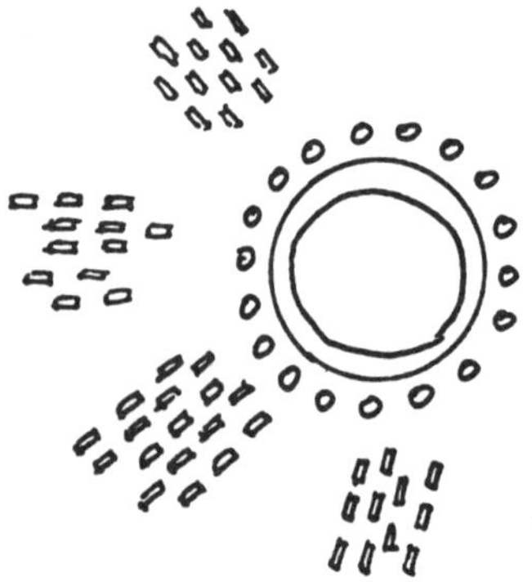

1. In der Mitte die Tempel und Kultusstätte, der Ringwall.
2. Am Rande des Ringwalls auf d. großen Gräberfeld die Grabkegel der Vornehmen, die tumuli.
3. Im weitren Umkreis die Dorf- und Genossenschaften als Ansiedlungen im Sumpf oder an Fluß und See.

Im *Havellande* finden sich folgende *Ring*- und *Burg*wälle.

1. Der *Burg*wall bei Döberitz auf der Gapel. (Dies ist aber ein Döberitz bei Pritzerbe, *nicht* bei Spandau.)
2. Der *Ring*wall bei Bamme.
3. Der *Ring*wall im Luche bei Dyrotz.
4. Der *Burg*wall im Luche bei Dyrotz.
5. Der *Ring*wall bei Knobloch.
6. Der *Burg*wall bei Ketzin.
7. Der *Ring*wall bei Phöben.
8. Der *Burg*wall bei Krielow.
9. Der *Ring*wall am Riewendtsee.
10. Der *Ring*wall bei Nedlitz.

Grupp schreibt: »Der größte dieser Ringwälle ist der bei *Nedlitz.* Er ist ein echter Ringwall mit völlig abgegrenzter Innenfläche und entspricht in Form und Lage am meisten dem großen Ringwall auf Rügen, der die Herthaburg heißt.«

Es gibt zwischen *Potsdam und Rathenow* aber noch mehr als die zehn hier aufgezählten Heidenwälle.

ALLERLEI

Bei den neuen Auflagen von Band I bis IV der »Wanderungen« *nicht* durchzusehn. (Alles, was bei der Gelegenheit durchzusehen ist, liegt in der blauen Mappe.)

Das Paket enthält nur ein paar neue Stoffe für Wanderungen etc., von denen aber schwerlich etwas zu brauchen ist. [*Nachträglich mit Bleistift dazugeschrieben, wobei die Zuordnung nicht eindeutig ist:* Auch die Notizen über die Luther-Plätze und Lucas Cranach liegen in diesem Konvolut.]

[I]

Die Geschichte Lupolds von Wedell auf Kremzow.

Im Auszuge veröffentlicht von Major von Kessel. S. »Johanniterblatt«, Jahrgang 1862, S. 59 etc.

Kremzow ist, glaub ich, pommersch; da die *Wedells* aber namentlich auch in der Neumark sitzen, so wär es mit heranzuziehn. [*Auf weiterem Blatt Zeitungsausschnitt aufgeklebt mit handschriftlicher Notiz dazu: Die Wedells* um 1373.]

[II]

Pommersche Geschichte

Georg von Behr. Leben und Schicksale eines pommerschen Adligen während des Dreißigjährigen Krieges. »Johanniterblatt«; Jahrgang 1866, S. 212 etc.

[III]

Ziegler

[*Mehrere nicht identifizierte Zeitungsausschnitte über den Tod von Franz Ziegler 1879 aufgeklebt, teilweise mit Blaustiftanstreichungen und Marginalien. Angestrichen sind folgende Partien:*]

[a]

Die Menschen heiligzusprechen ist ebensowenig das Amt des evangelischen Geistlichen wie zu verdammen. Uns Menschen ist noch nicht die volle Wahrheit beschieden, nur das Ringen nach der Wahrheit. Gerade so steht es auf sittlichem Gebiete. Eine fleckenlos reine Vollendung ist uns nicht gegeben. Diejenigen sind die Guten, welche dem Guten unverrückt nachstreben mit ihrer ganzen Kraft. Dieses Ringen dürfen wir an dem Dahingeschiedenen voll anerkennen und Gott preisen für die Liebe, die er auch ihm erwiesen hat.

[b]

Er hatte Frieden mit Gott auf Grund seines Glaubens, wenn er auch nicht mit seinem Christentume prahlte. [*Angestrichen und mit Fragezeichen versehen.*]

[c]

Ohne jene Zeit wäre in Zieglers gemütvolle Natur jener starke Zug von Spott und Sarkasmus vielleicht nicht gekommen, der, nebst möglichster Freude an äußeren Genüssen, ihm wie Gleichgesinnten über den Quietismus zweier Jahrzehnte forthelfen mußte. Auch der Regierungsantritt Friedrich Wilhelms IV., mit welchem gleichzeitig Ziegler an die Spitze der Stadtverwaltung von Brandenburg trat, änderte darin wenig, nur daß er jetzt Gelegenheit bekam, seine Beobachtungen in weiteren militärischen, aristokratischen und Hofkreisen zu bereichern. [...] Kaum aber sah er 1848 das Volk sich erheben, um auf politischem Gebiete nachzuholen, was es 1813 auf den Schlachtfeldern nicht hatte erobern können, so erwachte seine angeborene Natur in voller Frische, und mit Jugendliebe lenkte er aus exklusiven Kreisen auf die neu eröffnete Kampfbahn um Volksrechte ein. Für seine Person hat er es schwer büßen müssen. [*Angestrichen und dazu notiert:* Hierin sind, freilich kaschiert, die Zugeständnisse enthalten, daß er ein sonderbarer Heiliger war.]

[d]

[...] er folgte seinem Temperament, als er dem Minister Mühler mit nachdrücklicher Überzeugungskraft zurief: »Weg mit diesem Minister!«, aber er büßte es mit seinem Blute und hat sich seit jenem Tage nicht mehr erholt.

[e]

Andrew Johnson war Präsident der nordamerikanischen Republik geworden, und Ziegler meinte: »Nun will ich ruhig sterben, da ich erlebt habe, daß ein Schneidergeselle das größte Reich der Erde regiert!« [*Angestrichen und dazu notiert:* gut.]

[IV]

Balkow. Tauentzien. Hohen-Jesar.

DIE POETEN VOM »FIGARO«

Das Lokal in der Adlerstraße. Die Klause, in der *O. Hoffmann* steckte; seine Persönlichkeit, seine Schicksale.

Einiges über den »Figaro« selbst; seine Mitarbeiter, seine Richtung, seine Honorare. Das Blatt ist insofern merkwürdig, als jeder, der es aus den Berliner Literatur- und Studentenkreisen später zu etwas gebracht hat, hier (im »Figaro«) begann. Umgekehrt aber stellt sich ebenso sicher heraus, daß fast jeder dieser »Figaro«-Poeten hinterher etwas wurde, so daß sich das englische Examinationsprinzip rechtfertigt, das *stillschweigend* (natürlich dürfen die Betreffenden nie davon hören) auf die Versemachung Gewicht legt. Wer es tut, selbst wenn sie schlecht sind, hat immer eine *Ambition*, die, richtig behandelt, zur Mutter staatlicher Brauchbarkeit wird.

Dann noch einiges über die »Versemachung« – die absolute Wertlosigkeit und doch wieder der Wert dieser Kunst, ihr Überschätztwerden und worin sie nicht überschätzt werden kann.

Im Durchblättern des »Figaro« finden wir folgende Namen: ... Von allen diesen erzählen wollen hieße ein Stück Literaturgeschichte schreiben. Wir scheiden deshalb schon viele Namen aus, weil wir nur von den »*Märkern*« sprechen wollen und nur von den *Toten*. Es sind dies:

(Kossarski)
(Die Marggraffs)
(Hagedorn)
Ferrand
Julius Minding.

Es sind auch dieselben, die Heine die »hinterpommersche Dichterschule« zu nennen liebte.

Wegen »*Figaro*« unsren Ernst Schultze und Petrarca fragen.

Ebenso dieselben beiden (auch Spinoza) wegen Ferrand und Minding.

Wegen Minding auch an Frau von Zobel schreiben; vielleicht weiß auch Soltmann von ihm.

Eduard Ferrand

Eigentlich Eduard Schultz, geb. zu Landsberg a. W.

Die Schriftsteller jener Epoche (Adami. Beta etc.) kennen ihn alle, wissen aber wenig von ihm zu erzählen.

Es scheint, er hatte hier studiert und poetisiert, besaß ein kleines Vermögen und lebte allergemütlichst in den Tag hinein. In der Kronenstraße war eine Bierkneipe, wo sie zusammenkommen: Cornelius (ein großer schwarzer Kerl, military-looking, wüst, aber talentvoll), Hermann Marggraff, Hugo Hagendorff, Arthur Müller (später von der Ewigen Lampe) und der kleine Krücken-Hoffmann vom »Figaro«.

Es ging mitunter sehr laut, sehr lustig, sehr wüst her; Hoffmann wurde betrunken gemacht, dann auf die Schultern der andern gelegt, wie Träger, die einen Toten tragen, und so unter Trauermusik, die sie mit dem Munde wie Trompete und Posaune bliesen, nach Hause getragen.

Ferrand saß dabei, freute sich lächelnd des Unsinns, nahm aber wenig daran teil. Er war von Mittelfigur, tornisterblond, mit blauen Augen und einem kleinen eleganten Schnurrbart, dabei ziemlich breitschultrig und von gesunden Farben. Als Student oder etwas später hatte er eine Nähmamsell kennengelernt, ein hübsches Kind, liebenswürdig und unbedeutend. Dieser gab er selber Unterricht, und als ihre Bildung »standesgemäß« geworden war, heiratete er sie. Gutzkow nannte diese blonde Nähterin, die Ferrand geheiratet hatte, »die Muse der pommerschen Dichterschule«. (Siehe in den literarischen Beiblättern zum Dulterschen »Phönix«, wovon übrigens nur wenige erschienen sind, also vielleicht nicht allzu schwer zu finden.)

Ferrand dichtete, ging spazieren, besuchte die Kneipe (so früh wie möglich) und trank. Er begann mit Wein, dann kamen die Bierjahre, zuletzt hielt er es mit Grog. Es wurde schließlich zu viel, und eines Tages blieb sein Platz in der Kneipe leer. Er war tot. Still wie er gelebt und getrunken hatte, so war er auch gestorben; blond, lyrisch, gemütlich in Leben und Tod.

Hugo Hagendorff bildete sich als Poet nach ihm, so wie er denn, in dem ganzen Kreise, als Dichter eines gewissen, übrigens sehr verdienten Ansehens genoß.

BERLIN 19. FEBRUAR

(Ein Blick von der Alsen-Brücke)

Im Herbst 1808 schrieb der nach mehrjährigem römischem Aufenthalt eben wieder in Berlin eingetroffene W. von Humboldt an den in Rom zurückgebliebenen Rauch: »Grüßen Sie mir alle Straßen und Gäßchen in der Siebenhügelstadt. Ich kenne, glaub ich, alle und kenne nun leider auch wieder die hiesigen. Oh, dies Berlin! Eine furchtbarere Stadt ist nicht denkbar. Es ist nichts drin zu sehn, und es geschieht nichts drin.« Ich zweifle nicht, daß er 1808 recht hatte, denn noch Ende der dreißiger Jahre war es, an andren Großstädten und nun gar an Rom gemessen, ein trauriger Aufenthalt. Es war wie München auf der Strecke zwischen der Feldherrnhalle und der Ludwigskirche. Ein Straßenleben gab es nicht, ohne das jede Stadt, auch die schönste, langweilig wird, und auf der Strecke zwischen der Kochstraße und dem Belle-Alliance-Platz [war] stundenlang nichts als die grelle Sonne sichtbar, wenn es nicht die Stunde war, wo der hier wohnende Chamisso von seinem Botanischen Garten her in seine Wohnung zurückkehrte. So recht anders ist es auch erst seit anno 70 geworden nach dem freilich anfechtbaren Satze, daß Krieg und Schwindel zu den eigentlichsten Förderern des generis humani gehören. Wer jetzt, aus dem Opernhause kommend, die Linden hinaufgeht und durch die Spiegelscheiben des Café Bauer eine kosmopolitische Gesellschaft unter den *großen* Wandbildern Anton von Werners sitzen oder die bunten Glasfenster im ersten Stock der Passage wie die Fenster eines romanischen Münsterbaus erglühen [sieht] und dann zwischen den Straßenlaternen jene Milchglas-Affichen liest, die die Vorstellung wecken, als ob eine ganze Straße lang nur gegessen und getrunken würde, der wird nicht von Einöde sprechen können, und W. von Humboldt selbst, wenn er des Weges zöge, würde das Berlin von 1808 darin nicht wiedererkennen. Überall Leben und Luxus. Aber die neuste Wandlung, die Berlin erfahren hat, ist doch die größte, deshalb die größte, weil sie nicht diesen oder jenen Punkt, am wenigsten aber schon bevorzugte

Punkte aufs neue bevorzugt, sondern weil sie dem Ganzen eine neue Physiognomie gegeben hat. Ich spreche natürlich von der Stadtbahn. Über ihre Bedeutung oder ihre Anlage oder ihren Betrieb zu sprechen ist nicht meines Amtes, ich nehme sie nur von der künstlerischen Seite, von der Bildseite her und freue mich der Vorzüge, die Berlin als Stadtbild dadurch gewonnen hat. Und diese Vorzüge sind groß.

In langem Staunen sah ich die Stadtbahn entstehn. Ich sah sie mit ihren kerbungsreichen Bogenviadukten wie eine riesige Raupe über die Hauptstadt kriechen.

DAS LÄNDCHEN FRIESACK UND DIE BREDOWS

[Einleitung:] Bei den Fredows

1889 erfüllte sich mir ein lange gehegter Wunsch, der Wunsch einer Annäherung an die alte Familie der Bredows. Von 1859 an hatte ich, gleich nach meiner Rückkehr aus England (und in Folge dieses meines englischen Aufenthalts), meine »Wanderungen durch die Mark Brandenburg« begonnen und empfand ich eine Sehnsucht, die Bredows kennenzulernen. Sie erschienen mir, wofür ich sie auch jetzt noch halte, in ihrer Eigenart von Schlichtheit, Treue, Seßhaftigkeit, in ihrem offenbaren, durch alle Zeit sich hinziehenden Bestreben, nichts weiter als eine alte freie Familie sein zu wollen, als die märkischste aller märkischen Familien. Und mich in ihre mir so sympathische Eigenart vertiefen, von ihnen erzählen zu können schien mir in hohem Maße begehrenswert. Aber ich kam nicht dazu. Vielleicht weil ich unbewußt fühlte, daß es sich bei Behandlung dieser Familie nicht um ein hervorragendes Einzelindividuum (ein solches fehlt), sondern um die Charakterisierung der Familie als solcher, also um eine große und umfangreiche Arbeit handeln würde. So vergingen drei Jahrzehnte, bis ich 89 die Sehnsucht mit einem Male wieder wach werden fühlte.

Das kam so.

Anfang der achtziger Jahre hatte ich meine breit angelegten »Wanderungen« abgeschlossen, und 88 war noch ein Nachtragsband unter dem Titel »Fünf Schlösser« erschienen. Die Aufnahme, die diese Bücher gefunden hatten, war die freundlichste. Keinem meiner Bücher ist eine solche zuteil geworden. Aber es hatten sich auch Stimmen dagegen ausgesprochen, und diese Stimmen oder Bedenken fing ich allmählich an mir etwas näher anzusehen. Ich fand diese Stimmen insoweit ungerecht, als man von meinem Werke, das den doch sehr anspruchslosen Titel »Wanderungen« (am liebsten hätte ich geschrieben »Spaziergänge«) führte, nichts ernst Wissenschaftliches verlangen konnte. Insoweit aber waren die Stimmen doch auch wieder gerecht, als sich in ihnen Bedenken aussprachen, die ich selber schon gehabt hatte. Man fand alles nicht gründlich genug, nicht wissenschaftlich-historisch genug. Das war nun insoweit streng, als man an mein Buch, das sich unter einem so anspruchslosen Titel gab, solche Forderungen gar nicht stellen durfte. Aber war es richtig – und wenn ich mich auch dahinter verschanzen konnte, daß man von einem Brombeerstrauch am Wege keine Weintrauben verlangen dürfe –, so war es mir doch mehr oder weniger fatal, von mir selber nicht mehr verlangt zu haben. Es ging mir das beständig nach, und wenn ich auch froh war – und noch froh bin –, dem traditionellen kurbrandenburgischen (?) Gründlichkeitsstil (und dies ist noch eine sehr euphemistische Bezeichnung) aus dem Wege gegangen zu sein und lieber die Rolle des oberflächlichen Plauderers gespielt zu haben, so war mir doch im Laufe der Zeit das bloße Plaudern über die Dinge auch nicht mehr als wünschenswert erschienen. Ich hing dem ehrgeizigen Plane nach, ein Stück märkische Geschichte so zu gestalten, daß es, was Gründlichkeit angehe, den Ansprüchen des philiströsesten Philisters genügen und, in bezug auf Darstellung, den Ansprüchen eines Feuilleton und Romane lesenden Publikums, vielleicht selbst eines weiblichen, genügen könne. Aber welchen Stoff sollte ich dazu wählen? Daß er ganz klein sein müßte, war mir klar. Aus einer Nuß mußte ich mir eine Welt aufbauen (?). Ich ließ alle möglichen Stoffe an mir vorüberziehen und fand endlich in dem anderthalb Quadratmeilen großen »Ländchen Friesack« mein Ideal. Da hatte ich märkischen Sumpf und Sand, da hatte ich ein Stück großer Historie (denn als solche darf man doch wohl die Etablierung des Hauses Hohenzollern ansehen), da lag es zwischen Kremmer Damm und Fehrbellin, und da hatte ich – und meine Sehnsucht konnte sich nun befriedigen – die *Bredows.* Denn die Bredows und Ländchen Friesack ist beinah identisch. Von den Tagen der germanischen Wiedereroberung an haben die Bredows hier gesessen, und das Ländchen Friesack ist zugleich Bredow Land. Es gehört der Familie fast bis auf die letzte Scholle. Anderthalb Quadratmeilen! Wenn ich daran einen Band von 400 Seiten setzte, so könnte ich gründlich sein. Und daß mich mein Erzählertalent nicht im Stiche lassen würde, dieser Hoffnung wenigstens glaub[t]e ich mich hingeben zu können. Ich schrieb an ein Mitglied der Bredow-Familie, teilte meinen Plan mit, erhielt eine sehr liebenswürdige Antwort, zugleich eine Einladung, und dieser folgend, habe ich, in fast achttägigem Aufenthalt, die anderthalb Quadratmeilen kennengelernt. Eine Unmasse von Stoff wurde von mir aufgespeichert. Und doch ist das Buch, das Buch meiner besonderen Sehnsucht, ungeschrieben geblieben. Aus verschiedenen Gründen, unter An- und Einfügung von allerlei Anekdotischem, was ich während meiner »Bredow-Woche« hörte und sah.

Ich hatte mir die Sache so gedacht:

Eines der Bredow-Dörfer ist das Dorf *Wagenitz.* Mit diesem wollte ich anfangen. Warum? Das wird sich ergeben, wenn ich von Wagenitz und seiner Kirche und zuletzt von seinem Kirchenbild erzählt haben werde.

Wagenitz. Nun von Wagenitz erzählen, dem Schloß, den Bildern, der Kirche, dem Kirchenbild.

Die drei oder vier Linien.

Dann die Linien oder die Dörfer aufzählen. Und dann immer einen ganz kurzen Bericht geben. Von jedem einzelnen Dorf nicht viel mehr als eine Seite.

Zuletzt der Todesritt vom General von Bredow.

Hiermit schließe ich. Was ein Buch werden sollte, fügt sich hier, zur Skizze zusammengeschrumpft, als Kapitel in ein anderes Buch ein. Ich freue mich, daß ich meinem alten Wunsche doch wenigstens im kleinen willfahren konnte.

Ländchen Friesack

I

1. »Das Ländchen Friesack«. Topographisch. Sage. Geschichte. Produkte. Flora. Tierwelt. Die Dörfer.

2. »Stadt Friesack«. Von ihren Anfängen an bis jetzt. Verlust der Garnison. Bemühungen, dies auszugleichen. Das Stadtbild. Das führt uns auf Burg Friesack.

3. »Burg Friesack«. Historisch von 1150 bis jetzt. Eine Reihenfolge von Kapiteln.

4. »Burg Friesack jetzt«. Erst ganz kurz der gegenwärtige Besitzer Graf Bredow. Dann der Versuch, die Beschaffenheit der alten Burg festzustellen.

Das Ländchen Friesack
Topographisch. Seine Bevölkerung und Ortschaften. Seine Sagen

Aus dem großen Niederungsterrain, ehmals teils Sumpf und Morast, das den Namen des Havelländischen und Rhinluches führt, erheben sich fünf Plateaus, die vordem – zumal im Frühjahr, wo das Wasser stieg – völligen Inseln glichen, zu denen man nur mit Hilfe von Booten oder später von aufgeschütteten Dämmen herankonnte. Diese fünf Plateaus führen die Namen: der Glin, Ländchen Bellin, der Nußwinkel, Ländchen Rhinow und *Ländchen Friesack.*

Das letzte soll uns hier beschäftigen.

Das *Ländchen Friesack*, nicht mehr als eine Quadratmeile umfassend, ist doch (nur der Glin ist größer) die zweitgrößte dieser fünf Inseln. Nach Norden hin wird dies Ländchen Friesack vom Rhin begrenzt, der hier die Scheidelinie zwischen dem Havelland und dem Ruppinschen zieht, nach Osten hin bildet der Zootzenwald und das große Luch, nach Westen hin das Ländchen Rhinow und nach Süden hin das Land Pritzerbe die Grenze.

Der Charakter dieser aus dem Sumpf und Morast aufsteigenden Insel überrascht, wie der der übrigen vier Havelluch-Inseln, durch seine Hügelbeschaffenheit, die bis zu 2 und 300 Fuß Höhe erreicht, nicht gleichmäßiges Plateau, sondern kupiertes Terrain, dessen höchste Punkte nahezu 300 Fuß erreichen. Die höchsten Punkte sind der Riieksche Berg, der Lange Berg, der Dachsberg. Auch Seen sind wie der Kleßensche, der Landinsche in das Plateau eingeschlossen.

Der Boden besteht an der Oberfläche zumeist aus Sand, im Untergrund aber durchschnittlich aus Lehm mit einer Mergelschicht von 12 bis 18 Zoll Mächtigkeit; darunter weißer Sand. Im ganzen genommen, besitzt der Boden keine große Tragbarkeit; zweckmäßige Kultur aber hilft überall nach. Die Waldungen, die noch zu Ende des vorigen Jahrhunderts einen bedeutenden Teil des Plateaus bedeckten, waren damals reich an Eichen; jetzt, wo überhaupt noch Wald ist, ist alles Föhrenwald. Wiesen fehlen; den Heubedarf liefert das Luch auf seinen weiten Sümpfen und Grasstücken. Nur einmal wird gemäht, und der Heu-Ertrag des

Morgens geht nicht über fünf Zentner hinaus. Allerdings sind alle diese Dinge einem beständigen Wechsel unterworfen. (S. die Notizen aus Landin.)

Die Sagen

Der Teufel hatte mal Musterung über die Edelleute gehalten, man weiß nicht recht mehr, wo, einige sagen im Holländischen, andere sagen im Magdeburgischen und Halberstädtischen, und weil er fand, daß sie nicht gut taten, steckte er ein ganzes Dutzend von ihnen in einen Sack und flog mit ihnen der Hölle zu. Wie er nun aber über einer kleinen Stadt im Westhavelländischen war, schlitzte die Kirchturmspitze, der er zu nah gekommen war, den Sack auf, so daß die Edelleute herausfielen.

Und die da herausfielen, das waren die Herren von Bredow, die sich nun in dem kleinen Kirchort und in Nähe desselben ansässig machten und allem einen Namen gaben. Die Stadt selbst, wo der Sack das Loch gekriegt hatte, nannten sie Frie-Sack (Friesack), und auch die nah gelegenen Dörfer kamen nun zu einem Namen. Einer, der in Friesack blieb, sagte zu einem andern: geh »baßhin«, daraus wurde Passin, ein dritter ging landeinwärts und nannte seine Ansiedelung Land in oder Landin, ein vierter ging denselben Weg lang und baute Selbelang, und ein fünfter, der »rechts too« ging, gründete Retzow. So noch viele andere, bis weit in das Havelland hinein, die meisten aber blieben um Friesack herum.

Das war das erste Mal, daß der Teufel den Bredows einen Streich spielen wollte, es kam aber noch öfter vor, und er wollte nicht ablassen von ihnen, was besonders der Fall war, als Lippold von Bredow, den sie Lippel oder Lepel von Bredow nannten, auf Burg und Schloß Friesack saß, ein guter, aber verschwenderischer Mann, der um seiner Verschwendung willen immer in Geldverlegenheiten war.

Und so kam es denn auch, daß er auf einem Berg im Polzschen Luch einen Vertrag mit dem Teufel machte, der ihm immer neues Geld versprach und nur Lippold von Bredows Seele dafür forderte. Die wurde ihm natürlich bewilligt, aber doch auch nur unter der Bedingung, daß ihm der Teufel alles gewähre, was er, Lippold, von ihm fordere. Wenn der Teufel aber damit scheitern und das eine oder andre nicht gewähren könne, so sei Lippolds Seele wieder frei. Natürlich verlangte nun Lippold die schwierigsten Dinge, zum Beispiel, daß er mit viere lang über den … See fahren könne. Der Teufel aber, dem an Lippold viel liegen mochte, kam dem nach und schüttete nicht bloß einen Damm durch den See, sondern ließ den Damm in dem Augenblick, wo die Kutsche darüber hin war, auch wieder verschwinden. Denn auch diese Forderung hatte Lippold gestellt. Das ging so eine ganze Weile, aber je länger es dauerte, je weniger wurde Lippold der Sache froh, und zuletzt verfiel er in einen Tiefsinn. Das sah sein Schäfer, und weil der Schäfer ein kluger und treuer Mann war, so fragte er, was es denn sei. Da erzählte ihm Lippold alles und daß er seine Seele nur retten könne, wenn er etwas fände, was dem Teufel doch zu schwer zu erfüllen sei. Da riet ihm denn der Schäfer, er solle ein Scheffelmaß auf den Teufelsberg stellen, auf denselben Berg, wo sie den Pakt gemacht, und solle dann vom Teufel verlangen, ihm den Scheffel mit Gold zu füllen. Vorher aber müsse Lippold einen Klappboden an dem Scheffel angebracht haben, so daß der Boden immer herunterklappe, wenn etwas hineingeschüttet würde. Das alles machte den Lippold sehr froh, der denn auch bei dem Teufel vorsprach und ihn bereit fand, die Forderung zu erfüllen. Der Teufel sollte das Gold gleich in der nächsten Nacht auf den Teufelsberg bringen, wo Lippold seinen Scheffel aufstellen wollte. So geschah es denn auch, und um Mitternacht kam der Teufel keuchend unter einem schweren Sack voll Gold durch die Luft heran. Aber wieviel er schüttete und schüttete, der Scheffel, weil der lose Boden nach unten klappte, wurde nicht voll, so daß der Teufel schließlich murmelte:

Lippel, Lippol, Lepel,
Wat hast vöörn groten Schepel.

Noch einmal schleppte er einen gewaltigen Sack herbei, aber auch der half nichts, und weil die Stunde um war, fuhr der Teufel auf und davon.

Nach einer anderen Erzählung war es aber anders, und Lippold wurde nicht durch die Klugheit seines Schäfers, sondern seiner Frau gerettet. Diese beiden lösen sich in Sagen immer ab. Lippolds Frau bemerkte, nach dieser andern Version, daß ihr Mann immer zusammenschrak, wenn ein Reiter oder gar ein Reisewagen angemeldet wurde, weshalb sie ihm sagte, sie würde, wenn Fremde kämen, diese Fremden immer empfangen; er könne derweilen ruhig in seinem Zimmer bleiben.

Dessen war er dann auch zufrieden, und nicht lange danach, so fuhr ein Reisewagen in den Schloßhof, aus dem zwei fremdländische Herren ausstiegen. Eilig ging Lippel auf sein Zimmer, während seine Frau die Fremden empfing und sie bat, ein Mahl einzunehmen. Schnell ließ die Gattin die Tafel decken, und obwohl sie sicher zu sein glaubte, wer die Fremden seien, so ließ sie's doch nicht an Liebenswürdigkeit und gewandter Rede fehlen und verblieb auch darin, als einer der beiden Fremden sein Messer fallen ließ und sie, während man unter dem Tischtuch danach suchte, deutlich den Pferdefuß des andern Herrn erkennen konnte. Sie stand nun einen Augenblick auf und schickte nach dem Kaplan. Und im Augenblick, wo der Kaplan kam, war auch die Stunde vorüber, wo der Teufel noch Macht über Lippolds Seele hatte, und als der Kaplan jetzt das Zeichen des Kreuzes machte, war die Teufelsmacht völlig gebrochen, und beide Fremden fuhren mit Geräusch und andern Unannehmlichkeiten zum Fenster hinaus. Auch nach dieser Legende war Lippold gerettet. Es gibt aber noch eine dritte, dem Teufel günstigere Version, wonach Lippold doch endlich unterlag und die Zeche bezahlen mußte.

»Die Geschichte des Ländchens Friesack von 1150 bis ...«

Historisches. Die Besitzverhältnisse von Burg und Ländchen Friesack von 1150 bis 1414

Es existierte schon eine Burg Friesack, als 1150 Albrecht der Bär in die Mark kam und das eroberte und in langen Kriegen halb entvölkerte Land mit seinen Kolonisten (s. S. 2 oder 3) besetzte. Hierüber herrscht Übereinstimmung der Forscher. Wohl aber gehen die Meinungen in der Frage auseinander, wer unmittelbar nach der Besitzergreifung mit

Burg Friesack belehnt wurde. Nach Riedel war es nur eine Neubelehnung, indem der erobernde Markgraf sich gemüßigt sah, die Dynastenfamilie von Friesack, die er auf Burg Friesack vorfand, in ihrem Besitz zu belassen.

[*Andere Version:*] Nach Riedel beließ Albrecht der Bär die Edlen von Friesack in dem längst vorher von ihnen innegehabten gleichnamigen Besitz und begnügte sich, sie nach Eidesleistung aufs neue damit zu belehnen. Nach späteren Forschern aber, an ihrer Spitze Graf Bredow-Liepe, wäre nicht eine alteingesessene wendische Familie, sondern eine mit dem Markgrafen neu ins Land gekommene Ritter- oder Adelsfamilie mit Burg Friesack belehnt worden. Und diese Familie sei die Adelsfamilie von Jerichow gewesen, die, bald nach Besitzergreifung von Friesack, ihren Namen gewechselt und sich nach ihrem neuen Besitze »von Friesack« genannt habe. Sowohl Riedel wie Bredow rücken mit Beweisen ins Feld, die, so gut sie sein mögen, nichts Zwingendes haben, und nur darin finden sie sich wieder, daß die Familie von Friesack, gleichviel nun, ob wendischen oder deutschen Ursprungs, gegen Ende des 13. Jahrhunderts ausgestorben und ihr Besitz, Burg Friesack, wieder der Landesherrschaft zugefallen sei. Bei dieser blieb die Burg bis zum Erlöschen des askanischen Hauses 1320 und ging, abermals fünfzehn Jahre später, an die bis dahin in der Nauener Gegend schon seit 1250 angesessene Familie von Bredow über, die seitens des Markgrafen Ludwig von Bayern mit »Schloß, Stadt und Ländchen Friesack belehnt wurde«. Das war 1335.

Von jenem Zeitpunkt an ist Burg Friesack bredowsch gewesen, eine kurze Epoche abgerechnet, wo ihm die Burg verlorenging. Dies hatte folgenden Zusammenhang.

[*Mit Bleistift dazugeschrieben:* Nun die Stelle von Lippold und Hasso von Bredow.]

Sehr wahrscheinlich war es das auf uralter nationaler Tradition beruhende, in jenen patriarchalischen Zeiten unter Blutsverwandten noch sehr lebhafte Gefühl des Zusammenstehens zu gemeinsamem Schutz und Trutz und der korporativen Interessen der Familie überhaupt, welches Hasso damals bewog, seinen friedlichen Wirkungskreis mit einer kriegerischen Rolle zu vertauschen. Lippold, sein Vetter aus der Kremmenschen Linie, 1399 noch Landeshauptmann der

Mittelmark, stand in einem persönlichen Zerwürfnise mit dem Markgrafen Jobst, dem damaligen Inhaber der Mark, welcher, als habsüchtig bekannt, sich nicht bewegen ließ, dem Lippold von Bredow eine vorgestreckte Pfandsumme, für welche demselben das Schloß Plaue bei Brandenburg haftete, zurückzuerstatten.

Nun hätte sich Lippold mit dem Besitze dieser ansehnlichen Burg vorläufig begnügen können. Indes zufolge schiedsrichterlichen Ausspruches des Markgrafen Wilhelm von Meißen sollte diese Burg Plaue dem Erzstifte Magdeburg herausgegeben werden. Und da der Erzbischof bereits mit dem Angriff drohte, stand Lippold in Gefahr, nicht nur die Burg und mit ihr das ihm übergebene Pfand, sondern auch vielleicht die Geldsumme selbst zu verlieren. Er beschloß daher, von dem damals üblichen Fehderecht Gebrauch zu machen, legte die Landeshauptmannschaft der Mittelmark nieder und schloß am Christabend 1399 zu Calbe mit dem Erzbischof einen Vertrag, worin er sich mit ebendiesem Erzbischof gegen den Markgrafen Jobst, also gegen seinen Landesherrn, verbündete. Diesem Bündnis trat nun Hasso von Bredow auf Burg Friesack bei. Das Unternehmen scheiterte, die Verbündeten unterlagen, worauf Hasso von Bredow der Felonie angeklagt und seines Besitztums verlustig erklärt wurde. Jobst übergab Burg Friesack 1401 an Balthasar von Schlieben, der im Besitz derselben bis zu seinem Tode 1409 verblieb. In diesem Jahre ging die Burg und was ihr zugehörte gegen die Summe von 2000 Schock böhmischen Groschen (nach jetzigem Wert ungefähr 83000 Taler) käuflich und erblich an *Dietrich von Quitzow* über, der sie bis 9. Februar 1414 im Besitz hielt.

Diese fünf Quitzow-Jahre von 1409 bis 1414 sind die eigentliche historische Zeit von Burg Friesack.

Wir wenden uns jetzt derselben zu.

[*Mit Bleistift dazugeschrieben:* S. S. 28 bis 32.]

[*Mit Bleistift dazugeschrieben:* Dies war am 9. Februar 1414. Auch die Bredows waren mit unter denen gewesen, die den Burggrafen zu mindestem mit ihren Sympathien unterstützt hatten. Dennoch sahen sie sich in den Besitz von Burg Friesack nicht unmittelbar wiedereingesetzt. Diese Wiedereinsetzung erfolgte erst dreizehn Jahre später, 1427.]

Burg Friesack
unter Hasso von Bredow von 1427 bis 1439 (?)

Auflehnung gegen die in Markgraf Jobst verkörperte Staatsgewalt war es 1399 gewesen, welche die Bredows um Burg Friesack gebracht hatte, unstreitig die in Burggraf Friedrich von Nürnberg verkörperte Staatsgewalt war es, was den Bredows ihren alten Besitz (Burg Friesack) wieder eintrug.

1427. Diese späte Jahreszahl könnte verwundern, da sie sich schon 1414 bewährt hatten. Aber die schwankende Stellung, die sie einnahmen, ließ es gerechtfertigt erscheinen, daß die neue Landesherrschaft mehrere Beweise verlangte.

[*Das folgende Blatt gibt nur das Druckarrangement an:*]
Burg Friesack
Erstes Kapitel
Burg Friesack

Von Belehnung der Bredows mit Burg Friesack 1350 bis, nach zeitweisem Verlust der Burg zur Quitzowzeit, zur endgültigen Wiederbelehnung 1427.

Weiter keine Überschriften, sondern immer mit drei Sternchen separieren, so daß etwa vier, fünf Abteilungen entstehen.

[*Besondere Blätter im Umschlag:*]
Die Bredows
Linie Bredow–Bredow

Erster Abschnitt	Die Bredows von ihrem Erscheinen in der Mark bis zum Regierungsantritt Joachims I.
Zweiter Abschnitt	Vom Regierungsantritt Joachims I. bis zum Tode Johann Sigismunds.
Dritter Abschnitt	Vom Regierungsantritt George Wilhelms bis zum Tode des Großen Kurfürsten.
Vierter Abschnitt	Vom Regierungsantritt Kurfürst Friedrichs III. bis zum Tode Friedrich Wilhelms I.

Fünfter Abschnitt	Vom Regierungsantritt bis zum Tode Friedrichs des Großen.
Sechster Abschnitt	Vom Regierungsantritt Friedrich Wilhelms II. bis zum Tode Friedrich Wilhelms IV.
Siebenter Abschnitt	Unter Kaiser Wilhelm.

Die Wendung: Die *Bredows* von ... bis ... muß immer wiederholt werden. Der erste Abschnitt muß vielleicht um 1412 oder 14 geteilt werden.

Bredows aus dem Hause Bredow

[*Mit* »wichtig« *bezeichnet:*] *Wilkin von Bredow.* Etwa um 1350 oder früher geboren. Von 1370 bis 1420 wird er in Urkunden genannt. Er war, von Anfang an, ein starker Widersacher der *Quitzows,* die ihn denn auch aus der Mark vertreiben wollten, was aber mißglückte. Dies alles ist wichtig, bedarf aber der Erweiterung. Wusterwitz (Hafftiz) hebt diese Feindschaft eigens hervor.

[*Der nächste Abschnitt ist ebenfalls mit* »wichtig« *bezeichnet:*] Dieser *Wilkin*, ebenso wie sein älterer Bruder *Matthias III.* und seine jüngeren Brüder *Wichard, Henning* und *Bertram* waren Söhne des Küchenmeisters *Matthias II.* von Bredow. Bei allen ist ihre Stellung zur *Quitzowsache* als Wichtigstes hervorzuheben.

[*Das Folgende mit* »nichts« *bezeichnet:*] *Wichard von Bredow.* Erheblich jünger als Matthias und Wilkin. Wohnte meist in Bredow. Bredow-Liepe meint, er wäre wohl Mitte oder Ende der fünfziger Jahre des Jahrhunderts geboren. Wahrscheinlich der unbedeutendste der fünf Brüder.

Henning von Bredow. Bedeutend dadurch, daß er von 1406 bis 14 *Bischof von Brandenburg* war. Hafftiz bezeichnet ihn direkt als einen Bruder von Bertram von Bredow. Wahrscheinlich war er erheblich älter als Bertram, vielleicht auch als Wichard, denn er starb 1414 als »hochbetagter Greis«. Das Elend der Zeit war groß, und er verband sich mit den Quitzows, um etwas von Macht und Anlehnung zu haben.

[*Das Nächste bezeichnet mit:* S. S. 18 gut und wichtig!] Später aber war er unter denen, die sich bald dem Hohenzollern zuwandten, zugleich zog er seine (Bredowsche) Familie hinüber, und sein Hauptmann von Redern nahm außerdem den Kaspar Gans bei Dalgow gefangen. Dies war ausschlaggebend. Die Quitzows unterlagen nun, denn in mancher Beziehung war doch Kaspar Gans der Hauptführer, weil er vielleicht reicher war und mehr *aufrichtigen* persönlichen Anhang hatte. Die Quitzows herrschten mehr durch Furcht und Vorteil.

Im ganzen scheint die Situation der Bredows damals *die* gewesen zu sein, daß die *Kremmer Linie* scharf quitzowsch war, die andere aber sich entweder klug und weise zurückhielt oder wie *Henning* und *Wilkin* gegen die Quitzows standen, jedenfalls sich rasch zu den Hohenzollern bekehrten. Was dann freilich die Kremmenschen auch taten.

In der ersten hohenzollernschen Zeit und dann bis gegen die Mitte des Jahrhunderts geschieht eines zweiten *Wichard von Bredow*, Wichard II., Erwähnung, der ein angesehener Mann war und mit einigen Bredows aus den andern Linien (Friesack u. Kremmen) in die Gesellschaft »Unserer Lieben Frauen vom Berge« aufgenommen wurde. Dies war eine Auszeichnung. Im ganzen aber fließt es – wenigstens hier in der Bredow-Bredowschen Linie – in der Epoche unter Friedrich I. und II., also in der Kostnitz-Hus-Hussiten- und Bernd-Ryk-Zeit, nur sehr mau. Vielleicht daß das Friesacker Buch und die Kremmenschen mehr Material geben. Bis 1460. Nur drei Linien: 1. Matthias. 2. Bertram. 3. Wichard.

Bredow-Bredow
Matthiassche Linie

Um 1480 unter Albrecht Achill, und dann später noch unter Joachim I., gab es wieder (wie ganz zu Anfang desselben Jahrhunderts) einen Bredow als Bischof von Brandenburg. Dieser *zweite* Brandenburger Bischof von Bredow, Joachim mit Vornamen, war aus der Friesackschen Linie und muß dort nachgesehen und exzerpiert werden, und bei seiner Beschreibung und Charakterisierung muß ich dann sagen, daß sein ganzer bischöflicher brandenburgischer Hof mit Bredowschen Vettern besetzt war, und diese Vettern waren zum Teil (denn vielleicht waren auch noch Friesacksche und Kremmensche Vettern im bischöflichen Dienst) Bredows aus der Bredow-Bredow-Linie: Bertram und Liborius von Br. direkt Geistliche, Henning III. als weltlicher ritterlicher (?) Diener des Bischofs *Joachim von Bredow*, dem der berühmte *Hieronymus Scultetus*, Lutherzeit, folgte.

Unter Scultetus war dann *Henning* von Bredow Hauptmann der bischöflichen Streitmacht. Als dann Scultetus Bischof von *Havelberg* wird, wo es – eine Folge des Wilsnacker Wunderbluts – forsch hergeht, folgt ihm Henning dorthin und wird, bei dem Glanz, der dort herrscht, *Hofmarschall* des Bischofs.

Bertram III. von Bredow. Bruder von Henning. S. 36. *Henning* also war »Hauptmann« und dann »Hofmarschall« beim Bischof, erst in Brandenburg, dann in Havelberg. Bertram erhält das Amt eines Altaristen des Altars der heiligen Elisabeth in der Pfarrkirche zu *Rathenow* (oder Pritzerbe), ist unklar ausgedrückt. *Rathenow* ist richtig. Heftiger Gegner der Reformation. Später in den vierziger Jahren gibt er den Kampf aber auf und sieht es ruhiger an.

Liborius wird Johanniter-Ritter und sieht sich auch in den Kampf gestellt. All dies ist langweilig.

Der *Bredow-Bredowsche Besitz* um diese Zeit war:

1. Bredow. 2. Roskow. 3. Ein Hof zu Markau. Außerdem einzelne Leistungen, Gerechtigkeiten, Zehnten, Abgaben etc. von: Manker, Schwanebeck, Niebade, Schlabersdorf, Berntgow, Wustermark, Dyrotz, Buchow, Lietzow, Retzow, Nauen, Groß Behnitz, Ribbeck.

Alles ist langweilig aus dieser Epoche. Die bedeutendste Figur scheint *Liborius II.* gewesen zu sein, Domherr in Brandenburg und Magdeburg, erst halber Gegner Joachims II., dann einer seiner besten Räte. Es existiert eine Leichenpredigt über ihn, *gehalten vom Domprediger Sack*, dem ersten evangelischen Geistlichen an der Domkirche.

[*Randbemerkung dazu:* Diese Predigten muß ich mir überhaupt verschaffen.]

[*Randbemerkung dazu:* Die vorhergehenden Blätter bieten für die Zeit von Albrecht Achill bis zum Tode Joachims I.

sehr wenig. *Das Folgende ist dann am Rande bezeichnet:* Dies alles ist gut und wichtig und füllt die Zeit von etwa 1545 oder 50 bis 1590 gut aus.]

Samuel von Bredow, geboren 1566, erstochen im Streit 1590, also erst 24 Jahr alt. In seinem fünften Lebensjahr war er Domprobst. Er war ein in jedem Anbetracht forscher Kerl. Sein Vater, Liborius II., der schon 1569 starb, bei Hofe sehr angesehen, Rat, Diplomat. *Es ist nötig, beide zusammen zu behandeln* und natürlich mit *Liborius II.* in seiner halb katholischen, halb oppositionellen und immer diplomatischen Haltung zu beginnen, ein hübsches, aber kompliziertes und schwieriges Charakterbild. Freund Distelmeyers und Genosse Levin von Schulenburgs und anderer bedeutender Männer. 1569 stirbt er. Und nun gleich anfügen: »Sein Sohn war *Samuel* von Bredow, damals erst drei Jahr alt. Er versprach viel, war klug, reich, von Jugend auf ausgezeichnet und vornehm, aber undiszipliniert, so ging er früh zugrunde.«

Hier die Anmerkung über alttestamentarische Vornamen (S. 59). Ferner Benutzung der Sackschen Leichenpredigten. Ferner Gercken nachsehen. *S. 66.* Sehr gute Stelle, wo Bredow-Liepe ausführt: an dem Rückgang so vieler Familien war die »faule Zeit« von 1550 an bis 1620, »wo alles prosperierte«, vielleicht mehr schuld als die Zeit des Dreißigjährigen Krieges, die zwar viel Elend schuf, aber auch wieder Kraft und Frische gab. Es ist *viel Wahres* darin.

Der Dreißigjährige Krieg räumte auf, und schon dadurch – weil nur wenig Menschen da waren – wurde der Besitz für diese wenigen wieder größer.

Haus *Friesack* (mit Ausnahme der Löwenberger Abzweigung) hatte nur ein Mitglied.

Haus *Bredow*, in der Matthiasschen Linie, ebenfalls ein Mitglied. (Allerdings waren nur noch Vettern aus der Bertramschen und Wichardschen Linie da. Und wahrscheinlich verschiedene Mitglieder des *Kremmenschen* Hauses.)

Ehrenreich von Bredow, etwa geboren 1613, stirbt, 48 Jahr alt, zu Bredow. 1661. Er war der letzte aus der Matthiasschen Linie. Sein Leben fällt ganz in die Zeit des Dreißigjährigen Krieges. Doch ist nicht viel daraus zu machen. Er war ein tüchtiger Mann. Aber nichts Hervorragendes.

Kurzum, es sind aus dieser langen Epoche nur der Bischof Joachim von Brandenburg und Liborius II. und sein Sohn Samuel zu brauchen.

Die Bredow-Bredows
Wichardsche Linie

Wichard III., Stammvater der nach ihm genannten Linie, geboren etwa um 1450 oder etwas früher. 1460 wird er zuerst genannt als *Hans von Bredow zu Friesack*, [der] durch den Bischof Dietrich von Brandenburg mit dem *Lande Löwenberg* belehnt wird.

Das Leben dieses Wichard fällt also in die Zeit von Friedrich Eisenzahn, Albrecht Achill, Joachim I. etc. Aber es bietet nichts von Interesse. Er stirbt etwa 1525. Also etwa 75 Jahr alt. Das Leben ist ganz intresselos. Verwandtschaftliche Beziehungen zu den Pfuels.

Asmus IV. und *Joachim II.* sind seine Söhne. Beide sind gute Leute u. gute Wirte, wohnen auf Bredow und füllen die Zeit aus bis nah an den Tod des Kurfürsten Joachim II.

Asmus IV. (s. vor. Blatt) ziemlich unbedeutend. Bedeutender ist sein älterer Bruder *Joachim II.* Geboren (ungefähr) 1495.

Meldet sich, wie so viele seines Geschlechts, zum Eintritt in das Magdeburger Domstift. (Unbegrenzt ist die Zahl der Bredows im 15., 16. und wohl auch 17. Jahrhundert, vielleicht auch später noch, die Domherren in Magdeburg oder Brandenburg waren oder sehr häufig auch beides.) – Der Vater, Wichard III. (s. S. 93), war in jedem Betracht wenig bedeutend, auch in den äußeren Mitteln nicht, Asmus, sein Bruder, ebenso, und so fällt denn das Verdienst einer forscheren Familien-Repräsentation und Stellung auf *ihn*, Joachim.

Joachim erwarb 1541 den in der Neustadt Brandenburg gelegenen sogenannten *Abtshof*, der dem Kloster Lehnin bis zur Säkularisation gehört hatte.

Noch wichtiger waren die Ankäufe verschiedener Hauptteile von *Markee.* (S. S. 94.)

Er erwirbt aber noch mehr. Er ist ein Rat des Kurfürsten und spielt eine Rolle bei Familienausgleichen, namentlich auch nach *Rheinsberg* und *Kremmen* hin. Er war zweimal verheiratet, mit einer Krummstab, dann mit einer Schlabrendorf. Er stirbt 1570 oder 72.

Und so muß denn immer wieder gesagt werden, daß das ganze Jahrhundert von 1470 bis 1570, also die ganze Joachimische Zeit, *soweit die Linie Bredow–Bredow in Betracht kommt,* sehr langweilig verlief. Es scheint aber, daß es in *Friesack* und *Kremmen* ganz anders aussah.

Immer wieder ist darauf hinzuweisen, daß von etwa 1550 oder 60 an die *Sackschen Leichenpredigten* ein höchst wichtiges Material bieten. Auch die Leichenpredigt über *Wichard IV.*, Sohn Joachims II., scheint einiges Interessante zu enthalten. [*Randbemerkung dazu:* Durchaus nachsehen!]

Dieser *Wichard IV.* (Sohn Joachims II.) war der letzte seines Geschlechts, der die Stellung eines Magdeburger Kanonikus an der Domkirche einnahm, nachdem 100 Jahr lang stets ein Mitglied des Bredowschen Hauses — also etwa von 1500 bis 1600 — dem Kapitel angehört hatte.

[*Randbemerkung dazu:* Wichtig. In Augenschein nehmen!]

Wichard IV., gestorben 1610, hat ein schönes Alabaster-Epitaphium im Dom, wahrscheinlich im Magdeburger. Existiert *noch.*

Hans Heinrich von Bredow (Sohn Georgs von Bredow) wurde 1584 wahrscheinlich in Markee geboren. Das Jahr 1610 war sehr wichtig für ihn — er verlor erst seinen Bruder Wichard V., dann seinen gleichnamigen Oheim Wichard IV. Er vermählte sich, ebenfalls 1610, mit einer Bernd von Lindau. 1624 wird er mit 40 Jahren Domprobst, steht dem Kurfürsten nah, ganz besonders aber dem Grafen *Schwarzenberg.*

[*Randbemerkung dazu:* Sehr gute Stelle!]

Während des nun ausbrechenden Dreißigjährigen Krieges macht er sich vielfach nützlich (s. S. 123). Seine Frau stirbt 1634. Er stirbt 1641. Beide haben noch gute Grabsteine in der Domkirche zu Brandenburg, besonders der der Frau noch trefflich erhalten. [*Mit* »wichtig« *bezeichnet.*]

Ebenso existiert ein Ölbild von ihm in *Görne.* Auf dem Leichenstein ist er *Ritter,* auf dem Ölbild ist er *Kleriker.**

* Ein Leichenstein eines zweijährigen Kindes von Hans Heinrich befindet sich, mit Bild, im Dom zu Brandenburg.

Ursprünglich war das Bild in der von Bredowschen »Kurie« zu Brandenburg.

Heinrich von Bredow, mit dem Zusatz: aus Roskow, Sohn Joachims II. von Bredow und der Anna von Schlabrendorf, geboren (ungefähr) um 1550.

[*Randbemerkung dazu:* wichtig.]

»Mit ihm treten wir in eine Glanzepoche des Hauses Bredow-Bredow, während das Kremmensche sank und das Friesacksche sich wenigstens vorübergehend verdunkelte.«

Die Bredow-Bredowschen kaufen die Güter der Friesakker zum Teil auf, so bleibt der Besitz in der *Gesamtfamilie*, was von hohem Werte war. *S. S. 128.*

Heinrich von Bredow hat hierin ein Hauptverdienst, noch mehr *Hans Segebandt, Korum Matthias* und *Hans Henning Joachim* (vor allem der letztere), alle drei Söhne von Henning von Bredow aus der Bertramschen Linie.

[*Randbemerkung dazu:* Nachsehen, wo sich diese befinden. Es sind richtige, gleichzeitig lebende Vettern von Heinrich von Bredow, die zum Beispiel noch 1613 im Gange sind.]

S. 128. Ein sehr guter Passus über die ursprüngliche Macht und Besitzverhältnisse der drei Linien.

Die *Kremmenschen* waren ursprünglich vielleicht die reichsten;

Die *Friesackschen* waren dito in sehr schönem Besitz;

Die *Bredow-Bredowschen* aber hatten ursprünglich wenig, und sie *brachten sich erst herauf*, was vorzugsweise im 16. Jahrhundert geschah. [*Das Vorstehende ist mit* »wichtig« *bezeichnet.*]

Sie waren die »Schotten«, die, weil arm, durch Fleiß, Eifer, Ausdauer es zwangen und die andern, momentan wenigstens, überholten.

Bredow-Liepe (129) nimmt dann aber das Vorgesagte halb wieder zurück und meint: »Ja, die Bredow-Bredowschen waren *im ganzen* den Kremmenschen und Friesackschen im 16. und 17. Jahrhundert überlegen, aber gerade *dieser* Heinrich von Bredow ließ mancherlei zu wünschen übrig.«

[*Der nächste Satz mit* »Sehr interessant« *bezeichnet:*]

Heinrich als großer Jäger in interessantem Konflikt mit dem Kurfürsten *Johann Georg* 1579. S. 131.

Um etwa 1600 ist nun die Zeit da, wo *Lippold von Bredow*, der damalige Hauptbesitzer der Friesackschen Güter, in Konkurs gerät, und diese Güter bringt nun *Heinrich von Bredow* unter vorteilhaften Bedingungen an sich.

Heinrich von Bredow besaß nun:

1. Roskow (erblich) mit Pertinenzen an Bredow und Warwitz.

2. Landin, Kriele, Briesen, mit einem großen Anteil am Zootzen.

All dies war etwa um 1615.

Dann kam der Dreißigjährige Krieg, und alles ging wieder mehr oder weniger in die Quist. Er starb 1631 oder 32. Ihm verbleibt aber der Ruhm, auf etwa vierzig Jahr hin, von 1580 bis 1620, den Ruin der Familie aufgehalten zu haben. Der Krieg war schuld, aber es muß auch zugestanden werden, daß er sich finanziell etwas übernommen hatte.

Wichard Erdmann von Bredow, etwa 1590 geboren und 1619 mit einer von Plotho vermählt, war ein Sohn des vorgenannten Heinrich von Bredow (gestorben 1631). Dieser Wichard Erdmann sah nun die volle Not der Zeit. Denn als er sich 1619 verheiratete, hatte der Krieg eben begonnen, und als er 1653 starb, in derselben Woche mit seiner Frau, hatte der Krieg eben erst geendet. Er kam aus den Pleiten und Ängsten nicht heraus.

Hans Georg von Bredow, wohl auch bald nach 1590 geboren, Bruder des Vorigen. Er stirbt schon 1641, hatte also wie Wichard Erdmann die Not des Krieges zu tragen.

Heinrich Sebastian von Bredow, wahrscheinlich der jüngste der drei Brüder, also etwa 1595 geboren oder etwas später. Er überlebte die beiden Brüder und lebte noch 1670, muß dann aber bald gestorben sein. Er kostete die Not ganz aus und sah den ganzen Besitz hinschwinden, den sein Vater Heinrich von Bredow, genannt der Roskower, auf ein Menschenalter hin aus der Friesackschen Konkursmasse an sich gebracht hatte. *Er* also stirbt etwa 1670. Sein Sohn, *Ernst Heinrich*, stirbt 1682 und war etwa 1640 geboren. Er hatte auch einen interessanten Streit und Jagdkonflikt, der an den seines Großvaters Heinrich von Bredow erinnert. [*Randbe-*

merkung zum vorstehenden Satz: Interessant. Aber bloß als Anmerkung zu gebrauchen.]

Joachim III. von Bredow, ein viel älterer Bruder von *Heinrich* von Bredow, dem momentan reichen Besitzer der Friesackschen Güter. Er, Joachim III., war etwa 1525 geboren und starb 1600. Es wird nichts Wichtiges oder Unterhaltendes von ihm berichtet.

Otto von Bredow. Sohn des Vorigen; etwa geboren 1590. Nimmt Kriegsdienste, hat dann nur ein Bein, heißt »Rittmeister« und hat am 23. Juli 1618, wahrscheinlich schon *nach* Beginn der Kriegsunruhen oder einige Tage vorher, ein Rencontre mit einem von Arnim, der ihn durchrennt und malträtiert. Interessant und als Zeitbild zu geben, als »Einleitung« zu den tollen Zeiten des Dreißigjährigen Krieges.

Joachim IV. von Bredow, Sohn Joachims III. und Bruder von *Otto.* Stirbt 1648. Elend des Krieges.

Otto Ludwig von Bredow. Geboren 1657. Ältester Sohn Joachim Lippolds I. von Bredow und der Lukretia Melusine von Hacke.

[*Randbemerkung zu folgendem:* S. 169 und 70. Gut. Benutzen.] Unter ihm beginnt wieder ein Aufstreben. Der Adel tritt in den Kriegs- und Staatsdienst und fördert die allgemeinen und seine eigenen Interessen. Die Mitte des 17. Jahrhunderts erinnert an die Mitte des 14. (Peter, Köpke, Wilkin, Matthias), aber das 14. ist besser.

Die Zeit ist nun da, wo der Adel, statt »Ritter« zu sein, Militär, *Soldat* wird. Und wie Heino Otto, Jakob Ludwig, Adam Leopold, so greift auch Otto Ludwig zum Degen. Er machte die Kriege gegen Ludwig XIV. mit und war 1695, achtunddreißig Jahr alt, Major. Zu Anfang des 18. Jahrhunderts diente er unter Leopold von Dessau in dessen Regiment, machte den Spanischen Erbfolgekrieg mit und nahm nach dem Utrechter Frieden, seiner Wunden halber, den Abschied. (S. Leben großer Helden von Pauli, Teil IV, S. 372.)

[*Das Folgende mit* »interessant« *bezeichnet:*] Dies Militärische ist aus *Pauli* zu nehmen. Außerdem der Streit zwischen den zwei Vettern, S. 174. Dieser Streit ist interessant, muß aber etwas ästhetisiert werden, *so* ist er zu grob. Er (Otto Ludwig) hinterließ sechs Kinder, drei Söhne, drei

Töchter. Zwei der Töchter, darunter eine Melusine, hatten jede vierzehn Kinder.

Joachim Lippold II. Geboren 1699. (S. S. 176.) In ihm kulminiert die Wichardsche Linie noch mal. Er wird ein guter Soldat, General. Siehe *Paulis* Buch, Band IV, S. 301–30. Enthält auch Band VI (oder VII) ein Bild Joachim Lippolds. [*Bemerkung dazu:* wichtig.]

[*Randbemerkung zum Folgenden:* Interessant. Wichtig.] Das Leben des *Joachim Lippolds II.*, Generalmajor, gestorben 1759, ist interessant und typisch für die Zeit. 1. militär. Schüler des Alten Dessauer. 2. Werbe-Offizier. 3. In unkirchlicher Ehe mit einer Französin. 4. Seine militärische Laufbahn. 5. Sein anfänglicher Atheismus; später Lutheraner. 6. Die Prozeßverhandlungen, um seine illegitimen Kinder in einigen Besitz zu bringen. Von S. 176 bis 86.

[*Das Folgende mit* »interessant« *bezeichnet:*] Interessanter Prozeß, der fünf, sechs Instanzen durchzumachen hat. Zum Beispiel auch nach *Gießen* hin. Der Botenlohn nach Gießen betrug 140 Taler. Nur solche *Kuriosa* geben, nicht den Prozeß selbst.

Wichard Heinrich, jüngerer Bruder des Generals. Geboren 1709, gestorben 1772. Er vereinigte den Besitz der Linie Bredow-Bredow, wenigstens der Wichardschen Linie, indem er die Gutsanteile des Generals kaufte. Die Stelle, wo sich der General ein Ausgedinge, *ein Altenteil in höchster Bescheidenheit* (S. 187 Mitte und unten) ausbedingt, ist sehr interessant, gehört aber in die Lebensbeschreibung des Generals.

Sein Leben war interesselos. Er starb kinderlos. Und die Wichardsche Linie erlosch mit ihm. – Interessant ist nur der Lebensausgang seiner Frau, geborene von Quast, die sich, als Witwe, illegitimer Kinder ihres Onkels, des Generals, annahm.

Die *Bertramsche* Linie des Hauses Bredow-Bredow

Bertram II. Geburtsjahr steht nicht fest. Wahrscheinlich ist er um 1450 oder schon 1440 geboren. Er wird zuerst beim Regierungsantritt *Albrecht Achills* genannt, 1472. 1491 unter *Johann Cicero.* 1499 Erbhuldigung vor *Joachim I.* Er lebte also wahrscheinlich unter vier Kurfürsten: Friedrich II., Albrecht Achill, Johann Cicero und Joachim I. (*Wichard* ist ein Rochowscher Name, *Hasso* ein Wedelscher Name.)

1516 hilft Bertram II. einen Streit zwischen Altstadt und Neustadt Brandenburg entscheiden. Er war kurfürstlicher Rat.

Bertrams II. Leben verlief langweilig, ebenso das seiner drei *Söhne*, von denen zwei ihn überlebten.

Joachim V. war ein *Enkel* Bertrams II. Wahrscheinlich ward er um 1510 geboren, vielleicht noch etwas früher. Er stirbt 1583 sehr alt, also doch wohl Mitte Siebzig.

Er bringt nun auch *Besitz* der *Friesackschen Bredows* käuflich an sich. Oder richtiger so: *Hartwig I.* von Bredow, der dem Kurfürsten Geld vorstrecken wollte, nahm dies Geld von *Joachim V.* auf, und dadurch entstanden später große Streitigkeiten, namentlich mit dem Sohn *Hartwigs I.*, mit *Hartwig II.*, der etwa fünfzehn Jahre jünger war als Joachim V.

Die Dinge entwickelten sich so: (s. S. 203).

Der gesamte *Friesacker Besitz* war geteilt:

4 Teile (2/3) besaß die eigentliche Friesacker Linie,

2 Teile (1/3) besaß die abgezweigte Löwenberger Linie.

Repräsentant der Friesacker Linie war um 1550 *Hartwig I.* (bald danach Hartwig II.).

Repräsentanten der Löwenberger Linie waren: *Jacob* und *Abraham* von Bredow.

Joachim V. nun – der einer ganz andern Linie angehörte, der Bredow-Bredowschen – kaufte nun den Löwenberger Anteil an Friesack oder wenigstens einen Teil davon. Und wenn sich vorher die Löwenberger und Friesacker gezankt hatten, das heißt also *Jacob-Abraham* gegen *Hartwig*, so zankte[n] sich Joachim und Hartwig. Oder wenigstens trat Joachim in die schon vorhandene Fehde als ein Mitkämpfer ein.

Joachim V. hatte schon 1549 mit seinem Vetter Hartwig II. auf Friesack wenig freundlich gelebt und in dem genannten Jahr die *Burg Friesack* geradezu überrumpelt, was dadurch möglich war, daß, um des Löwenberger Vetters (Abraham) willen, das Burgtor nicht recht geschlossen war. Das hatte damals zwischen Joachim V. und dem noch sehr jugendlichen *Hartwig II.* böses Blut gegeben. Und nun kaufte ebendieser Joachim auch noch den halben (*Jacob* von Bredowschen) Löwenberger Anteil (ein *Sechstel* des Friesakker Gesamtbesitzes) von ebenjenem Jacob von Bredow und gewann dadurch einen partiellen Rechtsanspruch auf besagte Burg Friesack und Friesacker Besitz.

Darin lagen die Keime großer Zerwürfnisse.

S. S. 204 und *205*, wo Bredow-Liepe die Sache sehr gut gibt. Um die Zeit von 1550 bis 80 lag es so, daß drei Personen das in sechs Sechstel geteilte Land Friesack besaßen:

Hartwig II. (Friesacker) besaß vier Sechstel,

Abraham (Löwenberger) besaß ein Sechstel,

Joachim V. (Bredow-Bredow) besaß ein Sechstel, und zwar *das* Sechstel, das er von Jacob, dem andern Löwenberger, gekauft hatte.

Diese drei Besitzer hatten nun, wenn nicht immer, so doch vielfach gemeinschaftliches Anrecht an *Wald, Wiesen, Hütungen,* woraus Konflikte mit Notwendigkeit erstehen mußten. (S. S. 205.)

Hartwig II. wohnte 1551 auf Burg *Friesack,*

Abraham wahrscheinlich dicht daneben,

Joachim V. auf *Kleßen.*

Die Konflikte beginnen nun Mitte der fünfziger Jahre. 1559 erfolgt ein vorläufiger Friedensschluß. Dann der Streit weiter. Der Kurfürst wird höchst ungnädig gegen Hartwig Ende der sechziger Jahre. Der Kampf dauert aber an, so daß Abraham zuletzt seinen Anteil an seinen Gegner Hartwig II. verkauft, so daß nun *Hartwig II. fünf* Sechstel, *Joachim V. ein* Sechstel hat. Dadurch wurde Joachims Stellung immer schwieriger. *Besitz* hatte er speziell in Friesack nicht, außer einem Stück wüstem Schloßhof. Und der Zutritt zu diesem wüsten, ganz gleichgültigen oder doch wertlosen Stück wurde ihm verpurrt. Hartwig II. war Herr der Situation, und mit einem gewissen Recht, Joachim V. hatte nur den Buchstaben des Gesetzes, das formale Recht für sich. Dies hebt Hartwig II. in seiner witzigen Antwort an das Kammergericht sehr gut hervor.

Hartwig II. war gewiß gewalttätig, aber er scheint der durchaus Überlegene gewesen zu sein. Sein Reskript ist ein kleines Musterstück. Joachim V. war in der Tat ein Eindringling ins Friesacksche. [*Randbemerkung zum Vorstehenden:* Alles interessant. Besonders das Schreiben Hartwigs an das Kammergericht und ein bitteres, Hartwig anklagendes Schreiben des Kurfürsten an den Kurfürsten von Sachsen.]

Zuletzt konnte es Joachim V. nicht mehr aushalten und zog von Kleßen, das er bewohnte, nach *Spandau.* Dort starb er 1583. Er war zweimal verheiratet.

Diese ganze Zeit, der die drei Vettern: *Hartwig II.*, *Abraham* und *Joachim V.*, angehören, ist wichtig und bei richtiger Behandlung sehr interessant. Es ist der Hauptstoff für die Epoche von 1540 bis 1580, füllt also die ganze Zeit Kurfürst Johanns II. aus.

Religiöses spielt gar nicht hinein. Das gehört in die Epoche vorher unter Joachim I. und Anfang der Regierung Joachims II.

Zeit des Dreißigjährigen Krieges
[*Randbemerkung dazu:* interessant und wichtig.]

Hans Ludolf von Bredow. Etwa geboren 1595, gefallen am 15. November 1640 im Treffen bei Ziegenhain. Mit ihm fiel sein Bruder Georg. *Hans Ludolf* war kaiserlicher General und Freiherr (erst später sein Sohn gegraft). Katholisch geworden, spielte [er] schon unter Tilly und Wallenstein eine Rolle, zeichnete sich dann mehrfach aus und erlag endlich in einem blutigen Gefecht. All dies ist interessant und ein Prachtstück aus der Zeit des Dreißigjährigen Krieges, wie General von Bredow bei Mars la Tour 1870. In seinem Regiment waren auch zwei Schulenburgs, die das Treffen überlebten. Man sieht daraus, wie viele Märker in den Heeren hüben und drüben standen. Die eigentliche Zeit Gustav Adolfs abgerechnet, von 1630 bis 32, waren es meist *Deutsche,* die sich bekriegten.

Sein Sohn erst, *Christoph Rudolf,* etwa 1635 geboren, wurde 1674 in den Reichsgrafenstand erhoben. Er starb etwa 1695. Im Buch ist hier ein Druckfehler (es steht da 1625, also zehn Jahr vor seiner Geburt). Die katholische Linie ist uninteressant; Hans Ludolf ist die einzige interessante Figur.

Nun kommt der Zweig Bredow-Bredow

Jakob Friedrich, geboren 1702. Soldat. Oberst eines Kürassierregiments. Katastrophe von Maxen. Friedrich II. läßt ihn fallen. Bredow will sich erschießen. Die Kugel geht fehl. *Dann rettet ihn Seydlitz in nobler Art*, und für Jakob Friedrich brachen bessere Tage an. Zuletzt *sehr* gute. Er lebte a. D. in Brandenburg. Starb daselbst 1783. War ein guter Kavallerieoberst gewesen. [*Vorstehendes ist mit* »interessant« *bezeichnet.*]

Bredows

[*Darunter gestrichen:* Die Senzkesche Linie. Haus Kleßen.]

Jobst von Bredow. S. 321. Vielleicht geboren 1570, ungefähr gestorben 1627. Während er Schloß Friesack innehatte, brach dreimal Feuer aus, erst die Stadt und hinterher die Burg total zerstörend. Dies alles ist aber nur zu brauchen, wenn ich im *zweiten* Teil der Arbeit Burg Friesack in Vergangenheit und Gegenwart beschreibe. Von ihm, Jobst, persönlich, ist gar nichts zu sagen. Mit dem Schloß scheint es *so* zu stehen:

1. Das *alte* Schloß fällt 1412 oder 14 und wird zerstört.
2. Hartwig baut ein neues Schloß an alter Stelle. Dies brennt 1619 zu Jobst von Bredows Zeiten nieder.
3. Jobst baut es wieder auf.

Jobst Heinrich. S. 351. Lebt in der Zeit nach dem Dreißigjährigen Kriege, und man sieht hier an einem Musterbeispiel (S. 352), wie furchtbar arm alles geworden war.

Jobst Heinrich II. (S. 354), im Jahre 1664 geboren. Guter Soldat. Oberst, macht alle Campagnen des Spanischen Erbfolgekrieges mit. [*Randbemerkung dazu:* An richtiger Stelle zu brauchen, aber nur als Zutat zu was anderem.]

Korum Matthias I. (S. 367–70). Alles langweilig. Aber sein Leben fällt in die Zeit vom Tode Joachims II. bis zu Beginn des Dreißigjährigen Krieges und spielt mit in das Leben von *Lippold von Bredow*, der damals alles verschluderte, hinein. Bei der Gelegenheit vielleicht mit zu verwenden.

Henning Caspar I. (S. 371). Wird gefangengenommen, und die Mutter muß, weil sonst nichts da ist, ihren Schmuck versetzen, um ihn auszulösen. [*Randbemerkung dazu:* Zeit- und Kriegsbild.]

Asmus Ehrenreich II. (S. 382). Geboren 1693 zu Senzke, gestorben 1756 als Generallieutenant zu Halberstadt und im Dom daselbst beigesetzt. Friedrich Wilhelm I. schätzte ihn sehr. In den beiden Schlesischen Kriegen, namentlich im zweiten, zeichnete er sich aus. Er war unvermählt. Es ist vielleicht dies oder das daraus zu machen. [*Randbemerkung dazu:* Leidlich interessant.]

Friedrich Ehrenreich, geboren 1725, fällt zwanzigjährig bei Soor 1745. Bei Soor haben wenigstens drei Bredows gefochten, wahrscheinlich mehr, und zwei fielen.

Carl Friedrich, geboren 1720. War auch bei Soor. Also wenigstens der vierte Bredow.

August Friedrich, geboren 1722. War mit bei Hohenfriedberg.

Otto Friedrich, geboren 1726. Studiert. Wird aber als Kriegs- und Domainenrat von Friedrich II. abgelehnt, was ihn verstimmt. Er wird dann Domherr zu Havelberg und lebt dann meist in Berlin als »feiner Herr« in sehr gebildeter Gesellschaft, gern gesehener Hofkavalier an den prinzlichen Höfen. *Dies* ist interessant (S. 411 Mitte und unten). Szene mit Sieyès. Vergl. Marwitz, der es, glaub ich, anders erzählt. Er wird dann ganz originell, Prinz-Heinrichsch, auf einer Insel im Park zu Senzke begraben. [*Randbemerkung zu Vorstehendem:* Interessant und wichtig. Sehr gut und interessant. Vollkommenes Zeit-Charakterbild.]

Bei geschickter Behandlung kann ich aus diesen vielen Bredows der Senzker Linie, die von 1700 an und namentlich bis 1750 alle Offiziere waren, die vorzugsweise in den beiden ersten Schlesischen Kriegen (Mollwitz, Soor, Hohenfriedberg, Kesselsdorf) sich auszeichneten, etwas machen. Aber nur ganz allgemein, ohne Namensnennung der einzelnen. Und dann nun hinterher das Bild *Otto Friedrichs* geben, in dem sich die eigentliche französische Patentheit der Zeit zeichnet.

Emanuel Friedrich, Bruder des Vorigen, geboren 1732, zuletzt Oberst des Regiments Gensdarmes, gehört ebenfalls hierher. Er ist sogar aus der Masse herauszugreifen, schon interessant durch seine Frau, geborene von Podewils, die *vier*mal verheiratet war, was auch ganz charakteristisch für die Zeit. Man vermählte sich um Vermögens, Stellungs, Repräsentations willen, man wollte eine möglichst glänzende »gemeinschaftliche Menage« machen und in der vornehmen Gesellschaft angenehm leben, ganz so wie jetzt. Die vier Männer waren:

Legationsrat von Marschall (geschieden),
Geh. Legationsrat von Häseler (stirbt),
Oberst von Bredow (stirbt),
Generallieutenant Graf Hordt [?] (stirbt).
Sie starb dann als »Witwe« ein Jahr später, 1802.

Caspar Friedrich Ernst, zwölfter und jüngster Sohn Caspar Friedrichs (395), geboren 1739. Er starb als Hofmarschall des Prinzen Ferdinand. Sein »*Nachruf*« – vielleicht von der Hand des Prinzen, ganz Prinz-Heinrich-Stil – ist *höchst* interessant, weil ganz Zeitbild. Der Prinz Ferdinand hat ihm auch in Schloß Bellevue einen Erinnerungsstein setzen lassen. S. S. 418. [*Randbemerkung zu Vorstehendem:* Sehr interessant.]

Friedrich Wilhelm, Bruder von Caspar Friedrich Ernst und ebenfalls einer von den zwölf Söhnen Caspar Friedrichs, geboren 1723. Er tritt in das Waldowsche Kürassierregiment und ist ebenfalls mit bei Soor, also schon der *fünfte Bredow* bei Soor. Seine Schwiegermutter, eine Rochow, geborene von Katte, war die Schwester von Hans Hermann von Katte, so daß dieser sein Onkel war. Dann erhält Seydlitz das Kürassierregiment, und Bredow wird sein Adjutant. Bei Zorndorf verwundet, nimmt er den Abschied und wohnt nun, in zunächst kleinen Verhältnissen, als Rittmeister in Rathenow. Die Abneigung Friedrichs des Großen gegen verheiratete Offiziere war Grund, daß sehr viele unverheiratet blieben, und dadurch erstanden für *die*, die trotzdem geheiratet hatten, dann und wann große Erbschaften von den unverheiratet gebliebenen Brüdern oder Onkeln her. – *Friedrich Wilhelm* von Bredows Gemahlin war eine geborene von Rochow und seine Schwiegermutter eine Katte (Schwester von Hans Hermann). Das geborene Fräulein von Rochow, später Frau von Bredow, hatte ganz eine französische Bildung empfangen und schrieb ihre Briefe französisch, die alle sehr fein und angenehm und fast geistreich sind. Die Briefe stehen in den Anmerkungen, zum Teil im Text, so 424 und 25. *Sie*, die geborene von Rochow, stirbt 1799, er starb etwas später, vielleicht erst 1805 oder 6.

Dieser ganze Abschnitt: die zwölf Söhne *Caspar Friedrichs* und ihre in zwei Hauptgruppen zu bringenden friderizianischen Schicksale, ist sehr interessant. [*Randbemerkung dazu:* Wichtig. Hier ist auch der Aufsatz zu benutzen: »Aus dem Jahrhundert der französischen Revolution«. I. Der Adel. Von Wilhelm Weigand. S. »Vossische Zeitung«, Sonntagsbeilage zur Nummer: Sonntag, den 19. Mai 1889.]

Dann folgen die *Bredows*, die jetzt im Oberbarnim in *Wölsickendorf* und *Ihlow* samt *Ringenwalde* begütert sind.

Dies sind wohlhabende Herren, Vater und Sohn. Der Vater wurde neunundachtzig Jahr, der Sohn auch sehr alt. Aber es ist weiter nichts von ihnen zu sagen.

Dietrich Friedrich Wilhelm. S. 432–36. Militär. 1813 Landwehrbrigadier. Gefecht an der Dessauer Brücke. Gefangen. Limôges. Ziemlich gutes Zeitbild. [*Randbemerkung dazu:* Gut.] Die Anmerkungen S. 434 und auch 37 sind fast das interessanteste. Gestorben 1836.

Das Leben des Sohnes (der den Krieg unter Colomb und Sohr bei den Zietenschen Husaren mitmachte) verlief ähnlich. Gestorben 1864.

Hier ist auch nötig, die Zahl der Bredows aufzuzählen, die die Befreiungskriege mitmachten. Es werden aus den verschiedenen Linien wohl zehn gewesen sein. Hier finden sich drei zusammen: Dietrich Friedrich Wilhelm und zwei Söhne.

Lippold Friedmann von Bredow. Geboren 1784 zu Wulkow. S. 446. War mit bei dem 5. Kurmärkischen (Kurmärk.) Landwehrregiment und wurde (vergl. S. 434) in dem Treffen an der Dessauer Brücke gefangengenommen. Starb 1865. Er ist der alte Herr von Bredow, den ich in Löwenbruch kennenlernte.

Anna Luise von Bredow heiratet erst den Oberst von Köppen (Liebling Friedrich Wilhelms I.) und dann in zweiter Ehe den Hauptmann von Knesebeck, auch Liebling des Königs. [*Randbemerkung dazu:* Ziemlich interessant.]

Henning Caspar IV. Geboren 1742. Gestorben 1788. Lebte in unglückliche Ehe mit einer Gräfin Bünau, die ihm nach Markau hin nicht folgen, sondern in Berlin bleiben wollte, und hatte dann später eine Skandal- und Prügelszene mit dem Landrat von Brösigke. (S. Geh. Staats-Archiv.) [*Randbemerkung dazu:* Muß interessant sein.]

Es ist wichtig, eine gewisse Kunst der Zusammenfassung, namentlich von 1620 an, zu üben:

Die Epoche des Dreißigjährigen Krieges,
die Epoche der Fehrbellin-Zeit,
die Epoche des Spanischen Erbfolgekrieges und der Eroberung von Rügen,
die Epoche der drei Schlesischen Kriege,
die Epoche der Prinz-Heinrich-Zeit,
die Epoche von 1793 und 1806,
die Epoche von 1813 bis 15,
die Epoche von Friedrich Wilhelm III.,
die Epoche von Bismarck und Kaiser Wilhelm.

Jetzt immer eine oder zwei hervortretende Gestalten: einen General, einen katholischen General in Wien, einen Obersten aus der Schwedenzeit, einen friderizianischen Helden, einen Geistreichen à la Prinz Heinrich etc., *um die herum sich oft drei, fünf, sieben Bredows stellen,* die die großen Ereignisse ihrer Zeit auch mitmachten, aber entweder jung fielen oder bald ausschieden. Diese müssen dann immer nur als Gruppe und nach der *Zahl* behandelt werden, nicht als Einzelfigur.

Markau und Schwanebeck

[*Darunter ist* »Markee« *durchgestrichen und vermerkt:*
Markee gehört Herrn von Bredow auf Bredow.]

Markau-Schwanebeck. Herr von N. sagte: »Das ist die Droschkenkutscher-Linie; mit der haben wir keinen Verkehr.«

Hinterher war es aber nicht so schlimm. In Potsdam, Marienstraße 4, wohnt eine Frau von Bredow, geborene von Stwolinska, die an den letzten Schwanebecker Bredow verheiratet war und viel erzählen kann und auch die Lust dazu haben soll. An diese mich wenden.

Dyrotz

Dyrotz. Gehört einem sehr netten Herrn von Bredow, bei dem Herr von Stechow mich einführen will. Er erzählt gut wie der Senzker Bredow, wenn auch nicht voll so gut. Vorher Pastor *Brandt* fragen.

Dorf Bredow und Markee

Bredow-Markee gehört zu Bredow. Im »Dienst-Büro« befindet sich ein Grab- oder Gedenkstein aus *Kremmen*, Ende des 16. Jahrhunderts oder noch früher.

Sachen in Bredow.

1. Die Kirche (nichts, weil niedergebrannt).
2. Das sonderbare Mausoleum des letzten Bredow-Bredow aus dem Ende des vorigen Jahrhunderts (dies ausführlich).
3. Das eiserne Ofenstück (braunschweigisch) im Garten.
4. Die schöne offene Gartenhalle.
5. Einige alte und einige neue Bilder.
6. Einige alte Truhen.
7. Die Geschichte einiger Bauernhöfe. Wieder vergessen. Eine davon schien mir interessant, die mit dem Schwiegersohn.
8. Das Fremdenbuch.
9. Der Besuch des Prinzen Wilhelm. Zweimal.

Kotzen

Kotzen-Stechow.

1. Die Geschichte vom Major von Stechow von den Gardes du Corps.
2. Der jetzige Herr von Stechow.
3. Sein Bruder, der Rittmeister von Stechow. Jetzt Maler. Lebt in Perleberg. Eine von Karstedt (Fretzdorf) zur Frau. Besitzt eine Truhe aus dem 15. Jahrhundert von einem Bauernhof oder Lehnschulzengut in Linde, die auf einem Taubenboden stand.
4. Die famose Lage von Kotzen.
5. Die Hülsens in Kotzen.
6. Die Stechows in Fahrland.

Der einliegende Brief des Herrn *Erich Hammer** weist auf folgende Dinge hin:

* [*Im Typoskript folgender Brief von Erich Hammer:*]

Direktion der Disconto-Ges./Berl.
Berlin SO, Adalbertstr. 39 II
am 26. Juni 1889

Hochgeehrter Herr!

Anch' io sono pittore! so könnte ich fast sagen, wenn ich Ihre lebendig geschilderten »Wanderungen durch die Mark« durchlese, nur mit dem gewaltigen Unterschied, daß ich bisher noch nichts veröffentlicht habe, was ich auf meinen Streifzügen in Ost und West, Süd und Nord unserer lieben heimatlichen Mark an Inschriften, Sagen und Märchen, Sitten und Gebräuchen gesammelt habe. Angeregt durch das Studium Ihrer Schriften besonders, habe ich meine leider nur geringen Mußestunden dazu benutzt, mich mit den Orten und Gegenden genau vertraut zu machen, die Sie durchwandert haben. In den Verließen und alten Trümmern, im Kirchturm und in der Krypta habe ich mich herumgetummelt, überall sammelnd, forschend und aufzeichnend. Ich bin so oft in Gegenden geraten, wo selbst Ihr Fuß vorüberzog, die aber doch so manches Wissenswerte, so manches, das der Veröffentlichung harrt, bietet. So bin ich am 15./16. Juni d. J. auf einer Streife durch das Ländchen Bellin und Friesack nach Karwesee-Dechtow gekommen, woselbst ich mir die Kirchen auf das eingehendste ansah. Dechtow allein ist eines Ausfluges wert, von Karwesee will ich nicht sprechen, es ist eine neuere Kirche; in Senzke auf dem Schloß des Herrn von Bredow erfuhr ich, wie auch später von Herrn Pastor Jacobi in Kriele, daß Sie, hochgeehrter Herr, dort weilten, um der Bredowschen Sippe wegen. Mit Freuden begrüße ich das. Bisher ist über die Bredows so gut wie nichts erschienen. Ihre »Wanderungen« haben den Teil zwischen der Hamburger und Lehrter Bahn bisher noch nicht berührt; wenigstens habe ich nichts in Ihren Schriften gefunden. Wenn Sie mir nun gestatten, hochverehrter Herr, mit meinen kleinen Aufzeichnungen Ihnen dienen zu dürfen, so soll es für mich die größte Freude sein.

Meine Bemerkungen betreffen indes nicht direkt das Bredowsche Geschlecht, wohl aber die Stechows auf Kotzen, woselbst mein Onkel Zimmermann Pastor ist. Von den Inschriften der Kotzener Kirche, dem Grabe des Onkels des jetzigen Baron Hans von Stechow, auf dem Hohen Rott gelegen, den Ruhestätten derer von Bredow im Park von Stechow u. a. m. steht Ihnen alles gern zur Verfügung. Auch von Nennhausen, woselbst de la Motte Fouqué seine »Undine« dichtete, ist leicht etwas zu erlangen. Wenn ich Sie bitten darf, so ersuche ich Sie, sehr geehrter Herr, allergütigst auch diesem Flecken Erde Ihre Beachtung zuwenden zu wollen. Es sollte mich sehr freuen, wenn meine untertänigste Bitte bei Ihnen Gehör finden wird; nach Kräften werde ich mich bemühen, Ihnen, soviel in meiner Kraft liegt, behülflich zu sein bei der Vollendung Ihrer prächtigen »Wanderungen«. Als Mitglied des »Vereins für die Geschichte Berlins« komme ich ja häufig in die Umgegend Berlins; doch es ist ein ganz ander Ding, wenn man so nach Herzenslust allein seinen Wissensdurst stillen darf. Es ist mir natürlich bei meinen Streifzügen vorgekommen, daß manches sich geändert hat, was Sie noch anders gesehen; daß ich dann Bemerkungen gemacht, ist selbstverständlich. Hochinteressant ist die Geschichte der Predigerfamilie Hülsen, die über 100 Jahr in Stechow ihres Amtes waltet; die tollen Auswüchse des Herrn von Stechow sind ja auch in dortiger Gegend in aller Mund.

Hochgeehrter Herr, verzeihen Sie gütigst, wenn Sie mit diesen Zeilen irgendwie belästigt sein sollten; mit dem Wunsche, daß Ihre neuen Wanderungen und Streifzüge von rechtem Erfolge begleitet sein mögen, empfehle ich mich, Ihnen stets und gern zur Verfügung stehend, mit vorzüglicher Hochachtung

Ihr ganz ergebenster
Erich Hammer
Bankbeamter der Disconto-Gesellschaft

1. *Kotzen.* Kirche mit Inschriften. Hier sind die Stechows zu Haus, besonders auch der, der wegen des »*Marwede*-Aufsatzes« 1848 den Gymnasiallehrer forderte. Ganz originelle Figur. Erich Hammer deutet dies auch an und spricht von dem, »was man sich *in der Gegend erzählt«*. Vielleicht ist es derselbe, der sein Grab auf dem »Hohen Rott« hat. (Pastor Zimmermann, Onkel von Erich Hammer.)

2. *Nennhausen.* Fouqué. Undine.

3. Dorf *Stechow.* Hier sind nun die Bredows und, ich glaube, Knoblochs Patrone. In der Pfarre sitzen seit hundert Jahren die Hülsens.

Der Zootzenwald

S. Fidicin III, VI und VII (Einleitung) und Hinweis auf *Büschings* Reise nach Kyritz S. 375.

Zootzen.

Briesener Zootzen: Meierei und Forsthäuser: 4 Häuser, 51 Einwohner.
Friesacker Zootzen: 3 Häuser, 25 Einwohner.
Kleßener Zootzen: 3 Häuser, 43 Einwohner.
Wagenitzer Zootzen: 2 Häuser, 47 Einwohner.

Nach *Fidicin* stellt es sich anders:

Briesener: 14 Gebäude (Wohn- und Stallgebäude) und 49 Einwohner.
Friesack: 10 Gebäude und 37 Einwohner.
Kleßen: 12 Gebäude und 46 Einwohner.
Wagenitz: 8 Gebäude und 53 Einwohner.

Auch die Rittergüter Garz und Vichel (von Quast) haben Anteile am Zootzen, aber ohne Wohnplätze.

Der Zootzenwald.

1. Sein alter Zustand nach Klöden oder Bratring oder Bekmann.

2. Sein jetziger Zustand.

Der Zootzen. Erfordert eine selbständige Reise. Vieles soll noch sehr schön sein. S. Klöden. Wald. Wiesen. Kämpfe. Der Kampf mit den Pessiner Knoblochs, der aber wohl schon in dem *historischen* Teil vorkommen wird.

Das Ländchen Friesack und die Bredows

1. Kapitel. Ländchen Friesack und die Bredows.
2. Kapitel. Der Zootzenwald.
3. Kapitel. Friesack. Burg und Stadt.
4. Kapitel. Landin.
5. Kapitel. Görne.
6. Kapitel. *Das* Gut, drin der General von Bredow (Mars la Tour) hauste.
7. Kapitel. *Das* Gut mit der Bredow-Fahne und dem Waldersee-Grab.
8. Kapitel. *Das* Gut mit der geborenen von Arnim.
9. Kapitel. Bredow-Bredow.

Zwischen je zwei Bredow-Kapiteln immer eine bloße Lokalschilderung oder eine Sage, eine Legende oder eine bürgerliche Figur, so zum Beispiel Pastoren, besonders die alte, wie eine Dynastie wirkende Predigerfamilie. Oder der alte Schulmeister in Landin oder eine Figur aus Friesack oder vielleicht auch Rittmeister von Stechow.

Anhang: Markee, Markau, Ihlow (Barnim).

Besitz der *Freiherrn* und *Herrn* von Bredow

1. Haage samt Retzow. Zwei Anteile gehören demselben. Hier fehlt noch alter Stoff.
2. Kriele. Die Kirche mit allerhand Altem.
3. Landin. Hier sorgt mein Gastfreund für Stoff. von Metsch, von Schmettau.
4. Briesen samt Bernhardinenhof. Auch ein Teil von Lentzke gehört dazu. Der Ritt bei Mars la Tour. – Bernhardinenhof liegt auf den Feldmarken von Warsow und Brädikow.
5. Senzke. Hier die interessanten 1813er Erinnerungsstücke. Waldersee.
6. Vietznitz. Besitz (1850) eines Freiherrn Albert von Bredow.
7. Wagenitz. Interessant durch vielerlei.
8. Warsow. Brüsow. Brädikow. Ferchesar. *Stechow* (Bredowsch). Kotzen (Stechowsch). Witzke (von der Hagen). *Lochow* (vorwiegend Bredowsch). Wassersuppe (von der Ha-

gen). Gehören wohl noch so halb mit dazu. *Lentzke* (auch Bredowsch).

9. Lochow drei Anteile und Stechow ein Anteil gehören gemeinschaftlich einem Herrn von Bredow. Hier ist durch das Buch über die Familie *Hülsen* für Stoff gesorgt.

Es liegt hier also:

1. Haage. Bis jetzt stofflos.
2. Kriele-Landin. Stoff in Sicht.
3. Briesen. Brillanter Stoff. Mars la Tour.
4. Senzke. Brillanter Stoff.
5. Vietznitz. Bis jetzt stofflos.
6. Wagenitz. Brillanter Stoff.
7. Lochow-Stechow. Brillanter Stoff (Pastor Hülsen).
8. Kotzen. Mutmaßlich guter Stoff.

Besitz der Grafen von Bredow

(damit anfangen und dann erst »der Besitz der Freiherrn«)

1. Burg Friesack samt Karolinenhof. Hier ist der Stoff reich u. mannigfach.
2. Görne
3. Dikte
} Gehören dem Grafen Bredow-Görne. Viele Bilder, darunter vielleicht einige von Interesse.
4. Liepe. Die Figur des Grafen Friedrich; sein Kirchenbau, seine Familiengeschichte.
5. Kleßen. Umgebung. See. Berg. Blick auf Stölln und Rhinow.
6. Damm. Ein Anteil. Liegt wahrscheinlich (mit Wutzetz) im Ruppinschen, gehört also gar nicht hierher.
7. Lochow. Ein Anteil.
8. Wutzetz. Ein Anteil.

6, 7 und 8 fällt weg.

Die Grafen von Bredow, die 1850 lebten, waren Söhne des Friedrich Wilhelm Ludwig von Bredow, der 1798 durch Friedrich Wilhelm III. in den Grafenstand erhoben wurde.

Der Zootzen

a. Friesacker Anteil	1700 Morgen
b. Kleßener Anteil	1560 "
c. Briesener Anteil	2200 "
d. Wagenitzer Anteil	3200 "
	8660 Morgen

Also (wenn noch bestanden mit Bäumen, was fraglich) $\frac{1}{3}$ Meile, so daß der Zootzen zur Zeit ein großes Drittel vom Ländchen Friesack einnimmt.

Mutmaßliche Hauptfiguren

1. Lippold von Bredow und die Quitzowzeit.
2. von Bredow, Bischof von Brandenburg.
3. Die Figuren, die wegen des »Zugangs« zu Burg Friesack einen Rechtsstreit mit Streit- und Kampfzwischenfällen auf eigene Faust aufführen. Ein richtiges Stück Mittelalter.
4. Achim von Bredow, der seine harte Fehde mit Kurfürst Joachim I. hat, dessen Günstling er vorher war. (Achim ist aber *Kremmensche* Linie, so daß er nur durch einen zu Friesack gehörigen Nebenbesitz mit herangezogen werden kann.)
5. Der Grand Maître de la Garderobe.
6. Der Oberst von Bredow. (Wahrscheinlich der von Czaslau, Hohenfriedberg, Soor.) Feststellen, aus welcher Linie bzw. welchem Dorf er stammte.
7. Der Kammerherr von Bredow. (Mitte des vorigen Jahrhunderts.)
8. Der Major von Bredow. Landwehrbrigade 1813. Großbeeren, Dennewitz.
9. Graf Friedrich von Bredow (Liepe). Kirchenbau. Verfasser der Familiengeschichte.
10. General von Bredow (Briesen). Ritt bei Mars la Tour. Chef des 4. Dragonerregiments.
11. August Ludwig Hülsen, der Philosoph und Romantiker. Geboren 1765 in Aken a. E. Er starb in Stechow (wo er von Holstein her auf Besuch war), und mit dem Zitat aus dem Kirchenbuch (S. 69) muß es beginnen.

Dann heißt es: mit diesem *August Ludwig* Hülsen hatt es eine eigene Bewandtnis. Er ist ein Gegenstand des Interesses, wie die ganze Hülsen-Familie, der er entstammte. Nun folgt das Allgemeine über die Hülsen-Familie; dann sein eigenes Leben. Hauptgewicht auf Fouqué und Schleiermacher legen.

Der Anfang muß *so* sein: Ich komme nach Dorf Stechow. Gang in die Kirche. Da lese ich die Tafel. Hundertjährig. *Nun* erst kurz die Geschichte der Familie. Vorher die Schilderung des Jubiläums 1877. S. die Einleitung des kleinen Buches.

Briesen. Kam mit dem Ländchen Friesack vor 500 Jahren in Besitz der Bredows. S. Fidicin. Ganz gut. Die Kirche früher Wallfahrtskirche. Besitzer:

1. Reichsgraf Ernst Wilhelm von Bredow, Geheimer Etatsminister und Grand Maître de la Garderobe (dies, glaub ich, ein guter Stoff) 174?
2. 1764 sein Bruder, der Oberst.
3. 1767 Friedrich Ludwig von Bredow.

1817/18 Gründung von Bernhardinenhof.

1870 Generalmajor von Bredow. Mars la Tour. – Die Ernennung zum Chef der 4. Dragoner.

Dikte. In keiner Urkunde über die Belehnung der Bredows mit dem Lande Friesack kommt es vor, woraus zu schließen, daß es im 14. Jahrhundert schon wüst geworden. 1671, heißt es, »eine Schäferei mit sechs Ritterhufen genannt«. (?) S. Fidicin. – 1712 Gebhard Ludwig von Bredow, Kammerherr, gehörte vielleicht abwechselnd zu Kleßen und Görne.

Görne. Scheint im Jahre 1335 mit dem Gesamtlande Friesack an die Bredows gekommen zu sein. Ein Rittersitz wurde daselbst erst 1620 gebildet.

1541 war Kleßen ein Filial der Kirche zu Görne.

Görne, Dikte, Kleßen waren wohl oft in selben Händen, bis es dann wieder auseinanderging. S. Fidicin. Unter den Personen scheint in früher Zeit keine hervorragend. Aber die vielen Bilder greifen doch wohl auf relativ gute Zeiten des vorigen Jahrhunderts zurück.

Hage. Wann es an die Bredows kam und wieviel (es war ein Splittergut), steht nicht fest, aber es wurde ihnen 1609 und 14 als langjähriger Besitz bestätigt. Reicht also wahrscheinlich weit zurück.

Kirchliches. Die von Bredow zu Friesack waren die Kirchenpatrone von Hage, die Kirche zu Brädikow war aber Filial von Hage. Unter den Persönlichkeiten scheint keiner [!] von Bedeutung gewesen zu sein.

Kleßen. Kleßen war 1541 Filial von Görne. 1712 kam Kleßen als Erbe an den Kammerherrn *Gebhard Ludwig Friedrich* von Bredow (s. Dikte und wohl auch Görne), so daß dieser 1712 lebende Kammerherr ein sehr angesehener Herr gewesen sein muß. S. die Familiengeschichte. Andere Personen von Bedeutung werden nicht genannt.

Kotzen. 1850 Major von Stechow (Marwede-Mann). Vorher der Generalmajor der Kavallerie Christoph Ludwig von Stechow kriegte 1748 den Stechowschen Anteil. Jetzt haben die Stechows das Ganze. Rittmeister von Stechow. Der Kunstmaler von Perleberg. Sonst wird niemand von Belang genannt.

Kriele. Schon seit dem 14. Jahrhundert in Bredowschem Besitz. Aber schwankend. Gleich nach 1416 wurde es bestimmt Bredowsch und blieb es bis heute. Mater [?] von Landin oder richtiger Londin gehört kirchlich zu Kriele. Namen von Bedeutung werden nicht genannt.

Landin. Schon 1353. Aber erst 1480 tritt Gebhard von Bredow als Besitzer auf. 1730/40 kommt es an den schon mehrfach (so namentlich bei Briesen) genannten *Grand Maître de la Garderobe* von Bredow etc., so daß hier dieselben Figuren auftauchen wie bei Briesen. Andere Namen werden nicht genannt. Doch kommt dann bald die Metzsch-Zeit etc.

Liepe. Wann es vollständig in den Bredow-Besitz überging, ergibt sich nicht ganz sicher, aber jedenfalls schon vor 1428.

1776 der *Oberstwachtmeister* Balthasar Otto Philipp von Bredow. Sonst wird kein Name von Bedeutung genannt. S. Familiengeschichte. Graf Friedrich: a. Kirchen-Erneuerer, b. Familiengeschichtsschreiber.

Lochow. Stechow. Lochow gehört zum Teil dem *Görneschen* Bredow, zum Teil dem *Stechowschen* Bredow. Bei dem einen oder andern Ort die Geschichte der Familie Hülsen erzählen. Stechow ist das Stammgut der Stechows.

Senzke. 1413 ließ *Dietrich von Quitzow* die Früchte des Dorfes erheben. 1541 waren die Bredows längst Gutsherrschaft und Patronatsherrn. 1746 Kammerherr und Hofmarschall Caspar Friedrich von Bredow. 1774 der Domherr Otto Friedrich von Bredow. 1817 der Major von Bredow (wohl der mit der Landwehrbrigade).

Thure. Tremmen.

Wagenitz. 1335 den Bredows zu Lehn gegeben. Besitzer: Baron von Bredow. Fidicin schreibt gar nichts; langweilig wie immer. Hier: Kirche. Schloß. Museum. Theater. Auch eine Art Bilder- oder Ahnengalerie.

1. *Friesack.* Das ganze Gebiet besaß in wendischer und auch in anhaltinischer Zeit die alte Familie von Friesack (Vrysack) und behielt es auch in christlicher Zeit während der Zeit der Anhaltiner. Sehr wahrscheinlich bewohnte die alte Familie dieselbe erhöhte, das Luch beherrschende Stelle, wo später die Burg stand. Von 1150 bis 1350 war es landesherrlich, markgräflich. 1350 gab es Markgraf Ludwig (?) an die Bredows zu Lehn. (1411 war es quitzowisch; dies ist aufzuklären.)

2. *Landin-Kriele.* Herrenhaus. Park. Kirche. Kriele, eine der ältesten Kirchen der Mark. Sagen knüpfen sich an verschiedene Berge der Umgegend.

3. *Liepe.* Die neue Kirche. Dabei verweilen. Kirche 14. Jahrhundert, also nur erneuert.

4. *Görne.* Die Bilder. Die Landschaft. Kirche. Auf dem Schloßberg Fundament einer Burg.

5. *Kleßen.* Filiale von Görne. Schöner englischer Park. Weinberg. Turm. Aussicht. See.

Dikte gehört mit dazu (zu 4 und 5).

6. *Hage.* Wahrscheinlich der Sitz des Generals von Bredow. Mars la Tour.

7. *Senzke.* Die Landwehrjahre etc. Der Park. Waldersee.

8. *Vietznitz.*

9. *Wagenitz.* Filial von Senzke. Der Bildersaal. Die Bilder aus dem Spanischen Erbfolgekrieg. Waffen. Zoologisches Museum. Theater. Kirche. *Kupferne* Monstranz.

10. *Briesen* (das ist das Gut des Generals).

Thure (bei Tremmen), wo zur Zeit der Quitzows eine Schlacht (?) geschlagen wurde.

Literatur: Die Mülverstedtsche Geschichte der Bredows. (1. Hälfte.)

Graf Friedrich *Bredow*-Liepe

Das ist *der* Bredow, den ich bei Beutner kennenlernte.

Er hat von der mutmaßlich in den siebziger oder achtziger Jahren erschienenen Familiengeschichte der Bredows den 1. und 3. Teil geschrieben, während der Geheime Archivrat von Mülverstedt den 2. Teil (die Geschichte des Hauses Kremmen) geschrieben hat.

Wenn ich nun bis Liepe komme, habe ich erst ganz kurz Dorf und Herrenhaus zu beschreiben, dann den Grafen *Friedrich*, von dem es heißen muß: man (die Dorfbevölkerung und die Familie) verdanke ihm zweierlei: 1. den Kirchenneu- oder -umbau und 2. und hauptsächlichst die Geschichte der Familie.

Zuerst ein paar Worte über die Kirche. Zum zweiten sein Geschichtswerk. Wie ist dies beschaffen?

Entwurf zur Einleitung
[*In Blaustift mit* »2« *bezeichnet.*]

Im Herzen von Mark Brandenburg liegt das Havelland, und im Herzen des Havellands liegt das Ländchen Friesack. Ein Kern im Kern.

In ältester Zeit, bis in die markgräfliche Zeit hinein, war das, was jetzt »Ländchen Friesack« heißt, ein mit Eichen bestandenes Sumpf- und Moorland, auf dessen Sandhorsten, die wie Inselchen aus dem Sumpf aufwuchsen, einige Dörfer lagen, die, wie's ihr Name zeigt, sämtlich schon in der Wendenzeit vorhanden waren. Diese[r] Dörfer waren sieben, zwei Bauerndörfer, fünf adlige Rittergüter. Eins davon, wohl schon zur Wendenzeit ein befestigter Punkt, wurde beim Wiedervordringen der Deutschen eine Burg, um das sich ein Burgflecken ansiedelte. Später wurde der Flecken ein Städtchen, jetzt eine Stadt. Dieser Burgflecken führte den Namen Friesack, und dieser Namen ging auf den Wald über, und die Waldinsel, die bis dahin den Namen »der Zootzenwald« [geführt] oder kurz der Zootzen geheißen hatte, hieß nun Ländchen Friesack. Er umfaßte sieben Quadratmeilen, Wald und wieder Wald, unter den Fortschritten der Kultur aber schwand der Wald mehr und mehr hin, und was von ihm bis diesen Tag geblieben, läßt seine Mächtigkeit von ehedem kaum ahnen. Die Dörfer, die sonst im Wald oder an seinem Rande lagen, liegen jetzt da, von Äckern umgeben, und nur in die Parks der Rittergüter hinüber haben sich einige alte Eichen gerettet.

Friesack

S. 268. 1841 fand sich in der Gruft auch noch der Sarg *Judiths* von Bredow vor, eine geborene von Hacke; der Sarg war blau mit gelben Engelsköpfchen und trug ihren Namen. Sie starb 1614.

Friesack (Skizze)

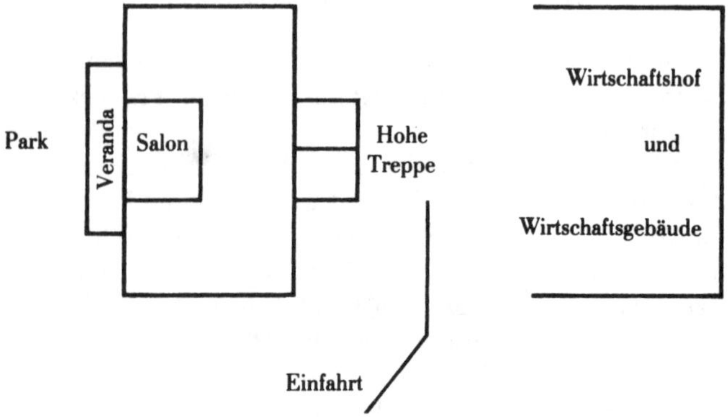

Das Herrenhaus von *Liepe* ist ganz trivial.

Hier muß ich den Grafen B. weiter nicht inkommodieren, sondern mich ganz auf den *Baumeister* (im alten Herrenhause), auf den Zeitungsherausgeber und allenfalls auf die von der Hagenschen Damen verlassen.

Der *Rhin* fließt im Norden. Die Burg lehnt sich an den Rhin, rechts östlich daneben die Pagenburg; in Schrägstellung die Kirche daneben, die alte sowohl wie die nach dem Dreißigjährigen Kriege aufgebaute. Eine Zugbrücke führt nach der Pagenburg hinüber. Erster Graben unmittelbar um den Burgberg, der auf Knüppelstämmen (Art Knüppeldamm) aufgeführt wurde, darauf Bohlen, Knüppel und dann Steinschüttung; darauf dann Erdreich. Nun wurde die Burg gebaut, Turm, Anbauten, Flügel, Übergang mit Zugbrücke zur Pagenburg. Anderer Übergang über den ersten Burggraben mit Zugbrücke, dann zweiter und dritter Burggraben, dem zweiten Wall entspricht die Wallstraße, dem dritten Wall entspricht die »Schanze« (die Straße, an deren Ecke jetzt das Postgebäude steht).

Die ganze Kirchenstellung habe ich aufgezeichnet, mit Siegfried von Bredows Gruft, die einen bestimmten Anhaltpunkt für die ganze Sache (Kirche) gibt. Über Altar und die Gruft für Hasso und Frau siehe die Zeichnung der Kirche. Die Kanzel war ungefähr dem Kreuzstück gegenüber, neben dem Haupteingang. Das Pfarrhaus ist mutmaßlich noch aus der Zeit des Kirchenbaus nach dem Dreißigjährigen Kriege. Der Kirchhof umgab die Kirche. Bis 1821 wurde begraben; der Kirchhof blieb und zerfiel, war dann Spielplatz, dann wurde alles applaniert und ist nun jetzt ein Parkgarten mit hohen Bäumen und zahllosen Fliederbüschen. In einiger Entfernung, etwa hundert Schritt von der alten Kirche und Begräbnisstätte, steht die gegenwärtige Kirche. – Der Hügel, auf dem das eigentlichste Burggewese stand, ist noch ganz vollkommen als Befestigungshügel zu erkennen, ebenso der erste Burggraben, der sich um den Hügel herumzog. Das jetzige schloßartige alte Gebäude. [*Hier hört der Text auf, und es folgen mehrere, nicht überlieferte Situationsskizzen in Bleistift, also Lagepläne der einzelnen Schloßteile.*]

Friesack

1. Das ist nun also der berühmte Platz.

2. Man kommt nun an und besucht die Stelle, was man findet, ist das Folgende. Nun eine genaue Schilderung, vorwiegend idyllisch.

3. Von der alten Bredow- bzw. Quitzow-Burg ist anscheinend nichts mehr da, bleibt man aber länger und frägt und schaut und blickt aus, so kriegt man schließlich viel heraus, wenn auch nicht alles. Man sieht den Bau nicht architektonisch neu vor sich erstehen und kann nicht feststellen, wie irgend etwas als plastisches Bild gewesen ist, aber den Grundriß kann man einigermaßen feststellen und die Linien ziehen. Man kann ziemlich [genau] feststellen: hier stand der Hauptbefestigungsturm, hier die Burgkapelle, hier liefen die Mauern und Gräben, hier waren die Brücken und Pforten. Man kann nur nicht mehr feststellen, wie diese Dinge ausgesehen haben. Das »was« und »wo« läßt sich feststellen, nur nicht das »wie«.

4. Danach stand es mit der alten Burg Friesack von 1414 wie folgt.

5. Vorhanden aus jener Zeit sind nur Dinge unter der Erde: Gewölbe, Keller, Krypten. An der Stelle, wo die Burg stand, finden sich Unterkellerungen. Dieselben sind aber

wahrscheinlich erst aus dem Jahre 1721, und will man mehr Ausbeute haben, so muß man aus den jetzt vorhandenen Kellern in die Tiefe graben, wo sich dann wahrscheinlich noch die alten Burggewölbe vorfinden werden. – Mit den Gewölben unter der Kirche liegt es glücklicher. Von 1414 an bis 16 . ., also durch etwa 250 Jahre, ließ man alles unangerührt und begrub – da man die Kirche 1414 *nicht* zerstört hatte, sicherlich aber nicht ihre Grabgewölbe – ruhig in die alte Gruft hinein weiter, so daß zur Zeit des Dreißigjährigen Krieges die Friesacker Kirchengruft ganz unzweifelhaft die Särge zahlloser Bredows, die zwischen 1414 und 1630 starben, umfaßt hat. Aber diese Dinge blieben auch noch weitere 200 Jahr lang völlig unangerührt, und noch vor fünfzig Jahren würde es möglich gewesen sein, von den in der Friesacker Krypt durch 400 Jahre hin begrabenen Bredows einen Katalog anzufertigen. Denn der Brand, der 1660 (?) die Burgkirche zerstörte, brannte nur die Kirche aus, die Krypt wurde davon nicht betroffen und konservierte das von 1414 an übernommene Totenmaterial bis in die neueste Zeit hinein, wo man, nach einer abermaligen Kirchenzerstörung, die Kirche selbst hundert oder zweihundert Schritt weiter abermals verlegte und die Krypt, die über 400 Jahr intakt geblieben war, teils mit Erdreich überdeckte (so daß jetzt ein Parkgarten da ist), teils auch zuschüttete. Dies ist das schlimmste. Denn die Stätte der alten Krypt ist auch jetzt noch, trotz der Parküberwachsung, sehr wohl zu entdecken, und ein Eindringen in dieselbe würde nicht allzu schwer sein. Diese Schwierigkeit erwächst erst aus der 1842 stattgehabten geteilten oder totalen Zuschüttung. Aber auch diese bietet nur Schwierigkeiten, kein absolutes Hindernis, denn was man mit Sand zuschüttete, läßt sich aus ebendiesem Sand auch wieder herausgraben.

Die Versuche dazu wurden gemacht, nachdem man sich mit den ältesten Leuten, die noch Erinnerungen von 1842 her hatten, in Verbindung gesetzt hatte. Dies waren die alte … und der alte achtzigjährige Borchert, früher Maurergeselle. Beide kamen. Nun die Schilderung beider.

»Liebe Oalschen«, hob das Examen an, »entsinnen Sie sich noch, wie da die Särge standen?«

»I wat werd ick nich, Herr Graf. Da war ja die Rittersfrau, wann es nich ooch schon eine Gräfin war, und war alles starke gelbe Seide …«

»Richtig, Oalschen. Starke gelbe Seide. Aber wissen Sie nicht noch sonst was? Ein Stein mit Inschrift.«

»Ja, ein Stein war ja woll. Aber wat ich noch so recht vor Augen habe, das war die gelbe Seide.«

»Na, Oalschen, es ist gut. Und nun schicken Sie mal Borchert her. Der muß doch was wissen.«

»Ja, dat sollt ick ooch beinah meenen, Herr Graf.«

Und nach zehn Minuten erschien Borchert, ein kleiner rundlicher Mann, schon über achtzig, aber mit klugen Augen und einem starken, beinah wilden Ausdruck, der was vom Eigensinn des hohen Alters hatte.

»Nu, Borchert, wie war es? Sie müssen doch den Stein noch gesehen haben? Lag er drüff oder stand er?«

»Ne, Herr Graf, ein *Stein* war nich. Ein Sarg war und große Ritterkrönchen. Und wir wunderten uns noch.«

»Ja woll, Borchert, ist ganz richtig. Aber ich dächte doch mit dem Stein …«

»Ne, Herr Graf, mit dem Stein, das kann ich wahr und wahrhaftigen Gott nicht sagen. Ein Stein war nich. Und ich kann doch nich sagen, Herr Graf, was ich nich gesehen habe, wahr und wahrhaftig nich. Ich will nichts dagegen sagen, und wenn einer war, dann war er. Aber Herr Graf, so wahr ich hier stehe, ne, ein Stein war nich. Soll mir Gott helfen.«

»Na, Borchert, dann gehen Sie man wieder nach Hause …«

»Ja, Herr Graf …«

»Borchert, es schadt ja nichts, Sie sollen ja auch nich schwören. Lassen Sie doch den alten Stein. Wenn er da war, is es gut, und wenn er nich da war, is es auch gut. Wir dachten bloß, Sie könnten was wissen. Na, nu gehn Sie nur ruhig ab, und lassen Sie sich ein Glas Bier geben und trinken Sie auf meine Gesundheit und auf Ihre auch.«

Dies Doppelverhör hatte nicht viel zutage gefördert, und so mußte es denn anders versucht werden: die ungefähr richtige Stelle wählen und dann graben auf gut Glück.

Burg Friesack

Im wesentlichen muß ich den *neuen* Plan (der sich übrigens mit dem alten ziemlich deckt) beibehalten. Einleitung, Allgemeinbeschreibung, Form des Landes, Beschaffenheit, Vorgeschichte bis zum Verlust des Landes, so daß es momentan an die Quitzows kommt.

Dann die *Quitzow*zeit.

Dann die Zeit der Wiederbelehnung an die Bredows, die da nun auf einem Hümpel sitzen (die Verteilung in Linien existiert noch nicht, oder sie ignorieren), bis im Laufe des Dreißigjährigen Krieges oder schon kurz vorher der große Brand kommt.

Bis dahin dreht sich alles um die Burg-Friesack-Bredows, die ich denn auch in drei oder vielleicht vier Epochen immer in einer Haupt-Bredowgestalt zu beschreiben habe:

1. Unter Friedrich I. und II.
2. Unter Joachim I.
3. Unter Joachim II.
4. Unter Georg Wilhelm und seinem Vorgänger.

Von etwa 1640 oder so ähnlich ab hatten sie (nach dem großen Feuer) keine rechte Heimstätte mehr in Friesack, und nun beginnt das Sichverziehen auf die anderweitigen Güter. Auf diesen setzt sich (wenn auch dann und wann noch ein Friesackscher auftritt) die Geschichte der Bredows fort.

Eh wir aber zu diesen übergehen, erzähl ich zunächst noch kurz, was aus Burg Friesack wurde und wie ich sie vor wenigen Jahren sah. Das große Fachwerkhaus, die Stadt, die Burgkirche, die Szene mit dem Grafen, wie wir ausgraben wollen etc. Die Übersiedelung des Grafen. Die Möglichkeit, das Alte herauszukonstruieren. Die Lage jetzt und der Ausblick ins Luch.

Burg Friesack

von Errichtung der Burg unter *Albrecht dem Bären* bis zur *Eroberung der Burg* durch Burggraf Friedrich. 1150–1414 (Askanische Zeit. Bayrisches und luxemburgisches Interregnum. Quitzowzeit)

In der Nacht vom 6. zum 7. Februar 1414, also in einer Zeit, wo die winterliche Kälte die sumpfigen Umgebungen leichter passierbar machte, wurden die verschiedenen Quitzow-Burgen mit starker Heeresmacht umlegt. Vor Friesack, wegen seines Verteidigers der bedeutendste Punkt, rückte Burggraf Friedrich persönlich, und zwar in Gemeinschaft mit dem Fürsten Balthasar von Werle, dem Grafen Ulrich von Ruppin, dem Edlen Hans von Biberstein und einer Schar Gewappneter aus den fränkischen Stammlanden Friedrichs. Von jeher ebenso wegen seiner Lage wie wegen der Festigkeit seiner Mauern als starke Feste gerühmt, widerstand es dennoch nur kurze Zeit. Der erste Angriff galt dem Städtchen, welches, südlich und östlich von der Burg gelegen, durch eine im weiteren Umkreise angelegte Schanze mit Wassergraben, sodann, in unmittelbarer Nähe, durch Wall und Graben nebst sogenannten »Blanken«, das heißt starker Brettervergatterung, geschützt war. An diesen Blanken scheint ein heftiger Kampf stattgefunden zu haben, welcher zunächst mit dem Rückzuge der Angreifer abschloß. Einem zweiten Sturm aber vermochte diese Schutzwehr nicht zu widerstehen, und als erst das Städtchen in der Gewalt der Belagerer war, war die Ringmauer des Schlosses und dieses selbst den Wirkungen des schweren Geschützes, der »großen Büchse«, in nächster Nähe derart ausgesetzt, daß die Burg selbst am zweiten Tage unhaltbar wurde. Dietrich von Quitzow wußte, wahrscheinlich während eines letzten entscheidenden Kampfes, zu entfliehen, und die Besatzung kapitulierte. Friesack aber erscheint seit jener Zeit als ein historischer Boden, auf dem die Geschichte der Mark eine für alle Folgezeit bezeichnende und entscheidende Wendung nahm.

Graf Bredow S. 32 oben. S. *64*, 65, 66. Alles sehr gut, nur stark kürzen.

Die Geschichte der Burg, die Art und das *Recht* derselben, ist hier (S. 64) sehr gut gezeichnet.

1. Die Burg erst Landesherrschaft. So daß Burg und Landesherrschaft zusammenfiel.

2. Von etwa 1250 ab, also hundert Jahr nach Albrecht dem Bären, haben die Herrn von Jerichow die Burg und die Burgherrschaft und nehmen nun die Namen von Friesack an.

3. Sie hatten es bis 1300 (nach einer früheren Angabe aber noch 1350).

4. Dann haben es die Grafen von Lindow.

5. Dann etwa 1354 (unter Hasso schon, der es später wiedererwirbt) die Bredows bis 1399.

6. Dann Schlieben.

7. Dann die Quitzows. (Das betr. Kapitel darf nur bis hier gehen, bis zur Einnahme der Burg.)

8. Dann die Landesherrn.

9. Dann 1427 wieder die Bredows unter Hasso.

[*Andere Fassung:*]

Burg Friesack

von etwa 1150 an bis 1414. Unter Albrecht dem Bären

Gründung der Burg. Wechselnde Besitzer. 1399 (?) Quitzowscher Besitz. 1414 Zerstörung der Burg durch Burggraf Friedrich.

1. Entstehung unter Albrecht dem Bären. Wir wissen nicht, welcher Art sie war; wahrscheinlich ein Steinbau, Rundturm wie der Spandauer.

2. Sie war markgräflich und blieb es hundert Jahr; ein Ritter war Burgwart. Wir wissen nicht, welche.

3. Etwa 1250 kam die Burg an einen von Jerichow. Diese Familie bis 1300.

4. Etwa um 1300 wurde die Burg wieder markgräflich (erst askanisch, dann bayrisch) und blieb es – kleine Zwischenbesitzer abgerechnet – wieder durch ein Jahrhundert, bis es 139. in der sogenannten Quitzowzeit an Dietrich von Quitzow kam, der sich nun hier auf fast zwanzig Jahre festsetzte. Es ist wahrscheinlich, daß während seiner Besitzzeit die Burg fester gemacht wurde. [*Randbemerkung dazu:*

1350 (?) bredowsch, die's dann 1399 oder 1400 wegen »Felonie« verloren. 1409 (?) kauft es Dietrich von Quitzow, und nun begann die historische Zeit. Wie die Burg damals war, ist nur ganz allgemein festzustellen.]

5. Wie diese Burg nun war, ist nur sehr annäherungsweise festzustellen, weil das, was geblieben ist, nur über Lage und allenfalls Ausdehnung Kunde gibt. Unmittelbar am Rhin erhob sich der Burghügel von etwa 2000 (?) Schritt Umfang, den nach Norden hin der Rhin, nach Süden hin Graben und Wall in einem ganzen System umgaben: drei Gräben, drei Wälle. Ein sehr wesentlicher Teil der Stadt gehörte noch mit zu diesem Befestigungssystem von Wall und Graben, und der dritte (äußerste) Graben zog sich dort, wo jetzt die ...straße läuft. Von Süden her war über Brücken und Tore der Zugang, aber nicht da, wo jetzt die Straße zur Burg heraufführt, sondern links oder rechts daneben. Oben war eine mächtige Umwallung, und teils in diese Umwallung eingebaut, teils von ihr umschlossen, erhoben sich der Befestigungsturm, das steinerne Wohnhaus und die Kirche. Wie der Mauerzug dieser Umwallung ging, ist noch festzustellen, namentlich an den zum Teil tief in der Erde steckenden Fundamenten und Unterkellerungen. Da, wo diese Unterkellerungen sich finden – hart am Rhin und damals vielleicht unmittelbar am Ufer des Flusses –, befand sich wahrscheinlich auch die Burg, von der man doch wohl annehmen darf, daß sie nicht bloß ein Burgturm, sondern auch ein schloßartiges Wohnhaus war. Sicher ist man über die Kirche, wiewohl die jetzt sich auf dem Burghof erhebende Kirche auch mehr angetan ist, Verwirrung als Aufklärung zu stiften. Sie steht nämlich seit ihrem vor fünfundvierzig Jahren erfolgten Neubau nicht mehr an derselben Stelle und berührt nur die Stelle der alten Kirche an einer bestimmten Stelle. Man weiß aber noch, wie die alte Kirche stand, weil noch viele Personen leben, die die 1841 niedergebrannte alte Kirche gesehen haben. Und da die Gruft dieser alten Kirche unversehrt geblieben war und nur zugeschüttet wurde, so würde sich die Stelle, wo sich die alte Kirche erhob, noch in aller Bestimmtheit nachweisen, auch, wenn man die Mühe machen wollte, sich noch allerhand mit Hineingeschüttetes finden lassen. (Unklar ausgedrückt.) Alles übrige bleibt in einer gewissen

Unsicherheit, auf Vermutungen angewiesen. Und je mehr man diese Vermutungen in Sicherheiten umwandeln will, je größer ist die Gefahr, sich zu verirren, auch ein klares Bild zu stören. So denn nichts als Fluß und Gräben, in deren kreisförmiger Mitte sich ein mauergekrönter Burghügel erhebt, in sein Mauerwerk ein Verteidigungsturm eingelassen, Wohnhäuser und in der Mitte des Burghofs die Kirche. Weiter ist nichts festzustellen; mehr geben wollen verwirrt nur. [*Danach Randbemerkung:* Von hier.]

Das Vorstehende ist alles noch viel zu lang. Ich muß sagen: Es war (?) eine Burg wie alle Burgen der norddeutschen Tiefebene. Auf einem aufgeschütteten oder vielleicht auch natürlichen Hügel zog sich von außen Fluß und Graben, während eine Mauer den Hügel krönte. Eine Mauer, daraus Schloß, Turm, Kirche hervorwuchsen. Mehr ist nicht festzustellen. Der Aufgang war von der Stadtseite her, der Stand der Kapelle mit der darunter befindlichen Gruft läßt sich, da diese Kirche erst 1841 zugeschüttet wurde, noch jetzt nachweisen, die Turmstelle vermuten – das ist alles, was über Schloß Friesack gesagt werden kann. Bei der Wichtigkeit, die diese Burg in unserer Landesgeschichte hat, ist man beständig von dem Wunsche beseelt, mehr herauszukriegen, der Sache mehr auf den Grund zu kommen, aber dies ist vergeblich. Es wird um so schwieriger dadurch, daß noch ein Bild aus dem Jahr 1660 (?) existiert, an das immer angeknüpft worden ist. Aber das verwirrt nur. Denn einmal weiß man nicht, ob das Bild zuverlässig oder zur Hälfte Phantasie ist, und wenn alles seine Richtigkeit haben und das Schloß um 1660 (?) wirklich dies Aussehen gehabt haben sollte, so ist damit für das Schloß von 1414 wenig bewiesen. Dies Schloß wurde zerstört und in den folgenden Jahrhunderten bis 1660 hin beständigen Umbauten unterworfen.

So empfiehlt es sich wirklich, sich mit möglichst wenig zu begnügen. Auf die jetzige Beschaffenheit der Burg, auf das friedliche Bild, das sie jetzt gewährt, komme ich in einem Schlußkapitel dieses Abschnittes (»Burg Friesack«) zurück.

Es empfiehlt sich, sich mit möglichst wenig zu begnügen. Dies gilt von der Burg, es gilt aber auch von dem für unsere Spezialgeschichte großen Ereignis, das sich hier abspielte. Auch davon wissen wir wenig, und es tut nicht gut, dies wenige nach bloßen Vermutungen vermehren zu wollen. Also auch von diesem Ereignis nur weniges, übrigens oft Erzähltes.

Dietrich von Quitzow hielt die Burg. In drei Kolonnen rückten die Verbündeten heran: die Märker, die Sachsen, die Magdeburger. Am ... Januar 1414 lag man davor, die Faule Grete tat das Ihre (man sagt, daß ihre Aufstellung in der jetzigen ...straße war), und ihr wie dem Ansturm der [Angreifer] erlag die Burg am ... Januar oder Februar 1414. Dietrich von Quitzow entkam. Ein von Nicolaus (??) herrührendes Lied aus jenen Tagen veranschaulicht die Sache am besten:

Das plattdeutsche Gedicht

Burggraf Friedrich aber vor Friesack zog,
Der Graben war tief, die Mauer war hoch,
Aber die Franken stürmten doch,
Alle wollten sie Ritter werden.

Ein Hagel von Pfeilen sie flugs empfing,
Da schützte nicht Schiene, nicht Panzerring,
Mancher Pfeil bis in das Herze ging,
Und viele sanken zur Erden.

Pfeile flogen und Kugel und Stein,
Da riefen die Franken: »Tritt für uns ein,
Maria, woll uns gnädig sein,
Auf daß der Hochmut erliege.«

Die Heilige Jungfrau, sie war es gewillt,
Sie lieh den Stürmenden ihren Schild,
Ein jeder sah ihr Himmelsbild,
Und so schritten sie zum Siege.

Das Wetter war kraus und ungestalt,
Es regnete, schneite und war kalt,
Schloß Friesack kam in unsre Gewalt,
Weil Gott im Himmel es wollte.

Dietrich von Quitzow entkam und starb erst 142. in der Nähe von Kloster ... Die Burg wurde von den Magdeburgischen besetzt und geschleift, aber die Hauptmasse des Mauerwerks blieb wohl stehen und ist erst allmählich verschwunden und in andere Bauten übergegangen. Burg Friesack wurde markgräflich beziehungsweise kurfürstlich. Es folgt eine Wiederholung: Um 1427 wurde Hasso von Bredow damit belehnt und als Burgvogt oder Burgwart eingesetzt.

Von jenem Tag an bis heut ist Burg Friesack in Händen der Bredow-Familie verblieben, und eine Geschichte der Burg ist zugleich eine Geschichte des märkischen Landes und spiegelt in seiner Geschichte die Geschichte der Zeiten wider: die burggräfliche, die Joachimische, die Zeit der beiden ersten Hohenzollern, das Reformationszeitalter, die nach-Joachimische Zeit, die Zeit des Dreißigjährigen Krieges, die Zeit des Großen Kurfürsten, die Zeit des Soldatenkönigs und die Friderizianische. Alles kommt zum Ausdruck.* [*Randbemerkung dazu:* Dies vielleicht lieber bei Ländchen Friesack.]

Die Belagerung und Eroberung Friesacks: Graf Bredow, S. 31 und 32. Er entkam, weil märkische Adlige ihm zur Flucht behülflich sein mochten.

Burg Friesack
unter Hasso von Bredow, geboren um 1368, gestorben 1438
(Quitzowzeit. Zeit unter den ersten Hohenzollern)

Burg Friesack nach seiner Eroberung durch Burggraf Friedrich wurde wieder landesherrlicher Besitz und blieb es bis 1427, in welchem Jahre Hasso von Bredow, geboren um

* Mit Schloß Plaue steht es nicht besser, wie überhaupt mit allem aus der vorhohenzollernschen Zeit. Am meisten erinnert Burg Friesack an Burg Tangermünde, wo sich auch ein Zurechtfinden nicht mehr ermöglicht. Karl IV. ließ ein Schloß erstehen und eine Kapelle, deren mit Edelsteinen geschmückte Pracht Ende des 14. Jahrhunderts bewundert wurde. Jetzt steht statt des Schlosses ein Fachwerkhaus am Rande des Burghügels, ein indifferenter Bau aus dem Anfange des vorigen Jahrhunderts, und nur die »Kapelle« wollte man nicht aufgeben und zeigte sie mit dem Bemerken: »allerdings seien die Edelsteine fort«. Jetzt aber weiß man, daß dieser angebliche Kapellenraum nie etwas anderes als eine Kanzlei war, wahrscheinlich aus der Wende des 17. Jahrhunderts. Ich selbst habe sie noch vor dreißig Jahren mit dem Gefühl betrachtet: »Dies also war die mit Edelsteinen geschmückte Kapelle.« Wo zuwenig oder nichts mehr von gewesener Pracht und Größe da ist, tut man am besten, auf eine Rekonstruktion zu verzichten. Denn nicht bloß, daß nichts mehr da ist, man weiß auch bei der Mangelhaftigkeit der Aufzeichnungen nicht recht, was 500 Jahr zurück überhaupt da war. Wenn man etwas suchen will, muß man wenigstens wissen, *was.*

1380, damit belehnt wurde – siehe S. 24 Mitte –, so daß dieselbe Burg Friesack, die Hasso von Bredow durch Auflehnung gegen Markgraf Jobst eingebüßt hatte, durch Stehn zu Markgraf Friedrich wieder an die Familie kam. Dies Stehen – was im vorigen Kapitel ungesagt blieb – und Halten zu Markgraf Friedrich zeigte sich von dem Augenblick an, wo der Burggraf ins Land kam und 1412 (?) seinen Einzug in Brandenburg hielt. Diese Haltung war wichtig und ebenso gefahrvoll wie bedeutungsvoll. Die meisten einflußreichen Adligen, soweit sie nicht direkt zu den Quitzows standen, hielten es für klug, eine abwartende Stellung einzunehmen. Unter den wenigen, die sich sofort dem Burggrafen anschlossen, war Hasso von Bredow. Daß Loyalität, Liebe, Gehorsam oder auch nur kluges Erkennen den Ausschlag dabei gegeben hätte, wird sich nicht sagen lassen. Was den Ausschlag gab, war wohl die sehr fühlbare Sache, daß die Quitzows den schönen Besitz innehatten, aus dem sie selbst verdrängt worden waren. Wenn eine andere Erwägung hinzukam, so war es guter Rat von seiten Hennings von Bredow, des damaligen klugen und einflußreichen Bischofs von Brandenburg. Henning von Bredow, der, politisch weitblickender als andere, vorempfand, wohin der Sieg sich neigen würde.

Dies bedeutungsvolle Parteiergreifen, gleich anfangs für den Burggrafen, würde ausgereicht haben, dem Hasso von Bredow die Gunst des neuen Herrschers zu sichern, aber es verging doch noch geraume Zeit, eh diese Gunst bestimmte Gestalt annahm, und fast war es, als ob Bezeugungen weiterer Loyalität abgewartet werden sollten. Und die Gelegenheit dazu bot sich. Zu verschiedenen Malen griff Hasso von Bredow zu Nutz und Frommen der Landesherrschaft ein in Kämpfen gegen die Mecklenburger und die pommerschen Herzöge: 1418, 1420 und 1425.

1418. In diesem Jahre fielen, in Abwesenheit des Markgrafen, die Vasallen des Herzogs von Mecklenburg-Stargard (das sind die »Strelitzer«) verschiedentlich in die Mark ein, steckten das Dorf Zechlin in Brand, raubten Viehherden und nahmen eine Anzahl Wittstocker Bürger gefangen. Das suchte Hasso von Bredow zu vergelten. Er fiel in Mecklenburg ein und nahm in einem beim Dorfe Kuhblank stattfindenden Zusammenstoß mit dem Feinde den Herzog Johannes von Mecklenburg-Stargard persönlich gefangen. In dieser Gefangenschaft – in Tangermünde – verblieb der Herzog neun Jahre, bis er sich bereitwillig zeigt[e], die Bedingungen Friedrichs anzunehmen. Er unterschrieb zwei Reverse, in deren einem er sich als Lehnsmann Friedrichs bekannte, während er im andern den Rest des Lösegelds, noch 1000 Gulden, in zwei Raten zu bezahlen versprach. (Die Mecklenburger Herzöge hatten in dieser Beziehung Unglück, was ihnen übrigens zur Ehre gereicht, denn sie müssen immer vorn im Kampfe gewesen sein. 14 .. wurde Herzog ... durch die Quitzows gefangengenommen und blieb sieben (?) Jahre lang Gefangener Johanns von Quitzow in Schloß Plaue. Daran schloß sich zehn oder zwölf Jahr später die Gefangenschaft des Strelitzer Herzogs.

1420. In diesem Jahre fand die viel erzählte Erstürmung von Stadt und Schloß Angermünde statt, die, wie die Eroberung von Burg Friesack, in einem Volksliede fortlebt. [*Hier folgen drei Punkte. Vermutlich wollte Fontane das in seinen Gedichten unter dem Titel »Die Gans von Putlitz und die Erstürmung von Angermünde. 25. März 1420« aufgenommene, von ihm nach den Altpommerschen umgedichtete Epos zitieren.*]

An diesem gloriosen und ziemlich blutigen Kampfakt, dessen Verluste weit größer waren, als sie damals bei solchen Kämpfen zu sein pflegten, nahm auch Hasso von Bredow teil, dem – neben Caspar Gans zu Putlitz, dem eigentlichen Helden des Tages – ein besonderer Ruhmesanteil zu gebühren scheint. Noch in Angermünde selbst wurde, in Stellvertretung des Kurfürsten, durch Ritter Günzel von Bartensleben den fünf Tapfersten der Ritterschlag erteilt. Diese fünf waren: Hasso von Bredow, Achim von Bredow (...), Matthias von Uchtenhagen, Bernd von der Schulenburg und Ludulf von Alvensleben. Ich füge noch hinzu, daß von den drei eroberten pommerschen Feldzeichen eins in die Wunderblutkirche nach Wilsnack kam, die beiden andern in die Berliner Marienkirche.

1425. In diesem Jahre wurde Prenzlau von den Pommern eingenommen. Saumseligkeit oder Felonie der Bürger war schuld. Es galt die Stadt wieder zu nehmen. Kurfürst Friedrich selbst rückte heran, stärker als sonst wohl bei solchen

Unternehmungen. Unter denen, die den Kriegszug mitmachten oder gegen Prenzlau anrückten, waren zahlreiche Ritter und Edle aus Franken samt 200 Reitern. Aber alle Sturmversuche mißlangen, und als ein pommersches Ersatzheer heranrückte, mußte Friedrich die Belagerung aufgeben. Eine alte Nachricht sagt: »Den Markgrafen habe nicht die Furcht vor dem Feinde, sondern [die Furcht] vor der Stimmung der eigenen Leute dazu gezwungen«, eine Bemerkung, aus der hervorgeht, daß er in seinen märkischen Landen immer noch wie ein Fremder angesehen wurde. Er sah es auch selbst so an und verließ das Land. Friedrich gab nun das Unternehmen überhaupt auf, aber Markgraf Johann nahm es wieder auf, und Prenzlau wurde wieder genommen, bei welchem Kampfe, am Tage Mariä Himmelfahrt (15. August), sich Hasso, wie fünf Jahre früher bei Angermünde, auszeichnete.

Aller drei Taten: der Gefangennahme des Mecklenburger Herzogs, der Einnahme von Angermünde und der Wiedereroberung von Prenzlau, erwähnt der Lehnsbrief und hebt dieselben als Grund der Belehnung ausdrücklich hervor. Burggraf Friedrich betrachtete diese Belehnung mit Friesack, einer Burg, deren Bedeutung er selbst erkannt und an deren Gewinn gewissermaßen das Schicksal der Mark gehangen hatte, als ein Zeichen besonderen Vertrauens, wovon der noch existierende Lehnsrevers ein deutliches Zeugnis ablegt.

Die letzten Lebensjahre Hassos, dessen Besitz in einem beständigen Steigen war, weit über die Pertinenzien der Burg Friesack hinaus (Wutzetz, Ferchesar, Brunne, dazu Pächte und Abgaben aus Manker, Lesikow, Wildberg, Wustrau, Lentzke, Segeletz sowie zu Wustermark, Marken, Semlin etc.), brachten dem immer reicher und angesehener gewordenen Mann noch Auszeichnungen höchster Art. 1435 erging an die Stadt Berlin und wahrscheinlich auch an andere märkische Städte die Notifikation: »daß Markgraf Johann, Stellvertreter seines Vaters Friedrich, eine Ritterfahrt nach dem Gelobten Lande machen wolle und für die Zeit seiner Abwesenheit Herrn Hasso von Bredow zum Statthalter ernannt habe«, eine Ernennung, die sich 1437, als Markgraf Friedrich Eisenzahn ins Land kam, wiederholte. In dieser Bestallung hieß es:

S. S. 45 oben und Mitte.

»Wir, Friedrich der Junge (Friedrich der *Vater* »Eisenzahn«), bekennen mit diesem Briefe, daß wir den Gestrengen, Unsern Rat und lieben Getreuen Hasso von Bredow, Ritter, über all unsere Lande in der Mark zu Brandenburg zum Hauptmann gesetzt und ganz mächtig gemacht haben ...«, folgen dann die Aufzählungen seiner Machtbefugnisse, worunter auch die Befugnis war, Belehnungen vorzunehmen.

Hasso hatte hiermit eine so hohe Ehrenstellung erklommen, wie sie weder vorher noch nachher ein Mitglied seines Geschlechts eingenommen und in welcher er in der Mark überhaupt nur wenige Vorgänger und Nachfolger gehabt hat. Aber es war ihm nicht vergönnt, sich lange dieser Ehren zu freuen. Er starb in der zweiten Hälfte des Jahres 1438. Mit ihm trat einer der bedeutendsten Männer aus der Anfangsperiode der Hohenzollernschen Herrschaft vom Schauplatze politischer Aktion ab, der, wie sein Vetter, der Bischof Henning von Brandenburg, an hervorragender Stelle zur Befestigung des neuen Regiments mitgewirkt hatte.

Nicht minder Ausgezeichnetes wie seinem kurfürstlichen Herrn leistete Hasso seiner Familie, seinen Nachkommen, indem er denselben einen weithin sich erstreckenden herrschaftlichen Besitz und in dem, was er getan, all seinen Nachkommen ein leuchtendes Vorbild hinterließ. Er ist von niemandem der Kommenden übertroffen worden. [*Randbemerkung dazu:* Hier *große* Anmerkung über den Bischof.]

Als er zwischen 31. Juli und Andreastag 1438 starb, war er mutmaßlich siebzig Jahr. Seine sterblichen Reste wurden in der Burgkirche zu Friesack beigesetzt. Hier fanden sie sich vor, als 1841 in Folge des damals stattgehabten Brandes die alte Kirche abgetragen und bei der Gelegenheit auch die unversehrt gebliebene Gruft unter der Kirche geöffnet wurde. Eine Steinplatte mit der Umschrift Hasso von Bredow und der Jahreszahl 1438 deckte das Grab. Außer der Umschrift befand sich auch der Umriß einer Rittergestalt auf der Steinplatte. Das Grab selbst war eng und überwölbt. In ihm lag ein Mann von über sechs Fuß Größe, neben ihm ein zweihändiges Ritterschwert. Dies zweihändige Ritterschwert kam in die Waffensammlung nach Wagenitz, der Grabstein ging verloren, die Gruft selbst wurde zugeschüttet. An jenem Tage sprach noch einmal ein märkisch Ritterantlitz zur Welt, das die Quitzowtage mitgesehen und während derselben eine politische Rolle gespielt hatte.

Burg Friesack

1. Der Baumeister, der auf der Burg wohnt.
2. Der Buchhändler und Redakteur.
3. Anfrage: Gibt es keine Beschreibung im Stadtarchiv über das Feuer von 1841 oder auch über frühere Feuer?

Burg Friesack

1. Kapitel

1. Seine Lage am Rhin. Alter Befestigungspunkt, als Albrecht der Bär kam. Kremmen, Plaue, Pritzerbe, Friesack. (Noch erst nachsehen, ob diese vier auch richtig.)
2. Welcher Art die erste Befestigung war, ist unnachweisbar.
3. Die Burg war zunächst landesherrlich, beinah 100 Jahre.
   1250 (?) von Jerichow
   1300 wieder landesherrlich, erst anhaltinisch, dann bayrisch
   1350 Bredowsch
   1400 Quitzowsch
4. Die Beschaffenheit der Burg um diese Zeit. Die Burg von 1400 bis 1411 oder 12.
5. Die Einnahme der Burg; Flucht Dietrichs, wohl nur möglich, weil der märkische Adel ihm half. Das Volkslied von der Einnahme (Bruchstück).
6. Am … 1411 war die Burg landesherrlich-hohenzollernsch.

2. Kapitel

1. Am … Januar 1411 war die Burg landesherrlich-hohenzollernsch, und die Landesherrschaft setzte Vögte (?) ein (oder vielleicht auch verpfändet). Schlieben und …

2. 1427 erhalten es die Bredows zu Lehn. Es war dies nur eine Wiederaufnahme (von 13 . . bis 1390 ⟨?⟩ war es schon bredowsch gewesen), und nach einem Interregnum von siebenunddreißig Jahren hatten sie's wieder. Ja, es traf sich so, daß es derselbe Mann wiedererhielt, der es schon gehabt hatte; das war *Hasso von Bredow.*

3. Eh wir zu Hasso übergehen, ein Wort über die Bredows und ihre Vorgeschichte. Ihr Erscheinen und ihre Haltung bis zur Quitzowzeit und während derselben. Der Bischof Henning von Bredow.

4. *Hasso von Bredow.* (Hier nun erst in einer Anmerkung, daß er oder sein Vater die Burg schon mal besessen hatte.) Seine Stellung zum Burggrafen und Kurfürsten, sein Benehmen bis zu seinem Tode. Seine Frau. Sein Begräbnis. Seine Beisetzung. Mitteilungen über das Auffinden seiner Gruft 1841.

3. Kapitel

1. Funfzig oder sechzig Jahre nichts von Bedeutung. Dann *Hartwig* von Bredow.

2. *Hartwig von Bredow.* Joachimische Zeit. Stänkereien mit seinen Leuten. Stänkereien mit seinen Nachbarn (den Knoblochs). Stänkereien mit dem Kurfürsten. Immer Prozesse. Zuletzt an den Kaiser, was der Kurfürst sehr übelnimmt. [*Randbemerkung zu 2:* Wichtig; interessant.]

4. Kapitel

Lippold von Bredow. Verschwenderisch. Pluderhosenzeit. Mittelzeit zwischen Reformation und Dreißigjährigem Krieg. Er verliert *alles,* freilich durch eigene Schuld, und sinkt gramvoll in die Grube. Reliquit heredibus nihil.

5. Kapitel

Die drei Söhne Lippolds von Bredow. Zeit des Dreißigjährigen Krieges. Einer wird von Soldaten ermordet. Es findet aber wieder ein Aufflug statt.

6. Kapitel

Irgendein Bredow auf Friesack, der etwa bis zum Tode des Großen Kurfürsten lebt.

7. Kapitel

Was nachher kam, ragte nicht hervor. Das Interesse der Familie ging mehr und mehr auf andere Verzweigungen über oder wurde wenigstens von diesen Verzweigungen mit erreicht. So lasse ich hier die Geschichte von Burg Friesack fallen und hebe nur ganz kurz hervor ihre baulichen Veränderungen und Schicksale durch die Jahrhunderte hin. Es wurde immer weniger. 1411 auf der Höhe. Dann so, dann so; es krümelte immer mehr ab, und ich erzähle nun,

wie ist Burg Friesack jetzt.

Dies nun aufzählen ... Die Familie hat sich von dieser alten Stätte zurückgezogen, einer der Söhne fiel hier, der andere da. Stille, Frieden ist ausgegossen. Nun wohl mein Erscheinen und mein Versuch, zu sehen, was noch da ist. Ganz ausführlich.

Burg Friesack

Das *Haus Friesack* im engeren Sinne. S. 163. Hartwig I. S. 174. Hartwig II. S. 183. Dieser ist eine Hauptfigur. Auch sein Sohn *Lippold*, der aber bloß ein Verschwender war und in Sagen spukt (S. 268). Charakteristik der damaligen jähzornigen Bredows (S. 271). Georg IV. wird 1636 von Soldatengesindel ermordet. (S. 282 und Voraufgehendes.) Hans Christoph S. 301 u. 2.

Burg Friesack
Der bauliche Wechsel auf der Burg seit 1414

Angaben über die *baulichen Änderungen auf der Burgstelle* finden sich an den verschiedensten Stellen des Bredow-Buches: S. 354, S. 387 und 88. S. 568 bis 72. Wahrscheinlich aber auch an vielen andern Stellen noch; alle diese Stellen muß ich zusammensuchen. Es wird ungefähr so sein:

1414 zerstört

1414 bis 1616 richtet man sich in den Trümmern ein und baut sie wieder aus, immer noch mittelalterlich.

1616 großes Feuer.

Von 1616 bis etwa 1716 (?) verschiedene Neubauten, die mehr und mehr einen modernen Charakter annehmen. Der letzte Fachwerkbau (später erweitert) steht noch.

1841 wieder ein großes Feuer, aber das Fachwerkhaus bleibt stehen.

Über das gegenwärtig noch stehende *Schloßgebäude* (von den von der Hagenschen Damen bewohnt) auf Burg Friesack berichtet Graf Bredow auf S. 354 unten. Danach ist es erst Ende des vorigen Jahrhunderts an Stelle eines vorher dort gestandenen Schlosses (nicht Burg) errichtet worden, während ein anderes Herrenhaus an anderer Stelle stand.

Es ist aber doch wahrscheinlich, daß der noch stehende alte Kasten an der alten Burgstelle steht.

Über die verschiedenen alten und neuen Schloßbauten siehe auch S. 387, die Seite, wo das Bild sich befindet. So auch S. 388 oben. Diese wenigen Zeilen (S. 388) sind einigermaßen aufschlußgebend.

Burg Friesack
Unter Georg von Bredow, geboren 15. ., erschlagen 1636
(Unter Georg Wilhelm. Dreißigjähriger Krieg)

Georg IV. von Bredow. S. 274. Die Einleitungsworte. Er steckt in Schulden. Ist aber beflissen, sie abzutragen. Die Zeit dazu ist freilich schlecht. Die Feuersbrünste. Auch die von 1619. Die Berichte darüber. S. 279. Marodeurs bringen ihn um. S. 281. Schon vorher hatten die Feuersbrünste stattgefunden, und Burg Friesack war seitdem Burg Friesack nicht mehr. Nach 1414 war doch vieles beim alten geblieben, nur alles weiter ausgebaut, um Raum zu schaffen für die verschiedenen Familien, die immer Anteile hatten. Nun war das hin, und der Hang, sich auf den Gütern einzuleben, wuchs. Sie hatten auch schon früher auf den Gütern gelebt, aber doch weit weniger und viel unwohnlicher.

Burg Friesack
Unter Lippold von Bredow, geboren um 1557, gestorben 1614
(Unter Joachim Friedrich und Johann Sigismund.
Ausläufer der Joachimischen Zeit)

Dann *Lippold* von Bredow, ältester Sohn Hartwigs II. Er ist der »*prachtliebende*«. Er stirbt 1614 et reliquit heredibus nihil. Von S. 250 oder 51 bis 268.

Burg Friesack
Unter Hartwig I. von Bredow, geboren um 1500, gestorben 1556
(Reformationszeit. Joachimische Zeit, erste Hälfte)

Hartwig I. war in *Liepe* geboren, ist also vielleicht *da* zu behandeln. Er ist (freilich sehr verändert) der Willibald-Alexis-Bredow, der der »Hosen des Herrn von Bredow«.

[*Randbemerkung zum Folgenden:*] *Drittes Kapitel.* Nun Einleitung. Dann die drei Sternchen. Dann: Burg Friesack unter Hartwig I. von Bredow etc.

Dies als Einleitung des Kapitels. Dann erst die eigentliche Überschrift. Nach Hasso von Bredow (gestorben 1438) müssen drei Sternchen kommen, ohne weitere Überschrift, ein Entrefilet, in dem ich nur von zwei Söhnen Hassos spreche. Der eine dieser Söhne war *Joachim* von Bredow, Bischof von Brandenburg. Nun dies ausführen bis zu seinem Tode. Der andere der Söhne Hassos führte den Namen des Vaters, war also auch ein Hasso von Bredow und bekleidete das Amt eines Marschalls der Kurfürstin. Sonst war nicht viel los. S. die folgenden zwei Blätter.

Er war Marschall am Hofe der Kurfürstin, was nicht allzuviel bedeuten mochte. Ja, der Hang und Drang ging verloren, so scheint es, einem schönen Ehrgeiz nachzugehen, und eine Neigung begann vorzuherrschen, sich in die Stille des Privatlebens oder, wenn nicht in seine Stille (denn die fehlte mitunter), so doch in die Schlichtheit des Privatlebens zurückzuziehen. Vielleicht hing dies auch mit der damaligen langen Friedenszeit zusammen, um so mehr, als es der Landesherr für angemessen hielt, seinen Vasallen auch den Eintritt in auswärtige Kriegsdienste zu untersagen, vielleicht auch mit dem mehr geordneten Gange der Staatsverhältnisse, welche die auf rein persönliche Kraft und Begabung sich stützende Einwirkung einzelner nicht mehr recht statthaft und weniger nötig als früher erscheinen ließ.

Hartwig I. von Bredow, geboren …, gestorben 1556

Dieser Hartwig I. von Bredow, ein Enkel oder petit neveu des auf S. … ausführlich behandelten Hasso von Bredow, ist das Mitglied der Familie, das Willibald Alexis in den »Hosen des Herrn von Bredow« vorgeschwebt zu haben scheint. Allerdings ist die Willibald Alexissche Figur, wo sie Götz von Bredow heißt, eine harmlosere und liebenswürdigere Gestalt, während dieser wirkliche von Bredow der weitaus »schneidigere« ist. Vielleicht etwas zu sehr. Aus schweren Anklagen ist er zeitlebens nicht recht herausgekommen.

Hartwig I. von Bredow wurde kurz vor 1500 (näher nachsehen) auf Liepe geboren. Viele Todesfälle, die alles wegräumten, führten aber dahin, daß das nach dem Tode Hassos in sechs Teile gegangene Ländchen wieder in einer Hand zusammenkam, und der Glückliche, der berufen war, den Besitz des Ländchen[s] wieder zusammenzubringen, war genannter Hartwig I.

Hartwig I. von Bredow war kurz vor 1500 (?) geboren, und zwar auf Liepe. Bei seiner Geburt war noch wenig Aussicht auf große Berufung, aber in zwei Jahrzehnten starb alles fort, und 1524 war er im Gesamtbesitz, wenn auch nur mit bedingter Belehnung. Daß diese eine »bedingte« war, hing mit dem zusammen, was gegen Hartwig vorlag.

Erst die Ermordung eines Vetters auf einer Hochzeit.

Zweitens der Verdacht, an einer Wegelagerei teilgenommen zu haben.

S. 174 und 175. Dann S. 180 über seine Bildung und Stellung zur *Reformation.* Sie wollten bloß Vorteil daraus ziehen.

Burg Friesack
Unter Hartwig II. von Bredow, geboren um 1530, gestorben 1590
(Joachimische Zeit, zweite Hälfte)

Hartwig II. von Bredow, geboren 1530, gestorben 1590. »Sein Leben, reich an inneren Erregungen und erschütternden Ereignissen und Katastrophen, hat tiefe Spuren« etc. etc. S. S. 248 ...

Dem Leben dieses interessanten Mannes, eines echten Junkers, in dem etwas Quitzowsches nachspukte, wenden wir uns jetzt zu.

Hartwig II. von Bredow war der Sohn seines Vaters Hartwig I. von Bredow und der Margarethe von Holtzendorff. Vermählt war er seinerseits erst mit Ursula von Arnim, dann in zweiter Ehe mit Clara von der Schulenburg aus dem Hause Betzendorff. Diese zweite Gemahlin überlebte ihn auf lange hin und erlebte noch den Beginn des großen Krieges.

Diese zweite Ehe, mit der Schulenburg, fiel in die Unglücksperiode Hartwigs, in welcher Verbindung nur schwere Verluste sein (Hartwigs) Teil waren, so daß sie wenig heitere Tage verlebt haben wird. S. 249. Hartwig II. hat in dem Bredow-Buch das längste Kapitel von S. 183 bis 249.

Die jetzigen Friesacker Grafen
Abzweigung von Kleßen, und zwar von dem 1797 gegraften
Kleßener Bredow

Friesack S. 419.

Ein anderer Sohn des ersten Kleßener Grafen ist *Karl Georg Gebhard Friedrich*, geboren 1791 zu Kleßen. Macht die Befreiungskriege mit, lebt dann in Friesack und erlebt daselbst das große Feuer von 1841. Vermählt mit einer *Kaphengst.* Ein Sohn dieser Ehe ist der jetzige Friesacker Graf, geboren 1822, der zweimal verheiratet war.

Görne

Görne. Kurze Einleitung. Und gleich die *Florine Juliane von Briest*, die drei Brüder Bredow heiratete. Vorher vielleicht den behandeln, der das Haus baute und die Wandbilder herstellte, oder den, von dem die Gobelins herrühren.

Mit dem Grafen darüber korrespondieren.

Friedrich Gebhard Heinrich Ludwig von Bredow, geboren 1789 zu Kleßen. Er war der Sohn Friedrich Ludwig Wilhelms und der Otterstedt. Er seinerseits (Militär 1813, Schlacht bei Großgörschen) vermählt sich 1823 mit Luise Sophie Auguste Wilhelmine *Krug von Nidda*. Aus dieser Ehe wurde geboren der gegenwärtige Besitzer von Kleßen: *Otto* von Bredow, jetzt auf Görne. S. 409.

Diese zuletzt Genannten gehören nach Görne hinüber.

Wiederholung: Das *Görnesche* beginnt wahrscheinlich am besten mit *Florine Juliane von Briest*, die mit drei Brüdern Bredow verheiratet war.

Otto von Bredow, geboren 1824. S. 409 etc., Sohn der *Krug von Nidda* und Gemahl der *Gansauge*, hat einen einzigen Bruder, der also auch Sohn der *von Nidda* und des *Friedrich Gebhard Heinrich Ludwig* ist. Dieser Bruder heißt: *Oscar Friedrich Ludwig*, geboren 1826. Er lebt zurückgezogen in Dikte und kommt weiter gar nicht in Betracht.

Görne. Rittergut. Dorf. Kirche. Patron: Graf Bredow. Schule. 38 Häuser, 370 Einwohner. Auf dem Schloßberg Fundamente einer Burg (sagt Scheu).

Dikte. Rittergut. Eingepfarrt zu Kleßen, in Besitz des Grafen Bredow-Görne. 6 Häuser, 89 Einwohner.

Görne.

1335 in den Besitz der Bredows.

1541 zum ersten Male urkundlich erwähnt.

1620 wird erst ein *Rittersitz* gebildet.

Bis 1684 hieß es *Görden.*

Bis 1712 *Georg* von Bredow. In diesem Jahre (1712) folgt Georgs Sohn: *Gebhard Ludwig Friedrich.*

1772 Rittmeister *Gebhard Philipp Christoph* von Bredow.

1795 *Friedrich Ludwig Wilhelm*, dann *Graf Friedrich Wilhelm Ludwig* auf Kleßen (Franzosen- und Murat-Zeit).

Haage. Rittergut. Dorf. Kirche. Patron: von Bredow. Schule. 57 Häuser, 411 Einwohner. (Fidicin enthält keine brauchbare Zeile.)

Görne.

1. Kapitel

1. Im Herrenhause zu Görne befindet sich das Bild einer stattlichen Dame Soundso, die dreimal verheiratet war.

2. Die drei Männer anführen. Näheres darüber. Näheres über die Frau und ihren Lebensausgang.

2. Kapitel

1. Das Herrenhaus. Seine Bilder, seine Gobelins, auch das Bild mit der alten Burg Friesack.

2. Der gegenwärtige Besitzer ist Graf ... Bredow. Seine Gemahlin Gräfin Bredow-Görne, geborene von Gansauge. Bilder.

3. Irgend noch was zum Schluß.

Görne. Christoph Philipp Gebhard erbaut sich 1786 ein neues Wohnhaus zu Görne, wie die Hausinschrift noch jetzt ergibt. Dieser Bredow war Soldat. Energisch.

Vermählung 1781 mit seines Bruders hinterlassener Witwe. Dieser Bruder besaß Kleßen. (Siehe daselbst. Dies muß alles parallel laufen.)

S. 399 allerlei Bilder in Görne und Kleßen. S. 400 Bilder in Görne und Liepe.

Florine Juliane Friederike von Briest – ihr Bild ist in Görne – heiratet drei Brüder Bredow hintereinander weg, und zwar:

1. *Georg Friedrich Ulrich* von Br.
2. *Balthasar Otto Philipp* von Br.
3. *Gebhard Christoph Philipp.* (S. oben.)

Diese *drei* beschreiben und die Frau auch. S. S. 400 vorher und nachher.

Görne. Der Sohn dieser dreimal verheirateten Frau: *Friedrich Ludwig Wilhelm,* erbt viel zusammen, weil alle seine fünf Onkels kinderlos sterben; er ist nun ziemlich reich und wird 1798 in den Grafenstand erhoben.

Er erlebt dann das Jahr 1806, wo viel wieder flötengeht. Behaglicher, liebenswürdiger Herr; lebt viel in Berlin; stirbt 1820, zehn Tage nach ihm seine Frau, geborene von Otterstedt. Sie hinterlassen zwölf Kinder.

Otto Graf von Bredow. Der jetzige Besitzer. Vermählt mit Adele Elise von Gansauge. Erinnerungssäbel vom Herzog von Württemberg. S. 411 etc.

Feuersbrunst in Friesack, die alles zerstört. S. 420.

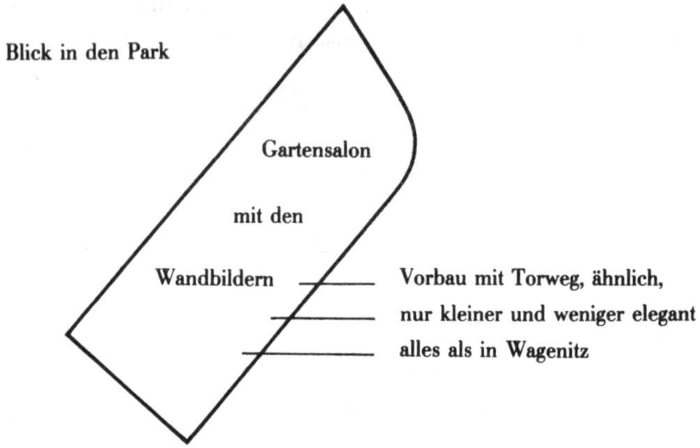

Görne.

1. Die Bilder der drei oder vier Brüder, die hintereinander weg dieselbe Frau heiraten.

2. Die Bilder auf dem Flur oben.

3. Die Bilder der Gräfin Adele. Bella Veneziana. Bild ihres Vaters.

4. Die Bilder im Canaletto-Stil, die den Gartensaal schmücken.

Dies näher feststellen, weil es in gewissem Sinne das Interessanteste ist.

Bilder:

Der *Großvater* des gegenwärtigen Grafen Bredow-Görne als *Kind* in römischem Kostüm mit Türkensäbel und Wachtelhund.

Ebendieser Großvater kehrt noch zweimal wieder: 1. in Hoftracht (noch jung) und 2. schon gegraft, 1798, in der

Landstandsuniform mit Johanniterorden und Brandenburger Domkreuz. [*Randbemerkung dazu:* nicht!]

Mit dem nun Folgenden muß es anfangen. [*Randbemerkung dazu:* S. das folgende Blatt, Mitte.]

Inmitten einer großen Anzahl männlicher Portraits mannigfachster Art hängt ein Damenportrait, stattliche Frau in einem Rokoko- oder Pompadourkostüm. Diese Dame, eine geborene (siehe Bredow-Liepe), war dreimal verheiratet, und zwar mit drei Brüdern von Bredow, deren Portraits sie umgeben:

1. mit … *von Bredow* in der Uniform der Rathenower Leibcarabiniers,

2. mit … *von Bredow* in der Uniform der damals in Genthin garnisonierenden Gelben Reiter,

3. mit … *von Bredow* in Hoftracht aus der Mitte des vorigen Jahrhunderts. Dieser … von Bredow wurde 1798 in den Grafenstand erhoben.

Die beiden ersten Ehen waren kinderlos, aber aus der dritten wurden Kinder geboren (welche, siehe Bredow-Liepe), die nun die Stammväter der jetzt noch blühenden gräflichen Linien wurden, der Linien Bredow-Görne, Bredow-Kleßen und Bredow-Friesack.

Es muß so anfangen:

An dieser Längswand, die viele Familienbilder enthält, finden wir vor allem drei Bildnisse des … von Bredow. Und zwar 1. als Kind in römischem Kostüm mit Türkensäbel und Wachtelhund, 2. als Mann von kaum dreißig in Hoftracht, 3. als Fünfziger oder noch älter in Landstandsuniform mit Johanniterorden und Brandenburger Domkreuz.

Dieser … von Bredow, der 1798 in den Grafenstand erhoben wurde, ist der Stammvater der noch blühenden drei gräflichen Linien, der Bredow-Friesack, der Bredow-Kleßen und der Bredow-Görne. Neben seinem dritten Portrait (in der Landstandsuniform) hängt das Portrait seiner Gemahlin in Rokoko- oder Pompadourkostüm, einer geborenen … Sie war, ehe sie die Ehe mit … von Bredow einging, mit zwei älteren Brüdern desselben verheiratet, mit … von Br., der bei den Leibcarabiniers in Rathenow, und mit … von Br., der bei den Gelben Reitern in Genthin stand. Auch die Bildnisse dieser beiden ersten Ehemänner sind da. Sie muß, bei der

Konsequenz ihrer Wahl, eine Vorliebe für die Bredows gehabt haben.

Die beiden ersten Ehen dieser Dame waren kinderlos geblieben, erst die Ehe mit dem Nicht-Militär riß die Sache wieder heraus, und es wurden in dieser dritten Ehe drei Söhne geboren, von denen die jetzt noch blühenden drei gräflichen Linien von Bredow herstammen: ... von Bredow (Stammvater der Linie Friesack), ... von Bredow (Stammvater der Linie Kleßen), ... von Br. (Stammvater der Linie Görne). Die Bilder der beiden erstgenannten Söhne fehlen und sind versehentlich nach Friesack und Kleßen gekommen, aber das des Stammvaters der Linie von Görne, der bei den ersten Kürassieren in ... stand, ist da. Ebenso das seiner Gemahlin und der beiden Söhne dieser Ehe, der noch lebenden Grafen Bredow-Görne als Kinder von sechs oder acht Jahren, der eine mit Locken und einer Armbrust in der Hand, der andere (gegenwärtig Besitzer von Dikte) mit einem Papagei auf dem Finger.

Außerdem ein Bild des »Kammerherrn« (wer war dieser? Siehe Familienwerk, S. 364, wo auch sein Wahlspruch steht) als junger Mensch und ein Bild des Vaters des Kammerherrn.

Außerdem das Bild eines älteren von Bredow (wohl aus der Mitte des 17. Jahrhunderts) mit einem Bilde von Burg Friesack, wie sie damals sich präsentierte, im Hintergrund.

Bild des Kurfürsten (späteren Königs) Friedrichs III.

Oben zwei Supraporten.

1. Angriff preußischer Infanterie, flankiert von Kürassieren oder dem Regiment Gensdarmes, auch österreichische Massen. An der Spitze der Kavallerie ein von Bredow. Welcher es ist, läßt sich vielleicht aus dem Familienwerk ersehen. Das Bild, in Wasserfarben, ist wohlerhalten und nicht schlecht.

2. *Marinebild.* Entweder eine Schlacht oder vielleicht auch bloß ein Scheitern an felsiger Küste. Die Schiffe mit mächtigen holländischen Fensterreihen am Sprengel des Schiffes. Vielleicht eine Aktion oder Situation, an der ein Bredow teilnahm.

Jugendportrait der Gräfin Adele von Bredow-Görne. Von einem Fräulein Redlich.

Portrait der Gräfin Adele von Bredow-Görne (viel, viel besser; etwas im Stil der Bella Veneziana) von der Malerin Rosalie (?) Pretzel.

Portrait des Generals von Gansauge (in Zivil), Vaters der Gräfin Adele. Gemalt vom jüngeren Crola in Düsseldorf (wenn ich nicht irre).

Unten im großen Parksalon sechs große Wandbilder von *D. F. Weiland* aus Wittstock 1788. Alles in Wasserfarben. Gute Stubenmalerarbeit.

1. Bild. Landschaft. See, Hütte, Trümmer. Im Hintergrunde *Görne.*

2. Schloßfront, Säulentrümmer, mit Nischen, eine Hütte, Blick *flußaufwärts.* Gegend unbestimmbar. Irgendeine Havelgegend.

3. Kanal in Potsdam. Schloßflanke, überragt von dem kuppelähnlichen Turm, der noch jetzt neben dem Säulentempel gegenüber der Nikolaikirche zu sehen ist. Blick über die Havel auf die Heilige Geistkirche. [*Jetzt auf Zetteln aus einem Notizbuch, aufgeklebt und mit Bleistift, schwer zu entziffern:*] Quai, *Gondel,* ganz venezianisch. Alles unter dem Einfluß Canalettos in Dresden gemalt.

4. *Havelgegend.* Vielleicht Brandenburg oder Spandau, eine Kirche, die auf einer Bastion mit Rundturm liegt. Mir ist Brandenburg am wahrscheinlichsten.

5. Kleines Bild über dem Kamin. Wahrscheinlich eine Darstellung von Stadt und Burg Friesack mit Brücken. Überall kehrt ein idyllisches Bauernhaus wieder, das wie ein Gegensatz zu dem Hauptgegenstand wirkt.

6. Ein Bild aus Potsdam. Wahrscheinlich die Straße, die links läuft, breit und stattlich an dem Garnisonkirchenplatz vorüber.

7. Ein anderer Havelort, *befestigt.* Dem Turm nach *vielleicht Spandau.*

Außerdem drei Supraporten:

1. Altar mit Flamme. Diana, zwei Göttinnen nähern sich der jungen Dame, vorn mit einem Schild, darauf ein Baum abgebildet ist.

2. *Bergpartie.* Eine Göttin der Freiheit und Natur sitzt auf einem Berge und hat ein Buch aufgeschlagen, auf dem »Na-

tur« steht. In Front von ihr Sonnenaufgang, in den sie beglückt hineinschaut. Eine Gestalt ihr zu Füßen, der die Maske der Verstellung und Lüge abgerissen ist, trauert über die neue Freiheitszeit. Aber ihre Dunkelzeit ist für immer hin, denn ein altes häßliches Weib flieht mit einem sechsjährigen Kindchen an der Hand. Auf dem Schubkasten steht etwas, und zwar: a. Abgötterei, b. Chirometrie, c. bejahrte (??) ..., d. Schatzgräberei, e. Hexerei, f. religiöse Verfolgung.

3. Supraporta. Wie Spangenbergs Bild »Kampf« oder »Versuchung« auf der Brücke. Eine jugendliche idyllische weibliche Gestalt. Eine rotgekleidete, etwas lüsterne weibliche Gestalt lockt nach links, eine andere, weißgekleidete hohe Gestalt reicht mit der Linken einen Lorbeer und zeigt mit der Rechten auf einen Tempel, natürlich den Tempel der *Tugend*-Liebe, Hoffnung mit Herz und grünem Baumschild, huldigend dem Glauben und der Treue, eine Gestalt, die mit einem Hunde neben einem lohenden Altar steht. [*Randbemerkung dazu:* Sechs große Wald- und Wasserbilder, dann ein halbgroßes Bild über dem Kamin, dann drei Supraporten. Alles in allem zehn Wandbilder.]

Die Görner Bredows (Abzweigung von Kleßen)

Görne. S. 408. Einer der Söhne des gegraften Bredow – Graf Friedrich Ludwig Wilhelm – auf Kleßen war: *Friedrich Gebhard Heinrich Ludwig* (S. 408), der, 1789 zu Kleßen geboren, sich 1823 mit einer Krug von Nidda verheiratete, hatte Görne aus der großen Erbschaft erhalten. Aus dieser Ehe wurde 1824 der gegenwärtige Graf Otto Bredow-Görne geboren, verheiratet mit der Gansauge. Kinder S. 413.

Was vorher schon in Görne sich zutrug – die Briest mit den drei Bredow-Männern –, muß bei den Bildern erzählt werden.

Klessen

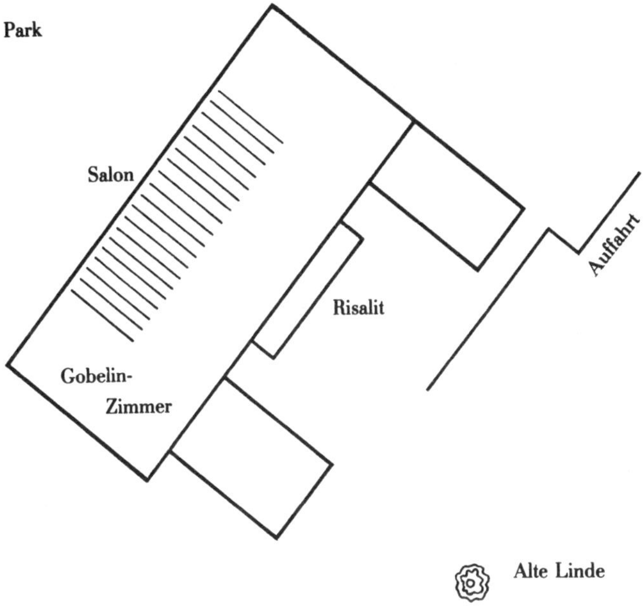

Die ganze Front und der Risalit haben kleine allegorische Gestalten über der Parterrefensterreihe. Nichts von Bedeutung. Es war ein altes Fachwerkhaus, das neuerdings umgebaut und massiv gemacht oder umgekleidet worden ist.

Kleßen

1. Das Haus. Der Graf.

2. Der Weinberg. Aussichtsturm. Hier eine Schilderung geben und sagen: Landin ist mehr Mittelpunkt, aber man sieht hier weiter, und vielleicht ist das Bild auch hübscher.

3. Starke Gewitter. Wasserscheide. Die Scheune brannte, und die Spritzen rückten eben an, waren aber noch nicht da, da schlug ein zweiter Blitz auf fünfzig oder hundert Schritt Entfernung in ein Bauernhaus, und der Luftdruck davon war so stark, daß das erste Feuer erdrückt wurde, während es aus dem zweitgetroffenen Haus sofort hoch aufbrannte.

4. Der fischveredelnde See.

5. Die Gobelins. Die Stickereien. Auch noch allerhand anderes.

Kleßen. Gute anschauliche Bilder aus der Zeit des Neubaus des Schlosses in Wagenitz.

1. Vedute oder Architekturbild von Schloß *Wagenitz.* Ölbild.

2. dito.

3. Alte Stiche. Schwerins Tod. Kleists Tod. Prinz Ferdinand. Tauentzien (?) vor Prinz Heinrich.

4. Büßende Magdalene.

5. Gutes Schlachtenbild, Zeit des Dreißigjährigen Krieges, Reiter in Rüstung und Ritter in Rüstung. Vielleicht also Pavia oder Gravelingen, Wouvermansche Schule. Es ist eine Schlacht zwischen Holländern oder Schweizern oder Dithmarschen, nämlich Bürger- und Bauernvolk, die sich mit Rittern und geharnischten Reitern herumpauken. Gut komponiert, sonst aber, was Ausdruck und Köpfe angeht, nicht ohne Kompositionstalent [!].

6. Zimmer mit Gobelins, und zwar drei große Landschaften, die alle aus viel Wald bestehen mit lichten Stellen, wo Wasser an Hügeln vorüberfließt, und Brücken und Architektur. Alles ziemlich gleich und nur durch die *Tierstaffage* verschieden:

a. verschiedene prächtige Pfauen,
b. Fuchsjagd. Hunde packen einen Fuchs,
c. Gemsen oder Ziegen.

7. Ein großes Sofakissen. Ebenfalls gobelinartig. Wirtshaus, Zaun, Berge, Häuser, ein Baum im Mittelpunkt. Unter ihm sitzt ein Schweizer oder Tiroler mit kurzen Pumphosen, Strumpf und Schuhe und Spitzhut und bläst eine italienische Flöte oder bag-pipe und tanzende und trinkende Bauern.

8. Die keusche Susanna (?, erst in der Bibel nachschlagen). Ölbild. Zwei Personen mit Geldbeutel kommen, um sie zu verführen.

9. Ein hübscher großer Gartensalon mit Stuckfries und Deckenmalereien (das Gobelinzimmer links daneben).

Das Haus wurde 1723 (?) gebaut in einem hübschen guten einfachen Stil. Derselbe Bredow von damals schuf auch die Einrichtung, wie sie im wesentlichen noch jetzt ist. – Um 1813 hatte ein Bredow das Gut, der viele Söhne hatte. Sechs davon, lauter junge Grafen Bredow, zogen in den Krieg, mehrere erwarben das Eiserne Kreuz. Der jüngste dieser sechs mitgegangenen Söhne war der Vater *des gegenwärtigen Besitzers.* Irgendeiner dieser Bredows, entweder der von 1723 oder der von 1813, errichtete auf einem Höhenpunkt (Nauen) einen Pavillon mit Aussichtsturm, der eine herrliche Aussicht in das Land Friesack hinein und darüber hinaus bot. Es war ein Achteck von Ziegel. Dann kam eine Treppe, und ein vorspringender Aussichtsbalkon ging um die erste Etage herum; dann kam ein verjüngtes Achteck; dann kam die Spitze. Man sah bis Havelberg, Stendal, Tangermünde, Nauen, Friesack, Spandau.

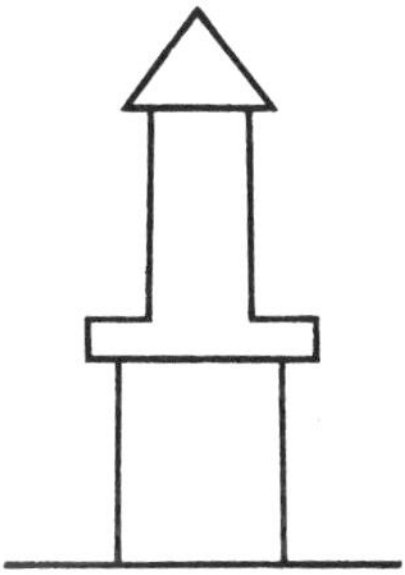

Den acht Wänden entsprechen acht Fenster, und mit Hülfe dieser acht Fenster sah man in acht Waldeinschnitte hinaus. Hier nahm man den Tee. Das nächste war der Zootzenwald, die Stöllner Berge und der Kleßener See. Dieser See, der mit den anderen havelländischen Wässern in Verbindung steht, hat die schönsten Fische. Das kommt, weil er klaren Sanduntergrund hat und das reinste schönste Wasser. So kommt es, daß er den Charakter einer Fischverwandlungsanstalt angenommen hat: sumpfig, moorig kommen die Aale, Schleie, Bleie hinein und verändern nach Jahresfrist sich derart, daß die Leute sagen: »Das ist ein Kleßener Aal«, weil sie den Unterschied schmecken. Am schönsten sind die Zander. Der Turm resp. Pavillon wurde vom Blitz getroffen und total zerstört. Früher war der Pavillon auch mit hübschen Bildern ausgeschmückt gewesen. Die Landschaft in ihrer Hübschheit *ausführlicher beschreiben.*

Die *Kirche.* Sie hatte früher eine große Gruft, in der zahllose Bredows standen; jetzt ist sie zugeschüttet. Das Taufbekken ist eigentümlich und hat einen Taufdeckel, drin die Taufe Christi durch Johannes abgebildet ist. Etwas, was ich noch nicht gesehen habe. Dann ist die Tafel interessant mit den Kleßenern, die mit in den Krieg zogen. Es waren vierundzwanzig, darunter sechs Bredowsche Söhne.

Die Muratsche Plünderung siehe das Aktenstück.

Das Haus ist ein Langhaus mit zwei kleinen vorspringenden Flügeln, eigentlich nur ein Erdgeschoß und dann ein erster Stock mit ganz niedrigen Fenstern. Unter den Fenstern des Erdgeschosses sind Medaillons eingelegt: Wasser, Trauben, Ähren, eine Fackelschwingerin, eine Lyraschlägerin und Flötenbläser. Das meiste kehrt zweimal wieder. Der Mittelteil hat einen Vorsprung mit sechs Vollfiguren: Anker (Schiffahrt), Ähren (Landwirtschaft), Lokomotive (Technik), Flora mit Blumen, eine Muse mit einer Maske.

Vor dem Hause eine wundervolle Linde, 1723 (?) gleich mitgepflanzt.

Kleßen

Etwa vier Kapitel. Ich muß, in dem hier Gegebenen, manches überspringen, so daß nur der mit der von Halberstadt, der mit der von Perkentin und der mit der von Otterstedt übrigbleibt. Alles andere kurz.

Das Haus Kleßen, zu dem auch das Haus Görne als Abzweigung gehört, wird verhandelt in Graf Bredows Buch von S. 344 bis 433. Auf diesen neunzig Seiten ist alles enthalten, was sich auf diese beiden Güter bezieht.

Georg von Bredow war der älteste Sohn, geboren 20. Februar 1653. Vermählt 1678 mit Marie Sophie von *Halberstadt.* Er verstarb schon 1697 im Alter von vierundvierzig Jahren. Wurde beigesetzt (wo? wahrscheinlich Kleßen). Seine Witwe starb erst 1722. Er heißt immer: Der *Domsenior Georg von Bredow* auf Kleßen, muß also Kleßen besessen haben (was ihm auch das Testament seines Vaters zugewiesen hatte), und so gehört denn dieser *Georg* von Bredow, ältester Sohn Hans Christophs, nach *Kleßen.*

Kammerherr *Gebhard Ludwig Friedrich* von Bredow, geboren 1693, Sohn Georgs von Bredow und der Marie Sophie von Halberstadt und also *Enkel* des alten Wagenitzers Hans Christoph auf dem Kirchenbild.

Dann folgt ein Neffe oder Großneffe Friedrich Ludwig Wilhelm von Bredow, der gegraft wird.

Georg von Bredow, Begründer der Kleßener Linie. Die Linie ist eine Abzweigung der großen Linie *Friesack-Wagenitz.*

Ich führe den Leser noch einmal vor das große Familienbild in der Kirche zu Wagenitz.

Hans Christoph steht daselbst mit seinen vier Söhnen. Der jüngste dieser vier Söhne war Ludwig, der nun der Stammvater der Wagenitzer Linie wurde.

Der älteste war *Georg*, der in der Erbschaft Kleßen erhielt und Stammvater der Kleßener Linie wurde. Auch Görne gehörte dazu, das sich später wieder selbständig abtrennte.

Georg von Bredow wurde 1653 geboren. Er besuchte Universitäten und trat als Präbendarius in das Brandenburger Domkapitel 1675. 1678 vermählte er sich mit einer *von Halberstadt.* Schon vorher hatte ihn der Vater durch Einsetzen in Kleßen selbständig gemacht. Nach dem Tode des Vaters erhielt er auch Görne. Dies noch etwas ausführen. Er starb schon 1697 im Alter von vierundvierzig Jahren. Seine Frau, geborene von Halberstadt, starb erst 1722.

Von diesem *Georg* von Bredow datiert nun Kleßen, aber erst sein Sohn *Gebhard Ludwig Friedrich* stellt die richtige Linie Kleßen her, eine Art Konsekration an dieser Stelle. Sein Vater war obiger *Georg* von Br., seine Mutter die geborene von Halberstadt. Sein Großvater mütterlicherseits war der mecklenburgische Generalmajor Balthasar *Gebhard* von Halberstadt. Von ihm empfing er den Namen Gebhard.

Er, *Gebhard Ludwig Friedrich*, später Kammerherr, wurde 1694 geboren. Erzogen durch den Informator Christian Barnewitz. – Studien auf der Universität zu Frankfurt. 1714 beendet. Durch das Los fiel ihm *Kleßen* zu; der ältere Bruder *Hans Christoph Balthasar* erhielt den Rest, der zum Teil in Friesack etc. bestand.

1718 wurde er Königlicher Kammerherr, was er den Verbindungen seiner in Berlin und bei Hofe angesehenen Mutter verdanken mochte.

Er verheiratete sich mit Luise *von Perkentin.* Sie war sehr wohlhabend, brachte viel Gold und Silber in die Ehe und unter anderem auch 556 Stück Perlen. S. 367 unten: »Ich finde so viel zu ändern, daß ich nicht ratsam erachte, mit allen auf einmal zu brechen.« [*Randbemerkung dazu:* Sehr gut.]

Dies zeigt seine Klugheit. Beständige Prozesse mit den Bauern und Gutsnachbarn. Er war aber nicht kleinlich und nicht happig, sondern wollte nur hundert Unordnungen und Willkürlichkeiten einen Riegel vorschieben.

Er kauft *Görne* nun zu Kleßen hinzu (S. 368 dritte Zeile des Mittelabsatzes, ferner S. 369 unten, wo die Sache wegen Görne weiter ausgeführt wird). [*Vorstehende Notiz mit drei Strichen am Rande hervorgehoben.*]

Er liebte seine Frau sehr und hatte zwölf Kinder von ihr. Als sie starb (1751), war er sehr unglücklich. Perkentinsches Erbe gab es aber fast gar nicht, trotzdem der alte Perkentin sehr reich war.

Er war ein außerordentlicher Landwirt und Financier, ging aber in Wahrung von Rechtsstandpunkt, Ordnung etc. wohl etwas zu weit und prozessierte immer darauf los, um mehr zu gewinnen – meist freilich mit gutem Erfolg, was schließlich doch auch für sein Recht spricht.

Aber es kommt ein Umschlag. Unwetter, Sturm und zuletzt der Siebenjährige Krieg. Ungeheure Kontributionen. S. S. 375. Drei Söhne von ihm waren damals in der Armee. Die Güter, die Kontributionen leisten mußten, lagen in *Mecklenburg,* das damals mit uns in Kriegszustand (schwedisch) war. Er verkaufte schließlich die Güter wieder.

Er starb 1727 im Alter von neunundsiebzig Jahren. Sein gutes Portrait befindet sich zu Görne.

Das Wohnhaus in *Kleßen* rührt wahrscheinlich von ihm her. Zu seinen Betrübnissen gehörte das Schicksal mit seinem Sohn *Claus,* der sich encanaillierte. S. S. 384.

Der andere Sohn, *Karl* (S. 390), machte ihm auch Sorge: Schulden, dann der Krieg.

Er starb also, neunundsiebzig Jahre alt, 1772. Ihm folgte im Besitz von *Kleßen*:

Georg Friedrich Ulrich, ältester der sechs Söhne seines Vaters (S. 398). Er vermählte sich mit *Florine Juliane von Briest* 1760. Schon 1777 stirbt er.

Friedrich Ludwig Wilhelm von Bredow. Als sein Vater Georg Friedrich Ulrich anno 1777 starb, war er erst dreizehn Jahre alt und wurde von Mutter und Vormunden erzogen. S. 400.

Er vermählte sich mit einer *von Otterstedt.*

Schließlich starben alle fünf Brüder seines Vaters kinderlos fort, so daß deren ganzer Besitz ihm zufällt. Das war sehr bedeutend, und er besaß (S. 405) die und die Güter. Daraufhin wurde er 1797 bei der Thronbesteigung Friedrich Wilhelms III. in den Grafenstand erhoben.

Das *Herrenhaus* zu *Kleßen* ist vom Kammerherrn Gebhard … von Bredow und seiner Gemahlin von Perkentin errichtet, weshalb sich noch die *Perkentinschen Pferde* als Wappen am Hause befinden.

Friedrich Ludwig Wilhelm war nun also sehr reich und angesehen. Aber dann kam der Krieg von 1806. Er starb 1820 zu Kleßen; zehn Tage nach ihm seine Frau, geborene von Otterstedt. Sie hinterließen zwölf Kinder. Zu seiner Zeit fand die König-Murat-Affaire statt, worüber ich das Aktenstück besitze.

Friedrich Gebhard Heinrich Ludwig von Bredow. Geboren 1789 zu Kleßen. Er war der Sohn Friedrich Ludwig Wilhelms und der Otterstedt. [*Randbemerkung dazu:* Wahrscheinlich zu Görne; vielleicht auch *nicht.*]

Ferdinand Friedrich Karl, geboren zu Kleßen 1795 als einer der vielen Söhne des gegraften von Bredow. Macht die Campagne mit. 1823 vermählt er sich mit einer Bredow aus Wagenitz; 1846 (zum zweiten Mal) mit einer von Wenckstern. Von dieser hat er nur eine Tochter, die einen Herrn von Jagow vom 3. Garde-Ulanenregiment heiratet. 1857 stirbt er. Hinterläßt vier Söhne, unter die der Besitz geteilt wird; der jüngste erhält *Kleßen.* Dieser jüngste heißt: *Alfred Georg Hans Hermann* Graf von Bredow, geboren 1836 zu Kleßen. Ritterakademie. Gymnasium zu Brandenburg; 1. Garde-Ulanenregiment. 1857, nach dem Tode des Vaters, nach Haus. 1859 verheiratet er sich mit seiner Cousine *Bertha Therese Editha* Baronesse von Bredow aus dem

Hause Wagenitz, geboren 1840. Neun Kinder wurden geboren. Die ältesten sind schon wieder in militärischen Stellungen. [*Randbemerkung dazu:* Der jetzt lebende Graf in Kleßen S. 430.]

Kleßen
Rittergut
Dorf
Filial von Görne
Besitzer Graf Bredow
Schule.

48 Häuser, 379 Einwohner. Schöner englischer Park. Ein hundert Fuß hoher Weinberg mit achteckigem Turm und schöner, reizender Aussicht über die Luchebene und den fischreichen See. 1802 große Feuersbrunst.

1712 Kammerherr *Gebhard Ludwig Friedrich* von Bredow.

1772 *Georg Friedrich Ulrich* von Bredow.

1777 Graf *Friedrich Ludwig Wilhelm* von Bredow.

Die Kleßener Bredows

Kleßen. Die Gruppierung und Anordnung des Stoffs muß immer dieselbe sein.

1. Bei den Haupt- und Stammkapiteln Wagenitz und Kleßen beginne ich mit dem großen Bild in der Wagenitzer Kirche.
2. Bei den Unterkapiteln, einerseits: Briesen, Landin, Kriele, andererseits: Görne, Liepe, setze ich so ein, daß ich sage: Dies Rittergut war in den und den Händen, hin und her schwankend auch in der Bredow-Familie, bis es dann und dann *auf Dauer* in eine bestimmte Familienabzweigung kam. Hier war es *der*, dort war es *der* usw.
3. Nach diesem Biographischen folgt dann das *Örtliche*, wo, bei Gelegenheit der Bilder, noch allerhand aus dem Zurückliegenden erzählt wird.

[*Randbemerkung zu Vorstehendem:* Wichtig! Bei Görne, Liepe, Briesen, Landin zu beherzigen.]

Kleßen. S. 425. Ein anderer Sohn des ersten Grafen von

Bredow auf Kleßen ist *Ferdinand Friedrich Karl*, geboren 1795 zu Kleßen, der bei der Verteilung das Gut Kleßen erhält. (S. 425.) Macht auch den Krieg mit. Als guter Landwirt bringt er Kleßen in die Höh. Starb 1857. Ist zweimal verheiratet:

1. mit Karoline Dorothee Sophie Friederike von *Bredow-Wagenitz* und
2. mit einer von Wenckstern.

Hatte mehrere Kinder. Darunter war *Alfred Georg Hans Hermann*, der jüngste Sohn, geboren 1836. Dieser trat 1857 die Erbschaft von Kleßen an und verbesserte viel. Hat neun Kinder. [*Randbemerkung zu Vorstehendem:* Der jetzt lebende Graf von Kleßen. Eigentlich sollte der *älteste* Sohn Kleßen erben, statt dessen erhielt es der jüngste. S. S. 426.]

Graf *Friedrich Ludwig Wilhelm* von Bredow auf Kleßen (der gegrafte), vermählt mit einer von Otterstedt, hinterließ bei seinem Tode 1820 zu Kleßen eine ganze Anzahl Söhne, und von diesem Jahr 1820 ab oder auch schon früher erfolgte nun eine Teilung des Kleßener Gesamtbesitzes, so daß wir von da ab: *Kleßener*, *Görner*, *Lieper* und *Friesacker* Grafen haben.

Hans Christoph (der auf dem Wagenitzer Bilde), Sohn des ermordeten Georg von Br., vermählte sich mit einer von ..., stirbt 16 .. und hinterläßt das gesamte Erbe an seine zwei verbliebenen Söhne *Ludwig* von Bredow, Stifter der Wagenitzer Linie, und Domsenior *Georg* von Bredow, Stifter der Kleßener Linie.

Dieser *Hans Christoph* gehört aber nach Wagenitz, er ist nur der Stammvater auch der Kleßener Linie.

Erster Kleßener: Georg von Bredow. Domsenior, geboren 1653, vermählt 1678 mit einer von Halberstadt, gestorben 1697. Begründer der Kleßener Linie.

Zweiter: Sein Sohn ist der Kammerherr *Gebhard Ludwig Friedrich* von Br., geboren 1693, 1718 Kammerherr, vermählt mit einer von Perkentin. Stirbt 1772. Vorzüglicher Landwirt und Financier. Kaufte Görne hinzu (S. 368). Zeit des Siebenjährigen Krieges. Sein Sohn ist:

Dritter: *Georg Friedrich Ulrich*, der sich 1760 mit einer von Briest vermählt und schon 1777 stirbt. Sein Sohn ist:

Vierter: *Friedrich Ludwig Wilhelm* von Br., geboren

1764. War erst dreizehn Jahre alt beim Tode seines Vaters. Vermählt sich mit einer *von Otterstedt.* Die Brüder sterben. Erbt alles Kleßensche. Wird 1797 gegraft. Ist reich, aber doch schwere Zeiten (1806).

Fünfter: *Ferdinand Friedrich Karl,* geboren 1795, gestorben 1857. [*Randbemerkung dazu:* Kann übersprungen werden.]

Sechster: *Alfred Georg Hans Hermann,* geboren 1836. Der jetzt lebende Graf.

Hier bei Kleßen fehlen noch die Abzweigungen nach *Görne* und nach *Liepe* hin. Ich muß bei den entsprechenden Kapiteln sagen: Bei *Kleßen* machten wir die Bekanntschaft des Kammerherrn oder des Grafen. Ein Sohn des Grafen war der und der. Er erhielt *Liepe.* Bei Görne liegt es ähnlich. Aber vielleicht an anderer Stelle (Kammerherr) abzweigen.

Liepe

Ich muß versuchen, die Bekanntschaft des Architekten zu machen, der die Lieper Kirche gebaut respektive restauriert hat. Anfrage bei Fritsch.

Der Lieper Graf

Er war körperlich unscheinbar, und als 1841, wo er doch schon Referendar (?) war, die Friesacker Kirchengruft untersucht und die Grabkammer Hassos von Bredow gefunden wurde, das Skelett auf einen Mann von sechs Fuß deutend und ein Zweihänder neben sich, da mochte mancher an ein »Zurückgehen« denken. Und physisch war es gewiß so. Aber an Charakter mocht er es mit Hasso aufnehmen und an Geist gewiß. Er war ein sehr kluger und unterrichteter Herr, Schule Gerlach (?).

Liepe

1. Dorf. Herrenhaus. Bilderschmuck.
2. Hier wohnte Graf Bredow-Liepe. Seine Persönlichkeit, seine Bildung, seine Richtung, sein Charakter. Seine Ängst-

lichkeit in bezug auf sich und andere. Besonders waren es zwei Dinge, die sein Gemüt beständig belasteten: Scheintod und Ansteckung. Er drang auf Vorsicht, Innehaltung der Fristen, am liebsten darüber hinaus, und wenn wer begraben wurde, sah er über die Kirchhofsmauer, als erwarte er was. Ebenso bei Krankheiten, Typhus etc. War er durch ein Zusammentreffen von Umständen oder durch Amt und Pflicht in die Lage gekommen, mit kontagiösen Personen in Berührung zu kommen, so schloß er sich womöglich auf Wochen hin von der Welt ab, um das Kontagium seinerseits nicht weiterzutragen.

3. Junggeselle. Verfasser der Familiengeschichte.

4. Erbauer der jetzigen Lieper Kirche.

Liepe

1. *Kirche.* Die Kirche selbst macht einen für unsere Mark ganz merkwürdigen Eindruck. [*Danach wieder aufgeklebte Zettel:*]

Wie man in Bonsecours (?) bei Rouen eine Musterkirche gotisch nach Violet le Duc hergerichtet hat, so hat hier der Graf Liepe alles moderne Können zusammengefaßt und aus einem alten verkommenen Kasten eine hübsche Kirche hergestellt. Vielleicht war es ursprünglich romanisch, hall[en]artig, einschiffig, jetzt herrscht der Charakter des Gotischen vor. Gotisch (Spitzkirche) sind die Fenster in Kirche und Chornische, gotisch ist der Bogen, der von der Kirche her zu Altar und Chornische hinaufführt und, richtiger, das Schiff an der Chornische halb schneidet, die Decke ist aber nicht eigentlich gotisch, von braunem Holz, das diese Form annimmt:

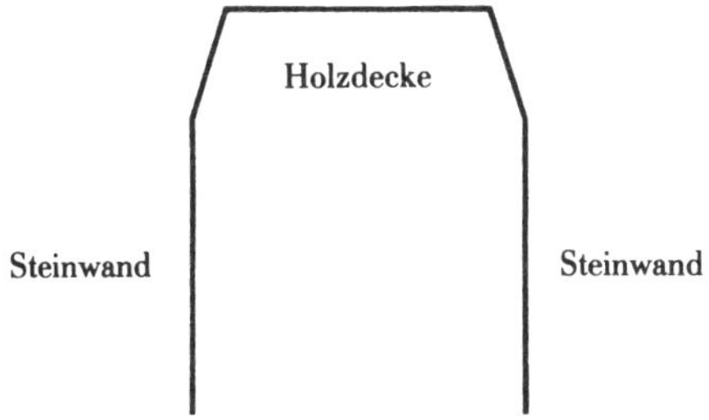

In der Chornische drei Buntglasfenster, in dem mittleren die Gestalt Christi auf Wolken, die Fahne tragend in der Linken und mit der Rechten segnend. An den Wänden in gelbem Ton überall Inschriften.

Versuch einer Charakteristik des Grafen in all seinen Eigentümlichkeiten, Schwächen, Tugenden (Typhus-Epidemie) und dann um was er für die Kirche getan.

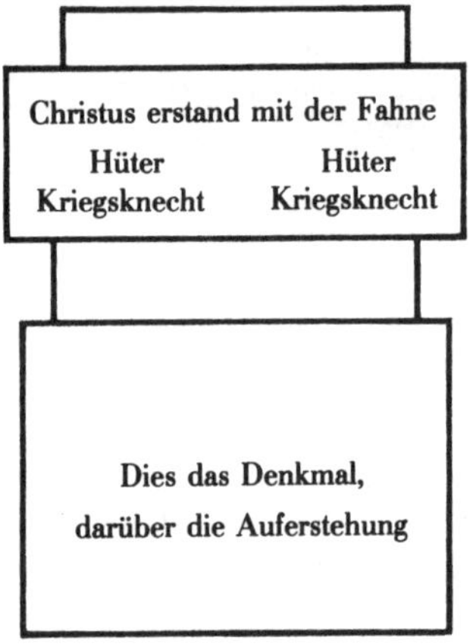

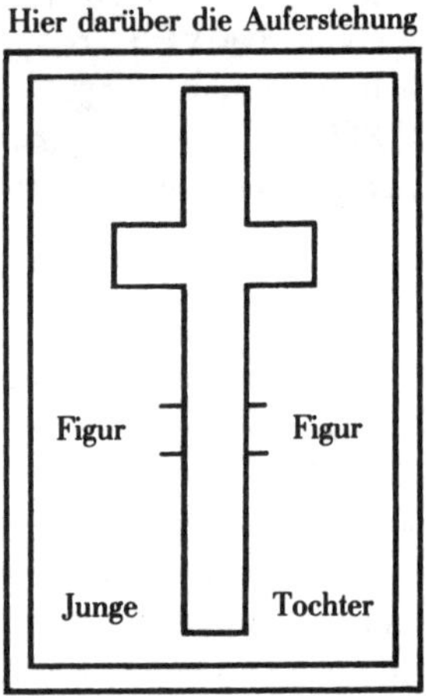

Das *Denkmal* (Grabstein) rechts an der Kirchenwand, dicht vor der Chornische. Liepe (Kirche). Anno 1572 den 8. Martsch ist christlich verschieden Frau Margarethe, geborene von Schleinitz, Franzen von Bredow von Kremmen eheliche Hausfrau, der Gott gnädig und barmherzig sei.

Wappen.

Oben.

Links. Bredowsch. *Rechts.* Drei Rosen.

2. Christus mit der Dornenkrone. Bei Micheli in Berlin gekauft. Farbig. Näheres bei der Gräfin Bredow (Schwester) zu erfahren.

In der *Sakristei.* Verzeichnis der Geistlichen seit der Reformation. In ähnlicher Weise wie die, die 1813 oder 70 mitgingen (eine Sache, die sich im Havelland allgemein vorzufinden scheint, im Gegensatz zu andern Landesteilen).

Schwarze Marmortafel. (Dicht neben dem alten Grabstein.) Das Gedächtnis des Gerechten bleibt ein Segen. Friedrich Ludwig Wilhelm Graf von Bredow, Erster auf Liepe; Patron und Erbauer dieser Kirche, geboren am 25. Februar 1819 zu Bettin, gestorben am 21. Oktober 1886 zu Berlin (Augusta-Hospital). Leben wir, so leben wir dem Herrn etc., Römer 14, Vers 8.

Auch Gedächtnistafel (schwarz) für den Vater des letzten Grafen:

Zum Gedächtnis des gewesenen Erbherrn auf Liepe und Patrons dieser Kirche, des K. Oberbergrats Ludwig Friedrich Wilhelm Grafen von Bredow, geboren zu Kleßen, den 24. November 1790, gestorben zu Bettin, den 14. Juli 1852.

Glas- und Wappen-Fenster:

Dem Gedächtnis der Abgeschiedenen des gräflichen Hauses von Bredow-Liepe, gewidmet beim Neubau der Kirche 1881. Selig sind die Toten, die in dem Herrn sterben.

Ziegenbock als Hauptfigur. Bredowsches Wappen. Wappen in Schrägwinkel und das Ganze flankiert von zwei schwarzen heraldischen Adlern.

III. Dito schwarze Tafel: Das Gedächtnis der Gerechten bleibt ein Segen. Ludwig Friedrich Otto Graf von Bredow, K. Landrat des westhavelländischen Kreises, Erbherr auf Liepe und Patron dieser Kirche, Ritter pp., geboren am 11. April 1825 zu Bettin, gestorben am 9. Mai 1877 zu Rathenow.

Altes Glasfenster mit Wappen, wenn ich nicht irre: Caspar Jacob von Br., Balthasar Otto Philipp von Br., »die da richtig vor sich gewandelt haben, kommen zum Frieden und ruhen in ihren Kammern«. Jesaias 57.2.

Hieran reiht sich ein drittes, das aus Bornstedt.

Kruzifix von sonderbarem Aufbau.

Der Stammbaum der letzten Lieper Bredows ist zugleich das Kreuz, das den Heiland trägt.

[*Es folgt die Zeichnung des Kruzifixes und die Bemerkung:* Sieben Bredows, drei links, drei rechts, eins am Kreuz: Gräfin Chrina (?). Am Ende der vier Kreuzarme vier Evangelisten symbolisch: Adler, Stier, Löwe, Engel.]

Drittes Buntglasfenster. Ein Geschenk des Präsidenten Nefe in Potsdam an den Grafen Liepe. Nefe empfing es von der Kronprinzessin Viktoria (späteren Kaiserin Friedrich), die dies Wappenfenster, weil es einen Riß hatte, nicht mehr in der Bornstedter Kirche haben wollte. Es ist ein schwarzer preußischer heraldischer Adler mit F. R. in Corpus und einer Königskrone darüber.

Großes rundes Wappenschild: Mitternacht nach Martini ist verstorben der gestrenge und feste Hans von Bredow, etwan ehemalig R. K. F. H. e. zu Brand. Marschalk gewesen 1519 N. CCCCC.IX.X. In der Mitte das Bredowsche Wappen, umgeben von einer gotisch-renaissancehaften arabeskenartigen Verzierung. Blau in der Mitte, Rand hellblau (grau), Arabeske auch grau, Helmvisier (Gitter) vergoldet.

Schwebender Engel, mitten im Schiff der Kirche, der jetzt den Kronleuchter trägt. Er hing früher (wahrscheinlich katholische Zeit) über dem Taufbecken, kam dann auf den Kirchenboden, wurde dort entdeckt und sauber wiederhergestellt und schwebt nun im Schiff der Kirche.

Herrenhaus zu Liepe. Zur Zeit unbewohnt. Es enthält an Möbeln und Einrichtungsgegenständen nichts von Bedeutung. An Bildern fast nur Sachen kirchlichen christlichen Inhalts und preußisch-patriotischen Inhalts, Bilder Friedrichs des Großen und einzelner Generäle. Buntglas-Anhänge-Fenster. Bredowsches Wappen, gelb, schwarz in blauer und gelber Umrahmung, sehr hübsch aussehend. Unterschrift: Jungfer Ilsa von Bredow, Jobst von Bredows eheliche Tochter. M. V. Z. G.

Kleine Ölbilder von Vater und Mutter, beide nicht übel, auch ein Stich danach in Bergmannsuniform, mit Kreuz und Kriegsdenkmünze. Ein Bild des jungen Grafen aus Friesack (erste Ehe), zwei kleine Aquarellbilder, Knabe mit Piepvogel und junges Mädchen (beide recht hübsch); eine alte und eine junge Frau in Pastell darüber.

Liepe. *Ludwig Friedrich Wilhelm,* s. S. 414, geboren zu Kleßen 1790, war der dritte Sohn des reichen, in den Grafenstand erhobenen Grafen *Friedrich Ludwig Wilhelm* und der *von Otterstedt.* Er wird Bergmann (sehr interessant) und Freiwilliger Jäger. 1814 ins Lazarett nach Nancy. Gerettet. Zurück in die Heimat. 1820 erbt er Kleßen, tauscht aber und kriegt dadurch *Liepe.* Mit ihm beginnt nun der Lieper Zweig. Schon 1818 hatte er sich mit einem Fräulein Erdmann verheiratet. 1836 wird er Bergrat. 1847 Oberbergrat. 1852 starb er in Bettin, 61 Jahre alt. Die Gräfin zog nach Liepe in ein neu errichtetes Wohnhaus. Daselbst starb sie 1860.

Der älteste Sohn (der zweite starb als Landrat des westhavelländischen Kreises) des Oberbergrats Grafen von Bredow war: *Friedrich Ludwig Wilhelm*, der also genau die Namen seines Großvaters (des gegraften) erhielt. Er wurde 1819 geboren. War »Portenser«. Studiert in Halle und Berlin. 1845 Oberlandesgerichtsreferendar. Im selben Jahr ging er als Regierungsreferendar zur Regierung über. Ist erst in Magdeburg, dann in Erfurt. Rüstet sich zum Assessorexamen. Tod des Vaters bestimmt ihn aber, den Abschied zu nehmen und Liepe zu übernehmen. Hier erbaute er 1854 und 55, mit seinem Bruder, dem Landrat, gemeinschaftlich das Wohnhaus, das 1855 von der Mutter, ihm selbst und einer Schwester (S. 419) bezogen wurde. 1872 großes Feuer im Dorf. Wahrscheinlich um 1880 beginnt der Kirchenbau oder -umbau.

Liepe

Rittergut
Dorf
Kirche. 14. Jahrhundert; jetzt Neubau von Architekt Prüfer
Patron: Graf Bredow
Schule
33 Häuser, 312 Einwohner.

Wann es an die Bredows kam, ist unsicher. 1428 aber besaß es schon Hasso von Bredow (der Friesacker).

Landin

Das Haus *Stechow* von S. 542 bis 558.

Hier nun erst werden die modernen Landiner Herrschaften:

der Sieger von Tobitschau, 5. Kürassierregiment,
der Oberstlieutenant und Kommandeur der 6. (Brandenb.) Kürassiere und
Max von Bredow auf Landin behandelt.

Ich muß aber bei dem Kapitel *Landin* alles Frühere (17. und 18. Jahrhundert) aus dem Abschnitt » *Wagenitz* im engeren Sinne« nehmen und dann erst das unter »Haus Stechow« Gegebene folgen lassen. Hierher gehört dann auch *Kriele.*

Bei *Landin* muß ich mit dem Hause beginnen und sagen: aus der *von Metzsch*-Zeit. Dann auf einzelne Bilder übergehen, dann die gegenwärtigen. Der erste Gründer (in Wagenitz) hatte eine Vorliebe für Landin, was der Park noch bezeugt.

Landin. 330 Einwohner. Eingepfarrt nach Kriele hin. Rittergut.

Besitzer: Ritterschaftsrat Max von Bredow, geboren 1854, vermählt 1880 mit Elisabeth Gräfin Schwerin-Sophienhof. Kinder: ...

Landin wird zuerst ... urkundlich genannt. Es war Rauchhauptsch, Lochowsch (??), ... wurde es Bredowsch und blieb es. Ein schloßartiger Bau muß hier sehr früh schon gestanden haben. Die mächtigen Fundamente sind noch da und tragen das gegenwärtige Herrenhaus. Dies gegenwärtige Herrenhaus stammt aus dem Jahre ... Das Frontispice weist noch darauf hin und zeigt das Wappen der Bredow und der von Metzsch. Ein weit ausgedehnter Park umgibt das Schloß nach der einen Seite hin. In ihm alte Bäume, Akazien ... Ein Denkmal von Gußeisen. Im Herrenhaus befinden sich verschiedene Gemälde von mittlerem Wert, darunter ... von Bredow. Er ist der Gründer dessen, was jetzt hier steht. Wir geben eine Skizze seines Lebens.

... von Bredow.

Landin. Rittergut. Dorf. Filial von Kriele. Patron: von Bredow. Schule. 26 Häuser, 177 Einwohner.

Sagen knüpfen sich an den *Rhins- oder Teufelsberg* und den *Rietz*schen oder *Markt*berg.

1375 Gerke Syle

1472 (und früher) Die von Lochow

1480 Gebhard von Bredow

1666 Oberst Joh. Gottfr. von Rauchhaupt

1692 verkauft an den Anspachschen Geheimrat *Hans Christoph* von Br. u. dessen Bruder Ludwig von Bredow, danach der Grand Maître de la Garderobe

1767 Friedrich Ludwig von Bredow.

Landin

Ludwig von Bredow (Sohn Hans Christophs), geboren zu Wagenitz 1655, gestorben 1740. Ein beinah reicher Mann. Ganz fromm und gläubig und brav, so recht Kind seiner Zeit. Zweimal verheiratet mit einer Katte und einer von Metzsch aus Zerbst. Er wohnte in *Landin* und baute das Haus. S. 433 bis 448. Es existiert eine *Gedächtnispredigt* zu *Wagenitz*, wo er auch bestattet wurde. Er erbte *Landin* und Kriele von seinem Bruder und baute dann das Wohnhaus. S. 411 und vorher 331 und 33. Ob er in Landin immer wohnte, ist unsicher und auch gleichgiltig, weil das Haus von ihm herrührt.

Die älteste Tochter dieses *Ludwig* von Bredow war *Katharine Elisabeth*, die 1712 den Major oder Obersten (??) *von Katte*, Vater des Enthaupteten, heiratete. Sie war dieses letzteren Stiefmutter, Kattes Mutter eine Wartensleben. Dies alles ist sehr interessant. Die Schicksale dieser Frau fallen noch in die Lebenszeit ihres Vaters *Ludwig* von Bredow, lassen sich also da sehr gut behandeln.

Landin

1. Kapitel. 1. Im Herrenhause zu Landin ist das Bild von … Das ist der, der die von Metzsch heiratete. Dies nun schildern und nachher die von Katte.

2. Kapitel. 1. Im Herrenhause befindet sich auch noch ein Portrait des Landrats von Bredow, Vater des gegenwärtigen Besitzers. Alles Familienhafte ganz kurz. Dann zu den Details des Herrenhauses übergehend. Park. Der Berg in der Nähe.

Landin

Der Bericht über die beiden jetzigen Bredows:

1. den Major oder Oberstlieutenant bei den Brandenburg. Kürassieren u.

2. Max von Bredow auf Landin (vermählt mit Gräfin Schwerin) sowie über die Eltern der beiden Brüder, den Landrat von Br. und seine Gemahlin, geborene Gräfin *Schmettau*, steht S. 554–56.

Das Herrenhaus zu *Wagenitz* und das zu *Landin* wurden wohl zur selben Zeit gebaut und von demselben Mann mit dem Gelde der *von Metzsch,* daher haben sie eine Ähnlichkeit.

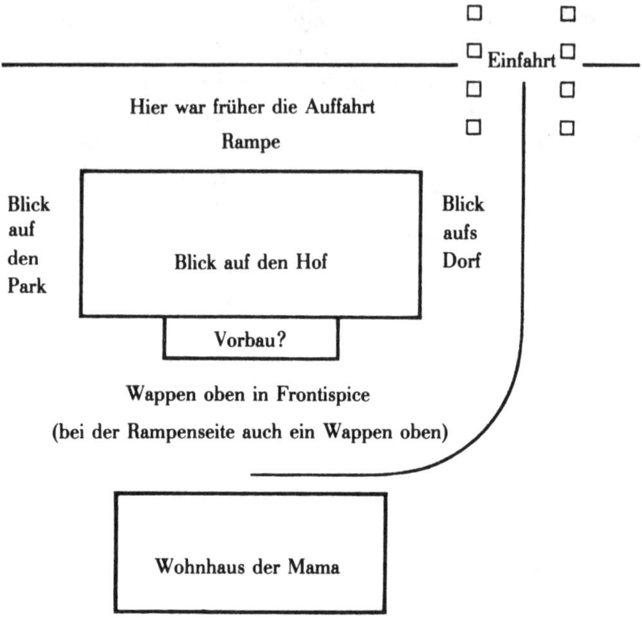

Die Geschichte von dem humoristischen Herrn von Senfft-Pilsach. Außerdem von »Aurora« und dem Wettrennen.

Landin

1. Wilhelm Leopold von Borck. Major von der Armee Seiner Majestät des Königs von Preußen. 1785 (gutes Bild).

2. G. D. von Br. (Georg Dietrich von Bredow). Große geschliffene weiße Platt-Likörflasche aus dem Anfang des 18. Jahrhunderts mit dem schön eingeschliffenen (auffallend schön) Bredowschen Wappen.

3. Ein *von Rathenow.* Pour le mérite; gestickte Hoftracht;

darunter ein Küraß. Er hat entweder sehr volles Haar oder eine mäßig große Perücke, was in der Zeit, wo der Pour le mérite schon existierte, auffällt.

4. Ein *Herr von Bredow*, noch sehr jung, in roter Hoftracht, Puderlocken, weißer Binde (Tuch), kleinem Jabot, weite Rockärmel mit Aufschlägen von demselben Stoff, kleiner eleganter Dreimaster. (Ziemlich hübsches Bild.)

5. Verschiedene Bildnisse Bredowscher [Damen?]

6. *Johann Ludwig* von Bredow, K. Preuß. Oberst der Kavallerie, geboren 10. April 1765, begraben den 7. Mai abends um zwölf Uhr in der Dorotheenstädtischen Kirche zu Berlin. Hübscher Mann und hübsches Bild. Weißer Kürassierrock, mit Brustharnisch darüber, weißes gepudertes Haar, weißes Halstuch mit Rot. Von Pistolenkugeln durchschossen seitens der Franzosen 1806.

7. Bildnis des Vaters des gegenwärtigen Besitzers.

8. Bildnis des Großvaters des gegenwärtigen Besitzers. Gesellschaftstracht. Blauer Frack, rote Weste, großes weißes Jabot und weißes Halstuch, schlichtes braunes Haar. Gutes lebensvolles Bild etwa aus der Zeit von 1798 bis 1808.

9. *Vogelzimmer.* Siehe weiterhin unter Nummer 13.

10. *Die schöne goldene Uhr.* Dick, golden. Von Groß- oder Urgroßvater herstammend, Mitte des vorigen Jahrhunderts oder noch früher. Perigal. London. Das goldene Uhrgehäuse beschreiben.

11. Ein Christusbild, volle Figur, das ganze Blatt etwa Größe und Format von Schellers Lexikon, Hintergrund himmelblau, davor die Gestalt Christi, grünes Gewand, rotes Obergewand, eine Aureole ums Haupt, die Erdkugel oder Weltkugel in der Hand, das Haar kraus, blond, der Ausdruck ernst, großäugig, verbiestert, abweichend vom Herkömmlichen. Rechts die Zahl 1584. Es wirkt wie ein gutes modernes Buntdruckbild; es gilt aber als ein Original aus der Zeit des 16. Jahrhunderts, was ich nicht recht glaube. Erzählen, durch wen und »wie« das Bild in die Familie gekommen ist. Der Ausdruck ist halb Maßmann, halb Schauspieler Siegrist.

12. Schöne alte Öfen. Auf massiven Messingfüßen ein Eisenkasten mit dem braunschweigischen Wappen (also wahrscheinlich Arbeiten aus Ilsenburg etc.) und schönen al-

ten Kacheln, dunkellila der Rand, dann weiße Fläche und in dieser eine Vase mit Blumen, beides (Vase und Blumen) blau.

13. Ein als Gitterlaube gedachtes Zimmer. Die (gemalte) Gitterung ist immer durch große Bildflächen (wie große Spiegel) unterbrochen, die eine tropische Landschaft und tropische Vögel darstellen: Pfaue, Reiher, Flamingos, Fasane, aber alles Phantasiegeschöpfe unter Blumen und Palmenbäumen.

14. Herr von Bredow, der in Ägypten etc. war, hat viel von seinen Reisen mitgebracht: Teppiche, Shawls, Kissen, Tischdecken, Waffen, Damaszenerdolche, Götzenbilder, Perlmuttertischchen, schöne Riesenphotographien aus Rom, schöne silberne Spangen aus Nubien (also wahrscheinlich nubische Arbeit) als Fußringe für die »ancles«. Die Nubierinnen müssen danach sehr dünne, feine Gelenke haben.

15. Die dicke goldene Taschenuhr (vgl. Nummer 10). Die eigentliche Uhr – alles von Gold, auch das Zifferblatt – ist von *durchbrochener* Arbeit in der ersten Kapsel. Nun kommt das zweite Gehäuse, das erheblich in Relief, um nicht zu sagen, Hautrelief gearbeitet ist. Es stellt eine ganze Szene dar, die entweder historischen oder mythologischen Inhalts ist. Es ist also entweder Venus, die mit Amor (der eben seinen Bogen spannt) einem Mars oder Marssohn naht, der sich durch ein Argusschild (?) oder durch einen Schild mit einer Schreckensmaske darin zu verteidigen trachtet, oder aber es ist *Cleopatra*, die mit Amor auf Antonius oder vielleicht auch Octavian zuschreitet, in der Absicht, ihn zu erobern. Hinter ihm steht noch ein anderer Römer (als Krieger) in römischem Helm. Das Ganze sehr schön, sehr wertvoll, wahrscheinlich aus der Zeit von 1740 bis 70.

16. Drei wundervolle Brillanten oder Diamanten, sogenannte Golkondas, eine davon als Broche gefaßt, die beiden andern als Ohrgehänge. – Frau von Bredow, geborene Gräfin Schwerin, hat sie mit in die Ehe gebracht. Es heißt, daß ein Arnim – vielleicht der berühmte – sie während des Dreißigjährigen Krieges aus dem Prager Schatz mitgehen ließ. Später kamen sie durch Heirat an die ostpreußischen Schwerins (Wildenort), nun nach Landin. Sie sind so schön, daß sie dem Prinzen Albrecht auf einem Hofball auffielen,

der sich sogleich nach dem Näheren (er ist Juwelenkundiger) erkundigte, bis schließlich nichts übrigblieb, als ihm die Geschichte zu erzählen. Es machte keinen Eindruck auf ihn; er schien dies alles als selbstverständlich zu nehmen. Bei Diamanten hört alles auf, wie bei Prinzen auch.

17. Desselben Ursprungs ist ein schönes Perlenhalsgeschmeide (Collier) mit einem reichen Diamantschloß.

18. Von besonderer Schönheit — schönheitsvoller, wenn auch vielleicht nicht wertvoller als die letztgenannten Nummern — ist ein großer italienischer Halsschmuck, römische Arbeit von …, die Herr von Bredow-Landin seiner damaligen Braut von seiner großen Reise mit heimbrachte. Er hatte in Karak oder Luxor mehrere Skarabäen erstanden, von denen drei sehr gut waren, besonders einer von grauer Farbe (die beiden andern sind grün). Er erfuhr in Caire oder Bulak, daß der eine Skarabäus sehr wertvoll sei. Die Inschrift lautet: »Hofmarschall des Königs Tutmes des Dritten …« und dann noch ein paar Worte. Dies bestimmte ihn, die Skarabäen fassen und dieselben einem prachtvollen Halsschmuck einreihen zu lassen, den er seiner Braut nun mitbrachte. Die drei Skarabäen, von denen jeder einzelne eine schöne große Ovalfassung hat, hängen an dem Gesamtcollier, können aber auch einzeln ausgehakt und als Brochen getragen werden.

[*Es folgt die Zeichnung eines Grabmonuments mit folgender Inschrift:* Karl Ernst Samuel von Bredow. K. Pr. Rittmeister a. D., Erb- und Gerichtsherr auf Landin. 29. Februar 77. Vorn gesenkte Fackel. Hinten Wappen. Rechts: Geliebt und dankbar verehrt von den Seinen. Alles von Gußeisen. Schinkel-Zeit.]

Landin

1. Haus. Dorf. Familie.

2. Von Hügeln eingefaßt, unter denen ein paar, die an die älteste Bredow-Sage anknüpfen.

a. Der Ruilsche Berg oder Rusche-Berg, früher Nonnenkloster oder Stationskapelle. Die Schürze reißt, und der Sand, der, von einem Platz bis zum andern, durchs Luch reichen sollte, fällt nieder. Das ist der Berg.

b. Der Rhin- oder Teufelsberg. Nippe, nipp Nepel, du hast en großen Schepel.

c. Der Marktberg. Ostern die Leute, die hier jubeln. Pfingsten die Nachbarpastoren, bis zu zehn, die hier zusammenkommen u. Picknick und Tanz haben.

3. Der Inhalt des Hauses. Das Haus selbst. Wappen, Park. Alte Bäume. Bilder und sonstige Schätze.

4. Die reizende kleine Geschichte: »Nu bin ich doch wieder ›*du*‹?« Spielkamerad, Milchpächter, mündliche Abmachung, jahrelang gut, dann schlecht. Nun will er's ändern. »Nein«, sagt Herr von Bredow, »das geht nicht.«

»Wir haben ja keinen Kontrakt.«

»Ja so, wenn Sie sich darauf berufen, dann sind wir fertig. Es ist gut, Sie können tun, was Sie wollen.«

Ein paar Wochen später kam die Aussöhnung, an deren Schluß der Milchpächter sagte: »Nu bin ich doch wieder ›du‹.« Sie nennen das auf dem Lande, schön und poetisch, das »Ehren-Du«*.

Landin

Das Haus, das jetzt steht, stammt aus der Mitte des vorigen Jahrhunderts und zeigt an Vorder- und Rückfront, das Haus hat eine doppelte Auffahrt, das Wappen der Bredows und Metzsch. Dies Arrangement des größeren Wappens ist frei behandelt (wohl nach Sitte der Zeit) und zeigt einen mit Girlanden umgebenen Obelisken, der sich zwischen den beiden Wappen erhebt (sie trennt) und über sie aufwächst. Die sonstige Einrichtung ist die herkömmliche: eine Flucht von Zimmern, von denen das eine Giebelzimmer den Blick auf den Park hat.

Dies vergleichsweis moderne Haus ist auf alten Kellergewölben errichtet, deren vielfach über vierzehn Fuß dickes Mauerwerk zeigt, daß hier ein alter Schloßbau von Bedeutung gestanden haben muß, dessen Ansehen wohl nur durch die Nachbarschaft der mächtigeren, größeren und politisch so vielfach bedeutender auftretenden Burg Friesack herabgedrückt wurde. Jetzt befinden sich die Küchen-

* Jeder gesund organisierte Mensch fühlt so. Meine Erlebnisse mit Krauses, Kirsteins (?) in Swinemünde.

und hauswirtschaftlichen Kellerräume in diesen Kellergewölben.

Der in den freien Wald übergehende schöne Park enthält eine Anzahl schönster Eichen und Akazien, letztere von so hohem Alter – weit über 200 Jahre –, daß dadurch die Sage widerlegt wird, alle Akazien in der Mark stammten von der Akazie aus Sanssouci, die zur Zeit Friedrichs II. dort gepflanzt worden sei. Auch Zedern finden sich.

Die Bilder, die vorhanden sind, sind ein Überbleibsel einer Galerie (eines Ahnensaals), deren Inhalt bei den Erbschaftsteilungen ebenfalls geteilt wurde und größeren Teiles nach Senzke, Wagenitz, Görne kam (dies erst feststellen). Landin war eine Dorfinsel, wie alle andern Dörfer im Luch. Das Luch umgibt es, das mehr und mehr seinen Charakter verliert und aus einer See- und Sumpfmasse eine Wiesenfläche wird. Der Wasserspiegel sinkt, und die Seen verschwinden ganz oder verkleinern sich und verlieren jährlich mehr an Terrain. Die Wasserflächen füllen sich mit Schlinggewächsen und wachsen zu. Aber eh sich dieser Prozeß ganz vollzieht, geht der Prozeß durch allerlei Stadien, das weiche Moorerdreich bleibt grundlos, und solche Stellen zu betreten ist im höchsten Maße gefährlich. Auch jetzt noch kommen Versinkungen vor. Das nächste Stadium ist dann eine dicke Decke über dem weichen Moorgrund, die den Menschen und zuletzt auch Fuhrwerk trägt, aber es gluck[s]t, und die Decke macht Wellenbewegungen. Der Wildstand ist ausgezeichnet: Hasen, besonders Rehe, welche letzteren den Luchaufenthalt lieben. Das Luch gestattet ihnen einen weiten Blick und zugleich gesicherte Plätze, die wegen ihrer Sumpfumgebung schwer zu erreichen sind. Im Winter gehen sie in den Wald (?), überall sind Futterplätze.

Die Umgegend ist reich an Ausgrabungsstücken, Waffen, Urnen, Schmucksachen, an historischen Erinnerungen, Erzählungen, Anekdoten, Sagen. Ganz in der Nähe ist der Teufelsberg. Hier muß nun Lehrer … mit seiner Sammlung und seinen Erzählungen aushelfen.

Landin

Bergkuppen umgeben es, von denen jede eine gute Aussicht gewährt. Jede hat natürlich ihren Namen, und so haben wir 1. einen Marktberg, 2. einen Ruil- oder Rühle- oder Rüscheberg und 3. einen Rhin- oder Teufelsberg. Alle gewähren sie einen trefflichen Rundblick über das Friesacker Land und über dasselbe hinaus bis an die Stöller Berge und Rathenow, bis Friesack, den Zootzen und die Wutze[tz]ger Forst, bis Nauen und bis Brandenburg, innerhalb dieses Zirkels die zur Herrschaft Friesack gehörigen Dörfer.

1. Der *Marktberg* mit dem Pastorsplatz. *Ostern* alles Volk von weither, um hier *Ostern* zu feiern und zu tanzen (?), ein Rest aus katholischer oder vielleicht heidnischer Zeit. *Pfingsten* kommen zahlreiche Pastoren aus dem Havellande und wohl auch aus andern Gegenden mit ihren Frauen, Kindern, Besuchern etc. hier zusammen und feiern Pfingsten mit Tanz und Gesang. Es geht sehr heiter zu.

2. Der *Ruilberg*. Über ihn fort ging der eine Hauptweg von Friesack durchs Luch, also ein Gebirgspaß. Hier oben stand ein Nonnenkloster, wahrscheinlich um eine Wallfahrtskapelle oder Wegestation wie bei Blankensee bei Saarmund.

3. Der *Teufelsberg*. Einige halten ihn für künstlich aufgeschüttet, und zwar für ein Wendenhäuptlingsgrab. Es ist möglich, daß man den Hügel zu diesem Zweck umgeformt und ihm einen künstlichen Aufsatz gegeben hat. Jedenfalls aber ist es die Stelle, wo die Haupt-Bredowsage spielt, die vom Teufel – Lippold (?) von Bredow. »Nippel, Nepel, wie grot is dien Schepel.« Das Loch, als Scheffelmaß, ist noch da. Hier, an der Südseite des Berges, wächst an einer bestimmten Stelle der sogenannte Pfauenflachs, der in der Stubenornamentik des Havellandes und in der Poesie der Dorfmädchen eine Rolle spielt. Sie pflücken das Gras (ein solches ist es) zu bestimmter Zeit, ich glaube, Ende Mai, dann pflanzen sie's zu Haus ein, bewässern es und bringen es zu prachtvoller Blüte, die den Charakter von langem Seidenhaar hat. Hiermit schmückt das havelländische Mädchen ihre Kammer, es ist das Makartbukett dieser Gegenden.

Es finden sich im Park und Wald von Landin sehr alte schöne Bäume, zum Teil wohl Überbleibsel aus ältester Zeit her, wie bis fünfhundert Jahre zurück, Quitzowzeit, namentlich Eichen und Buchen. Von letzteren Riesenexemplare. Der Versuch ist hier außerdem gemacht mit Akazienalleen an der Chaussee und den Wegen hin. Außerdem Zeder und ein großer Tollkirschenbaum (vielleicht wilde Kirsche, die sonst nur als Strauch vorkommt). Hier kommt auch viel Arnica montana vor, die von weit her im Havelland eingesammelt und als Heilmittel gebraucht wird. Es bleibt festzustellen, ob das etwas Besonderes ist. Der Pfauenflachs heißt Stipa pennata.

Die gegenwärtigen Grafen auf Friesack, Sohn und Vater

Die jetzigen Friesacker Grafen.

Des gegraften *Friedrich Ludwig Wilhelm* auf Kleßen jüngster Sohn hieß: *Karl Georg Gebhard Friedrich* und wurde 1791 zu Kleßen geboren. Trat 1811 bei der Garde-Artillerie ein, 1812 zu den Brandenburg. Kürassieren. Macht alle Campagnen mit. 1821 nimmt er als Rittmeister den Abschied; im selben Jahre verheiratet er sich mit einer *von Kaphengst.* Ihm fiel bei der Erbverteilung *Friesack* zu. Dort lebte er bis 1864. In seine Friesacker Zeit fällt das große Feuer von 1841. S. die Details S. 420.

Aus der Ehe dieses Rittmeisters *Karl* von Bredow mit der Kaphengst wurde *Karl Emil Friedrich Ferdinand Hermann* 1822 zu Friesack geboren (S. 421). Das ist der noch lebende Friesacker Graf, der sich zweimal verheiratete, das erste Mal mit einer *Gräfin Bredow* aus dem Hause Kleßen 1845, das zweite Mal mit *Bertha Wilhelmine Auguste* von Bredow 1866. Aus beiden Ehen wurden Kinder geboren, acht und eins.

Söhne erster Ehe:

1. *Karl Hasso Ferdinand Emil,* geboren 1846, fiel bei Vionville als Lieutenant im 3. Jägerbataillon.

2. *Karl Georg Gebhard Friedrich Siegfried,* der noch lebende, der im 7. Regiment, Liegnitz, den Siebziger Krieg mitmachte. Blieb noch im Regiment. Jetzt zu Haus beim Vater.

Aus zweiter Ehe:

Felix Carl Hermann Claus, geboren 1867.

Pastor emerit. Brandt und
Frau von Bredow-Schwanebeck, geborene Stwolinska
Potsdam, Marienstr. 4
Brandt: Charlottenburg, Spreestraße, Lehrschmiede

Pastor *Brandt* ist ein Schwiegersohn des alten verstorbenen *Pastor Hülsen* in Stechow (das zur Hauptsache, neben Kotzen, noch immer den Stechows gehört) und also Schwager des jetzigen Pastor Hülsen in Stechow. Er war lange Pastor in Stechow (wahrscheinlich zur Aushülfe des Alten) und weiß also alle Bredow- und Stechow-Geschichten aus der Nähe.

1. Die Geschichten vom alten Major von Stechow aus 48 und 49. 2. Geschichten aus Stechow. 3. Geschichten aus Kotzen. 4. Geschichten aus Nennhausen. 5. Geschichten aus Senzke. [*Dazu Blaustiftnotiz:* Pastor Emerich *Brandts* Vater war Oberroßarzt Brandt, Charlottenburg, Spreestraße, Lehrschmiede.]

Die Landin-Krieler Bredows

Landin. Landin stand in wechselndem Besitz. Es hatten es die und die, und erst 1666 (?) wurde es dauernd bredowsch. Aber auch von da ab schwankte der Besitz noch wieder innerhalb der Familie hin und her. Erst von ungefähr 1770 oder noch später an läßt sich von einer Landiner Linie sprechen, einer Abzweigung aus dem Wagenitzer Hause. Der erste dieser neuzeitlichen und kontinuierlichen im Besitz von Landin verbleibenden Bredows war der und der.

Stechower Linie, die mit *Landin* zusammenfällt. S. 542.

Stammvater:

Ernst Karl Gustav Dietrich, geboren 1755. Zietenscher Husar, nimmt aber schon 1779 den Abschied und zieht sich auf sein Gut Stechow zurück. Hier erbt er 1804 verschiedenes (wahrscheinlich Landin) aus der Erbschaft seines Bruders *Friedrich Ludwig* von Bredow. 1810 stirbt er, und es folgt ihm: [*Randbemerkung dazu:* Vielleicht erst von *hier* an. Er ist der Großvater des jetzigen.]

Karl Ernst Samuel, der zunächst nur Stechow und Lochow hat, aber aus dem Nachlasse *Friedrich Ludwigs* von

Bredow (s. S. 545) fallen ihm Landin und Kriele zu. Er stirbt 1859 zu Landin. Seine Söhne sind:

Maximilian Karl Friedrich Albert, geboren 1817 zu Landin,

Hugo Alexander Constantin, geboren 1823 zu Landin,

Hasso Heinrich Ludwig Wilhelm Karl, geboren 1812 zu Berlin. Vermählt sich mit Reichsgräfin *Schmettau* 1841 und erhält bei der Erbverteilung Landin und Kriele. [*Randbemerkung zu Vorstehendem:* Einer von diesen, hoffentlich der Letztgenannte, ist der Sieger bei Tobitschau.]

Seine Söhne sind:

Hermann Bernhard Ferdinand, geboren 1842. Oberstlieutenant im 6. Kürassierrgt.

Max von Bredow auf Landin, geboren 1855.

II

Der gegenwärtige Besitzer ist Max von Bredow, jüngster Sohn ... von Bredows. Sein älterer Bruder, gegen den das Los entschied (?), ist Oberstlieutenant von Bredow, Kommandeur des 6. Kürassierregiments.

Max von Bredow vermählte sich 187. mit Comtesse Schwerin-Wildenhof. Kinder: ...

Das Herrenhaus stammt schon aus der Zeit *Ludwigs* von Bredow, in seiner zweiten Ehe vermählt mit der von Metzsch. Deren Wappen befindet sich auch am Sims. Die Fundamente stammen aus einer viel früheren Zeit, der Park teils von Ludwig von Br., teils aus dem Ende des vorigen Jahrhunderts.

1. Die Bilder. 2. Die oriental. Waffen und ähnliche Dinge. 3. Die Brillanten. 4. Die Kirche. 5. Der Park.

Landin tritt auch schon zu der *von Metzschen* Zeit, also zur Zeit des Hauptmanns Ludwig von Br., hervor und fünfzig Jahre später noch mal – das ist aber immer episodisch und ohne Dauer und muß deshalb retrospektiv bei den Bildern abgemacht werden.

Die Lieper Bredows
(Abzweigung von Kleßen)

Liepe. S. 414.

Ein anderer Sohn des Grafen *Friedrich Ludwig Wilhelm* auf Kleßen war: *Ludwig Friedrich Wilhelm* von Bredow, geboren 1790 zu Kleßen. (S. 414.) Er wird Bergrat und heiratet eine Erdmann. Ein Sohn aus dieser Ehe ist: *Friedrich Ludwig Wilhelm*, 1819 geboren, erhielt die Namen seines väterlichen Großvaters, des ersten Grafen. Er starb kinderlos und ist der Erbauer der neuen Lieper Kirche.

Ländchen Friesack
Topographisch u. politisch in Geschichte u. Sage

Titel. Das Ländchen Friesack und die Bredows (Friesacksche Linie).

1. Vorwort. 2. Das Ländchen Friesack. Berghaus. 3. Der Zootzenwald. Berghaus. Klöden. 4. Burg Friesack. Familiengeschichte. 5. Kleßen. Die Murat-Affaire. 6. Görne. Die hübsche Frau mit den drei Bredow-Männern. 7. Wagenitz. Reformationszeit. Kirchenbild. Friderizianische Zeit. Bilder im Schloß. (Wagenitz wahrscheinlich gleich nach Friesack.) 8. Senzke. Zeit von anno 13. Aurora. Waldersee. 9. Landin. Geborene von Katte und von Metzsch. 10. Kriele. Der alte Lehrer. 11. Liepe. Graf Bredow-Liepe. Historiker. 12. Briesen. General von Bredow. 13. Stechow. Pastor-Hülsen-Familie. 14. Nennhausen. Briest. Fouqué. Pfuel.

1. *Burg Friesack.* Alles, was mir hier noch fehlt, kann ich auf der Burg mit Hülfe Friesacker Enthusiasten leicht erfahren.

2. *Görne.* Hier habe ich alles Nötige. Der Graf kann vielleicht die Landschaftsbilder näher bestimmen.

3. *Kleßen.* Auch hier habe ich alles. Berg. Aussicht. Das Gewitter. Der See. Der Silberhumpen. König Murat.

4. *Liepe.* Das Charakterbild des Grafen und die in gewissem Sinne merkwürdige Kirche. Einziges Seitenstück die in Neuhardenberg.

5. *Landin.* Der Moorgrund. Die sagenhaften Berge. Einige Sachen von Kunstwert. Modern. Ägyptisch etc.

6. *Kriele.* Die Kirche. Nicht bedeutend. Lehrer Zowe.

7. *Briesen.* Der alte General. Der Todesritt von Mars la Tour. Erinnerungsstücke.

8. *Senzke.* Hier ist viel. Der alte Senzker. Das Wettrennen. Das Buch von anno 13. Die Landwehrfahne. Waldersee. Sein Begräbnisplatz. Das Bischofssiegel.

9. *Wagenitz.* Hier ist *sehr* viel. Bilder, Waffen, Tapeten, Schlachtgemälde, Kunstwerke, Sammlungen, Begräbnisplatz.

10. *Der Zootzen.* Den Zootzen muß ich noch bereisen.

11. *Bredow.*

12. *Stechow.* Das Predigerhaus. Die Predigt, Familie Hülsen.

13. *Markau.*

14. *Markee.*

15. *Kotzen.* Herr von Stechow oder Junker von Stechow s. *Haases* Ruppiner Sagen. Die Marwede-Geschichte.

16. *Nennhausen.* Briests, Rochows, Fouqués, von Pfuel.

17. *Pessin.* Dies ist die Kampfesstätte (oder vielleicht in Zootzen) der Ribbecks, Knoblochs und Bredows.

18. *Knobloch.* Hier die Judengeschichte mit der Oblate.

19. *Ribbeck.*

20. *Lochow.*

21. *Buchow-Carpzow.*

22. *Dyrotz.*

23. *Lentzke.*

24. *Schwanebeck.*

25. *Vietznitz.*

26. *Wutzetz* (Ruppin).

27. *Mankmus* (Prignitz). Dazu kommen die Güter im Oberbarnim und der alte Besitz in Kremmen, Rheinsberg, Löwenberg. Ferner Brandenburg.

Das Ländchen Friesack

[*Notiz auf einem Kuvert:* Das neuerdings errichtete Friesack- oder vielleicht Plaue-Erinnerungs-Denkmal. *Wenn* es existiert, dann es beschreiben und Blick von ihm ins Luch. Auch Blick auf *Thure.*]

Das Ländchen Friesack. In dem großen havelländischen Luche gab es (als das Luch noch ein Sumpfland war) fünf kleine Inseln; eine davon (neben den Inseln Glin, Bellin, ... und Nußwinkel) war das Ländchen Friesack.

1. Seine Lage. 2. Seine Größe. 3. Seine Grenzen. 4. Seine Besitzteile: Dörfer (auch die angrenzenden) und Wald. 5. Beschaffenheit des Bodens. 6. Bewohnerschaft. Holländisch. 7. Seine Sagen. 8. Der Charakter seiner Bewohner. 9. Nüchtern, zuverlässig, tüchtig, eine Musterbevölkerung. Zum Teil ein Verdienst des guten Zusammenlebens mit der Herrschaft. 10. Seine Historie. Diese ist unbedeutend. Kremmen, Fehrbellin, Linum, Bamme, Nennhausen, Plaue, Brandenburg — das alles lehnt sich an, aber gehört nicht mit dazu. Der einzige historische Punkt ist *Burg Friesack*, allerdings ein Platz historisch ersten Ranges für unsere Geschichte.

Der Bredow-Sagen gibt es drei oder vier:

1. Die Entstehung des ... Berges. Die Schürze reißt, und der Sand (der den Damm bauen sollte) fällt zur Erde und liegt als Berg da.

2. Der Teufel und Lippold von Bredow. »Nippel, Nappel, Nepel, du hast 'nen großen Schepel.«

3. Der Teufel holt Lippold von Bredow.

4. Der Teufel holt ihn *nicht*, weil Frau von Bredow ihren Mann rettet.

5. Herr von Quitzow und der Junker von Stechow.

6. Major von Stechow und der Marwede-Verfasser. (S. Haases Ruppiner Sagen.)

Es ist sehr wahrscheinlich, daß es im Havelland noch sehr viel mehr Sagen gibt, die sich teils auf die Bredows, teils auf Örtlichkeiten beziehen.

Ländchen Friesack

Erst das Allgemeine, Topographische. *Dann:*

Dies Ländchen Friesack wurde nun von »Burg Friesack« aus regiert. Auf diese Burg Friesack kommen wir weiterhin zurück. Hier nur nenne ich die Burg, um zu zeigen, wie von dort aus das Regiment ging. Nun die Stelle aus Graf Bredows Buche. Dann:

Das Regiment war patriarchalisch und hatte die Vorzüge und Nachteile davon. Es gab auch unruhige Zeiten, namentlich im Reformationszeitalter – siehe unter Hartwig II. –, wo offene Auflehnung war. Aber das waren Ausnahmen; im allgemeinen ein musterhaftes Verhältnis, das die Bevölkerung und die Herrschaft ehrt.

»Na, nu bin ich wieder du.« Dann Rittmeister von Stechow. Alles wie Familie.

Historisch war hier nicht viel los, die Historie liegt drum herum.

Aber *Sage* mancherlei. Siehe das Konvolut »Landin« und Schwartz und den Ruppiner Lehrer und die andern Sagenbücher.

Dann die Schilderung des *Luch*charakters. Siehe Konvolut Landin. Auch die Vegetation. Aconit. Arnica.

Topographisch siehe Berghaus.

S. 65. Politische Beschaffenheit und Gliederung des Ländchens.

Die Bredows. Ganz allgemein. Wie sie kommen, das Ländchen erwerben, besitzen, halten. Hier alles, was über die Familie im allgemeinen zu sagen ist.

S. 50 u. 52. Bischof Joachim (Bredow) von Brandenburg. Etwa 1430 or so about zu Friesack geboren. 1485 Bischof. Stirbt 1507. Grabstein in Brandenburg.

Diesen Bischof vielleicht woanders behandeln, vielleicht bei *Friesack*, wenn er dort geboren oder erzogen war.

Vorwort (enthält noch nichts).

Buchow-Carpzow. Gehört einem netten Herrn von Bredow, bei dem Herr von Stechow mich einführen will. Vorher Pastor *Brandt* fragen.

Ringenwalde, Ihlow, Wölsickendorf (enthält noch nichts).

Rheinsberg (enthält noch nichts).

Vehlefanz. Und vielleicht noch andere Dörfer: Schwante, Marwitz, Groß Zieten.

Kremmen (enthält noch nichts).

Groß Bähnitz (enthält noch nichts).

Priort. Besitz des Herrn von Monteton. Gehört Herrn von Monteton, der ein sehr netter Herr sein soll und auch geneigt, über die Bredows früherer und jetziger Zeit allerlei zu erzählen. Vorher Pastor *Brandt* fragen.

Die Bredows
Ihre Geschichte und ihr Besitz

Die Hauptsache ist, daß ich – denn das Material scheint reich, aber nicht sehr interessant zu sein – eine gut gegliederte Einteilung finde, so daß die Kapitelüberschriften immer einen deutlich sprechenden historischen Hintergrund geben, der nun beiträgt, die Gestalten, auch wenn nicht allzuviel mit ihnen los ist, zu beleben.

Ich muß den Gesamtstoff in vier Hauptabschnitte und jeden Hauptabschnitt in etwa sechs Kapitel (größere und kleinere, je nachdem) teilen. Und zwar wie folgt:

I. Abschnitt

Die Bredows vom Regierungsantritt des Markgrafen Waldemar bis zum Regierungsantritt Joachims I. (oder vielleicht auch Joachims II., weil nun erst, lutherisch, die neue Zeit anfängt).

1. Kapitel. Die Bredows unter Markgraf Waldemar
2. Kapitel. Die Bredows unter dem falschen Waldemar
3. Kapitel. Die Bredows unter Markgraf Jobst und in der Quitzowzeit
4. Kapitel. Die Bredows unter Kurfürst Friedrich I.
5. Kapitel. Die Bredows unter Kurfürst Friedrich Eisenzahn
6. Kapitel. Die Bredows unter Albrecht Achill und Johann Cicero
7. Kapitel. Die Bredows unter Kurfürst Joachim I.

Ich muß mir nun von Generation zu Generation – in den meisten Fällen handelt es sich um eine Epoche von zwanzig bis dreißig Jahren – *einen* Haupt-Bredow aussuchen (unter Umständen können es auch zwei, drei sein) und diesen zeigen, wie er zu den *Ideen, Vorgängen* und *Machthabern* seiner Zeit stand. Hat er dann persönlich auch nicht viel Interessantes getan, so kann ich es doch durch Rahmen und Hintergrund einigermaßen zwingen.

II. Abschnitt

Die Bredows vom Regierungsantritt Kurfürst Joachims II. bis zum Regierungsantritt Kurfürst Friedrichs III.

1. Kapitel. Die Bredows unter Joachim II.

2. Kapitel. Die Bredows unter Joachim Friedrich, Johann Sigismund etc.

3. Kapitel. Die Bredows unter Kurfürst Georg Wilhelm (Dreißigjähriger Krieg)

4. Kapitel. Die Bredows unter dem Großen Kurfürsten bis Fehrbellin

5. Kapitel. Die Bredows unter dem Großen Kurfürsten von Fehrbellin bis zum Tode des Kurfürsten.

III. Abschnitt

Die Bredows vom Regierungsantritt Friedrichs III. (oder vielleicht König Friedrichs I.) bis zum Tode Friedrichs des Großen. (Vielleicht hieraus *zwei* Abschnitte machen, erst bis 1740, dann bis 86).

IV. Abschnitt

Die Bredows vom Regierungsantritt Friedrich Wilhelms II. bis zum Tode Friedrich Wilhelms III.

V. Abschnitt

Die Bredows vom Regierungsantritt Friedrich Wilhelms IV. bis zum Tode Kaiser Wilhelms I.

Der Hauptakzent wird zu legen sein: 1. auf die Quitzowzeit (vielleicht auch schon vorher auf die Zeit unter dem falschen Waldemar). 2. Auf die Zeit unter Joachim I. (Raubrittertum). 3. Auf die Zeit unter Joachim II. (Luther-Zeit). 4. Auf die Zeit unter George Wilhelm (Dreißigjähriger

Krieg). 5. Auf die Schwedenzeit und Fehrbellin. 6. Spanische[r] Erbfolgekrieg. 7. Die Schlesischen Kriege. 8. Den Siebenjährigen Krieg. 9. Revolutionszeit und Jena. 10. Die Befreiungskriege. 11. Die Zeit von 1848. 12. Die letzten drei Kriege. – Kann ich Gestalten finden, die mit Krieg und Politik *nichts* zu tun haben und Gelehrte sind oder epochemachende Landwirte oder passionierte Reisende oder Originale oder fragwürdige Genies, so desto besser. Denn ich muß die militärische und administrative Einförmigkeit zu vermeiden suchen.

Bis jetzt scheinen mir zu brauchen:

1. Bischof von Bredow. Quitzowzeit
2. Lippold von Bredow. Jobst- u. Quitzowzeit
3. Der Bredow unter Joachim I.
4. Die Bredows in der Fehrbellin-Zeit
5. Bredows in den Friderizianischen Kriegen
6. Bredow und Abt Sieyès, von dem Marwitz erzählt
7. Graf Bredow-Liepe. Politisch und literarisch
8. General von Bredow-Briesen bei Mars la Tour.

Auf die Linien darf ich keine Rücksicht nehmen und muß immer anfangen: der Mann *dieser* Epoche war X. von Bredow aus der Kremmener oder Friesacker oder Bredower Linie.

Klessen

Haus Kleßen.

Kammerherr *Gebhard Ludwig Friedrich* von Bredow. Geboren 1693. Dieser lebte nun wirklich auf Kleßen. Er starb 1772 – neunundsiebzig Jahre alt. Sein gutes Bild befindet sich zu *Görne.*

Georg Christoph Ludwig in Militäruniform. Ein Bild von ihm war bis 1841 in der Kirche zu Friesack, seitdem in *Wagenitz.*

Auf diesem Bilde auch eine Darstellung von Schloß Friesack *vor* 1778, aber auch modern. 1778 wird dann das jetzige Fachwerkhaus gebaut. S. S. 387.

Georg V. Dieser ist der älteste Bruder der beiden *Wagenitzer* und Sohn Hans Christophs I. Ist aber doch bei Kleßen zu behandeln, weil er wohl hier eine Linie gründet.

Sein Leben ist uninteressant (S. 345 etc.) und kann wegfallen, jedenfalls braucht *Kleßen* nicht mit ihm eröffnet zu werden. Aber das ist richtig, er heißt *Georg von Bredow auf Kleßen.* (S. 352.)

Veränderungen, bauliche und sehr wichtige, auf Burg Friesack S. 355.

Georg Friedrich Ulrich auf Kleßen stirbt 1777. S. 388.

Balthasar Otto Philipp, geboren 1735 zu Kleßen. Guter Soldat.

Kleßen. 1. Kapitel. Das Herrenhaus. Die betreffenden Bilder oder das betreffende Bild.

1. Der alles wieder zusammenbringt und gegraft wird.
2. Die Kriegszeit.
3. Seitdem alles wieder still.

Kleßen. 2. Kapitel.

1. Das Herrenhaus. Lage. Beschaffenheit.
2. Bilder, Sehenswürdigkeiten. Kuriositäten.
3. Das zerfallene Aussichtsschloß.
4. Die Gewitter.
5. Die Kirche.
6. Der See.

Wagenitz

Sieben Kapitel

Als Entwurf ist alles, was dies Konvolut enthält, gut und so gut wie fertig. Die Ausfüllung ergibt sich leicht aus dem Bredow-Buch. Für Anfang und Schluß ist freilich ein nochmaliger Besuch in Wagenitz nötig.

Die Bearbeitung des Stoffs (nach Erledigung von Burg Friesack) muß so erfolgen, daß ich

1. mit Wagenitz beginne, und zwar mit dem Bilde in der dortigen Kirche, das einen alten Bredow und vier oder fünf Söhne darstellt.

2. Ich schildere nun den Alten (ich glaube, der, dessen Vater von Soldaten im Dreißigjährigen Krieg ermordet wurde) und dann *den* Sohn des Alten, der Wagenitz erbt.

3. Die drei oder vier andern Söhne, die, glaub ich, nach Kleßen, Görne, Landin, Liepe, vielleicht auch Briesen kamen, begleite ich nun dorthin und beginne jedes neue Dorfkapitel:

»Wir kehren zu dem Familienbilde in der Kirche zu Wagenitz zurück. Der zweite Sohn (der dritte, der vierte etc.) erhielt das und das Gut und vermählte sich mit der [und der] und tat das und das.«

Wagenitz

Das große Familienbild in der Kirche:

Hans Christoph von Bredow in voller Manneskraft unter seinen vier Söhnen stehend.

Hans Christophs *Gemahlin* Barbara Dorothea von Görne mit ihren sechs Töchtern vor einem Kruzifix kniend. Jahreszahl 1667. Die männlichen Portraits gut ausgeführt. Alle Geburtstage sind angegeben. Das Bild ist gut und wichtig.

Die vier Söhne waren:

Georg von Bredow. 20. Februar 1653

Ludwig von Bredow

Hans Christoph II. von Bredow. Geboren 25. Febr. 1657

Wichard Friedrich von Bredow. Geboren 8. August 1659.

Die beiden jüngeren erlöschen in derselben oder in der nächsten Generation; die beiden älteren setzen die Wagenitzer Linie fort, und zwar in *Wagenitz* und in *Kleßen* (und dadurch wohl auch in Görne).

Hans Christoph von Bredow (der Vater der vier Söhne auf dem Familienbild).

Sein Leben ist beschrieben: Graf Bredows Buch S. 235 bis 324 und, die sechs Töchter mit eingerechnet (deren Schicksale ich bei zweien auch in Hans Christophs Lebensgeschichte erwähnen muß), bis S. 326. Sein Leben ist interessant. Auch das der zwei jüngeren Söhne ist, bei Schilderung der Lebensschicksale des Vaters, vielleicht – wie das der zwei *interessanten* Töchter – mit einzuschlachten.

Auch aufzählen, *was* er alles besaß oder erwarb und was sich nun teilte, als er starb und die neuen Linien schuf. Er besaß (bloß im Lande Friesack): Wagenitz, Kleßen, Görne, Dikte, Teil von Friesack, Brädikow, Briesen, Vietznitz, Hage, Liepe, Kriele.

Auf diese Weise kann ich, wenn es so zutrifft, wie ich vermute, die Güter Wagenitz, Kleßen, Görne, Landin, Liepe, Briesen hintereinander erledigen und alle wie Zweige von Wagenitz aus. So daß sich eine Zusammengehörigkeit ergibt, Einheit, Abrundung.

Es bleibt dann nur noch Kriele, Zowe, Stechow, Nennhausen, von denen jedes seinen Mann steht und mit den Bredows nichts zu schaffen hat. Statt dessen: Lehrer Zowe, die Stechows, die Pastor Hülsens, Briest, von Rochow, Fouqué und wieder von Rochow.

[*Das Folgende am Rand mit* »gut« *bezeichnet:*] Die *Wagenitzer* Geschichte verläuft also so:

1. *Bild* in der Kirche.

2. *Hans Christoph* von Bredow.

3. *Ludwig* von Bredow. (Die drei andern Brüder, darunter auch der Kleßener, nur in einer Anmerkung erwähnen, die ⅔ Druckseite lang sein kann. Auf ihr gutes Einvernehmen hinweisen.) Auf den Kleßener komme ich dann natürlich bei Kleßen zurück. Die zwei Frauen: Katte, Metzsch.

4. *Ernst Wilhelm* von Bredow. S. 452.

5. *August Friedrich Wilhelm* von Bredow. S. 514. Mit Murat. Fällt bei Liebertwolkwitz.

6. *Karl* Ludwig Friedrich Wilhelm. Bis S. 520. Dies ist *der* aus der Zeit König Friedrich Wilhelms III. Theater im Schloß. Ornithologe etc.

Dann drei Sternchen und nach den drei Sternchen eine kurze Schlußschilderung über den Sohn Karls (der Sohn baut das Schloß um 1853) und den Großneffen, der an die von Arnim verheiratet war.

Dann als siebentes und Schlußkapitel: das gegenwärtige *Schloß* und die *Kirche*. Beides ausführlich.

Hans Christoph von Bredow, geboren 1623, gestorben 1691. Mit diesem springt es nach *Wagenitz* über. S. 285. Dies ist der, der

1. das Bild in der Wagenitzer Kirche malen ließ oder es »stiftete« und von dem

2. eine Leichenpredigt existiert, die Pastor Kleinow zu Senzke hielt.

Er wurde 5. November 1623 geboren, starb am 1. Juni 1691. (Leichenpredigt gehalten viel später, am 3. September.)

Er war der jüngste der Söhne des Georg von Bredow, der 1637 oder 38 zu Wagenitz von Soldaten ermordet wurde. Er rettete sich dadurch, daß er sich hinter dem Ofen versteckte.

[*Randbemerkung zu den beiden folgenden Bredows:* Dies sind die Brüder. Vielleicht in einer Anmerkung.]

Hans Christoph II. Es hat doch das Interessante, daß er in Anspach Rat war, und der Verdacht gegen Dorothea, zweite Gemahlin des Großen Kurfürsten.

Wichard Friedrich. Hat das Interessante, daß er katholisch wird, dann wieder protestantisch, und dann, daß er (vielleicht) das kleine hübsche Wohnhaus in Friesack, auf seinem dortigen Anteil, baut.

Am 20. Juni 1639 kommt er als Page an den Hof, wie es scheint, in den Haushalt des Grafen Schwarzenberg.

1641 stirbt Schwarzenberg, und Hans Christoph geht mit dem *Sohn* Schwarzenbergs nach Wien.

1642 zurück. Alles devastiert. Er greift aber tüchtig zu. Prosperiert. Gute Betrachtung über die Zeit. (S. 286.)

1645 erhält er drei Lehnbriefe und besaß nun:

1. *Wagenitz,* sein Hauptgut, Rittersitz und Dorf.

2. *Friesack,* den halben Anteil von Schloß- u. Grundbesitz.

3. Dorf und Rittersitz (?) *Liepe.*

4. Halb *Brädikow* und halb *Kleßen.*

5. Ein Drittel des *Zootzen*waldes.

1645 vermählt er sich mit der trefflichen Barbara Dorothea von *Görne.*

Den auf S. 289 gegebenen Gedanken ganz *kurz* geben: es war eine merkantile Zeit, immer erwerben, er war aber darauf aus, das unter Lippold dem Prachtliebenden Verlorengegangene *wieder* zu erwerben. Das war eine Art Idealismus. Kleiner Streit mit der kurfürstlichen Verwaltung wegen des Jagdrechts im Zootzenwald. S. 300 u. 301.

Streit mit Bürger Klein-Hempel in Friesack. S. 301 u. 302.

1675. Schwedenzeit. Fehrbellin. Er kauft ein Haus in Spandau. Sein Schwiegersohn von der Marwitz fällt bei Fehrbellin.

1676 u. 78 Streit mit Rittmeister von Beeren.

1678 stirbt seine Frau, die geborene von Görne. Eine Stelle nehmen von S. 309 über Krankheit und Tod, aber kurz.

1683. Lehne. »Muthung« unterlassen. Kleine Geldstrafe. Alles beginnt, einen modernen Charakter anzunehmen, es wird regelrecht regiert.

1686 verliert er wieder einen Schwiegersohn vor Ofen, den Kapitänlieutenant von Rülicke.

1688 ist er beim Begräbnis des Großen Kurfürsten. Sehr ehrenvoll.

1690 u. 91. Seine Krankheit und Tod.

Sein Bild mit Frau und vier Söhnen vor einem Kruzifix kniend. Die Verse darunter sind unerquicklich, schwülstig, halb unverständlich und extravagant. Zum Beispiel:

Hab ich nur, Jesu, Dich, in meinem Jammerherzen,
Nach Himmel frag ich nicht und nicht nach Welt
und Schmerzen.

Himmel bedeutet doch Seligkeit, und die Jesusliebe des Dichters geht so weit, daß er, wenn er nur Jesus hat, den Himmel Himmel sein läßt. Ich kann mir kaum denken, daß dies jemals christliche Anschauung gewesen sei, und sehe in diesen Zeilen nur eine starke licentia poetica eines Dichters, der es durch Übertreibung zwingen will. In den vierziger Jahren dieses Jahrhunderts gab es einen Freiheitsdichter, der sich blind zu sein wünschte, damit er die schändliche Knechtschaft nicht länger mehr zu sehen brauche. Das Kleid wechselt, die Tollheit bleibt dieselbe.

Zweierlei tritt einem aus dem Leben Hans Christophs entgegen: der sich wieder regende Sinn nach Ordnung und Besitz und eine echte, schöne Frömmigkeit, die als ein echter Gefühlsausdruck rührend wirkt.

[*Randbemerkung zum Folgenden:* Dies als Anmerkung da, wo der Tod des von der Marwitz im Text erzählt wird.] Der gefallene Schwiegersohn von der Marwitz wurde wahrscheinlich vom Schlachtfeld abgeholt und in der Kirche zu Friesack zeitweilig oder für immer beigesetzt, was später in der Friesacker Gegend zu der Legende (?) führte, Froben sei daselbst beigesetzt worden. S. 325.

Dieser *Hans Christoph I.*, eine verhältnismäßig interessante Figur (wenn auch eigentlich nur durch das Kirchenbild) hatte vier Söhne:

1. *Georg* von Bredow, Stifter der Linie Kleßen. Fängt an S. 344.

2. *Ludwig* von Bredow, Stifter der Linie Wagenitz im engeren Sinne. Fängt an S. 433.

3. *Hans Christoph II.* starb kinderlos.

4. *Wichard Friedrich* hat bloß Töchter, scheidet also auch aus.

Ich habe mithin, in ganz richtiger Anlage, außer *Hans Christoph I.* (siehe all die vorangehenden Blätter) *drei* seiner Söhne als zu Wagenitz gehörend zu behandeln:

1. *Hans Christoph II.* stirbt kinderlos.

2. *Wichard Friedrich* hat nur Töchter, verschwindet also ebenfalls. [*Randbemerkung dazu:* Vielleicht empfiehlt es sich, diese beiden fallenzulassen.]

3. *Ludwig* hat Söhne und wird der Stifter der Linie Wagenitz im engeren Sinne. Ludwig fängt an S. 433. Diese Söhne hab ich dann des weiteren zu behandeln.

Das Haus Wagenitz

geht in Graf Bredows Buch von S. 285 – hat aber zunächst keine besondere Überschrift, gehörte vielmehr noch zu Haus Friesack – bis S. 344, wo dann Haus *Kleßen* mit einer besonderen Überschrift anfängt und bis 433 geht. Hier nun erst, auf S. 433, springt Haus *Wagenitz* wieder ein und führt von hier ab eine besondere Überschrift. Graf Bredow nennt es »Haus Wagenitz im besonderen oder im weiteren Sinne«. Dies reicht dann von S. 433 bis S. 542. Hier spielt gleich die *von Metzsch* eine Rolle, wodurch das Landinsche mit hereingezogen wird. Dann Briesen und der alte General. Vorher der Ornithologe und Theaterfreund und Kunstmäzen in Wagenitz.

Wagenitz: Bei Wagenitz muß ich es so machen, daß ich

1. sage: in der Kirche ist das Bild. Das Bild beschreiben. Dann sagen: alle diese, die wir hier sehen, taten sich irgendwie hervor oder hatten etwas Besonderes in ihrem Lebensgange. Dann gehe ich zu den Einzelgestalten über und bringe

2. (in einem eigenen Kapitel) *Hans Christoph I.* von Bredow in leidlicher Ausführlichkeit. Dann folgen

3. (auch in einem eigenen Kapitel) *drei* der Söhne Hans Christophs, während der vierte, der nach *Kleßen* kommt, ausgeschlossen bleibt. Dies zweite Kapitel muß eine Gesamtüberschrift tragen, etwa: *Die drei (Wagenitzer) Söhne Hans Christophs:* Hans Christoph II. – Wichard Friedrich. – Ludwig von Bredow. Stifter der Wagenitzer Linie. Fängt an S. 433.

Ludwig von Bredow
Stifter der Wagenitzer Linie im engeren Sinne

Sohn *Hans Christophs I.*, geboren 1655, gestorben 1740. Er wurde fünfundachtzig Jahre alt und erlebte den Großen Kurfürsten, den ersten König, Friedrich Wilhelm I. und fast auch Friedrich II.

Erst Soldat, dann reist er, dann in Anspach. Alles ganz gut. Dann zweimal verheiratet:

1. mit Marie Sophie *von Katte.* Gestorben 1702.
2. mit Johanna Wilhelmine Freiin *von Metzsch.* Vermählung 1704 zu Polentzka bei Zerbst. Sie war schon Witwe eines von Wallwitz; dies aber besser verschweigen.

Als er nun Landin und Kriele erbt, schreitet er zum Aufbau des Herrenhauses von Landin, wie noch jetzt es ist, also aus dem Anfang des vorigen Jahrhunderts.

Auch *Stechow* wird gekauft (S. 441). Sein Testament S. 447 oben: »Nur kaufen, *›wo das reine Wort Gottes geduldet werde‹*.«

S. 448. Die Leichenpredigt ist zu *Wagenitz* vorhanden und ebenso Gedichte der Pastoren der Umgegend.

S. 448 und 49. Eine der Töchter *Ludwigs* von Bredow verheiratete sich 1712 an General oder Oberst *Hans Heinrich* von Katte und wurde dadurch die Stiefmutter des damals vielleicht acht Jahre alten Hans Hermann von Katte.

Dies da sagen, wo ich sage: er (Ludwig) war zweimal verheiratet. Aus der Ehe mit Katte ging eine Tochter hervor, die wiederum einen Katte heiratete.

Aus der zweiten Ehe mit der *von Metzsch* war *ein* Sohn

geboren, *Ernst Wilhelm* von Bredow, einer der Glücklichsten der Familie.

Unter *Ludwig* von Bredows Regime – 1665 bis 1740 – fällt all das interessant Bildliche in Wagenitz, die Bücher aus der Zeit Friedrichs I. und die Gobelins oder Wandmalereien aus der Zeit des Spanischen Erbfolgekrieges. Im Graf-Bredow-Buch finde ich nichts darüber.

Ernst Wilhelm von Bredow

Geboren 1709. Er kommt durch Einfluß seines Großvaters (von Metzsch) zunächst ins *Zerbstische.* Vermählt sich mit der Gräfin *von Hartig.* Zwischen 1740 u. 45, der Zeit der beiden Schlesischen Kriege, ist er Reichshofrat in Wien und steht ziemlich schlecht zu Friedrich II. 1745 nimmt er aber in Wien seinen Abschied und kehrt auf seine Güter zurück, und nun wird er Liebling des Königs. Kaiser Franz I. macht ihn zum Reichsgrafen. Diplom.

Er ist nun (die Sommermonate abgerechnet) meist in Berlin, erst im Daunschen Hause (Bredow schreibt: im Daunischen) Breitestraße 1, dann im Pennairschen (?) Hause Wilhelmstraße, jetzt Justizministerium.

Soweit war alles gut. Er war ein reicher, guter, hochangesehener Mann. Zu seinen Glücken gehört auch noch, daß 1745 der eine Halbbruder bei Soor fiel, wodurch Wagenitz und manch anderes an ihn kam. Aber wenn sein Vater in wunderbar gutem Einvernehmen mit seinen drei Brüdern gestanden hatte, so war das jetzt anders: Die Söhne aus der Ehe mit der *von Katte* fühlten sich benachteiligt durch den Sohn aus der Ehe mit der *Metzsch.* Diese nun prozessierenden Söhne waren: *Johann Ludwig – Georg Dietrich – Christoph Friedrich.*

Der dritte war erst *für* Ernst Wilhelm, nachher aber auch nicht.

Christoph Friedrich fällt 1745 in der Schlacht bei Soor. Er hatte bis dahin Wagenitz. Nun fällt es noch an ihn.

Es wird nun immer prozessiert, entweder um Güter, Gutsanteile, zu zahlende Gelder, Ernten und namentlich auch um Walderträge aus dem Zootzen, wozu ihm das Recht von den beiden noch lebenden Halbbrüdern abgesprochen wurde.

Meist behielt er recht, es lag aber wohl so, daß die Brüder auch Ursach hatten, unzufrieden zu sein, sowohl über das Testament des Vaters, wie über Ausbeutung des Zootzenwaldes.

Vielleicht wäre [er] auch anders verfahren, wenn der Bruder Johann Ludwig nicht so sehr streitsüchtig und er selbst, *trotz seines Reichtums*, nicht so sehr geld*bedürftig* gewesen wäre.

Sehr hübsch ist die Aufzählung seines Reichtums, seiner Vornehmheit, seiner Einrichtungen etc. etc. auf S. 462 bis 63. All das muß erst gegeben werden, die ganze *Lage seines Glücks*, dann erst seine Prozesse und seine Geldverlegenheiten.

So glücklich und in seinem Glücke bedroht und bedrückt verging sein Leben.

Er bevorzugte Landin, wo er auch meist lebte.

Der letzte Prozeß gegen seinen Bruder (in dem er, Ernst Wilhelm, ganz unrecht hat) ist der interessanteste. Der andere war vielleicht unliebenswürdiger, aber Ernst Wilhelm war der von Jugend auf Verwöhnte, das pet, der Vornehme, der Glückspeter, der sich nun daran gewöhnt hatte, die Welt ist nur für mich da. Er starb, eh dieser Prozeß ganz zu Ende war, die Erben ließen den Prozeß fallen.

1755 stirbt er, fünfundvierzig Jahre alt. Seine schöne Witwe (S. 471) lebte in Berlin und stirbt erst 1783. Über die Bilder *Ernst Wilhelms* und seiner Gemahlin siehe S. 466 unten.

Vorher, als noch von seinem Glück die Rede ist, die Geburt der beiden Kinder (Töchter). Die eine wurde Gräfin Hoverden; bei der Taufe der andern 1752 waren nur Prinzen und Prinzessinnen. Dann Hofdame der Königin. Verheiratet sich mit Wenzel Graf Haugwitz.

Wenn es nun (s. oben) heißt: Ja, alles war gut. Aber die steten Prozesse, die *Brüder!*, so muß ich nun, ehe ich diese Streitigkeiten schildere, die Brüder charakterisieren, namentlich den *Johann Ludwig*. (Den, der bei Soor fällt, lasse ich ganz weg und sage nur: sein – Ernst Wilhelms – Glück wuchs, als der eine Bruder 1745 fiel und Wagenitz an ihn, Ernst Wilhelm, kam.) Dies alles fällt also noch in die *Glücks*-Hälfte, während die Charakterisierung des Bruders *Johann Ludwig* in die *Unglücks*- und *Streit*-Hälfte fällt.

S. 425 *sehr gut*, wie alle Brüder klagen, sie seien übervorteilt, die Metzsch habe mit dem Alten alles machen können etc. Übrigens waren alle drei Kürassieroffiziere:

Johann Ludwig Oberstlieutenant beziehungsweise Oberst im Möllendorffschen Kürassierregiment zu Königsberg in Preußen.

Christoph Friedrich Major oder Oberst (zuletzt) bei dem Regiment Gensdarmes (fällt bei Soor).

Georg Dietrich Major beim Prinz Eugenschen Kürassierregiment.

Diese drei Brüder dürfen aber immer nur als Nebenfiguren über die Bühne gehen, und selbst den Hauptstänker Johann Ludwig muß ich nur ausführlich charakterisieren aus allen Phasen seines Lebens (dabei aber *keine Jahreszahlen* nennen, weil das verwirrt) und dann sagen: dieser Mann verdarb seinem Bruder Ernst Wilhelm Leben und Glück.

August Friedrich Wilhelm
[*Als* »Neues Kapitel« *gekennzeichnet.*]

Wir überspringen nun eine Generation oder zwei und wenden uns August Friedrich Wilhelm zu. Geboren 1780, gefallen 1813 bei Liebertwolkwitz. Er ist es, der die Geschichte mit König Murat hat. Kurz und interessant. S. 514.

Carl Ludwig Friedrich Wilhelm
[*Als* »Neues Kapitel« *gekennzeichnet.*]

Bruder des Vorigen. Dies ist der, der die Vogelsammlungen etc. etc. anlegt und das Theater baut. Alles im Stil von Fr. W. III. S. 516 bis 20. Dies muß ich mehr ausführen. Graf Bredow gibt verhältnismäßig wenig. Er verheiratet sich mit einer von Spital. Er war ein brillanter *Landwirt* und *Financier* und hob die ganze Geschichte wieder in die Höh. Deshalb hatte er auch Geld zu liebenswürdigen Allotrias.

1883, nach seines Onkels Tode (er war bis dahin Militär), tritt er die schöne Erbschaft von Wagenitz an, stirbt aber schon 87 oder ungefähr um diese Zeit. 88 war seine Frau schon Witwe. Sie hatte vierzehn Kinder. Fünf davon waren gleichzeitig auf der Ritterakademie in Brandenburg.

Wagenitz

Rittergut

Dorf

Kirche. Filial von Senzke. Die Kirche hat das Familienbild und die Bilder an den Chorstühlen nach bibl. Vorgängen

Schule

Im Schlosse ein naturwissenschaftliches Museum. 8000 ausgestopfte Vögel und Vierfüßler. 15000 Insekten. Kompilien. Mineralien. Konservator Techow. Besitzerin: Baronin von Bredow, geborene von Arnim

39 Häuser, 360 Einwohner.

1335 wurde es bredowsch und ist es wahrscheinlich durch alle Zeit hin geblieben. Fidicin nichts, alles ledern.

Nennhausen — Stechow — Dom Brandenburg

Nennhausen

Rittergut

Dorf

Kirche, 1613 erbaut

58 Häuser, 483 Einwohner.

1. Von Briest. Rathenow.
2. Fouqué. Von Pfuel.

Nennhausen gehörte in sehr früher Zeit den Herren *von Lochow*, die besonders im Nußwinkel begütert waren und zur Zeit des Dreißigjährigen Krieges, bei Vermählung eines Fräuleins mit einem schwedischen Offizier, übermäßigen Aufwand machten, was, da sie später in Armut versanken, zu einer Sage Veranlassung gab, die an einen Fisch des Gröninger Sees anknüpft und eine Ähnlichkeit hat mit dem Ring des Polykrates. Ein kostbares Perlbett und Schmuckkästlein sollen noch auf dem Grashofe vergraben sein.

Von 1694 an besaß die Familie von Briest das Gut, bis es 1822 beim Erlöschen des Mannesstammes an die Rochows kam. Minister von Rochow und Gesandter von Rochow wurden hier geboren. Fouqué dort von etwa 1803 bis 1831.

Sprüche von ihm in der Kirche. Sein Bestes wohl hier entstanden. Siehe Riehl und Scherr.

Nennhausen. Bis zur Reformation gehörte es dem Bischof von Brandenburg. Nach der Reformation gingen die bischöflichen Güter in den Besitz des Landesherrn über. Dies änderte aber nichts in den Besitzverhältnissen der Lehnsmänner — der Kurfürst trat nur für den Bischof als Lehnsherr ein.

1670 waren folgende Lehnsmänner zu Nennhausen:

Hans Wichmann von Lochow — Andreas Otto von Lochow — Cuno von Lochow — Jürgen von Lochow.

Alle diese vier Anteile kamen als heimgefallenes Lehn an den Landrat Jacob Friedrich *von Briest*, dem sie noch vor 1684 zum Besitz übergeben wurden. Vielleicht als Lohn für sein Tun 1675. Bis über 1780 *hinaus* blieb es in Briestschen Händen, dann durch Heirat mit einer Briest wurde es rochowsch, dann Fouqués.

[*Auf besonderem Umschlag:* Nennhausen. Conf. Erich Hammer u. seinen Brief.]

Briesen. General von Bredow.

Einer der Söhne steht bei den Rathenower Husaren, wahrscheinlich als Rittmeister, und ist zugleich Besitzer von *Nennhausen.* Er kann Auskunft geben:

1. über Nennhausen,
2. über den alten General (seinen Vater) auf Briesen.

Stechow

1. Einleitung. 2. Die Stechows. 3. Die Familie Hülsen.

Stechow. Hier nur die *Prediger-Hülsen-Familie.*

Auskunft geben: Der Pastor Hülsen selbst, die Beisitzer Hülsen in Arten und Oberlehrer Hülsen in Lichterfelde.

Rittmeister von Stechow fragen. Pastor Brandt fragen.

Dom Brandenburg

All die alten Grabsteine und Monumente.

Senzke

Senzke.

1. Der alte Bredow aus der dreizehner Zeit. Begraben auf einem Wendenkirchhof.
2. An ihn mahnt alles im Herrenhause.
3. Das Bischofssiegel.
4. Das Original mit Aurora.
5. Waldersees Begräbnisplatz.

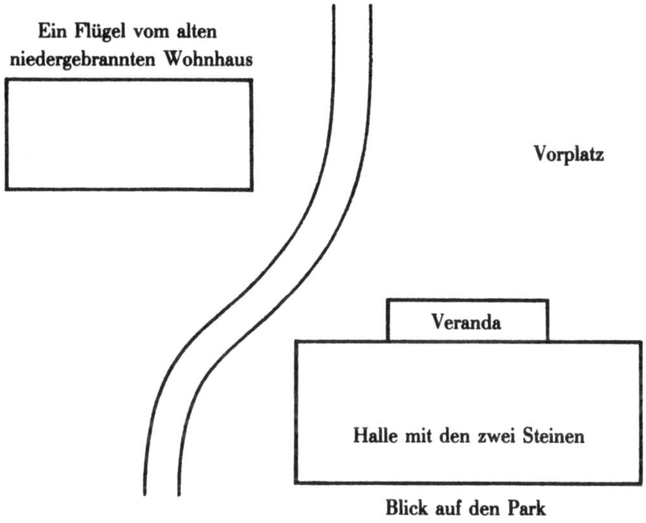

Senzke.

Der alte Senzker. Die Geschichte vom Schwein »Aurora«, das die Wette gegen einen Wettrenner gewann. Der alte Pastor. Die Vorbereitungen. Die Stelle, wo der Wettlauf stattfand. An diese Örtlichkeit muß die ganze Geschichte anknüpfen.

Senzke. Der alte Senzker war eine Hauptfigur. Rücksichtsvolle Behandlung ihrer Leute überhaupt ein hervorstechender Zug auf diesen märkischen Gütern, aus Humanität und Klugheit und Durchdrungensein von einem allgemeinen guten, respektablen Menschentum.

Die Rede des Schulzen bei dem Wiederaufbaufest des neuen Hauses. Die Geschichte von dem Schäfer, dem sie einen Hammel in den Schafstall hineinsetzten mit Hülfe einer Leiter und nun hinein und dann davon. Er merkt es aber sogleich. »So 'n Schabernack, Herr von Bredow, dat is ein ganz verfluchtiger Kerl gwesen oder wat ganz Vornehmes.« Die Geschichte von Herrn *Senfft-Pilsach*, die sehr hübsch war, die ich aber vergessen habe.

Haus, Kirche, Park. Waldersee. Siegel. Die Geschichte desselben. – Das Begrabenwerden eines alten von Bredow auf einer Bergstelle, die sich beim Grabgraben als wendischer Begräbnisplatz erwies, spielt, glaub ich, in Wagenitz.

Senzke

Eine kleine Meile (3/4) von Landin entfernt liegt *Senzke.* Das alte Herrenhaus hierselbst wurde von … 16. . errichtet, des zum Andenken eine Tafel eingefügt wurde mit folgendem Inhalt: »…« 1873 (?) brannte dies nieder. Herr von Br. zog nach Pessin, ein vielleicht erheiratetes von Knoblochsches Gut, lebte dort drei Jahre und leitete von dort aus den Neubau, der in der Nähe des alten Hauses oder doch an anderer Stelle (durch die Dorfstraße getrennt) erfolgte. Als der Bau beendet war, ließ er in die Rückwand der Fronthalle zwei Tafeln nach Art eines Reliefbildes einlegen: eine, die alte, die gerettet war, und eine neue, von gleichem Ansehen, mit folgender Inschrift. Das Haus hat den Charakter der meisten Herrenhäuser in der Mark, ein Erdgeschoß und ein erster Stock, Flur (Vestibül), Empfangs- und Vorderräume und dahinter eine Flucht Zimmer am Park hin, das Mittelzimmer ein Gartensaal mit Blick auf den Park und durch Einschnitte in die Weite.

Hier finden sich allerhand Dinge (auch Bilder) von Interesse.

1. Die Tafel (erster Erbauer), erste Generation.
2. Ein Bild, zweite Generation.
3. Ein Bild (Adjutant von Seydlitz), dritte Generation.
4. Ein Bild des sogenannten alten Senzkers. [*Randbemerkung dazu:* Es fragt sich, ob dies richtig ist.]

An alle diese Bilder und die Personen, die diese Bilder darstellen, knüpfen sich interessante historische Mitteilungen: 1. Der erste Erbauer. 2. Dann, glaub ich, ein Minister. 3. Dann der Seydlitz-Adjutant. 4. Der alte Senzker. Dieser war ein Original. Er wollte ein Vorwerk nennen »Der rote Husar«. »Das ginge nicht«, antwortete Flottwell, »das sei kein Name.« Der Senzker replizierte: »Dann woll er es der ›simple Flottwell‹ nennen; das werde schon gehen, das sei ja ein Name.«

Senzke ist besonders reich an Erinnerungen an die Zeit des Jahres 13. Der Senzker kommandierte das 5. Kurmärk. Landwehrregiment, nachher eine Brigade. Er und das Regiment zeichneten sich bei Dennewitz aus, das war der Ehrentag; alles hielt sich vorzüglich, nur einer floh, gerade einer aus Senzke. Der Alte war außer sich und machte dem Vater des Flüchtlings nachher Vorstellungen über die Schande: »Es ist nicht jedem gegeben, Pulverqualm zu riechen und ruhig im Kugelregen zu stehen.« Seine Kameraden (Offiziere) verehrten ihm ein *Weinglas* mit Inschrift und Landwehrkreuz. Rührend in seiner Schlichtheit; Ausdruck der Zeit. Desgleichen befindet sich eine interessante *Landwehrfahne* (verhältnismäßig hübsch) in Senzke. Diese Fahne muß ich in allen Stücken beschreiben. Desgleichen befinden sich daselbst vier Generäle der Freiheitskriege (Ölbilder): Blücher, Yorck, Bülow, Scharnhorst (?) oder Gneisenau (?).

Von ganz besonderem Interesse und das größte Wertstück ist das handgroße oblonge Siegel des Bischofs von Brandenburg, Henning von Bredow, das also etwa aus 1400 stammt, fast fünfhundert Jahre alt ist und vollkommen wohlerhalten wirkt, so als wäre es erst vor Jahr und Tag in Kupfer neu geschnitten worden. Vielleicht ist dies auch der Fall. Überhaupt: kann es ein Siegel, das fast die Größe (und Form) eines kleinen Briefbogens hat, gegeben haben? Vielleicht ist es ein nach einem Abdruck oder nach einem alten Siegelpetschaft gemachtes neues Werk. Aber auch dann eine vorzügliche Arbeit. Dies Siegel hat eine Geschichte. In Liepe befand sich ein gotisches Sakristeiportal. Der Lieper Graf, weil er wußte, daß der gegenwärtige Senzker von Br. sich dafür interessierte, bot ihm das Portal für seinen Schloßneubau an. Akzeptiert. Wird mit zwanzig Pferden auf einem eigens konstruierten Wagen nach Senzke geschafft. Als es dort war, kriegte der Lieper wie Gewissensbisse und hätt es gern wiedergehabt. Derselbe Wagen fuhr vor, und das Portal kam nach Liepe zurück. Der Lieper fühlte nun aber, daß er für diese besondere Liebenswürdigkeit dankbar sein müsse, und sein Dankbarkeitsgeschenk war nun das Siegel.

Eine andere Sache von Wichtigkeit, die das Senzker Herrenhaus hat, ist eine Art Tagebuch des alten dreizehner Senzkers. Es ist dies ein dickes Buch in Maroquin, gedruckt, mit tagebuchartigen Angaben aus den Jahren 13, 14, 15, vielleicht ein damaliger kriegshistorischer Kalender (oder Album) für alle die, die mit dabei waren. Die zweite Hälfte jeder Seite ist weiß gelassen und hat wohl den Zweck zur Ausfüllung durch *private Erlebnisse jedes einzelnen* gehabt, beiläufig ein sehr glückliches Arrangement, das verhindert, daß jeder das ganz allgemein Bekannte noch mal sagt. Diese leeren halben Seiten hat der Senzker nun ausgefüllt, und diese Mitteilungen sollen sehr interessant sein und sind es gewiß. Ich muß dieselben exzerpieren.

Es befinden sich im Herrenhause zu Senzke noch viele solche Dinge, die mir aber wieder entgangen sind.

Hier im Park ruht auch *Oberst Graf Waldersee*, vom Regiment Elisabeth, naher Verwandter des Hauses. Er wurde bei St. Privat sehr schwer verwundet u. dann nach Senzke gebracht. Hier genas er in zwei Monaten und kehrte zu seinem Regiment zurück. Kaum wieder da, fand der blutige Kampf bei Le Bourget statt, und er wurde auf den Tod getroffen. Man brachte die Leiche nach Senzke, und sie ruht im Park. Der Platz ist so und hat folgende Inschrift.

Von großem Interesse ist auch die alte Kirche. Sie stammt (wahrscheinlich Neubau nach Zerstörung der alten) aus dem Jahre 1680. Pastor Keßler hat mir Mitteilungen aus dem Kirchenbuche versprochen, zugleich Angaben, welche Bilder an den Chorstühlen angebracht sind; sie stammen wohl auch alle aus der Zeit, mutmaßlich, wenn später, 1710 oder 20. Paradies, Sündenfall, Vertreibung, Kain und Abel, Sintflut (die Kirche in den Fluten), Lot und seine Töchter in der Höhle mit untergehendem Sodom und Gomorrha (zwei große Schornsteine), Moses, feuriger Busch, Sinai, Joseph, Rotte Korah etc. Sehr interessant in ihrer Naivetät wie bei den Bildern Giottos (und noch früher in Ravenna etc.), der nur den Stoff in bestimmte Formen kleidet. Auch ein paar kleine Altarbilder, wohl aus derselben Zeit, ein klein bißchen besser.

Senzke

In Band *Kremmen* ist auch nichts von *Senzke* zu finden. Es scheint, daß *Senzke* und die Senzker Bredows in einem andern Bande behandelt sind, also wahrscheinlich in *Bredow-Bredow.*

In diesem *Friesack-Bande* habe ich über die Personen in Senzke nirgends etwas finden können, weder bei den *Friesackern,* noch bei den *Löwenbergern,* noch bei den *Wagenitzern.* Zu diesen letzten (Wagenitz) hätten sie wohl eigentlich hinzugehört.

Das *Senzker* Haus – als Nachbarhaus von Wagenitz – muß notwendig auch in dem Abschnitt »*Wagenitz im engeren Sinne*« S. 433 bis 542 vorkommen.

Senzke

Rittergut
Dorf
Kirche
Patron: von Bredow
Schule
29 Häuser, 260 Einwohner.

Schon 1335 bredowsch. Dann wieder nicht. Von 1541 ab (aber wahrscheinlich schon viel früher) wieder ganz bestimmt. Fidicin gibt die Reihe der Besitzer von 1634 bis 1817 (Major von Bredow): Interessantes, wie immer, keine Spur.

Die Wagenitzer Bredows

Von Hans Christoph (auf dem Kirchenbilde) an
bis auf die Witwe, geborene von Arnim,
des jüngst verstorbenen Baron von Bredow

Schema, nach dem gearbeitet werden muß.

Wagenitz. I. In der alten Kirche zu Wagenitz hängt ein großes Familienbild aus dem Jahre (1667) (?). Es ist so und so. Wir haben hier die Personen beieinander, von denen die Bredows, die jetzt Land Friesack innehaben, ausgehen. Zunächst in zwei Zweigen, dann im Laufe der Zeit sich weiter verzweigend. Der Stammvater aller ist dieser Hans Christoph.

Hans Christoph. Der auf dem Bilde, vermählt mit einer von ..., stirbt 16.. und hinterläßt das ganze Erbe (nachdem zwei der Söhne gestorben) an seine Söhne, den Domsenior *Georg* und den Hauptmann *Ludwig* von Bredow. *Georg* erhält die Kleßener Güter, *Ludwig* erhält die Wagenitzschen Güter. Und so beginnt die bis diesen Tag fortbestehende Teilung in eine Kleßensche und Wagenitzsche Linie. Die Kleßener wurden 17.. gegraft, die Wagenitzer wurden baronisiert.

Erster Wagenitzer (sein Vater war auch Wagenitzer, aber besaß auch die Kleßener Güter. S. 433 u. d. folgenden). *Hauptmann Ludwig von Bredow* war einer der vier Söhne *Hans Christophs* auf dem Bilde zu Wagenitz und ererbte nach dem Tode des Vaters die *Wagenitzer* Güter in derselben Weise, wie sein Bruder Georg die *Kleßener* Güter ererbte. Hauptmann Ludwig von Bredow war zweimal verheiratet, mit einer von Katte und einer von Metzsch. Er stirbt 1740 und verteilt seinen Gesamtbesitz unter seine vier Söhne, von denen der jüngste, Ernst Wilhelm, Wagenitz, Briesen, Landin und Kriele erhielt, zunächst gemeinschaftlich mit seinem Bruder Christoph Friedrich.

Zweiter Wagenitzer. *Ernst Wilhelm von Bredow.* Staatsminister u. Grand Maître de la Garderobe, geboren ..., war der jüngste der Söhne des Hauptmann *Ludwig* von Bredow. Als der Vater 1740 starb, war er zu Halbpart Mitbesitzer der Güter Wagenitz, Briesen, Landin u. Kriele. Als aber 1745 sein Bruder Christoph bei Soor gefallen war, wurde er alleiniger Besitzer. Vermählt mit einer Gräfin Hartig. Er stirbt, noch ziemlich jung, 1755. Er hinterläßt keine männlichen Nachkommen, der bei Soor gefallene Bruder hatte überhaupt keine Kinder, so geht denn 1755 der Gesamtbesitz auf den ältesten Bruder Johann Ludwig und, als dieser 1765 stirbt, auf die Kinder des vierten Bruders, Georg Dietrich, über.

Dritter Wagenitzer. *Georg Ludwig Friedrich,* geboren 1750 zu Aschersleben, als Sohn der bürgerlichen Gebhardt und des *Georg Dietrich* von Br., hatte nun das Wagenitzer Erbe mit seinem etwas jüngeren Bruder inne. Dieser jüngere

Bruder tritt aber zurück, und *Georg Ludwig Friedrich* besitzt namentlich Wagenitz und wohl auch Briesen bis zu seinem Tode 1812. Er erlebt also die 1806er Zeit. Sein Sohn ist Karl Ludwig Friedrich Wilhelm, der baronisiert wird und die Sammlungen hat.

Vierter Wagenitzer. *Karl Ludwig Friedrich Wilhelm* von Br., geboren 1777 zu Berlin, gestorben 1845. Vermählt sich mit Fräulein von Spital. Wird zum Freiherrn ernannt. Reisender. Liebenswürdiger Herr. Sammler, Theatermensch. Fr. W. III.

Fünfter (kann wegfallen) *Albert Ludwig Wilhelm Leopold Friedrich.* Sohn des Vorigen.

Sechster (der jüngst verstorbene) *Karl Ludwig Victor Heinrich* von Br., vermählt mit einer von Arnim, stirbt 1888 oder 89. War der letzte Besitzer. Jetzt seine Witwe. Hat viele Kinder.

Von dieser *Wagenitzer* Linie zweigen nun Ende des vorigen Jahrhunderts die *Landiner* und *Krieler* und die *Briesener* ab.

Was in bezug auf die Landiner um hundert und dann um fünfzig Jahre zurückliegt, muß bei den Bildern nachgeholt werden. – Bei Briesen ist dies kaum nötig. Da genügen die beiden soldat. Figuren: der Mars la Tour-Bredow und sein Vater.

Wagenitz

S. 433 u. die folgenden.

Ludwig verheiratete sich zweimal:

1. mit *Marie Sophie von Katte*

2. mit *Johanna Wilhelmine Freiin von Metzsch.*

Ludwig erhielt 1709 *Landin.* Darüber wird verhandelt S. 331 bis 333 und S. 441. Landin wird nun, als er die *Metzsch* heiratet, umgebaut, und die Landiner Geschichte fängt damit an. *Ludwig* von Bredow stirbt 1740, etwas über vierundachtzig Jahre alt. Er war sehr vermögend und teilte den Besitz unter seine vier Söhne:

(Sohn der von Metzsch:)

Ernst Wilhelm. S. 452. Staatsminister, Maître de la Garderobe, vermählt mit einer österreichischen katholischen Gräfin Hartig. Stirbt kinderlos.

(Drei Söhne der von Katte:)

Christoph Friedrich. S. 473.

Johann Ludwig. S. 474.

Georg Dietrich. S. 498.

Zwischen diesen vier Brüdern ist nun ewiger Streit. Erst der drei Katteschen Söhne gegen den Metzschschen Sohn, dann der Katteschen Söhne untereinander. Die beiden hier vorzüglich in Betracht kommenden, weil sie männliche Nachkommen hinterließen und Linien gründeten, sind: *Johann Ludwig,* S. 474, und *Georg Dietrich,* S. 498.

Es scheint nun so zu verlaufen: Von den vier Brüdern (Söhne *Ludwigs* von Br.) erhält:

Johann Ludwig, der älteste, die prignitzischen Güter,

Georg Dietrich, ein Gut im Anhaltischen, während

Christoph Friedrich und *Ernst Wilhelm* die havelländisch-friesackschen Güter *Wagenitz, Briesen, Landin, Kriele* und vieles andere noch erhalten.

Die letztgenannten zwei Brüder erhalten also das, worauf es ankommt.

Ernst Wilhelm ist zunächst außer Landes, und vielleicht ist *Christoph Friedrich* derjenige, der 1740 nach dem Tode des Vaters (*Ludwig*) in Wagenitz folgt. Als Christoph Friedrich aber stirbt – er fällt 1745 bei Soor –, folgt Ernst Wilhelm.

Die Sache verläuft also so (s. S. 458):

1740 stirbt *Ludwig von Bredow* und hinterläßt vier Söhne, von denen zwei die havelländischen Güter erhalten. Diese zwei sind: *Christoph Friedrich* und *Ernst Wilhelm.* Diese zwei Söhne führen nun von 1740 bis 45 eine Art Doppelregiment in *Wagenitz* und Anhang. Als aber 1745 Christoph Friedrich bei Soor fällt, kommt *Wagenitz* und die ganze havelländische Gütergeschichte an *Ernst Wilhelm,* den Grand Maître de la Garderobe, der eine Gräfin Hartig zur Frau hat und 1755 stirbt. Er hat keine Söhne (Christoph Friedrich auch nicht), und so geht denn nach dem Jahre 1755 der Besitz von *Wagenitz* wieder auf einen der beiden andern Brüder oder deren Nachkommen über.

Es ist wichtig, daß 1735 im Testament *Ludwigs* von Br.

den Brüdern *Christoph Friedrich* und *Ernst Wilhelm* die Güter Wagenitz, Briesen, Landin, Kriele etc. hinterlassen waren.

Die beiden andern Brüder waren: *Johann Ludwig* (der Streitsüchtige) und *Georg Dietrich*, der sich mit einer später geadelten Gebhardt verheiratet hatte.

Diese beiden Brüder waren nun 1755, nach Ernst Wilhelms Tod, die Erben von Wagenitz und Annexen, weil aber im selben Jahr 1755 auch *Georg Dietrich*, der Gemahl der bürgerlichen Gebhardt, starb, so stand das Erbe zwischen dem nun schon alten *Johann Ludwig* (dem einzigen der vier Brüder, der noch lebte) und seinen zwei *Neffen*, Söhnen *Georg Dietrichs*, die erst ein paar Jahre alt waren.

Johann Ludwig starb 1765 in Berlin. Nun waren alle vier Söhne *Ludwigs* tot:

einer: 1745 (Soor), zwei: 1755, der vierte: 1765. Und da zwei kinderlos oder ohne männliche Nachkommen verstorben waren, so stand nun die Partie zwischen:

1. dem einzigen Sohne *Johann Ludwigs* des Streitsüchtigen, welcher Sohn *Friedrich Ludwig* hieß, und
2. den zwei Söhnen aus der Ehe *Georg Dietrichs* mit der bürgerlichen Gebhardt.

Mit diesen beiden Parteien respektive Erbberechtigten des großen Wagenitzer Erbes haben wir es nun zu tun.

1767 (s. S. 483) kommt es zwischen diesen zwei Parteien zur Teilung, und *Friedrich Ludwig*, ein in schroffem Gegensatz zu seinem Vater sehr friedliebender Herr, erhält die Güter *Landin, Kriele* und *Briesen*, während die beiden Vettern *Wagenitz* etc. etc. erhalten.

Friedrich Ludwig zieht nun nach Landin. S. 488. Er siedelt dorthin 1767 über und lebt abwechselnd in Berlin und in Landin. Er starb in seiner an der Charlotten- und Schützenstraße gelegenen Wohnung.

Die Linie *Johann Ludwigs* (des ältesten der vier Söhne von *Ludwig*, Wagenitzer Kirchenbild) ging mit diesem *Friedrich Ludwig* ein, so daß nur noch Kinder von *Georg Dietrich*, des dritten der vier Söhne, da waren. Diese Söhne Georg Dietrichs, die bis dahin nur *Wagenitz* etc. besessen hatten, erbten nun wieder *Landin, Kriele, Briesen* und hatten nun wieder das ganze alte Wagenitzer Erbe.

Diese beiden Söhne *Georg Dietrichs* und der Gebhardt hießen: *Georg Ludwig Friedrich*, geboren 1750 zu Aschersleben, und *Ernst Karl Gustav Dietrich*. S. S. 509 Mitte.

In Händen dieser beiden Brüder war nun von 1804 ab, nach dem Tode ihres Vetters *Friedrich Ludwig* auf Landin, wiederum der alte Wagenitzer Gesamtbesitz. *Georg Ludwig Friedrich*, der die Hauptsache besessen zu haben scheint (der andere Bruder bloß Stechow und einiges andere), starb 1812 zu Berlin, und das *Wagenitzer* Erbe (mit Ausnahme von Stechow etc.) ging in Teilung unter die drei Söhne, die Georg Ludwig Friedrich hinterließ.

Die drei Söhne waren:

1. Karl Ludwig Friedrich Wilhelm,
2. Rittmeister August Friedrich Wilhelm Albrecht (Wagenitz und Grimme),
3. Lieutenant Friedrich Wilhelm Leopold Ferdinand.

Rittmeister (später Major) *August Friedrich Wilhelm Albrecht* ist der, der an der Seite Murats erstochen wird (sehr interessant). S. 515 u. 516.

Nun sind nur noch zwei Brüder da:

1. *Karl Ludwig Friedrich Wilhelm*, geboren 1777 zu Berlin. Er erhielt *Wagenitz*. Vermählt sich 1800 mit der von Spital. Er wird zum *Freiherrn* ernannt. *Wagenitz* etc. etc. bleibt sein Besitz. Er hat die Sammlungen, das Theater etc.

Stirbt 1845, seine Frau 1850.

Der *Freiherr* Karl Ludwig Friedrich Wilhelm hat zwei in Betracht kommende Söhne:

Georg Heinrich Eduard und

Albert Ludwig Wilhelm Leopold Friedrich.

Des letzteren Sohn ist *Karl Ludwig Victor Heinrich*, vermählt mit der von Arnim. Er stirbt 1888 oder 89. Seine Witwe ist die gegenwärtige Besitzerin. Dies alles bezieht sich auf *Wagenitz*.

Wagenitz

[*Randbemerkung dazu:* Wichtig.]

Hans Christoph von Bredow stirbt 1691. Sein Leben fällt in die Große-Kurfürsten-Zeit. Er stellte den Wohlstand wieder her. Lebte wahrscheinlich zu *Wagenitz* (also dort zu behandeln) und ist dort beigesetzt. In der Kirche befindet sich ein großes Familienbild mit Inschrift, er, Gemahlin, vier Söhne, sechs Töchter. S. 320. Sein Leben ist nicht sehr interessant geschildert, was aber wohl an Bredow-Liepe liegt. In Hohennauen befindet sich eine Leichenpredigt über ihn. (Selbst wenn er in Friesack gelebt haben sollte, was unwahrscheinlich, läßt er sich recht gut bei Wagenitz behandeln.)

Hans Christoph II., Sohn des Vorigen. Auch Wagenitz, wenigstens so halb und halb; auch starb er daselbst. Vorher *lange* in Anspach und Bayreuth. Interessante Schicksale. S. 333 und vorher.

Wichard Friedrich. Bruder des Vorigen. *Wagenitz* ist und bleibt Hauptgut. Diesen wollen zwei Freunde katholisch machen; sehr interessant; es scheitert aber wieder. Interessante Leichenpredigt. Benutzen. S. 334, 338. Beigesetzt zu Friesack.

Alle diese Söhne, wie der Vater, befinden sich auf dem großen Bilde zu *Wagenitz* in der Kirche. Es ist gut, mit diesem Bilde zu beginnen und dann die Figuren einzeln auftreten zu lassen.

Ernst Wilhelm von Bredow, geboren 1709, gestorben 1755. War erst in österreich. Diensten. Ein Sohn *Ludwigs* von Br., der die Metzsch hatte und das Landiner Herrenhaus erbaute. Wo er lebte (vielleicht Wagenitz), ist schwer zu ersehen. In Wagenitz begraben. Sein Leben sehr interessant. S. 452 bis 471. Seine Frau, eine katholische Gräfin Hartig, war eine glänzende Nummer in der Berliner Gesellschaft und starb erst 1783. *Er* (Ernst Wilhelm) war zuletzt preußischer Staatsminister und Maître de la Garderobe.

Christoph Friedrich von Bredow, geboren 1698 zu Wagenitz und gestorben 17. ., war der Stiefbruder *Ernst Wilhelms* und elf Jahre älter als dieser, ein Sohn der geborenen von Katte. Fällt in der Schlacht bei Soor.

Johann Ludwig von Bredow, ältester Bruder, geboren 1697. Auch ein Sohn der von Katte und des *Hauptmanns* Ludwig von Br. auf Wagenitz (desselben, der das Landiner Herrenhaus baute). Brachte es zum Kürassieroberst. Dann nimmt er den Abschied und ist nun in *ewigen Streitigkeiten* mit seinem Halbbruder *Ernst Wilhelm*, dem Staatsminister und Maître de la Garderobe, der ein Sohn der von Metzsch war. S. 474 bis 86. Sehr interessant, aber viel zu lang.

Diese drei Brüder zusammenfassen als Zeitbild:

1. Der bei Soor Gefallene. 2. Der Stänker und Kläger. 3. Der Staatsminister und Maître de la Garderobe, als feiner vornehmer Herr mit seiner Frau, geborene Gräfin Hartig.

Ein vierter Bruder ist *Georg Dietrich* (S. 498), der eine Bürgerliche heiratet. Es ist aber fraglich, ob er zu behandeln ist.

August Friedrich Wilhelm Albrecht von Br., geboren 1780 zu Wagenitz, gestorben 1813 bei Liebertwolkwitz. Sehr interessant. S. 516.

Von S. 516 bis 26 kommen noch mehrere Wagenitzer vor, aber nichts Bedeutendes. Nur muß ich es lesen.

Er und seine Deszendenz werden in den Freiherrnstand erhoben 1840. *Karl* war sein Hauptvorname. Er wird *steinkrank*, operiert von Graefe. Stirbt in Berlin. Sein *häusliches* und *gesellschaftliches* Leben in Wagenitz muß ich ausführlicher schildern. Bis S. 520.

Mit diesem *Karl* Ludwig Friedrich Wilhelm muß ich schließen. Der Sohn desselben, *Georg Heinrich Eduard*, geboren 1810, ist der Erbauer des gegenwärtigen Herrenhauses zu Wagenitz, beendet 1853. Von ihm darf ich aber nur sprechen, wenn ich von dem Schloß spreche und seinen Parkanlagen, Mausoleum etc. etc. Er starb 1883. Hinterließ keinen Sohn. So folgte sein Neffe: *Karl Ludwig Victor Heinrich*, der eine Arnim heiratete, die noch jetzt als Witwe in Wagenitz wohnt.

Wagenitz

1. Das Herrenhaus. 2. Die Kirche. 3. Dorf. Park.

Hiernach habe ich – ehe ich dorthin reise – vorher schon die Fragen zu stellen.

Wagenitz. Das Herrenhaus.

1. Gebaut durch den, der die von Metzsch hatte. Hauptmann Ludwig von Br. Etwa 1660 oder 70.

2. Umgebaut durch den Sammler, etwa 1830.

3. Die untern Räume. In ihnen die Bilder. Diese Bilder aufzählen. Es werden sich wohl *die* vorfinden, die ich im

Text behandelt habe: a. Hauptm. Ludwig von Br. b. Der Grand Maître de la Garderobe. c. Einer aus der letzten friderizianischen Zeit. d. Einer aus der Zeit der Freiheitskriege. e. Der Sammler (1830). Und einige moderne Portraits.

4. Ein Bilderwerk aus der Zeit des ersten Königs Friedrich I. Wer besaß damals Wagenitz?

5. Eine prachtvoll gebundene Leichenpredigt, wahrscheinlich auf den Maître de la Garderobe.

6. Noch einige Kuriositäten und Wertsachen, die sich alle parterre befinden.

7. Im ersten Stock ist das Zimmer mit den großen militärischen Wandmalereien aus den Kriegen unter Friedrich I., von etwa Bonn und Ofen an bis Malplaquet. Feststellen, was es genau ist. *Ludwig* von Br., der später die zwei Frauen hatte, darunter die reiche *von Metzsch*, war in seiner Jugend Lieutenant in der kaiserlichen und dann in der bayreuthischen Armee. Als solcher machte er die Türkenkriege mit. Sein Reichtum gestattete ihm solchen Bilderschmuck. Der damalige Wagenitzer Bredow muß auch das Krönungswerk aus dem Jahre 1700 oder 1701 gekauft oder als Geschenk erhalten haben. Aus der Zeit stammt auch wohl noch anderer Schmuck.

8. Im ersten Stock befindet sich auch eine Waffensammlung, darunter der Zweihänder Hassos von Br. aus der Friesacker Gruft.

9. Die Sammlungen.

10. Das Theater.

11. Die Begräbnisstätte des Schwiegervaters der gegenwärtigen regierenden Frau von Arnim, die sich schließlich als ein Wendenkirchhof erwies.

12. Der Park.

Wagenitz. Die Kirche

1. Die Kirche selbst. 2. Das Familienbild. 3. Die Gruft. 4. Die Malereien an den Chorstühlen.

Wagenitz. Das Dorf

Ob es da etwas gibt, ist fraglich. Wer war *der*, den Friedrich II. (oder sein Vater) seinen alten Schäfer von Wagenitz nannte?

Wer war *der*, den Kaiser Wilhelm immer allein empfing, damit die Umgebung nicht merkte, daß er schon taprig?

Wagenitz

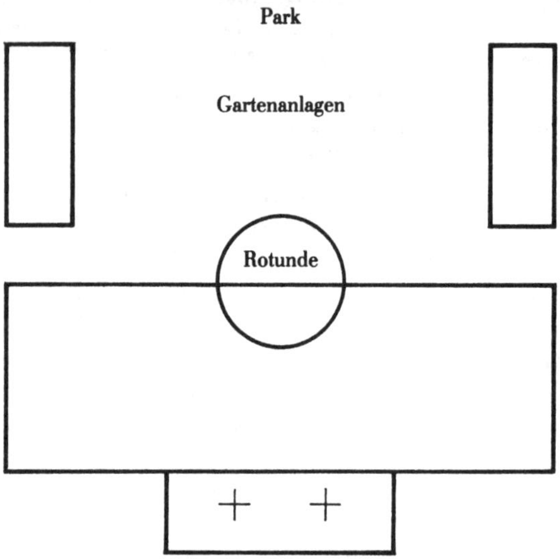

Ein Anbau,
durch den sich ein hoher Torweg zieht,
in welchen Torweg man einfährt:
angenehm bei Kälte und Hitze.

1. Die reizende Geschichte vom Kaiser Wilhelm, der den Alten immer bloß allein empfing, damit die andern nicht merkten, »daß er schon taprig sei«.
2. Die Frau, geborene von Arnim, mit den vielen Kindern.
3. Siehe meine Notizen.
4. Das Grab des verstorbenen von Br. auf der alten Wendenkirchhofstelle.

5. Von den zwei Zweihändern, die oben stehen, ist einer vielleicht aus dem Grabe Hasso von Bredows.

6. Nach der Geschichte vom »alten Wagenitzer Schäfer« (siehe Zedlitz) forschen; es war unter Fr. W. I. oder Friedr. II.

Wagenitz ist und bleibt ein Hauptpunkt und muß näher erforscht werden.

Wagenitz

Dies ist nun der am reichsten ausgestattete Punkt.

Herrenhaus. Es steht vertikal, so daß man beim Einbiegen von der Dorfstraße erst die Giebelseite sieht, dann fährt man an der Front entlang, die auf ihrer Hälfte einen Vorbau hat, der zum Vorfahren dient, also ein kleiner, als Auffahrtstorweg dienender Anbau. Ein Torweg von zwei Wagenlängen Tiefe, unter denen man vorfährt, im Winter und Sommer Schutz gegen Hitze und Kälte. Man tritt dann in eine hübsche helle Halle mit Oberlicht, neben der links und rechts hin die Zimmer laufen. Das Haus stammt von demselben von Br., der das Landiner Herrenhaus erbaute, und man sieht auch hier die Wappen von Bredow und Metzsch. Jetzt auch das Arnimsche. Frau von Br. (Witwe) ist eine Arnim.

Hier befinden sich nun die meisten der verzettelten Ahnengaleriebilder, wohl zwanzig, einige auch von künstlerischem Wert.

Das interessanteste ist das erste, vom Lieutenant von Bredow, der vorübergehend in einen Generallieutenant verwandelt wurde. Dann folgen die Bilder, von ihm an, wohl in richtiger Deszendenz bis auf den Vater (rote Uniform mit Goldepaulettes) des jüngst verstorbenen Besitzers. Dieser Vater war, glaub ich, Moses von Br. und reich und angesehen. Ich glaube, es gibt hier drei, vier, auf die es ankommt.

1. Der Lieutenant (Generallieutenant).
2. Der Etatsminister unter Fr. W. I. und Friedrich II.
3. Ein General.
4. Moses von Br.

[*Die folgenden Punkte 1 bis 3 umrandet:*]

1. Welcher Bredow war das, der, glaub ich, zwölf Söhne hatte, von denen sechs Kürassieroffiziere waren?

2. Welcher Bredow war das, der mit seinen Kindern umkam, mit Ausnahme eines einzigen, das auf der Wittenberger Schule (Backofen) war?

3. Welcher Bredow ist der mit Frau und Kindern in der Wagenitzer Kirche?

Zu den alten Bildern gesellen sich auch einzelne neue. Ausschmückung der Halle und des Rundbaus (Rotunde) mit Deckenbildern.

Ein Buch in rotem Maroquin mit Leichenpredigten und Biographie eines Wagenitzer Bredows, entweder des Ministers oder des Generals. *Ein höchst interessantes Bilderwerk* (großes Format), das Begräbnis König Friedrichs I. darstellend. Kupferstiche. Viele Truppenabbildungen. Wer hat das nur damals machen lassen? Unter Fr. W. I.!

Oben ist dann das Theater. [*Folgt kleine, im Typoskript nicht enthaltene Skizze.*]

1834 haben hier Aufführungen stattgefunden. Dann auch später noch. »Erbschaftsstreitigkeit« von Herrn von Br., ein Stück von Rellstab, ein oder mehrere von Görner.

Dann reihen sich nun die Zimmer mit den Sammlungen: 1. Schmetterlinge. 2. Käfer. 3. Vögel. 4. Säugetiere. 5. Schlangen. 6. Mineralien und Steine. 7. Urnen und Ausgebuddeltes. 8. Petrefakten und Pflanzenabdruck in Kalk und Schiefer. Im einzelnen gewiß sehr viel Schönes enthaltend. Aber wer sucht das Gute heraus?

Die Kirche. Großes Familienbild aus dem Jahre 1678 oder 87. [*Folgt im Typoskript nicht enthaltene Skizze.*]

Das Bild ist relativ sehr gut, besser als die anderen der Art, die ich gesehen habe in Kossenblatt (Oppens) und Meseberg (Gröbens). Der Christus am Kreuz nicht übel, auch die Kirche gefällig, ein klein wenig nach der Schablone.

[*Die folgenden Punkte 1 und 2 angestrichen:*]

1. Welcher Wagenitzer war es, den Kaiser Wilhelm so gern hatte und ihm immer Audienz gab?

2. Welcher Wagenitzer war es, von dem Fr. W. I. oder Friedrich II. sagte: »Mein lieber alter Schäfer auf Wagenitz«? Vielleicht Verwechslung, da Moses von Br. (rote Uniform, Goldepaulettes), soviel ich weiß, Schafzucht mit Passion betrieb.

Eins der Schwerter in Wagenitz soll aus dem Sarge stammen, drin Hasso von Bredow in Friesack lag, derselbe mit dem mächtigen Schenkelknochen, der »hoch über alles Menschliche hinausragt«.

Wo befindet sich (wahrscheinlich auch in Wagenitz) der Begräbnisplatz des letztverstorbenen Herrn von Bredow, der sich – als man das Grab grub – als ein alter Wendenkirchhof erwies?

Wagenitz

1. Kapitel. 1. Das Bild in der Kirche. Die betreffenden historischen Figuren schildern. Zeit unter dem Großen Kurfürsten, erstem König, Friedrich Wilhelm I. und Anfangszeit Friedrichs II.

2. Kapitel. 1. Die Bilder im Herrenhause. Die betr. historischen Figuren schildern. Friderizianische Zeit bis zum Schluß des Jahrhunderts.

3. Kapitel. 1. Wagenitz zur Zeit Friedrich Wilhelms III. Theaterzeit. Modernes Leben.

4. Kapitel. 1. Das Herrenhaus. Alle seine Gobelins, Sammlungen, Bilder, Waffen, Bücher, Tiere. Das Hasso-Schwert. Das Theater. 2. Die Kirche. Die fabelhaften kirchlichen Bilder. Die Gruft.

Kriele*

Zu Landin gehörig. Die Kirche. Der Christus in Holz. Von dem Altgotischen ist im Äußern noch viel erhalten. Der Lehrer. Sie müssen Herrn Zowe kennenlernen.

* [*Im Typoskript folgender Brief von Pfarrer Jacobi:*]
Hochgeehrter Herr Fontane!

Beifolgend erlaube ich mir, Ihnen, wie ich es Ihnen versprochen, etwas über die hundertjährige Jubiläumsfeier der Hülsenschen Pastorenfamilie in Stechow zu übersenden. Leider besteht dasselbe [nur] in einer Chronik der Familie Hülsen und einem Nachtrage. Vielleicht können Sie in der bekannten genialen Fontane-Weise daraus etwas entnehmen, doch möchte ich Sie freundlichst bitten, da beifolgende Broschüren mir gepumpt sind, mir dieselben wieder gelegentlich zurückzusenden.

In der Hoffnung, daß Ihnen, hochgeehrtester Herr Fontane, die heißen Reisen durch hiesige Gegenden recht gut bekommen sein mögen und daß Sie auch genügend Stoff zu einer Wanderung durchs Westhavelland gefunden haben, unterzeichne ich mich mit ganz vorzüglicher Hochachtung Ihr ganz ergebenster Jacobi, Pfarrer.

Kriele bei Friesack, 18. Juni 1889

»*Herr Zowe*«. Schilderung seiner Person, seines Hauses (Jubiläums-Ausschmückung), seiner Lebensschicksale, seiner Sammlung. Auch die Geschichte mit den aus Hannover (aber nicht nennen) eingeschickten Bildern vom Kaiser Wilhelm und Augusta und Kaiser Friedrich und Victoria. Ein völliges Raubsystem.

Die Predigerdynastie Hülsen durch drei oder vier Generationen. Großes Fest vor zwei oder drei Jahren. Pastor Jacobi will mir das alles verschaffen.

Bei Zowe von dem Urnen-Findemann ausführlich sprechen, der genauso wirkt wie die Quellenfinder. Er geht über die Felder, weiß, wo sie nach Lage und Himmelsgegend überhaupt nur vorkommen können, hält an solchen Stellen Umschau und ersieht nun aus allerhand kleinen Zeichen ganz genau, wo die Urnen sein müssen, und greift nie fehl.

Kriele
Herrn Zowes Sammlung

1. Heidnisches Götzenbild, kleine Figur, gute Rückenbildung, vorn nur noch der Arm erhalten. Gefunden zwischen Kriele und Senzke beim Baumpflanzen.
2. Viele Seeigel, versteinert. Zum Teil sehr schöne Exemplare.
3. Urnen aller Arten und Grade.
4. In einer Urne eine Broche-Nadel (abgezeichnet).
5. Tränenkrug.
6. Versteinerte Schildkröte.
7. Versteinertes Buchenholz.
8. Geweih eines Gabelhirsches. Zwei Exemplare. Gefunden sechs Fuß tief im Friesacker Luch.
9. Streitäxte.
10. Streithammer.
11. Donnerkeile, schöne Exemplare.
12. Enten- oder Vogelkopf in Feuerstein. Ob aus Zufall so oder ob wirklich ein solcher Tierkopf in Feuersteinmasse versteinern könnte, ist schwer zu sagen.
13. In anderer Vogelkopfart noch mal.
14. Dasselbe noch mal. Bei Senzke in einer Lehmgrube.
15. Nochmals in Gestalt einer Taube oder Perlhuhns.

16. Abdrucke in Schiefer von Pflanzen.
17. Stein aus dem Magen eines Auerhahns, den Herr von Bredow in ... geschossen.

Das *Zowesche Putzzimmer* genau beschreiben mit den Bildern und Jubiläumsgeschenken.

Kriele

Vordem dem *Kloster Lehnin* gehörig (darauf deuten auch noch Sachen in der Kirche hin).

Kirche eine der ältesten in der Mark.

Patron: von Bredow-Landin.

Schule (Zowe).

38 Häuser. 257 Einwohner.

Diese vorstehende Notiz (zu *Lehnin* gehörig) ist aus Riehl u. Scheu genommen und ist falsch. Das ist ein *anderes* Kriele (Krielow) bei Brandenburg.

Dies Kriele hier kam ungefähr 1411 an den Edlen Wend *von Ileburg*, der es 1416 noch besaß. Dann an Hasso von Bredow, der es seiner Ehegattin verschrieb 1427. Dem Bau und Bestande der Kirche nach halte ich eine Klosterzugehörigkeit doch für möglich.

Die Bedows
Linie Friesack, zu der die Löwenberger und Wagenitzer Abzweigung gehört

Die Bredows. Sie werden 1251 zuerst urkundlich genannt. Es ist anzunehmen und entspricht der Wahrscheinlichkeit, daß die Familie, der sie zugehörten, mit Albrecht dem Bären ins Land kam und aus der Altmark (Gegend von Tangermünde) stammte. Welchen Namen diese Familie führte, wissen wir nicht. Ein Mitglied der uns dem Namen nach unbekannten Familie kam, etwa hundert Jahre nach dem Erscheinen der Familie in der Mark, in den Besitz des Dorfes *Bredow*, und dies Mitglied einer unbekannten Familie nannte sich nach diesem Dorfnamen von Bredow. Von 1251 an kennen wir Bredows. Jedenfalls existierte das Dorf *Bredow* schon. Es wird 1208 zuerst genannt. 1251 tritt Arnoldus de Bredow miles als Zeuge auf. Erstes Vorkommen. Ob

Bredow 1208 ein altwendisches oder neudeutsches Dorf war, ist zweifelhaft. Ich glaube, *wendisch.*

I. Periode. Von 1251 bis 1320.

Arnold de Bredow. Johann von Bredow (mutmaßlich Sohn des Vorigen) wird 1289 genannt. Matthias von Bredow (mutmaßlich ein Sohn von Johann) wird 1307 genannt. Stirbt wahrscheinlich 1320 oder gleich danach. Waldemar-Zeit. Freunde Waldemars. Reicher, angesehener Mann. Hinterläßt vier Söhne, von denen drei bleiben. Diese drei sind:

Peter … Friesacksche Linie
Köpke … Kremmensche Linie
Matthias … Bredowsche Linie.

II. Periode. Von 1320 an bis …

Die vier Söhne hatten also Bredow inne und noch manches andere. 1335 wurden sie – auf vorgeschossenes Geld hin – mit dem Ländchen Friesack, Burg und Stadt, belehnt. (S. 6.) Beider Urkunden. Mit dem Ländchen Friesack kam auch der Zootzenwald in ihren Besitz. Sie hatten um diese Zeit außer Dorf Bredow (und vielleicht andern Dörfern):

1. Burg Plote. 2. Burg Friesack. 3. Den Zootzenwald.

Peter ist der älteste und bedeutendste der Brüder. Zeit des falschen Waldemar. Er ist eine Zeitlang mit diesem. Dann wendet er sich wieder dem Bayern zu. Friesack wird belagert.

Bald darauf fällt Dorf *Kleßen* an Peter.

Landin, Kriele und Liepe standen, trotzdem sie zu Ländchen Friesack gehörten, damals noch unter dem Landesherrn.

Allmählich kamen auch Pessin, Ribbeck, Berge, Roskow, Markee, Markau, Wustermark und Hoppenrade an die Familie, und zwar an den jüngsten der vier Brüder (Matthias), von dem die Bredower Linie stammt.

Peter: Friesack mit verschiedenen Friesackschen Dörfern, wo nicht allen. [*Randbemerkung zum Folgenden:* Fallen Köpke u. Matthias für *Friesack* zunächst aus. Peter ist zu nennen.]

Köpke: Ursprünglich Plote. Später Kremmen.

Matthias: Bredow und die vorgenannten (s. oben) acht Dörfer.

Peter spielte eine große Landesrolle. (Die beiden Brüder

gehören nicht hierher, wo sich's um Friesack handelt.) Dann folgt

Hasso von Bredow. Er lebt mehr seinem Besitz, seinen Gütern. Lippold von Bredow auf Kremmen (Sohn Köpkes von Br.) war sein Vetter. *Hasso* verlor, wegen Felonie, Friesack (Quitzowzeit; Lippold von Bredow, zu dem er hielt). Es kam aber zur Aussöhnung zwischen Markgraf Jobst und Lippold von Br., und auch Hasso kam wieder in seinen alten Besitz. *Nur Friesack blieb ihm verloren.* Burg Friesack kam dann an Dietrich von Quitzow.

Hier scheidet sich Jobst-Zeit, Quitzowzeit, Hohenzollern-Zeit. Die Bredows, namentlich die ehemaligen Friesacker, neigten sich um so lieber dem Hohenzollern zu.

Hasso II. Sohn des Vorigen. Dieer ist wichtig. Bis S. 48. Hasso II. hat sechs Söhne: Zuerst: Joachim von Bredow (der jüngste Sohn), Bischof zu Brandenburg. Zum Teil interessant. Aber nicht sehr. Bis S. 52.

Das *Ländchen Friesack* bestand in ältester Zeit, von ... bis 1400, aus den Dörfern: Vietznitz, Warse, Brädikow, Briesen, Kleßen, Görne, Hage, Senzke und Wagenitz. Wogegen Landin, Kriele, Liepe erst später, vielleicht 1500 (?), hinzugekommen sind.

Kurze Schilderung des Ländchens Friesack und des reichgegliederten mittelalterlichen Leben[s]. S. 65 unten und 66 oben.

Die andere Deszendenz Hassos II. (s. voriges Blatt) war unbedeutend und erlosch bald, mit Ausnahme der beiden ältesten Söhne. (Samuel von Bredow wird am 2. Dezember 1590 erstochen. S. Band III, S. 62. Dies alles weiter ausführen. Leichenpredigten.)

Hans I. ..., Begründer der 1788 erloschenen Löwenberger Linie,

Hasso III. ..., Begründer oder Fortsetzer der Friesacker Linie.

Hans I. (Sohn Hassos II.) war ein bedeutender Mann, ähnlich wie sein Vater, sehr reich und einflußreich. S. 74 oben. Charakterisierung aller Söhne Hassos II. Der Vater erzog sie ungewöhnlich gut. Hans I. war reich, besaß einen Teil von Friesack, erwarb Land Löwenberg, hatte Privatbarvermögen und war kurf. Rat. Trotzdem, bemerkt Graf Bredow-Liepe, war er nicht so bedeutend und angesehen wie sein Vater Hasso II. Auch *Achim von Br.*, Sohn von Hans I., stand hinter dem Großvater zurück. Die Finanzen verschlechterten sich am Hofe des prachtliebenden Albrecht Achill. – Über die natürliche Macht des Grundbesitzes S. 87.

Abraham und *Hartwig* von Bredow. Ein großer Vetternzwist. Interessant, so scheint es, S. 96.

Hans III. S. 107 u. 108. Ziemlich interessant. Hans III. hat einen ernsten Konflikt wegen Jagdangelegenheiten mit dem jagdpassionierten Kurfürsten Joachim Friedrich (?) 1592.

Hans IV. stirbt früh und vermacht dem nachmaligen kaiserl. Obersten von Ihlow (vielleicht Illo) 600 Taler.

Jacob II. von Br. Hat um 1617 und dann 23 einen großen Erb- und Besitzstreit, dessen Schärfe sich zuletzt gegen den Kurfürsten George Wilhelm richtet. Sehr interessant im Ausdruck. S. 110–12.

Adam von Br., Bruder des Vorigen, nimmt (als jener endlich schweigt) den Streit wieder auf, der sich gegen die in den Besitz von Löwenberg gekommene Familie von der Gröben beziehungsweise den Kurfürsten und die kurfürstl. Richter richtet. Interessant. Im Jahre 1629. S. S. 113–15. Stellenweis brillant. Er war ein Vetter vom Feldmarschall von Arnim.

Auch *Kaspar* von Br. gehört hierher. 1640 oder 45 ist es mit dem ganzen Löwenberger Besitz vorbei. Konkurs. Der Oberjägermeister von Hertefeld kauft es.

1521 wurde der ganze Löwenberger Besitz, das heißt der Besitz der Löwenberger *Bredows* (die eben noch anderes Besitztum hatten) in zwei Cavele geteilt:

1. Cavel. Hauptsitz Löwenberg, Bergsdorf, Grünberg, Mildenberg, Wendisch-Mutz, Hoppenrade, Lanke, Schropsdorf.

2. Cavel. Hauptsitz in *Friesack.* Ein Dritteil des Ländchens Friesack. Ferner: Badingen, Zabelsdorf, weiße Feldmarken Ostheren, Kerkow, Neuendorf und die Feldmark Getzkendorf bei Templin.

Georg von Bredow (S. 128 bis ...). Es ist das die Zeit der schon früher erwähnten interessanten großen Pleite und der Streitigkeiten mit *Ludwig* beziehungsweise *Jobst Heinrich von der Gröben* auf Meseberg und Löwenberg, die von den Bredows damals wie Räuber ihres Besitzes angesehen wurden, was aber ganz falsch war.

Christian Dietrich von Bredow, Lieutenant im Sächs. Kürassierregiment von Kalckstein, wird von seinem Rittmeister erschossen. 1634. S. 131 u. 32. Sehr interessant. Siehe auch im Sächs. Archiv die Geschichte vom Major von Behr, den derselbe Rittmeister auch erschoß.

Joachim Heinrich I. von Bredow, Sohn Joachims IV. von Bredow (s. S. 133 u. 34 oben), machte dem Löwenberger Elend wieder ein Ende, und noch einmal gab es Glanz und Glück. S. 137 bis 40. Sein Leben von ihm selbst kurz beschrieben. Interessant, aber nicht sehr. Auch seine Abstammung ja hervorheben. (133–34.)

Johann Heinrich I. von Bredow. Sohn des Vorigen. *Er* ist es, der die Constanze Amalie *Sophie von Kraut* heiratet. Dieses Paares Söhne sind dann die beiden Unglücklichen:

Johann Heinrich III. (der II. des Namens war von einer andern Linie).

Karl Samuel Ludwig. Von S. 149 bis 163.

Dies alles ist wichtig und muß ganz ausführlich in seiner Familientragik dargestellt werden.

Hiermit endigen die Löwenberger, und die Geschichte wendet sich nun recht eigentlich dem Hause *Friesack* im engeren Sinne zu.

Das Haus Friesack im engeren Sinne

beginnt mit S. 163. Von S. 163 bis 74 ist nicht viel los, lauter Unbedeutendes. Dann aber beginnt eine fast ein Jahrhundert und auch gerade hundert Seiten umfassende, sehr interessante Epoche (S. 174 bis S. 274), die Friesacker Bredows aus drei Generationen behandelt. Diese füllen fast das 16. Jahrhundert aus: *Vater, Sohn, zwei Enkel*, und bilden einen ganz bestimmten Abschnitt:

Hartwig I. S. 174 bis 83. Soll seinen Vetter Hans erstochen haben und war der Willibald Alexissche.

Hartwig II. (Sohn von Hartwig I.) von S. 183 bis 250. Dieser ist es, der die großen Streitigkeiten mit dem Löwenberger Vetter hat.

Lippold von Bredow (Sohn, ältester, Hartwigs II.). S. 250 bis 271.

Die folgende Notiz bezieht sich vielleicht schon auf Hartwig II.: S. 224 bis 27 hochinteressant. Bericht des Kurfürsten an den Kaiser. S. 232 unten sehr gut. 233: Die Bauern beharren in ihrem Widerstand. Vorher hat er schon einen von Zernikow erstochen und noch einige mehr.

Georg III. von Bredow (zweiter Sohn Hartwigs II.) von S. 271 bis 74.

Dann folgt (etwa 1616) Georg IV., der Stammvater der jetzigen Friesacker Linie, mit dem dann wieder eine neue Epoche beginnt. Zeit des Dreißigjährigen Krieges.

Das Haus Friesack
ungefähr von Beginn des Dreißigjährigen Krieges an

Es beginnen nun neue Zustände. Der erste dieser neuen Epoche ist:

Georg IV. von Bredow. Geboren 1591, 1616 wird er, großjährig, belehnt. Nun kommt der Krieg. 1627 Plünderung durch die Dänen. 1636 kommt er im Kampfe mit Marodeurs um.

Hans Christoph I. von Bredow, der jüngste von Georg IV. von Bredows Söhnen. Geboren 1623. Sehr gut (S. 286), wie der Dreißigjährige Krieg auch segensreich reformierend wirkte. Hans Christoph schuf so viel Gutes, daß er sich in dieser Beziehung den ersten bedeutenden Erscheinungen der Familie: Peter, Köpke, Wilkin und Matthias (ich glaube, alle im 14. oder 15. Jahrhundert), anreiht. Einer seiner älteren Brüder fiel vor Aachen (S. 284). Zwei seiner Schwiegersöhne fielen: Oberwachtmeister von der Marwitz bei Fehrbellin, Kapitänlieutenant von Rülicke bei der Belagerung von Ofen. (S. S. 316.) Er übt beim Begräbnis des Großen Kurfürsten mit das Marschallsamt aus. Am 4. Juni 1691 stirbt er in Spandau und wird in Wagenitz begraben. Ebendaselbst ein großes Familienölgemälde. (320.) Er hinterließ zweiundfünfzig Kinder und Kindeskinder. Eine seiner Töchter heiratete einen *von Brösicke*, der schon dreimal verheiratet gewesen war. Er überlebte auch diese vierte Frau. – Eine andere Tochter heiratete einen von *Blücher* auf Suckow. – Eine andere den *von der Marwitz*, der bei Fehrbellin blieb. S. auch die dazugehörige Anmerkung, S. 324–26.

Hans Christoph II. von Bredow. Geboren 1657. Er wird schon 1663 für ein Kanonikat in Halberstadt eingeschrieben, und auch der Kurfürst gibt sich die größte Mühe; er hat aber, trotz sechsfacher Versprechung, *nie* das Kanonikat erhalten. *Sehr lehrreich.* (S. S. 326.) Hans Christoph wird dann Gouverneur etc. der Anspachschen Prinzen und zuletzt Geheimrat in Anspach. Ziemlich interessant. (S. 238.) Stirbt bald, erst zweiundfünfzig Jahre alt, nachdem er aus Anspach in seine Heimat, Wagenitz, zurückgekehrt.

Wichard Friedrich von Bredow. Geboren 1659. Interessant. Wird erst Katholik. Dann wieder Protestant. Große Reisen. Dann Soldat. Mit vor Ofen und Bonn. Dann auf die Güter. Er erhält *Friesack* und *Briesen.* Sein Bruder Ludwig: Wagenitz. Verlobt sich mit der fünfzehnjährigen Marie Elisabeth von Görne. Diese stirbt im Kindbett, sechzehneinhalb Jahre alt. Seine Religiosität (S. 338). Stirbt 1710. Er war zuletzt ein frommer, gläubiger Spenerianer.

Georg V. von Bredow. Von diesem ist gar nichts zu sagen.

Hans Christoph Balthasar von Bredow. Ebenfalls nichts.

Hier ist wieder von einem interessanten Bilde in Wagenitz die Rede. S. 360. S. 376 auch ein Bild in Görne.

Kaspar Jakob von Bredow. Auch nichts.

Gebhard Ludwig Friedrich von Bredow. Auch nichts.

Dorothee Friederike Luise von Bredow. (S. 384.) Stirbt unvermählt in Brunn und wird *auf dem Rhin* nach Kleßen gebracht und dort beigesetzt. S. Kirchenbuch von Kleßen. Interessante Situation, die Rhinfahrt.

Claus Hartwig Heinrich von Br. (S. 384.) Stirbt, dreißig Jahre alt. Kürassieroffizier. Verheiratet sich mit einer Tagelöhnertochter. Die Ehe wird dann auf Vorstellungen des Vaters wieder getrennt. Das Ganze nicht uninteressant. Zeitbild.

Johann Friedrich Siegfried von Bredow. Etwas verwachsen. Er wohnt auf Friesack, aber die alte Zeit ist hin, er läßt das alte Schloß niederreißen und baut ein modernes Fachwerkhaus. Die neue Zeit bricht an, die das Mittelalter verachtete. (Schon *Matthias Christoph* von Br. hatte ungefähr siebzig Jahre früher die Ramponierung des alten Schlosses begonnen.) Befreundet mit der Familie des Generals von Bismarck in Rathenow, wahrscheinlich eines Onkels oder Großonkels vom Fürsten.

Karl Ludwig Christian starb mit siebenundzwanzig Jahren im Siebenjährigen Kriege, wahrscheinlich an einer Verwundung. Sein und des Vorigen Bildnis und das einer Schwester befindet sich in Görne.

Balthasar Otto Philipp von Bredow. S. 391. Bruder des Vorigen. Rittmeister bei den Leibcarabiniers. Ganzen Siebenjährigen Krieg mitgemacht. Bild in Görne. Heiratete mit fünfundvierzig die Witwe seines älteren Bruders, eine geborene von Briest, die sich nach seinem Tode mit einem *dritten* Bruder verheiratete.

Gebhard Philipp Christoph von Bredow. (S. 396.) Geboren 1740. Der Vater will ihn nicht hergeben. Da meldet er sich selbst beim König, der ihn 1758 durch einen Adjutanten abholen läßt, und nun tritt er ins Regiment Gardes du Corps. 1760 Cornet. 1766 Lieutenant. Er baute das neue Herrenhaus in Görne. *Er* ist es, der als dritter die von Briest heiratet, und *hier* erst muß die Sache erzählt werden. Stirbt 1795. Bild in Görne.

Georg Friedrich Ulrich von Br. (S. 398). Unbedeutend. Nichts zu brauchen. Er war der erste Mann der von Briest. Das Bild von ihm und seiner Frau existiert doppelt, in Görne und Liepe.

Friedrich Ludwig Wilhelm von Br. (S. 400). Sohn des Vorigen und der von Briest. Ritterakademie. Frankfurt a. O. Mit zweiundzwanzig Jahren schon verheiratet mit einer von Otterstedt. Er vereinigt schließlich einen großen Besitz, über sechs Güter, und wird durch Fr. W. III. 1798 in den Grafenstand erhoben. Er wie sie leben bis 1820 (*sie* stirbt zehn Tage nach ihm). Er lebte in Berlin, war ein feiner, liebenswürdiger, geselliger Mann. Mit ihm stand es auf zwei Augen. Dafür hinterließ er zwölf Kinder, darunter acht Söhne.

Philipp Friedrich Karl Wilhelm und *Friedrich Gebhard Heinrich Ludwig* machen den Befreiungskrieg mit. Der eine bei den 3. Husaren, der andere bei den 1. Kürassieren.

Otto Friedrich Ludwig Karl Ferdinand August Graf von Bredow. (S. 409.) Sohn von Friedrich Gebhard Heinrich Ludwig. Graf Otto ist der Appellationsgerichtsrat und Gemahl von Gräfin Adele. Er hat eine Tochter und drei Söhne. Alle Militär.

Ludwig Friedrich Wilhelm von Br. (S. 414). Geboren 1790. Macht mit zweien seiner Brüder den Krieg von 13 im selben Regiment mit. Großgörschen, Culm, Leipzig etc. – Dann Berg-Eleve, das heißt, er war es schon *vorher* und nahm seine Studien wieder auf. Wird Bergrat. Stirbt 1852.

Friedrich Ludwig Wilhelm, geboren 1819. Bewohnt Liepe, das 1872 abbrennt. [*Randbemerkung dazu:* Unbedeutend.]

Ludwig Friedrich Otto, geboren 1825. Bewohnt Liepe. Landrat des westhavelländ. Kreises. Gestorben 1877. [*Randbemerkung dazu:* Unbedeutend.]

Karl Georg Gebhard Friedrich von Br. (419). Geboren 1791. Tritt 1811 in die Armee. 1812 beim 6. Kürassierregiment. Macht den Krieg mit. Heiratet eine Kaphengst. Stirbt 1864. [*Randbemerkung dazu:* Unbedeutend.]

Karl Emil Friedrich Ferdinand Hermann von Br., geboren 1822. Vermählt mit einer Gräfin Bredow. Gebiert ihm acht Kinder und stirbt schon mit neunundzwanzig Jahren.

Karl Hasso Ferdinand Emil, geboren 1846, fällt bei Vionville. Ältester Sohn des jetzigen Friesacker Grafen.

Karl Georg Gebhard Friedrich Siegfried, geboren 1850. Steht im Königs-Grenadier-Regiment zu Liegnitz.

Siegfried Hans Ferdinand, geboren 1853, steht im 2. Grenadierregiment König Friedrich Wilh. IV. in Stettin.

Ferdinand Friedrich Karl. Geboren 1795. (S. 425.) Macht bei den Brandenburg. Kürassieren die Befreiungskriege mit. 1820 nimmt er den Abschied. Stirbt 1857.

Alles, was bis S. 433 folgt, ist höchst unbedeutend.

Das Haus Bredow-Wagenitz im weiteren Sinne von etwa 1650 bis jetzt

Ludwig von Bredow (S. 433). Geboren 1655. Im Jahre 1670 tritt er in die brandenburg. Armee, 1672 in die österreich. Armeen. Lieutenant im Regiment Stahremberg. Auf Reisen. Nach Paris. [*Randbemerkung dazu:* Gut.] Die *Gedächtnispredigt* (er starb erst 1740, beinah fünfundachtzig Jahre alt) existiert in Wagenitz noch; ebenso Trauergedichte, die damals von den Predigern der Umgegend gemacht wurden. (S. S. 448.) Sehr gute Bemerkungen des Verfassers Graf Bredow-Liepe. [*Randbemerkung dazu:* Wichtig.]

Ludwig und seine beiden Brüder, also die drei Bredows von Mitte des 17. bis Mitte des 18. Jahrhunderts, waren durch Geist, Wissen, Charakter hervorragende Männer. [*Randbemerkung dazu:* Wichtig.]

Seine älteste Tochter *Katharine Elisabeth* vermählte sich 1712, fünfzehn Jahre alt, mit *Hans Heinrich von Katte* auf Wust und wurde dadurch die Stiefmutter des damals acht Jahre alten Hans Hermann von Katte. [*Randbemerkung dazu:* Interessant.]

Ernst Wilhelm von Bredow. Auch ein Sohn des 1740 im fünfundachtzigsten Jahre gestorbenen Ludwig von Bredow und Bruder der Katharine Elisabeth. Geboren 1709. Etwa zwanzig Jahre alt, tritt er in die Dienste der Fürstin von Anhalt-Zerbst, mit neunundzwanzig Jahren, 1738, wird er *Reichshofrat* in Wien und spielt eine Rolle. 1740 stirbt erst Friedrich Wilhelm I., dann der Kaiser Karl VI., und nun merkt der Reichshofrat den großen Konflikt, der sich vorbereitet. 1742 ist er dann wieder im Havelland und bittet einen *kathol. Hausgeistlichen* für seine Gemahlin halten zu dürfen (vermählt sich 1738 mit Comtesse Marie Josephe von Hartig zu Schrattenthal bei Wien). 1743 wieder ins »Reich«, aber nach Frankfurt, wo der neue Kaiser Karl VII. ihn sehr auszeichnet. Er wird in den Reichsgrafenstand erhoben. Friedrich II. refüsiert. 1745 nimmt er in *Österreich* den Abschied und kehrt auf seine Güter zurück. Jetzt wird Friedrich II. wieder gnädig und erhebt ihn 1746 zum Geh. Etats- und Kriegsminister und zum Grand Maître de la Garderobe.

Das war nun alles sehr schön. Aber in der *Familie* sah es schlimm aus, denn er hatte einen höchst zank- und prozeßsüchtigen Bruder, Oberst *Johann Ludwig,* der ihm das Leben schwer machte. Nachdem es einigermaßen hinsichtlich der *Gelder und Güter* geschlichtet, geht es wieder ebenso wegen der *Forsten* los. *Ernst Wilhelm* hatte fast immer recht. Er ließ aber freilich viel Holz schlagen, mehr als vielleicht forstlich zulässig war, was er leider alles tun *mußte,* weil er sehr *viel Geld brauchte.* Die Details sehr interessant (s. S. 462). Schilderung der Art, wie man damals lebte.

»Über die schlimme Geldlage Ernst Wilhelms wie über das schlechte brüderliche Verhältnis zu *Johann Ludwig* etc. gibt ein Prozeß Auskunft, den *dies*mal Ernst Wilhelm führte …« S. S. 464. [*Randbemerkung dazu:* Sehr interessant.]

Ernst Wilhelm verliert auch diesen Prozeß und scheint in der Tat unrecht gehabt zu haben. – Solcher Stänkereien gab es viele. Er starb schon 1755, erst fünfundvierzig Jahre alt. Sein und seiner Frau Portraits von *Pesnes* Hand befinden sich in Hünern (Graf Hoverden). Graf Bredow-Liepe beschreibt diese Bilder sehr gut. (S. 466 u. 67.)

Die geborene Comtesse Hartig lebte bis 1783, wo sie sechsundsechzigjährig in Berlin starb und in der St. Hedwigskirche beigesetzt wurde. Nur *zwei Töchter* existierten aus dieser Ehe:

[*Randbemerkung dazu:* Kann weg.]

Maria Amalia Theresia Antonia Agatha, geboren 1743, Hofdame der Prinzessin Heinrich, gestorben 1829, fast sechsundachtzig Jahre alt, war mit einem Grafen Haugwitz vermählt. Ihre Tochter heiratete den Grafen Hoverden auf Hünern.

Elisabeth Lowisa Amalia, geboren 1752, gestorben 1802. Heiratete auch einen Haugwitz.

[*Randbemerkung dazu:* Interessant.]

Christian Friedrich von Bredow (S. 473). Älterer Stiefbruder von Ernst Wilhelm. Geboren 1698. Regiment Gensdarmes. Fällt 1745 bei Soor. *Interessant.* Bericht darüber vom Lieutenant von Krusemark befindet sich in Landin. (Er war damals wahrscheinlich Major oder Oberstlieutenant.)

Johann Ludwig, älterer Bruder des Vorigen, geboren 1697. Dies war der Krakeeler, der mit seinem Stiefbruder *Ernst Wilhelm*, dem Etatsminister etc. etc., beständig prozessierte, dann und wann mit Recht, meist ohne Recht. 1740 bei den Königsberger Kürassieren. 1743 nimmt er als Oberst den Abschied und zieht nach Berlin. Grund: Finanzschwierigkeiten. Seine Stiefmutter, die geborene von Metzsch (ist richtig), nimmt sich seiner an.

[*Randbemerkung dazu:* Interessant.]

Ausgezeichnet gute Stelle in *Graf Bredow-Liepes Buch* über den Charakter beider Brüder (S. 474), wo er sagt:

»Ernst Wilhelm war auch nicht immer tadellos, aber der weitaus edlere.« Sehr interessant. Sehr interessant auch, was seine Stiefmutter, die geborene von Metzsch, sagt. S. S. 475 Mitte. Dann S. 479 ungnädige Bescheide des Ministers von Arnim und des Königs selbst. Auch S. 480. Sein Charakter erinnert an seinen Vorfahren Hartwig II. (S. S. 183.) Er stirbt 1765 in Berlin. Bildnis in Landin. Auf der Rückseite des Bildes eine Beschreibung seines Todes und Begräbnisses.

Seine Schwägerin, Schwester seiner Frau, war die Gräfin von Mouparbuis (?), der auch eine von Borcke geheiratet hatte, Schwester der Gemahlin Johann Ludwigs.

[*Randbemerkung dazu:* Ist nichts.]

Friedrich Ludwig von Bredow. Sohn Johann Ludwigs des Krakeelers. Geboren 1734. Vermählte sich 1765, also einunddreißig Jahre alt, mit Dorothea Elisabeth von Rathenow, Tochter des Lieutenants von Rathenow auf Pinnow bei Lenzen. Wahrscheinlich der alte Friderizianische Regimentskamerad aus Ruppin. *Nein.* Denn er stirbt schon 1757. Dieser *Friedrich Ludwig* führte auch immer Prozesse, war aber eine gleichgiltige Person, über die ganz hinweggegangen werden kann.

Georg Dietrich von Bredow. Geboren 1699. Dies ist der jüngste der drei Stiefbrüder des *Etatsministers* Ernst Wilhelm. Alle drei waren Söhne der geborenen von Katte. Ernst Wilhelm war Sohn der geborenen *von Metzsch.* Dieser *Georg Dietrich* gehört also als vierter in die interessante Gruppe, die die Zeit von 1700 bis etwa zum Schluß des Siebenjährigen Krieges ausfüllt. Ihr Vater war *auch* eine interessante Figur aus der Zeit des Großen Kurfürsten und starb, dreiundachtzig Jahre alt, Anfang der vierziger Jahre, war also ungefähr 1660 geboren.

Alle drei Brüder (der *Etatsminister nicht*) waren *Kürassier*offiziere und machten als solche die beiden Schlesischen Kriege mit. Einer fiel bei Soor; die beiden andern zogen sich auf ihre Güter zurück. Dieser stänkerte mit *Johann Ludwig* zusammen gegen den Etatsminister, war aber nicht so schlimm wie dieser. Er heiratet eine Konrektorstochter, die aber geadelt wird. Er starb 1755.

Georg Ludwig Friedrich. Sohn von Georg Dietrich von Bredow. S. 501. Geboren 1750 zu Aschersleben. 1766 tritt er in das Inf. Reg. Graf Lottum. Er verbraucht viel Geld »zur gloire des Offizierstandes«, war musikalisch, kaufte sich einen Flügel und spielte Violine. 1755 nimmt er als Kapitän den Abschied. 1776 vermählte er sich mit Albertine Charlotte Luise Wilhelmine *von Hertefeld*, Tochter des von Hertefeld auf Häsen (vielleicht der »verrückte Vetter von Häsen«), 1810 wird er noch mit Sechzig zum Major ernannt. 1812 stirbt er. Seine Gemahlin war schon 1806 gestorben.

Er hatte drei Söhne:

[*Randbemerkung dazu:* Sehr interessant.]

August Friedrich Wilhelm Albrecht. Geboren 1780. Fällt als Major im Brandenb. Kürass.-Regiment 1813 bei Liebertwolkwitz. König-Murat-Geschichte. Sehr interessant (S. 515). Hinweis auf die Geschichte mit Rittmeister von der Lanken. In Wagenitz und Briesen Denksteine.

[*Randbemerkung dazu:* Sehr interessant.]

Karl Ludwig Friedrich Wilhelm. Geboren 1777. Vermählt sich 1800. Zieht *nicht* in den Krieg. Doch; auch beim Regiment Gensdarmes. Ist aber ein bedeutender Landwirt, lenkt alles zum Guten, wird 1840 in den Freiherrnstand erhoben. Stirbt 1845. Steinoperation; von Graefe. Großer Naturforscher. Ornithologe und Entomologe. Glänzende Sammlung zu Wagenitz.

Clara Charlotte Wilhelmine Theodora, eine seiner Töchter, wird beim Mai-Aufstand in Dresden unglücklicherweise durch eine preuß. Kugel erschossen.

Georg Heinrich Eduard, geboren 1810. Sohn des Ornithologen und Entomologen. *Auch* Kunst- und Wissenschaftsmensch. Baut das neue schöne Schloß in Wagenitz etc. etc. Stirbt 1883. Verlor alle seine Söhne früh, den letzten vierzehnjährig, durch den Stich eines Insekts.

Friedrich Philipp Leopold Ferdinand. Bruder des bei Liebertwolkwitz Gefallenen und des Ornithologen und Entomologen. Geboren 1787. Seine Mutter war die von Hertefeld. Er machte die Campagne von 6 und 13 mit. Guter Landwirt. Kauft Lenzke. Major. Stirbt 1878, und zwar einundneunzig Jahre alt.

[*Randbemerkung dazu:* Sehr interessant.]

Adalbert Friedrich Wilhelm. (S. 527.) Sohn des Vorigen.

Dies ist der alte »General von Bredow«, der den berühmten Todesritt bei Vionville machte.

[*Randbemerkung dazu:* Reizend.]

Sehr hübsch (S. 539), als er 1883, schon außer Dienst, auf speziellen Befehl des alten Kaiser Wilhelm ihm die sechzehn Ulanen vorführt. Ein erziehlicher Abschluß, der sich in einer Erzählung unmittelbar an die siebziger Affaire anschließen muß.

Der ganze Mann *typische Bredow*-Figur. Sehr hübsch auch, was Graf Bredow-Liepe ganz am Schluß über ihn schreibt.

Maximilian Karl Friedrich Albert. Geboren 1817. Lebt in Westend, Charlottenburg. War Oberstlieutenant oder Major und führte 66 das 5. Kürassierregiment.

Max Hermann Wichard Oskar. Geboren 1855 zu Landin. Der gegenwärtige. War Garde du Corps. Große Reisen. Vermählt mit einer Gräfin Schwerin.

[*Randbemerkung zu den zuletzt genannten beiden Namen:* Kein Sohn des Vorigen.]

Ernst Joachim Karl. Geboren zu Stechow. Marineoffizier. Neu-Guinea etc.

Die Briesener Bredows

Briesen: Briesen historisch. Es war von dem und dem bewohnt (s. Fidicin). Immer oder oft in Bredowschen Händen, aber von einer eigentlichen Briesener Linie – in Unterscheidung von einer momentanen Abzweigung – läßt sich erst seit dem Jahre … sprechen. In diesem Jahre kam Briesen an einen Sohn des und des auf Wagenitz. Dieser Sohn war:

Friedrich Philipp Leopold Ferdinand, geboren 1787 zu Wagenitz, Vater des Mars la Tour-Bredow. Also zwei Biographien. Er hatte bei der Teilung *Briesen* erhalten. Nach dem Tode des Bruders bei Liebertwolkwitz erhielt er auch *Grimme*, während der andere Bruder *Wagenitz* erhielt. Er verheiratete sich mit Bernhardine von Wulffen und gründete *Bernhardinenhof* bei Briesen. Er starb 1878, beinah einundneunzig Jahre alt. Er ist der Vater des Mars la Tour-Bredow.

Adalbert Friedrich Wilhelm, der Mars la Tour-Bredow. Geboren 1814. S. S. 527.

Briesen: Rittergut.
Eingepfarrt nach Friesack.
General von Bredow.
5 Häuser, 91 Einwohner.

Dazu gehört:
Brädikow, Dorf.
Filial von Hage.
Patron: von Bredow-Briesen.
Schule.
38 Häuser, 307 Einwohner.
Bernhardinenhof, Vorwerk zu Brädikow ev. Briesen.
1 Haus, 9 Einwohner. Besitzer: von Bredow.

Besitzer: 1742 der Reichsgraf Ernst Wilhelm von Bredow, Geh. Etatsminister, Grand Maître de la Garderobe.

Dann, nach Erledigung der zwei Biographien, kommt, *ohne* Kapitelüberschrift, eine II.

II

Der Sohn des Mars la Tour-Bredow ist gegenwärtiger Besitzer. Er ist da oder nicht da. Das Herrenhaus stammt aus der Zeit des Großvaters (?) und enthält allerlei Bemerkenswertes.

Dies aufzählen. Park. Bernhardinenhof.

Die Plünderung Klessens 1806 unter König Murat

Die betr. Szene spielt *nicht* in Kleßen, sondern in *Friesack*; nur wurden die Kisten von Kleßen (wo sie im Weinkeller standen) herangeschleppt. Die Durchsicht derselben erfolgte in *Friesack*, wo Murat Anfang November eintraf.

[Der Umschlag.] Enthält die Kopie des mir anvertrauten Schriftstücks.

Minister von Altenstein konnte nämlich nichts machen und antwortete an den Geh. Staatsrat von Quast – der der Vermittler des Graf Bredowschen Anspruchs war — sehr zutreffend unterm 12. Januar 1816:

»... Die französ. Regierung hat sich auf eine Entschuldigung für das, was franz. Generäle oder andere Militärs geraubt und geplündert haben, auf keine Weise einlassen wollen, und die verbündeten Mächte haben auf einer solchen Forderung auch nicht bestanden, weil bei der zahllosen Menge von Plünderungen, welche von den französischen Heeren durch ganz Europa während der Revolutionskriege verübt worden sind, ganz Frankreich nicht würde hingereicht haben, den Schaden zu ersetzen ... Altenstein«

Im Anfang des Monats November 1806 kam das Corps des Prinzen Murat und Soult von Lübeck durch hiesige Gegend, und auf meinen Gütern zu Friesack, Kleßen, Görne etc. ging ein großer Teil dieser benannten Armeecorps durch. Mein Schloß zu Friesack war drei Tage der Sammelplatz aller hohen französischen Offiziere. Zu Kleßen, eine halbe Meile von Friesack, wurde der General Barwes (?) mit dem 106. und einem Teil des 83. Infant. Regts. einquartiert. Zwar gab man allerorten die Versicherung, nicht zu plündern, wenn alles Benötigte geliefert würde, allein aus Vorsicht hatte meine dazumal noch lebende Mutter einen Kasten mit ihren vorzüglichsten Kleinodien und Silberzeug sowie auch ich einen Kasten mit meinen vorzüglichsten Dokumenten und einem Teil baren Geldes in einen schwer zu bemerkenden Verschlag meines Weinkellers herabbringen lassen.

Schon am Abend des zweiten Tages der Durchmärsche mangelte der Wein zu Friesack, und der Divisionsgeneral St. Hilaire sagte mir, daß der Prinz Murat heute kommen und er und sein Generalstab hier (in Friesack) Quartier nehmen würden. Ein Adjutant von Murat, er nannte sich Colonel Manino, sagte mir, man wisse sehr gut, daß ich zu Kleßen einen ansehnlichen Weinkeller hätte, und er hätte bereits zwei Wagen hingesandt, um dasjenige holen zu lassen, was erforderlich sei. Diese kamen auch in einigen Augenblikken an und brachten zu meinem größten Erstaunen die beiden früher benannten Kasten; diese wurden, so wie der

Wein, sogleich in ein Behältnis gebracht, und der General St. Hilaire sagte mir geradezu, man wisse recht gut, daß in diesen beiden Kasten Sachen von großem Wert wären, hätte auch die Überzeugung, daß solche nicht mir gehörten, sondern Staatseigentum wären, und würde sich solches als Kriegsbeute zueignen. Um hier das Gegenteil zu beweisen, gab ich eine genaue Spezifikation der darin befindlichen Sachen, bewies das übrige durch Bezeichnung sowohl der speziellen Gegenstände als auch der darin befindlichen, auf mich und meine Familie sich beziehenden Dokumente und durch genaue Bezeichnung der Geldsummen und der Münzen, allein ich bewirkte dadurch weiter nichts, als daß bis zur Ankunft eines der kommandierenden Generäle die Kasten uneröffnet blieben. Gegen Mitternacht kam der Prinz Murat an, sagte aber, er würde nur Augenblicke hier bleiben, um dann nach Fehrbellin zu gehen, wo bereits sein Generaladjutant Sebastiani vorausgegangen wäre. Er war zugleich sehr ungehalten über den Umweg, den er gemacht hatte, und schien überhaupt sehr mißmutig zu sein. Der General St. Hilaire und der Colonel Manino und noch ein General, dessen Namen ich nie erfahren konnte, gingen mit dem Prinzen Murat in ein anderes Zimmer, und nach Verlauf einiger Augenblicke wurden die beiden Kasten in das Nebenzimmer hineingetragen; man frug mich nochmals und drohte mit Füsilieren, ob dies wirklich mein und meiner Mutter Eigentum wäre, und da ich dies durchaus der Wahrheit gemäß behaupten konnte, so wurden mir die Schlüssel dazu abgefordert, um solche damit zu öffnen. Ich besaß nur den einen Schlüssel, der andere war von meiner Mutter mitgenommen worden; man fand in dem einen Kasten die Familiendokumente, einige Obligationen und 298 Taler, 11 Silbergroschen Depositengeldes sowie auch 2735 Taler in Gold und 1250 Taler in Courant sowie auch einige alte Gold- und Silberstücke, deren Wert ich aber speziell nicht angeben kann. Sämtliche Dokumente wurden sehr genau durchgesehen, und ein Offizier, der Deutsch verstand, mußte jeden Inhalt genau bestimmen; alle wurden in einen andern Kasten sorgfältig gepackt und mir wieder übergeben, bloß sämtliches Geld wurde *vorläufig* in den alten Kasten wieder hineingelegt, nachdem alles genau überzählt war. – Es wurde nun zur Öffnung des zweiten Kastens geschritten; ich hatte, wie früher gesagt, nicht den Schlüssel, er wurde daher mit Gewalt erbrochen und ich nochmals um den Inhalt desselben befragt. Ich konnte diesen nur durch die Spezifikation meiner Mutter beweisen, u. zum Glück hatte meine Mutter noch eine gleiche obenauf in den Kasten gelegt, die sogleich bei Öffnung des Deckels ihnen in die Augen fiel. Das gab der Sache wenigstens ein beruhigenderes Ansehen, und Murat sagte, »dies wäre unstreitig kein Staatseigentum, doch müßte man genau die Sachen durchsehen u., da zur Auszahlung der Truppen Geld höchst notwendig wäre, mir Quittung über das Geld erteilen und mir solches zu Berlin wieder erstatten«. In diesem Kasten waren, laut Spezifikation, erstens an barem Geld:

1 790 Taler in Golde – 850 Taler in Courant – 375 Taler in holländ. Dukaten – 83 Stück goldene Medaillen und seltene Münzen – 131 Stück silberner Schaumünzen, beider Wert kann ich nicht genau angeben.

Zweitens an Juwelen und Schmuck:

1 großer Solitär-Brillantring, den früher der Juwelier Baudisson [auf] 2 750 Taler taxiert,

1 dito, etwas kleiner, als Damenring,

1 Diademreif mit Brillanten,

1 Paar Brillant-Ohrringe,

2 andere Brillantringe à jour gefaßt,

6 Schnur echter Zahlperlen,

1 goldene Tabatière mit dem Bildnis Friedrichs des Großen, reich mit Brillanten und couleurten Steinen besetzt. Ein Geschenk dieses großen Monarchen an meinen Großoheim, den Generallieutenant von Bredow, der sein Gouverneur gewesen war.

1 silbernes komplettes Tafelservice auf 18 Personen mit dem Kalenbergschen und Perkentinschen Wappen, ein Erbstück meiner Mutter.

Das Silberservice wurde in den Kasten wieder eingelegt, das Geld gezählt und heut (?) behalten. Die goldene Dose wollte der Prinz Murat mir bezahlen, und [sie] wurde, wie die übrigen benannten Juwelen, die wegen »dem infamen Troß« (der eigene Ausdruck von Murat) bei mir nicht sicher sein würden, welche die nächsten Tage kämen, sämtlich eingepackt, sowohl über alles benannte Geld mir Quittung wie auch über die Juwelen erteilt, auch das silberne Service darin bemerkt und mir in dieser Quittung die Zusicherung gegeben, alles zu Berlin durch das Gouvernement wieder zu erhalten.

Nach einer halben Stunde ging er ab. Auch der General St. Hilaire ging nach Berlin. Noch muß ich bemerken, daß sich außer Murat auch St. Hilaire und Manino unterschrieben hatten und daß man mir sagte, daß auch der Ordonnateur en chef gleichfalls diese Quittung unterschreiben müßte, dieser eben bald kommen würde. Dieser kam aber nicht. Und kaum war Murat eine halbe Stunde fort, so kam einer seiner Adjutanten, der in seiner Suite mit hier gewesen war, zurück und forderte mir die erhaltene Quittung wieder ab, um sie durch den genannten Ordonnateur en chef, welcher zu Fehrbellin wäre, mitunterschreiben zu lassen; er wurde sehr böse, daß ich gleich mitreisen wollte, gab mir sein Ehrenwort, sie noch am Morgen des Tages zurückzubringen, und von diesem Augenblick an habe ich, trotz meiner vielen Bemühungen und Schreiben, nie wieder was erhalten. Ich eilte den andern Tag nach Berlin, meldete mich bei Murat, bei St. Hilaire, allein beim ersten wurde ich nicht vorgelassen, und letzterer bedauerte mich und sagte: »Er hoffe Gelegenheit zu haben, mir durch den Kaiser dies wieder zu verschaffen, dies könnte aber nicht eher geschehen, als bis der Krieg zu Ende wäre. Beim Gouvernement und vorzüglich beim Gouverneur Clark möchte ich ums Himmels willen nichts erwähnen, denn Murat und Clark wären Feinde und der Schwager des Kaisers hätte immer recht. Ich riskierte noch obenein, füsiliert zu werden, da ich gar keinen Beweis durch Quittung hätte. Wollte ich ihn als Zeugen aufrufen, so könnte er zwar nicht leugnen, die Sachen gesehen zu haben, er könne aber durchaus nicht behaupten, daß Prinz Murat dies alles mitgenommen hätte – es könnten ja ebensogut andere mir dies genommen haben. Und ich hätte überhaupt nicht meine Quittung dem Adjutanten geben, ich hätte ihn eher totmachen sollen.«

Dies war das Ende der Sache. Noch zu verschiedenen Malen benutzte ich die Gelegenheit, um bei St. Hilaire meine Forderung zu Gehör zu bringen. Am Ende sagte er: »Die Sache wäre alt und man müßte vergessen, was nicht zu ändern wäre; er hätte keinen Teil daran.«

So kam meine Mutter und ich um ein ansehnliches Vermögen. Ich kann den Wert der Juwelen und des Silberzeugs nicht genau bestimmen, auch mag ich mein Gewissen nicht mit ungerechtem Eigentum belasten, so viel aber glaube ich mit Recht behaupten zu können, daß, außer dem spezifizierten baren Gelde, der übrige Verlust über 18000 Taler beträgt.

Durch den Tod meiner Mutter in eine Lage versetzt, als einziger Erbe auch über ihr Eigentum zu schalten, erkläre ich zugleich, daß, da ich bereits früher zum heiligen Zweck dieses glücklich beendigten Krieges die Hälfte meiner noch geretteten Kostbarkeiten mit freudigem Herzen dargebracht, ich auch hier die Hälfte des Wertes der obgenannten Juwelen und Silbergegenstände zum Besten der Witwen und Waisen der Gebliebenen hiermit dem Staate zur Verteilung anbiete. Ich bitte daher ganz gehorsamst, in dem Falle, daß auf meine gerechte Forderung Rücksicht genommen werden sollte, die Wiedererstattung stattfände, alsdann ohne weiteres derjenige Teil zurückgenommen wäre, welchen ich zu der Verteilung bestimmt habe.

Friesack bei Fehrbellin, den 25. Oktober 1815

Graf von Bredow auf Kleßen und Friesack

Er (der Graf) schickte diese Eingabe an den Geheimen Staatsrat von Quast zur Weiterbeförderung, und auf einem Duplikat, das mir vorliegt, heißt es:

»Die Urschrift ist heute dem Herrn Minister Freiherrn von Altenstein nach Paris zur Berücksichtigung übersandt worden.

20. November 15

Quast«

DIE JUDEN IN UNSRER GESELLSCHAFT

Ahlwardt und seine Ungeheuerlichkeiten. Dies zuerst ausführlich behandeln und als unmöglich hinstellen. Menzel. Ich bin nicht eigentlich ein Philosemit. Mir ist das Germanische lieber. Eine hübsche germanische Frauengestalt ist mir lieber als eine jüdische Schönheit, es ist mir angenehmer, Land- als Stadtleben zu sehn, zum Teil weil das Jüdische da fortfällt, ich liebe die Länder (leider nur wenige noch), wo das Volk germanisch ist, namentlich Skandinavien.

Dann: ihre Berühmtheiten überall.

Dann (auch wenn wir von allen Berühmtheiten absehen) die Juden als Träger feiner Bildung und Sitte. Natürlich vielfach nicht. Aber vielfach *doch.*

BERLINER SPRECHANISMUS

Überall gibt es plauderhafte Menschen, aber jene Form der Plauderhaftigkeit, die »Sprechanismus« heißt, gibt es nur in Berlin. Eigentlich ist es gar keine Plauderhaftigkeit. Plaudern ist etwas Gemütliches, es läßt die Möglichkeit einer Unterbrechung zu, ja wenn es echt ist, ist es etwas auf Gegenseitigkeit Begründetes, jedenfalls ist es etwas Harmloses, Gemütliches, was man vom Sprechanismus nicht sagen kann. Der Sprechanismus ist hart und unerbittlich, und sein charakteristisches Zeichen ist nicht das einfache, gewandte Sprechenkönnen, sondern die verzweifelte Ordnung darin, die Dialektik, der Doktrinarismus, der fanatische Belehrungstrieb, das fanatische Verlangen, dem andern zu einem richtigeren oder, richtiger ausgedrückt, zu dem einzig richtigen Standpunkt zu verhelfen. Der Sprechanismus hat immer ein Müssen, er ist nicht zum Spaß da, er arbeitet beständig an Aufklärung, an Prinzipiensieg. Woraus sich dann von selbst ergibt, daß der Sprechanismus immer nur bei beschränkten und halbgebildeten Menschen zu Hause ist, bei solchen, die in einem fort Parteizeitungen lesen. Welcher Richtung, ist gleichgiltig: Denn der Sprechanismus entfaltet sein Panier auf jedem Gebiet, uneingeengt durch Parteigrenzen. Er hat nach dieser Seite hin etwas Großes, Weltumfassendes A. hat dies Gebiet, B. das entgegengesetzte. Aber das, worauf es ankommt, der Sprechanismus, bleibt derselbe. Unter allen Tugenden steht ihm eine am fernsten: Bescheidenheit.

Zu den Merkwürdigkeiten gehört auch, daß sich der Sprechanismus als Bekehrungsopfer immer solche aussucht, die auf bestimmten Gebieten eine größere oder kleinere [*Darüber:* geringere] Autorität [sind]. So daß man von ihm sagen darf: er hat sich nie mit Kleinigkeiten abgegeben, er ist wählerisch, noblesse oblige. Er sucht sich seinen Mann, und wenn er ganz echt ist, so wird er einen Generalstäbler über die Fehler, die bei Mars la Tour gemacht wurden, und Moltke [*Darüber:* Mommsen] über Geschichtschreibung be-

standpunkten. Mir persönlich ist es immer passiert, daß ich immer nur auf den Gebieten belehrt wurde, auf denen ich mir eingebildet hatte, dem Betreffenden gute Lehren geben zu können. Wanderungen. Märkisches. [*Zwischen den Zeilen:* Jeder hat so eine kleine Domäne, und deshalb werde ich vielleicht sagen dürfen, ich verstehe mich auf Land und Leute von Mark Brandenburg. Aber das hilft mir nichts, wenn ich einem Vertreter des Sprechanismus begegne.] »Sie gehen da doch über Dinge hinweg, deren Bedeutung evident ist, über die Trachten. Ich will nicht von Spreewälderinnen reden, das ist ja alles Willkür, wüste [*Nicht entziffertes Wort.*], Verständnislosigkeit, gemischt mit sinnlicher Vorliebe für hervortretende Hüften, damit komme ich Ihnen nicht, aber wirkliche Finessen. Wo fängt das schwarze Kopftuch an, wo hört es auf, wo macht es dem roten Platz, wo tritt Gelb betüpfelt auf, wo Hellblau, sehen Sie, das sind Fragen, die über das Stammwesen entscheiden, die mit der Frage zusammenhängen, wie weit reichen die Heveller, wie weit die Dossaner, die Brizaner, die Spriavaner. Ich habe den vorigen Sommer in der Nähe von x x gelebt, da stoßen drei Stämme zusammen, und es war erstaunlich, die Differenzen in Ober-Mischkow und Nieder-Mischkow zu sehn. Als ich der Sache weiter nachging, fand ich, daß sich dieser Unterschied bis in alle kleinsten Lebensdinge verfolgen ließ, wie Form der Milcheimer und Butterfässer, und auch die Bezeichnungen dafür, so daß sich ch und k in einem beständigen Wechsel befanden. Sie haben dies Dorf beschrieben und eines alten Generals Erwähnung getan, der dort mumifiziert in der Gruft liegt, dies ist ganz gut, aber ein alter mumifizierter General, wenn es nicht zufällig der alte Zieten ist, ist doch ungeheuer gleichgültig im Verhältnis zu Fragen und Erscheinungen, die geeignet sind, in das über die Stammesabgrenzungen herrschende Dunkel endlich ein Licht zu tragen. Ich habe Ihnen keine Vorschriften zu machen, alles geistige Schaffen ist frei, aber ich kann Wünsche aussprechen, überlegen Sie sich's, ob da nicht was zu machen ist, was schließlich wichtiger ist als das ewige Schwatzen über Großbeeren oder Fehrbellin oder Kremmer Damm, wovon man wirklich gar nicht mehr reden sollte.«

Neben meiner Beschäftigung mit Mark Brandenburg war

ich auch mal Theaterkritiker, sogar zwanzig Jahre lang, an einer sehr angesehenen Zeitung, deren Kritiken schon dadurch eine gewisse Bedeutung hatten, daß sie gerade an der Stelle standen. Es zählt zu den ansehnlichen Stellungen, weil die Stelle, wo's steht, Ansehen hat, und insoweit nahm ich an diesem Ansehen teil. Diese Stellung kam auch mir zugute. Nun würde wohl überall in der Welt einem solchen Kritiker der Hof gemacht worden sein. Ich kann aber nicht sagen, daß dies der Fall gewesen wäre. Fremde, die kamen, empfahlen sich meiner »freundlichen Beurteilung«, oder wie sonst die Redensart lauten mochte, waren es aber [*Über der Zeile:* ein mit Sprechanismus ausgestatteter] Berliner [*Zwischen den Zeilen:* und fast läßt sich das von allen sagen], unter denen nur selten einer sprechanismuslos ist, so war von solcher redensartlichen Liebenswürdigkeit keine Rede, vielmehr nahm der Betreffende – und die Damen mitunter noch mehr als die Herren – die Gelegenheit wahr [*Zwischen den Zeilen:* meinen Standpunkt klarzumachen oder wie man so sagt:], mir den Star zu stechen. Eine Heroine, wundervolle Dame, noch acht Fingerbreit höher als ich selber, stellte sich mir als Jungfrau von Orleans vor. »Ich hoffe [*Darüber:* nehme an], Sie sehen mich morgen und werden mir in meiner Auffassung zustimmen. Es ist ein Unsinn, immer von Clairvoyance zu sprechen. Himmelskönigin. Ach was Himmelskönigin. Johanna war eine richtige Hanne. Von Hannchen zu sprechen wäre lächerlich. Und so gebe ich sie als Dirndl, als ein Mädchen, wie Defregger die Dirndl malt, gesund, stark und weiße Zähne zum Beißen. Nur das verstand sie. Schiller hat all die Figuren verzerrt, und wenn ich eine Kunst recht verstehe, so kommt es mir und jedem andern zu, diese Fehler nach Möglichkeit zu begleichen. Daß sie die Ketten im letzten Akt abstreift, ja, wer kann das? Lionel, den sie entwaffnet, wird doch mutmaßlich kein Schwächling gewesen sein. Aber was die Hauptsache ist, Schiller selbst in einer Art Widerspruch zu der von ihm geschaffenen Gestalt, wie schildert er sie, wie beschreibt er sie« (nun Zitate aus 1. und 2. Akt).

Dann *Lubliner.* Ähnlich ging es mir in jener Zeit mit den Stückeschreibern. Es ist mir nicht vorgekommen, daß einer gesagt hätte, »Seien Sie milde«, sie ergriffen nur die Gelegenheit, mich wissen zu lassen, daß es mit Kritik nichts sei; die Kritiker bildeten sich immer ein, sie wüßten das besser, aber damit sähe es mies aus, »wenn sie Stücke schrieben, fielen sie immer durch«. – »Deshalb habe ich mich auch gehütet.« – »Da haben Sie klug und weise getan. Wer nicht dazu berufen ist, da kommt nichts heraus wie Verschrobenheit und Langeweil. Alles will gelernt sein. Sie werden sagen, Kritik auch. Aber darüber hab ich so meine Gedanken. [*Zwischen den Zeilen:* So was hab ich öfter gehört. Einmal begegnete ich einem in der Leipziger Straße, und er nahm mich beim Arm, und während der Höllenlärm der Leipziger Straße um uns vorüberströmte, unterhielt er mich über sein Stück, das in den nächsten Tagen gegeben werden sollte. »Ich habe mein Stück aus der englischen Gesellschaft genommen. Sie kennen England, aber darauf kommt es nicht an. Es kommen] Ich habe übrigens ein Stück aus der englischen Geschichte genommen, die Sie ja kennen. Und sie kennen auch das englische Leben. Es kommen viele Lords und ein paar Lord-Oberrichter drin vor, und ich mag nicht behaupten, daß ich viele Lords, außer mal in Interlaken, kennengelernt hätte. Aber ist das nötig? Ich möchte beinah das Gegenteil behaupten. Worauf kommt es an? Auf den dramatischen Konflikt. Darin sind wir einig. Was soll da der Ballast, den sie jetzt Kolorit, Lokalton oder gar Milieu nennen. Da verbeißen sich die Leute drin und vertun Zeit u. Kraft an Nebensächlichkeiten. Ich kann von einem Mann wie Sie nicht annehmen, daß Sie dies Milieu fordern. Ich hätte mein Stück schließlich auch nach Buxtehude [*Darüber:* jedem andern Ort der Welt] verlegen können. Aber es kommen einige Querköpfigkeiten drin vor, und drum nahm ich England. Sie werden das billigen und nicht den, um ein mildes Wort zu gebrauchen, übertriebenen Anspruch erheben, daß alles, wie man so schön sagt, ›stimmt‹. Es braucht nicht zu stimmen, es ist ein Vorzug, wenn es *nicht* stimmt [*Über die Zeile:* das Kolorit, das Nebensächliche zieht bloß ab], es kommt nur auf den Konflikt an, auf die Gegensätze, die aufeinanderplatzen, und daß ich es darin getroffen habe, das steht mir fest. Einige werden mir das bestreiten, aber das ist mir gleichgültig, alle Kritik bedeutet nichts, Kritik, Pardon, übt nur, wer nichts andres kann. Ich denke gering von der

Kritik, gestehe aber gern zu, daß es Ausnahmen gibt, Personen, die es wenigstens ehrlich meinen. Mehr kann ich nicht zugestehen. Ich habe so meine Ansichten über das Wesen des Dramas.«

Wir waren bis vor meine Wohnung gekommen, und ich sagte: »Pardon. Ich muß da hinüber ...«

»Schade«, sagte mein Vertreter des Sprechanismus. Er hätte mir gern noch etwas über das Wesen des Dramas verraten.

Das sind so Proben vom Berliner Sprechanismus. Aus Antiberlinismus [*Darüber:* Berlinertum] hab ich sie nicht mitgeteilt, bin ich doch selber einer, wenigstens beinah und insoweit Heinrich Heines Satz [*Über der Zeile:* unter Zugrundelegung des H. H. Satzes:] gilt, der einmal sagte: »Er war aus Charlottenburg, wo man das Berlinische noch reiner spricht als in Berlin.«

WIE MAN IN BERLIN SO LEBT

1. Berliner Zimmer. Morgens um sieben der Zug des Water-Closets. Wer ein bißchen Phantasie hat, ist in einem Schreckenszustand*, um acht oder wenig später werden auf dem sechs Meter im Quadrat großen Hofe Decken geklopft, eh man noch fertig ist, erscheint ein Leierkasten. Ein Glück, daß das Deckenklopfen noch nicht ganz fertig ist, so frißt eins das andre auf.

2. Nun [*Über der Zeile:* Eine halbe Stunde später bin ich beim] Frühstück [*Zwischen den Zeilen:* oder was man so Kaffe nennt. Dazu Semmeln von meinem berühmten Bäkker; auch alle Brote sind berühmt]. Die Semmeln. Es heißt, die Fremden freuten sich ... Entweder kommen sie aus merkwürdigen Gegenden oder sie nehmen uns das Glück weg und lassen uns das Elend. In Dresden soll man sich nur um die Engländer kümmern; die Deutschen müssen warten.

3. Dann Toilette [*Zwischen den Zeilen:* Die Zeitung. Wenn der Druck nicht zu schlecht oder der Nebel nicht zu dicht ist – einer der ersten Genüsse. Dann heißt es, sich anziehn.] Rasieren. Ich habe die Tugend oder Untugend, mich selber zu rasieren. Marterstunde. Diese Jahrzehnte zerfallen in ein up and down. Es gab auch gute Zeiten. Aber seit längerer Zeit bin ich wieder in der down-Epoche und mache Marterstunden durch. Es ist mir nicht mehr möglich, ein Rasiermesser zu erstehn, das Schneid hat. In Preußen und

* [*Dazu am oberen und am linken Rand folgende Neuformulierung des Anfangs:*] Mein Bett steht in einem sogenannten Berliner Zimmer (manche sagen auch »Saal«), und da ich einen gesegneten Schlaf habe, so komme ich über die Nacht gut weg. Selbst wenn ich mal aufwache, ist alles so dunkel, daß die merkwürdigen architektonischen Linien mich nicht stören können. So geht es bis sieben. Um diese Zeit weckt mich ein Nachbargeräusch mit einer geradezu brutalen Gewalt. Es trifft sich nämlich so unglücklich – und unglücklich ist noch ein mildes Wort –, daß gerade am Kopfende meines Endes [*Wohl versehentlich für:* Bettes] der Closet-Zug des Nachbarhauses läuft, ein in gräßlichen Gurgeltönen arbeitendes Instrument, das mit einer erstaunlichen Pünktlichkeit und angenehm nur für den, auf den diese Pünktlichkeit zurückzuführen ist, um sieben Uhr sein Tagewerk beginnt. Für Menschen ohne Phantasie mag das gehn, aber wer alles mit durchlebt, der ist doch beklagenswert. In der Regel schlafe ich trotzdem wieder ein.

nicht mal Schneid! Ich bin in allen möglichen Läden gewesen, in großen berühmten Messerhandlungen, in renommierten Schleifanstalten, alles umsonst. Es bleibt, wie's ist. »Man kann drauf nach Rom reiten.« Es ist der Prozeß des Mähens mit der ungedengelten Sense, keine Mahd, das Gras bleibt stehn. »Hier steh ich, ich kann nicht anders.«

4. Weiter in der Toilette. Die Seifenfrage beginnt. In englischen Zeitungen steht immer Pears Soap und dann eine lange Beschreibung und ein Bild, wie ein Mohr weißgewaschen wird. Dies Letztre ist das einzige, das ich unsrer Seife auch zutraue, denn sie ist so alkalireich, daß sie die Haut mit wegnimmt, da muß dann zuletzt der natürliche Fleischton zur Geltung kommen. Aber – die Haut ist weg.

5. Nun weiter. Die Hose bammelt und schlägt überall Falten, wo sie keine schlagen soll; zieht man die Träger an, so schneidet sie ein, läßt man die Träger los, so tritt man drauf. Die Weste ist wie für einen Bierbrauer, und ich habe kaum mittlere Brust- und Bauchweite. Dann der Rock. Ich stecke in einem Futteral [*Dazu über der Zeile und am linken Rand:* Ich lasse mir dabei helfen, weil es sonst gar nicht geht, und nun endlich sitz ich drin und stecke wie in einem Futteral. Alles zu eng.], und die Manschetten samt einem Stück Hemdärmel wachsen aus dem Ärmel heraus [*Zwischen den Zeilen:* alles in allem steh ich da wie eine Jammerfigur.]. Es ist überhaupt nur ein Halbärmel. Als der Schneider m [*Im Manuskript abgebrochen.*]. Ich bin ein alter Herr, aber wenn man mir ein Tuch über den Kopf deckt [*Unter der Zeile:* und dafür meine besten Gesellschaftsröcke], wird mich jeder für einen Konfirmanden halten. Und dies ist das Produkt eines sogenannten guten Schneiders, eines ersten gewissenhaften Künstlers. Denn als unter beständiger genauester Zahlennennung Maß genommen wurde, war es, als ob die Firth-of-Forth-Brücke neu gebaut werden sollte, so minutiös die Berechnung.

Dann Hut und Stock und Handschuh. Ach die Handschuh. Ich bin kein Handschuhmann, aber so viel weiß ich doch, daß ich einen guten von einem schlechten unterscheiden kann. »Ich kaufe neue Handschuh«, und nun wird eine Fabrik in einer wilden [?] Stadtgegend genannt. Was ich von da bezogen habe, hatte immer mehr oder weniger die Gestalt des ehemaligen Fausthandschuhs, auch dann noch, wenn sie zu eng waren. Unter dem Daumen hing immer eine unmotivierte Lederkappe, ein kleiner Lufthut, und wo der kleine Finger in die Handfläche einsetzt, lagen tiefste Runzeln. Eine Zeitlang besorgte mir eine Freundin Handschuh im Bon Marché in Paris; sie waren trotz Steuer erheblich billiger und saßen wundervoll. Ich trug sie bis zur Erschlaffung, bis an die Grenze des Möglichen, denn auch in ihrem verschlissensten Zustande saßen sie immer noch besser als die hiesigen neuen.

Und nun in die Stadt. Da fährt die Pferdebahn vorüber. Gott sei Dank etwas Gutes, was einen wieder an Berlin glauben läßt. Aber ich [nehme] doch lieber eine Droschke. Auch was Gutes. Manche lassen zu wünschen übrig, und wer zu Rheumatismus oder Zahnweh neigt, soll lieber draußen bleiben, aber was kann man für 60 Pfg. verlangen! Und dann diese wunderbaren Leute. Jeder ein Original, die vermickerten, die wie Kranke aussehen, ebenso wie die forschen und stattlichen.

Und so geht es in die Stadt und in den Tag hinein. Aber ich breche ab und begnüge mich, ein paar Fragen zu stellen: ist die Kaiser-Wilhelms-Brücke schön? Und was dann folgt, ist es schön? Und der neue Markt, der mich immer an Loreto erinnert, wohin das Haus der Maria durch Engel getragen wurde. Der neue Markt wurde von Bentschen oder Tirschtiegel nach Berlin getragen, natürlich nicht von Engeln. In Bentschen leben andre Träger. Dann wachsen überall die Gemeindeschulen wie Pilze aus der Erde, aber lange nicht so hübsch wie Pilze. Sie haben was von einem Verließ. Die Heiterkeit freier Wissenschaft kommt sehr unvollkommen zum Ausdruck. Sie wirken einschüchternd, als habe sich der Bakel des vorigen Jahrhunderts eine Kunstform gesucht [*Darunter:* als gäb es noch Lattenstrafe drin.] Viele lassen sich ihr Schuhzeug aus dem Östreichischen schicken. Eine gute Tasse Kaffe gehört in Berlin zu den Seltenheiten; die Hälfte der Sommerreisen [*Zwischen den Zeilen:* ins Böhmische führe ich auf diesen Umstand zurück,] ist auf die daraus entspringende Sehnsucht zurückzuführen. Wer in Berlin einen guten und verhältnismäßig billigen Bucheinband haben will, wendet sich nach Leipzig. Gute Sättel kommen aus

England. In guten Restaurants kriegt man unglaubliche Beefsteaks, mit einem starken Stich oder einem Beigeschmack von Hauklotz, und wenn man sie stehenläßt, ist der Wirt beleidigt. Er fordert Selbsttötung als Anstandspflicht. Und welche Flaschenbiere! Ob die Pantscher schuld sind, ich weiß es nicht, ich weiß nur [*Im Manuskript versehentlich:* nicht], daß einem schofles Zeug ins Haus geschickt wird. Und dann wechselt man, und dann ist es noch schlechter. Daß man in Berlin auch wundervolles Bier trinken kann, weiß ich [*Dazu am oberen Rand und zwischen den Zeilen:* natürlich wenn man Glück hat oder alle besten Plätze kennt, ist alles wundervoll, aber ich spreche vom Durchschnitt], aber ich will hier auf die Mängel hinweisen nicht aus kindischer Tadelsucht, sondern aus einem patriotischen Gefühl. [*Über der Zeile:* Wer's nicht glaubt, der läßt es.] Ich bin ein guter Berliner, Preuße, Deutscher, und einige halten mich für geeicht in diesem Punkte; nichts ist mir widriger als ewiges Mäkeln und Besserwissenwollen, alles bloß aus Überheblichkeit und Wichtigtuerei. Berlin ist eine propre Stadt, und es gibt viele Fremde – die, weil unbefangen, immer das beßre Urteil haben –, die das Berliner Leben dem Leben in andren Großstädten vorziehn. Wenn ich solchen Stimmen begegne, schlägt mir das Herz höher, und ich freue mich dann, Stimmen gegen mich selber sammeln zu können. Es liegt mir nicht das geringste daran, recht zu haben, es liegt mir nur daran, Dinge gebessert zu sehn, die der Besserung bedürftig sind, auch wenn die Fremden liebenswürdig genug sind, all dergleichen um andrer Vorzüge willen zu übersehn. Das berühmte Wort Reuleaux', eines Mannes, der wahrhaftig im Stande war, Unterscheidungen zu treffen [*Über der Zeile:* Unterschiede wahrzunehmen], enthielt eine große Wahrheit und enthält sie noch, nur daß uns der Entschuldigungsgrund des einen Wortes für das andre mehr und mehr verlorengeht. Nichts von cheap mehr. Zum Teufel ist die Billigkeit, das »andre« ist geblieben.

ANZEIGEN UND REZENSIONEN FONTANES

DIE OSTSEE UND IHRE KÜSTENLÄNDER,

Geschildert von Anton von Etzel

Unter diesem Titel ist soeben ein ziemlich umfangreiches Buch erschienen, das den zweiundsechzigsten Band der von C. B. Lorck herausgegebenen »Hausbibliothek« bildet. Diese Wahl ist willkommen zu heißen, das Buch hat in der Tat vollen Anspruch darauf, einer deutschen Hausbibliothek einverleibt zu werden, denn es ist tüchtig. Sein Inhalt ist sehr reich und, wenn auch nicht immer der Tiefe, so doch dem Umfang nach erschöpfend. Der Verfasser hat seinen Gegenstand von drei Seiten her aufgefaßt: von der geschichtlichen, naturhistorischen und geographischen. Im ersten Dritteil gibt er uns die Geschichte der baltischen Länder, von der sagenhaften Vorzeit an bis herab auf unsere Tage, wobei er mit richtigem Takt ausführlicher bei jener wichtigen Frage verweilt, die bis in die neueste Zeit herein unsere Politiker und unsere Handelswelt so nachhaltig beschäftigt hat – beim Sundzoll. Das zweite Drittel, nach Abhandlung einer Anzahl geognostischer und tellurischer Fragen, beschäftigt sich mit dem Pflanzen- und Tierleben der Ostsee, ganz besonders aber mit jenem spezifischen Produkt derselben, das in alter Zeit den einzigen Verkehr mit ihr vermittelte, mit dem Bernstein. Den Schluß des Buches bilden »vier Bücher Geographie«, von denen das erste die dänischen, das zweite die deutschen, das dritte die russischen und das vierte die schwedischen Ufer behandelt.

Es geht aus dem Reichtum und der Buntheit des Inhalts selbstverständlich hervor, daß wir es mit einem *Sammelwerke* zu tun haben, aber der Verfasser hat ernst, fleißig und umsichtig gesammelt und vor allem mit jenem kritischen Verständnis, das nur der hat, dem die *Anschauung* zu Hülfe kommt. Der Verfasser, der, wenn wir nicht irren, mit der dänisch-schwedischen Literatur innig vertraut und durch vielfache Übersetzungen einer der Vermittler zwischen ihr und uns geworden ist, hat auch, ohne Zweifel, die baltischen Küstenländer, zumal die Küsten zwischen Kopenhagen und

Stockholm, mehrfach beweist, und diese Reisen, wenn auch zu einer Zeit unternommen, wo er sich schwerlich mit der Herausgabe eines Buches wie das vorliegende beschäftigte, sind ihm bei Abfassung desselben von großem Nutzen gewesen. Sie haben überall das Bild belebt, so daß man nicht dem trockenen Tone des historischen oder geographischen Kompendiums begegnet. Außer dieser lebendigen Anschauung der Dinge aber ist es noch ein anderes, mehr innerliches Element, das den Verfasser in den Stand gesetzt hat, aus seinem Buche etwas zu machen. Dies ist ganz besonders die patriotische Empfindung, aus der heraus er geschrieben und geschildert hat. Er ist mit dem Herzen dabeigewesen, und dies innerliche Engagiertsein, zusammen mit der lebendigen Anschauung, sind die Ursachen geworden, die ein gutes Buch erzeugt und einzelne Schwächen desselben mehr zu Nebensachen gemacht haben. Wir können freilich dabei gegen uns selbst den Verdacht nicht ganz unterdrücken, daß wir aus Vorliebe für ein bestimmtes Genre von Büchern das uns vorliegende lebhafter willkommen heißen, als sein eigentlichster Wert beanspruchen kann; aber wir sind leicht geneigt, uns dieser Voreingenommenheit mehr zu rühmen, als sie hinwegzutun. Das Etzelsche Buch repräsentiert, wenn auch nur annähernd, eine Gattung von Büchern, die wir mit dem Namen einer historisch-romantischen Reiseliteratur bezeichnen möchten. Solche Bücher gibt es in Deutschland aber immer noch zuwenig; unserer spezielleren Heimat fehlen sie fast ganz. Nicht bloß der Rhein, so meinen wir, oder andere bevorzugte Flußufer haben Anspruch darauf, sondern jeder Fleck deutscher Erde, denn jeder Fleck Erde ist eine Heimat vieler Tausende, und jede Quadratmeile märkischen Sandes hat ebensogut ihre Geschichte wie das Main- und Neckarland, nur erzählt, nur gefunden muß sie werden. Es fehlt östlich von der Elbe noch durchaus die Wünschelrute, die den Boden berührt und die Gestalten erstehen macht. Wer Gelegenheit genommen hat, zu beobachten, wie dieser eigentümliche, wichtige Literaturzweig in England blüht, der wird uns zustimmen. Es handelt sich dabei um die Ausmünzung, um die Popularisierung unserer Geschichte. Es ist eine nachgerade abgetane Phrase, daß die Geschichte anderer Länder interessanter sei als die unsrige; es hat bisher unter uns nur an den Leuten gefehlt, die – wir fassen auch dabei wieder speziell unsre nächste Heimat ins Auge – es verstanden hätten, aus dieser Geschichte etwas zu machen. So ist es gekommen, daß wir, die wir am liebsten die zehntausend Griechen alle bei Namen kennten, von der Geschichte unserer ältesten und besten Provinzen nichts wissen, deshalb nichts wissen, weil wir die Chroniken und Werke gelehrter Historiographen nicht lesen und weil jene Kleinhändler fast bis auf diesen Tag gefehlt haben, die uns im Roman, in der Erzählung und Reisebeschreibung die unzweifelhaft vorhandenen Schätze vermittelt hätten. *Einer* hat es versucht, *glänzend* versucht – Willibald Alexis. Es ist eine Schmach für uns, daß er dem Volke halb ein Unbekannter geblieben ist. Aber wir haben genug, vielleicht schon zuviel gesagt, um zu zeigen, aus welchem Grunde wir das Etzelsche Buch so freudig willkommen heißen. Denn die Arbeit ist freilich auch nicht ohne ihre Mängel. So hat der Verfasser seine Stief- und Lieblingskinder. Für die Inseln hat er eine entschiedene Vorliebe, und während er für Rügen zehn Seiten hergibt, hat er für die ganze mecklenburgische Küste nur zwei. Ähnliches wiederholt sich oft, und die beiden Inseln Usedom und Wollin wiegen ihm ebenso schwer wie ganz Pommern von Stettin bis Köslin. Bedenklicher sind zwei andere Dinge: eine Unterschätzung des russoslawischen Elements, das der Verfasser nur als einen Ton ansieht, der von andern Händen geknetet werden muß, und zweitens die oft zu starke und gelegentlich ohne alle Not herbeigezogene Betonung des *katholischen* Standpunktes, den der Verfasser einnimmt. Auch der Stil läßt mitunter zu wünschen übrig; er ist immer knapp, wortkarg, zur Sache, aber doch mitunter zu knorrig. Folgender Satz, gegen den wir seinem Inhalt nach gewiß nichts einzuwenden haben, mag unsere Ausstellung rechtfertigen. »Die merkwürdigsten Belagerungen Kolbergs waren die von 1758, 1760 und 1806 bis 1807, in welcher letzteren hier das Schillsche Corps entstand, Gneisenau durch Verteidigung jedes Fußbreit Erde seinen Ruhm begründete, und die mit den blutigsten Niederlagen und erfolglosesten Angriffen der Franzosen verbundene Erhaltung der leichten, schnell aufgeworfenen Außenschanzen durch das Grenadierbataillon von Waldenfels, unterstützt durch die Bürgertugenden der Bewohner, angeregt und beherrscht von Nettelbeck, einem der Ihren, Epoche in der Kriegsgeschichte machte und Kolbergs Namen als unvergänglichen Stern preußischen Ruhms älterer und neuerer Zeit hinstellte, wie er denn auch auf den Helmen und Fahnen der besten preußischen Truppenteile ehrenvoll glänzt.« Auf Einzelnheiten, zum Beispiel auf die, wie uns scheint, wenig glückliche Hypothese, daß die Alten den Bernstein von der Westküste Jütlands und nicht aus den baltischen Ländern geholt hätten, gehen wir hier weiter nicht ein, schließen vielmehr unter lebhafter Empfehlung des Buchs mit Zitierung folgender Stelle aus der Einleitung desselben:

»Seit dem Untergange der Hansa hat Deutschland auf der Ostsee keine Wehrkraft entfaltet. Kaiser und Reich waren sorglos genug, die deutschen Kolonien in den slawischen, lettischen und tschudischen Gebieten zu vernachlässigen, und ließen sie in fremde Hände fallen. Die südbaltischen Uferländer standen nicht unter einerlei Herrschaft, und Brandenburgs Aufmerksamkeit mußte sich unter den gegebenen Verhältnissen vorzugsweise den Interessen des Binnenlandes zuwenden; es sah sich in diesem auf Vergrößerung angewiesen, um sich abzurunden. Aber seit das Königreich Preußen sich zu einer europäischen Großmacht erhoben hat, kann es unmöglich länger in seiner territorialen Einseitigkeit verharren und in bezug auf seine Wehrkraft als ein Mann dastehen, welcher nur einen Arm bewegt; eine baltische Kriegsflotte ist ihm ein wahres Lebensbedürfnis, und es gehört zu den unbegreiflichen Dingen, daß nicht schon vor vierzig Jahren Hand angelegt worden ist, eine achtunggebietende Seewehr zu schaffen. Allerdings hat die Natur den südbaltischen Gestaden keine Häfen verliehen, wie Dänemark und Schweden dergleichen besitzen, aber die Kunst weiß der Natur nachzuhelfen, und Preußen muß sich eine Flotte verschaffen, die im Stande ist, jeder der einzelnen übrigen baltischen Reiche das Gleichgewicht zu halten.«

Dieser Pflicht ist Preußen eingedenk.

ANKLÄNGE ANS HEIDENTUM

Der heutige Volksglaube und das alte Heidentum; mit Bezug auf Norddeutschland, besonders die Mark Brandenburg und Mecklenburg. eine Skizze von Professor Wilhelm Schwartz. Berlin, Bessersche Buchhandlung. Preis 24 Sgr.

Es gibt ein in seiner Art sehr reizendes und sehr poetisches Büchelchen von Heinrich *Heine*, in dem es – phantastisch, als würde eine Spukgeschichte erzählt – immer durchklingt: »*Die alten Götter sind nicht tot*; sie leben noch, wie Glut, unter einer dünnen Lavakruste, auf der die Christenmenschen sorglos-sicher hinschreiten; aber plötzlich bricht die Kruste, und die alten Heidengötter steigen wieder herauf.«

Man muß mit Heine, der halb ein Heide war und halb kokett den Heiden *spielte*, um dieser Äußerung willen nicht ins Gericht gehen, um so weniger vielleicht, als, wenn wir starke Abzüge machen, in den von ihm aufgestellten Sätzen ein bescheidenes Stückchen Wahrheit liegt. Das alte Heidentum ist in der Tat nicht absolut tot; es lebt in vielen abergläubischen Sitten und Gebräuchen unseres Volkes fort, und die höchst interessante Aufgabe, die sich Prof. W. *Schwartz* gestellt hat, besteht darin, in dem Volksglauben speziell der Märker und ihrer Nachbarn, der Mecklenburger, diesen Zusammenhang mit dem alten germanischen Heidentum, mit dem ganzen Sagenzyklus der vielverzweigten indogermanischen Welt darzutun. Wenige waren dazu befähigter als er; ja, in Erwägung des Umstandes, daß er seine Untersuchung nicht auf große und allgemeine Gebiete ausdehnte, sondern speziell im Volksglauben der *Mark* und *Mecklenburg[s]* die Analogien mit dem heidnischen Mythus nachwies, möchten wir der Ansicht sein, daß er sich in der Tat einer Aufgabe unterzog, die von keinem zweiten in gleich gründlicher Weise gelöst werden könnte. Denn wenn es sich dabei im wesentlichen um eine Kunst der Vergleichung und um die Gabe handelte, in dem jetzt Winzigen und Herabgekommenen das ehemals Hochpoetische, in dem jetzt Entarteten das Groß-Ursprüngliche zu erkennen, so mußte ebender zum Ziehen solcher

Schlüsse und solcher Parallelen der Geeignetste sein, der die *beiden zu vergleichenden Gegenstände* durch Studium und Anschauung sich am meisten anzueignen gewußt hatte.

Dies war nun eben bei Professor Schwartz in eminentem Sinne der Fall. Zwanzig Jahre seines Lebens hat er an die Erforschung und Einheimsung norddeutscher und speziell märkischer Sagen gesetzt, und im Sammeln dieser Sagen bot sich ihm schließlich ein Material dar, wie es in solcher *lebendigen* Fülle wenigen vorgelegen haben mag, die sich vor ihm ähnlichen wissenschaftlichen Untersuchungen unterzogen. Die Sagen von der Wilden Jagd und von der Frau *Harke* (als einer Gewittergottheit des Havellandes und der Mittelmark überhaupt) werden ausführlich in ihren Zusammenhängen mit dem alten heidnischen Kultus besprochen, und unsere Leser in Mark, Pommern und Mecklenburg werden sich aus dem Buche, das Wissenschaftlichkeit mit einer einfach klaren Darstellung eint, gern darüber belehren lassen, was es mit »Wodan und Frick« und anderen Gestalten des Volksglaubens eigentlich auf sich habe.

ZWISCHEN SUMPF UND SAND

Vaterländische Dichtungen von George Hesekiel.
Berlin. Behrsche Buchhandlung. Preis 15 Sgr.

Mark Brandenburg, jahrhundertelang das Aschenputtel unter den Töchtern des Reichs, ist, seitdem Willibald Alexis die Bahn brach, von Dichtern und Künstlern viel umworben worden, und »Märkische Landschaften« haben seit zwanzig Jahren begonnen, einen ebenso unerläßlichen Bestandteil unsrer Kunstausstellungen zu bilden, wie »Märkische Romane« eine vielfach bevorzugte Abteilung unsrer Bibliotheken und ihrer Kataloge geworden sind. Man darf sagen, Mark Brandenburg ist Mode geworden – nur der Lyriker hat ihr noch gefehlt. In dem uns vorliegenden Büchelchen George Hesekiels begegnen wir einem ersten Versuch, die Mark, das Land »zwischen Sumpf und Sand«, auch zum Gegenstand lyrischer Betrachtung zu machen.

Gott grüß dich, märkische Heide
In hellem Sonnenglanz,
In grün und grauem Kleide
Und dunkler Kiefern Kranz.

Die blauen Glöckchen läuten,
In Waffen steht der Dorn,
Die Bienenschwärme beuten
In Schwad' und Heidekorn.

Es summt und surrt geschäftig –
Heimlich Wallen und Wehn –
Die Sonne spiegelt sich prächtig
In tiefen, blauen Seen.

Wir haben diese Strophen aus dem Einleitungsgedicht an dieser Stelle schon zitiert, um vorweg einem Einwurf zu begegnen, der erhoben werden könnte – dem Einwurf, daß ein Verherrlicher der märkischen Landschaft längst dagewesen und eben niemand anders als unser wackerer Freund, der »Pastor Schmidt von Werneuchen«, sei. Nun, Pastor Schmidt von Werneuchen war unzweifelhaft ein liebenswürdiger Beschreiber und vielleicht auch Verherrlicher märkischer Natur; aber wir würden doch aus dem braven Werneuchner Pastor etwas anderes machen, als er war, wenn wir ihn ernsthaft als einen *Dichter* der märkischen Landschaft bezeichnen wollten. Er brachte vieles mit, was zum Poeten gehört: eingehende Liebe, scharfe Beobachtung, ein Auge fürs Detail, ein feines Ohr für Klang und Reim; aber er litt doch entschieden Mangel an dem, was selbstverständlich vor allem andern den Dichter macht – am *Dichterischen*. Er war ein kreuzbraver Mann, durch eine Laune der Natur mit dem kleinen Hausrat der Dichtkunst reich beschenkt, aber – er war daneben ein Prosaicus trotz einem. Der bloße Umstand, daß er (dem Inhalt seiner eigenen Vorreden nach) vor allem stolz darauf war, die Dinge jederzeit *richtig* angesehen und zum Beispiel in einem Junigedicht niemals eine Juliblume besungen zu haben, zeigt genugsam, was er eigentlich unter Dichtung verstand; er sah die Dinge nicht mit dem Auge des Poeten, sondern mit der Lupe des Naturforschers an, und wie andere Landgeistliche damals die Wiesenblumen sammelten und ein Herbarium anlegten, so beschrieb er sie in Reimen und legte eine Liedersammlung an. Wir lieben diesen Schmidt von Werneuchen sehr und möchten ihn nicht missen: er war eine »Natur«, eine Erscheinung für sich, dabei korrekt und *in seiner Korrektheit ein Korrigens für andere*; aber so liebenswürdig er eine Kahnfahrt auf einem Wässerchen oder die bei Ernte oder Heumahd beschäftigten Mägde beschreiben konnte – er war doch nur der genremalende *Beschreiber* der Mark, nicht ihr Dichter.

Mit einem *Dichter* der märkischen Heide haben wir es hier zu tun. Es ist zweierlei, was Hesekiel der Heide abfühlt, ihre *Stimmung* und ihre *Geschichte* – von beiden hatte Schmidt von Werneuchen keine Ahnung. Er sah und gab die Dinge, wie sie waren: der Tümpel war ein Tümpel, das Luch ein Luch, und keiner Heide sah er's jemals an, ob der »schwarze Krawen« darüber hingeritten war oder nicht. Hesekiels Lieder *beschreiben* nicht bloß die märkische Heide, sie *beleben* sie auch, sie *erzählen von ihr* und teilen sich danach, um gang und gäbe Bezeichnungen zu wählen, in *Bilder* und *Balladen*. Es trifft sich dabei sehr glücklich, daß die

»Bilder« fast immer einen märkisch-*historischen* und die *Balladen* fast immer einen märkisch-*landschaftlichen* Hintergrund haben.

Wir sprechen zuerst von den »Balladen«, ein Wort, dem wir hier die umfangreichste Bedeutung beilegen. Ihre Zahl ist groß, und von Markgraf Waldemar und dem ersten Hohenzoller an, an Fehrbellin, Froben und Treffenfeld vorbei, bis zu Vater Blücher und den »Letzten Rittern vom Sieg«, die sich am 17. März d. J. zu jenem wunderbar poetischen Erinnerungsfest in der preußischen Hauptstadt versammelten – ziehen die Hauptmomente unserer Geschichte in diesen Liedern und Balladen an uns vorüber. Klingt auch nicht in jedem einzelnen die »märkische Heide« mit, so sind es doch immer die *Gestalten, die sie gebar.* In *Liedern* und Balladen, sagten wir; denn der epische Ton tritt vielfach zurück und statt seiner das lyrische Element in den Vordergrund; ja wir möchten diesen Liedern (von denen übrigens einzelne längst Eigentum des Volkes geworden sind) fast den Vorzug vor den eigentlichen Balladen geben. Hesekiel weiß den Ton der Volksweise in einer Vollkommenheit zu treffen wie wohl wenige vor oder mit ihm, und alle diejenigen, die das Fehrbellin-Lied:

Als mit Pauken und Trompeten
Fielen in das Land die Schweden,

oder das »Artilleristenlied« oder die »Dreie von Schierstädt« oder die »Schildwacht von Charlottenhof« lesen, werden mit uns in dieser Anerkennung einverstanden sein. Besonders glückt ihm das Kriegs- und Soldatenlied. Wir geben hier eins derselben, das wir, nach der Seite des »Tontreffens« hin, absolut als ein Meisterstück bezeichnen.

August von Michaelis*

Bei unserm Regimente stand
Ein tapfrer junger Leutenant,
Der hieß von Michaelis.

* Der Lieutenant August von Michaelis fiel an der Spitze der 7. Compagnie (6. Landwehrregiments) am 29. April 1848 beim Barrikadenkampf in Xions und starb an seinen Wunden am 19. Mai zu Schrimm.

Den Leutnant, den vergißt wohl nie
Die tapfre siebente Compagnie
Vom sechsten Regimente.

Der stand im Feld im Pulverdampf,
Bei Xions im Barrikadenkampf
Gegen die Rebellen.
»Mit Gott für König und Vaterland«,
So rief der gute Leutenant –
»Vorwärts, auf die Feinde!«

Wir griffen an in vollem Lauf,
Und seinen Leuten weit vorauf
Der Leutnant von Michaelis.
Doch plötzlich sank er in die Knie,
Rief: »Vorwärts, siebente Compagnie!
Lebt wohl, lebt wohl, Kam'raden!«

Wir küßten weinend die Hände ihm,
Wir schlugen die Polen mit wildem Grimm
Und nahmen die Barrikade;
Wir küßten weinend die Hände ihm
Und trugen ihn auf den Gewehren nach
Schrimm –
Dort ist er selig verstorben.

Dies Lied, das hat ein Mann gemacht,
Der trug mit aus der Polenschlacht
Den Leutnant von Michaelis.

Möglich, daß mancher den Kopf in den Nacken wirft und mit dem Finger knipsend der Ansicht ist: »dies sei eben nicht viel«. Wir haben darauf nur zu erwidern: für den, der es kann, ist es nicht viel; – wer es aber nicht kann, der wird es auch *nie* lernen. Jene glückliche Vereinigung von warmer Empfindung für den Gegenstand, von Naivetät und feinem Gehör (ohne welche Dreiheit solch Lied nicht geboren werden kann) verleiht nur die Natur, und sie tut es nicht allzuoft. – Soviel über die Lieder.

In den eigentlichen *Balladen* hat sich der Dichter mit Vorliebe der älteren Zeit unserer Geschichte zugewendet, und des »schwarzen Krawen« zu geschweigen, der bis in die

Wendenzeit zurückreicht, werden uns Momente aus dem Leben Friedrichs I. (des ersten Hohenzollern), Joachims II., Joachim Friedrichs, Johann Sigismunds etc. vorgeführt. Das Bestreben, in diesen weiter zurückliegenden Epochen unserer Geschichte Stoff für die Dichtung, namentlich für Drama und Ballade zu finden, ist an sich außerordentlich schätzenswert, und wir werden an poetische Arbeiten, die sich mit dem falschen Waldemar, mit den Quitzows, mit Markgraf Otto mit dem Pfeil etc. beschäftigen, immer mit dem günstigsten Vorurteil oder richtiger mit der besten Absicht herantreten, alles Schöne an ihnen zu entdecken und doppelt wertzuhalten. Aber diese »beste Absicht« wurzelt zum guten Teil in der vielfach gemachten Erfahrung von der besondern Sprödigkeit, ja, rundheraus gesagt, von der nicht wegzuleugnenden Armut und Farblosigkeit dieser Stoffe. Auch die betreffenden Gedichte George Hesekiels, so bereitwillig wir zugestehen, *daß das Möglichste daraus gemacht worden ist,* haben, trotz aller Mühe und *Zutat* von seiten des Dichters, die ursprüngliche Insipidität des Stoffs nicht ganz überwinden können, etwa (Verzeihung für das Gleichnis) wie eine landesübliche Möhre immer eine Möhre bleibt, man mag sie servieren, wie man will. Die Szenerie, das Introduktionstableau, also die eigentlichste Zutat des Dichters, ist an allen diesen Balladen vielfach das beste, wie zum Beispiel die einleitende Situationsschilderung des Gedichtes »Vaticinia Johannis Sigismundi« bezeigen mag:

Es war gefallen ein tiefer Schnee,
Der erste war's im Jahre,
Da trugen sie langsam über die Spree
Vom Schlosse zu Cölln die Bahre,

Die Bahre, drauf Johann Sigismund,
Der kranke Herr, gelegen –
Der Kurprinz weinend am Fenster stund,
Sein Vater gab ihm den Segen;

Sein Vater gab ihm Zepter und Hut,
Die Herrschaft noch beim Leben,
Sein' hohen Sinn und fürstlichen Mut,
Den konnt er ihm nicht geben.

Wir möchten aber unsere Betrachtungen über die hier in Rede stehenden *Stoffe* doch nicht abbrechen, ohne die Überzeugung ausgesprochen zu haben, daß dieses der Epoche der ersten Kurfürsten entlehnte poetische Material nicht für alle Zeiten arm und farblos sein werde. Die historische Forschung, die jetzt, bis in die Zeit des Dreißigjährigen Krieges zurück, ein volles Leben in unsere Geschichte zu bringen beginnt, wird auch *darüber hinaus* vordringen, und die Ereignisse unter den Joachims, unter Albrecht Achill und Friedrich dem Eisernen werden dermaleinst (so hoffen wir wenigstens) so klar und zugleich so reich an *lebensvollem Detail* dem Auge des Dichters vorliegen, daß es möglich sein wird, auch jene Epochen zu Lieblingsquellen für unser dichterisches Schaffen zu machen.

Wir haben von den Liedern und Balladen des uns vorliegenden Büchelchens gesprochen; es bleibt uns noch ein Wort über jene dritte Gruppe zu sagen übrig, die sich speziell oder doch vorzugsweise mit der *landschaftlichen* Seite der Mark beschäftigt und der zuliebe wohl der Titel »Zwischen Sumpf und Sand« für die *Gesamtheit* der vorliegenden Gedichte gewählt worden ist. Wir sprechen von diesen Gedichten zuletzt, weil sie dasjenige sind, was uns diese Sammlung märkischer Lieder vor allem anderen lieb und wert macht. Wir bezeichnen dadurch freilich nur unsre persönliche Stellung zu den Dingen. Wir geben zu, daß unter den Liedern vieles mindestens in gleicher Weise gelungen ist, und sind überzeugt, daß das Fehrbellin-Lied, das Lied vom alten Courbière, das »Artilleristenlied« u. a. m. zu jeder Zeit ein lauter zustimmendes und jedenfalls ein größeres Publikum haben werden. Hier in diesen Landschaftsschilderungen, in diesen Heidebildern haben wir aber speziell das, was die *Zunftgenossen* des Dichters, die *»Leute von Fach«* vor vielen andern befriedigen wird. Es sind das namentlich die Gedichte »Zwischen Sumpf und Sand« (aus dem wir schon zu Anfang einige Strophen zitierten), »Auf märkischer Heide« und »Out-of-the-way-places«. Das letztere, eine Art märkisches Idyll, gibt uns in seinen Einleitungsstrophen zugleich eine Schilderung, eine Anschauung, wie der Dichter das Land durchstreift und die Stoffe für seine Lieder einheimst.

Ziellos durch das Land zu fahren,
Kleine Städte aufzufinden,
Städte, die in wenig Jahren
Werden ganz und gar verschwinden,
Solche Städte such ich gerne
Mühsam auf in Wald und Wiese ...

Freilich mühsam ist solch Jagen
Nach den lieben alten Zeiten;
Knüppeldämme, Leiterwagen,
Werden dir manch Weh bereiten;
Oft wirst du des Sandes Beute,
Tier und Menschen bleiben stecken,
Und die Festkost braver Leute
Ist mitunter zum Erschrecken.

Unser Poet aber läßt sich's nicht anfechten und steigt auf den »Leiterwagen«.

Lieblich weht's vom See herüber,
Leise, langsam, wie verdrossen
Ziehen still die Wolken drüber
Gleichen Schritts mit unsern Rossen.

Endlich erreichen die Reisenden ihr Reiseziel, eins jener Städtchen, durch deren halbverfallene Tortürme mit Mauerfries und Storchennest jeder von uns in jungen oder alten Tagen mal gefahren ist.

Drüben liegt im Sonnenscheine
So ein alt und sauber Örtchen,
Kirch und Turm von rotem Steine,
In der Mauer Ausfallpförtchen.
Auf der langen Bohlenbrücke,
Drüber unsre Schritte dröhnen,
Wandeln wir mit heiterm Blicke
Zu der Stadt, der alten Schönen!
Seit Jahrzehnten wie begraben,
Ist sie doch noch schön geblieben,
Und mein Lied — das soll sie haben;
Schön ist immer, was wir lieben etc. etc.

Gewiß; und so ist auch unsre Heimat schön, das Land »zwischen Sumpf und Sand«. *Diesem* Gefühle Ausdruck gegeben zu haben ist, neben allem Schönen im einzelnen, doch das Schönste dieses Buches. Wir zweifeln durchaus nicht, daß es speziell *unsern* Lesern eine ansprechende Weihnachtsgabe sein wird.

[ÜBER DIE ARBEIT DES »VEREINS FÜR DIE GESCHICHTE POTSDAMS«]

[I]

Potsdamer Geschichtsverein

Der »Verein für die Geschichte Potsdams«, der schon im vorigen Jahre einen stattlichen, damals von uns angezeigten und empfohlenen Quartband veröffentlichte, hat soeben einen *zweiten* Band (Potsdam, Gropiussche Buchhandlung) veröffentlicht, der neben den *Protokollen* der vom April bis November abgehaltenen zehn Sitzungen des Vereins auch dreizehn die Geschichte Potsdams betreffende Aufsätze enthält, die in den Sitzungen zum Vortrag kamen. Wir nennen unter diesen Aufsätzen als besonders interessant: »Die Gruft auf Sanssouci« (von Al. Bethge); »In Sachen des Glockenspieles auf dem Potsdamer Garnisonturme« (vom Organisten Baltin); »Das Cabinets-Ordres-Buch Friedrichs des Großen im Archiv des Magistrats (1776–1786)«; »Eine Spukgeschichte auf Sanssouci« (vom Direktor der Oberrechnungskammer Villaume) und endlich die vier Vorträge des Hofrats L. Schneider: »Die Territorien von *Sanssouci*: Hopfengarten, Meierei, Küchengarten«; »Die Territorien von *Babelsberg*«; »Das Belvedère beim Neuen Palais von Sanssouci« und »Friedrich der Große und die Jagd bei Potsdam«. Den Beschluß macht eine vortreffliche Arbeit des Oberlehrers Holtze am Berliner Kadettencorps, die in sehr geschickter und anziehender und, was namentlich hervorzuheben ist, in durchaus *klarer* Weise die erste Potsdam betreffende Urkunde aus dem Jahre 993 paraphrasiert. Solche Urkunden enthalten auf den ersten Blick wenig Interessantes; wer aber, aus der Fülle der Kenntnis heraus, einen scheinbar so dürftigen Inhalt zu interpretieren und an das Kleine und Spezielle das Große und Allgemeine anzuknüpfen versteht, der weiß die anfänglich dürre Sandscholle alsbald in ein Stück Gartenland umzuwandeln. Eine solche Urkunde ist wie eine Zeichnung mit sympathetischer Dinte; jetzt zeigt sie nichts als ein leeres Blatt, aber im nächsten Augenblick, unter dem

Einfluß von Licht und Wärme, wachsen ungeahnte Dinge und Gestalten auf. – Der Preis dieses zweiten Bandes (wie des ersten) ist 1 Tlr. Eine Zeichnung von Prof. *Adolf Menzel*: »Eine Wendenwohnung, von einem Bären überfallen«, ist diesem zweiten Bande beigegeben. Möchten andere Städte unserer Mark sich an Potsdam ein Beispiel nehmen und durch Gründung lokalhistorischer Vereine der historischen Forschung überhaupt Vorschub leisten.

[II]

Potsdamer Geschichte

Der vom Hofrat *L. Schneider* gegründete, überaus rührige »*Verein für die Geschichte Potsdams*«, auf dessen Wirksamkeit und literarische Arbeiten wir schon mehrfach hingewiesen haben, hat eben jetzt die *dritte* Lieferung seiner »Mitteilungen« ausgegeben, so daß jetzt ein starker, aus drei Lieferungen bestehender Quartband vorliegt, der den Titel führt: »Mitteilungen des Vereins für die Geschichte Potsdams«. Dieser Band besteht aus dreiundzwanzig Sitzungsprotokollen und aus den vierundvierzig Vorträgen, die während dieser Sitzungen gehalten worden sind. Lieferung 1 und 2 haben wir seinerzeit besprochen, so daß wir uns heute lediglich der *dritten* Lieferung zuzuwenden haben, die mit dem Protokoll der siebzehnten Sitzung beginnt und die Vorträge von Nr. 28 bis 44 umfaßt. Diese siebzehn Vorträge behandeln folgende Themata:

1. »Die heidnischen Altertümer aus der Umgegend von Potsdam«. Vom Freiherrn Leopold von Ledebur. 2. »Straßen- und andere Namen in und bei Potsdam«. Von W. Riehl. 3. »Zweiundsechzig Stunden lebendig begraben«. Vom Polizeirat Tiedcke. 4. »Die Schwanenfütterungen bei Potsdam«. Vom Hofrat Schneider. 5. »In Sachen der Gemälde in der hiesigen Hof- und Garnisonkirche«. Vom Rektor Ostmann. 6. »Potsdams älteste Stadturkunde«. Vom Archivar Fidicin. 7. »Der Verkauf Potsdams an das Domkapitel zu Brandenburg im Jahre 1323«. Vom Prof. Dr. Heffter. 8. »Friedr. Wilh. von Rohdich, Kgl. Preuß. General der Infanterie, Staats- und Kriegsminister«. Vom Oberst von Puttkamer.

9. »Alte Lieder und Gebräuche der Kietzfischer von Potsdam«. Vom Hofrat Schneider. 10. »Die Mark Brandenburg im 3. Jahrhundert, insbesondere die Gegend um Berlin und Potsdam«. Vom Baurat Crüger in Schneidemühl. 11. »Der große Brunnen von Sanssouci«. Von L. Schneider. 12. »Das Bibliothekzimmer in Schloß Sanssouci«. Von L. Schneider. 13. »Markgraf Ludwig der ältere bestätigt die Rechte der Stadt Potsdam Anno 1345«. Von L. Schneider. 14. »Die Verpfändungen von Potsdam«. Vom Prof. Voigt in Berlin. 15. »Die Kanonen im Lustgarten zu Potsdam«. Von L. Schneider. 16. »Die Fontänenkunstmühlen Friedrichs des Großen«. Von L. Schneider. 17. »Die Geburtsstätte König Friedrich Wilhelms III.« Von L. Schneider.

In besonderem Maße haben uns die Vorträge: »Heidnische Altertümer bei Potsdam«; »Die Schwanenfütterung«; »Die Gemälde in der Garnisonkirche«; »General von Rohdich«; »Alte Lieder und Gebräuche der Kietzfischer«; »Das Bibliothekzimmer in Sanssouci« und »Die Geburtsstätte König Friedrich Wilhelms III.« interessiert.

Jeder, der Herz und Sinn für die Geschichte unseres Landes hat, wird diese »Mitteilungen« dankbar entgegennehmen.

Auch der Unterrichtetste, der seine Studien an verwandte Untersuchungen gesetzt hat, wird vieles aus diesen »Mitteilungen« lernen; in erster Reihe indes verfolgen dieselben nicht den Zweck, *Kennende* zu befriedigen, sondern Kennende sollen geschaffen, Anregung soll gegeben werden. Dies geschieht im vollsten Maße.

Der Verein, in seinem Eifer und seiner Strebsamkeit, sollte überall Nacheiferung im Lande wecken.

Viel ist neuerdings geschehn, aber vieles bleibt noch zu tun übrig.

Der Preis des Bandes ist 3 Tlr., jede Lieferung 1 Tlr.

Wir machen schließlich auch noch darauf aufmerksam, daß diesem Band 1 ein sehr gutes *Register* beigegeben ist, so daß man ohne Mühe nachschlagen kann.

[III]

Der »Verein für die Geschichte Potsdams«

– wenn wir nicht irren, 1862 durch den Geh. Hofrat *Schneider* gegründet – hat soeben einen umfangreichen Band (500 Seiten in Quart) publiziert, der zunächst die Protokolle der letzten siebzehn Sitzungen, dann aber das Gesamtmaterial enthält, das in diesen siebzehn Sitzungen zum Vortrag kam. Es sind vierzig historische Aufsätze und Untersuchungen. Dieser Band (Teil 2) schließt sich an Teil 1 an, der zu Anfang des Jahres 1865 erschien und damals von uns angezeigt und empfohlen wurde. Die vierzig Vorträge, die dieser *zweite* Band bringt, wurden von zweiundzwanzig Mitgliedern des Vereins gehalten, von denen die Mehrzahl je einen, Professor Dr. Heffter, Archivar Fidicin, Direktor Ledebur, Rektor Ostmann je zwei, Oberst z. D. von Puttkamer drei und Geh. Hofrat Schneider neun Vorträge hielt. Die historischen Untersuchungen, die darin niedergelegt sind, umfassen die Geschichte Potsdams von der ältesten bis auf die neueste Zeit, und neben Aufsätzen, die an Urkunden aus dem 14. Jahrh. (1345, 1349, 1373, 1382, 1393) anknüpfen, begegnen wir beispielsweise Vorträgen wie »Voltaire in Potsdam«, »Potsdam 1806 und 1813«, »Der Raffael-Saal im Neuen Orangeriegebäude«, »Die Friedenskirche bei Sanssouci«. Sehr anziehend sind uns ferner die Auszüge aus Büchern und Berichten erschienen, die während des 17. und 18. Jahrhunderts über Potsdam geschrieben wurden. So teilt Rektor Ostmann mit, »was der Ritter *Toland* 1702 in Potsdam gesehen«, Geh. Hofrat Schneider, »Was *Gregorio Leti* 1686 von Potsdam berichtet« und Staatsanwalt von Luck »Dr. Moores über Potsdam in den Jahren 1777 und 78«. Im übrigen vermeiden wir, das eine oder andere namhaft zu machen, was unser Interesse besonders erregte. Man wird dadurch – da jeder seine Liebhabereien hat, der eine für alte Bilder, der andere für alte Gläser, der eine für Urkunden, der andere für Grabsteine – leicht ungerecht gegen das Nebenstehende. Wer Potsdam kennt und liebt, wer ihm angehört hat oder noch angehört, wird allem ein gleiches Interesse entgegentragen, weil eben alles neue Seiten an dem Liebling aufschließt und ihn dem Herzen dadurch um so lieber macht. »Kennen heißt lieben«, wenigstens in der Wissenschaft.

Wir nahmen aber hier von den »Mitteilungen des Vereins« nicht Abschied, ohne vorher des *Vereines* selbst gedacht zu haben. Er ist an Eifer und Rührigkeit, an Passion und *frischem Leben* wahrscheinlich ein Unikum; nicht Statuten und Gewohnheiten halten ihn zusammen, sondern Lust und Liebe an dem Gegenstande, der den Mittelpunkt seiner Tätigkeit bildet. Erst vier Jahre besteht der Verein, und bereits liegen zwei Bände vor (1000 Seiten), die Zeugnis geben von seiner Wirksamkeit.

[IV]

Der Verein für die Geschichte Potsdams,

der auch im vorigen Jahre seine Tätigkeit beinahe ununterbrochen fortsetzte (nur die Juli-Sitzung fiel des Krieges halber aus), hat soeben seine vorjährigen Arbeiten als einen *dritten* Band veröffentlicht. Aus den Protokollen ersehen wir, daß vom 30. Mai bis zum 28. Dezember sieben Sitzungen stattfanden, von denen die drei ersten den Charakter von *Wanderversammlungen* hatten und auf dem Pfingstberge (im Königlichen Teezimmer), im Bertinischen Etablissement und im Schützenhause abgehalten wurden. Die Septemberversammlung sollte, als letzter Sommerausflug, in Kohlhasenbrück stattfinden; das schlechte Wetter trat aber hindernd dazwischen. Diese Wanderversammlungen, die, wenn wir nicht irren, erst neuerdings von seiten des Vereins eingeführt worden sind, dürften sich zur Nachahmung auch an anderen Orten, wo ähnliche Vereine seit längerer oder kürzerer Zeit bestehen, empfehlen. Die Kirche, das Schloß, der Park, die Gemäldegalerie, worüber der Vortragende zu sprechen gedenkt, werden besucht, und der Augenschein kommt dem Worte zu Hülfe. Wenn schon Bilder und Illustrationen einen Vortrag unterstützen, wie nicht erst die Anschauung der *Dinge selbst*!

Soviel über den Verein, der an Eifer, Rührigkeit und Freiheit der Bewegung ein Muster ist. Der uns vorliegende dritte Teil seiner »Mitteilungen« enthält 16 Aufsätze, darunter mehrere von größerem Umfang. Als der Tätigste hat sich wie immer Geh. Hofrat Schneider erwiesen. Selbst seine sechswöchentliche Anwesenheit auf dem Kriegsschauplatze, die Aufregungen und Anstrengungen, die davon unzertrennlich waren, konnten ihn dem Potsdamer Verein und seiner Wirksamkeit für denselben nicht ganz entziehen. Fünf der mitgeteilten Aufsätze rühren aus seiner (Geh. Rat Schneiders) Feder her. Es sind: »Markgraf Friedrich I. bewilligt der Stadt Potsdam 1416 den Bau einer Brücke und Erhebung eines Brückenzolls«; »Die Hubertushäuser bei Neu-Zehlendorf«; »Die Österreicher 1760 in Potsdam«; »Zur Geschichte des Potsdamer Fischergewerkes«; »Der Stadtkanal«. Die übrigen Vorträge wurden von Oberst von *Puttkamer* (»Die Russische Kolonie Alexandrowka«), Major a. D. Schelowsky, Oberlehrer Holtze, Archivar Fidicin, Garnisonschullehrer Wagener, Herrn Bethge und Rendant Seligo gehalten. Die Mitteilungen des letztgenannten Herrn über die »Potsdamsche Quintessenz« (ein 1740 und 41 in Potsdam herausgegebenes Blatt) sind uns besonders interessant erschienen, ebenso der Aufsatz: »Über den Ton, die Vergnügungsörter, Kultur des Geistes und gesellschaftlichen Verhältnisse in Potsdam um das Jahr 1799« und der schon erwähnte Vortrag: »Die Österreicher 1760 in Potsdam«. Andere längere Arbeiten, wie beispielsweise über das »Fischergewerk« und den »guten Freund« (Scharfrichter) von Potsdam, sind, auf Urkunden gestützt, von einem mehr wissenschaftlichen Interesse.

Wir wünschen dem Verein, der sich in seiner Organisation überallhin als ein Vorbild empfiehlt, ein weiteres Gedeihen.

[V]

DER VEREIN FÜR DIE GESCHICHTE POTSDAMS

Früher schon haben wir auf den im Jahre 1862 vom Geh. Hofrat Schneider gegründeten »Verein für die Geschichte Potsdams« hingewiesen und denselben in seiner Organisation und *Lebensweise* (wenn man uns diesen Ausdruck gestatten will) als ein nicht leicht zu übertreffendes Muster aufgestellt. Das Eigentümliche dieses Vereins besteht nämlich darin, daß er sich nicht bloß versammelt, spricht, schreibt und wieder auseinandergeht, sondern darin, daß er in vollstem Sinne *lebt.* Deshalb hat er wohl Regel, Sitte, Tradition, aber nicht jene Paragraphenfülle, die Zwang antuend, Fessel anlegend, kein frisches Leben, am wenigsten aber Entwickelung und Bewegung aufkommen läßt. Beides hat nun aber der Potsdamer Verein.

Die »Mitteilungen« des Vereins, die uns heute in einem *dritten*, starken Bande vorliegen, geben Zeugnis davon. Dieser dritte Band – die Protokolle und die Vorträge aus der Zeit vom Dezember 1865 bis Juni 1867 enthaltend – wurde in seiner ersten Hälfte schon vor etwa einem halben Jahre von uns besprochen; die heute uns vorliegende zweite Hälfte enthält: »Die *von der Gröben* und ihre Pfand- und Lehnbesitzungen in und um Potsdam« vom Direktor von Ledebur; »Ist der Generallieutenant *von Einsiedel* in seinem Hause (jetzt Hôtel zum Einsiedler) enthauptet worden?« vom Major Schelowsky; »Rheinsberg und Sanssouci« von Dr. Georg Horn; »Die ältesten Privilegien der Schuhmacher« vom Lehrer Wagener; »Kurfürst Friedrich II. verleiht der Gattin Georg von Waldenfels' Hebungen aus Potsdam zum Leibgedinge« von Prof. F. Voigt; »Die Potsdamer Bettgelder«; Bellamintes' »Das itzblühende Potsdam«; »Ein Potsdamer Fischwehr zur Zeit der beiden ersten Kurfürsten«; »Ist Gundling in einem Weinfasse begraben worden?« und »Eine Reise von Potsdam über Berlin nach Schönhausen« – fünf Vorträge vom Geh.-Rat Schneider; »Ein Konflikt zwischen Rat und Bürgerschaft im Jahre 1599« vom Lehrer Wagener; »Ein Hofnarr als Potsdamer Geschichtschreiber« vom Rendanten Seligo; »Das Plateau von Stolpe und Kohlhasenbrück« vom Lehrer Wagener und »Hans Kohlhase« vom Baron von Ahlefeldt.

Die Vorträge über den General von Einsiedel und das bekannte Hôtel zum Einsiedler, ferner »Das itzblühende Potsdam« (eine Dichtung in Alexandrinern), endlich die Aufsätze über Gundling und den Hofnarrn Graben zum Stein werden vorzugsweise interessieren. Übrigens sagen wir dies »ohne Präjustiz« gegen anderes; der Geschmack, namentlich auch auf diesem Gebiete, geht sehr verschiedene Wege.

Wir wünschen dem Verein, der sich, das *Lokale* scharf ins Auge fassend, gerade dadurch um die vaterländische Geschichte große Verdienste erworben hat, ein ferneres Gedeihen.

FEHRBELLIN, STALLMEISTER FROBEN UND LANDJÄGER UHLE

Professor W. *Schwartz*, Direktor des Gymnasiums zu Neuruppin, hat eben einen interessanten Beitrag zu unserer brandenburgischen Geschichtskunde veröffentlicht, der dazu angetan scheint, die alte Streitfrage, ob in der Schlacht bei Fehrbellin einmal *überhaupt* ein Pferdetausch und zweitens, ob zwischen dem Kurfürsten und *Froben* stattgefunden habe, zum Abschluß zu bringen. Prof. Schwartz hat in den für die Landesgeschichte, namentlich der Grafschaft Ruppin, so wichtigen »*Feldmannschen Miscellaneen*« einen Passus gefunden, aus dem zur Evidenz hervorzugehen scheint, *daß* ein Pferdetausch stattfand, aber *nicht* zwischen dem Kurfürsten und Froben, sondern zwischen dem Kurfürsten und seinem Leibjäger (späterem Landjäger) *Uhle.*

Feldmann in seinen »Miscellaneen« spricht von der »Frau Witwe des seligen Burgemeisters Köppen« und sagt von dieser folgendes: »Der Vater dieser verwitweten Frau Burgemeister Köppen war (wie sie mir selber erzählt hat) der *Landjäger Uhle* zu Alt-Ruppin, dessen Herr Vater zu Nürnberg und daselbst Oberforstmeister gewesen, aber viele Söhne gehabt. Dieser Sohn reisete in Europa, z. E. England, an den Höfen herum, kam auch nach Berlin und sahe, wie Churfürst Friedrich Wilhelm die Soldaten auf der Parade besahe, der frug ihn und trug ihm an, bei ihm Leibjäger zu werden, dieser nahm es an, kam ihm wenig von der Seite, reiste mit ihm in dem Krieg herum, war auch mit bei der Expedition in Rathenow und in der Schlacht bei Fehrbellin, wo er dem Churfürsten sein Pferd anzwang und sich auf des Churfürsten weißes Pferd setzte, das unter ihm erschossen ward. Er bekam zwei Blessuren in einer Lende, ward sehr jung, etwan etl. und zwanzig Jahre alt, Landjäger in Alt-Ruppin* und starb etliche und vierzig Jahre alt, als sie noch so

* Die Altruppiner Landjägerstelle ist nicht mit einer jetzigen Försterstelle zu vergleichen; es war mindestens eine Art *Oberförsterstelle*, die Uhle zumal in vielfachen Beziehungen zum Kurfürsten, der seinen Gefallen von Anfang an an ihm gehabt, bleiben ließ und auch noch andere Extraordinaria als Schrotkörner eingetragen haben wird.

klein war, daß sie ihn nicht kannte. Auf ihn folgte in der Charge *Gartzweiler*, auf diesen *Bock* und auf diesen der jetzige *Becker*. Der Churfürst liebte Uhlen sehr wegen seiner Ehrlichkeit, schoß ihm aber aus Irrtum das Gesicht voll Hagel, anstatt daß er meinete, auf einen Hasen zu schießen.«

Nach diesem Zeugnis von Uhles eigener Tochter, so fährt Prof. Schwartz fort, liegt die Sache jetzt ziemlich klar, und was die Wahrheit nötigt, dem *Uhle* zuzulegen, kommt doch in anderer Weise dann dem *Froben* auch zugut; vor allem aber läßt es die ganze Szenerie desto großartiger, die Gefahr, der sich der Kurfürst aussetzt, desto bedeutender erscheinen. Wir sehen, wie der Große Kurfürst im Getümmel der Schlacht durch seinen Schimmel namentlich den Kugeln der Feinde ausgesetzt ist, und ebenso, wie sein Leibjäger Uhle demselben sein Pferd anzwang, das heißt aufnötigte, und des Kurfürsten Schimmel bestieg, welcher dann unter ihm erschossen ward, so lag andererseits schon der Stallmeister Froben von einer Stückkugel darniedergestreckt da. Und wenn wir uns nun diese Situation in ihrer Entwickelung vergegenwärtigen, liegt es ziemlich nahe, anzunehmen, daß der Stallmeister Froben auch schon dem Kurfürsten dasjenige geraten, was ihm der Leibjäger Uhle dann, nachdem Froben kaum einen Schritt von dem verhängnisvollen Schimmel gefallen war, wirklich abnötigte, nämlich das Pferd zu tauschen. Beide, Froben wie Uhle, sind, wie sie dieselbe Hingebung gezeigt, indem der eine nur einen Schritt vom Kurfürsten gefallen, dem anderen des Kurfürsten Pferd, kaum daß er es bestiegen, unter dem Leibe erschossen worden, sicherlich auch gemäß ihres Amtes in ihrem Rate vorher eins gewesen; nur Uhle hat es, nachdem Froben durch seinen Tod die Gefahr noch sichtlicher dokumentiert, erst durchgesetzt, daß der Pferdetausch stattfand.

Übrigens fügen wir hinzu, daß die Glaubwürdigkeit Feldmanns außer Zweifel ist. Er war ein äußerst gewissenhafter Sammler. Auch die Quelle, aus der er schöpfte (Uhles eigene Tochter), war die bestmögliche.

IN DIE MÄRKISCHE SCHWEIZ

Die Reisezeit kommt, und allen denen, die vorhaben, es in diesem Jahre mit der *»Märkischen Schweiz«* zu versuchen, wird die Nachricht willkommen sein, daß unter dem Titel »Buckow und Umgegend« (Berlin, Karl Heymanns Verlag) ein kleiner »Schweizer Führer« erschienen ist, der über die Bollersdorfer Höhe und den Schermützelsee so gewissenhaft berichtet wie nur irgendein rotgebundener »Guide« über Rigi und Vierwaldstättersee. Verfasser dieses Büchelchens ist der Gymnasial- und Turnlehrer Herr Karl *Riesel* (Begründer der Ausstellung plastischer Gegenstände etc., Charlottenstraße 99), und wir wüßten in der Tat niemand zu nennen, der zur Abfassung eines solchen Führers durch die »Märkische Schweiz« berufener gewesen wäre als er. Herr Riesel hat die Gegenden, die er beschreibt und auf deren schönste Punkte er aufmerksam macht, vielfach selbst durchstreift, und alles, was er gibt, gibt er deshalb nach eigener Anschauung und Erfahrung. Beachtenswert sind auch seine Bemerkungen über Reiseequipierung etc.

Herr Riesel hat vor, diesem ersten Büchelchen (Buckow und Umgegend) andere Hefte folgen zu lassen, und zwar: 1. Neustadt-Eberswalde und Chorin. 2. Freienwalde. 3. Das Oderbruch. 4. Köpenick, die Müggelberge, Rüdersdorf. 5. Königs Wusterhausen und der Spreewald. 6. Das Rhin- und Havelland von Fehrbellin bis Kloster Lehnin.

Wir wünschen sehr, daß diese Hefte recht bald erscheinen mögen. Bei der erwachten Neigung, die engere Heimat, das Land zwischen Elbe und Oder, historisch und landschaftlich kennenzulernen, sind solche Reisebücher ein Bedürfnis. Glücklich war die Idee, den Stoff zu teilen und in einzelnen Heften, zu 4 und 6 Sgr., herauszugeben. Sie werden bald einen unerläßlichen Teil der Bahnhofsliteratur bilden. Sollte sich's nicht empfehlen, den einzelnen Heften eine kleine Karte – die die Kosten nur unbedeutend erhöhen würde – beizugeben?

J. RODENBERGS »IN DEUTSCHEN LANDEN«

Unter dem Titel *»In deutschen Landen*; Skizzen und Ferienreisen« ist soeben (Leipzig, F. A. Brockhaus) ein neues Buch von Julius Rodenberg erschienen, in dem wir allen Vorzügen des, wie auf manchem anderen, so speziell auch auf diesem Gebiet längst anerkannten Herrn Verfassers begegnen und gegen das wir nur *ein* kleines Bedenken zu äußern haben: es sollten *zwei* Bände sein statt *eines.* Die »Berliner Skizzen«, die die eine Hälfte des Buches bilden, sind ein Band, und die Ferienreisen sind ein zweiter; der Unterschied zwischen jenen und diesen ist, nicht dem Werte, aber der Gattung nach, ziemlich groß, und so pendantartig nebeneinander gestellt, wirken sie auf uns wie etwa eine Poussinsche Landschaft mit idealer Staffage neben einem Adriaen von Ostade. Es ist dies eine Kleinigkeit; von tausend Lesern werden nicht fünf diese Empfindung teilen; nur der Herr Verfasser wird uns zustimmen.

Wir sprechen nunmehr, nach Erledigung dieses Punktes, zuerst von der zweiten Hälfte des Buches, von den »Ferienreisen«. Es sind zwölf Kapitel, die uns nach Thüringen, Hannover, Elsaß, Bayern und Böhmen führen. J. Rodenberg bewährt in jedem derselben seine spezielle Begabung als *Reise*erzähler, die vielleicht, innerhalb unserer belletristischen Literatur, nur von einem übertroffen worden ist. Dieser eine ist kein geringerer als der Fürst *Pückler-Muskau.* An stilistischer Sauberkeit, an Kunst des Vortrags und feinem Gefühl für das Maß dessen, was in jedem Einzelfalle gegeben werden darf und was nicht, an souveräner Verachtung jenes aus Bibliothekbänden zusammengeschriebenen Ballastes, der sich Gelehrsamkeit oder Wissenschaftlichkeit nennt, in allem diesen sind sie einander nahe verwandt, und nur im *Ton*, in dem sich unsre innerste Stellung sowohl zu den Dingen wie zu den Personen ausspricht, weichen sie erheblich voneinander ab. Pückler ist keck, aristokratisch, mokant, Rodenberg ist feinsinnig und empfindungsvoll, jener mißt alles an seinem Selbstgefühl, dieser an seiner Pietät, Pückler geht dem

Gesellschaftlichen, Rodenberg dem Geschichtlichen nach, jener gehört in die Kategorie der »ungezognen Lieblinge der Grazien«, dieser in die Gruppe derer, denen die Innehaltung der Wohlanständigkeit und guter Sitte ein erstes Gesetz ist. So unterscheiden sie sich bei mannigfacher Ähnlichkeit. Was Pückler an Pikantem und Prickelndem voraushat, wird bei Rodenberg durch eine größere Objektivität ausgeglichen, die ihn befähigt, der Welt der Erscheinungen gerechter zu werden. Er hat ruhige Überzeugungen, während Pückler nur Launen und Einfälle (freilich glänzende) und vor allem – darin ganz frauenhaft – Sympathien und Antipathien hat. Es kommt noch hinzu, daß sein *Ich* der alleinige Punkt ist, um den sich die Welt dreht.

Aber wenden wir uns von unserer Parallele wieder speziell Rodenberg und seinem Buche zu. In dem ersten Kapitel der »Ferienreisen«: *»Ein Frühlingstag in Ilmenau«*, ist es vor allem der Zug des Feinsinnigen und Pietätvollen, dem wir begegnen. Es handelt sich darin, neben landwirtschaftlicher Schilderung, vor allem um Goethe-Erinnerungen. Wo, mit alleiniger Ausnahme von Weimar, begegnet man ihnen reicher als gerade hier! Rodenberg führt uns aus der Stadt in den Wald, in dem er noch die Spuren eines Wintersturmes: umgerissene Bäume und emporstarrende Wurzeln, findet, die in ihrem armsdicken Faserwerk große Steinklötze festhalten. Er knüpft daran folgende treffende Bemerkung: »Man muß die Leute im Walde wie an der See davon erzählen hören, wie furchtbar das entfesselte Element ist. Wir kennen den Wald und die See und die ganze Natur überhaupt nur halb. Wir besuchen sie gern im Sonnenschein und fliehen, wenn eine Regenwolke sich sammelt. Wir lieben es, das empörte Meer vom gesicherten Brustwalle aus zu betrachten, und ahnen nicht einmal, was in diesem Nebel vorgeht, der nach einer Reihe guter Tage die Waldregion unserem Blicke verhüllt. Vom Walde und vom Meere sprechen können nur die, welche beides auch in der schlimmen Zeit nicht verlassen dürfen. Uns zeigt die Natur nur ihr Sonntagsgesicht: in ihre Schrecken hat sie uns nicht eingeweiht. Wir sind die Gäste, denen sie schmeichelt. Ihre wilden Leidenschaften deckt sie für uns mit einem mitleidigen Lächeln. Der Mann, der mit ihr um das Dasein zu ringen hat, fürchtet sie, indem er ihr trotzt. Wir, die wir ihr unsere Feiertage danken, lieben und besingen sie. Der Mann, der sie kennt, ist stumm. Nur die gemachten, nicht die wirklichen Bauern reden viel. Der Wald- und Seestrandbewohner ist ein schweigsamer Mensch. Frisia non cantat.«

Der Erzähler führt uns dann auf die Höhe des Waldes, dem oftgenannten kostbaren Gebirgspunkte zu, der der »Kikkelhahn« heißt, zugleich dem Punkt, wo bis vor kurzem jene unter dem Namen des *»Goethe-Häuschens«* bekannte Jagdhütte stand. »Hier in dieser dürftigen, weltentlegenen Bretterhütte«, so schreibt Rodenberg, »hat Goethe im September 1783 mehrere Tage und Nächte einsam zugebracht ... Es ist uns nicht gegeben, in die Geheimnisse jener Tage zu dringen. Allein sie müssen Tage des höchsten Glückes für ihn gewesen sein, jener ›Wonne der Wehmut‹, wo die Seele des Menschen sich eins fühlt mit der Seele, die die Natur durchströmt, und für welche daher der Gedanke an eine Zurückkehr zu ihr, ein Aufgehen in ihr nicht mehr furchtbar erscheint, sondern als ein milder Segen.« Wie schön! Wer hätte nicht angesichts dieses Waldmeeres Ähnliches empfunden. Das *Goethe-Häuschen* selbst aber ist seit Rodenbergs letztem Besuch an dieser Stelle verschwunden. Bosheit hat es niedergebrannt. Die »Weimarische Zeitung« brachte am 13. August 1870 folgendes: »Eine frevelhafte Hand hat den Thüringer Wald einer seiner schönen Lage wie seiner literarisch-historischen Erinnerungen wegen berühmten Lokalität beraubt. In der Nacht vom 11. zum 12. August ist in Folge von Brandstiftung das Goethehaus auf dem Kickelhahn bei Ilmenau vernichtet worden.«

Das zweite Kapitel unter der Überschrift *»Wanderungen im Lande der Welfen«* führt uns nach Hannover und Celle. Rodenberg machte diese Reise 1871. Er fand in Hannover noch viel Anhänglichkeit an die Dynastie, und mit Recht fügt er hinzu: »Ein schlechtes Zeichen würde es sein, wenn es anders wäre. Denn« — so fährt er fort — »auf lächerliche Weise demonstrieren ist *ein* Ding und natürliche Empfindungen nicht verleugnen ein *anderes*. Mein Eindruck war, daß die Mehrzahl der Hannoveraner sich zwischen den beiden Extremen, von denen eins unklug, das andere charakterlos wäre, höchst taktvoll und würdig benimmt; mit einem gesunden Gefühle für die Realität des Geschehenen erkennen sie, daß die Rückkehr der alten Zustände weder möglich noch auch wünschenswert sei, und als gute Patrioten haben sie längst erkannt, daß deutsch sein noch mehr ist als hannoverisch sein … Ein Zustand der Beruhigung fängt an, sich aller Gemüter zu bemächtigen; die letzten Ereignisse haben gezeigt, daß die Sicherheit des Individuums auf der Sicherheit des Ganzen beruhe und daß es außer dem nationalen keinen andern Boden wahrhaften Gedeihens gibt.«

Von Hannover aus besucht er die Schlösser von Herrenhausen und Celle, an welche sich mehr oder minder die Geschichte zweier schönen Fürstinnen aus dem braunschweigischen Hause knüpft: die Geschichte Sophie Dorotheas und des Grafen von Königsmarck, andrerseits die Geschichte Karoline Mathildens und Struensees. Die 25 Seiten, die, in knappester Form, die Darstellung der betreffenden Vorgänge bringen, bilden vielleicht die glänzendste Partie des Buches. Es ist warm und stimmungsvoll geschrieben, kein Wort zuviel und keins zuwenig, ein Muster, wie solche Dinge behandelt werden müssen, wenn man nicht Geschichte schreiben, sondern, lediglich anregend, zum Studium der Geschichte hinüberleiten will. So recht ein Gegensatz zu der abschrekkenden Methode, nach der in vergangenen Jahrzehnten (und vielleicht auch jetzt noch) Historie gelehrt wurde. Bei Gelegenheit seines Besuches im Schloß zu Celle begegnen wir folgender Bemerkung: »Die Frau des Kastellans erzählte von Sophie Dorothea und Karoline Mathilde wie von Personen, die sie selbst etwa noch als Kind gekannt. So vererben sich die Traditionen der Begebenheiten an den Orten, wo sie sich zugetragen haben, lebendig fort und stehen uns fast körperlich gegenüber, sobald wir ihren Schauplatz betreten. Mehr noch als das Kolorit geben uns solche Besuche jene feinen kleinen Züge der Wirklichkeit, welche sich in keinem Geschichtsbuche finden und dennoch soviel beitragen können, dem Bilde, welches wir uns von der Vergangenheit machen, Wahrheit und unserem Urteil Milde zu verleihen.« Der Herr Verfasser wird uns verstehen, wenn wir aussprechen, daß es speziell Bemerkungen wie *diese* sind, die uns sein Buch wert waren. Und ihn persönlich mit.

Die nächsten Kapitel, wie schon hervorgehoben, führen

uns nach dem Elsaß, nach Bayern und Böhmen. Wir müssen es uns versagen, auf dieselben näher einzugehen. Nur wenige Worte. Überaus gelungen ist uns die Charakterisierung der drei bayerischen Schwesterstädte: Bamberg, Nürnberg, Regensburg, erschienen. Hier zeigt sich der scharfe Beobachter, der aber, über das bloße Wahrnehmen hinaus, zugleich Schlüsse zu ziehen und Stellungen anzuweisen versteht. Jene Urteils- und Rubrizierungsfähigkeit, die sich aus dem Vergleichenkönnen gebiert. – Das Kapitel »Karlsbad« ist charakteristisch für die Schreibweise des Verfassers, der mit Vorliebe doch immer dem *Historischen* zuneigt. Er gibt Landschaftliches und Genrehaftes, aber seine eigentlichste Aufgabe findet er nichtsdestoweniger darin, uns Schiller, Goethe, Th. Körner, Chateaubriand während ihres Aufenthalts in Karlsbad zu skizzieren. – Aus den vier Elsaß-Kapiteln: Straßburg, Vogesenfahrt, Pfalzburg, Heimkehr, greifen wir nur noch einige Zeilen heraus, die sich auf den bekannten elsässischen Romandichter *Erckmann* beziehen oder zu denen wenigstens eine in Pfalzburg zwischen Erckmann und Rodenberg stattfindende Begegnung dem letzteren Stoff und Gelegenheit bot. Wir müssen zu besserem Verständnis vorausschicken, daß im Frühsommer 1870 Erckmann eine Novelle behufs Abdrucks im »Salon« an Rodenberg geschickt hatte und daß diese Novelle just im »Salon« erschien, erscheinen *mußte*, als Weißenburg und Wörth eben geschlagen worden waren. Rodenberg schreibt mit Rücksicht darauf: »Der Umstand, daß die Herstellung jedes einzelnen Heftes etwa vier Wochen in Anspruch nimmt, machte es unmöglich, die Veröffentlichung jener Novelle zu verhindern, was sonst aus Achtung vor dem Unglück sicher geschehen wäre. Es war eine ganz entsetzliche Ironie, welche damals in dem Erscheinen jener Novelle lag. In einer Bemerkung, mit der wir dieselbe einführten, hatten wir die beiden neuen Mitarbeiter als solche begrüßt, welche mit uns gemeinsam tätig seien an dem großen Kulturwerke der Gegenwart, welches der ›*Friede der Völker*‹ heißt. Und diese Worte, geschrieben in den ersten Tagen des Juli, starrten uns gedruckt entgegen im August, als die Kanonen donnerten vom Rhein bis weit hinaus über die Mosel! Wenn es einmal, in künftigen Jahren vielleicht, eines handgreiflichen Zeugnisses bedürfte, wie wir mitten in unseren Sommerträumen ohne Ahnung des Kommenden vom Kriege überfallen worden: hier ist es!«

Wir wenden uns nun der *ersten* Hälfte des Buches zu, den »Berliner Skizzen«. Wenn wir Rodenberg in seiner virtuosen Behandlung des Reisebriefes oder der Reiseerzählung mit Pückler verglichen, so geziemt sich *hier* ein Vergleich mit dem Schöpfer der Berliner Lokalliteratur, mit Adolf *Glaßbrenner.* Dieser hat eine allergenaueste Kenntnis des berlinischen Wesens und Dialektes vor Rodenberg voraus. Wo dieser nur die Spezies sieht, sieht jener die Spezialitäten, und die feinsten Nuancen liegen vor seinem Auge so erkennbar dar, als handle es sich um generelle Unterschiede. So wird denn, nach der Seite realistischer Treue hin, der Glaßbrennerschen Weise der Vorrang verbleiben müssen, er selber der Sanspareil. Aber diese realistische Treue ist nicht Rodenbergs Absicht; er ist *umgekehrt* bemüht, auch diese Welt auf ihren poetischen Gehalt zu prüfen und unter Ausscheidung des Häßlichen mehr dem Ideale als der Wirklichkeit nachzugehen. Er gibt diese nur, soweit sie seinem ästhetischen Zwecke dient, der immer darin besteht, ein heiteres oder ein rührendes Stimmungsbild, aber nie eine daguerreotyptreue Nachbildung zu geben. Welche Behandlungsweise die richtigere ist, wird sich schließlich, wie so vieles andere, als reine Geschmacksache herausstellen, sehr ähnlich, wie es mit Fritz Reuterschen Vorlesungen geht, die die einen nur von einem echten Plattdeutschen hören wollen, während die andern vor dem Vollmaß des Echten erschrecken und mutatis mutandis für lingua toscana in bocca romana sind.

Wir möchten übrigens Rodenberg in seiner Eigenschaft als Verfasser der »Berliner Skizzen« nicht bloß mit einer außer ihm stehenden Großmacht, sondern vor allem auch ihn mit sich selber vergleichen. Wie stehen diese »Skizzen« zu den »Ferienreisen«? In letzteren bewegt er sich auf seinem eigensten Gebiet, beherrscht sein Instrument vollständig; in den »Skizzen« gleicht er einem Virtuosen, der von der Geige zum Cello, oder umgekehrt, übergegangen ist und seine Virtousität erst aufs neue bewähren soll. Es fehlt deshalb in einzelnen Piècen, besonders in den spezifisch berlinisch gehaltenen, die volle Sicherheit der Bewegung. Aber freilich, was von Menschen gilt, gilt unter Umständen auch von literarischen Erscheinungen: eine leise Scheu empfiehlt mehr, als sie schadet. Der erstrebten poetischen Wirkung ist dies Berühren der Dinge mit leiserer Hand nur günstig. Unter allen Umständen hat der Herr Verf. seine gut eingeteilte Felderwirtschaft durch diese »Skizzen« um einen neuen Schlag vermehrt, der vielleicht nicht reichere Frucht tragen wird als die anderen, aber alle Sachverständigen interessieren muß, weil *sie* allein es beurteilen können, welche Schwierigkeiten die aparten Bodenverhältnisse, die Steine, der Sand und der Mangel an Mergel, schufen.

Diese Berliner Skizzen bestehen aus 13 Kapiteln, unter denen uns »Die *Bücher* und *Tücher* meines Bedienten«, »Tinglingling« und »Weihnachten unter den Krüppeln« ganz besonders angesprochen haben.

»Die Souterrains, die Dachstuben und die Hintertreppen unserer Häuser«, so heißt es in dem erstgenannten dieser drei Kapitel, »sind die Region einer ganz eigenartigen Sorte von Literatur, welche darum nicht weniger existiert, daß wir sie nicht kennen oder keine Notiz von ihr nehmen. Ich wage zu behaupten, daß in diesen Seitengebieten unserer gegenwärtigen Bildung wahrscheinlich mehr gelesen und ganz bestimmt mehr gekauft wird als in denjenigen, welche für die Front derselben gelten, und daß man sicherer ist, in den ärmlichen Räumen unserer Kellerbewohner eine ›kleine, aber gewählte‹ Bibliothek zu finden als in den von Silber, Marmor und Bildern strahlenden Salons des ersten Stockes. Die Dame des Hauses läßt sich den epochemachenden Roman aus der Leihanstalt kommen, die Köchin kauft ihn; das ist der Unterschied. Es versteht sich dabei von selbst, daß es andere Romane sind, welche im Salon, und andere, welche in der Küche Aufsehen machen; aber das Faktum bleibt doch darum dasselbe. Die vornehmen Leute, welche Diners geben, Equipagen halten und die Kunst protegieren, lesen im besten Falle; allein die Domestiken, welche das Diner servieren, der Kutscher und der Portier kaufen.«

Wir erfahren nun, in höchst amüsanter Aufzählung, *was* an Büchern gekauft wird, bis sich eines Tages, zum Teil unter dem Einfluß des letzten Krieges, eine große Wandlung vollzieht. Der Erzähler fährt fort:

»Ich sollte nunmehr erfahren, daß sich die Leidenschaft meines Bedienten für Bücher in eine Leidenschaft für *Tücher* verwandelt hatte. Da lagen sie vor mir ausgebreitet, diese blutroten Kattunstreifen, bedruckt mit den Portraits unsrer ›Führer und Helden‹, mit den Greueltaten der Zuaven und den Heldentaten unserer Ulanen. Ich sah König Wilhelm ›in der blutigen, aber siegreichen Schlacht bei Mars-la-Tour‹ und Napoleon bei Sedan, wie er in tiefgebückter Stellung dem König Wilhelm seinen Degen überreicht. Ich sah die Bayern bei Weißenburg und Wörth, die Sachsen bei St. Privat stürmen. Tausende Bajonette starrten mir entgegen. Tschakos und Helme lagen auf dem Boden, die Pferde galoppierten und die Trompeter bliesen. Lorbeerkränze winkten mir. Eiserne Kreuze standen vor meinen Blicken. Im nächsten Momente hatte mich schon wieder eine Wolke von Pulverdampf eingehüllt, und mein tapferes Herz bebte vor einer Geschützsalve zurück. Die Schrecken des Krieges können einander nicht rascher und plötzlicher folgen, als sie hier in den Tüchern meines Bedienten aufgehäuft lagen. Die Einheit Deutschlands, das ganze zukünftige Kaisertum fand ich in diesem Vorrate von baumwollenem Stoff: den Süden und den Norden, den König von Bayern und den König von Sachsen, den ›Helden von Weißenburg und Wörth‹ und den ›Besieger von Metz‹, das kahle Haupt Bismarcks und das ernste Gesicht Moltkes – und das alles, brennende Dörfer, zerschossene Mauern, Generäle und Gemeine, Spahis und Pommern, umwunden mit Girlanden von Eichenlaub und durchflochten mit Zypressenzweigen. Doch war das noch nicht alles. Das letzte Tuch, dasjenige, das ich gestern ausgebreitet auf dem Tische gesehen, dieses Tuch war eine Karte des Kriegsschauplatzes. Und was für eine! Nicht nur, daß in der einen Ecke ganz Paris mit allen seinen Forts sich befand – die oberen Ränder waren mit einer Geisterschar ausgefüllt, die tambour battant über den Rhein gegen Frankreich zogen, und darunter die Verse:

Trompeter, blas! An den Rhein, an den Rhein!
Zu Aachen krachen die Grüfte,
Es schreitet der Kaiser im Mondenschein
Zum Rhein durch die brausenden Lüfte.

Und wie es der Dichter gesungen, so war es auf dem Taschentuche dargestellt: der Kaiser, der Trompeter, der Mondschein, der Rhein und die brausenden Lüfte.«

Auch noch aus dem Kapitel *»Tinglingling«* die einleitenden Sätze: »Kein Lied etc. ist augenblicklich in Berlin so populär wie das berühmte ›Tinglingling‹. Es würde schwer sein, zu sagen, woher es gekommen ist, aus welchem Keller oder kleinen Hofe. Eines Tages war es da, und nun blasen es die Trompeten, spielen es die Geigen, die Flöten, die Harfen, die Leierkästen überall, und wo es sich hören läßt, da stimmt pfeifend oder singend der Berliner mit ein. Was heißt ›Tinglingling‹? Tinglingling ist nicht ein einzelnes Lied, es ist ein Gattungsbegriff; kein Ereignis bewegt die Geister, ohne daß es sich sofort in die Gestalt von ›Tinglingling‹ kleidet ... Ich machte einen kleinen Laden unter den Königskolonnaden ausfindig, an dessen Schaufenstern zwischen den Karten der Wahrsagerin Lenormand und einem Briefsteller für Liebende diese Tinglingling-Lieder in Zwischenräumen von einer Woche zur andern erschienen. Jedes Thema, welches einen Berliner nur irgend interessieren konnte, war darin behandelt: die Wohnungsnot, die Schulinspektoren, Mühler, die Pfaffen, Bismarck, etwa so:

Famos, famos,
Fürst Bismarck ist jetzt groß;
Was er jetzt hat vollführt,
Ihm Ehre nur gebührt.
Zum tinglingling den Pfaffen
Macht er jetzt was zu schaffen;
Zum tinglingling,
Zum tinglingling,
Die ärgert er zu sehr.«

Ein kleines Bijou, und damit schließen wir, ist das Kapitel *»Weihnachten unter den Krüppeln«*. Als wir es gelesen, nahmen wir das »Scherflein der Witwe« aus unserem Portemonnaie und adressierten es — es war zwei Tage vor Weihnachten — an das Krüppelasyl Ebenezer, Elisabethstr. 41. Wir können dem Leser, den wir uns immer als einen guten, lieben Menschen zu denken geneigt sind, eine doppelte Ausgabe nicht ersparen: er muß erst das Rodenbergsche Buch kaufen und nach Lesung desselben, resp. des zuletzt genannten Kapitels, auch seinen Beitrag in die Elisabethstraße schicken. Die Sache liegt so (was der *Geizige*, wenn ein solcher existieren sollte, sich als Warnung dienen lassen mag), daß das erste, also das Kaufen und Lesen, notwendig auch das zweite: das Geben, im Gefolge haben muß.

KULTURHISTORISCHE BILDER AUS DER ALTEN MARK BRANDENBURG

Von Oskar Schwebel

Berlin 1877, Verlag von Alfred Weile

Oskar Schwebel, auf dem Felde der Spezialhistorie seit einer Reihe von Jahren gekannt und bewährt, gibt in seinen »Kulturhistorischen Bildern« eine Geschichte Mark Brandenburgs von Albrecht dem Bären bis auf den Großen Kurfürsten und die Schlacht bei Fehrbellin. In zwanzig Kapiteln sieben Jahrhunderte! Sprungweise vorgehend, wird, an dem nach Plan oder Neigung gewählten Einzelstück, das *Ganze demonstriert.* Eine neue, unseres Erachtens nicht nur berechtigte, sondern auch anzuempfehlende Art der Geschichtsbehandlung, die sich, der modernen Reiseform entsprechend, einen längeren Aufenthalt nur an Haupt- oder Lieblingsplätzen und daneben eine bloß kursorische Behandlung alles Zwischenliegenden zur Aufgabe stellt. Eine kleine Gemeinde von Fußgängern wird freilich immer bleiben, Gründlichkeitsbeflissene, die, das bloße Stationsmachen im Coupé verschmähend, die ihrer harrenden Wüsten, seien es nun die der Reise oder der Wissenschaft, höchsteigen durchmessen wollen, aber diese Allergründlichsten, wenn es nicht Fachleute sind, werden sich in der Regel als sonderbare Käuze erweisen, als Fanatiker der Selbstquälerei.

Es war Walter Scott, der in seinen »Erzählungen eines Großvaters« diese freiere Form etappenweisen und unter Umständen selbst dichterisch launenhaften Vorgehens introduzierte; Gustav Freytag, historischeren Sinnes nachfolgend, hob die Gattung auf eine höhere Stufe; aber erst diese »Kulturhistorischen Bilder« Oskar Schwebels lösen, in *wenigstens äußerlicher Vollkommenheit*, die Aufgabe einer Spezialgeschichtschreibung in Einzelbildern. Es fehlt nichts. Wiewohl halbe Jahrhunderte übersprungen werden, hat man nirgends das Gefühl einer Lücke, und jeder, der Ernst und Ausdauer genug mitbrächte, sich den Inhalt dieses Buches zu eigen zu machen, würde zu den Bestbewanderten in der Geschichte der Mark Brandenburg gehören. Es genügt beispielsweise, aus der ganzen Reihe der Anhaltiner oder Ballenstädter den ersten und letzten, Albrecht den Bären und den Markgrafen Waldemar, zu kennen und über alles Zwischenliegende durch folgende kurze Sätze aufgeklärt zu werden: »Hundertundfünfzig Jahre waren verflossen. Mächtig und blühend war das Land unter den Ballenstädtern geworden. Albrechts des Bären Sohn Otto I. hatte die Kurwürde für die wendische Mark erworben; Albrecht II. war bis zur Oder vorgedrungen; das edle Bruderpaar Otto III. und Johann I. hatte die lästigen Landesverpflichtungen gegen den Erzbischof von Magdeburg abgeschüttelt, den Pommern die Uckermark entrissen und von den schlesischen Piastenherzögen das Land Lebus erworben. Sie hatten die Mark mit Städten besetzt, welche in ungeahnter Weise erblühten; ihre weise Gesetzgebung ordnete die Verwaltung in musterhafter Art. Unter ihren Nachfolgern, den glänzenden Fürsten Ottonischer und Johanneischer Linie, schien der rote Adler sich noch zu höherem Fluge rüsten zu wollen; Otto IV. gedachte selbst, sich statt des Kurhutes die deutsche Kaiserkrone aufs Haupt zu setzen.« So der Anfang des zweiten Kapitels. Es ist ein Übriges, was der Herr Verfasser tut, wenn er uns, ehe er zur bayerisch-luxemburgischen Zeit vorschreitet, in den Kapiteln »Am Hoflager der Ballenstädter« und »Die Grabstätten der Ballenstädter« zunächst noch vom Werbellin-See und dem sangeskundigen Otto IV., dann von den Klöstern Lehnin, Chorin und Himmelpfort, den alten Begräbnisstätten der Anhaltiner, erzählt.

Gleich kurz und gleich ausreichend werden uns die folgenden Epochen vorgeführt. Oft unter Überschriften, die den mannigfachen Inhalt kaum andeuten. Der »falsche Waldemar« hat ein selbständiges Kapitel, das seinen Namen trägt. In den Abschnitten »Tangermünde« und »Kaspar Gans Edler zu Putlitz« tritt uns zunächst die Gestalt Kaiser Karls IV., dann die Quitzowzeit und mit dem Hinschwinden dieser die Etablierung der Hohenzollernschen Macht entgegen. »Ein Bürgermeister von Berlin« und »Der Schwanenorden« bringen Episoden und gleichzeitige Ereignisse aus dem Leben des Kurfürsten Eisenzahn. »Bischof und Mönch«, »Die Fehde Nickels von Minckwitz«, »Der letzte Abt von Chorin«, »Das Stammhaus eines Berliner Bürgergeschlechts«, »Das Graue Kloster zu Berlin«, »Markgraf Hans von Küstrin« entrollen

Bilder zunächst aus der ersten Hälfte des 16. Jahrhunderts, aus der lutherisch-joachimischen Zeit vor unserm Auge. Weniger Raum ist der Epoche des Dreißigjährigen Krieges und des Großen Kurfürsten gewidmet; hier liegen schon die neuzeitlichen Grenzen, die nicht berührt werden sollten. Von ausgesprochen kulturhistorischem Inhalt sind »Eine Weinpredigt aus alter Zeit« und »Die historische Sage der Mark«. Besonders in diesem letzteren Kapitel wird die Kunst geübt, auf wenigen Blättern viel zu sagen. Der Herr Verfasser bläht nichts auf, er ist knapp im Ausdruck, wie es die alten Aufzeichnungen sind, die er benutzte.

Dies deutet auf bestimmte Vorzüge seiner Darstellung. Und doch liegt, wie mehr oder weniger auf dem ganzen Gebiet unserer märkischen Spezialhistorie, in ebendieser Darstellung auch wieder der schwache Punkt des Buches, der seine Verbreitung über verhältnismäßig eng gezogene Grenzen hinaus verhindern wird. Die Knappheit des Ausdrucks, verdienstlich, wie sie ist, ist doch noch lange keine *künstlerische Behandlung* des Stoffes; und ohne diese geht es nicht.

Es gibt, wenn wir uns des Ausdrucks bedienen dürfen, »exzeptionelle Stoffe«, die an und für sich in hohem Maße effektvoll, der künstlerischen Behandlung bis zu einem gewissen Grade vielleicht ganz entbehren können. Dazu gehört beispielsweise das ganze Tudor-Jahrhundert der englischen Geschichte. Von Heinrich VIII. an mit seinen sechs Frauen bis zur Elisabeth mit ihren sechs Grafen haben wir eine solche wundervolle Aneinanderreihung von Liebesgeschichten, Intrigen, Schafotts und Scheiterhaufen, daß eine Erzählung der betreffenden Hergänge wirken *muß*, sie sei, wie sie sei. Anders liegen die Dinge bei uns. Es ist ganz unmöglich, daß die Geschichte der Blankenfeldes, der Strobands, der Wins' und ihnen verwandter Berliner Patriziergeschlechter noch irgendwann im Gemüte beschäftigen kann. Alle diese Dinge sind interesselos und werden es bleiben, bis *der* kommt, der ihnen *dichterisch** das zu leihen versteht, was ihnen fehlt: *Leben.*

* Die Unerläßlichkeit, mit dichterischen Mitteln nachzuhelfen, hat noch jeder empfunden, der den Wunsch hegte, Geschichtliches aus unseren vier ersten Jahrhunderten (1150–1550) einem *größeren Publikum* zugänglich zu machen. Auch Oskar Schwebel empfand so und schob in strengere historische Darstellungen *historische Novellen* ein. So zum Beispiel »Der falsche Waldemar in Berlin«, »Der Schwanenorden«, »Der letzte Abt von Chorin«. Aber dies ist nicht die rechte Art, trotzdem er sich auf

Diese Kunst zu üben ist außerordentlich schwer und unter gewöhnlichen Verhältnissen undankbar; aber mit Rücksicht darauf, daß aus diesem armen Lande Brandenburg schließlich das neue deutsche Reich erblühte, werden die entsprechenden Versuche immer wieder und wieder gemacht werden, und zuletzt mit Erfolg. In diesem endlichen Sieger werden sich dann unendliche literarische Tugenden vereinigt haben: historisches Wissen, dichterische Intuition, Hingebung an das Kleine, Esprit, Kraft und Klarheit des Ausdrucks. Macaulay leistete dies für einzelne dunklere Partien der englischen Historie und führte dadurch den Beweis einer Geschichtsschreibungs*möglichkeit* aus dem halben Nichts heraus. Wir harren noch unseres Macaulays, eines Darstellers, der durch geschickte Hintergrund- und Formengebung alles Fehlende teils wirklich, teils scheinbar zu ersetzen weiß. Das bloße Herübernehmen der Chronikenknappheit tut es nicht, noch weniger das begleitende Wort von der Liebe zu Mark Brandenburg.

Was wir stofflich unser nennen, so Mannigfaches auch zusammengetragen worden ist, ist in vielen Fällen nichts weiter als ein grüner Wollfaden, den wir irgendwo in einer Ecke gefunden haben. Wenn wir diesen Wollfaden zwischen dem Daumen und Zeigefinger jeder Hand ausspannen und unserem archäologischen Eifer nunmehr den Ausruf gestatten: »Welche Wolle, welches Grün!«, so werden wir damit immer wieder und wieder nur geringer Zustimmung begegnen. Erst *der* wird auf ein Publikum rechnen dürfen, der diesen Wollfaden auf einem schwarzen Tuchflickel aufzunähen, ihn zu umrahmen und in gefällig geschwungener Linie arabeskenhaft zu gestalten versteht.

Es bleibt auch dann nur ein grüner Wollfaden, aber die Kunst hat ihn über sich selbst erhoben und ihn akzeptabel gemacht. Je weniger die Geschichte bietet, desto mehr bedarf sie der poetischen Mittel, ohne daß die Anwendung derselben notwendig in Fabel und Märchen führen müßte.

das Vorbild Klödens berufen kann. Auch dieser, so ausgezeichnet seine »Quitzows« nach der Seite des Fleißes und der Gelehrsamkeit hin sind, hat es *nicht* getroffen. Bei dem, was uns als Ideal vorschwebt, handelt es sich weder um diese oder jene dichterische *Form* noch um dichterische *Erfindung*, sondern um jenen adelnden dichterischen Geist, der das Historische – dürftig oder alltäglich, wie es sein mag – als solches gebend, es doch schönheitlich zu verklären weiß. Diese Schönheit wird sich allemal als das Gegenteil von Schönrednerei, die der eine oder andere fürchten möchte, erweisen.

BRIEFE DER DREI BRÜDER FRIEDRICHS DES GROSSEN AN GENERAL HENCKEL VON DONNERSMARCK

Das Leben Friedrichs des Großen liegt wie ein aufgeschlagenes Buch vor uns. Mit Hülfe seiner zahlreichen, eine ganze Literatur bildenden Korrespondenz, sonstiger Aufzeichnungen in Vers und Prosa zu geschweigen, sind unsere Spezialhistoriker im Stande gewesen, ihn Schritt um Schritt zu begleiten, und in der Tat existieren Publikationen, die, indem sie Auskunft über beinah jeden Tag seines Lebens oder doch seiner letzten drei Jahrzehnte geben, als eine Art von Friderizianischem Geschichtskalender angesehen werden können. Er steht auch in dieser Beziehung sehr wahrscheinlich einzig da. Wenigstens in Deutschland. Über Goethe ist mehr geschrieben worden; aber kein Werk ist bis dato vorhanden, das meines Wissens in ähnlich minutiöser Weise über den *äußeren* Gang seines Lebens, über die Vorkommnisse jedes Tages berichtet hätte. Die vielen durch ihn selbst und andere veröffentlichten Briefwechsel lassen nach dieser Seite hin immer noch erhebliche Lücken.

Wir kennen das Leben Friedrichs des Großen Tag um Tag, aber nicht das seiner Brüder. Selbst von seinem Bruder *Heinrich*, der, wie manches andere, so auch den literarischen Zug mit ihm gemein hatte, wissen wir verhältnismäßig wenig, was zum Teil seine Erklärung darin finden mag, daß alle Papiere des Prinzen – die derselbe in einer noch jetzt auf dem Gute Köpernitz existierenden schönen Rokoko-Kommode aufbewahrte – unmittelbar nach seinem Tode versiegelt und, wie man sich in Rheinsberg und seinen Dependenzien: Köpernitz, Meseberg, Hoppenrade, erzählt, in das Staatsarchiv übergeführt wurden. Nach einer anderen, mehr geglaubten, aber minder glaubhaften Lesart wäre das Schicksal dieser Papiere *das* gewesen, von einer in Rheinsberg eintreffenden »Untersuchungskommission«, die in diesem Falle fast den Namen einer »Inquisition« verdient hätte, abgeurteilt und verbrannt zu werden. Relata refero. Aber diese Tatsache, *wenn* es eine ist, erklärt die Spärlichkeit der uns für das Prinz-Heinrich-Studium zufließenden Quellen doch nur einigermaßen. Was in jener Rokoko-Kommode aufgehoben lag, um dann, *vielleicht* wenigstens, im Sinne der Schillerschen Ballade für immer »bewahrt und aufgehoben« zu werden, waren nur kriegswissenschaftliche und *historische* Arbeiten des Prinzen, vor allem eine Darstellung des Siebenjährigen Krieges, die ausgesprochenermaßen den Zweck hatte, die Geschichtschreibung seines königlichen Bruders zu rektifizieren. Im übrigen, so überaus interessant es gewesen sein würde, dieses »Trutz-Friedrich«-Buch erscheinen zu sehen, so wenig würden wir aus demselben in bezug auf das Privatleben des Rheinsberger Prinzen haben entnehmen können. Dies kann sich uns nur aus der hundertfältigen, nach allen Seiten hin geführten Korrespondenz desselben erschließen, hinsichtlich deren es im höchsten Maße überraschlich bleibt, daß das, was tatsächlich ein breiter Strom war, bisher nur tropfenweise auf uns gekommen ist. Es werden sich aber die Tropfen wieder sammeln, und einen kleinen, aber höchst erfreulichen Anfang dazu bilden die wertvollen, zum Teil sehr interessanten Briefe, die unter dem Titel *»Briefe der Brüder Friedrichs des Großen«* in der hiesigen Buchhandlung F. Schneider u. Co. ganz vor kurzem erschienen sind. Es sind fünf Briefe des Prinzen *August Wilhelm*, fünfundzwanzig des Prinzen *Heinrich* und zwölf des Prinzen *Ferdinand*, alle zweiundvierzig, teils an den Adjutanten des Prinzen Heinrich, späteren Generallieutenant Henckel von Donnersmarck, teils an seine ihn um fünfzig Jahre überlebende Gemahlin, eine geborene Gräfin von Lepel, gerichtet. Diese ganze Kollektion hatte, bevor sie die Gestalt eines reizend ausgestatteten Buches annahm, die mannigfachsten Schicksale beziehungsweise Gefahren zu bestehen, worüber der Herausgeber, Graf Leo von Henckel, ein Enkel des Generallieutenants, in einer Vorrede im wesentlichen des Folgende mitteilt.

»... Als die Witwe meines Großvaters im Jahre 1793 das Königsberger Schloß für den Amtsnachfolger ihres Gatten räumen mußte, blieben die Kisten, mit Akten und Briefen angefüllt, einstweilen stehen, dem Zufall überlassen; was dann schließlich von dem Inhalte dieser Kisten übrigblieb, kam, nach einem wechselvollen Leben der Witwe, über Danzig, Berlin, Rheinsberg, Petersburg, Schwerin nach *Weimar.* Das war 1804. Hier bekleidete nunmehr meine Großmutter die Oberhofmeisterinstelle bei der Erbprinzessin, der vielgefeierten Großfürstin Maria Paulowna von Rußland, zu deren Vermählung Schiller die ›Huldigung der Künste‹ dichtete. Als, nach dem Tage von Jena, Weimar der französischen Plünderung verfiel, gingen meiner Großmutter fast alle äußeren Erinnerungszeichen und Wertandenken an die Friderizianische Zeit mit verloren. Die preußischen Uniformen, der Degen des Großvaters, seine Orden wurden geraubt; kein Schrank, kein Koffer, keine Kiste blieb ununtersucht; die *Papiere wurden zumeist zerstreut, zertreten und vernichtet.* So kam nur ein kleiner Rest von Briefen, inzwischen gewiß auch noch mannigfach ›gelichtet‹, auf mich.«

An die Schilderung dieser Briefschicksale knüpft der Herausgeber noch eine Schilderung der alten Dame selbst, in deren Händen sich die hinterlassenen Briefschaften ihres Gemahls, erst viele, dann wenige, ein halbes Jahrhundert lang befanden. Dieser vorzüglichen Charakterschilderung einer vornehmen Dame aus der Zeit des Ancien régime entnehmen wir, als ein Hors d'œuvre und Chef d'œuvre zugleich, das Nachstehende:

»Diese meine Großmutter war noch eine jener originellen Erscheinungen des Adels und der Höfe, die mit den Zeiten allgemeiner Nivellierung der Stände untergegangen sind, um wahrscheinlich nie wieder zu erstehen. Solche Persönlichkeiten erwuchsen nur der Zeit kastenartigen Vorurteils und der formenvollen Derbheit. Nach der damaligen Erziehungspraxis starben Schwächlinge in früher Jugend hin, und nur die Kraft und Gesundheit trat ins Leben und dauerte lange an. Unsere Zeit hat für diese Kraftgenies und Originale nicht mehr viel Raum. Unzählige Anekdoten werden in Weimar von der alten ›Exzellenz Henckel‹ noch erzählt, sind sie auch nicht alle wahr, so sind sie doch oft gut erfunden. Daß der alten Dame Lieblingsstudium die klassischen Sprachen waren, daß sie besonders gut drechselte, mit Vorliebe das Waldhorn blies und die Violine spielte, erwähne ich nur nebenbei. Am kürzesten Tage im Jahre illuminierte sie ihre Wohnung und feierte ihn mit einem Fest für die weimarische und jenaische Gesellschaft; in heiterer Laune schwur sie wohl dabei, die Eva abzuohrfeigen, wo sie ihrer im Jenseits ansichtig werde, denn diese habe sie und alle um das Paradies gebracht, und noch steht ihr Sarg in besonders dazu erbauter Gruft über der Erde, weil sie angeblich unter der Erde die Trompete der Auferstehung nicht hören würde.«

So die alte Gräfin Henckel. Wir wenden uns nun den Briefen selber zu. Ihr Wert ist sehr ungleich. Wir kommen, die große Mehrzahl ganz übergehend, auf diese Ungleichheit auch des verbleibenden Restes an anderer Stelle zurück.

I

Fünf Briefe des Prinzen August Wilhelm

Diese Briefe fallen in eine frühe Zeit, 1756–58, wo Graf Henckel noch Lieutenant, dann Kapitän und in letzterer Eigenschaft zugleich Adjutant beim Prinzen *Heinrich* war.

Erster Brief. »Kyritz, im April 1756. Bitte, schreiben Sie an Brandt, daß der schwarze Maulesel (im Original: le faquin noir) des hiesigen Kyritzer Regiments alle Aussicht hat, in einer Pfarre untergebracht zu werden. Macht es sich wirklich so, so würde ich den Coujon, den mir Süßmilch und die Gräfin Schwerin empfohlen haben, hier in Kyritz anstellen, den mir durch Brandt empfohlenen ›Poeten‹ aber nach Spandau nehmen, immer vorausgesetzt, daß er nie eine Ode an mich richtet und keine Poetenpropaganda im Regimente macht. Denn im allgemeinen ist die poetische Verve gerade da zur Vorsicht geneigt, wo es sich um Aktion und Bravour handelt. Voltaire und viele andre empfingen die Bastonnade. Ihr Wilhelm.«

Zweiter Brief. Kurz; interesselos. Es geht aus demselben nur hervor, daß sich Henckel kurz vorher mit einer reichen adeligen Dame aus Halberstadt verlobt hatte. Auch die Summe wird genannt: 130 000 Taler.

Dritter Brief. Ohne Datum; seinem Inhalt nach im Oktober 1757 geschrieben. Unbedeutend. Aber eine Stelle charakteristisch für die Zeit und die Person des Prinzen. Zu besserem Verständnis muß bemerkt werden, daß die Franzosen unter Soubise (kurz vor Roßbach) damals im Halberstädtischen hausten. Der Prinz schreibt: »... Apropos, was macht die Zukünftige (Madame la future)? Haben die Franzosen beim Schwiegervater schon geplündert? ist sie der Notzucht glücklich entgangen (a-t-elle été exante de viol)?« Nach unseren heutigen Vorstellungen eine sonderbare Anfrage bei einem Bräutigam. Exante soll exempte sein; der Prinz schrieb alles nach dem Gehör; von Orthographie keine Rede.

Vierter Brief. Dieser ist der wichtigste. Mit dem Prinzen ist eine große Veränderung vorgegangen; er spricht nicht mehr, im echten Ton des vorigen Jahrhunderts, von einem »faquin noir« und fragt nicht mehr in wirklicher oder forcierter Libertinage »a-t-elle été exante de viol?«, sondern allerbitterster Groll kocht in seinem Herzen. Sein königlicher Bruder, der ihn früher in Vers und Prosa gefeiert und seiner »Milde und Humanität halber« als Musterbild eines Prinzen aufgestellt hatte, hat ihn gedemütigt, ihn weggeschickt von der Armee. Eine furchtbare Szene war voraufgegangen. Es ist nötig, erst einen Augenblick bei der Veranlassung dazu, dann bei der Szene selbst zu verweilen.

Es war nach Kolin, und Prinz *August Wilhelm* hatte den Oberbefehl über diejenigen Truppen erhalten, die ihren Rückzug nach der Lausitz nehmen sollten. Winterfeldt wurde ihm beigegeben. Die Sachen gingen schlecht, und bei endlicher Wiederbegegnung der beiden Brüder fand jeder erwähnte Auftritt statt, über den Graf Schwerin, der Adjutant des Prinzen, mit folgenden Worten berichtet hat: »Ein Parolekreis wurde geschlossen, in dem der Prinz und alle seine Generale standen. Nicht der König trat in den Kreis, sondern *Winterfeldt statt seiner.* Im *Auftrage* des Königs mußte er sagen: ›Sie hätten alle verdient, daß über ihr Betragen ein Kriegsrat gehalten würde, wo sie dann dem Spruche nicht entgehen könnten, die Köpfe zu verlieren; indes wolle der König es nicht so weit treiben, weil er im General auch den Bruder nicht vergesse.‹ Der König stand unweit des Kreises«, so fährt Graf Schwerin fort, »und horchte, ob Winterfeldt sich auch strikte der ihm anbefohlenen Ausdrücke bediene. *Winterfeldt tat es; aber mit Schaudern,* und er konnte den Eindruck seiner Worte sogleich sehen, denn der Prinz trat augenblicklich aus dem Kreise und ritt, ohne den

König zu sprechen, nach Bautzen.« Auch hier war seines Bleibens nicht; es kam zu keiner Versöhnung, und der Prinz begab sich nach Schloß Oranienburg, das ihm gehörte. Von hier aus schrieb er einige Monate später an Henckel: »Oranienburg, 8. Mai 58. Sie schreiben mir vieles über die Komplettierung und Verschönerung Ihrer Compagnien; aber glauben Sie mir, daß ich nicht daran denke, mein Regiment wiederzusehn. Solange diese gloriose Herrschaft meines Bruders, des Königs, dauert, betrachte ich mich als gestrichen aus der Zahl derer, die an der Vermehrung seiner militärischen Reputation arbeiten. Ich verliere dadurch vielleicht die Gelegenheit, meinen eigenen Ruf zu begründen, vielleicht aber auch entgeh ich nur der Gefahr, meine ganze Unwissenheit und Unfähigkeit klar an den Tag zu legen. Es sei übrigens, wie es wolle! Freilich auch hier, in der Zurückgezogenheit, deren ich mich erfreue, denk ich jezuweilen an die Schmach, so exiliert und so unnütz zu sein; aber in der Überzeugung, es nicht verschuldet zu haben, knipse ich mit den Fingern. (Im Original ein viel stärkerer, unübersetzbarer Ausdruck.) Der arme Schwerin, mein ehemaliger Adjutant, ist tot; es hat mich betrübt; er war so gut. Die Versicherungen meiner Freundschaft an meinen Bruder (Ferdinand). Meine Komplimente an den alten Schmettau und an Fink; auch an den dicken Driesen. Adieu und vergessen Sie nicht ganz einen so armen Helden (pauvre hero) wie Ihren Wilh.«

Fünfter Brief. Kurz; in derselben bittern Stimmung geschrieben. »... Ich denke nur noch daran, meinen Kohl und meine Rüben zu pflanzen, und während Sie den Lorbeer pflücken, beschneid ich meine Hecken und richte meine Alleen. Erinnere ich mich daran, daß Sie mir vordem die Ehre erwiesen, in diesen Alleen zu promenieren, so hoff ich, daß mir ein kommender Tag dieselbe Ehre erweisen wird. Ihr Diener *Wilhelm*; Bauer (paysan).«

Wenige Tage nach diesem Briefe, den er nicht früher als Ende Mai geschrieben haben kann, starb der Prinz, 12. Juni 1758.

II

Fünf Briefe des Prinzen Heinrich

Von den fünfundzwanzig Briefen des Prinzen Heinrich richten sich zwanzig an die Witwe des Grafen Henckel, fünf an diesen selbst. Nur diese letzteren fünf sind interessant. Sie wurden von 1783 bis 92 geschrieben, während welcher Zeit Graf Henckel erst als Generalmajor, dann als Generallieutenant und Gouverneur in Königsberg garnisonierte.

Erster Brief. Unbedeutend. Der Prinz gratuliert zur Verlobung einer Tochter des Generals und beklagt, daß dieser letztere einen unliebsamen Vorgesetzten habe. Dann fährt er fort: »... Das abscheuliche Benehmen *Knyphausens* hat mich seit Jahresfrist in Aufregung erhalten; übrigens hab ich ihn verabschiedet. Vorher ist er einer herben Züchtigung nicht entgangen (il a été rudement puni). *Eliot* ist mein Freund. Die ganze Teufelsgeschichte ist so kompliziert, daß man einen Band damit füllen könnte. Es hat mich arg verstimmt; aber da Verstimmungen mein Los sind, so hab ich sie zu tragen gelernt.«

Diese Zeilen weisen in direkten Worten auf die *Eliot-und-Knyphausen*-Affaire hin, die damals den Rheinsberger Hof beschäftigte. In Büchern ist derselben, soviel ich weiß, nie erwähnt worden. Eine alte vierundachtzigjährige Frau aber, die vor drei Jahren (Sommer 1874) noch in dem Dorfe Hoppenrade, zwischen Rheinsberg und Gransee, lebte, hat mir damals Mitteilungen gemacht, die wenigstens einige Streiflichter auf den sonst dunkel gebliebenen Hergang werfen. Danach war die Heldin dieser Geschichte ein Fräulein *von Kraut*, sehr wahrscheinlich Enkelin des gleichnamigen Finanzministers unter Friedrich Wilhelm I., eine reiche Erbin, die sich Ende der siebziger Jahre mit Lord Eliot vermählte. Ob nun Lord Eliot den Baron Knyphausen oder der Baron Knyphausen den Lord Eliot beim Prinzen einführte, ist gleichgültig; jedenfalls entspann sich ein intimes Verhältnis zwischen Knyphausen und Lady Eliot, welche letztere übrigens in den Erzählungen meiner alten Dorfgroßmutter nie anders als die »Krautentochter« genannt wurde. Ein hohler Eichenstamm diente, nach altem Herkommen in solchen Fällen, als »boîte« für die Liebeskorrespondenz. Endlich folgte die Entdeckung, und es kam auf einer Parkwiese zum Duell. Eliot wurde verwundet. Was diesem Duell beziehungsweise dieser Verwundung unmittelbar *voraus*ging, läßt sich, nach den oben mitgeteilten Worten des Prinzen: »Knyphausen a été *rudement* puni«, lediglich mutmaßen. Eliot, auf dem Punkte, nach England zu retournieren, wurde nur noch dadurch zurückgehalten, daß er der »Krautentochter« das jüngste Kind nicht lassen wollte. Diese aber hütete es, nicht aus Liebe, sondern nur, um den Willen des Lords zu durchkreuzen, wie ihren Augapfel. Endlich glückte eine Entführung; das im Park spielende Kind wurde geraubt, samt dem Kindermädchen in eine (goldene) Kutsche gepackt und wie im Märchen davongefahren. Ich füge nur noch hinzu, daß die »Krautentochter« in zweiter Ehe den Baron Knyphausen, in dritter den Herrn von Arnstedt auf Hoppenrade heiratete. Das war um die Wende des Jahrhunderts, zu welcher Zeit dann auch meine vierundachtzigjährige Dorfahne bei der Frau von Arnstedt in Dienste trat. Alles Weitere aus dem aventurenreichen Leben dieser Frau gehört nicht hierher. Ich habe die vorstehenden kleinen Züge nur gegeben, weil sie einem unserer deutschen Geschichtsprofessoren, der die damaligen Beziehungen des preußischen zum englischen Hofe eingehend behandelt hat, vielleicht bei Aufklärung wichtigerer Dinge von einigem Nutzen sein mögen. Es ist ja bekannt, daß es kleine Lichtpunkte sind, die den Schatzgräbern dienen.

Zweiter Brief. Es muß mittlerweile wieder zur Aussöhnung mit Knyphausen gekommen sein, denn der Prinz schreibt ein halbes Jahr später von seinem Berliner Palais (der jetzigen Universität) aus: »... Ich sehe jetzt meinen Neffen oft; er kommt alle Wochen von Potsdam herüber und soupiert dann regelmäßig bei mir. Ist er überhaupt in Berlin, so haben wir kleine Réunions bei Hordts und Knyphausen.« Der Neffe, von dem der Prinz hier spricht, ist der spätere »dicke König«. Hordts waren: der schwedische, in preußische Dienste getretene Generallieutenant Graf Hordt und seine Gemahlin, eine geborene Gräfin Wachtmeister. Sehr reiche Leute. Bis 1779 war er ein Liebling des Königs, dann fiel er in Ungnade und gehörte zu den Malkontenten. Von 1774 bis 79 hatte er Sacrow bei Potsdam besessen.

Ebendaselbst ist die Gräfin Hordt auch begraben. Er, der Graf, hatte eine krankhafte Abneigung gegen das Wort »Kabale«; wie seine Feinde sagten, lediglich deshalb, weil er sein lebelang nur Kabale gemacht habe.

Dritter Brief. Er gibt eine Schilderung der Festlichkeit, die bei Enthüllung und Einweihung des großen Rheinsberger »Obelisken« stattfand, den man kurz als *Demonstrationsmonument* gegen seinen mittlerweile heimgegangenen königlichen Bruder bezeichnen kann. Mit Weglassung weniger Stellen gebe ich den ganzen Brief. »Rheinsberg, den 11. Juni 1791. Mein lieber Henckel. Ich habe nun das Denkmal zu Ehren meines verstorbenen Bruders August Wilhelm und der ganzen preußischen Armee vollendet. Das Einweihungsfest hat am 4. stattgefunden. Meine Tafel von fünfundsechzig Gedecken stand in einem großen, reich geschmückten Pavillon; vier andere Pavillons, jeder mit einer Tafel von achtzig Gedecken, bildeten einen Platz an der Vorderseite des Denkmals. Der fünfte Pavillon war für vierzig alte Soldaten hergerichtet, die von Berlin und Spandau zu dem Feste geladen waren. Die Enthüllung geschah unter dem Donner der Kanonen, bei Trommelwirbel und Trompetenklang; Tauentzien hat auf den Stufen des Denkmals die Rede gelesen, wie ich dieselbe verfaßt habe; ich unterbreite sie, wie auch die Inschriften des Denkmals, Ihrer Beurteilung. Man tanzte dann bis tief in die Nacht hinein. Das Schloß und alles, was jenseits des Sees lag, war erleuchtet. Eine ungeheure Menschenmenge hatte sich eingefunden aus Berlin, Hamburg, Strelitz, ja aus Kassel. Man war mehr als gerührt. Sechsunddreißig Offiziere, Generale und andre, haben zwei Tage bei mir zugebracht; gegen Ende waren die Jubelrufe allgemein, und ich war so bewegt, daß ich den folgenden Tag der Ruhe bedurfte. Ich habe den alten Soldaten, die dabei weinten, die Rede in deutscher Sprache vorlesen lassen; denn es gibt eine deutsche Übersetzung, und beim Buchdrucker *Decker* in Berlin kann man die Rede deutsch und französisch bekommen. – Vor langer Zeit habe ich Ihnen einmal geschrieben, daß ich etwas für meinen Bruder August Wilhelm tun würde; nun *habe* ich es getan und habe mir und andern in Gemüt und Herz all *die* Namen zurückgerufen, derer zu gedenken not tut und von denen der ›Große Friedrich‹ in seinen lügenhaften Memoiren mit keinem Worte gesprochen hat. Je vous embrasse etc. Henri.«

Es war zu keiner Zeit ein Geheimnis, daß das Monument, wie ich mich weiter oben ausgedrückt habe, ein »Demonstrationsmonument« sein sollte. Der Beweis war aber immer nur mittelbar zu führen gewesen. Er lag beispielsweise darin, daß das Monument, statt dem Könige, seinem in Ungnade gefallenen Bruder, jenem früh verstorbenen *August Wilhelm* gewidmet, der Name *Winterfeldts* aber, den die drei jüngeren Brüder haßten, ganz ausgelassen war. In diesem Briefe des Prinzen haben wir nun eine alleroffenste Meinungsäußerung; er spricht von »lügenhaften Memoiren«, die nach Laune, aber nicht nach Verdienst den Lorbeer des Ruhmes verteilten. Und nun kommt *er* und gleicht das begangene Unrecht wieder aus.

Vierter Brief. Die Errichtung des »Obelisken« hatte unter anderm auch den Abschluß der Friderizianischen Epoche bedeutet; die französische Revolution ist mittlerweile hereingebrochen, und andere Interessen fangen an, die Welt zu bewegen. Der Prinz, Frondeur von Grund aus, ist am allerwenigsten mit der Politik der Bischofswerder und Wöllner einverstanden, mißbilligt die Legitimitätsdonquichotterie und sympathisiert mit den Franzosen, trotzdem er kein Freund ihrer Auflehnungen ist. So schreibt er unterm 30. Dezember 1791, von Rheinsberg aus, an Henckel: »... Lambert ist hier, alt wie ein verschrumpfelter Apfel, aber im übrigen frisch und froh. Glücklicherweise sind wir hier in der Lage, Berlin, Potsdam, Friedrich Wilhelm, den Roi-Bischofswerder und den Roi-Wöllner, ja sogar die frommen theologischen Betschwestern, die man jetzt behufs Einführung einer ›neuen Lehre‹ nach Berlin verpflanzt hat, ignorieren zu können. Man gebe ihnen einen Fußtritt; das wäre das beste. Adieu, mein teurer Henckel. Solang ich lebe, wird Freiheit meine Devise sein. Auf alles andre ...!« Nachschrift. »Dieser Brief ist nicht in dem Stil, in dem zwei Exzellenzen miteinander korrespondieren sollen. Ihnen, lieber Henckel, geziemt Ernsthaftigkeit; ich, der ich nichts bin, darf radotieren. Je vous embrasse.«

Fünfter Brief. Der politische Unmut zeigt sich hier auf seiner Höhe. Er mißbilligt den Krieg überhaupt und mißbilligt ihn doppelt, weil er schlecht und energielos geführt wird. So schreibt er denn: »Rheinsberg, den 12. Dezember 1792. Mein lieber Henckel. Ein Feldzug, auf Phantasie und Laune hin unternommen, konnte nicht glücklich verlaufen. Erinnern Sie sich dessen, was ich Ihnen über Frankreich und die Franzosen geschrieben habe; Sie werden vielleicht glauben, daß ich übertreibe, aber es bleibt wahr, daß sie im nächsten Jahre 800000 Mann auf den Beinen haben werden. Solche Menschenmenge ist schrecklich. Man könnte davon viermal 50000 Mann schlagen und würde doch vernichtet sein, ohne etwas gewonnen zu haben.

Stellen Sie einen Wollsack hinter ein Bataillon und setzen Sie dem Wollsack eine Krone auf, so werden Sie zugeben, vorausgesetzt, daß es unter dem Feuer feindlicher Kanonen geschieht, daß weder das Bataillon noch am allerwenigsten die Armee aus dem Vorhandensein dieses Wollsackes Vorteil zieht. Machen Sie davon die Nutzanwendung. Dies ist meine Antwort auf die betreffende Stelle Ihres Briefes.

Ich habe von Anfang an eine sehr schlechte Meinung von dem Erfolge dieses Feldzugs gehabt. Erstens haben die Manifeste alles verdorben; zweitens auf Paris marschieren und feste Plätze sowie Heereskörper im Rücken lassen, war ein Wahnsinn, welcher zur Hungersnot führen mußte. Als man in Verdun angelangt war, konnte man nicht mehr zweifeln, daß Frankreich einig war. Niemand hatte sich für die Prinzen erklärt. Man wußte außerdem schon aus Erfahrung, wie schwierig es war, auf Wegen zu marschieren, die durch die Ungunst der Jahreszeit zerstört waren. Was geschieht nun? Man klebt erst an Verdun fest und passiert dann unter tausend Schwierigkeiten den Paß von Clairmontoy. Darauf trifft man eine feindliche Armee in guter Stellung, während man selber, erschöpft, seit zwei Tagen ohne Brot und durchnäßt bis auf die Knochen, beinah außer Stande ist, eine Kanone von der Stelle zu schaffen. Endlich kommt es zu einer Beschießung, und diese Kanonade, von der man so viel Redens macht, hat ungefähr hundertvierzig Tote und Verwundete gekostet. Nun unterhandelt man, nur *zu* glücklich, während dieser Unterhandlungen Anstalten für den Rückzug treffen zu können. Alle Führer sind wie Katze und Hund, alle bereit, sich untereinander zu beißen; jeder schiebt dem andern die begangenen Fehler in die Schuh. Dabei herrscht Krankheit. Es gibt Regimenter, die drei Offiziere an der Ruhr verloren haben; auch von den Dienern des Königs sind mehrere der Krankheit erlegen. Es ist wie mit der Armee des verstorbenen Königs in Böhmen, wo die Dysenterie epidemisch wurde. Ich kenne nicht die Anzahl der an Krankheit Gestorbenen, aber zwölftausend Mann sind in den Lazaretten. Die Kanonen sind noch in Luxemburg aus Mangel an Pferden; ein Teil der Kavallerie marschiert zu Fuß. Und währenddessen hat Custine Mainz und Frankfurt genommen! Adieu, mon cher Henckel, n'oubliez pas le meilleur de vos amis, Henri.«

III

Zwei Briefe des Prinzen Ferdinand

Die Briefe des Prinzen Ferdinand, zwölf an der Zahl, sind ohne Bedeutung. Nur *zwei*, beide an die verwitwete Gräfin Henckel gerichtet, sind durch die Art interessant, wie der Prinz seiner Trauer über den 1802 erfolgten Tod seines Bruders *Heinrich* Ausdruck gibt. Es ist eine vollkommene Liebesklage, zugleich ein Hymnus.

Erster Brief. »Schloß Bellevue, 18. Aug. 1802. Ich befinde mich zwar wohl, aber da Sie, Madame la Comtesse, so oft Zeuge der innigen Freundschaft gewesen sind, welche zwischen meinem Bruder und mir bestand, so werden Sie leicht den Schmerz beurteilen können, welchen ich über seinen Tod empfinde. Denn ich liebte ihn über alle Maßen. Ihn zu sehen, ihm diese Gefühle wiederholt zu bezeugen bildete mein Glück. All dies ist nun verloren für mich, und es bleibt mir nur die Erinnerung an die glücklichen Zeiten, die ich in Gemeinschaft mit ihm verbracht habe. Der Graf, Ihr verstorbener Gemahl, welcher lange Zeit der Adjutant meines Bruders und der Genosse seiner kriegerischen Taten war, wird Ihnen oft davon gesprochen haben, mit welcher Sorge er beflissen war, das Unglück der Kriege und die Opfer, die dieselben fordern, wenigstens zu mindern. Kein Fürst hat seinem Lande je größere Dienste geleistet als er, der durch seine reichen Gaben Preußen während des unglücklichen

Siebenjährigen Krieges am Leben erhielt. Die verschiedenen Aufgaben, welche ihm zu erfüllen oblagen, haben dazu beigetragen, das Land zu vergrößern und es auf die Stufe der Nationen zu erheben, die seine Vernichtung beabsichtigten. In der Gesellschaft wußte mein Bruder durch seine Unterhaltung zu interessieren; er verstand dieselbe zu würzen, besonders durch eine gewisse Heiterkeit, die das Vergnügen, mit dem man ihm zuhörte, nur noch steigerte. Wenige Menschen waren so unterrichtet wie er, und ich kenne niemand, der besser schrieb und sich deutlicher und mit so großer Leichtigkeit ausdrückte.«

Zweiter Brief. Er ist, in seiner Hauptstelle, ein bloßer Nachklang des ersten. »... Mein Befinden ist gut, trotzdem ich den Verlust meines Bruders nach wie vor aufs schmerzlichste empfinde, eines Bruders, den ich auf das zärtlichste liebte, mit dem ich unausgesetzt in vollkommenster Intimität lebte *und dem ich nie Gelegenheit gab, unzufrieden mit mir zu sein.«*

Diese beiden Briefe haben etwas sehr Ansprechendes. Wie rührend-bescheiden beispielsweise der Schlußpassus! Aber ihre Bedeutung liegt doch in etwas andrem. Auch des Prinzen Heinrich Charakterbild, wie das so vieler andrer, »schwankt in der Geschichte«. Es läßt sich, bei voller Anerkennung seiner militärischen Begabung, menschlich und moralisch sehr vieles gegen ihn beibringen. Selbst sein ewiges Frondieren gegen den königlichen Bruder, der denn schließlich doch noch aus ganz anderem Holz geschnitten war, macht, so pikant es ist, aufs Ernste hin angesehen einen wenig erfreulichen Eindruck. Begegnet man nun aber solchen Auslassungen herzlichster Trauer, hingebendster Liebe, wie diese beiden Prinz-Ferdinand-Briefe sie enthalten, so wird es einem wieder zur Gewißheit, daß er »trotz alledem und alledem« eine bezaubernde Persönlichkeit gewesen sein muß. Wir dürfen eben nicht vergessen, daß er dem vorigen Jahrhundert angehörte, das in so vielen Stücken anders dachte und fühlte. Ob auch schlechter? Mitunter kommen einem Zweifel daran.

Ich kann diesen Aufsatz nicht schließen, ohne den lebhaften Wunsch auszusprechen, daß andere Familien sich gemüßigt sehen möchten, dem hier durch Graf Henckel gegebenen Beispiel zu folgen. Wohl ist im Laufe von hundert Jahren – auch Graf Henckel erzählt ja von solchen Einbußen – viel verlorengegangen, und der Fall, der sich in dem Dorfe Marquardt bei Potsdam ereignete, wo mehrere Wochen lang die Backöfen mit der ganzen politischen Korrespondenz des Generals und Ministers von Bischofswerder geheizt wurden, steht nicht vereinzelt da. Dennoch, wie ich zum Teil aus persönlicher Anschauung weiß, ist auf unseren adeligen Gütern, in den Herrenhäusern der Arnims und Schulenburgs, der Rochows und Itzenplitze, der Zieten und Schwerine, der Tauentzien und Winterfeldt, noch unendlich vieles da. Unterm Dach, in Kisten und Kasten, und oft auch ohne diese, liegen noch wahre Schätze umher. Die »Familiengeschichten«, so wertvoll sie sind, sind etwas andres als diese Veröffentlichungen eines der Allgemeingeschichte dienenden historischen Briefwechsels.

ZUR BRANDENBURGISCH-PREUSSISCHEN SPEZIALGESCHICHTE

Unter dem Titel »Paul von Fuchs« ist unlängst ein biographischer Essay erschienen, der die brandenburgisch-preußische Spezialhistorie durch einen wertvollen Beitrag erweitert. Verfasser: Stadtgerichtsrat von Salpius, Sohn des ehemaligen preußischen Generals gleichen Namens und Bruder des Hauptmanns von Salpius, der sich bei Erstürmung der Düppeler Schanzen als Führer einer der Sturmkolonnen durch Bravour auszeichnete und schwer verwundet wurde. Seitdem als Major verstorben.

Paul von Fuchs, Etatsminister unter dem Großen Kurfürsten, war einer der Männer, die damals den jungen Staat aufbauen halfen. Neben den Paladinen Görtzke und Derfflinger, neben Hennings von Treffenfeld und dem Prinzen von Hessen-Homburg (vieler anderen zu geschweigen) standen staatsmännische Kapazitäten, deren Verdienste vielleicht um ebensoviel größer waren, als sie minder gefeiert wurden. Unter diesen, neben Meinders und dem älteren Schwerin, auch Paul von Fuchs. »Die Aufgabe, seine staatsmännische Tätigkeit im Zusammenhange darzustellen«, so schreibt von Salpius, »erschien dankbar. Handelte es sich doch um einen Mann, der dem Großen Kurfürsten in den politischen und kirchlichen Kämpfen treu zur Seite stand, um einen Unterhändler, der durch eine Sendung nach den Niederlanden dazu beitrug, daß Friedrich Wilhelm dem stolzen Louis XIV. in bezug auf den Widerruf des Edikts von Nantes die Spitze bieten konnte, um einen Minister, welcher die Hallesche Hochschule sowie die Berliner Akademie der Wissenschaften stiften half und eine Union zwischen Reformierten und Lutheranern anbahnte.« Dies sind die Punkte, auf die der Herr Verfasser in seinem Essay das Hauptgewicht legt.

Der äußere Lebensgang Paul von Fuchs' ist bald erzählt. Er wurde am 15. Dezember 1640 zu Stettin als Sohn des dortigen ersten Predigers geboren. »Der Einfluß der protestantischen Geistlichkeit auf das geistige Schaffen der Deutschen ist so bedeutend, daß die meisten der großen Gelehrten, Dichter, Künstler, die Zierden des Beamtentums, wenigstens mit einer Generation ihrer Vorfahren, oft mit mehreren, in einem Pfarrhause stehen.« Paul von Fuchs studierte die Rechte auf drei deutschen und zwei niederländischen Universitäten: Greifswald, Helmstedt, Jena, Leiden und Franeker (in Friesland). Es folgten größere Reisen, die sogenannte »Kavaliertour«. Er besuchte Holland, England, Frankreich, wurde dann – wohl infolge seiner früh hervortretenden glänzenden Beredsamkeit – Advokat bei dem Berliner Kammergericht und 1667 Professor der Rechte an der Universität Duisburg. Zweihundert Taler Gehalt! Um etwa ebendiese Zeit vermählte er sich mit einer geistvollen jungen Französin, Tochter aus einer Refugiéfamilie, deren Esprit und Charakter auf seine Laufbahn und die großen Erfolge derselben nicht ohne Einfluß geblieben zu sein scheint. 1670 erhielt er einen Ruf nach Berlin als Geheimsekretär des Kurfürsten. Er nahm an und avancierte schnell. 1682, zweiundvierzig Jahre alt, war er bereits Wirklicher Geheimer Rat. Sein Wirkungskreis, anfänglich auf kirchliche und städtische Angelegenheiten beschränkt, umfaßte nun auch die durch Kurfürst Friedrich Wilhelm geschaffene brandenburgische Post. Es kann nicht unsere Aufgabe sein, ihm in seinem Dienstgang auf Schritt und Tritt nachzugehen, »denn die Pappelallee des Berufes ist zuweilen staubig!« Aber es verdient hervorgehoben zu werden, daß er, bei seltener Arbeitskraft und Umsicht, neben jenen großen Dezernaten auch eine Fülle anderer Geschäfte erledigte. Danach folgten diplomatische Sendungen nach Kopenhagen, Hannover, Köln und dem Haag. Hierbei wuchs er zum Staatsmann heran. Er stand bereits auf der Höhe, als der Große Kurfürst 1688 starb. Unter seinem Nachfolger, dem späteren ersten König, wurde seine Stellung nicht wesentlich alteriert. Den Ehrgeiz, ein allmächtiger Minister zu sein, hatte er nie besessen; so sah er das Steigen der »Sonne Danckelmann« ohne Neid und gehorsamte dem nicht den Hof, sondern auch den Staat beherrschenden Günstling in allen Stücken. Daß er später, wenn nicht zu dem Sturze dieses genialsten Mannes jener Epoche mitwirkte, so doch den Sturz desselben wenigstens besiegelte, gereicht ihm wenig zum Ruhm. Was selbst von seinem Biographen zugestanden wird. In Fuchs' letzte

Amts- und Lebensjahre fällt die schon erwähnte Stiftung der Universität Halle und der Berliner Akademie der Wissenschaften. Der Kaiser erhob ihn in den Reichsfreiherrnstand; bald darauf starb er auf seinem Gute Malchow in der Nähe von Berlin. In der Kirche daselbst ist er beigesetzt. Der bekannte Pastor Porst, Herausgeber des Porstschen Gesangbuches, hielt die Grabrede.

Was hier als Skizze gegeben ist, führt der Herr Verfasser in seinem Buch aus. Die Streitigkeiten mit den Ständen der verschiedenen Landesteile, die mannigfachen Kirchenhändel, vor allem die noch zahlreicheren diplomatischen Fehden erschließen sich unserm Blick, und der Historiker wird sich nicht bloß dem Sammelfleiße des Herrn Verfassers, sondern vor allem auch seinem Talent, die hundert und tausend kleinen und großen Vorkommnisse klar und übersichtlich zu ordnen, verpflichtet fühlen. Aber eines ist dem Herrn Verfasser nicht geglückt: uns ein menschliches Interesse für seinen Helden einzuflößen. In einer Tragödienbesprechung begegnete ich vor kurzem folgendem humoristisch zugespitzten Satze: »Wenn Lorle von Reinhardt angefahren wird, so interessiert uns das mehr als der Untergang einer ganzen Dynastie.« Dem ist im wesentlichen zuzustimmen. Nun schreibt Herr von Salpius allerdings: »Die Darstellung zielte nicht darauf ab, P. von Fuchs als Menschen zu schildern, zumal sich nichts Näheres über sein Privatleben ermitteln ließ.« Aber damit bringt er die Klage, daß dem so ist, nicht zum Schweigen. Er hat dies sehr wahrscheinlich auch selbst empfunden, hat aber geglaubt, das von ihm zugestandene Manko durch ein Gewichtlegen auf die politische Bedeutung des Mannes decken zu können. Und die Möglichkeit, daß das geschehen könne, soll unbestritten bleiben. Es muß dann aber diese politische Bedeutung eine ganz eminente sein. Und das ist hier nicht das Fall. Es haben dem Herrn Verfasser Parallelen mit Bismarck vorgeschwebt, ja, er weist einigemal direkt darauf hin; indessen das Aufbauen Deutschlands ist ein anderes Ding als der Aufbau der Universität Halle, und die Rückeroberung von Elsaß-Lothringen fällt schwerer ins Gewicht als eine Korrespondenz über Aufgeben oder Behalten des »Kreises Schwiebus«. Einzelnes (aber nicht allzu vieles) in der Weltgeschichte steht so da, daß es, groß und poetisch in sich, jedes Sockels und jedes einrahmenden Bosketts mit Sonnenschein und Vogelstimmen entbehren kann; aber dem Wirken und Schaffen P. von Fuchs' kann ich, bei aller Würdigung des durch ihn Geschehenen, eine solche Ausnahmsstellung nicht vindizieren. Es ist ein Buch für Fachkreise, auch für Politiker, die der Entstehungsgeschichte des preußischen Staats nachgehen wollen, und allen diesen mag es aufs angelegentlichste empfohlen sein.

BERLIN
VOR FÜNFZIG JAHREN

I

Ein im Laufe dieses Sommers bei W. Hertz hierselbst erschienenes Buch: *»Jugenderinnerungen eines alten Berliners«**, beginnt mit einem zeit- und sittenschildernden Kapitel, das, auf beinahe hundert Seiten hin, dieselbe Überschrift trägt, die wir diesem Aufsatze gegeben haben: *»Berlin vor fünfzig Jahren«*. Aber Alt-Berlin spricht nicht nur aus diesem ersten Kapitel, jede Seite beinah blickt uns mit dem Ausdruck eines alten Bekannten an, und um ebendeshalb ist es, daß der Herr Verfasser, Professor *Eberty* in Breslau, mit einem durch die Gemeinsamkeit des Erlebten gesteigerten Rechts speziell an unser Publikum die Worte richten durfte: »Nicht nur für uns selbst, sondern auch für *andere* sind die Tage, wo der Jüngling mit tausend Masten in den Ozean des Lebens schifft, erfreulicher als die, wo man still dem Hafen zusteuert. Und wie der Maler nur aus gehöriger Entfernung ein richtiges Bild von dem Darzustellenden entwerfen kann, so bedarf auch der Erzähler einer dazwischenliegenden Reihe von Jahren, um *unparteiisch* auf das zu blicken, was er mitteilen will. Den Bildern, die ich entwarf, stehe ich fern genug, um sie überschauen zu können, und hoffe, daß sie dem entsprechen, was sie darstellen sollen.« Jeder, der sich der im Buche geschilderten Epoche zu entsinnen vermag, wird nicht im Zweifel sein, daß dem Herrn Verfasser seine Aufgabe vollkommen gelungen ist, und zwar, weil er seiner Darstellung ebendas zu geben wußte, was er selbst als das Entscheidende hinstellen zu wollen scheint: *Unparteilichkeit.* Es ist *mit* Liebe geschrieben, aber niemandem zuliebe. Und nun gar von Haß ist keine Rede. Auch *da* nicht, wo Hassenswertes in Kürze erwähnt wird. Die Jahre, weil sie alles verstehen lernen, machen milde. Tout comprendre, c'est tout pardonner.

* *»Jugenderinnerungen* eines alten Berliners« von *Felix Eberty*, Professor in Breslau. Berlin. W. Hertz, 1878. 425 Seiten.

Ich blicke, bevor ich mich eingehender dem Inhalte zuwende, zunächst auf jene zwanziger und dreißiger Jahre zurück (oder doch wenigstens auf die letzteren), die ich selbst noch mit offenem Sinn beobachten konnte. Wie war das Berliner Leben jener Interims- und Stagnationsepoche? »Gemütlich«, lautet die gewöhnliche Antwort. Ja, es war gemütlich; man las sich Gedichte vor, kannte jeden Schauspieler bis zum letzten Statisten und sprach von der Spontini- und Rellstab-Fehde, als stünde die Kultur in Frage. Ja, es war gemütlich. Es war aber auch höchst *un*gemütlich. Und wenn es nicht gerade viele waren, die das fühlten, so fühlten diese wenigen es um so stärker. Und es wurde wahrlich Sorge getragen, es diesen wenigen fühlbar zu machen. Jeder weiß, was ich hierbei im Auge habe.

Die schlimmsten Dinge jener Zeit waren vielleicht die »Gemütlichkeiten mit ungemütlicher Kehrseite«, die Machtakte, die Bevorzugungen, die Ausnahmestellungen. Hiervon wußte auch die Rechtspflege zu erzählen. An einer Stelle des Buches finde ich darüber, aus den Referendariatstagen des Hrn. Verfassers, das Folgende: »Während der Stunde, wo kein Verhör abgehalten wurde, beschäftigte ich mich häufig mit Durchsicht der reponierten Akten, die auf einem großen Gestell unverschlossen dalagen. Dies aus rohem Holze zusammengenagelte Repositorium bot einen seltsamen Anblick dar, weil auf demselben auch alle Mordwerkzeuge: Beile, Messer, Gifte und dergleichen, aufbewahrt wurden, welche zur Verübung von Verbrechen gedient hatten. Dieselben stammten zum Teil noch aus der Zeit Friedrich Wilhelm[s] I. Und nicht minder seltsam war zum Teil der Inhalt der aufgespeicherten Akten, namentlich der ›reponierten‹. Damals konnte nämlich noch jede Kriminaluntersuchung ohne weiteres durch Cabinetsordre niedergeschlagen werden. Ergaben sich nun sehr unangenehme Dinge, die bis in hohe und höchste Regionen hineinspielten, so brach plötzlich alles ab, und es hieß nur: acta reponantur … Anderes, das vorkam, gestattete mir einen Einblick in die sittlichen Verhältnisse höherer Stände. In einer Angelegenheit hatte ich selber das Erkenntnis abzufassen. Es handelte sich um eine Spielerbande, an deren Spitze zwei adlige Herren mit ihren Mätressen standen. Ihre Straffälligkeit war evident. Daneben lagen

Polizeiakten über Damen, die Helfershelferinnen der Hauptpersonen gewesen waren. Ein gutes Stück *Mystères de Berlin.* Unglaublich war dabei die enge Verbindung, in der sehr hochgestellte Personen mit diesem Auswurf der Menschheit gestanden hatten, und besonders erstaunt war ich, Frauen und Mädchen mit agieren zu sehen, deren Namen ich von einem großen Einbruch- und Diebstahlsprozeß her kannte.«

Aber bei solchen Andeutungen läßt es der Herr Verfasser bewenden und gibt dem Gemütlichen vor dem Ungemütlichen entschieden den Vorzug. Er verweilt nicht mit Vorliebe bei Mißständen und Mißstimmungen, vielmehr betont er überall die große *Loyalität* der Berliner von damals, nicht spöttisch, sondern aufrichtig und indem er sich selbst dazu bekennt. So heißt es Seite 72: »Alles liebte und verehrte den König. Durch das schwere Unglück, welches ihn betroffen, und durch die würdige und wahrhaft königliche Art, mit der er es getragen hatte, war zwischen Friedrich Wilhelm III. und seinem Volk ein Band gewoben, welches beide gleichsam zu einer großen Familie verknüpfte. Namentlich die Berliner betrachteten ihren König wie einen geliebten Vater, an dessen Tugenden man sich erfreut und dessen Fehler und Schwächen man entweder gar nicht kennt oder dieselben doch nicht ihm persönlich, sondern seinen schlechten Freunden und Ratgebern zur Last legt. Die große Einfachheit seiner Erscheinung trug nicht weniger dazu bei, ihm die Herzen zu gewinnen. Wenn er täglich in seinem unscheinbaren, unzählige Male ausgebesserten, offenen gelben, mit zwei Pferden bespannten Wagen durch die Straßen fuhr, nur von einem Adjutanten und einem Lakaien begleitet, war jedermann glücklich, ihn grüßen zu können. Was aber dem Verhältnis zwischen König und Volk noch eine besondere Innigkeit, ja fast eine Heiligkeit gab, war die Erinnerung an die Königin Luise, die in der Phantasie des Volkes noch immer, gleich einem Schutzengel, das königliche Haus zu umschweben schien. Überhaupt beschäftigte man sich mit der Person des Königs und der Prinzen und Prinzessinnen in einer Art und Weise, von der man heutzutage kaum noch eine Vorstellung hat.« Äußerungen wie diesen begegnen wir durch das ganze Buch hin. 1819 war Eberty, damals sieben Jahre alt, mit seinen Eltern in Ems. Auch »Prinzeß Wilhelm« war da und ihr ältester Sohn Prinz Adalbert, der spätere Admiral. »Der Prinz sammelte kleine Knaben um sich und spielte mit uns Räuber und Wanderer. Ich war nicht wenig stolz darauf, mit einem Prinzen, der in Berlin eigentlich wie ein Wesen höherer Art betrachtet wurde, hier wie fast mit meinesgleichen umgehen zu können. Hatten wir doch von Jugend auf mit angesehen, wie vor den ganz kleinen Kindern aus der königlichen Familie die Wache ins Gewehr trat und die Trommel gerührt wurde. Und damals verlachte man das noch nicht, wie heutzutage, sondern erblickte darin nur einen Ausdruck der Verehrung, welche die Majestät zu beanspruchen hatte.«

Das war das *loyale* Berlin. Und wie immer, so gingen auch damals Loyalität und Pietät Hand in Hand. Man konnte noch danken, und das Gefühl, jemandem verpflichtet und durch zarte Bande abhängig von ihm zu sein, wurde noch nicht als unerträglich empfunden. »Um diese Zeit (bald nach dem Kriege) kam auch eine Gesellschafterin in unser Haus. Sie und ihre Mutter und Geschwister betrachteten sich fast wie Klienten unserer Familie. Solche Personen waren damals fast überall im Gefolge eines angesehenen Hauses zu finden, an welches sie durch allerhand Wohltaten und Unterstützungen sich gefesselt fühlten und einen Stolz darin fanden, in weiterem Sinne mit zu den Angehörigen gezählt zu werden. Es war eine Art von Vasallenverhältnis. Mit der guten alten Zeit scheinen dergleichen Beziehungen, die ihre sehr gemütliche Seite hatten, so ziemlich zu Grabe gegangen zu sein.«

Diese Bemerkungen von mehr allgemeinem Charakter habe ich vorausschicken zu sollen geglaubt, um den Geist zu kennzeichnen, der in dem *Ganzen* lebendig ist. Ich wende mich nun den einzelnen zu.

Das Buch ist in fünf Abteilungen geteilt: 1) Berlin vor fünfzig Jahren; 2) das Vaterhaus; 3) die Cauersche Anstalt; 4) die Universitätsjahre; 5) die Referendariatszeit.

Das dritte Kapitel: *»Die Cauersche Anstalt«*, trotzdem man in demselben nicht eigentlich allgemeinen *Berliner* Verhältnissen, sondern, seiner Überschrift gemäß, mehr einer Spezialschilderung der Cauerschen Anstalt begegnet, wird die Leser nichtsdestoweniger interessieren. Ganz besonders aber werden alle diejenigen, die sich aus Amt oder Neigung mit der Schulfrage beschäftigen, gerade hier einen dankbaren Stoff und eine starke Anregung zum Nachdenken empfangen. Der Erfolg hat *gegen* die »Cauersche Anstalt« gesprochen; sie hielt sich nur etwa zehn Jahre und wäre längst wohl aus unser aller Erinnerung entschwunden, wenn uns nicht in den vierziger Jahren, und auch später noch, eine am Eingange von Charlottenburg gelegene reizende Villa immer mit der Bemerkung gezeigt worden wäre: »Hier war die Cauersche Anstalt.« Was es nun aber mit dieser Anstalt auf sich hatte, das erzählt uns das Ebertysche Buch. Ich zitiere daraus unter mannigfachen Kürzungen das Folgende:

»Der eigentliche Urheber der *Cauerschen Anstalt* war kein Geringerer als der große Philosoph Fichte. Unter seinen Schülern befanden sich zehn junge Männer aus den verschiedensten Ständen und von den verschiedensten Berufsarten: Theologen, Mediziner, Naturforscher, Mathematiker und Philosophen; ihrer Religion nach Protestanten und Juden, und nur deshalb war zufällig kein Katholik unter ihnen, weil Bekenner dieser Konfession sich überhaupt damals nur sehr vereinzelt in Berlin befanden. Diese zehn Jünglinge beschlossen, unter dem Eindruck der von Fichte gehaltenen Reden, ihr Leben dem Bestreben zu widmen, ein *besseres Geschlecht* heranbilden zu helfen. Fast alle begaben sich zu ihrer fachgemäßen Vorbildung nach Yverdun, wo Pestalozzis weltberühmte Erziehungsanstalt damals in Blüte stand. Die Ansichten desselben stimmten mit Fichtes Grundsätzen vollständig überein und gaben den allgemeinen patriotischen Vorsätzen der Freunde eine bestimmte Form, so daß die Heimgekehrten 1817 sofort an die Errichtung einer höheren Erziehungsanstalt gehen konnten. Es war eine Art von kleiner Republik, die sie gründeten; alle sollten vollkommen gleichberechtigt sein und sich nach ihren Fähigkeiten und Anlagen in die Geschäfte teilen. Von einer Direktorschaft oder dem Unterordnen des einen unter den andern war keine Rede. Da aber die Sache doch einen Namen haben mußte, so wurde Herrn *Ludwig Cauer*, aus Dresden stammend, die Ehre zuteil, der neuen Anstalt als Vertreter nach außen hin zu dienen. Die Wahl beruhte darauf, daß Cauer der geschäftsgewandteste unter seinen Kollegen schien und durch sein stattliches Aussehen sich am besten zur Repräsentation eignete. Während der ersten sieben oder acht Jahre, *vor* der Übersiedlung nach Charlottenburg, befand sich die Anstalt in der Münzstraße 21.«

Eberty gibt nun eine genaue und sehr anziehende Schilderung der ganzen Lokalität, der Einrichtung und Ökonomie. Manches davon, so zum Beispiel der Turnplatz, ist seitdem in unsere Schulen übergegangen. Jeder Schüler hatte auch ein Gartengrundstück zum Pflanzen und Säen und Einzäunen, und alle verfuhren dabei selbständig und schufen etwas Eigenartiges. Die Hauptsache aber war selbstverständlich der Unterricht, und hier laß ich wieder den Herrn Verfasser sprechen.

»Die Hauptunterrichtsgegenstände, auf welche bei weitem das größte Gewicht gelegt wurde, waren *Griechisch, Mathematik* und *Musik.* Schon diese Dreiheit erinnert unwillkürlich an Plato und das klassische Altertum, um so mehr, als gleichzeitig auch die gymnastischen Übungen die eingehendste Berücksichtigung fanden. Im Gegensatz zu der sonst überall befolgten Methode lernten die Knaben zuerst *Griechisch* und bekamen lateinischen Unterricht viel später, wenn sie vom Griechischen bereits so viel gelernt hatten wie etwa die Sekundaner eines Gymnasiums.« Der Verf. beschreibt nun eingehend die vorzügliche Methode, nach der verfahren wurde, und fährt dann fort: »Im Herbste 1820 (ich war acht und ein halbes Jahr) sammelte der Lehrer die Besseren von uns und begann das erste Buch der Odyssee zu erklären. Er verstand es [von] Anfang an, uns den Unterricht so lieb zu machen, daß wir die Zeit von einer Stunde bis zur anderen kaum erwarten konnten. Voll Ungeduld eilten wir von Vers zu Vers. Dabei wurden unterwegs die Regeln der Grammatik eingeschärft und befestigten sich durch Wiederholung unter verschiedener Form gar bald in unserem Gedächtnis. Und so kam es, daß ich, noch nicht elf Jahre alt, eine gute Zahl Homerischer Gesänge, auch bereits mehrere Bücher des Herodot und die Platonischen Gespräche, ›Kriton‹ und die ›Apologie des Sokrates‹ gelesen und vollkommen verstanden hatte. Die letztgenannte Schrift fanden wir so entzückend, daß mein junger Freund M ... und ich die ›Apologie‹ bald ganz und gar auswendig hersagen konnten und uns in den Freistunden damit unterhielten, dieselbe dramatisch aufzuführen, indem wir die Rollen des Sokrates und der Ankläger unter uns verteilten ... In fast ebenso genialer Weise wie das Griechische wurde uns *Mathematik* gelehrt. Und neben beiden war *Musik*, wie schon angedeutet, diejenige Disziplin, auf die das meiste Gewicht gelegt wurde ... Die Zuchtmittel wurden ausgiebig angewandt: Prügel, Karzer, Eselumhängen, alles war im Schwunge ... Historie und Geographie wurden gar nicht als besondere Wissenschaften vorgetragen, und von *neuerer* Geschichte erfuhren wir so gut wie nichts. Ebensowenig wurde Französisch und Tanzen gelehrt; beides galt für ›undeutsch‹. Im deutschen Unterricht wurden wir mit einer großen Anzahl Klopstockscher Oden bekannt gemacht. Ein *›Schlachtgesang‹*, in absonderlich schwerem Metrum, begeisterte mich dermaßen, daß ich beschloß, das Gedicht zum *Geburtstage meiner Mutter* sauber abzuschreiben. Geschah auch. Mein Vater lachte mich aber aus ... Etwas später, nach der Bekanntschaft mit Goethe, beschloß ich, selber eine ›Iphigenie‹ zu dichten, und machte eine Menge Verse, zu denen ich mich durch allerlei Hokuspokus, indem ich kleine Wachslichter auf den Rand meines Pultes klebte, zu begeistern suchte ... Von kirchlicher Gesinnung war weder bei Lehrern noch Schülern die Rede; überhaupt wurde gar kein Religionsunterricht erteilt. In der Anstalt herrschte ein rein deistischer Geist; *Sokrates war unser Heiliger.* Vom Christentum wurde zwar überall, wo es die Gelegenheit mit sich brachte, voll Hochachtung gesprochen, aber durchaus nicht in supranaturalist[isch]em Sinne. Es entsprach das auch ganz und gar dem *damals in Berlin herrschenden Geiste der Gleichgiltigkeit gegen religiöse Dinge.* Bei alledem wäre es ein großer Irrtum, wenn man glauben wollte, es habe in der Anstalt ein frivoler weltlicher Sinn geherrscht. Das sittliche Prinzip, welches vorwaltete, war teils dem antiken Geiste verwandt, teils entsprach es dem Kantschen kategorischen Imperativ: das Gute um des Guten selbst willen zu wollen und zu tun. Eigennutz, Selbstsucht und alles Banausische wurde uns als hassenswürdig und verächtlich hingestellt. Wahrheit und Schönheit galten als die eigentlichen Lebenselemente des Menschen. Alles Scheinwesen und alle Ostentation sollten unterdrückt werden. Damit hing es auch zusammen, daß das Ehrgefühl in gewöhnlichem Sinne, sofern es mit den Begriffen von *besonderer Standes- und Berufsehre* zusammenhängt, *nicht* gepflegt wurde, weil hier ein gutes Teil Eitelkeit und falscher Eigenliebe mit unterläuft.«

Eberty, nachdem er noch allerhand Vorkommnisse und Eigentümlichkeiten (darunter die »Weihnachtsfeier« in der Anstalt, ein sehr anziehendes Bild) geschildert hat, sagt am Schluß rekapitulierend: »Die Idee, aus welcher das Ganze hervorging, war eine durchaus edle, und wenn die Ausführung, wie alles Menschliche, Fehler und Mängel zeigte, so entsprangen diese nicht aus bösem Willen oder aus niedrigen Beweggründen. Es wurd uns eingeprägt, in jedem Augenblicke nur solche Interessen zu verfolgen, die wir für richtig und behufs unserer Veredlung für notwendig erachteten – und wenn ich, nach vielen Irrungen und Abwegen, einem solchen Ziele nahe gekommen bin, *so verdanke ich das wesentlich der Erziehung in der Cauerschen Anstalt*, der ich deshalb alles, was sie vielleicht an mir gesündigt hat, von Herzen vergebe.«

Die Dankbarkeit, die sich in diesem Satze ausspricht, berührt wohltuend; demnach erscheint es ein gewagtes Experiment, die Erziehung eines modernen Menschen auf Griechisch, Mathematik und Musik aufbauen zu wollen. Von vielem anderen abgesehen, finde ich, daß den bekanntlich so ungleichen *natürlichen Beanlagungen* in diesem Programm zu wenig Rechnung getragen wird. Ist es nichtsdestoweniger geglückt, auch *so* ausgestattet, Jünglinge, die sich später bewährten, in die Welt getreten, so würde dies nichts als den alten Satz beweisen, daß, *wenn nur moralisch nichts verdorben* und der Geist nicht absolut in die Irre geleitet wird, der Schulgang ziemlich gleichgiltig ist. Für mich persönlich liegen die Sachen so. Wenigstens hab ich Menschen in ihrem späteren Leben sich glänzend betätigen sehen, die gerade auf *das* hin erzogen waren, was von der Cauerschen Anstalt ausgeschlossen war, auf *Religion* hin die einen und auf *Französisch* und *Tanzen* hin die anderen.

Ein sehr hübsches Kapitel ist auch das vierte, das die Überschrift *»Universitätsjahre«* führt. Es schildert das Leben in *Bonn* und fällt also aus dem engeren Berliner Rahmen heraus. Die damalige rheinische Bevölkerung und Stimmung, Ausflüge flußauf- und -abwärts (einer bis Amsterdam) werden uns in größeren und kleineren Bildern vorgeführt. Daran reihen sich denn Portraits der damaligen Bonner Professoren: Bethmann-Hollweg, Mackeldey, Puggé, Welcker, Löbell, Lassen, von Droste-Hülshoff, Naeke, A. W. Schlegel. Besonders dem Erst- und Letztgenannten sind mehrere Seiten gewidmet. Das über Schlegel Gesagte (darunter die Spottverse auf Schiller etc.) ist wohl der Mehrzahl nach schon anderweitig publiziert worden; mit desto größerem Interesse habe ich die Charakteristik Bethmann-Hollwegs gelesen. Ich gebe daraus das Folgende.

»Bei Bethmann-Hollweg hörte ich Vorlesungen über Gajus. Bethmann hatte sich bestimmen lassen, sein ganzes Leben der Erforschung des römischen Rechts zu widmen. Der Bestimmende war Savigny. Wie dieser ging er glattgescheitelten Hauptes einher und gab schon durch seine äußere Erscheinung zu erkennen, daß er zu den ganz Frommen im Lande gehörte. Seine Vorträge waren klar und verständlich und durchweg interessant. Ich werde kaum eine Stunde versäumt haben; habe aber nichtsdestoweniger nur wenig im Gedächtnis behalten. Er hatte sich (seine Einkünfte wurden schon damals auf 70000 Taler jährlich angeschlagen) ein schönes Haus in der Stadt erbaut, wohlversehen mit allem, was ein hochgebildeter Mann zu seiner Bequemlichkeit und Erheiterung wünschen kann, während alles fehlte, was einem eitlen und nichtigen Luxus zu dienen bestimmt ist. Irre ich nicht, so war in diesem Hause der Donnerstagabend der Empfangsabend für die an ihn empfohlenen Studenten. Die Unterhaltung bewegte sich stets um ernste und würdige Dinge, doch wehte es wie ein kalter Wind durch die Räume und ließ keine rechte Behaglichkeit aufkommen. Er war ein durchaus braver und wohlwollender Mann, der sich in jedem Augenblick bemühte, das Rechte und nur das Rechte zu tun; allein eine gewisse ihm angeborene Steifheit und das Gefühl von der Stellung, welche seine Gelehrsamkeit, sein großer Reichtum und seine Verbindungen mit den berühmtesten und gefeiertsten Personen ihm in der Gesellschaft anwies, war in jedem Augenblick durchzufühlen. Die große Frömmigkeit, die ihn erfüllte und die auch, mit mehr oder weniger Aufrichtigkeit, von seiner ganzen Umgebung zur Schau getragen wurde, vermehrte noch das Gefühl von Beklemmung, welches man in diesem Hause empfand.«

Eine Schilderung, die an Zutreffendheit nichts zu wünschen übrigläßt.

Man war aber nicht immer bei Hollweg, und so war man denn auch nicht immer beklommen. Im Gegenteil. Es gab übermütige Szenen die Hülle und die Fülle. Eine davon, die an der Wirtstafel im Gasthause »Zum Stern« spielte, mag hier eine Stelle finden.

»Die Tischgesellschaft bestand aus einigen Studenten, einer Anzahl älterer einzelner Herren und vieler Offiziere des damals in Bonn stehenden Ulanenregiments, lauter liebenswürdigen und angenehmen jungen Männern, die mit den Studierenden in so gutem Vernehmen lebten, daß es zwischen Zivil und Militär niemals zu Reibungen kam. Eines Tages saß nicht weit von uns ein Fremder, der durch eigentümlichen Haarwuchs auffiel. Wir stritten darüber, ob es eine Perücke sei oder nicht? Da man nicht darüber einig wurde, wurde gewettet. Zwei Flaschen Champagner. Der eine der Wettenden trat nun mit größter Höflichkeit an den Fremden heran und trug ihm, unter tausendfacher Bitte um Entschuldigung, den Fall vor. Der Angeredete nahm die Sache mit bestem Humor auf und – seine Perücke ab. Alles lachte, und der, der verloren hatte, ließ den Champagner bringen. Der Fremde trank in guter Laune mit. Einige Monate später (wir hatten den Vorfall fast vergessen) war der Fremde wieder da. Der, der damals die Wette verloren hatte, erzählte einem neben ihm sitzenden, erst kürzlich in Bonn angekommenen Studenten die Perückengeschichte. ›Perücke‹, sagte dieser, ›der Mann trägt keine Perücke, so wenig wie du und ich.‹ Und so erhob sich ein Streit, genauso wie das erstemal. Wieder Wette, wieder Herantreten an den Fremden, wieder tausend Entschuldigungen. Und auch der Fremde war bei altem Humor geblieben. *›Jetzt‹*, sagte er lachend, ›trage ich allerdings mein eigenes Haar. Vor sechs Monaten hatt ich es in Folge einer Krankheit verloren; inzwischen ist es wieder gewachsen, und ich erfreue mich gegenwärtig, wie Sie sehen, meiner eigenen Locken.‹ Und so mußte der unglückliche Verlierer von damals zum *zweiten*

Male bezahlen, und zwar jetzt für das *Gegenteil* von dem, was ihm den ersten Champagner gekostet hatte.«

1834 kehrte Eberty von Bonn nach Berlin zurück. Über diese Berliner Tage wie überhaupt über die eigentlichen *Berolinensia* des Buches berichte ich in einem zweiten Artikel.

II

Eberty war nun wieder in Berlin und freute sich der Heimat. In geistiger Hinsicht mochte ihm die heimatliche Luft in der schönen rheinischen Umgebung mitunter gefehlt haben. So wenigstens schließe ich aus seinen eigenen Aufzeichnungen. Während eines Besuches in Berlin nämlich hatte er *Rahels* eben erschienene Briefe und die ersten Hefte von Glaßbrenners Berliner Volks- und Sittenschilderungen kennengelernt. *Beides* hatte ihn entzückt, so verschiedenartig es untereinander war, und beides hatte er ebenfalls deshalb mit nach Bonn genommen, um es dort den rheinischen Freunden vorzulegen. Sie sollten es mitgenießen. Aber wie wurde er enttäuscht! »Alle die Herren und Damen«, so schreibt er, »denen ich die Rahelschen Briefe zu lesen gab, waren weit davon entfernt, meine Bewunderung zu teilen. Man verstand die Briefe gar nicht oder fand sie geziert, übertrieben und geschmacklos. Fast noch schlimmer erging es mir mit den Glaßbrennerschen Heften. Ich hatte sie in Bonn auf einem Spaziergange mitgenommen und geriet während des Lesens so ins Lachen, daß die Leute, die mir begegneten, mich für verrückt halten mußten. Als ich nun aber bald darauf diese Späße meinen Freunden vorlas, fühlten sie sich davon angewidert. Sie fanden alles trivial und gemein und konnten mein Wohlgefallen daran gar nicht begreifen.«

Das lag nun zurück, und Menschen waren wieder um ihn her, die für »Herrn Buffey« ein volles Verstandnis hatten. Übrigens, wie hier eingeschaltet werden mag, nicht nur aller Witz ist mehr oder weniger lokal, sondern auch die Form, in der sich die sogenannte »Geistreichigkeit« (Rahel) gibt.

Es sind die ersten und die letzten Abschnitte des Buches, in denen uns *Alt-Berlin* am frappantesten entgegentritt. Ob das Leben in- oder außerhalb des Hauses geschildert wird, macht keinen Unterschied. In dem in aller Kürze schon erwähnten Kapitel *»Referendariatszeit«* ist dem Prozessualischen und Kriminalistischen, den Vorgängen am Stadt- und Kammergericht ein ziemlich breiter Raum zugestanden worden, ohne daß das Interesse darunter gelitten hätte. Im Gegenteil. Abgesehen davon, daß es jedem, der jene Zeit miterlebt hat, ein Vergnügen gewährt, sich in die damaligen *causes célèbres* auf einen Schlag zurückversetzt zu sehen, ist auch die Auswahl so geschickt getroffen und die Skizzierung der einzelnen Fälle so knapp und kurz und so bloß aufs Essentielle hin gegeben worden, daß die Nachgeborenen nicht minder als die Mitglieder jener früheren Generation alle diese unsre damaligen Sittenzustände schildernden Verhandlungen mit vielem Vergnügen lesen werden. Am unterhaltendsten ist der große Prozeß behandelt, der sich gegen eine nach Hunderten zählende Gaunerbande richtete, die in Betsche im Posenschen ihren Sitz hatte und von dort aus ihre Raubzüge in die benachbarten Provinzen, bis nach Berlin hin, unternahm. Der aus *Rotbuchenholz* geschnitzte Stiel eines Brechwerkzeuges führte schließlich zur Entdeckung. Die Polizei fand in der Wohnung eines ohnehin verdächtigen Individuums viel *Rotbuchenholz* aufgeschichtet, verdoppelte daraufhin ihren Eifer bei Durchsuchung des Hauses und fand endlich Gegenstände, die die Schuld außer Frage stellten. Dieser Ertappte wurde nun zum Angeber, und seine Angaben schufen einen Riesenprozeß. Aus dem Gange dieses Prozesses seien nur folgende Schlußbemerkungen Ebertys mitgeteilt. »Die Bande trieb ihren Spitzbubenberuf als einen von Vater und Großvater ererbten, ja es gab einen förmlichen, von den anderen geachteten und verehrten alten Diebesadel unter ihnen. Sie hatten ihre eigene Sprache und Lebensgewohnheiten und waren von der Überzeugung durchdrungen, daß Stehlen und Einbrechen in der Tat der eigentliche Lebenslauf des Menschen sei. Die Bande bestand ausschließlich aus Juden, und zwar aus sogenannten frommen Juden, die die Ritualgesetze aufs genaueste befolgten, ihre Feste feierten und ihre Fasten hielten und nicht duldeten, daß einer von ihnen am Schabbes stehle, nicht weil es Unrecht wäre, zu stehlen, sondern weil durch die *›Arbeit‹* der Sabbat entheiligt würde. Da es fast immer darauf ankam, zu beweisen, daß derjenige, auf welchen der Verdacht fiel, bei einem Diebstahle tätig gewesen zu sein, an dem Tage sich ganz woanders befunden habe (das sogenannte Alibi), was durch zwei Zeugen erwiesen werden mußte, der Jude aber soviel wie irgend möglich einen Meineid vermeidet, so hielt die Bande zu diesem Behufe *zwei Christen in Sold* (der eine hieß Lange, den Namen des anderen habe ich vergessen), *die für eine Taxe alle notwendigen Meineide leisteten.«*

Polen- und Demagogen-Untersuchungen gehörten ebenfalls jener Gemütlichkeits-Epoche an; außer ihnen geschieht auch eines interessanten Schwindelprozesses, des Prozesses gegen Demoiselle *Henriette Wilke*, Erwähnung, dessen sich alle alten Berliner wohl mit Interesse entsinnen werden. Genannte Demoiselle wußte nämlich einer hochbetagten, in Charlottenburg lebenden Dame, indem sie die mit Beschränktheit stark untersetzte Hyperloyalität derselben geschickt ausnutzte, 20 000 Taler in mal kleineren, mal größeren Summen abzuschwindeln, immer unter der Vorgabe, daß sie von der Prinzessin Radziwill und zuletzt *vom Könige selber käme*, der wegen 500 Taler in dringender Verlegenheit sei.

Aber auch heitere Bilder aus der beginnenden juristischen Laufbahn des Herrn Verfassers werden uns vorgeführt. »Ein Arbeitsmann hatte von einem Vogelhändler einen Kanarienvogel gekauft, der ein ausgezeichneter Sänger sein sollte. Er blieb aber stumm. Der Käufer verlangte Rückerstattung des Kaufpreises, wozu sich Verkäufer nicht verstehen wollte. Es kam zum Prozeß, und Kläger und Beklagter erschienen vor Gericht, zugleich mit einem Vogelbauer, in welchem das Streitobjekt umherhüpfte. Der Vogelhändler erklärte das Tierchen nach wie vor für einen vortrefflichen Schläger. Was tun? wie entscheiden? Der Referendarius war in größter Verlegenheit. Endlich half er sich und verkündete, daß nach zwei Stunden, um Schlag zwölf Uhr, das Erkenntnis erfolgen solle. Bis dahin stellte er den Vogel vor sich auf den Tisch und fertigt[e] andere Parteien ab. Und nun war es zwölf. Der Vogel hatte noch immer nicht gesungen, und der Richter und Referendarius fällte nunmehr folgendes salomonische Urteil: ›Da Vogel bis zur Mittagszeit keinen Ton von sich gegeben habe, müsse angenommen werden, derselbe *könne* und *wolle* nicht singen, weshalb Verklagter das Tier zurückzunehmen und dem Kläger den Kaufpreis zurückzuerstatten habe.‹ «

Besonders pikant waren die *Liebeshändel*, die, nur allzu häufig, streitende Parteien vor den Richter, will sagen vor den jungen Referendarius führten. Je jünger dieser war, desto schwieriger wurde gelegentlich die Situation. Die mehr hübschen als tugendhaften Mädchen namentlich konnten die Sittenstrenge der »Referendarien« gar nicht begreifen. Einer derselben, der noch dazu wirklich und aufrichtig zu den sittenstrengen gehörte, mußte sich, als er einen Verführer abkanzelte, eine ziemlich zynische, aber schlagende Erwiderung gefallen lassen. »Herr Referendarius, *ich* hab es nicht erfunden, und *Sie* werden es nicht abschaffen.«

Einen Hauptreiz auch *dieser* Partie des Buches bilden wieder die *Persönlichkeiten*, die skizziert werden: Savigny, Professor Gans, Kammergerichtspräsident von Grolman, die Präsidenten von Bülow und von Kleist, Geheimrat Dambach (Fritz Reuters »Onkel Dambach«), Stadtgerichtsdirektor Beelitz und Räte und Subalterne des Stadtgerichts.

Savigny und *Gans*, bekannte Gegensätze, werden sie folgt geschildert: »Über Savignys Vorträge können nur *die* urteilen, die so glücklich waren, ihn zu hören. Er verstand es in wunderbarer Weise, die schwierigsten und trockensten Fragen des römischen Rechts klar und anziehend zu machen, und ganz unvergleichlich war die Art, wie er die Rechtssprüche der alten Juristen auslegte. Er wußte die Sätze so elegant zu verteilen und zusammenzufügen, daß man dabei oft an Lessings klassische Methode erinnert wurde. In seiner äußeren Erscheinung drückte Savigny das große Selbstbewußtsein aus, von dem er nicht mit Unrecht erfüllt war. Groß von Gestalt, feierlich, vielleicht ein wenig steif in jeder Bewegung, mit stolzem Ausdruck in seinen vollen, ernsten und edlen Gesichtszügen, deutet er durch das lange, gescheitelte Haar zugleich seine Frömmigkeit an und das Heilige, welches er in seiner Wissenschaft erblickte. In dem überfüllten Hörsaal trat Totenstille ein, sobald er die Schwelle überschritt und langsam das Katheder bestieg. Bevor er zu sprechen begann, legte er seine Uhr, seine Lorgnette, sein Heft und ein etwa mitgebrachtes Buch feierlich und bedächtig neben sich hin. Dann hub der niemals stockende Fluß seines Vortrages an und strömte fort bis zum Schlusse, wo die erwähnten Requisiten wieder ebenso methodisch eingesteckt wurden, wie er sie hervorgeholt hatte. Dann bewegte sich die große majestätische Gestalt langsam die Stufen herab und verließ unter ehrfurchtsvollem Schweigen der Versammlung den Saal.

Kein größerer Gegensatz als zwischen Savigny und *Gans*. Das waren nicht sowohl zwei gelehrte Juristen mit verschiedenen Meinungen und Ansichten als vielmehr zwei verschiedene Völkerracen, die einander gegenüberstanden: der christlich[e] Germane und der jüdische Orientale. Schon äußerlich sprach sich ihre Grundverschiedenheit aus. Wenn Savigny groß und feierlich war, so war Gans wohlbeleibt, immer aufgeregt und bis zum Übermaß beweglich. Dazu große dunkle Augen unter einer Fülle von krausem schwarzen Haar. In seinen Gewohnheiten formlos, vermochte er keinen Augenblick stille zu stehen; alle Gegenstände betastete er nicht nur, sondern verdarb und zerbrach sie im Eifer des Gesprächs. Als Schüler Hegels hielt er es – im strikten Gegensatze zu Savigny – für die höchste Aufgabe des Juristen, die allgemeine Idee des Rechts aus der Geschichte und Gesetzgebung aller Völker der Erde zu abstrahieren und dasselbe nach der so gefundenen Idee neu und zeitgemäß zu gestalten. Aus diesem Gesichtspunkt schrieb er sein Werk über das ›Erbrecht‹. Um es zu schreiben, mußte man so ziemlich alle Sprachen der Erde verstehen. Die Gegner von Gans bestritten ihm speziell dieses sprachliche Wissen und erzählten höhnisch: er habe sich auf der Pariser Bibliothek *arabische* Handschriften vorlegen lassen. Da sei zufällig einer der Bibliothekare herangetreten, habe mit großer Höflichkeit das Manuskript umgekehrt, so daß das Oberste zuunterst gewendet wurde, und dabei dem Professor gesagt: ›Sie haben es *so* bequemer, mein Herr.‹

Gans«, so schließt Eberty seine Skizze, »sprach viel und gut, er sprach eigentlich immerfort, so daß in seiner Gegenwart nicht leicht ein anderer zu Worte kam. Der Minister Altenstein wollte ihn gern für die Universität gewinnen und ließ ihm zureden, zum Christentum überzutreten. Er widerstand um so leichter und länger, als er, als wohlhabender

Mann, auch ohne Staatsstellung leben konnte. Als man indes nicht abließ, in ihn zu dringen, sagte er zuletzt: ›Nun gut, wenn der Staat so borniert ist, daß er mir nicht gestattet, ihm in *der* Art zu nützen, wie es meinen Fähigkeiten angemessen ist, es sei denn, daß ich ein Bekenntnis ausspreche, an das ich nicht glaube und von dem auch der Minister sehr gut weiß, *daß* ich es nicht glaube, so soll er seinen Willen haben.‹ Er tat nun den geforderten Schritt und wurde sogleich ordentlicher Professor.«

Aus der ganzen Reihe von Portraitfiguren gebe ich hier nur noch die des Stadtgerichtspräsidenten *Beelitz.* »Der allgemein beliebte und verehrte Herr *Beelitz*«, so erzählt Eberty, »war ein wohlbeleibter Mann mit überaus freundlichem Gesichte, das sich durch eine ungewöhnlich kleine Nase auszeichnete, die er auch auf eine ganze Reihe von Kindern und Enkeln erblich weiter übertragen hat ... Er hielt uns eine Anrede und sagte mir insbesondere, daß er sich freue, einen Doctor juris mehr unter seinen Auskultatoren zu zählen. Dann belehrte er uns mit besonderem Nachdruck über die Bedeutung der *Personalakten*, die, wie ein schriftliches und doch unsichtbares Gewissen, den Beamten von dessen Eintritt in den Staatsdienst bis zu seinem Tode begleiteten und ihm von einem Ende des Landes bis zum andern, von Trier bis nach Memel auf dem Fuße folgten. Ich muß gestehen, daß mir der Gedanke, an diese Kette gebunden zu sein und dieselbe lebenslang mit mir herumtragen zu müssen, schauerlich vorkam ... Beelitz galt für einen tüchtigen Juristen und besaß jedenfalls einen schnellen Blick und ein gesundes Urteil in Rechtssachen; allein er hatte so viel mit Nebendingen zu tun, daß er während der Sitzungen beständig schrieb und arbeitete und also seine Aufmerksamkeit nur unvollkommen den Vorträgen zuwenden konnte. Das war ein schlechtes Beispiel für die Räte, die sich allmählich ebenfalls angewöhnten, während der Vorträge ihre Privatarbeiten zu machen und nicht ordentlich aufzupassen. Dadurch kamen denn nicht selten höchst komische Vorfälle zutage. Der alte Beelitz, wenn er merkte, daß die Zeit zum Resümieren für ihn gekommen sei, schob seine Papiere beiseite, legte die große Schwanenfeder (ein nur dem Präsidenten gebührendes Werkzeug) neben sich und rief: ›Nun, meine Herren, aufgepaßt! Kollege Prätorius, die Hände aus den Hosen. Also: die Klägerin ...‹ (Referent unterbricht: ›Entschuldgen Sie, Herr Präsident, es ist ein Mann.‹) ›Gut. Also der Kläger wohnt in Charlottenburg.‹ (Referent: ›Entschuldigen Sie, Herr Präsident, er wohnt in Spandau.‹) In dieser Weise ging das Resümee weiter, und das einzige, was dadurch ins klarste Licht gesetzt wurde, war, daß der alte Beelitz nicht aufgepaßt hatte.«

An Schilderungen dieser Art ist das Ebertysche Buch reich; am meisten aber werden diejenigen Partien interessieren, die, von bestimmten Gesellschaftskreisen, wie beispielsweise die juristischen, absehend, in *allgemeinen* Zügen das Berliner Leben jener Epoche schildern und Personen vorführen, die *stadtkundig* waren, wie beispielsweise die vielzitierte Madame *Du Titre*, von der auf Seite 344 eine echt Du Titresche Geschichte erzählt wird. Die meisten dieser »Berolinensia« finden sich in den beiden ersten Kapiteln: »Berlin vor fünfzig Jahren« und »Das Vaterhaus«. Ich behaupte, daß die hier überlieferten kleinen Züge *schon jetzt* eine kulturhistorische Bedeutung haben und nach abermals fünfzig Jahren ganz gewiß. In dem natürlichen Hange, Großes und Wichtiges zu erzählen, hat uns die Geschichtschreibung vergangener Jahrhunderte um *das* gebracht, was man als das Leben und Wärme gebende *Kolorit* des historischen Bildes bezeichnen kann. Macaulay hat sich in den Eingangskapiteln zu seinem großen Geschichtswerk eingehend über diesen wichtigen Punkt ausgesprochen. Gerade Bücher wie dies Ebertysche sind es, die dem Kulturhistoriker der Zukunft ein wundervolles, weil das Klein- und Detailleben schilderndes Material an die Hand geben. So wird in diesem Buche beispielsweise beschrieben, wie man zu Anfang dieses Jahrhunderts mit Stein und Schwamm mit Zunder und Schwefelfäden Feuer anmachte. Die nach 48 Geborenen können sich dies kaum noch vorstellen. Dergleichen zu wissen kann aber unter Umständen wichtig sein; von der *novellistischen* Seite her angesehen, ganz gewiß, aber auch aus anderen Gründen. Es lehrt uns – mehr als die »Großtaten«, die sich erschrecklich ähnlich sehen – recht eigentlich der Zeiten Unterschied. Die Differenz zwischen jetzt und damals ist so groß, daß ich, der ich doch diese Zeiten noch miterlebt habe, im Rückblick darauf jedesmal das Gefühl habe, »vor fünfzig Jahren« auf einem anderen Planeten gelebt zu haben. Zwei ganz verschiedene Formen des Daseins! Wir sind alle für diese ganz enormen und auf allen Gebieten liegenden Fortschritte (selbst die Literatur in ihrer Durchschnittsproduktion *nicht* ausgenommen) lange nicht dankbar genug.

Außer an kulturhistorisch wichtigen Zügen, klein, wie sie sein mögen, ist das Ebertysche Buch aber auch, wie mehrfach angedeutet, ein wahres »Schatzkästlein« von Anekdoten aus der damaligen Zeit. Sie sind alle *sehr gut* erzählt, *deshalb* sehr gut, weil sie im *Ton* richtig getroffen sind. Dies kann nur *der* mit vollem Umfange beurteilen, der sich selbst auf diesem Gebiete versucht hat und aus Erfahrung weiß, daß oft nichts schwerer ist, als eine allerliebste, von Mund zu Mund gehende Geschichte wiederzuerzählen. Solange sie *gesprochen* wird, war sie gut; sowie sie schwarz auf weiß niedergeschrieben werden soll, entstehen Schwierigkeiten, die zu vermeiden nicht jedem gegeben ist. Ein bißchen zu breit, so ist die Langeweile da, ein bißchen zu hochtrabend im Ausdruck, und das Komische schlägt ins Alberne um. Eberty hat es überall gut getroffen. Mit einer dieser Anekdoten aus dem »Vaterhause« Ebertys möchte ich schließen. Seine Groß- und Urgroßmutter, schon über achtzig, lag in ihrer letzten Krankheit. Kurz vor ihrem Tode hatte sie einen Ohnmachtanfall und rief laut: »Ich sterbe.« Als sie wieder zu sich kam, sagte der anwesende Arzt, Geheime Rat Formey: »Aber liebe Frau, wie konnten Sie die Ihrigen so erschrecken!« — »Was, *ich* soll sterben, und *die* sollen sich nicht einmal erschrecken.« Es war das letzte Aufblitzen. Kurze Zeit darauf starb sie wirklich.

Zum Schluß aber sei die Hoffnung ausgesprochen, daß der Herr Verfasser Veranlassung finden möge, diese Aufzeichnungen aus seinem Leben fortzusetzen. Er ist offenbar zu Arbeiten wie diese berufen.

VON BERLIN NACH LEIPZIG

»Unser Braun«, der vor etwa Jahresfrist mit dem Reichsgericht nach Leipzig auswanderte, läßt uns in seinem neuesten Buche: *»Von Berlin nach Leipzig«* *, erkennen, wie sehr er der unserige gewesen ist. Es ist vielleicht niemals anerkennender über unsere Stadt geschrieben worden, und selbst unser Schlimmes weiß er in so wohlwollender Weise darzustellen, daß es aus etwas Gutem zu stammen oder zu etwas Gutem zu führen scheint. Braun ist so recht eigentlich das Gegenteil von einem Schwarzseher und hat vielmehr umgekehrt ein Talent und eine Lust, die ganze Welt im goldenen Lichte von Rüdesheim oder im roten von Aßmannshausen zu sehen. Dies gibt allem, was er schreibt, einen außerordentlichen Reiz, und er teilt uns seine heitere, hoffnungsvolle Stimmung mit, da ja glücklicherweise nicht bloß die Furcht anderer, sondern auch anderer Zuversicht unser Gemüt ergreift.

Es ist aber doch nicht bloß die Stimmung, was die Bücher K. Brauns so wohltuend macht, es ist auch ihre Form. Er hat mehr als irgendwer unter uns eine leichte, heitere Behandlungsweise herangebildet, in der auch der letzte Rest von Pedantismus untergegangen ist, und gehört ganz zu jenen Glücklichen, die, weil sie das Thema beherrschen, mit ihm zu spielen verstehn. Auch in seinen kritischen Betrachtungen zeigt sich dies. Er weiß eben jeden Augenblick, daß es am geratensten ist, mit Dunst und nicht mit Kanonen auf Spatzen zu schießen.

In Rom, Athen und bei den Lappen,
Da spahn wir jeden Winkel aus,
Indes wir wie die Blinden tappen
In unserm eignen Vaterhaus —

unter diesem Motto sind es im wesentlichen zwei deutsche Städtebilder, die der Herr Verfasser in dem uns vorliegen-

* *»Von Berlin nach Leipzig«*, reichs-, rechts-, wirtschafts- und kulturgeschichtliche Plaudereien« von Karl *Braun*-Wiesbaden, Leipzig 1880, Carl Reißner.

den Buche gibt. »Unsere Schriftsteller«, so schreibt er, »haben bisher ihre Vorliebe nur den Hafen-, Burg- und Bergstädten gewidmet. Ich stecke mir wohlbewußt ein davon abweichendes Ziel, und wenn die Burg- und Bergstädte ihre arx, ihre Akropolis haben, so haben die Städte der Ebene, der unromantischen Binnengewässer, ihre unnahbare Pfahlbauteninsel oder aber, nachdem diese verschwunden ist, jene Bürgertugend, die sie zum Sitze der Kultur gemacht. Und neben den welthistorisch-renommierten Städten sei dieser ihrer bescheidenen Schwestern in wohlverdienten Ehren gedacht. Singt doch schon Ludwig Uhland:

Und schön ist nach dem großen
Das *schlichte* Heldentum.«

So etwa beginnt und schließt K. Braun seine Vorrede, die beiden deutschen Städte aber, um die sich's handelt, sind, wie der Leser aus Andeutungen beziehungsweise aus dem Titel entnommen haben wird: *Berlin* und *Leipzig*.

Ein paar Abteilungsüberschriften sind vielleicht am ehesten geeignet, über den Inhalt des Buches zu orientieren: Geschichte einer Berliner Straße; Aus der Berliner Gewerbeausstellung; Zur Naturgeschichte Berlins; Abschied von Berlin; Leben, Meinungen und Tod des Königl. Obertribunals in Berlin; L'entrée joyeuse; Das Reichskammergericht in Wetzlar und das Reichsgericht in Leipzig; Aus der Reichsgerichtsstadt (Leipzig).

So die Titel einiger der ansprechendsten Kapitel.

Ton und Behandlungsweise sind überall dieselben, und mit einer bemerkenswerten Galanterie hat der Herr Verfasser an *beide* Städtedamen, Berolinia wie Lipsia, gleich verbindliche Worte zu richten gewußt. Er dienert immer mit Geschick und stößt die eine nicht um, wenn er sich gegen die andere verbeugt. Aber so vorzüglich er zu balancieren und jedem das Seine zu geben gewußt hat, so hat es mir doch scheinen wollen, als ob die alte Neigung (Berlin) der neuen (Leipzig) überlegen geblieben sei. Namentlich habe ich in der Kapitelreihe, die die Gesamtüberschrift: »Geschichte einer Berliner Straße«, führt, eine gewisse Vorliebe zu finden geglaubt.

Die Straße, deren Geschichte darin erzählt wird, ist die

Königgrätzer Straße, in der Braun seine Berliner Tage verlebte. Er fand sie im Jahre 1866 noch teilweise als einen Fahrweg vor, der sich, in der Nähe des Halleschen Tores, durch eine nur hier und da bebaute Einöde zog, und sah, während er sich in einem der dort errichteten Häuser einquartierte, von seinem Arbeitszimmer aus, wie da, wo Planken und Gartenzäune standen, mächtige Neubauten aufwuchsen und aus einem bloßen Feld- oder Fahrweg ein Boulevard wurde. Ja, soweit Anlage mitspricht, eine der schönsten Straßen der Stadt. Zum Überfluß waren es auch noch die Tage der jetzt schon wieder vergessenen »Verbindungsbahn«, und auf ebendieser Bahn geschah es, daß der ganze Siebziger Krieg an ihm vorüberzog, erst die ausziehenden, zuletzt die heimkehrenden Regimenter und dazwischen die Hunderttausende von Gefangenen, die, mit Benutzung speziell *dieser* Bahn, in die östlichen und südöstlichen Provinzen weiterbefördert wurden.

Das war nun alles ein wunderbar schöner Stoff, und so *bequem* er zu beobachten war, so *gut* wurde er beobachtet, weniger auf seinen Ernst und seine Bedeutung als auf sein heiteres und idyllisches Beiwerk hin. Ein paar Stellen aus dieser »Jugendgeschichte einer Straße« mögen hier einen Platz finden.

»Die Königgrätzerstraße laborierte noch geraume Zeit nach ihrer Taufe (als ›Königgrätzer Straße‹) an jenem Dualismus, den Deutschland in dem Jahre 1866 los ward oder wenigstens 1870. Denn bis 1870 hatten wir ja noch die Mainlinie, welche Nord- und Mitteldeutschland von Süddeutschland trennte. Hier in der Königgrätzer war es aber nicht ein Fluß, sondern eine *Mauer*, welche die zueinandergehörigen Teile trennte, von deren Zueinandergehörigkeit man eigentlich noch gar keinen Begriff hatte. Es wurde auch hier, wie der lateinische Dichter sagt, innerhalb und außerhalb der Mauer gesündigt, und wenn ich damals über die vielen Mißstände brummte, die das Stehenlassen der zwecklos gewordenen Mauer mit sich führte, so hieß es:

Die Mauer steht ewig an diesem Ort
Und wird auch so stehen ewig fort.

Aber das erwies sich als ein Irrtum, und zwar waren es die Berliner Straßenjungen, die sich zuerst einer höheren Einsicht erfreuten. Sie begannen damit, Löcher in die Mauer zu brechen. Zuerst versuchte die Polizei, solchen subversiven Tendenzen entgegenzutreten. Aber die Jungen waren klüger und benutzten die Dunkelstunden. Die Zahl der Löcher vermehrte sich von Nacht zu Nacht, und die einzelnen Öffnungen wurden immer größer. Anfangs konnten nur die ganz kleinen Jungen durchschlüpfen; allein die großen Jungen vermochten nicht einzusehen, warum, gerade auf diesem Gebiete, die Kleinen einen Vorzug vor den Großen genießen sollten, während doch sonst das Gegenteil die Regel ist. Sie strebten also bürgerliche Gleichstellung und Freiheit des Verkehrs für alle an, und infolgedessen mußten die Dimensionen der Löcher sich immer vergrößern. Dazu kam auch noch der Reiz des Verbotenen. Kurz, zuletzt war mehr Loch als Wand, und die städtische Verwaltung, die sich getrösten mochte: ›der Klügste gibt nach‹, schritt endlich zur Abtragung der Mauer, welche die Herren Gassenbuben unvermeidlich gemacht hatten. Und nun erst sah die erstaunte Welt, daß da nicht zwei bescheidene, intra- und extramurane Straßen, sondern eine einheitliche und unteilbare Ringstraße war, so schön und so groß wie nur irgendeine in der Hauptstadt. Und deshalb warf man auch die verschiedenen Namen über Bord und nannte das einheitliche Ding auch mit einem einheitlichen Namen, und der hieß: ›Königgrätzer‹. Der Partikularismus, der Dualismus, die Absperrung waren überwunden, und die Einheit und Freiheit hatten gesiegt.«

Und nun noch eine gleich hübsche Schilderung.

»Die Mauer war gefallen, aber die Verbindungsbahn, die dem Zirkelgange der Mauer folgte, *diese* war noch geblieben, und sowenig wir uns ihrer im allgemeinen freuen mochten, so gab es doch auch Tage, wo wir mit ihr zufrieden waren. Und ein solcher Tag war der 10. August 1870. Insonderheit der Jugend von damals wird dieser Tag bis in ihr hohes Alter hinein in Erinnerung bleiben. Es waren die ersten Kriegswochen, und während bis dahin alle Züge von Osten nach Westen gegangen waren, *kamen* jetzt Züge von Westen und machten in der Königgrätzer Straße halt, weil auf den überfluteten Bahnhöfen noch erst rangiert werden mußte. Einer dieser Züge brachte die ersten *Kriegsgefangenen.* Ich erinnere mich noch lebhaft, wie meine Kinder wie toll heraufgestürmt kamen, um die Wundermär zu melden. Auf dem Zuge da unten seien lauter Gefangene; sie sähen aus wie die Affen im ›Zoologischen Garten‹ und hätten auch ganz bunte Röcklein an; und ob man ihnen nicht etwas zuwerfen dürfe, wie denen im ›Zoologischen‹. Da nahmen sich denn die Kinder, oder wir gaben ihnen: Brot, Zucker, Obst, und was sonst noch zu diesem Zwecke tauglich schien, und damit stürmten sie wieder hinunter auf die Straße, und wir sahen zu, wie sie den Turkos (denn das waren die ersten Kriegsgefangenen) ihre Liebesgaben zuwarfen und sich daran ergötzten, wie die Leute jedes Stück auffingen mit lebhaften, weitgreifenden, grotesken Hand- und Armbewegungen, die allerdings etwas unverkennbar Zoologisches hatten. Das war ein Jubel. Für die Alten auch, aber doch noch mehr für die Jungen. Olim meminisse juvabit. Ja, das war das Vergnügen, welches uns das alte Schienengeleise noch machte, bevor es aus der Erde gerissen wurde.«

Ich habe die vorstehenden zwei Stellen aus der »Geschichte einer Straße« hier gegeben, weil sie nicht bloß charakteristisch sind für diesen Aufsatz, sondern für das Buch und seinen Verfasser überhaupt. Er faßt die Sache freier an, weil er genau weiß, wohin er *will.* Er hat in großen Zügen über seine Route disponiert. Im übrigen aber bindet er sich nicht ängstlich daran und schweift nach rechts oder links hin ab, wenn ihn der Weg oder auch bloß seine Laune dazu auffordert. Das gibt allem, was er schreibt, den Reiz des Natürlichen und läßt den Leser an der Ungezwungenheit teilnehmen, der sich der Herr Verfasser aus Hang und Drang oder auch wohl aus kluger Erkenntnis hingibt. Denn ich glaube, er weiß ganz genau, was dem Publikum das liebste ist, welcher Ton es am sympathischsten berührt. Ein Buch soll uns belehren, das ist seine Pflicht, aber ein Buch soll uns vor allem auch unterhalten, das ist seine *größere* Pflicht. Und kollidieren beide, so hat Pflicht eins hinter Pflicht zwei zurückzutreten.

Ich weiß alles, was sich gegen diese Rangordnung sagen läßt, aber die Tatsache, daß unsere gesamte Volksphysiognomie seit ein paar Jahrzehnten freier und heiterer in die Welt blickt, ist in unzweifelhaftem Zusammenhange damit, daß an Stelle dunkler, ungenießbarer Gelehrsamkeits-Folianten lesbare, leichtverständliche, unser Herz und unsern Geist gleichmäßig erfreuende Bücher getreten sind.

»UNTER DEN LINDEN«

Bilder aus dem Berliner Leben von Julius Rodenberg
Berlin, Gebrüder Paetel, 1888

»... Wie gut ich sie kenne, die Häuser Unter den Linden, als ob jedes von ihnen seine Geschichte mir erzählt hätte, die eigne und die der Leute, die darin gewohnt haben. Fast ein Menschenleben lang bin ich an ihnen vorbeigegangen, in guten und bösen Tagen, habe mir ihre Physiognomie eingeprägt und an ihren Schicksalen in gewisser Weise teilgenommen; ich habe sie sowohl ihre Bewohner als ihre Bestimmung wechseln sehn und alle diese Wandlungen als Beobachter mit ihnen durchgemacht. In viele derselben, ja in die meisten, bin ich während dieser langen Zeit persönlich gekommen, und in einigen habe ich eine Gastfreundschaft genossen, deren Andenken die Gastgeber überlebt hat.« So leitet der Herr Verfasser das 2. Kapitel seines Buches ein, und sein Buch selbst ist in der Tat der Niederschlag alles dessen (dabei gelegentlich auch historisch zurückgreifend), was er in mehr als dreißig Jahren »Unter den Linden« miterlebt hat. Ein überaus unterhaltliches und lehrreiches, dabei zugleich im besten Sinne patriotisches Buch, an dem Referent aus vielen Gründen ein allerlebhaftestes Interesse genommen hat, und nicht zum wenigsten deshalb, weil er sich dabei der alten Wahrheit von dem verschiednen und doch gleichberechtigten »Anfassen einer Sache« mal wieder recht schlagend bewußt geworden ist. Referent, wenn ihm der beneidenswert glückliche Gedanke gekommen wäre, solches Buch zu schreiben und, Unter den Linden flanierend, die Häuser auf ihre Geschichte hin anzusehn, hätte ganz andere Geschichten herausgelesen und würde sich nur hier und da mit dem Herrn Verfasser begegnet haben. Ich hätte (ich lasse von hier ab den etwas steifen »Referenten« bequemlichkeitshalber fallen) mit dem General *Rohdich*schen Hause, dem jetzigen Gardeoffizierskasino, angefangen und hätte dabei vom alten General Rohdich und seinen Grenadierblechmützen – die das 1. Garderegiment z. T. noch trägt – ausführlich erzählt, um dann zum General Wrangel überzugehen, zu Wrangel und seiner Gemahlin, der geborenen von Below, die, während der denkwürdigen achtundvierziger Zeit, das Rohdichsche Palais gemeinschaftlich bewohnten. »Soll mir wundern, ob sie ihr gehangen haben.« Dann hätt ich mich dem Nachbarhause zugewandt, dem *Arnim*schen Palais, das im »unruhigen Jahre«, wenn ich nicht irre, der damalige Minister von Arnim, der mit König Friedrich Wilhelm IV. am 19. März durch die Straßen ritt, und dann später Harry von Arnim bewohnte. Zum dritten dann, nach Erledigung der Arnim-Frage, wär ich beim Redernschen Palais angekommen, bei Graf Redern, der fast zwanzig Jahre lang Generalintendant war, eine Bildergalerie samt zehn verschuldeten Rittergütern besaß und eine Hamburger Millioneserin heiratete (»Womit handelte doch Ihr Herr Vater?« – »Mit Verstand«), um die gestörte Gütersache wieder in Ordnung zu bringen. Was auch glückte. Von Graf Redern wär ich dann zu Major Blesson, dem Blücher-Adjutanten und achtundvierziger Bürgerwehrkommandanten, von Major Blesson zu dem reichen Grafen Blanckensee, Dichter und Freund des Malers Wilhelm Hensel, von Graf Blanckensee zur Gräfin Lichtenau, von der Lichtenau zum Prinzen Louis Ferdinand und vom Prinzen Louis Ferdinand zum Feldmarschall Schomberg (im späteren kronprinzliche Palais) und zuletzt zum alten Prinzen Heinrich, Bruder Friedrichs des Großen, übergegangen und hätte meine Schilderung vielleicht mit einer Redoutenbeschreibung im Prinz Heinrichschen Palais, dem jetzigen Universitätsgebäude, beschlossen. So hätte sich zweifellos der Sache beikommen lassen, Rodenberg aber hat das Brot genau von der entgegengesetzten Seite her angeschnitten und hat uns in allem Wesentlichen, ohne übrigens an dem Geschichtlichen geradezu vorüberzugehen, etwas Kultur- und Literaturhistorisches an Stelle des einfach Historischen geboten. Und *daß* er das tat, daran hat er recht getan, künstlerisch und ästhetisch gewiß und, vom *praktischen* Standpunkt aus angesehen, zweimal gewiß. Denn es ist unzweifelhaft – und daran haben selbst Bismarck und Moltke nichts Wesentliches ändern können –, daß sich der Berliner, ja vielleicht der Großstädter überhaupt, für das außerhalb der historisch-politischen Sphäre Liegende mehr erwärmt als für seine staatlichen oder selbst militärischen Größen, wenn diese nicht zufällig mit dem »Riesenmaße der Leiber« (und Gott sei Dank auch der Geister) »über das Menschliche hinausragen«. Das ist aber sehr der Ausnahmefall. Im allgemeinen ist es auch jetzt noch so, wie's immer war, daß sich nämlich die Berliner Welt für Frau Anna Lindau, für Frau Grete Begas und nun gar für Fräulein Clara Meyer unendlich mehr interessiert als für einen General, der das linke Flügeldorf zwei Stunden lang heldenmäßig festgehalten hat, von ein paar Geheimräten, die das Unfallversicherungsgesetz ausgearbeitet haben, gar nicht zu sprechen. Das Literarische, das Stück, das heute oder morgen aufgeführt wird, die »Quitzows« oder vielleicht auch nur »Der geschundene Raubritter«, ein Schlächterladen oder eine Madonna von Knaus, ein friderizianischer Grenadier oder ein weißer Pfau von Menzel, *das* sind die Dinge, die den Residenzler interessieren, und ich habe nicht den Mut, ihm darin unrecht zu geben. Staaten lenken und Schlachten schlagen ist gewiß wichtiger, wer möchte das bestreiten, aber wenn dies Wichtigere zu bestimmten und meist rasch vorübergehenden Zeiten geschehen ist, so tritt gleich das für den Alltag Interessantere wieder in sein Recht, und das Interessantere heißt Oskar Blumenthal oder Possart oder Barnay oder Fräulein Schwartz oder die kleine Conrad. Und das alles wußte Rodenberg, als er sein »Unter den Linden« schrieb und uns statt von Wrangel und der geborenen von Below lieber von Schiller und Goethe in Berlin, von Hoffmann und Devrient, von Heine und Meyerbeer, von Börne und Gutzkow unterhielt. All das, wie der Geschmack nun mal ist, erscheint uns als das Interessantere schon dem *Stoffe* nach und wird es doppelt und dreifach, wenn sich eine so reizvolle Darstellung, wie Rodenberg sie diesen Stoffen gab, hinzugesellt. Erstaunlich (eine Welt von anekdotischen Zügen wird dem Leser in diesem Buche geboten) ist der Sammelfleiß des Herrn Verfassers und noch erstaunlicher die Liebe, die seitens desselben nicht bloß seinem speziellen Stoff, sondern vor allem auch seiner neuen Heimat in ihrer Totalität entgegengebracht wurde. Diese Liebe gibt allem erst die rechte Weihe; sie tritt am schönsten hervor in dem vorletzten Kapitel des Buches, wo der Herr Verfasser, die beiden gelehrten Körperschaften, Akademie und Universität schildernd, uns erst eine Akademiesitzung am 24. Januar (dem Geburtstage Friedrichs des Großen) und gleich darnach eine Senatssitzung der Universität am 3. August, dem Geburtstage Friedrich Wilhelms III., vorführt. Das alles ist nicht bloß gesehen und referiert, das ist gefühlt und künstlerisch geboren und gereicht dem Herrn Verfasser in gleicher Weise zu Ruhm und Ehre wie den illustren Körperschaften, denen diese seine Schilderungen gelten.

ANHANG

ZU DIESER AUSGABE

Obwohl Fontane lediglich vier Bände mit der Sammelbezeichnung »Wanderungen durch die Mark Brandenburg« herausgegeben hat, gruppiert die vorliegende Edition insgesamt sieben Bände unter diese Überschrift. Sie bietet in den Bänden 1 bis 4 die »Wanderungen durch die Mark Brandenburg«, wie sie Fontane von 1862 bis 1882 unter den Titeln »Die Grafschaft Ruppin« (so erst von der zweiten Auflage an), »Das Oderland«, »Havelland« und »Spreeland« veröffentlichte. Band 5 bringt das Buch »Fünf Schlösser. Altes und Neues aus Mark Brandenburg«, das Fontane im Herbst 1888 (mit der Jahreszahl 1889) erscheinen ließ, Verwandtschaft und zugleich Unterschiede zu den »Wanderungen« betonend. Die Bände 6 (»Dörfer und Flecken im Lande Ruppin. Unbekannte und vergessene Geschichten aus der Mark Brandenburg I«) und 7 (»Das Ländchen Friesack und die Bredows. Unbekannte und vergessene Geschichten aus der Mark Brandenburg II«) schließlich vereinigen erstmals jene über 60 Texte, die in einem direkten oder indirekten Kontext mit den »Wanderungen« stehen, bisher in keiner Ausgabe systematisch erfaßt und zu beachtlichen Teilen noch nie gedruckt worden sind.

In einer ersten Abteilung *(Nachlese: Ausgeschiedenes, Vorbereitendes, Vorgesehenes)* sind alle Kapitel zusammengestellt, die im Prozeß vielfältiger Überarbeitungen und geographischer Umordnungen aus einzelnen Teilen der »Wanderungen« ausgeschieden und nicht wieder aufgenommen wurden (unter anderem deshalb, weil der einst geplante Band »West-Havelland« nie geschrieben worden ist); darunter befinden sich ausgesprochene Kabinettstücke wie die ausführliche Fassung von »In den Spreewald«, »Das Schildhorn bei Spandau«, die »Fehrbellin«-Passagen und »Gütergotz«. Hinzu kommen die eindeutig für die »Wanderungen« vorgesehenen, doch zu Lebzeiten des Autors nicht aufgenommenen Aufsätze (wie der Porträtessay über »Mathilde von Rohr«) sowie die zahlreichen für die »Wanderungen« bestimmten, aber nicht ausgeführten und nur im Entwurf überlieferten Kapitel.

Eine zweite Abteilung *(Arbeiten und Entwürfe zum thematischen Umfeld)* erfaßt stofflich und methodisch verwandte Aufsätze aus dem Umkreis der »Wanderungen«. Sie reichen von »Luch im Walde« im Süden über die Berliner Studien »Der Korso«, »Der Wollmarkt«, »Am Wannensee« über »Stendal und die Winckelmann-Statue« bis zu den Aufzeichnungen über Schwerin und Dobbertin im Norden, vom umfangreichen Fragment »Das Ländchen Friesack und die Bredows« über das erstmals komplett wiedergegebene Thaer-Buch und die »Vaterländischen Reiterbilder« bis zu den umfangreichen Materialien zu dem Projekt »Geschichten aus Mark Brandenburg« und diversen späten Berlin-Arbeiten, die über aufschlußreiche Entwürfe hinaus nicht gediehen sind.

In einer dritten Abteilung *(Anzeigen und Rezensionen Fontanes)* werden Fontanesche Kritiken zum Thema Mark Brandenburg/Berlin und zur methodischen Behandlung historisch-geographischer Gegenstände dargeboten. In diesen Beiträgen hat sich der Autor oft prononciert und meist deutlicher als in den »Wanderungen« selbst zum Anliegen und zur Methode dieser Literaturgattung geäußert.

Schwierig war die sinnvolle Anordnung der heterogenen Texte, die aus Archiven und teilweise schwer zugänglichen Periodika zu ermitteln und zu beschaffen waren. Als effektiv für die übersichtliche Gruppierung des Stoffes erwies sich die Trennung in eine Nachlese und in Arbeiten aus dem Umkreis, wobei in der Nachlese jene nachweisbar aus den »Wanderungen« stammenden oder einwandfrei für sie bestimmten oder wenigstens gedachten Beiträge zusammengestellt werden und der thematische Umkreis sehr großzügig bemessen wird. Zur Nachlese sind auch stark veränderte frühe Fassungen unter anderem aus den Notizbüchern gestellt, sofern sie bereits ein komplettes Entwurfsstadium erreicht haben und interessante Aufschlüsse über die schriftstellerische Arbeitsweise geben. In beiden Abteilungen werden die Texte jeweils in zu Lebzeiten Fontanes Gedrucktes und Veröffentlichungen aus dem Nachlaß eingeordnet; innerhalb der Gruppen sind die Texte chronologisch sortiert.

Band 6 (mit dem vom Herausgeber gewählten Titel »Dörfer und Flecken im Lande Ruppin«) bringt die »Nachlese« und die zu Lebzeiten des Autors publizierten Texte aus dem thematischen Umfeld. Band 7 (mit dem ebenfalls vom Herausgeber festgelegten Titel »Das Ländchen Friesack und die Bredows«) enthält die aus dem Nachlaß stammenden Materialien zu diesem Komplex sowie die thematisch zugehörigen »Anzeigen und Rezensionen Fontanes« und eine Übersicht mit Daten zur brandenburgisch preußischen Geschichte.

Mit den Bänden 6 und 7 liegt jetzt die *zweite Abteilung in der Fontane-Ausgabe des Aufbau-Verlages* komplett vor. Sie schließt sich an die »Romane und Erzählungen in acht Bänden« an, herausgegeben von Peter Goldammer, Gotthard Erler, Anita Golz und Jürgen Jahn (zuerst 1969; zweite Auflage 1973; dritte Auflage 1984). Die dritte Abteilung, »Autobiographische Schriften«, erschien dreibändig (in vier Teilen) 1982, herausgegeben von Gotthard Erler, Peter Goldammer und Joachim Krueger, die vierte, sämtliche »Gedichte« umfassend, in drei Bänden 1989, herausgegeben von Joachim Krueger und Anita Golz.

Die Textgrundlage bildet für die Bände 1 bis 4 der »Wanderungen« die jeweils letzte Auflage, an der Fontane nachweislich durch Änderungen oder Durchsicht der Korrekturfahnen mitgewirkt hat. Der Text von »Fünf Schlösser« folgt der einzigen zu Fontanes Lebzeiten erschienenen Ausgabe (1889). Über die Textgrundlagen in den Bänden 6 und 7 geben die Anmerkungen detailliert Auskunft.

Die Texte werden vollständig und kritisch geprüft dargeboten. Orthographie und Interpunktion haben wir – unter sorgfältiger Wahrung des Lautstandes und unter Beibehaltung Fontanescher Eigenheiten (z. B. Anführung von indirekter Rede; Doppelpunkt vor Apposition) – dem heutigen Gebrauch weitgehend angeglichen, nachweisbare Druckfehler stillschweigend beseitigt und fehlende Anführungszeichen ergänzt. Die Modernisierung der Schreibweise betrifft auch – ausgenommen einige wenige Brief-, Tagebuch- oder amtliche Dokumente, bei deren Abdruck Fontane selbst auf das historische Kolorit Wert legte – Zitate und Inschriften, die der Autor oft nicht originalgetreu wiedergibt. Konserviert wurden die französischen Formen zahlreicher Wörter (z. B. Billet, Cabinet, Compagnie, Corps, Lieutenant) sowie die für Fontane charakteristischen Mischformen (z. B. Affairen, Défiléen, Domainen, Façaden, Gensdarmen). Zahlen bis 100 wurden (außer bei statistischen Aufzählungen, Datumsangaben oder Regimentsnumerierungen) ausgeschrieben, häufig (und uneinheitlich) gebrauchte Abkürzungen (v., geb., z. B., d. h., vgl., resp., S. K. M. [Seine Königliche Majestät]) bei der Wiedergabe gedruckter Texte aufgelöst, bei Texten, die aus den Handschriften übernommen wurden, dagegen erhalten. In der Vorlage gesperrt gedruckte Textstellen werden (sofern es sich um echte Hervorhebungen handelt) kursiv, Orts- und Personennamen in der heute üblichen Schreibweise wiedergegeben.

Da Fontane ständig nicht nur an der Gruppierung des Stoffes, sondern auch an der Textkonstitution gearbeitet hat, wurden für die Bände 1 bis 4 die einschlägigen, textgeschichtlich relevanten Publikationen (namentlich alle Buchausgaben; in einzelnen Fällen auch die Zeitungs- und Zeitschriftenvorabdrucke) zum Vergleich herangezogen. Die dabei ermittelten Varianten werden für die Bände 1 bis 4 im Zusammenhang der Textanmerkungen mitgeteilt, soweit sie interessante inhaltliche oder stoffliche Ergänzungen oder Veränderungen bieten. Auch für die Bände 5, 6 und 7 wurden sämtliche Abdrucke ausgewertet; über wichtige Abweichungen informieren die jeweiligen entstehungsgeschichtlichen Vorbemerkungen. Bei der Wiedergabe von nur handschriftlich überlieferten Texten werden Varianten in [] direkt im Text mitgeteilt; stehen mehrere komplette Versionen nebeneinander, wurde im Prinzip die vermutlich letzte Fassung übernommen.

Die Anmerkungen, für die u. a. Fontanes Notizbücher im Theodor-Fontane-Archiv der Deutschen Staatsbibliothek, Potsdam (FAP), ausgewertet werden konnten, geben jeweils die Entstehungs- und (sofern möglich) die Wirkungsgeschichte der Bände beziehungsweise der Kapitel und Entwürfe und bringen alle zum Textverständnis notwendigen sachlichen Erläuterungen. Dabei werden Erklärungen zu Personennamen nur gegeben, wenn sie zum Verständnis der Textstelle unbedingt erforderlich sind. Knappe biographische Angaben und Auskünfte über alle weiteren Personennamen sind für ein gesondertes Personenregister vorgesehen. Um die Praktikabilität des Gesamtwerkes für den Benutzer zu erhöhen, haben wir uns bemüht, bei den von Fontane beschriebenen oder erwähnten Baulichkeiten knappe Angaben über Bauzeit und Baustil, Erhaltungszustand und heutigen Verwendungszweck mitzuteilen; nach den Veränderungen auf dem Gebiet der ehemaligen DDR können solche Informationen in zahlreichen Fällen nur vorläufigen Charakters sein.

Mit Auskünften und Hinweisen waren für den vorliegenden Band in dankenswerter Weise behilflich: Prof. Dr. Helmut Börsch-Supan (Berlin), Günter de Bruyn (Berlin), Dr. Joachim Kleine (Zeuthen), Pfarrer Helmut Kulla und Frau Eva-Maria Kulla (Gütergotz), Bettina Machner (Berlin), Wolfgang Ritschel (Weimar), Prof. Dr. Jost Schillemeit (Braunschweig), Klaus Täubert (Berlin), Dr. Otto Wermter (Berlin).

Zu danken ist Frau Ingeburg Hofmann für sorgfältige Abschriften und ganz speziell dem Leiter des Theodor-Fontane-Archivs der Deutschen Staatsbibliothek, Potsdam, Herrn Dr. Manfred Horlitz, sowie vor allem seinem Mitarbeiter Herrn Peter Schaefer; das Archiv stellte großzügig zahlreiche Materialien zur Verfügung.

Für die Anmerkungen zum vorliegenden Band haben wir u. a. folgende Publikationen dankbar genutzt:

Theodor Fontane, Werke, Schriften und Briefe, Abteilung II: Wanderungen durch die Mark Brandenburg, Band 1–3. Herausgegeben von Walter Keitel und Helmuth Nürnberger, Anmerkungen von Jutta Neuendorff-Fürstenau. Carl Hanser Verlag, München 1977 (2. Auflage);

Theodor Fontane, Sämtliche Werke, Band XVIII und XVIIIa. Gesammelt von Kurt Schreinert †, fortgeführt und herausgegeben von Jutta Neuendorff-Fürstenau. Nymphenburger Verlagshandlung, München 1972;

Georg Dehio, Handbuch der deutschen Kunstdenkmäler. Bezirke Berlin/DDR und Potsdam. Bearbeitet von der Abteilung Forschung des Instituts für Denkmalspflege. Akademie-Verlag, Berlin 1983.

Die vorliegende Ausgabe setzt die 1976 begonnene Edition fort und schließt sie, wie gesagt, mit den Bänden 6 und 7 zugleich ab. Die Bände 1 bis 4 liegen bereits in drei, der Band 5 in zwei Auflagen vor. Der Verlag hat sich entschlossen, Ausstattung und Format zu ändern und alle Bände in der neuen Version vorzulegen.

In den Anmerkungen ist, entsprechend den historischen Umständen während der Entstehung der Edition, stets vom Theodor-Fontane-Archiv der Deutschen Staatsbibliothek in Potsdam die Rede (FAP). Inzwischen gehört das Archiv in Potsdam (wie die Deutsche Staatsbibliothek Unter den Linden) zur Stiftung Preußischer Kulturbesitz.

Berlin, Frühjahr 1991

G. E.

ANMERKUNGEN

Arbeiten und Entwürfe zum thematischen Umfeld
II

Entwürfe, Pläne und Materialsammlungen aus dem Nachlass

Interessante Bilder etc.

Die mit Tinte geschriebenen Notizen dürften unmittelbar nach dem Besuch des Berliner Schlosses am 28. April 1863 entstanden sein, während die Bleistiftaufzeichnungen über die Brautkammer offenbar beim Rundgang gemacht wurden. Beide Texte sind im Notizbuch A 7, Blatt 24 sowie Blatt 15/16, überliefert und werden in der vorliegenden Ausgabe erstmals veröffentlicht. Fontane hat eine Art Inhaltsübersicht für A 7 auf den Vorderdeckel geklebt und dort im vorliegenden Zusammenhang notiert: »*Das Schloß in Berlin.* Bildergalerie. Brautkammer. Kapelle Sophie Charlottens. Verzeichnis interessanter Bilder.« In einem Brief vom 4. Mai 1863 bedankte sich Fontane bei Major von Kessel »für die Eindrücke und Belehrungen«, die er bei der Schloßführung erhalten habe, und bat um einen neuen Termin, »um das alte und erste Krönungsbild zu sehn«.

7 *Gemahlin* – Elisabeth Charlotte von der Pfalz.
Der Große Kurfürst – Friedrich Wilhelm.
Die holsteinsche Dorothea – Die zweite Frau Kurfürst Friedrich Wilhelms, Dorothea, war eine Tochter des Herzogs von Holstein-Glücksburg.
Schwarzer Adlerorden – Höchster preußischer Orden. 1701 durch König Friedrich I. gestiftet; seit 1919 nicht mehr verliehen.
tambouriert – gehäkelt.
Goldfrangen – Eingedeutscht nach dem französischen Wort »frange«: Franse.

8 *Großherzogin von Baden* – Luise, die Tochter des späteren Kaisers Wilhelm I., war seit 1856 mit Großherzog Friedrich I. von Baden verheiratet.
Momus(?)masken – Momos ist in spätgriechischer Zeit die Personifikation von Spott und Tadelsucht.

Spukgeschichten etc.

Die Übersicht ist im Notizbuch A 15, Blatt 6–7, überliefert, das Aufzeichnungen zu »Havelland« sowie Material zu »Vor dem Sturm« enthält und durchweg 1869 benutzt wurde. Der bisher unveröffentlichte Text in der vorliegenden Ausgabe folgt A 15.

9 *Sternbergs Erinnerungen* – Die »Erinnerungsblätter« von Alexander Ungern-Sternberg erschienen in 6 Bänden 1855–1860.
Pfuels handschriftliche Aufzeichnungen – Zur Pfuel-Familie vgl. »Das Oderland«, Kap. »Das Pfulen-Land«; Band 2 dieser Ausgabe.
Groß Rietz – Vgl. »Spreeland«, Kap. »Eine Osterfahrt in das Land Beeskow-Storkow«, Abschnitt 3; Band 4 dieser Ausgabe.
Geschichte von den Wedells – Vgl. »Allerlei«; S. 140 dieses Bandes.
Familienring der Bredows – Vgl. »Fünf Schlösser«, Teil »Quitzöwel«, Kap. 14; Band 5 dieser Ausgabe.
Knesebeck auf Löwenbruch – Vgl. »Spreeland«, Kap. »Löwenbruch«; Band 4 dieser Ausgabe.

Schwerin

Wie der Schluß des folgenden Textes ausweist, war Fontane (während seines Sommeraufenthaltes in Dobbertin und Warnemünde) Anfang August 1870 in Schwerin und erfuhr dort vom Sieg der deutschen Truppen bei Wörth (6. August). Auch im August/September 1871 hielt er sich wieder bei Mathilde von Rohr auf, und am 5. Oktober 1871 schrieb er darüber an den Kardinal-Erzbischof Césaire Mathieu: »Von Dobbertin, nach einem kurzen Aufenthalt in der kleinen Residenz Schwerin (dessen Schloß, wenn ich nicht irre, eine freie Nachbildung des Schlosses zu Chambord oder eines anderen berühmten Loire-Schlosses ist), wandte ich mich nach dem mecklenburgischen Seebade: Warnemünde.« Bei dem hier erwähnten Schwerin-Besuch dürften die Aufzeichnungen entstanden sein, die im FAP unter der Signatur Ka 4 erhalten sind und im vorliegenden Band erstmals veröffentlicht werden.

10 *Arsenal* – 1840–1844 von G. A. Demmler am Pfaffenteich gebaut.
Dom – Der erste Bau wurde 1171 begonnen und 1248 ge-

weiht. Der jetzige gotische Backsteinbau stammt im wesentlichen aus dem 14. und frühen 15. Jahrhundert.

10 *spire* – (engl.) Spitze, Spitzturm.

Doberan – Vgl. »Kloster Doberan«; S. 17 dieses Bandes.

Marienkirche in Rostock – Der erste Bau wurde bald nach 1230 errichtet, gegen Ende des 13. Jahrhunderts die Umgestaltung in eine dreischiffige gotische Backstein-Basilika begonnen (etwa 1452 vollendet).

Lübkes Studien – Fontane bezieht sich auf die »Kunsthistorischen Studien« von Wilhelm Lübke (Stuttgart 1869), die im 5. Kapitel (»Eine Reise in Mecklenburg. 1852«) Schwerin, Wismar, Doberan und Rostock behandeln.

11 *Paulkirche* – Die Paulskirche stammt aus dem Jahre 1869.

chef d'œuvre – (franz.) Meisterstück, Hauptwerk.

Schloß – Der jetzige Zustand geht im wesentlichen auf den Neubau von G. A. Demmler und F. A. Stüler zurück (1843–1857). Das alte Renaissanceschloß entstand seit 1553 durch den Umbau einer gotischen Burg.

Schloß Chambord – Berühmtes Renaissanceschloß an der Loire, 1523–1533 unter Franz I. gebaut.

vom Schlosse zu Güstrow – Das herzogliche Schloß in Güstrow, eine Vierflügelanlage, die als bedeutendster norddeutscher Renaissancebau gilt, wurde 1558 von F. Parr begonnen (West- und Südflügel bis 1566 vollendet), der Nordflügel 1587–1589 von Ph. Brandin gebaut.

durch ... gebaut – F. Parr und Ph. Brandin.

Sieg über MacMahon – Am 6. August 1870 gewannen die deutschen Truppen bei Wörth die erste, verlustreiche Schlacht im Deutsch-Französischen Krieg. Die französische Verteidigungsstellung stand unter dem Befehl des Marschalls Patrice Maurice, Marquis de MacMahon.

Kloster Dobbertin in Mecklenburg-Schwerin

Fontanes langjährige Freundin Mathilde von Rohr war 1869 als Konventualin von Berlin nach Dobbertin übergesiedelt, und der Dichter besuchte sie erstmals im Juli 1870 (vgl. das Kapitel über sie, Band 6 dieser Ausgabe, und die Anmerkungen dazu sowie das Gedicht »Die Tage von Dobbertin«, 1871). Möglicherweise entstanden schon bei dieser Gelegenheit die vorliegenden Aufzeichnungen. Sie könnten jedoch auch im August/September 1871 gemacht worden sein, als sich Fontane erneut bei der Rohr in Dobbertin aufhielt. Für das Jahr 1871 spricht der folgende Brief, den Fontane am

5. Oktober 1871 an den Kardinal-Erzbischof Césaire Mathieu richtete:

»Den ganzen vorigen Monat habe ich in dem benachbarten Großherzogtum Mecklenburg zugebracht, wohin ich mich zurückgezogen hatte, um ganz ungestört arbeiten zu können. Zuerst befand ich mich in einem Fräuleinstift, dessen etwas kümmerlich geratenes Bild ich diesen Zeilen anschließe und das bis diese Stunde, trotz seines protestantischen Charakters, den Namen führt: ›Kloster Dobbertin‹. Wir haben solcher ›Klöster‹ hier sowohl wie auch in meiner heimatlichen Provinz Brandenburg mehrere; Stiftungen, die etwa dreißig Jahre nach der großen deutschen Kirchenbewegung aus dem katholischen Glauben in das lutherische Bekenntnis übertraten, mit Ausnahme dieses einen Unterschiedes aber *in allem andern völlig unverändert blieben.* / Deshalb kann man an diesen Orten die Art und Weise des 16. Jahrhunderts noch ganz vorzüglich studieren, um so mehr, als alle diese Plätze, meist abgelegen vom Weltverkehr, in ihren alten Überlieferungen in nichts gestört wurden. Hier gibt es noch eine Domina, eine Priorin, Praepositi und einen Klosterhauptmann; die adligen Damen selbst führen den Namen ›Konventualinnen‹, und das Ganze behauptet noch eine völlig selbständige Stellung und kennt keine andere Abhängigkeit als die Abhängigkeit von einer Art adligem Oberhause, die aber seinerseits an den alten Überlieferungen weder rüttelt noch rütteln darf. Die ›Domina von Dobbertin‹ nimmt den ersten Rang nach dem Landesfürsten ein und genießt in wie außerhalb des Klosters eines hohen Ansehens. Es ist in diesem Augenblick eine 92jährige, kleine Dame (ein Fräulein von Quitzow), die dieses hohe Amt bekleidet, seltsamerweise ein Zwillingskind, deren Zwillingsschwester, ebenfalls unverheiratet und von gleicher Rüstigkeit, bei ihrer Schwester oft zu Besuch ist. Es gibt eine ganze historische Literatur dieses Klosters, und nichts ist amüsanter zu lesen als der ›Nonnenkrieg‹, den die in ihrem Glauben verharrenden adligen Damen gegen die dann und wann erscheinende protestantische Pfarrgeistlichkeit führten, wobei es, von den unglaublich stärksten Ausdrücken abgesehen, auch zu Tätlichkeiten, zu einer Kriegführung im kleinen kam.«

Fontanes Notizen sind im FAP in zwei handschriftlichen Versionen überliefert (Signatur Ka 5). Charlotte Jolles hat einen Teil im Anhang zu den »Briefen an Mathilde von Rohr« (Theodor Fontane, Briefe. Vier Bände. Herausgegeben von Kurt Schreinert. Zu Ende geführt und mit einem Nachwort versehen von Charlotte Jolles, Berlin 1968–1971, Band 3) erstmals veröffentlicht. In der vorliegenden Ausgabe wird zusätzlich auch jener Teil zum ersten Male publiziert, der die Klosterkirche detaillierter beschreibt.

12 *eins (Heiligengrabe) soeben geschildert* – Die Formulierung deutet auf die (nicht ausgeführte) Absicht Fontanes, einen zusammenhängenden Text über säkularisierte Klöster zu schreiben. Das Zisterzienser-Nonnenkloster Heiligengrabe (Prignitz), 1289 gestiftet, erwähnt Fontane im Band »Havelland«, Kap. »Die Zisterzienser in der Mark«; Band 3 dieser Ausgabe.

13 *Lisch[s] Aufsatz* – Unter der Überschrift »Aus Lisch[s] Aufsatz« hat Fontane die konfliktreiche Umwandlung des Klosters Dobbertin in ein Stift während der Reformationszeit beschrieben. Die Aufzeichnungen, die offenbar auf einem Aufsatz von G. C. Friedrich Lisch basieren (vermutlich aus den »Jahrbüchern des Vereins für mecklenburgische Geschichte und Altertumskunde«), werden im FAP unter der Signatur Ka 7 aufbewahrt und haben folgenden Wortlaut:

Die Franziskaner- und Dominikanerklöster in den Städten fielen schon in den 30er Jahren des 16. Jahrhunderts, die übrigen Mönchsklöster hielten sich bis in die 50er Jahre, die *Nonnenklöster* noch etwas länger, weil man Anstand nahm, die »Jungfrauen aus ihrer Gewohnheit zu reißen«.

1556 stand es fest, daß neben andren im Lande noch existierenden Nonnenklöstern [*Nachträglich über der Zeile:* Malchow und Ribnitz] Dobbertin den *Landständen* [*Dazu am Rand:* d. h. für die Jungfrauen der Adligen als Sinekuren für einzelne Töchter überlassen werden oder ihnen *verbleiben* sollten. Einige andre Klöster waren nämlich von der Landesherrschaft, also von den Herzögen, für sich eingezogen worden.] überlassen werden solle, aber freilich, dies war nur *Besitz*folge, was die *Glaubens*frage anging, so fing man an, auf *Reformierung*, auf Übertritt zur gereinigten Lehre zu dringen. Visitationen fanden statt, und so bereiteten sich (denn die Nonnen waren zäh) noch letzte Kämpfe und Widerstände vor.

Den *Ständen* und ihren unverheirateten Töchtern war also Dobbertin als *Besitz* gerettet, aber der *Papismus* sollte heraus. Dies hatte nun aber seine ernsten Schwierigkeiten. Den *Ständen* war ein Genüge getan, daß man ihnen den *Besitz* ließ, aber die *Nonnen* verlangten mehr, sie wollten nicht bloß in altem Besitze, sie wollten auch im *alten Glauben* bleiben. Dies, nachdem die Luthersche Lehre zur Landeskirche erhoben war, schien nicht zulässig, die Herzöge forderten den Übertritt zur *neuen Lehre* und machten dies zur Bedingung des Verbleibs im Kloster. Wer Stiftsdame sein wollte, konnte bleiben, wer *Nonne* verbleiben wollte, mußte heraus, wurde mit Exmission bedroht. Es scheint indes, daß die herzoglichen Regierungen doch Anstand nahmen, gegen die Töchter der adligen Häuser mit aller Strenge vorzugehn, und so zogen sich die Dinge bis 1586 hin. Ein halbes Jahrhundert lang hielten sich die Dobbertiner Nonnen als *Nonnen*, trotzdem Herzog *Johann Albrecht* schon am 2. November 1556 in sein Tagebuch schrieb: »Heut hab ich die Abgötterei bei den Nonnen zu Dobbertin abgeschafft.« [*Zum Vorstehenden am Rand:* Die Nonnen hielten sich mit einer Hartnäckigkeit, die nur durch die Zähigkeit des weiblichen Charakters erklärt werden kann.]

Man hoffte es durch häufige Visitationen zwingen zu können, aber vergeblich. Einige Nonnen gaben nach, die meisten erklärten, daß sie bei ihrem alten Glauben leben und sterben und lieber »vor ein Schwert sitzen gehen« wollten. Sie fügten hinzu: Die Herzöge [*Darüber:* Der Herzog] meinten es auch nicht so schlimm, all ihre Bedrängnis käme nur von den »Zututern«, die das Ohr der Herzöge [*Darüber:* des Herzogs] hätten. Schließlich wurde immer seitens der Priorin das eine oder andre versprochen, wenn aber die Visitatoren wiederkamen, so fanden sie alles nach wie vor »in päpstlichem Unflat versoffen«. 1562 wurde es dem Herzoge Johann Albrecht zu viel, er ging selbst nach Dobbertin und erklärte ihnen: »Sie sollten die Reformation befolgen und das Abendmahl unter beiderlei Gestalt empfangen. Diejenigen, die sich weigern würden, werde man auf Wagen setzen und ihren Verwandten zuführen. Das gottlose papistische Leben sei nicht länger zu dulden, die Gehorsamen sollten im Kloster bleiben.« Da fielen alle Nonnen vor den beiden Herzögen (der andre hieß Ulrich) auf die Knie und beteuerten, »sie könnten ihnen darin nicht gehorsamen«, und riefen dies noch hinter den Herzögen her, als diese ihnen den Rücken wandten.

Die Herzöge bestanden auf ihrem Willen, und es kam nun zu einer Scheidung: 11 fügten sich, 14 weigerten sich auch ferner noch, und so erschien denn am 30. Sept. 1562 Hofmarschall v. Below mit 10 Wagen, um die Widerspenstigen abzuholen. Man begann mit *Ingeburg Hagenow*, weil diese alle andern »an Ungehorsam und Bosheit« übertraf. Es entspann sich nun ein Kampf, über den genaue Aufzeichnungen existieren. »Als nun die fürstlichen Dienstleute die Ingeburg Hagenow angriffen, um sie hinauszubringen, eilten vier bis fünf papistische Nonnen zum Succurs herbei und zerrten sie in das Kloster zurück, während die Hofdiener sie nach der Tür hin zogen, so daß ihr die Kappe auf dem Leibe zerriß. Die übrigen Ungehorsamen wurden ihr nach aus dem Kloster gestoßen. Sowie sie aus dem Kloster auf den Hof kamen, nahmen sie Stöcke und Steine und warfen nach den Dienern, die sie hinausgebracht hatten, und lästerten, höhnten, fluchten und schalten jedermann. Besonders wütend erwies sich Ingeburg Hagenow, die in ihren zerrissenen Kleidern über den ganzen Hof lief und tat, als ob sie besessen wäre. Sie rief: »Wenn ich euch alle verschlingen oder dem Teufel in den Rachen werfen könnte, so wollte ich's nicht lassen.« Darauf gingen sie zu Fuße von dem Klosterhofe, während sie sangen: Christe, qui lux es et dies. Die Wagen fuhren ihnen auf Befehl nach, wurden aber von ihnen nicht benutzt. So zogen sie durch das Dorf Dobbertin bis nach dem adligen Gute Suckwitz, das eine Meile von Dobbertin gelegen ist.«

Diese 11 Jungfrauen, mit der dem weiblichen Charakter eigentümlichen Pertinacität, gaben aber auch *jetzt* den Kampf noch nicht auf. Sie wußten sich, durch den Einfluß ihrer Familien und durch vorgebliche Bekehrung, nach und nach wieder ins Kloster einzuführen. Kaum wieder innerhalb der alten Mauern, begannen sie auch das alte Leben; ihr scharfer Katholizismus wurde wieder herausgekehrt, die neue Lehre bekämpft oder verdrängt, je nachdem der Moment es gestattete, jedenfalls war der Sieg einerseits der neuen Lehre, andrerseits der landesherrlichen Gewalt immer wieder in Frage gestellt. Man kann sagen, alle Reformationen und Visitationen fruchteten nichts, solange die alten Nonnen noch lebten. Nach 7 Jahren steckte die Mehrzahl der Jungfrauen noch in erschrecklicher Blindheit, und Dobbertin war nach wie vor eine »grausame Seelenmördergrube«. 1569 wurde abermals visitiert. Die Visitatoren fanden folgendes:

1. daß die Jungfrauen Gottes Wort und den evangelischen Gottesdienst nicht achteten,
2. daß sie die deutsche Bibel, die deutschen Psalmen, die Kirchenordnung und den Katechismus Lutheri nicht lasen und achteten,
3. daß sie keine deutschen Gesänge sangen, sondern nur lateinische singen wollten,
4. daß sie die vorgeschriebene Klosterschule nicht hielten,
5. daß sie die neu aufgenommenen Jungfrauen einkleideten und mit Gelübden und Nonnenkappen beschwerten,
6. daß sie Jungfrauen aus fremden Klöstern (beispielsweise aus Heiligengrabe) aufgenommen hatten, welche die Reformationsordnung nicht hielten,
7. daß sie mit andern Menschen nicht umgehn, singen und zu Abendmahl gehen wollten,

8. daß sie die gestorb. Jungfrauen im Nonnengewande und mit päpstlichen Zeremonien begruben; kurzum, daß »in der schabichten Nonnenkappe nach wie vor solche stinkende Hoffart stecke, daß sie andre fromme Christen neben sich verachteten«.

So blieb es auch in Dobbertin. Erst mit dem Aussterben der alten Nonnen änderte es sich, faßte die neue Lehre festen Fuß, und man kann sagen, daß von 1586 ab [*Dazu am Rand:* Diese Zahl ist richtig], also nach 30jährigem Kampf, endlich die neue Lehre sich siegreich festsetzte.

13 *Umbau-Zeit* – Die Dobbertiner Klosterkirche, Teil des um 1220 gegründeten Benediktiner-Nonnenklosters, ist ein einschiffiger gotischer Backsteinbau aus dem 14. Jahrhundert, der 1828–1837 nach Plänen Schinkels grundlegend verändert wurde.

15 *Werdersche Kirche* – Vgl. Fontanes Beschreibung in »Havelland«, Kap. »Werder«; Band 3 dieser Ausgabe.

Kloster Doberan

Wann Fontane das Doberaner Münster sah, ist nicht mit Sicherheit zu sagen. Wahrscheinlich fällt der Besuch in die Mecklenburger Sommeraufenthalte von 1870 oder 1871 (vgl. die Aufzeichnungen zu »Schwerin« und »Kloster Dobbertin in Mecklenburg-Schwerin«, S. 10f. und S. 12ff. dieses Bandes, sowie die Anmerkungen dazu). Die vorliegenden, hier erstmals veröffentlichten Notizen sind im FAP unter der Signatur Ka 6 überliefert.

17 *Schweriner Dom* – Vgl. Anm. zu S. 10.
Marienkirche in Rostock – Vgl. Anm. zu S. 10.
Lübkes Studien – Vgl. Anm. zu S. 10.
wholesale – (engl.) Großhandel, Engrosgeschäft.
Präpositus Roeper – F. L. Roeper, »Geschichte und Anekdoten von Dobberan [!] in Mecklenburg. Nebst einer Beschreibung der dortigen Seebadeanstalten«, Neustrelitz 1797.

Kolonien

Dieser Aufsatzentwurf ist im Notizbuch C 14 auf den Blättern 35–42 im FAP überliefert; es handelt sich dabei um das dritte Notizbuch der zweiten Italienreise von 1875. Der flüchtig mit Bleistift geschriebene, schwer zu entziffernde und stellenweise stark verblaßte Text wurde zuerst im Band XVIII der Nymphenburger Fontane-Ausgabe veröffentlicht, allerdings mit zahlreichen Lesefehlern und Auslassungen. Der Abdruck in der vorliegenden Edition folgt C 14.

18 *vor einigen Wochen in Verona* – Fontane hielt sich am 23. August 1875 für anderthalb Stunden in Verona auf.
19 *Race* – Fontane benutzte meist das französische Wort für »Rasse«.

Wie Klöster entstanden und lebten

Für die Datierung dieser handschriftlichen Aufzeichnungen (mit Tinte), die im FAP aufbewahrt werden, gibt es keine sicheren Anhaltspunkte. Denkbar wäre, daß sie im Kontext von Fontanes Lokalstudien in den Klöstern Lehnin und Chorin im Oktober/November 1863 und der sich anschließenden Ausarbeitung der entsprechenden »Wanderungen«-Kapitel in den Wintermonaten 1863/64 entstanden (vgl. »Havelland« und die Anm. zu »Kloster Lehnin« und »Kloster Chorin«; Band 3 dieser Ausgabe). Dagegen sprechen allerdings einige Wendungen im zweiten Absatz, die eine größere zeitliche Distanz zum Beginn der »Wanderungen« andeuten. Wahrscheinlich wirkten bei der Niederschrift auch die Eindrücke im Kloster Dobbertin 1870/71, die Italien-Erlebnisse 1874/75, der Umgang mit der streng katholischen Familie Wangenheim, die Vorgänge des »Kulturkampfs« in den siebziger Jahren sowie überhaupt die ständige Faszination durch den Katholizismus und das kritischer werdende Verhältnis zum preußischen Protestantismus mit, so daß die zweite Hälfte der siebziger Jahre für die Entstehung der Notizen als wahrscheinlich angenommen werden darf.

Der vorliegende, bisher unveröffentlichte Text folgt der genannten Handschrift im FAP (Signatur Ka 3).

21 *das einzige Land, »in dem nie ein Ketzer verbrannt ...«* – Die Herkunft der Sentenz konnte nicht ermittelt werden. Fontane zitiert sie auch im »Küstrin«-Kapitel des Bandes »Das Oderland« (Band 2 dieser Ausgabe), in »Gütergotz« (Band 6 dieser Ausgabe) und im »Stechlin«, Kap. 16. Paul Heyse übernahm das Wort aus den »Wanderungen« in seinen »Roman der Stiftsdame« (1886).
our virtues are ... – (engl.) unsere Tugenden sind die Kinder unserer Fehler.

21 *(französisch nehmen)* – Fontane dachte vermutlich an den Satz »Nos vertus ne sont, le plus souvent que des vices déguisés« (Unsere Tugenden sind meist nur verkappte Laster), der das Motto von La Rochefoucaulds Buch »Reflexionen oder Sentenzen und moralische Maximen« (1665) bildet.

22 *Geistliche* – In der Handschrift versehentlich: Gelegenheit.
die Zehnten – Der zehnte Teil der bäuerlichen Erträge, der an die Kirche abgeführt werden mußte.

Berliner Ton

Der Aufsatzentwurf ist nach den Darlegungen von Jost Schillemeit (s. u.) wahrscheinlich im Frühjahr 1878 entstanden, könnte aber auch zu jenen Arbeiten zu zählen sein, die Fontane im Herbst 1878 für die Wochenschrift »Die Gegenwart« vorbereitet hatte (vgl. den in der Vorbemerkung zu »Adel und Judentum in der Berliner Gesellschaft« zitierten Brief an Julius Grosser vom 17. Juni 1879, S. 416 dieses Bandes). Denkbar wäre überdies ein entstehungsgeschichtlicher Zusammenhang mit dem thematisch verwandten Essay »Die Märker und die Berliner und wie sich das Berlinertum entwickelte«, der, 1888 geschrieben, im November 1889 publiziert wurde (vgl. Band 6 dieser Ausgabe).

Das Manuskript (am 25. Juli 1920 ungenau und mit zahlreichen Auslassungen in der »Vossischen Zeitung« veröffentlicht) war Teil jener »5 eigh. Prosaentwürfe«, die unter dem Titel »Berlin und die Juden« im Oktober 1933 bei der Versteigerung des Fontane-Nachlasses durch die Autographenhandlung Hellmut Meyer & Ernst als Nr. 486 angeboten und von dem Potsdamer Bankier Paul Wallich erworben wurden (dazu gehörten außerdem »Die Juden in unsrer Gesellschaft«, S. 299 dieses Bandes; »Wie man in Berlin so lebt«, S. 305 ff. dieses Bandes; »Adel und Judentum in der Berliner Gesellschaft«, S. 33 f. dieses Bandes; »Berliner Sprechanismus«, S. 300 ff. dieses Bandes). Jost Schillemeit hat den Aufsatzentwurf 1986 in Band XXX des Jahrbuchs der Deutschen Schillergesellschaft erstmals exakt nach der Handschrift (im Besitz von Robert Wallich, London) veröffentlicht und ausführlich kommentiert (»Berlin und die Berliner. Neuaufgefundene Fontane-Manuskripte«, S. 34–82); der Text der vorliegenden Ausgabe beruht auf dieser Publikation. Der Manuskriptbefund läßt Aufschlüsse über den Entstehungsprozeß zu, über den Schillemeit unter anderem bemerkt: »Eine gewisse Unübersichtlichkeit im Aufbau des Aufsatzes erklärt sich daraus, daß er zunächst etwas anders angelegt war und dann umgearbeitet wurde – zum Teil mit ›Kleister und Schere‹, durch Zerschneiden der Blätter und Aufkleben der Stücke in neuer Anordnung –, ohne daß es dabei zur Herstellung eines endgültigen, druckreifen Textes gekommen wäre.«

23 *tout comprendre …* – (franz.) alles verstehen heißt alles verzeihen. – Das geflügelte Wort geht auf Germaine de Staël-Holsteins (Madame de Staël) Roman »Corinne ou l'Italie« (1807) zurück. In »Frau Jenny Treibel« (Kap. 7) schreibt Fontane den Satz (irrtümlich) George Sand zu.
angreifsch – zweifelhaft.
»Sprechanismus« – Vgl. den Aufsatzentwurf »Berliner Sprechanismus«; S. 300ff. dieses Bandes.

24 *urbs* – (lat.) Stadt.
Diktum Lord Byrons – Nach den (1824 vernichteten) Tagebüchern Lord Byrons soll dieser den unerwarteten Erfolg der ersten Gesänge seines »Childe Harold's Pilgrimage« (1812) mit den Worten kommentiert haben: »I awoke one morning and found myself famous!« (Ich erwachte eines Morgens und fand, ich war berühmt!)
Beresina-Brücke – Napoleon hatte bei seinem Rußland-Feldzug 1812 zwei Brücken über die Beresina schlagen lassen, die beim chaotischen Rückzug der geschlagenen französischen Armee vom 26.–28. November 1812 Schauplatz äußerst verlustreicher Gefechte waren.

25 *Strohhalm … wie der Wind weht* – Von Fontane mehrfach zitiertes englisches Sprichwort: »A straw shows where the wind blows.«

27 *»Berliner Saal«* – Durchgangszimmer in Berliner Mietshäusern, das das Vordergebäude mit dem Seitenflügel verband.
Besingsflecken – Besing: Heidelbeere, Blaubeere.
versteckt er sich unter dem Tisch – Offenbar Reminiszenz an ein Erlebnis im Potsdamer Hause Theodor Storms, wo sich einer der Söhne unter dem Tisch versteckt und Kammergerichtsrat Merckel in die Wade gebissen hatte. Vgl. »Von Zwanzig bis Dreißig«, Abschnitt »Der Tunnel über der Spree«, Kap. 4.

28 *»Norddeutsche Allg. Ztg.«* – Die »Norddeutsche Allgemeine Zeitung«, 1861 in Berlin gegründet, war das Sprachrohr Bismarcks (»Kanzlerblatt«).
in den Zoologischen – Der Berliner Zoologische Garten wurde 1841 gegründet und 1844 eröffnet.

29 *O. Bl. [und] L. P.* – Oskar Blumenthal, 1875–1887 Theaterkritiker am »Berliner Tageblatt«, und Ludwig Pietsch, seit 1864 Kritiker und Kunstreferent der »Vossischen Zeitung«.

29 *à tout prix* – (franz.) um jeden Preis.

30 *»Bekenntnisse einer schönen Seele«* – Titel des 6. Buches von Goethes »Wilhelm Meisters Lehrjahren« (1795/96), das der Welt der Herrnhuterin Susanne von Klettenberg gewidmet ist.

31 *»Vor Gott sind eigentlich ...«* – Fontane schreibt das Wort gelegentlich seinem alten Tunnel-Kollegen Louis Schneider zu.
Niemann ... Mallinger – Damals zwei berühmte Wagner-Sänger in Berlin.
Schwing ... Hofmeister – Schauspieler am Berliner Königlichen Theater.
Hildebrandt, Mannheimer und Samter – Stadtbekannte Inhaber einer Schokoladenfabrik, eines Damenkonfektionsgeschäftes und einer Verlagsbuchhandlung in Berlin.
Spandauer oder Wall- oder Jägerstraße – Renommierte Banken- und Geschäftsviertel in Berlin.

32 *Dashingtum* – Das Modisch-Auffällige.
»rocher de bronce« – (franz.) eherner Felsen. – Friedrich Wilhelm I. schrieb am 25. April 1716 als Randbemerkung auf eine Eingabe des Landadels (der eine Reform des Kriegssteuersystems forderte), er werde »die Souveränität« der Krone gegen die Ansprüche des Adels »fest wie einen rocher von bronce« stabilieren.

Adel und Judentum in der Berliner Gesellschaft

Mitte Juni 1879 muß sich Julius Grosser, Redakteur der von Paul Lindau herausgegebenen Wochenschrift »Die Gegenwart«, wegen eines neuen Beitrages an Fontane gewandt haben, denn dieser schrieb am 17. Juni an Grosser: »Es liegen, seit Herbst v. J. angefangen, mehrere für die ›Gegenwart‹ bestimmte Aufsätze in meinem Kasten; ich kann diese aber leider nicht hervorsuchen, weil ihre Bewältigung zu schwierig ist. Eins der Themata lautet ›Das Judentum und die Berliner Gesellschaft‹ und ist – was Sie von mir vielleicht nicht erwarten werden – ziemlich anti-adlig und sehr judenfreundlich abgefaßt. Das Thema ist so ernst und so gut zugleich, daß ich es mir durch flüchtige Behandlung nicht verderben will.« Damit ist unzweifelhaft der vorliegende Text gemeint, der, wenn die Angabe des Autors richtig ist, im Herbst 1878 entstand. Fontane hat den Entwurf später nicht weitergeführt, und er blieb ungedruckt.

Das Manuskript war Teil jener »5 eigh. Prosaentwürfe«, die unter dem Titel »Berlin und die Juden« im Oktober 1933 bei der Versteigerung des Fontane-Nachlasses durch die Autographenhandlung Hellmut Meyer & Ernst als Nr. 486 angeboten und von dem Potsdamer Bankier Paul Wallich erworben wurden (dazu gehörten außerdem »Die Juden in unsrer Gesellschaft«, S. 299 dieses Bandes; »Wie man in Berlin so lebt«, S. 305ff. dieses Bandes; »Berliner Ton«, S. 23ff. dieses Bandes; »Berliner Sprechanismus«, S. 300ff. dieses Bandes). Jost Schillemeit hat den Aufsatzentwurf 1986 in Band XXX des Jahrbuchs der Deutschen Schillergesellschaft erstmals nach der Handschrift (im Besitz von Robert Wallich, London) veröffentlicht und ausführlich kommentiert (»Berlin und die Berliner. Neuaufgefundene Fontane-Manuskripte«, S. 34–82); der Text der vorliegenden Ausgabe beruht auf dieser Publikation.

34 *auf der linken Seite ihrer Bücher* – Die Seite, auf der in den Geschäftsbüchern die Einnahmen (das heißt die Schulden des Adels) verzeichnet sind.

Alte und neue Provinzen

Der Aufsatzentwurf befand sich früher im FAP, ist aber seit dem Ende des zweiten Weltkriegs verschollen. Jutta Neuendorff-Fürstenau hat den Text 1972 im Band XVIII der Nymphenburger Ausgabe veröffentlicht (S. 404f.), und zwar nach einer nicht näher bezeichneten, »rasch hergestellten Abschrift, die offenbar nur der Sachinformation dienen sollte; sie weist einige durch Punkte gekennzeichnete Lücken auf, vielleicht in der Absicht, sie bei späterer Gelegenheit zu entziffern und nachzutragen«. Diesem Abdruck nach einer unzureichenden Vorlage folgt der Text in der vorliegenden Ausgabe. Die Anspielungen auf Schleswig-Holstein und Kiel, wo sich Fontane mit seiner Frau im September 1878 aufhielt, legen die Vermutung nahe, daß der Entwurf nach dieser Reise niedergeschrieben worden ist.

35 *Fehrbellin* – In der Schlacht bei Fehrbellin (28. Juni 1675) schlugen die brandenburgischen Truppen unter Kurfürst Friedrich Wilhelm die Schweden, die während des Holländischen Krieges (1672–1679) in das mit Holland verbündete Brandenburg eingefallen waren. Das schwedische Infanterieregiment Dalwigk wurde von der brandenburgischen Reiterei unter Prinz Heinrich von Hessen-Homburg vernichtet. Mit dem Sieg von Fehrbellin wurde die Mark Brandenburg von der schwedischen Besetzung befreit. Vgl. die Biographie Fried-

rich Wilhelms in den »Vaterländischen Reiterbildern aus drei Jahrhunderten« sowie »Fehrbellin« und »Fehrbellin in Sage, Kunst und Dichtung«; Band 6 dieser Ausgabe.

35 *Hohenfriedberg* – Bei Hohenfried(e)berg besiegten preußische Truppen unter Friedrich II. am 4. Juni 1745 die österreichisch-sächsischen Verbände. Vgl. die Biographie des Prinzen Heinrich von Preußen in den »Vaterländischen Reiterbildern aus drei Jahrhunderten«; Band 6 dieser Ausgabe.

märkische Marktstadt – Vgl. »Die Grafschaft Ruppin«, Kap. »Neuruppin«; Band 1 dieser Ausgabe.

das Blaue vom Himmel geschimpft – Vgl. Fontanes Gedichtzyklus »Alte-Fritz-Grenadiere«, Nr. 4: »Erstes Bataillon Garde« (1889).

36 *wir werden zu Leuten geladen* – Fontane war im September 1878 zu Besuch in Haus Forsteck, dem Kieler Landsitz des Hamburger Fabrikanten und Meereskundlers Adolf Meyer, der als Mitglied der Fortschrittspartei Reichstagsabgeordneter war.

Da kam ein kluges Fürstengeschlecht ins Land – Im Jahre 1411 setzte Kaiser Sigismund den Burggrafen Friedrich VI. von Nürnberg aus der fränkischen Linie der Hohenzollern zum erblichen Statthalter in Brandenburg ein. Friedrich warf 1412–1414 den von den Quitzows geführten Aufstand nieder, wurde 1415 Markgraf, 1417 Kurfürst von Brandenburg. 1701 erhielten die Hohenzollern die preußische Königswürde.

Geschichten aus Mark Brandenburg

Erste Überlegungen für ein Werk über die Mark Brandenburg hatte Fontane bereits während seines dritten England-Aufenthalts angestellt. Im Londoner Tagebuch hieß es unter dem 19. August 1856: »Einen Plan gemacht. ›Die Marken, ihre Männer u. ihre Geschichte. Um Vaterlands und künftiger Dichtung willen gesammelt u. herausgegeben von Th. Fontane‹.« Gedacht war an eine alphabetische Anordnung, und der Autor meinte, daß er nicht umsonst gelebt habe, wenn er dieses Buch schreiben würde. Möglicherweise bedeutete das, was Fontane im Jahr darauf, am 4. Juni 1857, im Tagebuch notierte, eine modifizierte Präzisierung jenes Planes: »Ein Buch intendiert, unter dem Titel ›Brandenburgische Geschichten‹ (z. B. also: Der falsche Waldemar. Die Hussiten vor Bernau. Die schöne Gießerin. Die Weiße Frau. Die alten adligen Geschlechter u. ihre Sagen. Derfflinger. Sidonie von Borcke (pommersch). Die kurfürstl. Schlösser. Rheinsberg. Kohlhaas. Prinz von Hessen-Homburg etc.).«

Die »Wanderungen durch die Mark Brandenburg«, die Fontane dann seit 1859 unternahm und beschrieb, hatten freilich mit historisch-lexikalischer Aufbereitung märkischer Geschichte nichts gemein (wie sie die Notiz von 1856 ankündigte), und die 1857 genannten Themen wurden darin allenfalls am Rande behandelt (wenn man vom Gusow-Derfflinger-Kapitel in »Oderland« und »Rheinsberg« in »Die Grafschaft Ruppin« absieht und bedenkt, daß Fontane für eine »Sidonie-von-Borcke«-Erzählung zwischen 1879 und 1882 umfangreiche Aufzeichnungen gemacht hat). Erst als 1882 mit »Spreeland« die »Wanderungen« abgeschlossen waren, kam Fontane auf die Idee der »Brandenburgischen Geschichten« von 1857 zurück, also auf die anthologische Darbietung von Sagen, »poetischen« Stoffen und lokalen Kuriositäten. Möglicherweise wurde er durch die Studien zu »Liebenberg«, »Hoppenrade« und »Dreilinden« (1881/82 zuerst publiziert und später in den Band »Fünf Schlösser« eingegangen) zu dem alten Projekt wieder angeregt.

Die Vorbereitungen fielen (nach Friedrich Fontanes Angabe) in den Winter 1882 und vor allem in das Jahr 1883, für das leider das Tagebuch verlorengegangen ist. Einige wenige Daten sind nur durch Zitate bekannt, die sich in Hermann Frickes Fontane-Chronik und Friedrich Fontanes Aufsatz im »Ruppiner Kreiskalender« von 1933 finden (»Geschichten aus Mark Brandenburg. Ein Beitrag zur Fontane-Forschung«, S. 38ff.) Danach vermerkte Fontane am 1. März 1883: »Neues Buch geplant: ›Aus alten und neuen Tagen der Mark Brandenburg‹ « und am 21. September: »Ein 4bändiges Parallelwerk zu meinen ›Wanderungen‹ begonnen.« Für Oktober hieß es: »Krank und am Märkischen gearbeitet.« Am 4. November 1883 erwähnte Fontane das Vorhaben in einer Anfrage an Karl Zöllner: »Die vielen Wochen, in denen ich mit halbem Dampf (und oft mit weniger) gearbeitet habe, hab ich zum Pusseln und Zusammentragen von Stoff für ein 4bändiges Parallelwerk zu meinen ›Wanderungen‹ benutzt. / Dreiviertel oder mehr – denn es ist schon ein ›alter Schaden‹ – hab ich glücklich beisammen, aber an einzelnen Stellen hapert's. Sprächest Du wohl mal mit Droysen darüber, wo sich mir 1. Rochus v. Lynar, 2. Lampertus Distelmeyer und 3. die Schlacht bei Warschau *voll* erschließen würden? Ich glaube, daß Droysens eigne Werke viel darüber bringen. In betreff der Schlacht bei Warschau hab ich mal so was gehört. Er soll hinsichtlich derselben eine Art Entdecker gewesen sein.« Dies ist die einzige offiziöse Mitteilung, die der sonst in seinen Briefen so mitteilsame Fontane über das »Parallelwerk«verlauten ließ. Das Tagebuch verzeichnete unter dem 16. Dezember die Arbeit an einem Teilstück: »Jarl Iron und Isold«.

Danach wird das Projekt nicht mehr erwähnt; die Arbeit am Scherenberg-Buch sowie an verschiedenen Romanen rückte das Interesse an der Sammlung brandenburgischer Geschichten in den Hintergrund. Einiges fand 1888 Eingang in den Band »Fünf Schlösser. Altes und Neues aus Mark Brandenburg« (Band 5 dieser Ausgabe), anderes in das Fragment »Das Ländchen Friesack und die Bredows« (Band 7 dieser Ausgabe). Erhalten geblieben sind die zahlreichen Vorarbeiten, die im FAP im wesentlichen unter der Signatur L 1–30 aufbewahrt und im vorliegenden Band erstmals zusammenhängend veröffentlicht werden, und zwar unter dem Titel »Geschichten aus Mark Brandenburg«, zu dem sich Fontane nach mehreren verworfenen Formulierungen entschloß. Das Werk, zunächst auf zwei, danach endgültig auf vier Bände veranschlagt, sollte zunächst wohl »Aus alten und neuen Tagen. Einundzwanzig Kapitel aus Mark Brandenburg« beziehungsweise »Aus alten und neuen Tagen in Mark Brandenburg« heißen. Dann wurde der Titel »Geschichte und Geschichten aus Mark Brandenburg. Ein Lesebuch für Schule u. Haus« erwogen (mit dem Zusatz: »Vielleicht zu illustrieren, jedenfalls mit einzelnen Karten etc. auszustatten«). Über den programmatischen Ansatz zu einer Vorrede setzte Fontane schließlich: »Geschichten aus Mark Brandenburg. Von Th. F.« und schrieb dazu mit Rotstift an den Rand: »Gut, weil am kürzesten und einfachsten.«

Das gesamte Konvolut, das im Katalog der Autographenhandlung Hellmut Meyer & Ernst für die Versteigerung des Nachlasses am 9. Oktober 1933 unter den Nummern 482–485 erschien und später ins Fontane-Archiv kam, ist offensichtlich nicht in der originalen Reihenfolge erhalten. Friedrich Fontane beschreibt in dem genannten Aufsatz die Arbeitsweise seines Vaters und den einstigen »Papierberg« so: »Dispositionen werden entworfen, und für jeden der vier Bände apart wird ein Faszikel angelegt. Dann geht es an die Beschaffung der einschlägigen Literatur [...] / Der Stoff, von überallher zusammengetragen und mit schon Vorhandenem verschmolzen, formt sich, nimmt Gestalt an. Gesichtet, geprüft, ausgewählt, gegliedert wird er in Kapitel eingeteilt, die – teils kurz skizziert, teils gleich hintereinanderweg geschrieben – jetzt ihre Namen erhalten und in die für sie bestimmten Umschläge gelegt werden. Der Laie würde solchem Papierberg verständnislos gegenüberstehen und wüßte nichts mit den in Tinte, Blei-, Blau- und Rotstift mal halb, mal voll beschriebenen Bogen anzufangen. Der Kenner aber, der sie durchmustern sollte, möchte den hier doch nur erst für die Vorarbeit geleisteten Sammeleifer bestaunen und den unendlichen

Fleiß bewundern, der sich in den Vorbereitungen zu einer — sagen wir — ›Anthologie von Prosastücken‹ offenbart. Eine viel zu wenig gewürdigte Seite der Schriftstellerei, die *auch* Kunst bedeutet.«

Um die verwirrende Materialfülle, die in der Anordnung des FAP (vgl. Joachim Schobeß, »Theodor Fontane. Handschriften. Bestandsverzeichnis, Teil 1,1«, Potsdam 1962, S. 107—111) ohnehin nicht den ursprünglichen Zustand repräsentiert, überschaubarer zu gestalten, gruppiert der vorliegende Band die Gliederungsansätze, Literaturverzeichnisse, Exzerpte, diversen Vorarbeiten und ausgeführten Abschnitte nach folgendem Schema:

I Stoffdispositionen
II Literaturnotizen und Exzerpte
III Vorarbeiten zu einzelnen Kapiteln
IV Ausgearbeitete Kapitel
V Weitere Aufzeichnungen im Kontext des Projekts.

Dabei sind auch zugehörige Texte aus dem FAP mit der Signatur Kf und Ke eingearbeitet worden; andererseits wurde der Aufsatzentwurf »Bischof Roß« (L 28), als eindeutig für die »Wanderungen« bestimmt, in die »Nachlese« im Band 6 dieser Ausgabe eingeordnet. Über die jeweiligen Vorlagen geben die folgenden Anmerkungen Auskunft.

38 *Geschichte und Geschichten aus Mark Brandenburg. Ein Lesebuch* — Textgrundlage: FAP L 1.

Klödens Familienbuch — Gemeint ist wohl Karl Friedrich Klödens »Diplomatische Geschichte des Markgrafen Waldemar von Brandenburg. Vom Jahre 1295 bis 1323«, 4 Teile, Berlin 1844.

Treffen am Kremmer Damm — Es gibt zwei »Schlachten« am Kremmer Damm: 1334 zwischen Herzog Barnim von Pommern und Markgraf Ludwig von Brandenburg sowie (was hier offenbar gemeint ist) am 24. Oktober 1412 zwischen den Pommernherzögen Otto und Casimir und Burggraf Friedrich von Nürnberg. Vgl. »Fünf Schlösser«, Teil »Quitzöwel«, Kap. 7; Band 5 dieser Ausgabe.

Wusterwitz — Engelbert Wusterwitz, Theologe und Jurist in Magdeburg und Brandenburg (gest. 1433), verfaßte eine »Märkische Chronik«, deren Original verlorenging und die nur in den Auszügen von Andreas Angelus und Peter Hafftiz vom Ende des 16. Jahrhunderts bekannt ist. Vgl. »Fünf Schlösser«, Teil »Quitzöwel«, Kap. 12; Band 5 dieser Ausgabe.

Klödens »Quitzows« — Karl Friedrich Klöden, »Die Mark Brandenburg unter Kaiser Karl IV. bis zu ihrem ersten Hohenzollernschen Regenten oder Die Quitzows und ihre Zeit«, 4 Bände, Berlin 1836/37.

38 *Treffen b. Angermünde* – Am 25. März 1420 eroberten die Märkischen unter Kaspar Gans das von den Pommern besetzte Angermünde. Vgl. »Fünf Schlösser«, Teil »Quitzöwel«, Kap. 10 und 11; Band 5 dieser Ausgabe.

Hussiten vor Bernau – Kurfürst Friedrich I. von Brandenburg hatte mehrere Reichsfeldzüge gegen die sozialrevolutionäre böhmische Hussitenbewegung geleitet. Zur Vergeltung fielen die Hussiten mehrfach, besonders in den Jahren 1431/32, in die Mark ein. Am 23. April 1432 wurden sie auf dem sogenannten Ruthenfelde bei Bernau von den Brandenburgern geschlagen.

Fehrbellin – Vgl. Anm. zu S. 35.

Hermann v. Katte – Das gespannte Verhältnis des Kronprinzen Friedrich zu seinem Vater, Friedrich Wilhelm I., hatte sich 1729/30 so weit zugespitzt, daß der Kronprinz die Flucht nach England vorbereitete. Der Plan wurde jedoch entdeckt, und der König ließ den 1704 geborenen Leutnant Hans Hermann von Katte, den Vertrauten und Freund des Kronprinzen, als abschreckendes Beispiel für künftige Gehorsamsverweigerung in Küstrin enthaupten. Auf Befehl des Königs mußte Friedrich von den Fenstern seines Gefängnisses aus der Hinrichtung am 6. November 1730 zusehen. Vgl. »Das Oderland«, Kap. »Küstrin«, Abschnitt »Die Katte-Tragödie«; Band 2 dieser Ausgabe. Vgl. ferner »Havelland«, Kap. »Wust. Das Geburtsdorf des Hans Hermann von Katte«; Band 3 dieser Ausgabe.

Cause célèbre – (franz.) Merkwürdiger Rechtsfall.

Unschuldig Blut – Möglicherweise dachte Fontane an die Verbrennung eines Liebespaares bei Berlin am 28. Mai 1813, das der Brandstiftung für schuldig befunden worden war.

Verschwunden – Bei Perleberg verschwand auf ungeklärt gebliebene Weise der englische Diplomat Benjamin Earl of Bathurst während einer Dienstreise von Wien nach London.

Der neue Pitaval – Sammlung von Kriminalfällen, die Willibald Alexis und Julius Eduard Hitzig 1842–1862 in 30 Bänden herausgaben.

Alexander Anderssen – Vgl. »Spreeland«, Kap. »Rahnsdorf«; Band 4 dieser Ausgabe. Dort wird die Geschichte Anderssens erzählt, der am 29. Oktober 1870 zu Thionville als Fähnrich im 4. Ulanenregiment erschossen wurde.

39 *[Weiterer Gliederungsversuch mit Literaturverweisen]* – Textgrundlage: FAP L 2.

39 *Ist mein Aufsatz* – Fontanes Aufsatz »Erzbischof Norbert und die Prämonstratenser in der Mark« (Band 6 dieser Ausgabe) stützt sich auf Franz Winters Buch »Die Prämonstratenser des 12. Jahrhunderts«.

Havelberger Bischof – Johann von Wöpelitz (Wepelitz).

Wunderblutkirche zu Wilsnack – Wallfahrtskirche St. Nikolaus: spätgotische Backstein-Hallenkirche (mit Renaissance-Westgiebel), gebaut von 1384 bis um 1430. Mit zahlreichen Ausstattungsstücken erhalten, darunter die Statue des Bischofs von Wöpelitz und der Tragaltar (1400).

40 *Fürstenwalde u. Nickel v. Minckwitz* – Die Geschichte dieser Fehde von 1528 erzählt Fontane in »Spreeland«, Kap. »Eine Osterfahrt in das Land Beeskow-Storkow«, Abschnitt »Blossin«; Band 4 dieser Ausgabe.

Joachims II. Zug ins Ungarland – Kurfürst Joachim II. führte 1522 und 1542 Truppen gegen die Türken, die weite Teile Südosteuropas besetzt hielten.

Joachim II. und Alba – Alba befehligte im Schmalkaldischen Krieg das kaiserliche Heer; Joachim II. stand in diesem Konflikt auf der Seite des Kaisers.

Buch von Angelus Marchicus – Die »Annales Marchiae Brandenburgicae« von Andreas Angelus (Engel) erschienen 1598 in Frankfurt/Oder. Vgl. die Notizen »[Über das Buch von Andreas Engel]«; S. 69f. dieses Bandes.

Leuthinger – Gemeint ist Nicolaus Leuthingers Buch »Scriptorum de rebus Marchiae Brandenburgensis ...«, das 1729 in Frankfurt und Leipzig herauskam. Der gesamte Titel lautet in deutscher Übersetzung: Bis dahin [dringend] vermißter Abriß der Schriften über die Geschichte der Mark Brandenburg, vorzüglich der zahlreichen des Nicolaus Leuthinger über die Mark und die brandenburgische Geschichte, sowie die bislang äußerst seltenen übrigen Abhandlungen, ebenso des Zacharias Garcaeus Abfolge der Familien und Taten der berühmtesten Statthalter der Mark Brandenburg vom Jahre 927 bis zum Jahre 1582 ... mit einer Vorrede von Joh. Gottlieb Krause.

41 *Derfflinger* – Vgl. »Das Oderland«, Kap. »Gusow«; Band 2 dieser Ausgabe.

Paul Gerhardt – Vgl. »Spreeland«, Kap. »Eine Pfingstfahrt in den Teltow«, Abschnitt »Mittenwalde«; Band 4 dieser Ausgabe.

42 *Lieder des preuß. Grenadiers* – Gemeint sind die »Preußischen Kriegslieder in den Feldzügen von 1756 und 1757 von einem Grenadier«, die Johann Wilhelm Ludwig Gleim 1758 herausbrachte.

42 *Schlacht bei Hochkirch* – Bei Hochkirch in Sachsen gelang den Österreichern im Siebenjährigen Krieg (14. Oktober 1758) ein Überraschungsangriff auf die Preußen, die sich nach schweren Verlusten zurückziehen mußten. Vgl. die Biographie von Keith in den »Vaterländischen Reiterbildern aus drei Jahrhunderten«; Band 6 dieser Ausgabe.
Schlacht bei Eylau – In der verlustreichen Schlacht bei Preußisch-Eylau am 7. und 8. Februar 1807 schlug Napoleon die russischen, von einem preußischen Korps unterstützten Verbände.
Der Glin und Bellin und Löwenberger Land – Textgrundlage: FAP L 3.

43 *Hoppenrade. Liebenberg* – Vgl. die gleichnamigen Teile in »Fünf Schlösser«; Band 5 dieser Ausgabe.
Sieben Jahre Welt- und Landesgeschichte ... – Gemeint ist die Briefdokumentation »Vom 14. Oktober 1806 bis 18. Oktober 1813«, die als Anhang zu »Liebenberg« in »Fünf Schlösser« abgedruckt ist; vgl. Band 5 dieser Ausgabe.
Fehrbellin zu beschreiben – Dieses Vorhaben ist nicht zustande gekommen. Vgl. die frühen Kapitel »Fehrbellin« und »Fehrbellin in Sage, Kunst und Dichtung«; Band 6 dieser Ausgabe.
Geschichten aus Mark Brandenburg – Textgrundlage: FAP L 4.

44 *Die »Quitzowschen«* – Vgl. »Fünf Schlösser«, Teil »Quitzöwel«; Band 5 dieser Ausgabe.

45 *Berghaus* – Heinrich Carl Berghaus, »Landbuch der Mark Brandenburg und des Markgraftums Niederlausitz in der Mitte des 19. Jahrhunderts oder Geographisch-historisch-statistische Beschreibung der Provinz Brandenburg«, 3 Bände, Brandenburg 1854–1856.
Friesack – Vgl. die Fragment gebliebene Studie »Das Ländchen Friesack und die Bredows«; S. 147 ff. dieses Bandes.

46 *Geschichten aus Mark Brandenburg. 1. [und 2.] Band* – Textgrundlage: FAP L 5 [1].
Jarl Iron und Isolt – Vgl. »Die Sage von Iron und Isold«; S. 90 ff. dieses Bandes. Die Isolt-Schreibung wechselt (t und d).

47 *Kriegsobersten aus Mark Brandenburg* – Vgl. die Aufsätze »Die Mark und märkische Kriegsobersten zur Zeit des Dreißigjährigen Kriegs« (1862) und »Märkische Kriegsobersten während des Dreißigjährigen Krieges« (1872); Band 6 dieser Ausgabe.
Die großen Blauen von Potsdam – Die Leibgarde Friedrich

Wilhelms I. bestand ausschließlich aus sehr großen Soldaten, den sogenannten »langen Kerls« oder (nach ihrer Uniform) »großen Blauen«, die meist mit Gewalt oder List zum Dienst gepreßt wurden.

47 *Briefe des Kronprinzen Friedrich an Frau v. Wreech* – Vgl. »Das Oderland«, Kap. »Tamsel I«, Abschnitt »Kronprinz Friedrich und Frau von Wreech«; Band 2 dieser Ausgabe.

48 *Wöllner-Plätze* – Vgl. »Spreeland«, Kap. »Eine Osterfahrt in das Land Beeskow-Storkow«, Abschnitt »Groß Rietz«; Band 4 dieser Ausgabe.

Bischofswerder – Vgl. »Havelland«, Kap. »Marquardt«; Band 3 dieser Ausgabe.

Schwindel-Orden – Vgl. »Havelland«, Kap. »Geheime Gesellschaften im achtzehnten Jahrhundert«; Band 3 dieser Ausgabe.

Vom 14. Okt. 1806 … – Vgl. Anm. zu S. 43.

Der Einzug der Löffelgarde – Vgl. den gleichnamigen Text; S. 111 ff. dieses Bandes.

Fähnrich v. Arnstedt – Vgl. »Fünf Schlösser«, Teil »Hoppenrade«, Anhang »Emil von Arnstedt«; Band 5 dieser Ausgabe.

Dreilinden – Vgl. »Fünf Schlösser«, Teil »Dreilinden«; Band 5 dieser Ausgabe.

Geschichten aus Mark Brandenburg. Band I bis IV – Textgrundlage: FAP L 9.

49 *Heidnische Burg- und Ringwälle* – Vgl. »Über Ring- und Burgwälle überhaupt und speziell im Havelland«; S. 136 ff. dieses Bandes.

Handtelmanns [!] Buch – Eduard Handtmann, »Neue Sagen aus der Mark Brandenburg. Ein Beitrag zum deutschen Sagenschatz«, Berlin 1883.

Die Kyritzer u. die Bassewitz-Fehde – Vgl. »Fünf Schlösser«, Teil »Quitzöwel«, Kap. 1, erste Fußnote; Band 5 dieser Ausgabe.

Schlacht bei Warschau – Während eines Krieges, in den Schweden, Polen, Brandenburg und Dänemark verwickelt waren, besiegte in der Schlacht bei Warschau (28.–30. Juli 1656) das vereinigte schwedisch-brandenburgische Heer die Polen.

50 *Schwerin ist tot!* – Kurt Christoph Schwerin fiel am 6. Mai 1757 in der Schlacht bei Prag. Vgl. seine Biographie in den »Vaterländischen Reiterbildern aus drei Jahrhunderten«; Band 6 dieser Ausgabe.

51 *Berliner Originale* – Vgl. »Berliner Figuren aus der Franzosenzeit«; S. 119 ff. dieses Bandes.

51 *Aus alten und neuen Tagen. Einundzwanzig Kapitel aus Mark Brandenburg* – Textgrundlage: FAP L 5 [2].

52 *Aus Pastor Seegebarts Tagebuch* – Vgl. »Havelland«, Kap. »Etzin«, in dem Fontane über Joachim Friedrich Seegebart schreibt und (vor allem in der Erstausgabe von »Havelland«) aus dessen Tagebuch zitiert; Band 3 dieser Ausgabe.

Schlacht bei Torgau – Sie brachte während des Siebenjährigen Krieges (3. November 1760) einen Sieg der Preußen über die Österreicher.

Friedrich der Große im Dosse-Bruch – Vgl. »Die Grafschaft Ruppin«, Kap. »Das Dosse-Bruch«; Band 1 dieser Ausgabe.

Der große Aufsatz »Liebenberg« – Er wurde, entgegen der vorliegenden Notiz, Teil von »Fünf Schlösser«; Band 5 dieser Ausgabe. Der Vorabdruck in der »Vossischen Zeitung« erfolgte 1881.

Aufsatz »Ruppiner Dörfer« – Vgl. »Dörfer und Flecken im Lande Ruppin«; Band 6 dieser Ausgabe.

53 *Aus alten und neuen Tagen in Mark Brandenburg. Band I* – Textgrundlage: FAP L 6.

Schildhorn – Vgl. »Das Schildhorn bei Spandau«; Band 6 dieser Ausgabe.

Grete Minde – Fontanes Erzählung über Grete Minde erschien 1880.

Roßbach – Schlacht während des Siebenjährigen Krieges (5. November 1757), in der die Preußen die vereinigten Truppen der Franzosen und der Reichsexekutionsarmee schlugen.

54 *Leipziger Schlacht* – Die »Völkerschlacht« bei Leipzig (16.–18. Oktober 1813) besiegelte die Niederlage Napoleons, der sich hinter den Rhein zurückziehen mußte.

Blanchebart – Kaiser Wilhelm I. Vgl. Fontanes Gedicht »Kaiser Blanchebart« (entstanden 1871).

Märkische Städte – Textgrundlage: FAP Kf 1.

Die Wendische Spree (An Bord der »Sphinx«) – Vgl. das gleichnamige Kap. in »Spreeland«; Band 4 dieser Ausgabe.

Sacrow (W. Hahn) – Vgl. »Havelland«, Kap. »Sacrow«; Band 3 dieser Ausgabe.

Nennhausen – Vgl. dazu »Das Ländchen Friesack und die Bredows«; S. 259f. dieses Bandes. Vgl. ferner die Aufzeichnungen über »Friedrich de la Motte Fouqué«; Band 6 dieser Ausgabe.

55 *Altruppin (Schloß …)* – Vgl. »Dörfer und Flecken im Lande Ruppin«, Stichwort: Ruppin (Alt-); Band 6 dieser Ausgabe.

Geschichte vom Jäger Uhle – Vgl. Fontanes Anzeige von

Schwartz' Schrift »Fehrbellin, Stallmeister Froben und Landjäger Uhle«; S. 333f. dieses Bandes.

55 *Bratring* – Friedrich Wilhelm August Bratring, »Die Grafschaft Ruppin in historischer, statistischer und geographischer Hinsicht«, Berlin 1799.

Feldmann – Fontane benutzte die (ungedruckt gebliebenen) »Miscellanea historica der Stadt Ruppin« vor allem für die Arbeit an dem Band »Die Grafschaft Ruppin«. Feldmann, der in der zweiten Hälfte des 18. Jahrhunderts als Arzt und Mitglied des Ratskollegiums in Neuruppin lebte, trug umfangreiches dokumentarisches Material über die Frühgeschichte von Neuruppin zusammen, das besondere Bedeutung erlangte, da die meisten Urkunden beim Brand der Stadt 1787 vernichtet wurden.

Heydemann – Ferdinand Heydemann, »Die neuere Geschichte der Stadt Neuruppin«, Neuruppin 1863.

Zychlinski – Franz von Zychlinski, »Geschichte des 24sten Infanterie-Regiments«, 2 Teile, Berlin 1854–1857.

Becher (24er) – Paul Becher, »Der Kronprinz Friedrich als Regiments-Chef in Neuruppin von 1732–1740«, Berlin 1892.

58 *Märkische Dörfer* – Textgrundlage: FAP Ke 2.

Röbels – Vgl. »Spreeland«, Kap. »Buch«, Abschnitt »Die Röbels«; Band 4 dieser Ausgabe.

Grumbkow – Vgl. »Spreeland«, Kap. »Friedrichsfelde«, Abschnitt »Friedrichsfelde bis 1700«, erste Fußnote; Band 4 dieser Ausgabe.

60 *Buch von Riehl u. Scheu* – »Berlin und die Mark Brandenburg mit dem Markgraftum Nieder-Lausitz in ihrer Geschichte und in ihrem gegenwärtigen Bestande. Nach amtlichen und anderen Mitteilungen herausgegeben« von W. Riehl und J. Scheu, Berlin 1861.

Fidicin – E. Fidicin, »Die Territorien der Mark Brandenburg oder Geschichte der einzelnen Kreise, Städte, Rittergüter, Stiftungen und Dörfer in derselben, als Fortsetzung des Landbuchs Kaiser Karls IV. bearbeitet«, 4 Bände, Berlin 1857–1864.

61 *Reisen, die zu machen sind* – Textgrundlage: FAP Kf 3.

nach Rühstädt zu Herrn v. Jagow – Im Zusammenhang mit »Quitzöwel«. Vgl. die Anm. dazu; Band 5 dieser Ausgabe.

62 *[Stoffeinteilung Band 1 ...]* – Textgrundlage: FAP L 8.

der große Quitzow-Aufsatz – »Quitzöwel« entstand erst 1887 und wurde nach dem Vorabdruck in Dominiks Zeitschrift »Zur guten Stunde« (1887/88) in »Fünf Schlösser« aufgenommen. Vgl. Band 5 dieser Ausgabe.

62 *Iron-Geschichte, die ich ... abkürzend schreiben muß* – »Die Sage von Iron und Isold«; S. 90ff. dieses Bandes.
wie Böhmen im Wintermärchen – In Shakespeares Komödie »Das Wintermärchen«.
63 *Meinen Aufsatz im Johanniterblatt* – Vgl. Anm. zu S. 39.
G. Keller über Manesse – Bezieht sich auf Gottfried Kellers Novelle »Hadlaub« aus dem ersten Band der »Züricher Novellen«. Sie erzählt die Geschichte des Minnesängers Johann Hadlaub und die der Entstehung der Manesseschen Liederhandschrift.
Schwebels »Kulturhist. Bilder« – Vgl. Fontanes Rezension des Buches; S. 346ff. dieses Bandes.
65 *Ein Zivilprozeß in der Joachimischen Zeit* – Vgl. »Ein Prozeß im 16. Jahrhundert zwischen Barsekow und Reimer von Winterfeldt«; Band 6 dieser Ausgabe.
66 *1. Kapitel: Jarl Iron von Brandenburg* – Textgrundlage: FAP.
1. Teil, bis Ende der Joachimischen Zeit – Textgrundlage: FAP L 7.
67 *Riedels Codex ...* – Das »Brandenburgische Urkundenverzeichnis« von Adolph Friedrich Riedel erschien 1838–1868 in 41 Bänden.
Buchholtz – Samuel Buchholtz, »Versuch einer Geschichte der Kurmark Brandenburg von der ersten Erscheinung der deutschen Sennonen an bis auf jetzige Zeiten«, 6 Teile, Berlin 1765–1775.
Bekmann – Johann Christoph Be(c)kmann, »Historische Beschreibung der Kur und Mark Brandenburg. ... ergänzet, fortgesetzet und herausgegeben von Bernhard Ludwig Bekmann«, 2 Bände, Berlin 1751.
Engel – Vgl. Anm. zu S. 40.
68 *Das Mörnersche Buch* – Theodor von Mörner, »Märkische Kriegs-Obersten des siebzehnten Jahrhunderts«, Berlin 1861.
69 *[Über das Buch von Andreas Engel]* – Textgrundlage: FAP L 19. – Vgl. Anm. zu S. 40.
70 *Dry-as-dust* – (engl.) trockener Stubengelehrter.
Fünf Briefe Friedrichs des Großen ... – Textgrundlage: FAP L 26.
71 *Praecautiones* – Vorsichtsmaßregeln.
74 *[Exzerpte aus Mirabeaus »Histoire secrète de la cour de Berlin«]* – Textgrundlage: FAP L 29. – Mirabeaus »Geheime Geschichte des Berliner Hofes« (bestehend aus Briefen, die er vom 5. Juli 1786 bis zum 19. Januar 1787 von Berlin aus schrieb) erschien in französischer Sprache zuerst 1789 (2 Teile). Im Brief Nr. 44 vom 7. November 1786 steht (wor-

auf Fontane in seinen Notizen ausdrücklich hinweist) »zuerst das berühmte Wort: ›Fäulnis vor der Reife‹ «. Fontane hat es vielfach zitiert.

74 *Der König ist tot* – Friedrich II. war am 17. August 1786 gestorben.

der 16jährige Kronprinz – Der spätere Friedrich Wilhelm III.

Schwarzer Adlerorden – Vgl. Anm. zu S. 7.

Begrabenseinwollen bei seinen Hunden – Friedrich Wilhelm II. setzte sich über diese testamentarische Verfügung Friedrichs II. hinweg und ließ ihn in der Potsdamer Garnisonkirche beisetzen. Erst im August 1991 wurde Friedrich II. an der gewünschten Stelle beigesetzt. Vgl. »Potsdam. Garnisonkirche«; Band 6 dieser Ausgabe.

82 *Kaffezeuge* – Kaffe: So stets in Fontanes Handschriften, der in Berlin üblichen Aussprache folgend.

84 *Geschichten aus Mark Brandenburg* – Textgrundlage: FAP L 21.

Markgraf Otto mit dem Pfeil – Textgrundlage: FAP L 24.

86 *Heinrich Prinz von Preuß[en]. Frère du Roi* – Textgrundlage: FAP L 27.

Foerster – Friedrich Foerster, »Friedrich Wilhelm I., König von Preußen«, 3 Bände. Nebst: Urkundenbuch zu der Lebensgeschichte Friedrich Wilhelms I. 2 Bände, Potsdam 1834/35.

Schlözers Buch – Kurd von Schlözer, »General Graf Chazot«, Berlin 1856.

Mirabeaus Briefe – »Histoire secrète de la cour de Berlin« (1789). Vgl. Fontanes Exzerpte daraus; S. 74ff. dieses Bandes.

Briefe an Henckel – Vgl. Fontanes Aufsatz »Briefe der drei Brüder Friedrichs des Großen an General Henckel von Donnersmarck«; S. 350ff. dieses Bandes.

Meine Rheinsberg-Aufzeichnungen – Vgl. »Die Grafschaft Ruppin«, Kap. »Rheinsberg«; Band 1 dieser Ausgabe.

87 *Die Askanier* – Textgrundlage: FAP L 30.

Mit Albrecht dem Bären kamen die Askanier – Albrecht der Bär aus dem altsächsischen Geschlecht der Grafen von Ballenstedt, auch Anhaltiner oder Askanier (nach der Burg Ascania bei Aschersleben) genannt, war 1134 von Kaiser Lothar III. mit der Nordmark (dem westlichen Brandenburg) belehnt worden.

90 *Die Sage von Iron und Isold* – Textgrundlage: FAP L 21. – Dieser in Fontanes Handschrift überlieferte Text ist jene »ganze Iron-Geschichte«, die der Autor nach von der Hagens Edition der Wilkina- und Niflunga-Saga »abkürzend schrei-

ben« wollte (vgl. den Abschnitt »[Stoffeinteilung Band 1 mit Quellennachweisen]«, S. 62 dieses Bandes). Fontane äußert sich am Schluß zu den Prinzipien seiner Bearbeitung.

111 *Die Franzosen in Berlin 1806* – Diese Aufzeichnungen und die folgenden Skizzen über »Berliner Figuren aus der Franzosenzeit« sind die einzigen zusammenhängenden Texte, die bisher aus dem Konvolut der »Geschichten aus Mark Brandenburg« veröffentlicht waren. Friedrich Fontane ließ sie 1933 im »Ruppiner Kreiskalender« (23. Jg., S. 42–52) abdrucken. Redaktionelle Bemerkungen und zahlreiche Fragezeichen Fontanes signalisieren, daß der Text noch keineswegs endgültig fertiggestellt war. Die zugehörigen Handschriften sind offenbar nicht erhalten. Der Text in der vorliegenden Ausgabe folgt dem »Ruppiner Kreiskalender«.

112 *Sappeurs* – Pioniere.

113 *Voltigeurs* – Angehörige einer sehr beweglichen und nur leicht bewaffneten französischen Truppe (»Springsoldaten«).

115 *Sieg von Auerstedt* – Die Doppelschlacht von Jena und Auerstedt (südwestlich von Naumburg) am 14. Oktober 1806 endete mit der vernichtenden Niederlage der preußischen Armeen und mit der Auflösung des morschen preußischen Staates.

117 *die beiden alten Zeitungen der Stadt* – »Vossische Zeitung« (gegründet 1704) sowie »Haude- und Spenersche Zeitung« (gegründet 1740).

119 *Berliner Figuren aus der Franzosenzeit* – Vgl. Anm. zu S. 111.
Schlacht bei Torgau – Vgl. Anm. zu S. 52.

123 *Traiteur* – Gastwirt, Speisewirt.

125 *Generalauditoriat* – Oberster preußischer Militärgerichtshof.

128 *Mark Brandenburg und ihre Darstellung ...* – Textgrundlage: FAP L 11.

129 *levée en masse* – (franz.) Massenaufstand, massenhaftes Vorkommen.
Die faule Grete – Schwerfälliges, aber wirksames Geschütz, mit dem unter anderem die Quitzow-Burgen niedergelegt wurden. Vgl. »Fünf Schlösser«, Teil »Quitzöwel«, Kap. 9; Band 5 dieser Ausgabe.
Hussiten vor Bernau – Vgl. Anm. zu S. 38.

131 *Märkische Volkslieder* – Textgrundlage: FAP L 13.
Klödens Familiengeschichte – Vgl. Anm. zu S. 38.

132 *Dichter, Gelehrte, Künstler in Mark Brandenburg* – Textgrundlage: FAP L 15.

132 *Dichterschule des »Berliner Figaro«* – Vgl. den Aufsatzentwurf »Die Poeten vom ›Figaro‹«; S. 143f. dieses Bandes.

133 *Schriftsteller und Dichter in Mark Brandenburg* – Textgrundlage: FAP L 16.
Architekten, Maler, Bildhauer i. M. Brandenburg – Textgrundlage: FAP L 17.

134 *Sagen und Sitten in Mark Brandenburg ...* – Textgrundlage: FAP L 22.
W. Schwartz' ... märk. Sagen – Wilhelm Schwartz, »Sagen und alte Geschichten aus der Mark Brandenburg«, Berlin 1871.
Mörikes Gedicht – »Der Feuerreiter«.

135 *Die Mark ist Kolonialland* – Gemeint ist die von Albrecht dem Bären eingeleitete Expansionspolitik gegen die Elbslawen, die bis 1157 völlig unterworfen wurden.

136 *Über Ring- und Burgwälle ...* – Textgrundlage: FAP L 23. – Es handelt sich um ein Exzerpt aus dem Aufsatz »Die märkischen Ring- und Burgwälle zwischen Potsdam und Rathenow«, den der Brandenburger Gymnasiallehrer Rudolf Grupp 1881 im »7.–12. Jahresbericht über den historischen Verein zu Brandenburg a. d. H.«, S. 11ff., veröffentlicht hatte. Vgl. den Beitrag von Günter Mangelsdorf dazu; in: Fontane-Blätter. Band 2, Heft 3/1970, S. 195–201.

Allerlei

Offenbar nach der Veröffentlichung des vierten Bandes der »Wanderungen«, »Spreeland« (Ende November 1881 mit der Jahreszahl 1882), stellte Fontane die vorliegenden, im Märkischen Museum zu Berlin aufbewahrten Stichworte und Ausschnitte über Wedell, Behr, Ziegler und Tauentzien zusammen. Fontane fertigte dafür eine Banderole aus einem Werbeprospekt zu »Hellas und Rom. Eine Kulturgeschichte des klassischen Altertums von Jakob von Falke« vom Oktober 1878 an. Darauf klebte er einen Zettel, auf dem er mit Tinte die beiden ersten Absätze (»Bei den neuen Auflagen ... liegen in diesem Konvolut«) notierte. Die Notizen dürften auf etwa 1882/83 zu datieren sein; sie werden hier erstmals veröffentlicht.

140 *blaue Mappe* – Gemeint ist wohl die von Fontane angelegte »Mappe für die ›Wanderungen‹, alle 4 Teile (Bei *jeder* neuen Auflage durchzusehn)«, die im FAP unter der Signatur Kf 2 aufbewahrt wird.

140 *Notizen über die Luther-Plätze und Lucas Cranach* – Fontane dachte offenbar an seine Bemerkungen in den Notizbüchern von den Thüringen-Reisen von 1867 und vor allem von 1873 (FAP A 18 und C 5–7)

142 *Johnson … Präsident* – 1865.
Balkow. Tauentzien. Hohen-Jesar – Die Bedeutung dieser Zusammenstellung ist unklar. Hohenjesar ist ein Dorf westlich von Lebus. Mit Tauentzien könnte Friedrich Bogislaw von Tauentzien, der 1760 Breslau erfolgreich verteidigte, oder dessen Sohn Bogislaw Graf von Tauentzien gemeint sein, der sich in den Befreiungskriegen gegen Napoleon auszeichnete.

Die Poeten vom »Figaro«

Der Aufsatzentwurf ist offenbar im Zusammenhang mit der Arbeit an dem Buch über »Christian Friedrich Scherenberg und das literarische Berlin von 1840 bis 1860« (November 1883/April 1884) niedergeschrieben worden, als sich Fontane seine eigenen literarischen Anfänge wieder vergegenwärtigte (er hatte 1839/40 seine ersten Gedichte und die Erzählung »Geschwisterliebe« im »Berliner Figaro« publiziert). Zumindest notierte er am 7. März 1884 im Tagebuch: »Die Poeten des Berliner Figaro.« Gegen die Datierung auf 1884 spricht freilich, daß Fontane wegen des »Figaro« zwei bereits vor vielen Jahren gestorbene ehemalige Tunnel-Mitglieder befragen will. In der Zusammenstellung der »Dichter, Gelehrten, Künstler in Mark Brandenburg« (im Konvolut »Geschichten aus Mark Brandenburg«; S. 132 dieses Bandes) ist unter Punkt 3 auch »Die Dichterschule des ›Berliner Figaro‹« genannt.

Die Aufzeichnungen sind im Notizbuch A 12, Blatt 3–8, im FAP erhalten und werden hier erstmals veröffentlicht.

143 *»Figaro«* – Der »Berliner Figaro«, eine Tageszeitung belletristischen Charakters, erschien 1831–1848 und wurde von L. W. Krause und später von Karl Otto Hoffmann redigiert. »Das war unser Hauptblatt«, schrieb Fontane in dem 1886 entstandenen und veröffentlichten Aufsatz »Cafés von heut und Konditoreien von ehmals«.
(Kossarski) – Ludwig Kossarski.
(Die Marggraffs) – Hermann und Rudolf Marggraff.
(Hagedorn) – Tunnel-Name von Franz Kugler.
Ernst Schultze – Tunnel-Name von August Müller, der bereits 1865 gestorben war.

143 *Petrarca* – Tunnel-Name von Ludwig Lesser, der bereits 1867 gestorben war.
Spinoza – Tunnel-Name von Rudolf Löwenstein.
144 *military-looking* – (engl.) von militärischem Aussehen.
Krücken-Hoffmann – Karl Otto Hoffmann.

Berlin 19. Februar
(Ein Blick von der Alsen-Brücke)

Der Aufsatzentwurf, über dessen Entstehung nichts zu ermitteln ist, wird im FAP aufbewahrt. Er wurde zuerst 1966 von Walter Keitel im Band 5 der Hanser-Ausgabe veröffentlicht (S. 848f.) und (mit Fragezeichen) auf 1886 datiert. Der Text der vorliegenden Ausgabe folgt der Handschrift im FAP (Signatur St 10). Sie befindet sich in einem Umschlag, auf dem Fontane notiert hat: »Allerlei. Ein Blick von der Alsenbrücke.«

145 *Alsen-Brücke* – Sie war 1858–1864 gebaut worden und überquerte den Spreebogen beim Lehrter Bahnhof; sie wurde vor dem zweiten Weltkrieg abgerissen. Am Kronprinzenufer, »zwischen Alsen- und Moltkebrücke«, wohnen im »Stechlin« die Barbys (vgl. Kap. 11).
Humboldt an ... Rauch – Wilhelm von Humboldt war 1801–1808 preußischer Ministerresident in Rom gewesen, wo auch der Bildhauer Christian Daniel Rauch zu seinem Freundeskreis gehört hatte. Humboldts Brief wurde am 17. Juli 1809 in Königsberg geschrieben, dem damaligen Sitz der preußischen Regierung, der Humboldt im Range des Direktors der Sektion für Kultus und Unterricht im Ministerium des Innern angehörte.
zwischen der Kochstraße und dem Belle-Alliance-Platz – Fontane hat diese Gegend am Anfang seines Paul-Heyse-Essays (»Ein Liebling der Musen«, 1867) sehr genau beschrieben: »Mancher, der das alte Berlin noch gekannt hat, wird sich entsinnen, wie still plötzlich die große Friedrichsstraße wurde, wenn man, nach dem Halleschen Tore zu, eine bestimmte Linie passiert hatte. Die Kochstraße zog eine Grenze zwischen Stadt und Vorstadt; diesseits lag der Lärm, jenseits die Stille. Und dieser Wechsel tat unendlich wohl. Die plötzlich beruhigten Nerven ließen erkennen, daß man aus der Zone des Rollwagens in die der der schlafenden Droschke getreten war; die Läden hörten auf, die Jalousien fingen an; auf dem Bürgersteig la-

gen die Marmelspieler, und auf dem Fahrdamm lag die Sonne.«

145 *Chamisso ... Botanischer Garten* – Adalbert von Chamisso war seit 1819 Kustos am Botanischen Garten in Berlin und wohnte seit 1822 in der Friedrichstraße 235.

seit anno 70 – Seit dem Deutsch-Französischen Krieg 1870/71, dem, befördert durch die französischen Reparationszahlungen, die »Gründerjahre« in Deutschland folgten.

Opernhaus – Von Knobelsdorff 1741–1743 gebaut.

Café Bauer – Der Wiener Matthias Bauer hatte es 1877 an der Ecke Friedrichstraße / Unter den Linden eröffnet (gegenüber der Konditorei von Kranzler). Anton von Werner, der Direktor der Akademie der Künste, hatte die Wandbilder gemalt. Vgl. Fontanes 1886 entstandenen und veröffentlichten Aufsatz »Cafés von heut und Konditoreien von ehmals«.

Passage – Nach dem Vorbild der Mailänder Galleria Vittorio Emanuele bauten die Architekten Walter Kyllmann und Adolf Heyden 1869–1873 eine glasgedeckte Passage (»Kaiser-Passage«), die von der Straße Unter den Linden quer durch zur Friedrichstraße / Ecke Behrenstraße führte.

Milchglas-Affichen – Affichen: Werbeplakate, Anschläge.

146 *Stadtbahn* – Sie verläuft in Ost-West-Richtung und wurde 1874–1882 gebaut. Vgl. die Schilderung der Szenerie im Kap. 11 des »Stechlin«, wo Melusine von Barby sagt: »... die Lennéstraßenwelt ist geschlossen, ist zu, sie hat keinen Blick ins Weite, kein Wasser, das fließt, keinen Verkehr, der flutet. Wenn ich in unserer Nische sitze [in der Wohnung am Kronprinzenufer], die lange Reihe der herankommenden Stadtbahnwaggons vor mir, nicht zu nah und nicht zu weit, und sehe dabei, wie das Abendrot den Lokomotivenrauch durchglüht und in dem Filigranwerk der Ausstellungsparktürmchen schimmert, was will Ihre [Baronin Berchtesgadens] grüne Tiergartenwand dagegen?«

Das Ländchen Friesack und die Bredows

Entstehung

Am Anfang des vorliegenden Fragments datiert Fontane seine »Sehnsucht, die Bredows kennenzulernen«, bereits auf den Beginn der »Wanderungen« im Jahre 1859. Allerdings wurde der Stoff erst bei der Vorbereitung des dritten Bandes in die konzeptionellen Überlegungen einbezogen. Am 29. Mai 1869 schrieb er an seine

Mutter: »Ich werde es [das Havelland], nach der alten Landeseinteilung, behandeln und in größeren Abschnitten den *Glin*, wo das herrliche Vehlefanz die Hauptstadt ist, den *Friesack* mit der Hauptstadt Friesack und zuletzt auch das Ländchen *Bellin* mit der Hauptstadt Fehrbellin meinen Lesern vorführen ...« Obwohl Fontane diese Anordnung schon bald aufgab, tauchen die Abschnitte »Ländchen Friesack« und »Die Bredows. Allgemeines. Die Dörfer. Einzelne Personen« in einem Gliederungsentwurf von 1869 tatsächlich auf (Notizbuch A 15; vgl. die entstehungsgeschichtlichen Anmerkungen zu Band 3 dieser Ausgabe). »Havelland« indes erschien 1873 ohne diese Kapitel.

Nachdem sich Fontane 1880 im Zusammenhang mit Hoppenrade in einem offenen Brief »An die Genealogen des Hauses Bredow« gewandt und danach Material über die Besitzverhältnisse des Löwenberger Ländchens von Graf Bredow-Liepe erhalten hatte (vgl. »Fünf Schlösser«, entstehungsgeschichtliche Anmerkungen zu »Hoppenrade«; Band 5 dieser Ausgabe), wurde das Bredow-Thema 1883 bei dem (fallengelassenen) Projekt »Geschichten aus Mark Brandenburg« wieder aktuell, wo in den Dispositionen Friesack und die Bredows mehrfach genannt sind (vgl. S. 44f. dieses Bandes).

Erst seit dem Frühjahr 1889 indes – nach dem Erscheinen von »Fünf Schlösser« sowie dem Abschluß des »Quitt«-Manuskripts und teilweise parallel zur Arbeit an »Unwiederbringlich« und der dritten Auflage der »Gedichte« – begann sich Fontane intensiv mit dem Stoff zu beschäftigen; denn, so schrieb er am 27. April an Max von Bredow, einen besseren gebe es in der Mark Brandenburg nicht. Wie aus einem Brief an Mathilde von Rohr vom 6. April hervorgeht, hatte diese in bewährter Weise die Verbindung zur Bredow-Familie vermittelt. Seinem Verleger Wilhelm Hertz erklärte Fontane am 26. Mai, daß er sich »als letzte märkische Aufgabe, zugleich als *›märkischste‹*«, eine Darstellung der Bredows vorgenommen habe.

Fontanes Briefe weisen von April 1889 an ein außergewöhnlich lebhaftes Interesse an den Bredows aus. Er las und exzerpierte im Mai »die von Graf Bredow-Liepe herrührende zweibändige (Großquart) Familiengeschichte« (Tagebuch) und bemerkte dazu am 22. Mai gegenüber Max von Bredow: »Der Stoff hat mich aufs höchste interessiert, trotzdem – einige Stellen wie beispielsweise den streitsüchtigen Bredow der Joachimischen Zeit und die verschiedenen, wenn ich so sagen darf, Marquis-Bredows der Prinz-Heinrich- und Prinz-Ferdinand-Zeit abgerechnet – das spezifisch Persönliche fehlt. Dafür spiegelt sich aber die jedesmalige Zeit, von Generation zu Generation, in geradezu wunderbarer Weise.« Am

27. Mai reiste Fontane nach Landin, um, wie er am Vortag seiner Tochter schrieb, »von diesem Hauptquartier aus meine Fahrten auf die Bredow-Güter, ungefähr 20, an[zu]treten«. Im Tagebuch notierte er die Orte, die er besuchte: »Landin selbst, Kriele, Liepe, Senzke, Wagenitz, Görne, Kleßen und Friesack. Ich bleibe 8 Tage. Sehr freundliche Aufnahme und eine noch über meine Erwartungen hinausgehende gute Ausbeute.«

In ausführlichen Briefen an Frau Emilie aus Landin vom 28. und 30. Mai charakterisierte er seine Gastgeber, hob deren Liebenswürdigkeit hervor und resümierte: »... nirgends etwas Schönheitsvolles, aber unendlich viel Amüsantes, sonderbare, komische Dinge, über die sich gut schreiben läßt.« Nach der Rückkehr berichtete der Autor am 2. Juni Paul Schlenther: »Bei den Bredows war es wundervoll, wenn auch natürlich ein beständiger 6tägiger Eiertanz. Die Hauptsache bleibt, daß ich meinen Zweck: Einheimsung eines wundervollen Materials, erreicht habe.« Nachdem er am 9. Juni Julius Rodenberg, dem Herausgeber der »Deutschen Rundschau«, mitgeteilt hatte, daß ihm »aus der langen Reihe der Bredow-Kapitel« zunächst Briesen, Senzke und Friesack vorschwebten, präzisierte er am 11. Juni seine Vorstellungen: »Von den Bredows sollen Sie die wunderschönsten Stücke kriegen. Aber ich kann den Braten nicht anschneiden, wo er sozusagen dem Ochsen noch auf dem Leibe sitzt. Man kann in Bildern nicht bescheidner sein. Verzettle ich mich vorher, so wird das Buch, das doch schließlich die Hauptsache bleibt, schlecht. Ich will also erst alles fertigmachen und dann aussuchen und verteilen. Das dauert aber noch lange.«

Ende August und Mitte September fuhr Fontane erneut ins Havelland. »... an der Bredowerei hängt das bißchen Zukunft, das ich noch habe. Mit dieser großen Arbeit will ich abschließen« (an Schlenther, 10. September). Aus einer Bemerkung im Brief an Georg Friedlaender vom 14. September geht hervor, daß Fontane das Werk »auf 2 dicke Bände« veranschlagte. Der Septemberaufenthalt war indes nicht sonderlich erfolgreich, und Fontane schrieb am 18. September an Hertz, daß er in den zwei Tagen zwar angenehm geplaudert und gut diniert, aber nichts gefunden und nichts erlebt habe. Im Tagebuch heißt es: »Im September nehme ich meine havelländischen Fahrten wieder auf und gehe nach Bredow zu Herrn von Bredow und Frau, geb. von Stechow. Auch Rittmeister von Stechow, Schwager des Hauses und ›erster Maler von Pritzwalk‹, wie er sich nannte, ist zugegen, ein reizender Herr, Humorist, bester Junkertypus; auch seine Schwester (Frau von Bredow) sehr liebenswürdig, Herr von Bredow selbst, ein ehemaliger Garde-Dragoner, ein sehr feiner Herr. Man empfängt mich gastlich, dennoch nehme ich wahr, daß ich mehr eine Störung als eine besondere

Freude bin, so daß ich schon nach anderthalbtägigem Aufenthalt meinen Rückzug antrete. Ich werde nun die Bredowarbeit auf das ›Ländchen Friesack‹ beschränken.«

Die sich in dieser Notiz andeutende Ernüchterung mag die Voraussetzung gewesen sein, daß das Vorhaben wenig später überhaupt in Zweifel gezogen wurde. Am 23. Januar 1890 bekannte Fontane in einem Brief an Pfarrer Heinrich Jacobi: »Leider – ich sage ganz aufrichtig leider – ist die ganze Geschichte in Schwanken und Unsicherheit geraten, da man mich, nach meinem Jubelfeste [zum siebzigsten Geburtstag], selber zu einer kleinen Größe raufgepufft hat und nun auch von *mir* etwas wissen will. Mit andern Worten, ich soll durchaus eine Autobiographie schreiben, und mir sind daraufhin, pekuniär, sehr günstige Anerbietungen gemacht worden, namentlich von meiner Vossischen Zeitung, die sich ohnehin sehr generös gegen mich benommen und mich, wie einen alten Beamten, regelrecht und auskömmlich pensioniert hat. Aber können Sie sich denken (ein Fall, der in der Literaturgeschichte vielleicht noch gar nicht dagewesen ist), daß ich lieber über die Bredows als über mich selber schreibe, trotzdem mein Leben, in seinem bunten Wechselgange, *auch* ein sehr guter Stoff ist.«

Im Herbst 1890 befaßte sich Fontane erneut mit dem Vorhaben, teilte am 6. Dezember Frau von Bredow-Landin seinen veränderten »Schlachtplan« mit (nämlich »nur über das Ländchen Friesack und die dort ansässigen Bredows zu schreiben«), traf sich im Januar 1891 im Berliner Hôtel du Nord mit Max von Bredow und vermerkte in diesem Zusammenhang im Tagebuch: »Ich nehme meine Arbeiten über ›Ländchen Friesack‹ ernsthaft wieder auf.« Zu Beginn des Sommers 1891 heißt es jedoch im Tagebuch: »Meine Friesackarbeit gebe ich auf; es ist etwas zu Zeitraubendes und das Sich-Einlogieren auf den Edelhöfen hat mit beinah 72 doch sein Mißliches und Genierliches.« Sehr ähnlich hatte er sich bereits am Anfang seiner Studien gegenüber seiner Tochter geäußert (26. Mai 1889): »Das Einschlachten [das heißt der Besuch bei den verschiedenen Bredow-Zweigen] auf einmal wäre mir natürlich lieber, denn dies Vorfahren von einer Schloßrampe auf die andre hat für einen 70er doch sein Unbequemes. Dabei ist das Schriftstellermetier und der Zweck, zu dem man kommt, mehr oder weniger verdächtig. ›Was will er eigentlich? Da steckt gewiß was dahinter. Solch Berliner Scriblifax kann sich doch nicht für unsre Schafställe interessieren. Kunst, Bilder-Inschriften? Kunst gibt es hier nicht, und um das Bild von Tante Rosalie mit ihrer weißen Tüllhaube kann er doch unmöglich kommen.‹ Die märkischen Edelleute sind sehr gute Menschen, aber sie haben den allgemein märkischen Zug des Argwohns, der Nüchternheit und des Nichtbegreifenkönnens eines reinlichen, über den äußerlichsten Gewinn und Vorteil hinausgehenden Wollens.«

Fontane informierte am 15. Mai 1891 auch Max von Bredow über seinen Entschluß: »Seit lange habe ich nichts von mir hören lassen, und nun, wo ich mich melde, geschieht es mit Scheu und Verlegenheit, weil ich auf dem Punkt stehe, der Fahne Friesack untreu zu werden. Natürlich nur notgedrungen. Ich bin mittlerweile nicht bloß den Jahren nach, sondern auch innerlich derart alt geworden, daß ich mich zur Durchführung der geplanten Arbeit unfähig fühle und das aufgespeicherte Material einem Nachfolger zu etwaiger Benutzung überlassen muß.«

Die schwere Erkrankung von 1892 und die Arbeit an »Meine Kinderjahre« sowie an verschiedenen Romanen rückten den Bredow-Plan völlig in den Hintergrund. Als er sich aber am 5. Januar 1895 bei Heinrich Jacobi in Landin (offenbar für einen Geburtstagsglückwunsch) bedankte, brach die alte Sympathie für das Unternehmen sofort wieder auf, und er bekannte: »Oft und gern erinnere ich mich meines Aufenthaltes im Ländchen Friesack, es war meine letzte märkische Liebe, und es hätte mich glücklich gemacht, das von mir intendierte Buch schreiben zu können. Mir lag ganz ungemein daran, denn ich wollte nicht bloß meinen märkischen Landsleuten, sondern — so anspruchsvoll es klingt — der ganzen Welt zeigen, wie man das eigentlich machen muß. [...] Sie sehen, daß ich mich noch in der bloßen Rückerinnerung daran wie erhitze. Warum nichts daraus geworden? Die ganze Sache — dies dürfen Sie aber nicht weiter ausplaudern — bedeutete meinerseits ein kolossales Geldopfer. Ich hätte (in Blättern, von denen der Schriftsteller lebt, nicht von seinen Büchern) keine Leser und keine Honorare gefunden. Aber darauf, in meiner Passion für die Sache, hätte ich's ankommen lassen, wenn meine Passion einem ähnlichen Gefühl bei den Bredows selbst begegnet wäre. Dies war aber nicht der Fall. Alle waren artig, liebenswürdig, verbindlich, aber es mischte sich etwas von Verlegenheit mit ein, und der Totaleindruck war der einer gewissen Fläue. Davon bildete nun freilich Ihr Landin [...] eine glänzende Ausnahme, aber das reichte nicht aus, *alle* mußten die Passion teilen, sonst ging es nicht. Da haben Sie ein Bekenntnis.«

Drei Jahre später — der »Stechlin« und die Autobiographie »Von Zwanzig bis Dreißig« waren vollendet — wandte sich Fontane noch einmal dem Bredow-Projekt zu. In einem Brief vom 1. August 1898 an Frau von Bredow-Landin (die offenbar eine Einladung ausgesprochen hatte) heißt es: »Werden Sie's glauben, daß ich noch in allerletzter Zeit wieder viel mit Landin und dem ›Ländchen Friesack‹ beschäftigt [war] und bei der Gelegenheit beklagt habe, die Schiffe hinter mir verbrannt zu haben. Nun laufen – wie wenn meine Wünsche gehört worden wären – andere vom Stapel und laden mich ein. / Ich bin jetzt so alt, daß ich vorhabe, das eigentliche Produzieren aufzustecken, aber solange man lebt, will man sich doch nach Möglichkeit angenehm und nützlich beschäftigen, und da kommt mir das Wiederaufnehmenkönnen einer alten Liebe sehr zupaß. Ob es was wird, wer weiß!«

Die letzten vierzehn Tage seines Lebens widmete Fontane in diesem Sinne dem Bredow-Stoff. Er las in den »bekannten alten märkischen Schmökern (Fidicin, Berghaus usw.)«, beklagte, wie eh und je, deren »ganze Ledernheit und Ungeschicklichkeit« (an Frau Emilie, 11. September) und legte neue Notizen an. Er wandte sich, in gewohnter Arbeitsweise, brieflich an potentielle Helfer. Am 12. September richtete er an Albert Poppe, den Vorsitzenden des Berliner Touristenklubs, folgendes Schreiben: »Mit beinah 79 zu meinen alten Göttern zurückkehrend, liege ich mit einem Buch im Anschlag, das den Titel führen soll: ›Das Ländchen Friesack und die Bredows‹. Für die Bredows und ihre Herrenhäuser werden mir die Bredows selber Bezugsquelle sein. Aber nun bleiben noch ›Land und Leute‹, hinsichtlich deren ich bei Ihnen, hochverehrter Herr, anfrage, ob Sie persönlich oder das eine oder das andere Mitglied Ihres Touristenklubs mir mit Rat und Tat beistehen kann? Gibt es in der Stadt Friesack oder auf einem der in der Nähe gelegenen Dörfer einen Geistlichen oder Lehrer oder wild gewordenen Forst- oder Steuerassistenten, der sich mit solchen Dingen beschäftigt und einem Anekdoten und Schnurren, Legenden und Lügen erzählen kann? Letztere ganz besonders willkommen, weil sie meist das interessanteste sind. Die unechten Fridericianischen Anekdoten sind weitaus die besten.« Und noch am 17. September wandte sich Fontane an Ferdinand Meyer: »Nach zwanzigjährigem Abschwenken in Roman und Novelle habe ich vor, noch einmal zu alten Göttern (in der Tat bis auf Triglaff usw.) zurückzukehren. Ich will ein Buch schreiben, das etwa den Titel führen soll: ›*Das Ländchen Friesack und die Bredows*‹. Das mit den Bredows kann ich mit Hilfe der Bredows bezwingen, ebenso das, was sich auf die Dörfer, die Schlösser, die Kirchen in ihrer gegenwärtigen Gestalt bezieht. Aber wie's früher aussah, da hapert's. Gibt es nun wohl Bücher, Monographien (nicht lederne, sondern leidlich lebendige), die darüber berichten? Was ich in Fidicin und Berghaus gefunden, ist tödlich. Es mag die Hufenangabe, die Fischereigerechtigkeit und ähnliches seine Wichtigkeit haben, nur nicht literarisch, nur nicht für den modernen gebildeten Menschen ... Ich denke mir, vor Ihrem Auge liegt das alles ausgebreitet wie in einem Warenlager bei Gerson oder Hertzog – nichts fehlt. Greif ich ein Beispiel heraus. Da haben wir den berühmten Zootzenwald. Wie er jetzt ist, das kann ich mir ankucken; aber wo finde ich, wie er 1415 aussah, oder früher oder später? Wenn Büsching auf seiner Reise nach Kyritz aus dem Postwagen raussieht und fünf Zeilen über den Urwaldcharakter des Zootzenwaldes schreibt, so ist das, wie wenn ich von meinem Arbeitstisch aus die Sahara, die Pampas oder eine Prärie beschreibe. Lauter öde Redensarten mit einem Tuareg oder Botokuden oder Sioux dazwischen. All so was hilft mir nicht. Sonderbar, ich habe den meisten Vorteil immer aus unbekannten kleinen Broschüren gezogen, die, von einem Nichtschriftsteller geschrieben, in Rhinow oder Rathenow, Preis 50 Pf., erschienen waren. Wem so viel vor die Klinge kommt wie Ihnen, der wird auch diese stille Out of the way-Literatur kennen und mir Fingerzeige geben können.«

Drei Tage später starb Fontane. »Das Ländchen Friesack und die Bredows« war über zahlreiche Ansätze zu einzelnen Teilen und eine ausgiebige Materialsammlung hinaus nicht gediehen.

Reiseeindrücke

Zahlreiche briefliche Äußerungen Fontanes belegen die Faszination, die für ihn von der Geschichte der weitverzweigten Bredow-Familie ausging. Die Texte werden im folgenden wiedergegeben, weil sie einen Eindruck von den darstellerischen Absichten des Autors in Porträts und Geschichten vermitteln.

Schon am 27. April 1889, zu Beginn der Arbeit, bekannte er gegenüber Max von Bredow: Die Bredows »sind es, an denen man, typisch, märkische Tugenden und vielleicht auch (Pardon) kleine märkische Schwächen besser studieren kann als an irgendeiner anderen Familie, beispielsweise den sonst so berühmten und bevorzugten von A..., wovon ich seit vielen Jahren fest durchdrungen bin. Und auch deshalb würde es mir geradezu schmerzlich gewesen sein, auf die Darstellung eines so dankbaren und aller Welt so sympathischen Stoffes verzichten zu müssen.«

Daher rührt wohl auch die Begeisterung, mit der Fontane von seinen Erlebnissen in Landin und anderen Dörfern an seine Frau schrieb. Unter dem 28. Mai 1889 hieß es: »... hier traf ich 1 3/4 ein und fand einen sehr freundl. Empfang. Herr v. B. ist erst 34, aber schon so stark, daß Witte daneben verschwindet. ›Laßt mich dicke Leute sehn‹, sagte Caesar oder vielleicht auch bloß Prinz Heinz. Es ging zu Tisch; dann Kaffe [!] und Geplauder auf einer Veranda, dann 2stündige Fahrt, dann Abendbrot und Geplauder bis 11. Er ist sehr unterhaltlich; die Frau sehr nett, aber ruhiger und ein wenig angegriffen. Heute früh 7 1/2 schon fort, und zwar nach 2 wichtigen

Nachbargütern: Senzke und Wagenitz. Diese beiden sind die interessanteren durch Bilder, Monument, histor. Erinnerungsstücke, Sagen, Schnurren, Anekdoten. Alles andre wird dahinter zurückbleiben.« Am 30. Mai sandte Fontane folgenden ausführlichen Brief an Emilie: »Es geht mir gut, man ist fortgesetzt sehr gütig gegen mich, was namentlich gestern (Mittwoch) hervortrat. Vormittag arbeitete ich, weil Herr v. B. zu tun hatte; 12 Uhr fuhren wir dann nach Görne, 3 $^1/_2$ von Görne nach Kleßen, wo wir bis gegen 10 blieben; um 11 waren wir wieder hier und fanden Herrn v. Bredows um 14 Jahr ältren Bruder vor; er war bis vor kurzem Major im Reg. Garde du Corps, seit ein paar Wochen ist er Oberstlieutenant und Kommandeur der brandenburgischen Kürassiere. Beide Brüder sind sehr hübsch, namentlich sehr stattlich und männlich aussehende Herren, fein und liebenswürdig und sehr gebildet, namentlich der jüngere, der Landiner, der wohl jetzt der Stolz, Liebling und gesellschaftliche Mittelpunkt der Bredows ist, sicherlich der Friesacker Linie. Dazu die feine, natürliche, liebenswürdige Frau, die ebenfalls sehr beliebt scheint. In Kleßen trafen nun zufällig – da man eine Geschäftssache erledigen wollte – alle Bredows der Friesacker Linie zusammen:
1. Bredow-Kleßen als Wirt. Frau im Bade.
2. Bredow-Görne. Frau Adele seit zwei Jahren tot.
3. Bredow-Friesack mit Frau (2. Frau), Dame von 48, noch recht hübsch, wundervolle weiße Hände.
4. Bredow-Landin, mein liebenswürdiger Wirt. Die Frau kam nach. / Dazu ein paar Söhne, so daß wir doch wohl 20 Personen an der Abendtafel waren. Ich aß ein Stück Aal in Armsdicke, sonst aber nichts, genieße überhaupt sehr wenig und lebe von Tee und Rotwein, weil es sonst mit meiner Gesundheit vorbei und der Zweck einer doch immer anstrengenden Reise verfehlt wäre. / Der alte Graf Bredow-Friesack, der Senior der Familie, ist zugleich der Bredowsche Typ; die hies'gen, hier in Landin, sind feine, kluge moderne Leute, mit Bredowschem Fundament, der alte Friesacker Graf ist nur Bredow und Märker, aber eine Idealfigur, weil er dies beides in der Vollkommenheit ist, dabei von der gütigen Sorte, nicht von der herben und schneidigen. Die Frau sehr nett; etwas nervöse Kommandeuse. Rührend vor allem war der alte Graf Bredow-Görne, der seine Frau – vielleicht zum Staunen der andern Familienmitglieder – fabelhaft geliebt hat und jetzt der gebrochene Witwer ist; aber ich kann nur wiederholen, in rührender Weise. Das alles hat so viel Beschämendes; gegen mich war er von einer vollkommenen Herzlichkeit, dabei dankbar für jeden kleinen Ulk. Die Ausbeute in Görne und Kleßen war für mich über Erwarten groß; nirgends etwas Schönheitsvolles, aber unendlich viel Amü-

santes, sonderbare, komische Dinge, über die sich gut schreiben läßt. Heute wollen wir noch nach Kriele und Liepe, morgen dann einige Fahrten in die Umgegend, übermorgen nach Friesack, wo eine Aufgrabung vorgenommen werden soll, eine sehr schwierige Sache, weil erst aufgeschüttete Erdmassen (zur Zeit ein Garten) und dann ein darunter befindliches Gewölbe von oben her durchbrochen werden muß, um in die alte Bredow-Gruft der Quitzow-Zeit etc. zu gelangen. Die ganze Familie interessiert sich dafür, was mir sehr lieb ist. Am Sonnabend abend hoffe ich dann, direkt von Friesack aus, meinen Rückzug nach Berlin antreten zu können. – Einen Besuch bei den sogenannten Bredow-Bredows in der Nauener Gegend mache ich erst im Herbst.«

Auch an Julius Rodenberg, in dessen »Deutscher Rundschau« Fontane zumindest Teile seiner Bredow-Darstellung vorab zu veröffentlichen gedachte, schickte er detailreiche Berichte. Am 9. Juni 1889 schrieb er: »In *Briesen* lebt jetzt, als Urgreis, der alte General v. Bredow, der an der Spitze der Salzwedler Ulanen, blau mit blau, und der Halberstädter Kürassiere, weiß mit schwefelgelb, den berühmten Todesritt von Mars la Tour machte, wobei mir gestattet sein mag, einen kleinen anekdotischen Hergang aus dem Palais Bismarck einzuschalten. Der bayrisch-katholische Abgeordnete Jörg, als er Bismarck zum ersten Mal in dem schwefelgelben Streifen seiner Kürassiere sah, soll, bei Bier und Reichshund, scherzhaft gesagt haben: ›Durchlaucht, ich weiß, wo dies Schwefelgelb herkommt.‹ / In *Senzke* sieht es sehr anders aus als in Briesen. Der ›alte Senzker‹ war eine scharfe, schneidige, zugleich burleske Figur im Stil von Geist v. Beeren und dem letzten Zieten und ging eine Wette ein, daß er mit einem chinesischen Schwein, das zum Überfluß Aurora hieß, das Rennpferd seines Gutsnachbarn im Wettlauf besiegen wolle. Seine Sorge dabei war nur die, daß das Schwein durch ein zugeströmtes vornehmes Publikum in seiner Unbefangenheit gestört werden könne, weshalb der Pastor mit Frau und Tochter, die letztren beiden rot aufgeputzt, bei den täglichen Proben mitwirken und ›vornehmes Publikum‹ spielen mußten. Und so glückte denn alles. Der Senzker gewann die Wette. Die Rennbahn wird noch gezeigt. / Und drittens *Friesack*. Wir haben neulich an der Hand eines auf der Burg wohnenden Baumeisters die Baulinien der alten Burg ziemlich genau wieder festgestellt und dabei zuletzt 2 Friesacker vernommen, Achtzigjährige, die bei der letzten Öffnung der dann 1842 zugeschütteten Krypt zugegen waren. Der Dialog, der sich, bei der Gelegenheit, zwischen dem alten Grafen, den beiden 80jährigen und mir entspann, war erhaben. Auch dies ist ein Stoff. Sollte mich nun gar noch der Graf – wie er mir fest versprochen hat – zu Wiederausgrabung der zugeschütteten, jetzt von einem Garten überdeckten Krypt einladen und sollten wir bei der Gelegenheit Hasso v. Bredow (Quitzowzeit), dessen Schenkelknochen um Handsbreit länger waren als die gewöhnlicher Menschen, wieder auffinden, so wäre das für einen Buddler meines Schlages der reine Zucker. / Aber ich verschieße mein bestes Pulver, und nachher ist es nichts. Die Fettaugen sind dann runter.«

Einem Brief vom 11. Juni an Rodenberg fügte Fontane folgende »kleine Bredow-Geschichte« bei: »Eins der Bredow-Güter – dicht bei Görne gelegen, wo Gräfin Adele Bredow-Görne hauste, deren Zusendungen Sie schwerlich entgangen sein werden – heißt Kleßen, und dies Kleßen hat einen See, natürlich den Kleßner See. Der ist nun ein eigentümlich feines Ding. Alle sonstigen Seen des Havellandes sind Sumpf und Moor, und nur der Kleßner See hat Sand und Kalk (wie der Limfjord), so daß sein Wasser durchsichtig ist und man bis auf den Grund sehen kann. In diesen See senden nun die sumpfigen Nachbargewässer dann und wann etwas von ihrem Fischreichtum, Aale, Schleie, Bleie, sämtlich moorig, weil sie bis dahin unter schmutzigen Moorverhältnissen gelebt haben. Kaum aber in den Kleßener See getreten, beginnt das Purgatorium, der Reinigungs- und Veredlungsakt all dieser Rowdies und Kommißknüppel, und eh ein halb Jahr um ist, ist aus dem Moor-Aal ein Edel-Aal geworden, der 4fach höher im Preise steht und sein geläutertes Leben, wenn nicht bei Hofe, so doch niedrigstens bei Borchardt oder Dressel beschließt. Ich habe in Kleßen ein Stück von solchem Aal gegessen, an dem nichts Gemeines mehr war, ausgenommen seine kolossale Dicke. Denn das Edle muß auch immer schlank sein. Bismarck z. B. konnte nicht edel werden.«

Darstellerische Intentionen

Mit der »geträumten Lieblingsarbeit« (an Schlenther, 9. Januar 1890) wollte Fontane auch ein Modell für die ästhetische Gestaltung scheinbar spröder historischer Stoffe schaffen, über das er sich in mehreren Briefen bekenntnisreich verbreitete. Die Methodik, die er in dem Band »Fünf Schlösser« ausprobiert hatte, schien ihm ein erfolgversprechender Ansatz, und »namentlich Quitzöwel und Liebenberg« (so schrieb er am 6. April 1889 an Mathilde von Rohr) würden ungefähr auch seinen »Schlachtplan« für die Bredows erkennen lassen. Sogleich der erste Brief an Max von Bredow vom 27. April 1889 war der »richtigen Behandlungsmethode für Arbeiten der Art« gewidmet, denn die »Wanderungen« seien noch lange nicht sein Ideal. »Mein Ideal hat sich erst ganz allmählich herangebildet und besteht darin, ein Buch zu schreiben, das unterhaltliches

Geschichts- und Geschichtenbuch und zugleich aufschlußgebendes Nachschlagebuch sein soll. / Als ich mit diesen Dingen anfing, konnte, trotz Klöden und anderer ausgezeichneter Männer, von einem allgemeinen, über kleine Kreise hinausgehenden Interesse für Mark Brandenburg kaum gesprochen werden, ein solches Interesse war erst zu wecken. Und zu diesem Behufe war nichts ängstlicher zu vermeiden als Ausführlichkeit und Gründlichkeit. So bin ich denn über vieles, namentlich anfangs, nur so hingehuscht, in dem, ich glaube, damals ganz richtigen Gefühle, daß ein bloß flüchtiges Berühren der Dinge Bedingung des Erfolgs sei. Das ist seitdem sehr anders geworden, und ich darf jetzt, ich will nicht sagen nach einem entgegengesetzten, aber doch sehr veränderten Prinzipe vorgehn. Erfüllt sich mir alles so, wie ich jetzt hoffe, so werde ich in der Vorrede sagen dürfen, ›ihr, meine Nachfolger auf diesem Gebiete, *das* ist nach 30jähriger Erfahrung mein Testament: so, oder doch ungefähr so, muß es gemacht werden‹.«

Am 24. Mai 1889 hieß es in einem Postskriptum zu einem Brief an die Landiner Bredows: »Wenn außer dem Mülverstedt-Bredowschen Werk über die Bredows noch eine alte, wissenschaftlich längst überholte Geschichte der Bredows existiert, oder auch nur Bruchstücke davon, so bitte ich auch darum. Alle neueren Historien, ganz allgemein, rühren von gelehrteren Personen her, die viel Wissen und viel Kritik mitbringen; ich habe nun aber mal eine Vorliebe für die wissenschaftlich niedriger stehenden Bücher der Vergangenheit, die weniger Ideen, aber mehr Stoff und mehr lebendige Menschen geben.«

Auch im Brief an Heinrich Jacobi vom 23. Januar 1890 kam er auf seine unkonventionelle Arbeitsweise zu sprechen: »Alle havelländischen Pfarrhäuser und nun gar, wenn sie dem Ländchen Friesack zugehören oder angrenzen, sind mir doppelt lieb und wert und wichtig geworden, seit ich an den Plan einer Bredow-Geschichte herangetreten bin, denn wenn alle Stränge reißen, würde ich den Versuch machen, der Geschichte von der Pfarrhausseite her und mit Hülfe des Pfarrhauses beizukommen, und Ihre Hülfe würde mir dabei unschätzbar sein. Wie man sich in Italien, als deutscher pittore, früher von Kloster zu Kloster durchfraß, so würde ich, an Ihrer Hand, im Havellande vielleicht von Pfarrhaus zu Pfarrhaus wandern können und schließlich mit Beharrlichkeit und Mühe meinen Bredow-Stoff zusammenkratzen. Daß mir das, auf die eine oder andere Weise, noch vergönnt sein werde, wünsche ich aufrichtig, denn ich halte den Bredow-Stoff nach wie vor für einen ganz besonders glücklichen, glücklich namentlich für mich, da ich nirgends auf das *Große* aus bin (*das* findet doch seinen Darsteller), sondern auf das Mittlere, selbst auf das Kleine, das ich, idyllisch und humoristisch angeflogen, am liebsten behandle. [...] Vorläufig bin ich noch ganz in Schwanken und Unsicherheit [ob er das Angebot, eine Autobiographie zu schreiben, annehmen solle]. Es ist mir aber wahrscheinlich, daß ich, aller äußerlich klugen Berechnung zum Trotz, mich für die Bredow-Kapitel entscheiden werde. Denn abgesehen von der Bedeutung der Familie, neben der ein kleines Einzeldasein wie das meinige verschwindet, möchte ich auch – wie ich das schon mal in einem Briefe, ich weiß nicht mehr, ob an den Landiner oder Friesacker Bredow, ausgeführt habe – der Welt und der *Geschichtschreibung* zeigen, wie man solchen Stoff überhaupt zu behandeln hat, gründlich und doch nicht langweilig. Das klingt etwas anmaßlich, aber ich glaube, daß ich dies zu sagen berechtigt bin.«

Auch der Brief vom 15. Mai 1891, in dem Fontane Max von Bredow über die Aufgabe des Projekts informierte, beschrieb noch einmal, was ihm »als Ideal vorschwebte«: »Totalität und Wiedergabe kleinsten und zugleich intimsten Lebens. Nicht Namen, Zahlen, Überschriften, sondern immer Bilder und Geschichten. Um das leisten zu können, dazu gehört ein ›Sichinstallieren‹, am besten durch Jahre hin, so daß ein im Friesackschen zu Amt und Stellung kommender Pastor oder Schulmeister immer der mutmaßliche Zukunftsheld sein würde. Schade nur, daß die Pastoren es immer zu pastorlich und die Schulmeister immer zu schulmeisterlich anfassen. Ohne leichte Hand geht es nicht. Was ich meinerseits bei meinem Besuch und dazu in Büchern aufgepickt habe, so Hübsches darunter ist, genügt nicht, und weil ich das Aufpicken aus allen möglichen Gründen (die Jahre natürlich immer voran) nicht füglich fortsetzen kann, so hab ich, nach einigem Zögern, den Entschluß gefaßt, die Flinte ins Korn zu werfen. Es konnte, bei meinen hohen Semestern, nichts mehr werden. Nur die Überzeugung ist mir geblieben, daß der Plan, nach dem ich vorgehen wollte, richtig war und daß das Ziel nur erreicht werden kann, wenn mit dem Aus-der-Vogelperspektive-Beobachten gebrochen wird.«

Und in dem Brief an Jacobi vom 5. Januar 1895 formuliert Fontane seine Grundüberzeugung noch einmal: »Alles, was von unseren historischen Klein-Forschern über Mark Brandenburg geschrieben wird, ist das ödeste, das bodenlos Langweiligste, was Gottes Sonne je beschienen hat, und alles, was von unseren Novellisten, Belletristen und Feuilletonisten (immer Willibald Alexis ausgenommen, der eine ganz große Nummer war) märkisch gesündigt worden ist, ist wieder wertlos in seiner historischen Dünnheit und Oberflächlichkeit. Mein stolzes Beginnen lief nun darauf hinaus, Allerkleinstes – auch Prosaisches nicht ausgeschlossen – exakt und minutiös zu schildern und durch scheinbar einfachste, aber gerade deshalb schwierigste Mittel, durch Simplizität, Durchsichtigkeit im einzelnen und Übersichtlichkeit im Ganzen, auf eine gewisse künstlerische Höhe zu heben, ja es dadurch sogar interessant oder wenigstens lesensmöglich zu machen.«

Überlieferung und Textgrundlage

Das Originalmanuskript, das am 9. Oktober 1933 versteigert wurde und im Katalog der Autographenhandlung Hellmut Meyer & Ernst als Nr. 487 angezeigt wurde, umfaßte ca. 700 Seiten Folio; es ist heute verschollen. Reste der handschriftlichen Aufzeichnungen haben sich im Schiller-Nationalmuseum/Deutsches Literaturarchiv in Marbach (unter anderem Landin, Burg Friesack, Kleßen, Briesen), im Märkischen Museum zu Berlin (Nennhausen) und im FAP (topographische Beschreibung vom Anfang) erhalten. Jutta (Neuendorff)-Fürstenau hat das Original in den dreißiger Jahren noch eingesehen und in ihrem Aufsatz »Theodor Fontanes ›Ländchen Friesack‹« beschrieben (»Brandenburgische Jahrbücher«, Jg. 1938, Heft 9, S. 55–62): »Die umfangreichen Vorarbeiten, die sich in Fontanes Nachlaß gefunden haben, sind also nicht etwa Ausfluß eines einheitlichen Gusses, sondern entstammen mehreren zeitlich auseinanderliegenden Schichten. Außer den zahlreichen teils eng beschriebenen, teils nur mit einigen flüchtig hingeworfenen Bemerkungen bedeckten oder nur eine repräsentative Überschrift tragenden Folioblättern liegen dem Konvolut noch zwei Druckschriften bei, die mit mancherlei Randbemerkungen versehen sind: die ›Geschichte von Stadt und Ländchen Friesack‹ von Dr. E. G. Bardey (Nauen 1894) und der 2. Teil der ›Geschichte des Geschlechtes von Bredow‹ (Cremmensche Linie. Halle a. S. 1890), deren 1. und 3. Teil, vom Grafen Bredow-Liepe verfaßt, gleichfalls als Quelle diente.«

Erhalten ist eine Maschinenabschrift, die offenbar in den dreißiger Jahren von Friedrich Fontane veranlaßt wurde. Ein Exemplar davon befindet sich im Besitz des von Bredowschen Familienverbandes, und danach wurde der Text erstmals im Band 3 der Abteilung »Wanderungen« in der Hanser-Ausgabe als »Ländchen Friesack« veröffentlicht (1. Auflage 1968, 2. Auflage 1977). Über eine Kopie des genannten Typoskripts verfügt auch das FAP, und dieses Exemplar bildet die Textgrundlage für die vorliegende Ausgabe; darin fehlt allerdings der Abschnitt »Die Sagen« (S. 151ff.), den wir aus der Hanser-Ausgabe übernommen haben.

Das Konvolut im FAP enthält folgende Übersicht über das damals vorhandene Material:

I. Geschichte der Bredows, Teil 2 (Cremmer Linie), Quartband. Mit vielen Strichen, Marginalien etc. Th. Fontanes.

II. Bardey, Geschichte der Stadt und vom Ländchen Friesack. Ebenfalls mit Notizen etc. Th. Fontanes.

III. Großes *Manuskript* in Pappumschlag »Ländchen Friesack«. Wurde schon vom verstorbenen Professor Spatz für das Werk »Die Denkmäler der Provinz Brandenburg« durchgesehen. Inhalt:

1. Ländchen Friesack. Topographisch. Bevölkerung, Ortschaften, Sagen. 13 Folioseiten. Die Rückseiten mit andern Manuskripten beschrieben.
2. 2. Hälfte. Friesack, Geschichte 1150–? 9 Seiten. Rückseiten wie bei 1.
3. Linie Bredow-Bredow. 36 Seiten. Rückseiten wie bei 1.
4. Markee – Markau und Schwanebeck – Dyrotz – Dorf Bredow (Markee). Titel.
5. Kotzen – Stechow (Brief von Herrn Hammer). Nur Notizen. Rückseit. wie bei 1.
6. Der Zootzen. Nur wenige Notizen. Rückseiten wie bei 1.
7. Ländchen Friesack. Wichtige Notizen. Einteilung. Entwürfe etc. (Generalstabskarte von Nauen etc.).
8. Friesack. Beschreibung der Burg etc. Rückseiten wie bei 1.
9. Wiederholung der Disposition im Vergleich zum 1. Entwurf.
10. Burg Friesack. Belagerung etc. Historisches. Plattdeutsches Gedicht.
11. Burg Friesack. Historisches. Rückseiten immer wie bei 1.
12. Burg Friesack. Meist nur kurze Notizen.
13. Görne. Meist nur Notizen.
14. Kleßen. Nur Notizen.
15. Liepe. Notizen. Aber alle diese Notizen sind wichtig und müssen kopiert werden.
16. Landin. Wieder Notizen.
17. Die gegenwärtigen Grafen auf Friesack (ganz kurz).
18. Pastor Brandt. Kurze Notiz.
19. Die Landin-Krieler Bredows. Ganz kurz.
20. Die Lieper Bredows. Kurze Notiz.
21. Aufgeklebtes Stück der Vossischen Zeitung über die Bredows.
22. Einteilung des Stoffes. 2 Bogen. Vorwort (enthält noch nichts).
23. Ländchen Friesack. Ganz kurze Notizen.
24. Buchow-Carpzow. Nur Titel.
25. Ringenwalde, Ihlow, Wölsickendorf. Nur Titel.

26. Vehlefanz – Cremmen – Gr. Behnitz. Nur Titel.
27. Priort. Kurze Notiz.
28. Die Bredows. Wieder der Plan des Werkes. Kapiteleinteilung.
29. Ländchen Friesack II. – Wagenitz. Größere Notizen.
30. Ländchen Friesack III. (Umschlag: die Kapitel aus I hineinlegen.)
31. Ländchen Friesack IV. (Umschlag: die Kapitel aus I hineinlegen.)
32. Nennhausen. Kurze Notizen.
33. Stechow – Dom Brandenburg. Nur Titel.
34. Senzke. Größere Notizen.
35. Die Wagenitzer Bredows. Schema, nach dem gearbeitet werden muß.
36. Wagenitz. Notizen.
37. Kriele. Nur wenige Notizen.
38. Die Briesener Bredows. Nur wenige Notizen.
39. Die Bredows, Linie Friesack. Notizen.

IV. Die Plünderung Kleßens 1806. In Umschlag. Der Bericht – 15 Folioseiten – rührt *nicht* von Th. F. her, sondern ist nur von ihm kopiert worden.

Ferner enthält das Konvolut im FAP eine tabellarische Übersicht über Anstreichungen und Marginalien in der »Geschichte des Geschlechtes von Bredow« und in Bardeys »Geschichte von Stadt und Ländchen Friesack«. Die Marginalien bestehen hauptsächlich aus Bewertungen wie »sehr gut«, »gut«, »hübsch«, »wichtig«. Zu S. 29 der Bredow-Geschichte hat Fontane auf einem eingelegten Briefumschlag folgendes notiert: »Unter denen, die in Berlin zur Huldigung einritten (am 14. Sept. 1411) hätten aber doch die *Friesacker* Bredows sein müssen, da nur die *Cremmenschen* Bredows (Schwägersleute von Johann v. Quitzow) zu den Quitzows hielten. S. 29, erster Absatz, erledigt das Vorstehende. Man sieht da, daß die Bredows anfangs *alle* schwankten, wenn auch nur die Cremmenschen direkt zur Opposition gehörten. Deshalb waren *sie* auch *sämtlich* nicht beim Huldigungs-Einzug in Berlin. Als dann aber die Sache brenzlig wurde, gingen Friesack und Linie Bredow direkt zum Burggrafen über, und nur die *Cremmenschen* verharrten weiter in ihrem Widerstand, bis zuletzt auch sie nachgaben.«

Unser Abdruck unterscheidet sich, gestützt auf das Material im FAP, vielfach von der Hanser-Fassung. Zunächst haben wir in Anlehnung an Fontanes späte Briefe an Poppe vom 12. September und an Meyer vom 17. September 1898 den Titel »Das Ländchen

Friesack und die Bredows« gewählt. Dann geben wir erstmals die im Typoskript zahlreich enthaltenen Lageskizzen wieder und drukken auch die Briefe von Erich Hammer vom 26. Juni 1889 (im Konvolut »Kotzen«) und von Heinrich Jacobi vom 18. Juni 1889 (im Konvolut »Kriele«) ab. Am Schluß haben wir den Bericht »Die Plünderung Kleßens 1806 unter König Murat« aufgenommen, der nicht von Fontane stammt, aber von ihm für »Das Ländchen Friesack und die Bredows« kopiert wurde. Und schließlich werden nach dem FAP-Typoskript alle Rand- und sonstigen Zusatzbemerkungen als solche ausgewiesen. Die inhaltliche Gliederung des durch häufige Wiederholungen und Neuansätze verwirrenden Konvoluts folgt im wesentlichen der Inhaltsübersicht des Typoskripts im FAP.

Alle Seitenzahlen, die Fontane ohne weitere Kennzeichnung notiert, beziehen sich durchweg auf Bredow-Liepes »Geschichte des Geschlechtes von Bredow«.

148 *von einem Brombeerstrauch ... keine Weintrauben* – Wohl in Anlehnung an das Neue Testament, Lukas 6,44: »Ein jeglicher Baum wird an seiner eigenen Frucht erkannt. Denn man liest nicht Feigen von den Dornen, auch liest man nicht Trauben von den Hecken.«
Sumpf und Sand – Wahrscheinlich in Anspielung auf den Titel von George Hesekiels Sammlung »Zwischen Sumpf und Sand. Vaterländische Dichtungen« (1863), aus der Fontane mehrfach Verse für die Mottos ausgewählt hat, die er seinen »Wanderungen«-Kapiteln voranstellte. Vgl. Fontanes Rezension des Buches; S. 317 ff. dieses Bandes.
Etablierung des Hauses Hohenzollern – Seit 1411, als Burggraf Friedrich VI. von Nürnberg aus dem Hause Hohenzollern Statthalter in der Mark wurde. Vgl. Anm. zu S. 36.
Tage der germanischen Wiedereroberung – Seit etwa Mitte des 12. Jahrhunderts. Vgl. Anm. zu S. 135.
ein Mitglied der Bredow-Familie – Max von Bredow in Landin.

149 *in fast achttägigem Aufenthalt* – 27. Mai bis 1. oder 2. Juni 1889.
Todesritt vom General von Bredow – Adalbert von Bredow befehligte am 16. August 1870 die 12. Kavalleriebrigade in der verlustreichen Doppelschlacht von Vionville und Mars la Tour.
als Kapitel in ein anderes Buch – Von diesem Plan ist nichts bekannt. Vielleicht dachte Fontane daran, einer späteren Auflage von »Havelland« ein »Friesack«-Kapitel einzufügen.

149 *Verlust der Garnison* – 1885, als eine Abteilung der Zietenhusaren nach Rathenow verlegt wurde.

150 *fünf Plateaus* – Vgl. die entsprechenden Dispositionen zu dem Projekt »Geschichten aus Mark Brandenburg«; S. 42ff. dieses Bandes.

kupiertes Terrain – Im militärischen Sprachgebrauch ein mit Hindernissen durchzogenes, schwieriges Gelände.

152 *Scheffelmaß* – Behälter, der einen Scheffel faßte, ein gebietsweise stark differierendes Hohlmaß für Schüttgüter (vor allem Getreide).

154 *Riedel* – »Zehn Jahre aus der Geschichte der Ahnherren des preußischen Königshauses. Das Aufsteigen des Burggrafen Friedrich VI. von Nürnberg zur kurfürstlichen Würde und zur Reichsstatthalterschaft in Deutschland« von Adolf Friedrich Riedel (Berlin 1851).

155 *Quitzow-Jahre ... historische Zeit* – Vgl. »Fünf Schlösser«, Teil »Quitzöwel«; Band 5 dieser Ausgabe.

157 *Wusterwitz (Hafftiz)* – Vgl. Anm. zu S. 38.

158 *Kaspar Gans* – Vgl. »Fünf Schlösser«, Teil »Quitzöwel«, Kap. 10; Band 5 dieser Ausgabe.

Gesellschaft »Unserer Lieben Frauen vom Berge« – Adlige Marien-Bruderschaft, die 1443 in Alt-Brandenburg gegründet wurde (»Schwanengesellschaft unserer lieben Frauen Kettenträger«).

Kostnitz-Hus-Hussiten- und Bernd-Ryk-Zeit – Die erste Hälfte des 15. Jahrhunderts. 1514 wurde Jan Hus während des Konzils von Konstanz (Kostnitz) verbrannt. Im gleichen Jahr war in Konstanz die Mark Brandenburg an Friedrich VI. verliehen worden. Die Hussiten fielen wenig später in die Mark ein; 1432 wurden sie bei Bernau geschlagen. Bernhard Ryke (1448 erschlagen) war Bürgermeister von Berlin und lag mit dem Kurfürsten in Fehde.

159 *Wilsnacker Wunderblut* – Vgl. »Fünf Schlösser«, Teil »Quitzöwel«, Kap. 1; Band 5 dieser Ausgabe.

Johanniter-Ritter – Angehöriger des Johanniterordens, der aus einem 1113 vom Papst bestätigten geistlichen Ritterorden hervorging, sich vor allem der Krankenbetreuung widmete und feudale Überlieferungen pflegte. 1810 wurde die Ballei Brandenburg des Ordens aufgelöst; an ihre Stelle trat 1812 der Königlich Preußische Johanniterorden, der sich seit 1852 erneut als Ballei Brandenburg bezeichnen durfte, die eingezogenen Güter aber nicht zurückerhielt. Vgl. »Sankt Johannistag in Sonnenburg«; Band 6 dieser Ausgabe.

160 *Gercken nachsehen* — Der Historiker Philipp Wilhelm Gercken, der zahlreiche Quellen zur brandenburgischen Geschichte veröffentlichte, gab auch den »Codex diplomaticus brandenburgensis. Aus Originalien und Copial-Büchern gesammelt« heraus (1769–1785), der später von Raumer und Riedel erneuert wurde.
Löwenberger Abzweigung — Vgl. »Fünf Schlösser«, Teil »Hoppenrade«; Band 5 dieser Ausgabe.
164 *Pertinenzen* — Zugehöriges Land.
in die Quist gehen — verlorengehen.
165 *Spanischer Erbfolgekrieg* — Europäischer Krieg 1701–1714 um das Erbe des 1700 gestorbenen letzten spanischen Habsburgers, Karls II. Um die drohende Hegemonie Frankreichs auf dem Kontinent wirksam zu bekämpfen, bildeten England, die Niederlande, Österreich, Preußen, Savoyen und Portugal die »Große Allianz«. Hauptkriegsschauplätze waren Spanien, Italien, die Niederlande und Deutschland. In der Schlacht bei Turin (7. September 1706) siegten die Alliierten unter Prinz Eugen über die Franzosen.
Utrechter Frieden — Sammelbezeichnung für die Friedensverträge, die 1713–1715 in Utrecht abgeschlossen wurden und den Spanischen Erbfolgekrieg beendeten.
Leben großer Helden von Pauli — Carl Friedrich Pauli, »Leben großer Helden des gegenwärtigen Krieges«, 9 Teile, Halle 1759–1764.
166 *Alter Dessauer* — Leopold I. von Dessau.
168 *verpurrt* — verwehrt, vereitelt.
169 *General von Bredow bei Mars la Tour 1870* — Vgl. Anm. zu S. 149.
170 *Katastrophe von Maxen* — Während des Siebenjährigen Krieges sollte Friedrich August von Finck im November 1759 bei Maxen (südlich von Dresden) den österreichischen Verbänden den Rückzug abschneiden. Finck war zwar mit dem Befehl Friedrichs II. nicht einverstanden, gehorchte aber, wurde von den Österreichern angegriffen und geriet am 21. November mit dem Rest seines Korps in Gefangenschaft. Obwohl der König die Schuld trug, wurde Finck nach Kriegsende zu einjähriger Festungsstrafe verurteilt. Fontanes Quelle war unter anderem Ferdinand Gottschalks Werk »Die Feldzüge Friedrichs des Großen im Siebenjährigen Kriege«, das 1847 in Zerbst erschien.
Das alte Schloß fällt 1412 oder 14 — Vgl. »Fünf Schlösser«, Teil »Quitzöwel«; Band 5 dieser Ausgabe.
171 *In den beiden Schlesischen Kriegen* — Die Kriege, die Fried-

rich II. 1740–1742 und 1744/45 gegen Österreich um den Besitz Schlesiens führte.

171 *Soor* – Bei Soor (Nordostböhmen) wurde im Zweiten Schlesischen Krieg ein österreichischer Angriff von preußischen Truppen abgewehrt.

Hohenfriedberg – Vgl. Anm. zu S. 35.

Szene mit Sieyès – In dem Buch »Das Ländchen Friesack und die Bredows« von Henning von Koss (Kiel o. J.), S. 107, heißt es: »Während der Französischen Revolution war eine Zeitlang der Abbé Sieyès französischer Gesandter in Berlin. Als dieser während einer Hoffestlichkeit laut mit revolutionären Phrasen um sich warf, erhob sich plötzlich der alte Legationsrat v. Bredow und herrschte ihn an: ›Wenn Er nicht sofort Sein loses Mundwerk hält, so werfe ich Ihn, so wahr ich hier stehe, zum Fenster hinaus!‹ Der Abbé zog es vor, keine Probe aufs Exempel zu machen und verschwand eiligst.«

Marwitz – Friedrich August Ludwig von der Marwitz' zum Teil recht eigenwillige Lebenserinnerungen erschienen unter dem Titel »Aus dem Nachlasse« zweibändig zuerst 1852 in Berlin. Vgl. dazu Friedrich August Ludwig von der Marwitz, »Nachrichten aus meinem Leben. 1777–1808«, herausgegeben von Günter de Bruyn, Berlin 1989.

Mollwitz – Bei Mollwitz (nahe Brieg) wurde im Ersten Schlesischen Krieg ein österreichisches Heer von den Preußen geschlagen (10. April 1741). Vgl. die Biographie von Schwerin in den »Vaterländischen Reiterbildern aus drei Jahrhunderten«; Band 6 dieser Ausgabe.

Kesselsdorf – Bei Kesselsdorf (westlich von Dresden) besiegten preußische Truppen im Zweiten Schlesischen Krieg (15. Dezember 1745) die Sachsen und verhinderten damit das Eindringen der Österreicher in die Mark Brandenburg.

172 *Hans Hermann von Katte* – Vgl. Anm. zu S. 38.

Zorndorf – Verlustreiche Schlacht im Siebenjährigen Krieg, die Friedrich II. am 25. August 1758 einen knappen Sieg über die Russen brachte.

173 *Löwenbruch* – Vgl. das gleichnamige Kapitel in »Spreeland«; Band 4 dieser Ausgabe.

174 *Eroberung von Rügen* – Rügen, das 1648 durch den Westfälischen Frieden an Schweden gefallen war, wurde 1715 von brandenburgischen Truppen erobert.

175 *Geschichte vom Major von Stechow* – In dem oben zitierten Buch von Koss wird die Affäre um das Rittergut Stechow, das Kaspar Heinrich von Stechow an Ludwig von Bredow verkaufte, dargestellt. Das Berliner Kammergericht, gestützt

durch einen Entscheid Friedrichs II., verhinderte, daß der Kauf rückgängig gemacht wurde. Bei einer Begegnung Friedrich Wilhelms IV. mit dem damaligen Besitzer von Stechow soll der König gefragt haben: »Welcher Teufel hat denn die Bredows nach Stechow gebracht?« Bredow antwortete: »Der Teufel war Euer Majestät Vorfahr!«

176 *Anch 'io sono pittore!* – (ital.) Auch ich bin ein Maler! – Angeblich soll Correggio vor Raffaels Bild der heiligen Cäcilia diesen Ausspruch getan haben.

177 *»Marwede-Aufsatz«* – Der Zusammenhang konnte nicht aufgeklärt werden.

Nennhausen. Fouqué. Undine – Vgl. »Friedrich de la Motte Fouqué«; Band 6 dieser Ausgabe.

Fidicin – Vgl. Anm. zu S. 60.

Büsching – »Beschreibung seiner Reise von Berlin nach Kyritz in der Prignitz, welche er am 26. September bis 2. Oktober 1779 unternahm« von Anton Friedrich Büsching (Leipzig 1780).

Klöden – »Beiträge zur mineralogischen und geognostischen Kenntnis der Mark Brandenburg. 5. und 8. Stück. Programm zur Prüfung der Zöglinge der Gewerbeschule am 31. März 1832 und 1. April 1835« (Berlin o. J.).

Bratring – Vgl. Anm. zu S. 55.

Bekmann – Vgl. Anm. zu S. 67.

178 *General von Bredow (Mars la Tour)* – Vgl. Anm. zu S. 149.

180 *Lippold von Bredow und die Quitzowzeit* – Vgl. »Fünf Schlösser«, Teil »Quitzöwel«, Kap. 3; Band 5 dieser Ausgabe.

Czaslau – Bei Chotusitz, in der Nähe von Czaslau (Böhmen), errangen die Preußen im Ersten Schlesischen Krieg (17. Mai 1742) einen Sieg über die Österreicher.

Großbeeren – Im Verlauf der Befreiungskriege gegen Napoleon griff am 23. August 1813 der preußische General Friedrich Wilhelm von Bülow mit einem Korps der Nordarmee bei Großbeeren die französischen Verbände unter Marschall Oudinot an und besiegte sie.

Dennewitz – Bei Dennewitz (südwestlich von Jüterbog) wurden am 6. September 1813 die Truppen des Marschalls Ney geschlagen.

181 *Filial* – Gemeinde ohne eigenen Geistlichen, die vom Pfarrer eines Nachbarortes mit betreut wird.

183 *in anhaltinischer Zeit* – 1134–1320.

184 *bei Beutner* – Tuiscon Beutner war der langjährige Chefredakteur der »Neuen Preußischen (Kreuz-)Zeitung«, also Fontanes Chef ab 1860.

187 *der berühmte Platz* – Von der frühaskanischen Burganlage, die den Dammweg sicherte, ist nichts erhalten. Friesack wird 1327 erstmals als Stadt genannt.

190 *Das große Fachwerkhaus* – Das zweigeschossige Herrenhaus von 1774 wurde im zweiten Weltkrieg beschädigt und 1956 abgebrochen.

Burgkirche – Die 1844 errichtete Kirche brannte nach einem Bombenangriff am 28. April 1945 aus. Turm und Kirchenschiff wurden in den fünfziger Jahren in veränderter Form wieder aufgebaut.

191 *Eroberung der Burg durch Burggraf Friedrich* – Vgl. »Fünf Schlösser«, Teil »Quitzöwel«, Kap. 9; Band 5 dieser Ausgabe.

195 *Faule Grete* – Vgl. Anm. zu S. 129.

Nicolaus – Der Brandenburger Bürger Nikolaus Uppschlacht.

198 *Erstürmung von Stadt und Schloß Angermünde* – Vgl. »Fünf Schlösser«, Teil »Quitzöwel«, Kap. 10 und 11; Band 5 dieser Ausgabe. Vgl. auch Anm. zu S. 38.

200 *Andreastag* – 30. November.

205 *»Hosen des Herrn von Bredow«* – Fontane hat den 1848 erschienenen Roman in seinem Essay »Willibald Alexis« (1872) ausführlich behandelt.

Entrefilet – Eingeschobenes Zwischenstück.

206 *petit neveu* – (franz.) Großneffe.

208 *Großgörschen* – Erste größere Schlacht in den Befreiungskriegen gegen Napoleon, bei der am 2. Mai 1813 bei Großgörschen (in der Nähe von Lützen) ein preußisch-russisches Heer zum Rückzug gezwungen wurde.

209 *Herrenhaus zu Görne* – Eingeschossiger Putzbau von 1786, der Ende des 19. Jahrhunderts verändert wurde.

216 *Der fischveredelnde See* – Vgl. Fontanes Brief an Julius Rodenberg vom 11. Juni 1889; S. 443 dieses Bandes.

Pavia oder Gravelingen – Am 24. Februar 1525 schlug ein Heer Kaiser Karls V. die Franzosen unter Franz I. Am 13. Juli 1558 (also ebenfalls nicht im Dreißigjährigen Krieg!) errangen die Spanier einen Sieg über die Franzosen.

bag-pipe – (engl.) Dudelsack.

Das Haus ... in einem hübschen guten einfachen Stil – Das Gutshaus stammt etwa aus der Mitte des 18. Jahrhunderts und ist eine eingeschossige Dreiflügelanlage, die zu Beginn des 19. Jahrhunderts vielfach verändert wurde.

218 *Kirche* – Der heutige Putzbau stammt von 1913, der Backsteinturm von 1866. Erhalten sind Ausstattungsstücke aus dem 18. Jahrhundert.

218 *Die Muratsche Plünderung* – Das Aktenstück ist am Schluß abgedruckt. Vgl. S. 293ff. dieses Bandes.

219 *das große Familienbild in der Kirche zu Wagenitz* – Vgl. S. 249f. dieses Bandes und die Anm. dazu.
Präbendarius – Domherr.
Konsekration – Einweihung, Einsegnung.

220 *encanaillieren* – auf das Niveau des Pöbels begeben.

221 *König-Murat-Affaire* – Vgl. S. 293ff. dieses Bandes.
Campagne – Die Befreiungskriege gegen Napoleon.
Ritterakademie – Die Ritterakademien waren Lehranstalten zur Vorbereitung junger Adliger auf die Offiziers- oder Universitätslaufbahn. Neben den üblichen humanistischen Fächern wurden auch Französisch und Italienisch sowie Reiten, Fechten und Tanzen gelehrt. Die Ritterakademie in Brandenburg bestand von 1704 bis 1937.

222 *Bild in der Wagenitzer Kirche* – Vgl. S. 249f. dieses Bandes und die Anm. dazu.

224 *Architekt* – Prüfer (vgl. S. 229 dieses Bandes).
Lieper Kirche – Der spätmittelalterliche Feldsteinbau wurde 1881 neugotisch umgebaut.
Fritsch – Der Architekt Karl Emil Otto Fritsch, der 1899 Fontanes Tochter Martha heiratete.

225 *kontagiös* – ansteckend.
Bonsecours … Musterkirche – Fontane beschreibt das »durch seine Lage und seine Kirche gleich berühmte Dorf Bonsecours« im Kap. »Rouen III« seines Buches »Aus den Tagen der Okkupation«: »So entstand die Musterkirche von Bonsecours, die freilich auch ein ›Muster‹ ist im Sinne einer Tapisseriehandlung. Es bezieht sich dies selbstverständlich nur auf die innere Ausschmückung, die, nach dem Vorbilde der Sainte Chapelle in Paris, die polychrome Behandlungsweise sich zur Aufgabe stellte. Die Sainte Chapelle kenne ich leider nicht; aber Bonsecours kenne ich jetzt. Es scheint mir geradezu eine *Verirrung* […] Dieses Durcheinander von Rot und Blau, von Grün und Gold, diese Einwicklung des ganzen Gotteshauses, wenigstens dem Effekte nach, in türkische Teppiche gibt dem Ganzen einen orientalischen, ja, für mein Gefühl einen geradezu heidnischen Charakter, und zwar heidnisch mit dem Beigeschmack von barbarisch.«

228 *Martini* – 11. November.

229 *»Portenser«* – Zögling der 1543 gegründeten Fürstenschule Schulpforta bei Naumburg.
Sieger von Tobitschau – Am 15. Juli 1866 bestritten die Preußen bei Tobitschau ein siegreiches Gefecht gegen

die Österreicher. In seinem Buch »Der Deutsche Krieg von 1866« schreibt Fontane, daß Bredow auf 900 Schritt direkt auf die feuernden Geschütze losgeritten sei: »Mit Recht ist hervorgehoben worden, daß diese Tat des Westpreußischen Kürassierregiments zu den schönsten gehört, die die Geschichte der preußischen Kavallerie zu verzeichnen hat.«

230 *das gegenwärtige Herrenhaus* – Das ehemalige Herrenhaus in Landin aus dem Anfang des 18. Jahrhunderts, ein zweigeschossiger Putzbau mit Mittelrisalit, brannte in den letzten Tagen des zweiten Weltkrieges aus, und die Ruine wurde später beseitigt.

232 *humoristischer Herr von Senfft-Pilsach* – Fontane erzählt in seiner Autobiographie »Von Zwanzig bis Dreißig« zwei Anekdoten um den Juristen und Sänger Arnold von Senfft zu Pilsach. »Er war – trotz ganz unjunkerlicher Anschauungen – in Erscheinung und Sprechweise der Typus eines pommersch-märkischen Junkers, groß und stark, humoristisch und derb bis zum Zynismus. [...] Als ich ihn kennenlernte, war er, glaub ich, Referendar und einige zwanzig Jahre alt. Wir plauderten miteinander, und er merkte, daß ich Fühlhörner ausstreckte, um über das konservative Hochmaß seiner Gesinnung ins klare zu kommen. Er lachte. ›Meinetwegen brauchen Sie sich nicht zu genieren. Ich denke über alles anders.‹ Sein Leben bewies das.« Einmal trug er bei Fontanes den »Archibald Douglas« vor. »Ich sprach ihm meinen herzlichen Dank aus und bot ihm ein Glas Wein an, so gut ich's hatte, hinzusetzend, ich hätte tags zuvor von einem in Wernigerode lebenden Freunde einige Flaschen ›Wernigeröder‹ erhalten, einen abgelagerten Kornus, von dem es heiße, daß er womöglich noch besser als Nordhäuser sei; ob ich ihm vielleicht *den* vorsetzen dürfe. Sein Gesicht nahm sofort einen komisch feierlichen Ausdruck an, und den Rotwein beinah despektierlich zurückschiebend, sagte er: ›Dann bitt ich freilich um Wernigeröder.‹ Er behandelte ihn wie Frühstückswein und sprach sich, als er mehrere mittelgroße Gläser geleert hatte, voll Anerkennung uber den Mann aus, der dies ›edle Naß‹ so rechtzeitig geschickt habe.«

»Aurora« ... Wettrennen – Vgl. Fontanes Brief an Julius Rodenberg vom 9. Juni 1889; S. 442 dieses Bandes.

Pour le mérite – (franz.) Für das Verdienst; 1740 von Friedrich II. gestifteter preußischer Orden.

233 *Dorotheenstädtische Kirche* – Die 1687 eingeweihte, 1861–1863 weitgehend umgebaute Kirche in der damaligen

Dorotheenstraße wurde 1944 durch Bomben schwer beschädigt und 1968 abgerissen.

233 *Schellers Lexikon* – Das in zahlreichen Auflagen weitverbreitete »Lateinisch-deutsche und deutsch-lateinische Handlexikon« (zuerst 1792) von Immanuel Johann Gerhard Scheller.

halb Maßmann, halb Schauspieler Siegrist – Der Germanist und deutschtümelnde Förderer der patriotischen Turnbewegung Hans Ferdinand Maßmann wurde wegen seines ungepflegten Äußeren (vor allem von Heine) oft angegriffen; der Berliner Schauspieler Philipp Siegrist war von »kompakter Figur«, und in einer »Wallenstein«-Rezension vom Mai 1878 schrieb Fontane über ihn: »Letzterem glücken solche Kriegsgurgeln sehr gut; er sieht aus wie ein ›Terzkyscher‹, der fünfzehn Jahre vor dem Feinde gelegen.«

234 *»ancles«* – (engl.) Fußgelenke.

Broche – (franz.) Brosche.

Arnim – vielleicht der berühmte – Hans Georg von Arnim. Vgl. »Die Mark und märkische Kriegsobersten zur Zeit des Dreißigjährigen Kriegs«; Band 6 dieser Ausgabe.

236 *Nippe, nipp Nepel ...* – Vgl. S. 152 dieses Bandes.

Meine Erlebnisse mit Krauses, Kirsteins – Vgl. »Meine Kinderjahre«, Kap. 8 und 11.

237 *Akazie aus Sanssouci* – Die Robinie (Akazie) wurde 1601 durch den Pariser Hofgärtner Jean Robin aus Nordamerika nach Europa eingeführt.

238 *Blankensee* – Vgl. das gleichnamige Kapitel in »Spreeland«; Band 4 dieser Ausgabe.

Makartbukett – Ein Strauß von getrockneten Blumen, Gräsern, Schilf und Palmenzweigen, der ein beliebter Ziergegenstand in der »guten Stube« der Gründerzeit war. Benannt nach dem österreichischen Maler Hans Makart, dessen schwülstig-pathetische Bilder dem Geschmack der Zeit entsprachen.

239 *Vionville* – Vgl. Anm. zu S. 149.

240 *Emerich* – Vermutlich ein Abschreibfehler für: Emerit[us].

242 *Kirche ... in Neuhardenberg* – Vgl. »Das Oderland«, Kap. »Quilitz oder Neu-Hardenberg«; Band 2 dieser Ausgabe.

243 *Haases Ruppiner Sagen* – »Sagen aus der Grafschaft Ruppin und Umgegend«, gesammelt und herausgegeben von Karl Eduard Haase (Neuruppin 1887). Darin wird S. 95ff. erzählt, wie ein von Stechow einen Ritter aus der Gefangenschaft Dietrichs von Quitzow befreit.

Judengeschichte mit der Oblate – Gemeint ist wohl ein Prozeß gegen märkische Juden wegen angeblicher Hostienschändung im Jahre 1510.

245 *Schwartz* – Vgl. Anm. zu S. 134.

Ruppiner Lehrer – Gemeint ist offenbar Karl Eduard Haase. Vgl. Anm. zu S. 243.

248 *Jena* – Vgl. Anm. zu S. 115.

249 *Bild in der ... Kirche* – Das Votivgemälde von 1667 in der Wagenitzer Kirche ist erhalten.

251 *Liebertwolkwitz* – Dort fand am 14. Oktober 1813 ein Reitergefecht statt, das die Entscheidungsschlacht von Leipzig einleitete.

das gegenwärtige Schloß – Das Schloß in Wagenitz, ein Renaissancebau von 1587, der 1731 erneuert und 1849–1853 wesentlich umgebaut wurde, ist 1945 mitsamt den reichhaltigen Sammlungen ausgebrannt. Von der ehemaligen Schloßanlage ist nur das Küchenhaus (»Schwedenturm«) aus dem letzten Viertel des 16. Jahrhunderts erhalten.

Kirche – Putzbau von 1664, der 1743 verändert wurde. Die meisten Ausstattungsstücke stammen aus dieser Umbauzeit.

252 *Verdacht gegen Dorothea* – Als Markgraf Ludwig, ein Sohn aus der ersten Ehe von Kurfürst Friedrich Wilhelm, 1687 plötzlich starb, geriet Dorothea in Verdacht, da sie bekanntermaßen in keinem guten Verhältnis zu ihren Stiefkindern lebte.

253 *vor Ofen* – Bei der Eroberung von Budapest in den Türkenkriegen.

licentia poetica – (lat.) dichterische Freiheit.

Freiheitsdichter – In dem Feuilleton »Cafés von heut und Konditoreien von ehmals« (1886) schreibt Fontane: »... es war die Herwegh-Zeit. Einer aus unsrem Kreise (natürlich ein Sachse) hatte ein Gedicht gemacht, in dem er Gott beschwor, ›ihn doch blind werden zu lassen, damit er die gräßliche Not des Vaterlandes nicht mehr zu sehn brauche‹. Viele hatten es schön gefunden und mich einen Neidhammel gescholten, weil ich auszusprechen wagte, ›daß das über 'n Spaß sei‹.« Tatsächlich war in der Zeitung »Der Telegraph für Deutschland« im April 1843 das Gedicht eines ungenannten Autors erschienen (möglicherweise als Nachdruck aus dem »Berliner Figaro«), das folgende Zeilen enthielt: »Ach hätte meine Mutter doch / Mich blind zur Welt gebracht. / Der Sonne freies Licht mich nie / Warm atmend angelacht.«

256 *Daun* – Gottfried Adolph Daum (gest. 1743).

Pennair – Richtig: de Pennavaire.

257 *pet* – (engl.) Liebling, Schoßkind.

258 *Geschichte mit König Murat* – Das Aktenstück darüber ist am Schluß abgedruckt. Vgl. S. 293ff. dieses Bandes.

259 *Rittergut* – Schloß Nennhausen, ursprünglich eine Dreiflügelanlage von 1737, wurde 1860 im Tudor-Stil umgebaut.
Kirche – Der Ostgiebel stammt von 1613, der Westturm von 1783.
Ring des Polykrates – Nach Schillers gleichnamiger Ballade (1797).

260 *Conf.* – conferatur: (lat.) man vergleiche, siehe.

261 *Geschichte vom Schwein »Aurora«* – Vgl. Fontanes Brief an Julius Rodenberg vom 9. Juni 1889; S. 442 dieses Bandes.

263 *Landwehrkreuz* – Weiße Kreuze an der Kopfbedeckung kennzeichneten die Landwehrsoldaten, die sich, im Unterschied zu den Angehörigen des stehenden Heeres, aus älteren Jahrgängen rekrutierten und ihre Dienstzeit in der Armee sowie die Reserve bereits absolviert hatten.

264 *St. Privat* – Bei St. Privat besiegten die deutschen Truppen unter schweren Verlusten am 18. August 1870 die französische Rheinarmee.
Le Bourget – Während der Belagerung von Paris 1870 mehrfach umkämpfter Ort nordöstlich der französischen Hauptstadt.
Kirche – Der jetzige Bau stammt von 1857.

273 *Bonn* – Infolge des Pfälzischen Erbfolgestreits (seit 1685) drangen 1688 zu wiederholtem Male französische Truppen in Deutschland ein. 1689 begann wiederum ein Reichskrieg gegen den Aggressor, der bis 1697 andauerte und an dem sich Brandenburg beteiligte. Dabei wurde auch Bonn belagert.
Malplaquet – Während des Spanischen Erbfolgekrieges besiegten am 11. September 1709 Österreicher und Engländer unter Prinz Eugen die Franzosen.

274 *alten Schäfer von Wagenitz* – Ludwig von Bredow.
der, den Kaiser Wilhelm immer allein empfing – General Adalbert von Bredow (Briesen). Dazu gehören folgende zwei Zeitungsausschnitte, die Fontane aufgeklebt hat:

[I]

Gestern nachmittag vollzog der katholische Feldprobst Bischof Aßmann hierselbst die Trauung des Majors v. Jerin mit der Tochter des Generalleutnants v. *Bredow*. General v. Bredow, der à la suite des Altmärkischen Ulanenregiments No. 16 steht, ist Senior des Domstifts Brandenburg und Mitglied des Herrenhauses als Vertreter des Familienverbandes derer v. Bredow.

[II]

Der alte General v. Bredow

Der Führer der »eisernen Brigade« im Feldzuge 1870, welche am Tage von Vionville den berühmten Angriff auf die französische Kavallerie machte, der damalige Generalmajor, jetzige Generalleutnant z. D. Adalbert v. *Bredow* auf Briesen bei Friesack im Kreise Westhavelland, ist, wie die »Magdeb. Ztg.« meldet, von einem schweren Schicksalsschlage betroffen worden. Das Amtsgericht zu Rathenow hat unterm 22. d. M. eine Bekanntmachung erlassen, laut welcher der Generalleutnant Adalbert v. Bredow zu Briesen wegen Geisteskrankheit entmündigt und die Einsetzung einer Vormundschaft über ihn eingeleitet worden ist. Der General v. Bredow war zuletzt Kommandeur der 18. Division und ist schon im Anfange der 70er Jahre unter Stellung zur Disposition in den Ruhestand getreten. Im Jahre 1878 wurde er auf Präsentation der Familie v. Bredow in das Herrenhaus berufen, 1879 zum Kapitular des Domkapitels zu Brandenburg, dessen Senior er zur Zeit ist, ernannt und 1883 zur Erinnerung an jene Waffentat à la suite des Altmärkischen Ulanenregiments No. 16 gestellt.

275 *Zedlitz* – Wahrscheinlich ist das »Preußische Adelslexikon« von Leopold Freiherrn von Zedlitz gemeint (Leipzig 1836–1840).
1. Welcher Bredow – Gerhard IV.
276 *2. Welcher Bredow* – Georg IV.
3. Welcher Bredow – Hans Christoph.
Wer hat das ... machen lassen? – Ludwig von Bredow.
Kossenblatt – Vgl. »Das Oderland«, Kap. »Schloß Kossenblatt«; Band 2 dieser Ausgabe.
Meseberg – Vgl. »Die Grafschaft Ruppin«, Kap. »Zwischen Boberow-Wald und Huwenow-See«; Band 1 dieser Ausgabe.
Moses von Br. – Hauptmann Carl Ludwig von Bredow (wegen seines üppigen Vollbartes »Onkel Moses« genannt).
277 *Kriele ... Die Kirche* – Im Kern Backsteinbau aus der Mitte des 14. Jahrhunderts mit Veränderungen aus dem 18. Jahrhundert.
279 *Riehl u. Scheu* – Vgl. Anm. zu S. 60.
280 *dem Bayern* – Markgraf Ludwig I.
281 *dem Hohenzollern* – Kurfürst Friedrich I.
282 *von Hertefeld kauft es* – Vgl. »Fünf Schlösser«, Teil »Liebenberg«, Kap. 1; Band 5 dieser Ausgabe.
283 *Geschichte vom Major von Behr* – 1634 erschoß Christian Dietrich von Bredow seinen Vorgesetzten, einen Major von

Behr. Bald darauf fiel Bredow bei Zittau in einem Duell mit Ludwig von Rippen.

283 *der Willibald Alexissche* – Gemeint ist der Held in Alexis' Roman »Die Hosen des Herrn von Bredow«. Vgl. Anm. zu S. 205.

285 *Spenerianer* – Anhänger von Philipp Jakob Spener, der die pietistische Bewegung ins Leben gerufen hatte.

286 *Herrenhaus in Görne* – Vgl. Anm. zu S. 209.

291 *der »verrückte Vetter von Häsen«* – Vgl. »Fünf Schlösser«, Teil »Liebenberg«, Kap. 3; Band 5 dieser Ausgabe.

Mai-Aufstand in Dresden – Im Jahre 1848. Vgl. »Die Grafschaft Ruppin«, Kap. »Regiment Mecklenburg-Schwerin Nr. 24«, Abschnitt »Das 24. Regiment im Jahre 1848 und 1849«; Band 1 dieser Ausgabe.

292 *sechzehn Ulanen vorführt* – General von Bredow nahm als Zuschauer am Herbstmanöver teil und erfuhr bei dieser Gelegenheit, daß ihn der Kaiser gerade à la suite des Altmärkischen Ulanenregiments Nr. 16 gestellt habe; daher hatte Bredow die Ulanen beim Vorbeimarsch zu kommandieren.

Die Juden in unsrer Gesellschaft

Die Stichworte zu dem nicht ausgeführten Aufsatz dürften nach den Darlegungen von Jost Schillemeit (s. u.) im Sommer 1893 notiert worden sein. Möglicherweise beabsichtigte Fontane, den Essay zum genannten Thema in die »Sommerbriefe aus dem Havellande« aufzunehmen, die er am 21. Juni 1893 (als nicht verwirklichtes Projekt) Julius Rodenberg für die »Deutsche Rundschau« anbot: »Könnten Sie sich entschließen, diese Briefe – lediglich Plaudereien über allerhand Tagesfragen in Kunst und Politik – im September- oder Oktoberheft zu bringen?«

Das Manuskript war Teil jener »5 eigh. Prosaentwürfe«, die unter dem Titel »Berlin und die Juden« im Oktober 1933 bei der Versteigerung des Fontane-Nachlasses durch die Autographenhandlung Hellmut Meyer & Ernst als Nr. 486 angeboten und von dem Potsdamer Bankier Paul Wallich erworben wurden (dazu gehörten außerdem »Wie man in Berlin so lebt«, S. 305ff. dieses Bandes; »Berliner Ton«, S. 23ff. dieses Bandes; »Berliner Sprechanismus«, S. 300ff. dieses Bandes; »Adel und Judentum in der Berliner Gesellschaft«, S. 33f. dieses Bandes). Jost Schillemeit hat den kurzen Text 1986 in Band XXX des Jahrbuchs der Deutschen Schillergesellschaft erstmals nach der Handschrift (im Besitz von Robert Wallich, London) veröffentlicht und ausführlich kommentiert (»Berlin und die Berliner. Neuaufgefundene Fontane-Manuskripte«, S. 34–82); der Text der vorliegenden Ausgabe beruht auf dieser Publikation.

Auf dem unteren Drittel der Manuskriptseite befinden sich folgende vom Autor gestrichene Notizen, die auf thematisch verwandte Aufsatzprojekte deuten:

1. *Italienisches in Berlin*
   Ich will nicht von [nicht entziffertes Wort] sprechen, auch nicht von den A [nicht entziffertes Wort], die waggonweise durch den Gotthardtunnel kommen, auch nicht von Signore Ballinciani, nur von etwas spezifisch Berlinischem, das doch war, als wäre es Italien.
2. *Atelierbesuche*
   Müller. Schmitson. Prof. Hennig.
3. *Wo sind heute die Schiffe des Norddeutschen Lloyd?*

299 *Ahlwardt* – Der Berliner Rektor Hermann Ahlwardt war einer der führenden antisemitischen Agitatoren. 1890 veröffentlichte er die Schrift »Der Verzweiflungskampf der arischen Völker mit dem Judentum«. 1892 wurde er Mitglied des deutschen Reichstages.

Berliner Sprechanismus

Der Aufsatzentwurf ist nach den Darlegungen von Jost Schillemeit (s. u.) wahrscheinlich im Jahre 1893 entstanden. Er könnte zu jenen Texten gehört haben, die Fontane unter dem Titel »Sommerbriefe aus dem Havellande« am 21. Juni 1893 (als nicht verwirklichtes Projekt) Julius Rodenberg für die »Deutsche Rundschau« anbot (»lediglich Plaudereien über allerhand Tagesfragen in Kunst und Politik«; vgl. die Vorbemerkung zu »Die Juden in unsrer Gesellschaft«, S. 461 f. dieses Bandes).

Das Manuskript war Teil jener »5 eigh. Prosaentwürfe«, die unter dem Titel »Berlin und die Juden« im Oktober 1933 bei der Versteigerung des Fontane-Nachlasses durch die Autographenhandlung Hellmut Meyer & Ernst als Nr. 486 angeboten und von dem Potsdamer Bankier Paul Wallich erworben wurden (dazu gehörten außerdem »Adel und Judentum in der Berliner Gesellschaft«, S. 33 f. dieses Bandes; »Die Juden in unsrer Gesellschaft«, S. 299 dieses Bandes; »Wie man in Berlin so lebt«, S. 305 ff. dieses Bandes; »Berliner Ton«, S. 23 ff. dieses Bandes). Jost Schillemeit hat den Entwurf 1986 in Band XXX des Jahrbuchs der Deutschen Schillergesellschaft erstmals nach der Handschrift (im Besitz von

Robert Wallich, London) veröffentlicht und ausführlich kommentiert (»Berlin und die Berliner. Neuaufgefundene Fontane-Manuskripte«, S. 34–82); der Text der vorliegenden Ausgabe beruht auf dieser Publikation.

300 *nie mit Kleinigkeiten abgegeben* – Nach den Worten von Franz Moor in Schillers »Räubern« (V,1).
noblesse oblige – (franz.) Adel verpflichtet.
Mars la Tour – Vgl. Anm. zu S. 149.

301 *Heveller ... Dossaner ... Brizaner ... Spriavaner* – Slawische Volksstämme.
Großbeeren – Vgl. Anm. zu S. 180.
Fehrbellin – Vgl. Anm. zu S. 35.
Kremmer Damm – Vgl. Anm. zu S. 38.

302 *sehr angesehene Zeitung* – Fontane referierte vom 15. August 1870 bis 31. Dezember 1889 in der »Vossischen Zeitung« über die Aufführungen im Königlichen Schauspielhaus am Gendarmenmarkt.
Heroine ... als Jungfrau von Orleans – Anna Haverland, die in der Spielzeit 1878/79 am Königlichen Schauspielhaus engagiert war und am 1. Juni 1878 in der Rolle der Johanna debütierte. Fontanes Kritik, am 4. Juni in der »Vossischen Zeitung« veröffentlicht, war vernichtend.
Clairvoyance – Hell-, Scharfsichtigkeit.
Lubliner – Fontane spielt auf Vorgänge vom Frühjahr 1875 an, als er Hugo Lubliners Schauspiel »Die Modelle des Sheridan« verriß, das am 17. März im Königlichen Schauspielhaus aufgeführt worden war. Lubliner (Pseudonym Hugo Bürger) protestierte gegen Fontanes Darstellung, und daraus entspann sich eine Kontroverse, die bis in die achtziger Jahre hinein immer wieder aufflackerte.

304 *Heinrich Heines Satz* – Zitat aus der »Reise von München nach Genua« (Kap. 2).

Wie man in Berlin so lebt

Der Aufsatzentwurf kann nach den Darlegungen von Jost Schillemeit (s. u.) erst nach dem Mai 1894 entstanden sein. Diese Datierung ergibt sich aus den verschiedenen Entwürfen, auf deren Rückseiten Fontane den vorliegenden Text niedergeschrieben hat.

Das Manuskript war Teil jener »5 eigh. Prosaentwürfe«, die unter dem Titel »Berlin und die Juden« im Oktober 1933 bei der Versteigerung des Fontane-Nachlasses durch die Autographenhandlung Hellmut Meyer & Ernst als Nr. 486 angeboten und von dem Potsdamer Bankier Paul Wallich erworben wurden (dazu gehörten außerdem »Adel und Judentum in der Berliner Gesellschaft«, S. 33f. dieses Bandes; »Die Juden in unsrer Gesellschaft«, S. 299 dieses Bandes; »Berliner Ton«, S. 23ff. dieses Bandes; »Berliner Sprechanismus«, S. 300ff. dieses Bandes). Jost Schillemeit hat den Entwurf 1986 in Band XXX des Jahrbuchs der Deutschen Schillergesellschaft erstmals nach der Handschrift (im Besitz von Robert Wallich, London) veröffentlicht und ausführlich kommentiert (»Berlin und die Berliner. Neuaufgefundene Fontane-Manuskripte«, S. 34–82); der Text der vorliegenden Ausgabe beruht auf dieser Publikation.

305 *Berliner Zimmer* – Vgl. Anm. zu S. 27.
Kaffe – Vgl. Anm. zu S. 82.

306 *Hier steh ich ...* – Ironische Anspielung auf die Worte Luthers 1521 auf dem Reichstag zu Worms. Luther hatte dort den Widerruf seiner reformatorischen Lehre angeblich mit den Worten abgelehnt: »Hier stehe ich, ich kann nicht anders, Gott helfe mir! Amen!«, woraufhin Kaiser Karl V. über ihn und seine Anhänger die Reichsacht verhängte.
Firth-of-Forth-Brücke – In den Jahren 1883–1890 gebaut.

307 *Bakel* – Stock des Schulmeisters.

308 *Das berühmte Wort Reuleaux'* – Der deutsche Ingenieur und Professor für Maschinenbaukunde Franz Reuleaux gebrauchte in seinen »Briefen aus Philadelphia« 1876 das Wort »Billig und schlecht!« für die Erzeugnisse der deutschen Industrie.
cheap – (engl.) billig.
Zum Teufel ist die Billigkeit ... – Ironische Abwandlung eines Zitats aus Schillers Gedicht »Männerwürde«: »Zum Teufel ist der Spiritus, / Das Phlegma ist geblieben.«

Anzeigen und Rezensionen Fontanes

Die Ostsee und ihre Küstenländer

Fontanes Rezension über Anton von Etzels Buch »Die Ostsee und ihre Küstenländer, geographisch, naturwissenschaftlich und historisch geschildert« (Verlag Carl B. Lorck, Leipzig 1859) erschien am 13. Juli 1859 in der »Preußischen Zeitung« (Nr. 321, Morgenausgabe; gezeichnet: Th. F.). Die Besprechung, unmittelbar vor den ersten märkischen Reisen Fontanes geschrieben, nimmt sich in dem

Bekenntnis zu einer »historisch-romantischen Reiseliteratur« wie eine programmatische Erklärung für die späteren »Wanderungen durch die Mark Brandenburg« aus.

311 *Sundzoll* – Dänemark erhob ihn von allen Schiffen, die den Sund zwischen der schwedischen Küste und Nordseeland passierten.
geognostische und tellurische Fragen – geologische und erdgeschichtliche Fragen.

313 *die zehntausend Griechen* – Anspielung auf die »Anabasis« des Xenophon, in der der Rückzug der annähernd zehntausend Griechen nach der verlorenen Schlacht gegen die Perser bei Kunaxa (401 v. u. Z.) geschildert wird.

Anklänge ans Heidentum

Fontanes Rezension über Wilhelm Schwartz' Buch »Der heutige Volksglaube und das alte Heidentum; mit Bezug auf Norddeutschland, besonders die Mark Brandenburg und Mecklenburg« (Bessersche Buchhandlung, Berlin 1864) erschien am 3. November 1863 in der »Neuen Preußischen (Kreuz-)Zeitung« (Nr. 256, Beilage; gezeichnet: Te.).

315 *Büchelchen von Heinrich Heine* – »Die Götter im Exil« (1853).
Sagenzyklus der … indogermanischen Welt – Vgl. den Aufsatzentwurf »Sagen und Sitten in Mark Brandenburg …« innerhalb des Projekts »Geschichten aus Mark Brandenburg«; S. 134ff. dieses Bandes.

Zwischen Sumpf und Sand

Fontanes Rezension über George Hesekiels Buch »Zwischen Sumpf und Sand. Vaterländische Dichtungen« (Behrsche Buchhandlung, Berlin 1864) erschien am 15. Dezember 1863 in der »Neuen Preußischen (Kreuz-)Zeitung« (Nr. 292, Beilage; gezeichnet: Te.).

317 *»Märkische Landschaften«* – Fontane dürfte vor allem Carl Blechen im Sinne gehabt haben, dem er einen umfassenden Aufsatz zu widmen gedachte. Fontane arbeitete 1861–1882 an der Fragment gebliebenen Studie.

317 *»Märkische Romane«* – Dabei ist nicht zuletzt an die dickleibigen Bücher von George Hesekiel zu denken.
Gott grüß dich ... – Strophe 1, 3 und 4 des Einleitungsgedichts »Zwischen Sumpf und Sand«.
»Pastor Schmidt von Werneuchen« – Vgl. »Spreeland«, Kap. »Werneuchen«; Band 4 dieser Ausgabe. Vgl. ferner »Pastor Moritz zu Fahrland«; Band 6 dieser Ausgabe.

318 *trotz* – In alter Bedeutung: wie.
der »schwarze Krawen« – Anspielung auf Hesekiels gleichnamige Ballade, die Flucht und Tod des letzten Wendenfürsten, das schwarzen Krawen, behandelt.

319 *erster Hohenzoller* – Burggraf Friedrich von Nürnberg. Vgl. Anm. zu S. 36.
Fehrbellin, Froben – Bezieht sich auf Hesekiels Gedicht »Emanuel Froben«. Vgl. »Zur Vaterschaft des Kindes von Fehrbellin«; Band 6 dieser Ausgabe.
Treffenfeld – Bezieht sich auf Hesekiels Gedicht »Hennig von Treffenfeld«. Vgl. das Kapitel »Fehrbellin«; Band 6 dieser Ausgabe.
»Letzte Ritter vom Sieg« – Das Schlußgedicht in Hesekiels Sammlung, das die Veteranen von 1813 besingt. Am 17. März 1813 hatte König Friedrich Wilhelm III. den Aufruf »An mein Volk« erlassen.
Fehrbellin-Lied – Mit dem Titel »Der Große Kurfürst«.
»Schildwacht von Charlottenhof« – Das Gedicht heißt »Die Schildwacht vor Charlottenhof«.

321 *Insipidität* – Fadheit.
Vaticinia – (lat.) Prophezeiungen. – Das Gedicht behandelt die »Lehninsche Weissagung«. Dieses Hexameter-Gedicht, das angeblich von dem Mönch Hermann um 1300 verfaßt worden sein soll, tauchte nach 1690 handschriftlich auf und wurde 1723 erstmals gedruckt. Darin wird das Aussterben der Askanier in Brandenburg beklagt und das Emporkommen der Hohenzollern bedauert, die, so wurde »geweissagt«, in der elften Generation untergehen würden. Das Dokument, mit dem sich mehrfach die antipreußische Opposition identifizierte, ist tatsächlich erst um 1690 entstanden. Vgl. »Havelland«, Kap. »Die Lehninsche Weissagung«; Band 3 dieser Ausgabe.

322 *Lied vom alten Courbière* – »Der alte Courbière«.
»Out-of-the-way-places« – (engl.) abgelegene Orte.

[Über die Arbeit des »Vereins für die Geschichte Potsdams«]

Fontane verfolgte die Arbeit und speziell die Publikationstätigkeit des 1862 gegründeten »Vereins für die Geschichte Potsdams« mit großer Aufmerksamkeit, da er mit dessen Organisator Louis Schneider seit langem bekannt war und da er vor allem die in den »Mitteilungen« des Vereins abgedruckten Studien für seine »Wanderungen«-Kapitel nutzen konnte. Als Redakteur der »Neuen Preußischen (Kreuz-)Zeitung« hat er zumindest drei Veröffentlichungen unter seiner Sigle Te. angezeigt ([I]–[III]); seine Autorschaft für die nicht gezeichneten Texte [IV] und [V] darf zumindest vermutet werden.

Die »Neue Preußische (Kreuz-)Zeitung« brachte am 1. Mai 1863 (Nr. 100) in der Rubrik »Wissenschaft« einen ausführlichen Bericht über »die erste ›peripatetische‹ oder Wanderversammlung des *Vereins für die Geschichte Potsdams«*, die am 28. April in Lennés Dienstwohnung in Sanssouci begonnen hatte; beiläufig wurde mitgeteilt, daß der erste Band der Druckschriften des Vereins abgeschlossen und bald über den Buchhandel zu beziehen sei. Fontanes Anzeigen erschienen in der »Neuen Preußischen (Kreuz-)Zeitung«, jeweils in der Beilage, zu folgenden Terminen: [I] Potsdamer Geschichtsverein (Nr. 58 vom 9. März 1864; gezeichnet: Te.); [II] Potsdamer Geschichte (Nr. 7 vom 8. Januar 1865; gezeichnet: Te.); [III] Der »Verein für die Geschichte Potsdams« (Nr. 259 vom 6. November 1866; gezeichnet: Te.); [IV] Der Verein für die Geschichte Potsdams (Nr. 99 vom 28. April 1867; ungezeichnet); [V] Der Verein für die Geschichte Potsdams (Nr. 14 vom 17. Januar 1868; ungezeichnet).

Die Texte in der vorliegenden Ausgabe folgen den genannten Veröffentlichungen in der »Neuen Preußischen (Kreuz-)Zeitung«.

326 *»Die Schwanenfütterungen bei Potsdam«* – Fontane hat den Aufsatz für sein Kapitel »Die Havelschwäne« (in »Havelland«; Band 3 dieser Ausgabe) weitgehend ausgeschlachtet, ja zum Teil ohne Kennzeichnung wörtlich übernommen.

329 *des Krieges halber* – Wegen des preußisch-österreichischen Krieges von 1866.

Fehrbellin,
Stallmeister Froben und Landjäger Uhle

Fontanes Beitrag zu einer Schrift von Wilhelm Schwartz erschien am 16. März 1865 in der »Neuen Preußischen (Kreuz-)Zeitung« (Nr. 64, Beilage; gezeichnet: Te.). Es handelte sich um den Text des Vortrags »Die Schlacht von Fehrbellin und der Prinz von Hessen-Homburg«, den Schwartz am 25. Februar 1863 in Berlin »zum Besten des Germanischen Museums in Nürnberg« gehalten hatte. Vgl. auch »Zur Vaterschaft des Kindes von Fehrbellin«; Band 6 dieser Ausgabe.

333 *Pferdetausch* – Emanuel von Froben soll nach einer weitverbreiteten preußischen Legende gefallen sein, nachdem er sein Pferd mit dem besonders auffälligen Schimmel des Kurfürsten getauscht hatte. Vgl. auch »Fehrbellin«; Band 6 dieser Ausgabe.
»Feldmannsche Miscellaneen« – Vgl. Anm. zu S. 55.
Expedition in Rathenow – Rathenow, während des Dreißigjährigen Krieges mehrfach von verschiedenen Truppen besetzt, geriet 1675 für kurze Zeit wiederum in schwedische Hände. Am 25. Juni 1675 wurden die Schweden von den Brandenburgern unter Derfflinger überfallen und aus der Stadt vertrieben.
Schlacht bei Fehrbellin – Vgl. Anm. zu S. 35.

In die Märkische Schweiz

Fontanes Anzeige von Karl Riesels Wanderführer »Buckow und Umgegend« (Karl Heymanns Verlag, Berlin 1865) erschien am 3. April 1865 in der »Neuen Preußischen (Kreuz-)Zeitung« (Nr. 101; gezeichnet: Th. F.).

335 *Bollersdorfer Höhe ... Schermützelsee* – Vgl. »Das Oderland«, Kap. »Buckow« und »Der Große und kleine Tornow-See«; Band 2 dieser Ausgabe.

J. Rodenbergs »In deutschen Landen«

Fontanes Rezension von Julius Rodenbergs Buch »In deutschen Landen. Skizzen und Ferienreisen« (F. A. Brockhaus, Leipzig 1874) erschien am 8. Februar 1874 in der »Vossischen Zeitung«

(Sonntagsbeilage Nr. 6; gezeichnet: Th. F.). Fontane hatte das Buch Anfang November 1873 von Brockhaus erhalten und seine Rezension am 7. Januar 1874 an die Redaktion geschickt. Am 2. Februar teilte er Rodenberg mit: »Kletke [der Chefredakteur] hält mit meiner Besprechung Ihres Buches – die übrigens schon im Satz steht – immer noch zurück; ich denke mir, Ihre Seele wird über diese Verzögerung ohne Ungeduldsfieber hinwegkommen.« Bereits am 6. November 1873 hatte Fontane seine Lektüreeindrücke gegenüber dem Autor in die Worte gefaßt: »... die Berliner Kapitel hab ich gestern und vorgestern großen Teils gelesen und mit um so mehr Anerkennung, als ich aus eigner Erfahrung weiß, daß gerade *dergleichen* viel, viel schwerer zu machen ist, als der Durchschnittsleser annimmt. Wenn ich in den Vesuv falle, etwas angebraten wieder herauskomme, nachdem ich unten die Erde habe kochen hören, dann im Triumph nach Neapel geschafft und von einer Nonne und drei Engländerinnen gepflegt werde, so kann *das* jeder beschreiben, aber über ›saure Gurken‹ und ›warm sind sie noch‹ sich angenehm zu verbreiten ist sehr schwer. Es zu verklären wird leicht geschmacklos, und es echt zu geben wird leicht trivial. Da haben Sie schon eine ganze Kritik, die wahrscheinlich kürzer und besser ist als alles, was ich in der Vossischen geben werde.«

337 *»ungezogne Lieblinge der Grazien«* – Goethe bezeichnete im Epilog zu seiner Übersetzung der »Vögel« deren Verfasser, Aristophanes, als »ungezogenen Liebling der Grazien«.
landwirtschaftlicher – Gemeint ist offenbar »landschaftlich«.
338 *Frisia non cantat* – (lat.) Friesland singt nicht.
»Wonne der Wehmut« – Goethe-Gedicht von 1775.
Goethe-Häuschen ... niedergebrannt – Es wurde 1874 wieder aufgebaut.
Anhänglichkeit an die Dynastie – Das welfische Königshaus Hannover-Cumberland. Hannover war 1866 preußische Provinz geworden.
341 *der Sanspareil* – der Unvergleichliche.
mutatis mutandis – (lat.) in sinngemäßer Abänderung.
lingua toscana in bocca romana – (lat.) toskanisch aus römischem Munde.
343 *tambour battant* – (franz.) mit Trommelschlag.

Kulturhistorische Bilder aus der alten Mark Brandenburg

Fontanes Rezension über Oskar Schwebels Buch »Kulturhistorische Bilder aus der alten Mark Brandenburg« (Verlag von Alfred Weile, Berlin 1877) erschien am 23. Dezember 1876 in der Wochenschrift »Die Gegenwart« (Band 10, Nr. 52, S. 427f.).

346 *Schlacht bei Fehrbellin* – Vgl. Anm. zu S. 35.
347 *Kurfürst Eisenzahn* – Friedrich II., genannt der Eiserne.
349 *Klödens ... »Quitzows«* – Klödens Darstellung (vgl. Anm. zu S. 38) ist eine Mischung aus sachlichem Bericht und erzählerischen Elementen mit langen Dialogeinlagen.

Briefe der drei Brüder Friedrichs des Großen an General Henckel von Donnersmarck

Fontanes Rezension zu dem Band »Briefe der Brüder Friedrichs des Großen an meine Großeltern. Herausgegeben von Leo Amadeus Graf Henckel Donnersmarck« (Verlag von F. Schneider & Co., Berlin 1877) erschien am 25. August 1877 in der Wochenschrift »Die Gegenwart« (Band 12, Nr. 34, S. 120–124). Am 13. Juli 1877 hatte Fontane an Paul Lindau, den Herausgeber der »Gegenwart« geschrieben: »Mit den ›Briefen‹ habe ich begonnen und schicke Ihnen anbei einen auf den Gegenstand näher eingehenden Aufsatz, der keine Kritik, sondern halb Kommentar, halb Essay ist. Das wird seine Länge hoffentlich entschuldigen. Ich fürchte nicht, daß ich mich durch Liebhabereien und Spezialistentum zu sehr habe fortreißen lassen.«

350 *Köpernitz* – Vgl. das gleichnamige Kapitel in »Die Grafschaft Ruppin«; Band 1 dieser Ausgabe.
Relata refero – (lat.) Ich erzähle Erzähltes.
351 *im Sinne der Schillerschen Ballade* – Das heißt im Sinne von »vernichtet« (nach dem »Gang nach dem Eisenhammer«).
sehr interessante Briefe – Im Original sämtlich französisch.
352 *Tag von Jena* – Vgl. Anm. zu S. 115.
Hors d'œuvre und Chef d'œuvre – Bei- und Hauptwerk.
354 *exempte* – exempt: (franz.) frei, befreit.
356 *Eliot-und-Knyphausen-Affaire* – Fontane hat sie ausführlich in »Fünf Schlösser«, Teil »Hoppenrade«, dargestellt; Band 5 dieser Ausgabe.

356 *vierundachtzigjährige Frau* – Frau Stägemann.
»boîte« – (franz.) (Brief-)Kasten.
357 *einem unserer deutschen Geschichtsprofessoren* – Gemeint ist vermutlich Johann Gustav Droysen, der seit 1855 seine »Geschichte der preußischen Politik« veröffentlichte (abgeschlossen erst 1885).
der spätere »dicke König« – Friedrich Wilhelm II.
358 *Rheinsberger »Obelisk«* – Vgl. »Die Grafschaft Ruppin«, Kap. »Rheinsberg«, Abschnitt 5: »Der große Obelisk in Rheinsberg und seine Inschriften«; Band 1 dieser Ausgabe.
359 *Je vous embrasse* – (franz.) Ich umarme Sie.
radotieren – schwätzen.
360 *diese Kanonade* – Am 20. September 1792 hatten die preußischen Truppen erfolglos die Stellungen der revolutionären französischen Armee beschossen (Kanonade von Valmy) und danach den Rückzug angetreten. Goethe kommentierte in seiner »Campagne in Frankreich« dieses Ereignis mit den Worten: »Von hier und heute geht eine neue Epoche der Weltgeschichte aus, und ihr könnt sagen, ihr seid dabeigewesen.«
361 *n'oubliez pas ...* – (franz.) vergeßt nicht Euern besten Freund Heinrich.
362 *Charakterbild ... »schwankt in der Geschichte«* – Anspielung auf den Prolog (Vers 102f.) zu »Wallensteins Lager«: »Von der Parteien Gunst und Haß verwirrt / Schwankt sein Charakterbild in der Geschichte.«
363 *Marquardt* – Vgl. das gleichnamige Kapitel in »Havelland«; Band 3 dieser Ausgabe.

Zur brandenburgisch-preußischen Spezialgeschichte

Fontanes Rezension über F. von Salpius' Buch »Paul von Fuchs, ein brandenburgisch-preußischer Staatsmann vor 200 Jahren« (Verlag Dunker & Humblot, Leipzig 1877) erschien am 11. November 1878 in der »Allgemeinen Zeitung« (Nr. 315).

364 *Meinders* – Vgl. Fontanes Aufsatzentwurf »Tasdorf. Minister v. Meinders«; Band 6 dieser Ausgabe.
Edikt von Nantes – Heinrich IV. erließ es am 13. April 1598; es gewährte den Hugenotten freie Religionsausübung. Ludwig XIV. hob das Edikt am 23. Oktober 1685 wieder auf; daraufhin flohen viele Hugenotten ins Ausland, vor allem nach Brandenburg (Refugiés).

366 *Malchow* – Vgl. »Spreeland«, Kap. »Malchow. Eine Weihnachtswanderung«; Band 4 dieser Ausgabe.
Lorle ... Reinhardt – Gestalten aus dem Schauspiel »Dorf und Stadt« von Charlotte Birch-Pfeiffer.

Berlin vor fünfzig Jahren

Fontanes Rezension über Felix Ebertys »Jugenderinnerungen eines alten Berliners« (W. Hertz, Berlin 1878) erschien am 17. und 24. November 1878 in der »Vossischen Zeitung« (Sonntagsbeilage Nr. 46 und 47; beide Fortsetzungen gezeichnet: Th. F.).

368 *Tage, wo der Jüngling mit tausend Masten ...* – Nach Schillers Distichon »Erwartung und Erfüllung«.
Tout comprendre ... – Vgl. Anm. zu S. 23.
369 *Spontini- und Rellstab-Fehde* – Ludwig Rellstab, seit 1826 Musikkritiker der »Vossischen Zeitung«, hatte 1827 seine Schrift »Über mein Verhältnis als Kritiker zu Herrn Spontini nebst einem vergnüglichen Anhang« veröffentlicht, die die Starallüren des Berliner Hofkapellmeisters Gasparo Spontini attackierte.
acta reponantur – (lat.) die Akten sollen abgelegt werden.
das Erkenntnis – Im älteren Sprachgebrauch: Entscheidung, Urteil.
370 *Mystères de Berlin* – In Anspielung auf den damals populären Sensationsroman »Les Mystères de Paris« (»Die Geheimnisse von Paris«) von Eugène Sue.
Unglück, welches ihn betroffen – Durch den frühen Tod der Königin Luise 1810.
»Prinzeß Wilhelm« – Maria Anna, die Tochter Friedrichs V. Ludwig von Hessen-Homburg, die später den Prinzen Wilhelm von Preußen, den Bruder Friedrich Wilhelms III., heiratete.
371 *»Die Cauersche Anstalt«* – 1817 von Ludwig Cauer gegründete Erziehungsanstalt (zunächst in der Münzstraße, ab 1826 in der Berliner Straße in Charlottenburg). Vorläufer des Kaiserin-Augusta-Gymnasiums.
372 *von Fichte gehaltene Reden* – »Reden an die deutsche Nation« (1808).
Yverdun – Iferten im Waadtland.
375 *demnach* – Vermutlich ein Lese- bzw. Druckfehler für »dennoch«.
378 *Rahels eben erschienene Briefe* – »Briefe und Aufzeichnun-

gen Rahel von Varnhagens«, herausgegeben von Karl August Varnhagen von Ense; 3 Bände, Berlin 1834.

378 *Glaßbrenners Berliner Volks- und Sittenschilderungen* – Seit 1832 erschien die Heftreihe »Berlin, wie es ist und – trinkt«.
»Herrn Buffey« – »Herr Buffey in der Berliner Kunstausstellung« (1838/39): satirische Heftreihe von Glaßbrenner. Im Abdruck der Fontaneschen Rezension in der »Vossischen Zeitung« heißt es irrtümlich: Buffry.

379 *causes célèbres* – (franz.) aufsehenerregende Prozesse. – Nach der Sammlung »Causes célèbres et intéressantes« (1743ff.) des französischen Juristen François Gayot de Pitaval.

380 *Prozeß gegen Demoiselle ... Wilke* – Im Jahre 1834.
Prinzessin Radziwill – Friederike Dorothee Louise Philippine, die Tochter des Prinzen Ferdinand (eines Bruders Friedrichs II.), die später den Fürsten Anton Heinrich Radziwill heiratete.

382 *Völkerracen* – Race: Fontane benutzte durchweg die französische Form.

383 *Auskulator* – Bis 1869 Titel von Juristen, die ihre erste Staatsprüfung bestanden hatten und in juristischen Gremien als Beisitzer ohne Stimmrecht mitwirkten (später: Referendar).

384 *Geschichtswerk* – Die »History of England« (1849–1861) von Thomas Babington, Lord Macaulay of Rothley.

Von Berlin nach Leipzig

Fontanes Rezension über Karl Braun-Wiesbadens Buch »Von Berlin nach Leipzig, reichs-, rechts-, wirtschafts- und kulturgeschichtliche Plaudereien« (Carl Reißner, Leipzig 1880) erschien am 1. Januar 1881 in der Wochenschrift »Die Gegenwart« (Band 19, Nr. 1, S. 10f.; gezeichnet: Th. Fontane).

386 *In Rom, Athen ...* – Zitat aus dem Gedicht »Schmach und Schande« (1862) von Karl Simrock.

387 *Und schön ist ...* – Zitat aus dem Gedicht »Tells Tod« von Ludwig Uhland.
So etwa beginnt ... – Wie immer »zitiert« Fontane sehr frei.

388 *Königgrätzer Straße* – Ursprünglich Hirschelstraße, heute Stresemannstraße. Fontane wohnte dort 1863–1872.
»Verbindungsbahn« – 1851 eröffnete (Güter-)Bahnlinie, die den Stettiner mit dem Frankfurter Bahnhof verband. Sie behinderte zunehmend den Straßenverkehr, wurde nach 1871

kaum noch genutzt und schließlich durch die 1871–1877 gebaute Ringbahn ersetzt.

388 *Mainlinie* – Der Begriff entstand durch den von Napoleon 1806 geschaffenen Rheinbund, dem die Gebiete südlich des Mains zugehörten.

wie der lateinische Dichter sagt – Horaz, in dessen »Episteln« (1, 2, 16) es heißt: »Intra muros peccatur et extra.«

Die Mauer steht ewig ... – Zitat aus der Erzählung »Chidher« (1841) von Friedrich Rückert.

389 *10. August 1870* – Beginn des Deutsch-Französischen Krieges.

390 *Olim meminisse juvabit* – Forsan et haec olim meminisse iuvabit: (lat.) Vielleicht wird auch dies uns einst freuen, daran zurückzudenken. – Zitat aus Vergils »Aeneis« (I,203).

»Unter den Linden«

Fontanes Rezension über Julius Rodenbergs Buch »Bilder aus dem Berliner Leben« (Gebrüder Paetel, Berlin 1888) erschien anonym am 9. Dezember 1888 in der »Vossischen Zeitung« (Nr. 583, 1. Beilage, in der Rubrik »Journal- und Bücherschau«). Fontanes Verfasserschaft konnte erst 1969 nachgewiesen werden, als Hans-Heinrich Reuter die Briefe an Julius Rodenberg edierte.

Nachdem Fontane in der »Deutschen Rundschau« den VIII. Teil der Rodenbergschen Feuilletonserie »Unter den Linden« gelesen hatte, schrieb er am 27. August 1888 an den Autor: »Eine allerfeinste Stelle scheint mir das erste Drittel [...] zu sein. Leider werden außer einigen Malern und uns zwei beiden nicht viele sein, die diesen ›Spätnachmittagston‹ beobachtet haben. Neben dieser Stelle hat mir Habel und die Schilderung der Übergangsformen unsrer Berliner Gesellschaft am meisten Freude gemacht. Vor allem aber finde ich den Grundgedanken glücklich, unter dem Titel ›Unter den Linden‹, der nur ein kl. Feuilleton, ein bloßes Straßenbild erwarten läßt, einen historischen Essay zu geben, der alles bringt, was aus unsrer Landesgeschichte zu wissen not tut.«

Am 8. November erhielt Fontane das fertige Buch, und am 21. November teilte er Rodenberg mit, daß er es zu Ende gelesen und nun »mit herzlichem Vergnügen in den nächsten Tagen« darüber schreiben werde. »*Wann* es dann Stephany bringt, steht bei den Göttern, wohin ich die Chefredakteure (Pardon) ohne weitres rechne. Neben dem vielen, was mir Ihr Buch gebracht und wodurch es mich bereichert hat: Heine, Meyerbeer, Hoffmann, Gutzkow, das russische Gesandtschaftshotel etc., war mir die geschickt und nur *zu* bescheiden – wenn man je *zu* bescheiden sein kann – eingeflochtene Biographie des Herrn Verfassers von ganz besondrem Wert.« Trotz dieser vorab vorgebrachten Komplimente reagierte Rodenberg auf die Besprechung in der »Vossischen Zeitung« befremdet, so daß sich Fontane regelrecht zu Entschuldigungen genötigt sah. Er schrieb am 10. Dezember an Rodenberg: »O meine Ahnungen! Ich schrieb schon bei Einsendung an Stephany: ›R. faßt meine Besprechung hoffentlich nicht so auf, als hielte ich eine Linden-Historie nach *meinem* Rezept für besser; davon bin ich wirklich *sehr* weit ab.‹ Oder so ungefähr. Ich kann dies Ihnen gegenüber nur wiederholen, und was ich geschrieben, ›daß Ihre Behandlung des Stoffes die dankbarere, die dem Berliner Publikum sympathischere sei, viel sympathischer und interessanter als Rohdichsche Blechmützen und Graf Redern oder gar Graf Blanckensee‹, das ist meine aufrichtige Meinung. / Und am Ende, so möcht ich beinah annehmen, ist auch *dies*, was mich, als ich an Stephany schrieb, am meisten beschäftigte, gar nicht das Schlimme gewesen, sondern ganz allgemein der Bummelstil, in dem das Ganze gehalten ist, ein Stil, der, bei kleinem Reiz, immer was Mißliches hat und der mir selber, wenn ich mich an Ihre Stelle denke, vielleicht nicht ganz recht gewesen wäre. Hinterher sieht man das besser als im ersten Augenblick und nimmt sich auch vor, sich zu bessern. Aber es hilft nichts, man kann aus seiner Haut nicht heraus. Unter allen Umständen bitte ich Sie, mir auf meinen guten und besten Willen hin, der da war, Indemnität erteilen zu wollen.«

394 *mit dem »Riesenmaße der Leiber« ...* – Zitat aus Schillers Ballade »Die Kraniche des Ibykus«.

die »Quitzows« – Schauspiel (1888) von Ernst von Wildenbruch.

»Der geschundene Raubritter« – »Der geschundene Raubritter oder Minne und Hungerturm oder Das lange verschwiegene und doch endlich an den Tag gekommene Geheimnis« (1876): vielgespielte Travestie eines Fastnachts-Trauerspiels von Gustav Kopal.

ein weißer Pfau von Menzel – Gemeint ist wohl das Bild »Vom Geflügelhof« aus dem »Kinder-Album« (1883).

DATEN
zur brandenburgisch-preußischen Geschichte von den Anfängen bis zum Ende des 19. Jahrhunderts

Frühgeschichte (bis 1134)

Bis ca. 4. Jh.	Im späteren Gebiet Brandenburgs leben die germanischen Semnonen, die bereits Tacitus als vornehmsten Stamm der Elbgermanen erwähnt.
Ca. 4.–6. Jh.	Zeit der Völkerwanderung.
531	Die Franken zerstören das Thüringer Reich, unter dessen Einfluß die im Havelgebiet lebenden Germanen im 5./6. Jh. geraten waren.
Ca. ab 6. Jh.	Slawische Stämme besetzen das Land.
Um 780	*Karl der Große* unternimmt Feldzüge gegen die Slawen und errichtet Grenzmarken an Elbe und Saale und Grenzfesten bei Magdeburg und Halle.
919–936	Kaiser *Heinrich I.* unterwirft von 927 bis 929 slawische Stämme östlich der Elbe (Heveller, Deleminzen, Redarier) und erobert 928/29 Brandenburg (die Hevellerburg). In der Schlacht bei Lenzen an der Elbe wird 929 ein Aufstand der Redarier, Obodriten und Wilzen niedergeschlagen.
936–973	Kaiser *Otto I.* setzt *Gero* als Markgrafen an der Elbe ein, der das slawische Gebiet ab 937 bis zur Oder unterwirft.
946	Gründung des Bistums Havelberg.
948	Gründung des Bistums Brandenburg.
965	Nach dem Tode Geros (965) wird das Land in Nordmark, Ostmark und Mark Meißen aufgeteilt.
968	Gründung des Erzbistums Magdeburg.
983	Ein Aufstand der slawischen Stämme befreit das Land östlich der Elbe von der Herrschaft der Deutschen und des Christentums. Das Bistum Brandenburg wird zerstört.
Ende 10. Jh.	Der polnische Herzog Mieszko erobert Lebus und das sich anschließende lutizische Gebiet bis zur Spree und schließt das Gebiet zum Land Lebus zusammen.
Nach 1043	Gründung eines obodritischen Großreichs unter

Gottschalk, in das unter dessen Sohn Heinrich nach 1093 alle Stämme zwischen Elbe und Oder nördlich der Havel einbezogen werden.

1068/69 Feldzug Burchards von Halberstadt gegen die Lutizen; Zerstörung des Kultortes Rethra.

Zeit der askanischen Markgrafen (1134–1320)

1134–1170 *Albrecht der Bär* (geb. um 1100), der von Kaiser Lothar III. zum Markgrafen der Nordmark (Altmark) bestellt wird, beginnt die Unterwerfung des Landes.

1136 Albrecht erobert Teile des Havellandes und der Prignitz. Ab 1144 bezeichnet er sich als Markgraf von Brandenburg (wo er seit 1150, nach der Eroberung der Festung, auch residiert). Er erwirbt weitere Teile des Havellandes und die Zauche.

1157 Ein Aufstand unter dem polnischen Teilfürsten Jazko von Köpenick (Jaxa von Copnik) endet mit der totalen Unterwerfung der Slawen und der Kolonisation des Landes durch Siedler aus Westfalen und den Niederlanden. Prämonstratenser- und Zisterziensermönche kommen in die Mark (Klostergründungen: Zinna 1170, Lehnin 1180, Chorin 1231). Die Bistümer Brandenburg und Havelberg werden wiederhergestellt.

1170–1184 *Otto I.* (geb. um 1128), Sohn Albrechts des Bären, erobert das Gebiet Glin–Löwenberg.

1184–1205 *Otto II.* muß die Lehnshoheit des Magdeburger Erzbischofs über den altmärkischen Besitz seines Hauses akzeptieren. Kämpfe mit den Dänen.

1205–1220 *Albrecht II.*, wie Otto II. Enkel von Albrecht dem Bären, kämpft ebenfalls ergebnislos um Pommern, Uckermark und Barnim.

1220–1266 *Johann I. und Otto III.*, Söhne Albrechts II., regieren gemeinsam und erweitern ihr Gebiet u. a. um Teltow, Barnim, Uckermark, Lebus. Otto III. heiratet die Tochter des Böhmenkönigs Wenzel und gewinnt dadurch die Oberlausitz.

1231 Kaiser Friedrich II. überträgt den Brüdern die Lehnshoheit über Pommern.

Die Städte Cölln (1232), Berlin (1242) und Frankfurt/Oder (1253) werden gegründet.

1258 Teilung des Landes unter die Johanneische oder Stendaler und die Ottonische oder Salzwedeler Linie. Johann I. stirbt 1266, Otto III. 1267.

1266–1303 *Otto IV. »mit dem Pfeil«*, Sohn Johanns I., regiert zunächst mit seinen Brüdern Johann II. und Konrad I. sowie seinem Vetter Otto V. Gerät 1278 in die Gefangenschaft des Magdeburger Erzbischofs, wird 1280 in einem Gefecht bei Staßfurt von einem Pfeil getroffen, dessen Spitze erst später entfernt werden kann. Kämpft um Danzig und Pommerellen, erwirbt die Mark Landsberg (1291) und die Niederlausitz (1303). Unter seinem Namen sind sieben Minnelieder überliefert. Stirbt 1309.

1303–1319 *Waldemar* (aus der Stendaler Linie des askanischen Hauses). Unter dänischer Führung kommt 1314 ein Bund von Dänen und Mecklenburgern gegen ihn zustande, dem er 1316 in der Schlacht bei Gransee unterliegt, im Frieden zu Templin (1317) aber nur das Land Stargard abtreten muß.

1317 Nachdem die jüngere Salzwedelsche Linie ausgestorben ist, führt Waldemar den Gesamtbesitz der brandenburgischen Askanier wieder zusammen.

1319–1320 Nach Waldemars frühem Tod wird sein Vetter *Heinrich von Landsberg* mit 11 Jahren Markgraf. Mit seinem Tod 1320 erlischt das Haus Askanien in der Mark Brandenburg.

Interregnum (1320–1323)

Brandenburgs Nachbarn nutzen die herrenlose Zeit und reißen beträchtliche Teile des »erledigten Reichslehens« an sich.

Zeit der bayerischen Markgrafen (1323–1373)

1323–1351 *Ludwig der Ältere* aus dem Hause Wittelsbach (geb. 1315), der unmündige Sohn Kaiser Ludwigs des Bayern, wird mit der Mark Brandenburg belehnt; erst ab 1330 regiert er selbständig.

1325 Polen und Litauer verwüsten das Land.

1334 Gefecht am Kremmer Damm gegen Herzog Barnim von Pommern.

Ludwig überläßt die Verwaltung der Mark zunehmend seinen Statthaltern, vor allem nach seiner Heirat (1342) mit Margarete Maultasch, der Erbin von Tirol. Das Land verfällt, der Adel übt sich in Wegelagerei, die Städte bauen ihre Macht gegen die Landesregierung aus.

1347–1350 In dieser Situation findet der sogenannte *falsche Waldemar*, von Karl IV. zunächst begünstigt, fast überall im Lande Anerkennung. Der falsche Waldemar, angeblich ein Müllerbursche namens Jakob Rehbock aus Hundeluft in Anhalt (gest. 1356), gibt sich als den vermeintlich von einer Pilgerfahrt nach Palästina zurückgekehrten Waldemar aus.

1350 Karl IV. distanziert sich vom falschen Waldemar und erklärt ihn zu einem Betrüger. Ludwig muß die Oberlausitz an den Kaiser abtreten.

1351 Im Vertrag von Luckau überläßt Ludwig seinen Brüdern Ludwig dem Römer und Otto dem Faulen die Mark.

1351–1365 *Ludwig der Römer* (geb. 1330) schaltet, gemeinsam mit dem Bruder Otto, bis 1355 in langwierigen Kämpfen die Anhänger des falschen Waldemar aus. Er gewinnt alle wesentlichen Teile des Landes durch Verträge zurück, verschuldet sich aber hoch und muß das Land großenteils verpfänden.

1356 Ludwig erhält die Kurwürde (Kurfürst).

1363 Ludwig und Otto schließen mit Kaiser Karl IV. einen Erbvertrag, der Karl und seinem Sohn Wenzel die Nachfolge in Brandenburg sichert.

1365–1373 *Otto der Faule* (geb. 1341) wird nach dem Tod seines Bruders Markgraf und Kurfürst. Trotz seiner Heirat mit der Tochter Karls IV. (1366) muß er diesem die Niederlausitz abtreten.

1373 Im Fürstenwalder Vertrag verzichtet Otto gegen eine Entschädigung von 500000 Gulden auf Brandenburg zugunsten Karls IV. Die Herrschaft der Wittelsbacher in Brandenburg ist zu Ende, das Haus Luxemburg hat einen bedeutenden Gebietsgewinn erzielt.

Zeit der luxemburgischen Herrschaft (1373 bis 1411/15)

1373–1378 Kaiser *Karl IV.*, der für seinen Sohn Wenzel regiert, versucht, Ruhe und Ordnung in dem verfallenden Land zu schaffen.

1375 Karl IV. residiert in Tangermünde.

1375/76 Karl IV. läßt die »Landtafel« (Kataster) anlegen, die eine Übersicht über die Eigentumsverhältnisse in Brandenburg gibt.

1378 *Sigismund* (geb. 1361; ab 1411 deutscher Kaiser), zweiter Sohn Karls IV., erbt Brandenburg.

1388 Er verpfändet aber Alt- und Kurmark an seinen Vetter *Jobst von Mähren* und verkauft

1402 die Neumark an den Deutschen Orden.
In Brandenburg herrschen unter diesen Umständen chaotische Zustände. Einige Adelsfamilien, vor allem die Quitzows, terrorisieren mit Raubzügen das Land. 1380 brennt Berlin nieder, 1383 Wilsnack. Dietrich und Johann von Quitzow auf Friesack und Plaue stehen an der Spitze des aufständischen Adels.

Zeit der Hohenzollernherrschaft (1411/15–1918)

1411 Jobst von Mähren stirbt, Kaiser Sigismund setzt den Nürnberger Burggrafen *Friedrich VI.* (geb. 1372) aus der fränkischen Linie des Hauses Hohenzollern zum erblichen Statthalter in Brandenburg ein.

1412–1414 Friedrich beginnt den Kampf gegen den unbotmäßigen Adel.

1412 In einer (zweiten) Schlacht am Kremmer Damm ficht Friedrich gegen die Pommernherzöge Otto und Casimir und läßt

1414 die Schlösser der Quitzows brechen.

1415 Friedrich wird Markgraf von Brandenburg.

1417–1440 Friedrich wird Kurfürst Friedrich I. von Brandenburg. Er löst die verpfändeten Gebiete ein, gewinnt Uckermark und Prignitz in langwierigen kriegerischen Auseinandersetzungen von Pommern und Mecklenburg zurück (1420 Schlacht bei Angermünde).

1425 Friedrich verläßt die Mark und leitet den Reichskrieg gegen die Hussiten.

1432	Die Hussiten fallen in die Mark ein und werden auf dem Ruthenfeld bei Bernau geschlagen.
1440–1470	*Friedrich II.*, genannt der Eiserne (geb. 1413), unterdrückt die Unabhängigkeitsbestrebungen von Cölln und Berlin (1442; 1448 »Berliner Unwille«) und erwirbt 1454 die Neumark vom Deutschen Orden zurück.
1443	Beginn des Schloßbaus in Berlin.
	Ein Jahr vor seinem Tod übergibt Friedrich II. die Regierung seinem Bruder
1470–1486	*Albrecht Achilles* (geb. 1414), der jedoch von Ansbach aus vorwiegend in der Reichspolitik wirkt und
1476	seinen Sohn Johann als Statthalter nach Brandenburg schickt.
1473	Erlaß des »Achilleischen Hausgesetzes«, einer Erbfolgeregelung, die die Unteilbarkeit der Mark festschreibt.
	Albrecht Achilles ordnet die Finanzverwaltung und zwingt Pommern zur Anerkennung der brandenburgischen Lehnshoheit. Sein Sohn
1486–1499	*Johann Cicero* (geb. 1455) residiert als erster Kurfürst ständig in der Mark, geht energisch gegen das Raubritterunwesen vor und setzt die Landeshoheit gegenüber den Städten durch.
1486	Berlin wird landesherrliche Residenz. Es gehört dem Hansa-Bund an.
	Johann Ciceros Sohn
1499–1535	*Joachim I. Nestor* (geb. 1484) wird Kurfürst.
1506	Gründung der Universität Frankfurt/Oder (Viadrina).
1516	Neugestaltung des Kammergerichts als oberstes Landesgericht.
1524	Joachim I. vereinigt die Grafschaft Ruppin mit der Mittelmark und setzt
1529	im Grimnitzer Vertrag das Erbrecht auf Pommern durch.
	Er bereitet dem Raubrittertum ein Ende. Zeitlebens bleibt er ein erklärter Gegner von Luthers Reformation, zu der sich aber seine Frau Elisabeth seit 1525 bekennt (und deshalb nach Wittenberg fliehen muß). Sein Sohn
1535–1571	*Joachim II. Hektor* (geb. 1505) folgt als Kurfürst und erhält die Kurmark, während sein Bruder *Johann von Küstrin* (geb. 1513) die Neumark übernimmt.

1539 Joachim II. führt die Reformation in der Kurmark ein; die Neumark war bereits 1538 lutherisch geworden. Die Klöster werden säkularisiert (Umwandlung in Domänenämter). Joachims verschwenderische Regierung bringt die Landesfinanzen in totale Unordnung. Nach dem fast gleichzeitigen Tod Joachims und Johanns wird

1571–1598 *Johann Georg* (geb. 1525) Kurfürst. Er sucht die entstandene Mißwirtschaft zu beseitigen und vereinigt die Neumark wieder mit der Kurmark. Ihm folgt sein Sohn

1598–1608 *Joachim Friedrich* (geb. 1546), der die Unteilbarkeit des Kurfürstentums sichert und die Anwartschaft auf Preußen und Pommern sowie auf schlesische und rheinische Gebiete festschreibt und damit eine wichtige Voraussetzung für den Ausbau der hohenzollernschen Hausmachtpolitik schafft.

1605–1620 Bau des Finowkanals.

1607 Gründung des Joachimsthalschen Gymnasiums.
Joachim Friedrichs Sohn

1608–1619 *Johann Sigismund* (geb. 1572) kommt an die Regierung. Seit 1594 mit der ältesten Tochter des letzten Herzogs von Preußen verheiratet, der Haupterbin von Jülich-Cleve, erhebt er 1609 nach dem Tode des letzten Herzogs von Jülich-Cleve Anspruch auf dieses Gebiet.

1613 Übertritt zum Calvinismus.

1614 Vertrag von Xanten: Cleve, Mark und Ravensberg kommen zu Brandenburg.

1618 Das Herzogtum Preußen wird mit Brandenburg vereinigt.

1619–1640 *Georg Wilhelm* (geb. 1595), Sohn von Johann Sigismund, wird Kurfürst. Unter dem Einfluß seines kaiserfreundlichen Ministers Adam von Schwarzenberg betreibt er im Dreißigjährigen Krieg (1618–1648) eine schwankende Politik. 1631–1635 nimmt er auf schwedischer Seite am Krieg teil. Schwedische, französische und kaiserliche Truppen verwüsten das Land. Georg Wilhelm zieht sich machtlos nach Königsberg zurück. Sein Sohn

1640–1688 *Friedrich Wilhelm*, genannt der Große Kurfürst (geb. 1620), übernimmt ein völlig verwahrlostes, auch von der Pest entvölkertes Land.

1641 Waffenstillstand mit Schweden.

1646	Friedrich Wilhelm heiratet Luise Henriette von Oranien.
1648	Westfälischer Friede. Brandenburg erhält nur Hinterpommern und als Ersatz für Vorpommern, das an Schweden fällt, die Bistümer Magdeburg, Halberstadt, Minden und Cammin. Umfangreiche Reform der Landesverwaltung. Schaffung eines stehenden Heeres.
1652	Der Magdeburger Bürgermeister Otto von Guericke erfindet die Kolbenluftpumpe.
1653	»Landtagsrezeß«: der Adel bewilligt die Heeressteuer und erhält dafür bedeutende soziale und wirtschaftliche Vergünstigungen.
1655–1660	Friedrich Wilhelm wird als Herzog von Preußen in den Schwedisch-polnischen Krieg verwickelt.
1656	Schlacht bei Warschau: Sieg der Brandenburger über die Polen.
1658–1685	Berlin wird zur Festung ausgebaut.
1660	Der Friedensvertrag von Oliva beendet den Schwedisch-polnischen Krieg.
1668	Friedrich Wilhelm heiratet seine zweite Frau, Dorothea von Celle.
1672	Brandenburg unterstützt Holland gegen französische Gebietsansprüche, muß aber durch den
1673	Sonderfrieden von Vossem aus dem Krieg ausscheiden.
1674/75	Ein brandenburgisches Hilfskorps nimmt zeitweise am Reichskrieg gegen Frankreich teil.
1675–1679	Brandenburgisch-schwedischer Krieg: ein schwedisches Heer fällt im Dezember 1674 in die Uckermark ein.
1675	28. Juni: die Brandenburger besiegen bei Fehrbellin die Schweden, die sich aus der Mark zurückziehen müssen. Bis 1679 vertreibt Friedrich Wilhelm die Schweden aus Vorpommern und Ostpreußen.
1677–1681	Bau des Schlosses in Köpenick.
1679	Frieden zu St.-Germain-en-Laye: Brandenburg muß trotz seiner militärischen Erfolge Vorpommern an Schweden zurückgeben.
1682	Gründung der Brandenburgisch-Afrikanischen Handelsgesellschaft.
1685	Edikt von Potsdam: Brandenburg bietet sich als Einwandererland für die Hugenotten an, die nach der Aufhebung des Ediktes von Nantes in Frankreich

	verfolgt werden. Einwandernde Hugenotten (und Holländer) tragen entscheidend zur weiteren Entwicklung des Landes bei.
1686	Brandenburg entsendet ein Hilfskorps zum Kampf gegen die Türken und ist an der Befreiung von Ofen beteiligt.
	Der Sohn des Großen Kurfürsten folgt als
1688–1713	*Friedrich III.* (geb. 1657) in der Regierung (seit 1684 in zweiter Ehe mit Sophie Charlotte von Hannover verheiratet).
1688–1697	Beteiligung Brandenburgs am Pfälzischen Erbfolgekrieg.
1689	Die Brandenburger erobern Bonn.
1694	Eröffnung der Universität Halle.
1695–1706	Bau des Zeughauses in Berlin.
1695	Baubeginn für das Schloß in Charlottenburg.
1696	Gründung der Akademie der Künste in Berlin.
1700	Gründung der Sozietät der Wissenschaften in Berlin auf Anregung von Leibniz.
	Friedrich schließt einen Bündnisvertrag mit Österreich, das ihm die Anerkennung der preußischen Königswürde zusichert.
1701	In Königsberg erfolgt die Erhebung des souveränen Herzogtums Preußen zum Königreich. Kurfürst Friedrich III. wird als Friedrich I. »König in Preußen«.
1701–1714	Verwicklung in den Spanischen Erbfolgekrieg: Brandenburg-Preußen tritt der Haager Allianz bei, die zwischen England, den Generalstaaten (Holland) und Österreich gebildet wird.
1701	Einrichtung eines Oberappellationsgerichts in Berlin.
1704	In Berlin wird die »Königlich privilegierte Zeitung von Staats- und gelehrten Sachen« (»Vossische Zeitung«) gegründet.
1708	Die Sozietät der Wissenschaften wird oberste Zensurbehörde.
1709	Die bisher getrennten Orte Berlin, Cölln und Friedrichswerder werden zur »Gemeinde Berlin« vereinigt.
1711	Die königlichen Günstlinge Wartenberg und Wittgenstein, verantwortlich für die Mißstände im Lande, werden entlassen.
1713–1740	*Friedrich Wilhelm I.*, der sog. »Soldatenkönig«

	(geb. 1688), Sohn Friedrichs I., baut, auf strengste Sparsamkeit achtend, zielstrebig den preußischen Militär- und Beamtenstaat auf.
1713	Frieden von Utrecht: Die preußische Königswürde wird anerkannt, und Brandenburg-Preußen bekommt das Herzogtum Obergeldern sowie Lingen, Mörs und Neuenburg übertragen.
1714	Einrichtung einer Generalrechenkammer.
1715	Brandenburg-Preußen erklärt Schweden den Krieg.
1717	Erlaß einer Kriminalgerichtsordnung.
1718	Beginn der Urbarmachung des Havel-Rhin-Luchs.
1720	Frieden von Stockholm: Brandenburg-Preußen erhält Stettin und Vorpommern bis zur Peene mit den Inseln Usedom und Wollin. Rügen bleibt bei Schweden.
1723	Einrichtung eines General-Ober-Finanz-, Kriegs- und Domänendirektoriums (Generaldirektorium).
1725	Bündnis mit Frankreich und Großbritannien.
1726	Vertrag von Wusterhausen mit Österreich.
1729	Nicolaus Leuthingers »Abriß der Schriften über die Geschichte der Mark Brandenburg« erscheint in Frankfurt und Leipzig.
1730	Friedrich Wilhelm I. bestraft den Fluchtversuch des Kronprinzen Friedrich durch die Hinrichtung von dessen Freund Hans Hermann von Katte.
1733	Einteilung des Landes in Kantone, aus denen sich die Regimenter rekrutieren.
1734–1739	Knobelsdorff und Kemmeter bauen für den Kronprinzen das Renaissance-Wasserschloß in Rheinsberg von 1566 zur barocken Dreiflügelanlage um.
1739	Geheimvertrag mit Frankreich.
1740	In Berlin wird die »Haude und Spenersche Zeitung« gegründet.
1740–1786	*Friedrich II.* (geb. 1712), Sohn Friedrich Wilhelms I., besteigt den preußischen Thron; seit 1733 ist er, gegen seinen Willen, mit Elisabeth Christine von Braunschweig-Bevern verheiratet.
1740–1742	Erster Schlesischer Krieg.
1744	Beginn der Bauarbeiten an Schloß Sanssouci.
1744/45	Zweiter Schlesischer Krieg, der Schlesien in den Besitz Preußens bringt.
1746	Auf preußischen Domänen beginnt der feldweise Kartoffelanbau.
1747–1752	Urbarmachung des Oderbruchs.

1748 Einführung des »Codex Fridericianus Marchicus«, einer Prozeßordnung, die die Verfahren beschleunigt.

1749 Die Zensur wird einer Zensurkommission übertragen.

1751 Johann Christoph Bekmanns »Historische Beschreibung der Kur und Mark Brandenburg« erscheint in Berlin.

1756–1763 Siebenjähriger Krieg (= Dritter Schlesischer Krieg).

1760 Russische Truppen unter Totleben dringen in Berlin ein und erheben eine Kontribution.

1763 Der Frieden zu Hubertusburg zwischen Preußen sowie Österreich und Sachsen beendet den Siebenjährigen Krieg.

1764 Verteidigungsbündnis zwischen Preußen und Rußland.

1765 Der erste Teil von Samuel Buchholtz' »Versuch einer Geschichte der Kurmark Brandenburg« erscheint in Berlin (bis 1775).

1766 Einführung einer strengen Akzise- und Zollverwaltung (»Regie«).

1769 Begegnung Friedrichs II. mit Kaiser Joseph II. in Neiße.

1772 Petersburger Vertrag zwischen Preußen, Österreich und Rußland über die Aufteilung Polens (Erste polnische Teilung). Preußen erhält Westpreußen (ohne Danzig und Thorn) sowie Ermland und den Netzedistrikt. Friedrich II. wandelt den Titel »König in Preußen« um in »König von Preußen«.

Gründung der Preußischen Seehandelsgesellschaft in Berlin.

1778/79 Verwicklung in den Bayerischen Erbfolgekrieg, der 1779 mit dem Frieden von Teschen endet.

1779 Abschluß des Prozesses von Müller Arnold: Friedrich entläßt und bestraft zahlreiche Kammergerichtsräte und festigt den Ruf des gerechten Königs.

1781 Teil 1 des »Corpus iuris Fridericianum« erscheint und legt eine neue Prozeßordnung fest.

1785 Preußen initiiert den gegen Österreich gerichteten Deutschen Fürstenbund.

Am 17. August 1786 stirbt Friedrich II., und sein Neffe

1786–1797 *Friedrich Wilhelm II.* (geb. 1744) wird preußischer König. Mätressen- und Günstlingswirtschaft sowie mystisch-spiritistische Machenschaften kennzeichnen seine Regierungszeit. Er ist zweimal verheiratet, hält Wilhelmine Enke (Gräfin Lichtenau) als Hauptmätresse und läßt sich außerdem mit Julie von Voß (Gräfin Ingenheim) und Gräfin Sophie von Dönhoff »zur linken Hand« trauen.

1787 Preußen entsendet ein Expeditionskorps nach Holland, um die Herrschaft des oranischen Erbstatthalters Wilhelm V. wiederherzustellen.
Ein verheerender Brand vernichtet große Teile von Neuruppin.

1788 Minister Wöllner erläßt Edikte über Religion und Zensur, die gegen die friderizianische Aufklärung gerichtet sind.

1790 Im Vertrag zu Reichenbach verpflichtet sich Preußen zur Unterstützung Österreichs bei der Rückeroberung Belgiens.

1791 Einweihung des Brandenburger Tors in Berlin.

1792–1795 Teilnahme Preußens am Interventionskrieg gegen das revolutionäre Frankreich. Nach Gefecht und Kanonade von Valmy (20. September 1792) müssen sich die Interventen zurückziehen.

1793 Durch die zweite polnische Teilung gewinnt Preußen Danzig, Thorn und Großpolen (Südpreußen) hinzu.

1794 Das Preußische Allgemeine Landrecht tritt in Kraft. Preußische Truppen schlagen den polnischen Aufstand unter Kościuszko nieder.

1795 Im Sonderfrieden zu Basel muß Preußen seine Besitzungen auf dem linken Rheinufer an Frankreich abtreten. Im gleichen Jahr bringt die dritte polnische Teilung weitere Gebietserweiterungen (u. a. Neuostpreußen mit Warschau).

1797–1840 *Friedrich Wilhelm III.*, 1770 geborener Sohn von Friedrich Wilhelm II., wird preußischer König; seit 1793 ist er mit Luise von Mecklenburg-Strelitz verheiratet. Er setzt der Mißwirtschaft seines Vaters ein Ende, hebt Religions- und Zensuredikt auf und beginnt mit zaghaften Reformen.

1799 Die Frondienste der Domänenbauern werden abgeschafft.

1803 Der Reichsdeputationshauptschluß bringt Preußen enorme Gebietsgewinne.

1806 Albrecht Thaer gründet in Möglin seine Landwirt-

schaftliche Akademie und führt die Fruchtwechselwirtschaft ein.
Nach einer Phase Napoleon-freundlicher Politik erklärt Preußen am 9. Oktober Frankreich den Krieg. Am 10. Oktober fällt Prinz Louis Ferdinand beim Gefecht von Saalfeld. Am 14. Oktober werden die preußischen Truppen in der Doppelschlacht von Jena und Auerstedt vernichtend geschlagen. Am 27. Oktober zieht Napoleon in Berlin ein.

1807 Im Frieden von Tilsit verliert Preußen die Hälfte seines Territoriums und muß hohe Kriegskontributionen zahlen. Friedrich Wilhelm III. beruft den Freiherrn vom Stein zum leitenden Minister, der in den Folgejahren, gemeinsam mit Hardenberg und Scharnhorst, zahlreiche Reformen durchsetzt. Napoleon erzwingt 1808 die Entlassung Steins; 1810 übernimmt Hardenberg die oberste Leitung.

1809 Der preußische Major Ferdinand von Schill sucht im Frühjahr mit einer spektakulären Freischärleraktion das Signal zum allgemeinen Aufstand gegen Napoleon zu geben. Schill fällt in Stralsund.

1810 Tod der Königin Luise.
Gründung der Berliner Universität. Fichte wird erster Rektor.

1812 Napoleon beginnt den Feldzug gegen Rußland; Preußen ist mit einem Hilfskorps unter Yorck beteiligt. Yorck schließt am 30. Dezember eigenmächtig die Konvention von Tauroggen mit dem russischen General Diebitsch ab, in der sich das Hilfskorps zur Neutralität verpflichtet und damit der russischen Armee den Weg nach Ostpreußen öffnet.

1813/14 Befreiungskriege gegen Napoleon. Am 17. März 1813 erläßt Friedrich Wilhelm III. den Aufruf »An mein Volk«, das Signal zum Kampf gegen die französischen Truppen. Die Verbände der Freiwilligen Jäger (10000 Mann) und der Landwehr (120000 Mann) werden gebildet. Die Alliierten müssen Niederlagen bei Großgörschen, Bautzen und Dresden hinnehmen, schlagen die Franzosen aber bei Großbeeren, an der Katzbach und bei Dennewitz und besiegen sie in der Völkerschlacht bei Leipzig (16.–19. Oktober). Am 31. Dezember überquert Blüchers Armee den Rhein.

1814 Napoleon muß abdanken und wird nach Elba verbannt. Im September beginnt der Wiener Kongreß.

1815 Am 1. März kehrt Napoleon zurück. Am 16. Juni schlägt er die preußische Armee unter Blücher bei Ligny, am 18. Juni wird er von den Alliierten bei Waterloo (Belle Alliance) endgültig geschlagen, wobei die Armee Blüchers die Niederlage besiegeln hilft. Im Sommer wird der Deutsche Bund gegründet. Am 26. September schließen sich in Wien Rußland, Österreich und Preußen zur Heiligen Allianz zusammen.

1817 Friedrich Wilhelm III. stiftet die Evangelische Union, die Lutheraner und Reformierte zu einer einheitlichen Landeskirche zusammenschließen soll. Im Oktober feiern Studenten das Wartburgfest.

1819 Karlsbader Beschlüsse zur Unterdrückung der liberalen Opposition.

1834 Der Deutsche Zollverein tritt in Kraft.

1837 August Borsig gründet eine Eisengießerei und Maschinenbaufabrik in Berlin.

1838 Adolph Friedrich Riedel beginnt mit der Herausgabe des »Codex diplomaticus Brandenburgensis« (bis 1868).

Die Eisenbahnstrecke Berlin—Potsdam wird eröffnet.

1840—1861 *Friedrich Wilhelm IV.*, 1795 geborener ältester Sohn Friedrich Wilhelms III., wird preußischer König; seit 1823 ist er mit Elisabeth von Bayern in kinderloser Ehe verheiratet. Er kultiviert die Vorstellung vom Gottesgnadentum seiner Herrschaft, von der ständischen Struktur des Staates und vertritt hochkirchlich-pietistische Ansichten. Eine feudale Hofkamerilla umgibt ihn.

1844 Attentat Tschechs auf den König.

1847 Werner Siemens und Johann Georg Halske gründen in Berlin eine Fabrik zur Herstellung von Telegrafen und anderen elektrotechnischen Ausrüstungen.

Einberufung des Vereinigten Landtags aller preußischen Provinzialstände.

1848 Revolution in den deutschen Staaten. 18./19. März: revolutionäre Erhebung in Berlin. Der König muß den Gefallenen die letzte Ehre erweisen. Am 10. November besetzt Wrangel Berlin, am 5. Dezember wird die nach Brandenburg verlegte Nationalversammlung aufgelöst. Gründung der »Kreuzzeitung«.

1848–1850 Die Herzogtümer Schleswig und Holstein kämpfen um ihre Unabhängigkeit von Dänemark. Da Preußen sie nur unzulänglich unterstützt, siegen die Dänen bei Idstedt.

1849 Preußische Truppen unterdrücken die Aufstände in Dresden, in der Pfalz und in Baden.

1850 Preußen erhält eine Verfassung, die eine reaktionär modifizierte Version der Verfassung vom 5. Dezember 1848 darstellt: alle entscheidenden Machtbefugnisse bleiben bei der Krone; das nach dem Dreiklassenwahlrecht gewählte Abgeordnetenhaus (Zweite Kammer) hat nur ganz begrenzte Rechte. Beginn der Reaktionsperiode.

1853 Beginn des Krimkrieges. Preußen bleibt neutral.

1854 Die Stiehlschen Regulative ordnen das Schulwesen im Sinne der protestantischen Orthodoxie.

Der König wandelt die Erste Kammer zum Herrenhaus um, in dem nur erbliche oder vom Monarchen auf Lebenszeit ernannte Mitglieder sitzen.

Heinrich Carl Berghaus gibt den ersten Band seines Werkes »Landbuch der Mark Brandenburg und des Markgraftums Niederlausitz in der Mitte des 19. Jahrhunderts oder Geographisch-historisch-statistische Beschreibung der Provinz Brandenburg« heraus (bis 1856).

1857 E. Fidicin läßt den ersten Band seines Werkes »Die Territorien der Mark Brandenburg oder Geschichte der einzelnen Kreise, Städte, Rittergüter, Stiftungen und Dörfer in derselben, als Fortsetzung des Landbuchs Kaiser Karls IV. bearbeitet« erscheinen (bis 1864).

Wilhelm, Prinz von Preußen (»Kartätschenprinz«), übernimmt im Oktober für den erkrankten König (fortschreitende Geisteskrankheit) die Stellvertretung, im Oktober

1858 die Regentschaft. Der Prinzregent entläßt das Ministerium Manteuffel, es beginnt die »Neue Ära«.

1859 Mobilmachung in Preußen gegen Frankreich, das, sich in Italien einmischend, einen Krieg gegen Österreich begonnen hatte.

Beginn umfangreicher Maßnahmen zur Reorganisation des Heeres.

1861 *Wilhelm I.*, 1797 geborener Bruder Friedrich Wilhelms IV. (der am 2. Januar 1861 gestorben war), wird preußischer König; seit 1829 ist er mit Augusta von Sachsen-Weimar verheiratet.
Ende des Jahres beginnen Fontanes »Wanderungen durch die Mark Brandenburg« zu erscheinen (bis 1882 bzw. 1889).

1862 Die Berufung Bismarcks zum Ministerpräsidenten führt zur Lösung der innenpolitischen Krise, die sich aus dem Widerstand der Landtagsmehrheit gegen die Heeresreform und deren Kosten entwickelt hat.

1864 Preußisch-österreichischer Krieg gegen Dänemark. Im Frieden von Wien muß Dänemark Schleswig-Holstein und Lauenburg an Österreich und Preußen abtreten.

1866 Der Preußisch-Österreichische Krieg endet mit der Niederlage Österreichs, das aus Deutschland verdrängt wird. Preußen annektiert Schleswig-Holstein, Hannover, Kurhessen, Nassau und Frankfurt am Main und bildet den Norddeutschen Bund.

1870/71 Deutsch-Französischer Krieg.
Während des erfolgreichen Feldzuges treten im November die süddeutschen Staaten dem Norddeutschen Bund bei.

1871 Am 18. Januar wird in Versailles König Wilhelm I. zum Deutschen Kaiser proklamiert. Damit ist der Gründungsakt des Deutschen Reiches vollzogen; Preußen ist der führende (Glied-)Staat, und der preußische Ministerpräsident ist (meist) zugleich Reichskanzler.
Der Friedensvertrag von Frankfurt beendet den Deutsch-Französischen Krieg.
Im Herbst beginnt der »Kulturkampf« (der erst 1885–1887 endgültig beigelegt wird).

1871–1873 Gründerjahre.

1876 Die Sozialistische Arbeiterpartei Deutschlands wird in Preußen verboten.

1878 Im Mai/Juni Attentate von Hödel und Nobiling auf den Kaiser in Berlin.
Im Juni/Juli Berliner Kongreß zur Beilegung der Orientkrise.
Im Oktober tritt das Sozialistengesetz in Kraft.

1881 In Berlin wird das erste Fernsprechamt eröffnet (für zunächst 200 Teilnehmer).
In Berlin-Lichterfelde verkehrt die erste elektrische Straßenbahn (hergestellt von der Firma Siemens & Halske).

1882 Unterzeichnung des Dreibundvertrages zwischen Deutschland, Österreich-Ungarn und Italien.

1883 Gesetz über die Krankenversicherung.

1884 Unfallversicherungsgesetz.

1887 Rückversicherungsvertrag zwischen Deutschland und Rußland.

1888 Wilhelm I. stirbt am 9. März. Kronprinz Friedrich (geb. 1831) tritt als *Friedrich III.* die Nachfolge seines Vaters an, stirbt aber bereits am 15. Juni, und sein Sohn *Wilhelm II.* (geb. 1859) kommt auf den Thron (»Dreikaiserjahr«).

1889 Gesetz über die Invaliditäts- und Altersversicherung.

1890 Bismarcks Sturz; Beginn des »Neuen Kurses«. Gründung des Alldeutschen Verbandes. Das Sozialistengesetz tritt außer Kraft.

1891 Steuerreform.
Erfolgreiche Gleitflüge Otto Lilienthals in der Nähe von Berlin.

1893 Bewilligung der Militärvorlage.

1894 Entlassung des Reichskanzlers Caprivi und des preußischen Ministerpräsidenten Eulenburg. Kanzler wird Hohenlohe-Schillingsfürst, der wieder beide Ämter in Personalunion vereint.

1895 Ablehnung der Umsturzvorlage.

1896 Das Bürgerliche Gesetzbuch (BGB) wird im Reichstag angenommen und tritt am 1. Januar 1900 in Kraft.

1897 Mit der Besetzung von Kiautschou durch deutsche Truppen beginnt die aggressive Politik gegenüber China.

1898 Verabschiedung des 1. Flottengesetzes und Gründung des Deutschen Flottenvereins.
Die Reichstagswahlen vom Juni lassen die sozialdemokratischen Stimmen und Mandate weiter anwachsen. Der preußische Kultusminister untersagt Sozialdemokraten die Tätigkeit im Schuldienst.

INHALTSVERZEICHNIS

Arbeiten und Entwürfe zum thematischen Umfeld II

Entwürfe, Pläne und Materialsammlungen aus dem Nachlass

Anzeigen und Rezensionen Fontanes

Anhang

AtV

Band 34

Walter Scott
Old Mortality

Historischer Roman

Aus dem Englischen
von Rudolf Schaller

Mit einer Nachbemerkung
von Friedrich Baadke

605 Seiten
19,80 DM
ISBN 3-7466-0037-5

Vergebens wirbt Henry Morton von Milnwood um die schöne Edith Bellenden. Die königstreue Familie des Mädchens verweigert ihre Zustimmung zur Heirat der beiden, weil der junge schottische Edelmann nicht zum Verräter an der Sache seines unterdrückten Vaterlandes werden will. Als 1679 der Aufstand der Covenanter ausbricht und Henry sich an die Spitze seiner um Unabhängigkeit und Glaubensfreiheit kämpfende Landsleute stellt, beginnt eine harte Probezeit für die Liebenden.

AtV

Band 86

Honoré de Balzac
Das Chagrinleder

Roman

Aus dem Französischen
von Christel Gersch

336 Seiten
15,80 DM
ISBN 3-7466-0111-8

Zum ersten Mal läßt Balzac sein Format in seinem ersten wirklichen Roman „La Peau de Chagrin" ahnen, weil er darin sein zukünftiges Ziel zeigt: den Roman als Querschnitt durch die ganze Gesellschaft ...
Romantisch ist ... noch der Plan, ein orientalisches Märchen aus Tausendundeiner Nacht im Paris von 1830 sich verwirklichen zu lassen. Romantisch sind vielleicht noch die Figuren der kalten Gräfin Feodora, die den Luxus liebt statt der Liebe, und ihres Gegenübers Paulina, des Mädchens der unbeschränkten altruistischen Liebesfähigkeit. Aber der Verismus in der Darstellung des Bacchanals, der seine Zeitgenossen erschreckte, und die Schilderung der Studentenjahre stammen unmittelbar aus Balzacs eigener Lebenserfahrung.

Stefan Zweig

AtV

Band 153

Honoré de Balzac
Der Landarzt

Roman

Aus dem Französischen
von Christel Gersch

306 Seiten
14,80 DM
ISBN 3-7466-0147-9

In einem entlegenen Tal der Savoyer Alpen begegnet ein napoleonischer Offizier dem Landarzt Doktor Benassis.
Dieser, ein „Napoleon des Friedens“, hat sich mit all seiner Energie für die armen Gebirgsbewohner eingesetzt und den zurückgebliebenen Kanton zu wirtschaftlichen Blüte geführt. Ein Roman der majestätischen Landschaften und der großen Passionen.

AtV

Band 1113

Emile Zola
Germinal

Roman

560 Seite
16,80 DM
ISBN 3-7466-1113-X

Zolas gewaltiger Roman führt seine Leser hinein in die Welt der Grubenarbeiter im „schwarzen Land“, dem nordfranzösischen Steinkohlendistrikt. Das Leben dort ist in der zweiten Hälfte des 19. Jahrhunderts geprägt von grausamen Unfällen, kargen Freuden und sexueller Zügellosigkeit. Inmitten all des Elends keimt die ergreifende Liebe zwischen Catherine und dem Mechaniker Etienne, der in der Grube Arbeit findet, die Kumpels zum Widerstand bewegt, bis Soldaten ins Revier einrücken …

AtV

Band 1022

Iwan Turgenjew
Aufzeichnungen eines Jägers

Aus dem Russischen
von Herbert Wotte

448 Seiten
17,80 DM
ISBN 3-7466-1022-2

„Geben Sie mir die Hand, lieber Leser, und machen Sie eine Ausfahrt mit mir. Das Wetter ist herrlich; sanft blaut der Maihimmel ...“ Die Jahreszeiten wechseln, das Wetter schlägt um, die Wege werden unpassierbar, aber auch dann ist der Jäger unterwegs nach Beute und Abenteuer.

AtV **DOKUMENT UND ESSAY**

Band 10

Paul Herrmann
Deutsche Mythologie

Neu herausgegeben von Thomas Jung

384 Seiten
16,80 DM
ISBN 3-7466-0011-1

Was treibt den Schimmelreiter? Was hat Frau Holle anderes zu tun, als dem alten Barbarossa im Kyffhäuser die Wirtschaft zu führen? Wer waren sie, all die Zwerge, Hexen, Elfen, Riesen, die Helden der Märchen unserer Kinderstunden, wer der Klabautermann und die Nibelungen? Was wird von den germanischen Frauen berichtet zur Zeit der Völkerwanderung? Wie wurde Ostern in heidnischer Tradition gefeiert? Fragen, für die sich keine Wissenschaft seit langem verantwortlich zu fühlen schien. Antworten gab es schon einmal zur Genüge, bevor sie nach fatalem Mißbrauch ins Vergessen gedrängt wurden. Die deutsche Mythologie – ein Kompendium des Aberglaubens, dennoch unbestreitbarer Teil unserer Identität.

AtV **DOKUMENT UND ESSAY**

Band 8000

Paul Herrmann
Nordische Mythologie

Neu herausgegeben von Thomas Jung

Erstmals als Taschenbuch

360 Seiten
16,80 DM
ISBN 3-7466-8000-X

Nach Herrmanns Deutscher Mythologie aus dem Jahre 1898, die in einer Taschenbuch-Neuausgabe als „gemeinsame Grundlage deutscher Seelen“ nach der Wiedervereinigung viele Leser gefunden hat, wird nun auch das andere dazugehörige Buch vorgelegt, welches den Leser mit der Welt der Gnome, Trolle, Geister und Gottheiten der nördlichen germanischen Stämme vertraut macht. Es schildert anschaulich vorchristliche Vorstellungen von Schöpfung, Einrichtung und Untergang dieser Welt und ist fester Bestandteil unserer frühesten Kulturgschichte.

AtV

Band 39

Heinrich von Kleist
Der Zweikampf

Die Erzählungen

304 Seiten
14,80 DM
ISBN 3-7466-0042-1

Was er (Kleist) mit unbeweglicher Miene vorbringt, sind Neuigkeiten, unerhört; und die Spannung, in der sie den Leser halten, hat etwas unheimlich Spezifisches. Sie ist Besorgnis, Schrecken, das Grauen vor dem Rätselhaften, Zwiespalt der Vernunft, der ängstliche Eindruck, daß Gott sich irrt – „Verwirrung des Gefühls". Es ist nicht zuviel gesagt:
Er weiß auf die Folter zu spannen – und es fertigzubringen, daß wir's ihm danken.

Thomas Mann

AtV

Band 70 **E. T. A. Hoffmann**
Märchen

Originalausgabe

368 Seiten
14,80 DM
ISBN 3-7466-0078-2

E.T.A. Hoffmann, durch Jacques Offenbachs Oper „Hoffmanns Erzählungen“ unsterblich geworden, gehört zu den vielschichtigsten und widersprüchlichsten Erscheinungen der deutschen Dichtungsgeschichte. Seine Märchen, in denen Magisch-Spukhaftes mit bürgerlicher Alltagswelt verschmilzt, sind ein Höhepunkt deutscher Kunstmärchendichtung.

AtV

Band 148

Heinrich Heine
Die Harzreise

Mit 24 Fotos von Roger Melis
Mit einem Nachwort von Renate Hoffmann

152 Seiten
16,80 DM
ISBN 3-7466-0158-4

Im Herbst 1824 wanderte der Jurastudent Heine von Göttingen über Goslar zum Brocken und durch das Ilsetal bis nach Weimar. Seine Naturschilderungen und Persiflagen deutscher Zustände hatten die Publizistin Renate Hoffmann seit langem gelockt, der Route zu folgen. Nach dem Fall der Mauer konnte der Traum Wirklichkeit werden. Ihr „Brief an Heine“ und 25 Fotos von Roger Melis erzählen von der Erscheinungswelt des Landstrichs und der Gemütswelt der Deutschen heute.

AtV

Band 131

Es war ein König in Thule

Die schönsten Balladen der klassischen Zeit

139 Seiten
14,80 DM
ISBN 3-7466-0141-X

G. A. Bürger, Goethe, Schiller u. a. haben Ende des 18. Jahrhunderts die fast vergessene Balladendichtung wieder belebt. In den handlungs- und gedankenreichen Texten dieser Sammlung verbinden sich lyrischer Volkston und tiefer Symbolgehalt zu bleibender poetischer Aussage.